黄立光◎著

普洱傳奇

云南出版集团
云南人民出版社

图书在版编目（CIP）数据

普丕传奇 / 黄立光著. -- 昆明：云南人民出版社，2020.1

ISBN 978-7-222-19004-7

Ⅰ. ①普… Ⅱ. ①黄… Ⅲ. ①民间故事—作品集—中国 Ⅳ. ①I277.3

中国版本图书馆CIP数据核字（2019）第281717号

责任编辑：和晓玲
杨　涓
装帧设计：杨晓东
责任校对：吴　虹
责任印制：马文杰

普丕传奇
黄立光　著

出　版　云南出版集团　云南人民出版社
发　行　云南人民出版社
社　址　昆明市环城西路609号
邮　编　650034
网　址　www.ynpph.com.cn
E-mail　ynrms@sina.com
开　本　787mm × 1092mm　1 / 16
印　张　33
字　数　510千
版　次　2020年1月第1版第1次印刷
印　数　0001-2000
印　刷　云南新华印刷二厂有限责任公司
书　号　ISBN 978-7-222-19004-7
定　价　58.00元

云南人民出版社公众微信号

(12)

第三十六回 盘做"诱拐"过出把节 要有要报命表"围窝"

善师跟李士天到点拉山打猎回家后，并没有把险遭李士天暗害之事秉告家人。他怕引起家人的恐惧和对他的担忧。即使对他的未婚妻施慧也没有讲，仍像往常一样平静地生活过日子。

很快端午节到了，一家人在繁忙的劳作中过了端午节。这里的端午节过得比较简单，没有热闹的庆祝场面和活动，仍然是照常做活。只是家家户户做包子和粽子吃，有条件的人家买些牛肉和鸡鸭过节。

过完端午节，李言氏和施大明又催促善师和施慧尽快完婚成家。施慧自然是盼着早一天结婚的，而善师却一再推迟婚期，弄得一家人都焦急起来。其实善师又何尝不想早一点结婚呢，但他的心里清楚地知道：他现在的处境十分险恶，李士天无时无刻不想置于他死地。随时都会向他下毒手，不知什么时候自己的命就没了。他不想在目前这种情况下结婚，他不忍心，舍不得让施慧成为新寡妇。这些他的家人们是不知道的，他又不能明说出来，只能默默地在心里一个人承担。他想跟李士天的恩怨了结以后再结婚，那时才会有真正的幸福和平安的生活。因此他总是委婉地对老人们说："结婚的事不忙，再等一等，反正我们还年轻，等几天也无妨的。"使得老人们老是不理解，一再地催促。善师无奈，只得答应在秋收后结婚，并在结婚后不再给李士天的出工，回家专心地做活，日夜跟家人

作者手稿

序 一

很遗憾，迄今为止还无缘与作者黄立光君面晤。黄君的族弟黄龙光教授读硕士研究生时是我的学生，去年一次小聚时他讲到族兄黄立光在撰写《普丕传奇》一书，还讲到了一些他这位族兄略显传奇的人生经历。我长期从事彝族文学的教学和研究工作，自然对普丕的故事和收集、整理这一故事的人很感兴趣，期待着书稿的问世，也期待着与作者一叙。没过多久，龙光抱来了厚厚四沓《普丕传奇》书稿，并托我写一篇序。我看过书稿后，感触良多，写下数语，权作序文。

在彝族的文化基因中，“能人救世情结”是源远流长的。神话中的支格阿龙救世于天难与动物异变之危，传说中的上层人物、起义领袖救民于水火，故事中的张沙则、罗牧阿智、搓羌阿布、普丕等众多机智人物或以奇术、奇计解决生产生活中的难题，或以奇智斗败土司、头人、财主，都是这种情结的具象化。这是一种民族精神的外化形式，也是一种寄托方式。有西方人曾说过，没产生过英雄的民族，是站不稳、走不远的民族；没有英雄情结的民族，是不能挺直腰杆的民族。能人也是一类英雄，他们的事迹、智慧是民族不断成长壮大的精神养分。能人事迹的代代传颂，便是能人英雄精神代代被复制延传的历程。能人救世情结，其作用主要不在于神话式地给人们一个可闻不可见的救世主，给人们一个心灵慰藉，更重要的在于给人们一分自信，给人们一分自豪，因为故事的主人公就出自他们生活的村寨里，是普通人做出了不平凡的事。人们坚信“江山代有才人出”，这样的能人英雄是可期可盼的。所以，普丕故事的收集集结，对民族记忆的传承，对民族精神的传递，功莫大焉。

“传奇”者，事迹多为传闻，情节多有出乎惯常之处。机智人物本来就有超乎常人的本领，用传奇笔法写机智人物故事，无论是文体还是手法都是恰当的。民间文学中，神话、传说、幻想故事多有传奇意味，文人文学中的唐宋传奇、话本为“传奇”正宗。这类作品，不仅为不识字或初识字的人喜爱，也为生活在低层的文人所接受。《普丕传奇》专叙奇人奇事，可谓“文”与“事”得其宜，可期受欢迎的盛况出现。

《普丕传奇》为黄立光君的新奇创意，为彝族文学的首创，无论形式还是内容都给人耳目一新之感，我暂且把这种形式称为“民间文学作品演义”。演义体文学，著名者如《三国演义》、蔡东藩的多卷本中国历史演义，当代则更多。《普丕传奇》以单则故事为单元，共聚合成洋洋三十六回，蔚为大观。它缘于古人古事，又契合了现代人、知识分子的欣赏习惯，实现了民间口头文学与作家书面文学的合璧，在“下里巴人”和“阳春白雪”的沟壑间填平了土。它不再使普丕的故事碎片式地流传，也不再使普丕的形象侧面化、单一化地存在，而是以叙事的丰富性、完整性，形象的立体性、丰满性，使普丕重新复活在人们面前。这是值得为作者感佩的！

过去，曾看过维吾尔族的《阿凡提的故事》、壮族的《八哥的故事》、纳西族的《阿一旦的故事》、汉族的《高启龙的故事》等各民族的机智人物故事，不仅作品中的主人公机智过人，故事引人入胜，而且故事都是系列化的，一个接一个，高潮迭起，让人爱不释手。虽然彝族的机智人物故事也不少，像《张沙则的故事》《罗牧阿智的故事》《搓羌阿布的故事》等，但每个主人公的故事都较少，大多不超过10个，不免有形象单薄之欠缺。《普丕传奇》缀联了36个故事，弥补了彝族机智人物故事的欠缺之处，不仅对彝族文学是个大的贡献，对中国少数民族文学也是个不小的贡献。

峨山历来为彝族文化富集之地，这里的彝族不仅善于创造本民族的原生文化，也很善于吸收、借鉴其他民族特别是汉民族的文化。翻译、创编自汉族文学作品的《董永记》《凤凰记》等彝文古籍文学作品，曾广为流传。峨山彝族也有强烈的保护本民族传统文化的意识，比如在县民族宗教事务局设立了彝文翻译研究室，在县城建起了“阿普笃慕文化广场”，在西山顶建起了取火把节火种的圣火坛，在塔甸、富良棚等乡镇设立了开新街、花鼓舞文化传承保护区等。20世纪50年代初，彝族青年普飞一手握锄把一手握笔，走上了业余文学创作之路，一步步走入了中国文学殿堂，成为国内外具有较大影响力的著名作家。新时期以来，以柏叶为代表的一批彝族作家、诗人，在各级刊物上频频发表带有彝风的作品，频频斩获各类奖项。峨山，无疑是当代彝族文学的一块重地。现在，黄立光君又以花甲高龄花费数年时间，广泛收集普丕的故事，用章回体的形式进行了演义，为彝族文学增添了一朵新的奇葩。可喜可贺！

《普丕传奇》的出版，还为峨山彝族文化资源的开发利用，备下了一份有价值的原材料。

寥寥数语，不足以道出《普丕传奇》的价值，也不足以道尽所有的感想，有待读者诸君再发高论。

昂自明

2019年仲夏

序　二

秋日渐凉，收到了二姑娘从老家峨山彝族自治县快递来的两件东西，一是堂哥堂嫂自种的一盒小蜜枣，一是堂哥黄立光著长篇章回体小说《普丕传奇》书稿，左手物质食粮，右手精神食粮，同样都沾满了泥土的芳香，散发着阳光的温暖。

书稿《普丕传奇》掂在手里，沉甸甸的，洋洋洒洒，共计45万字。书稿写在四沓厚厚的信笺纸上，以钢笔誊写，布局细密有序，字体刚劲有力，字迹方正有形，翻页之间隐隐地还能闻到一股淡淡的墨香。小说以峨山岔河一带彝族机智人物普丕系列故事为基础，从第一回“双亲父母屡罹灾难，乳牙幼孩遂成遗孤”，到最后一回“祭完先祖过火把节，恶有恶报命丧‘国窝’[①]”等共计36回组成，36个普丕系列故事，工整连贯，一气呵成。

堂哥黄立光生于1952年，是峨山彝族自治县岔河乡河外村人，而河外文山乃至整个滇中地区皆为彝族机智人物普丕系列故事的传承中心，普丕故事在当地口耳相传，他是普丕故事忠实的聆听者，参加工作后常被请求讲普丕故事，因此普丕故事凝结成一个民族文化情结，深深地烙印在他的心底。初中毕业后，堂哥先是作为返乡知青担任生产队长，后进乡科协工作，后任岔河乡副书记、书记，接着调任县委常委、宣传部长，后在县政协副主席岗位上，因身体原因退休返乡。

早在1980年代初，堂哥就参与组建了峨山文学爱好者之家“岔河文学社”，并担任文学社副社长。当时文学社的主要活动之一，就是对普丕故事等在内的本土彝族民间文学进行搜集与整理。1989年由云南民族出版社出版的《峨山民间文学集成》，就收录了岔河文学社搜集整理的35个普丕

① 国窝：彝语地名，指昆明。

系列故事文本。当然，很多故事都是三言两语，不究细节。堂哥一生热爱文学，心怀文化，文笔隽永，1970年代就在《云南日报》等省报发表新闻稿，80年代在市县地方刊物发表文学作品若干，后因行政工作繁忙，无奈与文学创作渐行渐远。

退休返乡后，堂哥在河外老家养病，并亲自种了几畦枣树，“日食三枣”，山水康养，乐此不疲。每每农闲，普丕故事情结隐隐被唤醒，书写普丕故事的愿望愈加强烈。通过在乡间奔走采风，经过近3年的不懈创作，他完成了45万字的长篇小说《普丕传奇》手稿写作，终于了了40年来完整书写普丕故事的夙愿。

彝族机智人物普丕系列故事，在以峨山彝族自治县为腹地的滇中一带流传甚广，家喻户晓，一代又一代的峨山人都是听着普丕故事长大的。我认为，彝族是一个勤劳善良、机智勇敢的民族，彝族的勇敢体现在对英雄支格阿龙的史诗颂唱上，而彝族的智慧则表现在对机智人物的故事讲述上。

据已搜集整理的民间文学资料统计，彝族共有错尔木呷、罗牧阿智、松谷克忍、张沙则、普丕、么刀爸等6位机智人物，这些箭垛式彝族机智人物背后，是分布在大小凉山、金沙江畔、乌蒙山脉、红河两岸川滇黔桂彝区山山水水的千千万万个机智彝民。其中，普丕是生活在滇中峨山岔河文山中镇彝村一个相对真实的人物，普丕系列故事不仅是彝族机智人物系列故事中的一朵文学奇葩，而且是峨山彝族自治县弥足珍贵的活态民族文化资源。

黄立光著《普丕传奇》小说，故事线索清晰，情节丰富饱满，人物形象生动，语言朴实活泼，极富生活气息，浸润民俗气象，兼有话本讲史与叙事的特点，文学性与文化性合一，实为一部民族文学、地方文学力作。小说在口头民间文学基础上创作完成，一经出版将对彝族民间文学研究与地方文学、民族文学书写产生较大影响，进一步推动峨山彝族自治县彝族文化的传承与保护，推进峨山民族文化资源梳理与文化创意产业开发。

《普丕传奇》带有一种兼性特质，它源于民间文学，属于作家文学；它既可融于日常生活，又将跨越时空，成为经典传奇。这绝不是出于某种政治、经济动机的民俗主义，这源于内心爱家、爱乡的创作激情。《普丕传奇》同时集地方与民族、集体与个体、口头与书面、主位与客位、文学与民俗、资源与资本等对立二元概念于一身，这种复杂而立体的新现象，也足以引来民间文学、民俗学、民族学等相关学科的学术之眼。

是为序。

黄龙光

2018年9月

自 序

我的故乡河外村，坐落在苍茫的哀牢山脉支系、马鞍山北麓美丽的槽子河下游之滨，而远近闻名的彝族机智人物普丕的故乡中镇村，就在槽子河上游之畔的半坡上。身为槽子河之子的我，固然是喝槽子河水长大的，更是听着普丕的故事成长的。

普丕生于清朝康熙年间一个贫苦彝族农民家庭，自小就沦为民族豪强地主的长工而深受奴役。普丕以自己的智慧和勇敢，同豪强地主进行长期机智而坚决的斗争，演绎出了许多脍炙人口的生动有趣而耐人寻味的故事。这些故事让人百听不厌，世传不衰。

普丕生活在封建时代，深受豪强地主的残酷剥削和压迫，使其家破人亡，过着悲惨的生活。然而普丕在地主家被长期奴役的过程中，遇到劳苦群众的救助和关怀，感受到了人间的温暖和挚爱。在这样的时代背景和生活环境里，铸就了普丕勤劳、智慧、善良、勇敢的品德；形成了疾恶如仇、不畏强暴和同情弱者以及怜贫济困的性格。尤其在苦难的生活中，激起了与命运抗争，追求美好生活的勇气，从而引发了他与地主李士天之间的生死斗争，并最终取得了胜利。

普丕的故事历传数百年，在流传的过程中，无疑得到了不断的强化和完善。集中体现了彝族人民惩恶扬善的文化价值取向和审美观。普丕的故事突出反映了当时滇中彝族地区的社会矛盾，反映了封建地主与贫苦农民之间的尖锐斗争。普丕是彝族人民反抗封建压迫和剥削，追求解放过上幸福生活的典型代表，并在普丕的故事中生动地表现了出来。因此，普丕的故事深受广大彝族人民的喜爱，广为传颂，家喻户晓。无论村里村外，田边地角，茶余饭后，休息闲聊，甚至在劳动的场合，都经常可以听到人们兴致勃勃地讲述普丕的故事。而一旦讲起普丕的故事来，就气氛活跃，欢声笑语不断，疲劳顿消，在心情愉悦中受到启发和教益。

从我记事起，普丕的故事就一直不绝于耳，可以说普丕的故事伴随了我一生。而且不论在家乡还是在外地，经常有人让我讲普丕的故事。实际上普丕的故事在我的脑海里打下了深深的烙印。记得当年我结束学子生活做回乡知青参加劳动时，就曾萌发过要整理普丕的故事之意，但因条件限制未能如愿。后来因事务繁忙，也无暇顾及此事。近年来从工作岗位上退休返乡，许是受了“日食三枣，长生不老”之说的蛊惑和对劳作健体的渴望吧，一时兴起种了几畦枣树，竟乐此不疲，却也觉得充实。在种枣之余，也有了些闲暇，虽然年事已高，整理普丕故事的欲望反倒愈发强烈。兴之所至，竟不顾学识浅陋，就搜集整理起普丕的故事来，并在此基础上着手普丕故事的文学创作。

经过前后两年时间，创作出了《普丕传奇》一书，终于圆了我年轻时的夙愿。在作品中为了丰富其生活内容和增强民族传统文化感，使普丕的故事更为丰满和更具立体感，在其间描写了许多传说、故事、民族节日和生活习俗等，意在描绘出一幅可观的民族生活图和风俗画。

创作《普丕传奇》一书，其初衷在于将流传在民间的散乱而零碎的普丕故事，进行系统整理，在保持故事原传性的基础上，剔除糟粕和理顺故事之间的矛盾，让故事的脉络更为清晰有序，更具条理性和连贯性。并用文学的形式展现普丕的故事，同时将故事的背景和环境延展开来，充实日常生活及爱情内容，让故事更鲜活生动，更有说服力和感染力，使之更广泛而持久地流传，以助力民族传统文化的传承、丰富和发展。

但令我遗憾和不安的是，由于自己能力有限，又缺乏对普丕时代的深刻了解，作品中所描写的人物和场景，不可避免地充斥着现代元素。不过让我略感慰藉的是，现代民族文化及生活环境的变迁，与普丕时代是一脉相承的。既源于斯也发展于斯，未游离其宗。

总之，这部拙作，仅作为民族文化餐桌上的一味土特产以飨读者，但愿能够入味。

黄立光

2018年9月

目 录

引 言

在我国彩云之南的哀牢山北麓，有一个叫六丫头村（现为峨山彝族自治县岔河乡文山村委会中镇村）的彝族小村子，这里就是滇中彝族地区远近闻名的彝族机智人物——普丕的故乡。

普丕生于清朝康熙年间一个贫苦农民家庭，自小为阿稽竜村民族豪强地主李士天的长工。普丕勤劳聪明、勇敢正直，长期与封建地主的压迫剥削、欺凌迫害，进行机智而勇敢的斗争，并最终取得了胜利。它集中深刻而生动地反映了彝族劳动人民的勤劳智慧，勇敢顽强，对旧时代、旧制度的反抗和争取自身解放，追求美好生活的不屈斗争精神。有力地说明和印证了光明必然取代黑暗，正义终将战胜邪恶的真理。

普丕在与豪强地主李士天的长期斗争中，演绎出了许多脍炙人口而生动有趣，寓意深刻而耐人寻味的传奇故事。

数百年来，普丕的墓冢静卧在槽子河畔的荒草之中，而他的传奇故事则以其鲜活的生命力，在广袤的滇中彝族地区流传至今，盛传不衰。遂有题诗：

大地苍茫山野阔，槽子河水不尽流。
士天府中阴霾重，普丕庐上现彩虹。
莫道贫身在民间，赤汉犹唱正气歌。
何惧豪强施恶伎，穿云破雾做蛟龙。

第一回 双亲父母屡罹灾难 乳牙幼孩遂成遗孤

“阿嫫！[1]你怎么上吊死了？阿嫫！你不能丢下我啊……”一个孩子凄厉而悲切的哭喊声，突然打破了六丫头村中午的宁静，从一户破旧的茅草房里传出，那一声声痛彻心扉的哀嚎呼号，令人心颤和怵惶。

这时，从黑云的缝隙间洒落下来的几缕阳光，又被一块黑云遮住了，天空霎时晦暗起来，陡时村里显得压抑和窒息。

方月花死了！这一惊人的消息很快传遍整个六丫头村子。村人们同情地涌到草屋中，帮助小孩埋葬了母亲。村人们议论，这家三年前死了男人，现在又死了女人，只剩下一个小孩，真惨！又愤愤地说：“这家两个人的死，都是李士天害的，李士天真狠毒啊！”

这小孩叫普丕，今年六岁。已故的父亲叫普兴义，母亲叫方月花。普丕本来有一个幸福的家庭，现在却家破人亡了。

六丫头村是一个彝族小村子，坐落在哀牢山脉支系马鞍山北部的半坡上。

巍峨的哀牢山脉像一条巨大的苍龙，雄居盘亘在茫茫的滇中南大地上，孕育出浩瀚的森林、无数的河流和众多的生灵。广袤的哀牢山北麓滇中地区，居住着勤劳勇敢善良的彝族纳苏群落，在这青山绿水的土地上世代繁衍生息。六丫头村就在这散布着彝族村寨的群山之间，一个很不起眼的地方。

六丫头村有十余户人家，皆种地为生。村子后山不远处是摩白可村，当地闻名的摩白可街市就在这里。六丫头村东面与阿稽竜村隔槽子河遥遥相望，南面与背租村和拉们村为邻。村子前面为层层梯田延伸至山脚槽子河边。槽子河是青山间一条美丽的河流，源远流长，流经百余里，终年清水悠悠日夜不停地流淌。沿河两岸广布肥沃的农田，是当地著名的产粮

① “阿嫫”：彝语母亲的称谓，指妈妈。

区。从六丫头村举目南望，只见槽子河蜿蜒向南流去，看不到尽头，消失在蒙蒙的群山之间。六丫头村右面是茫茫的大山，山下有一条箐水与六丫头村所在的山坡相隔。山上林木茂密，禽兽出没，是六丫头村伐薪砍柴之地，有一条山路从村里通向山林深处。

这是七年前夏末的一天，阳光灿烂。一个精悍的彝族小伙子担着一挑柴从山路上向六丫头村走来，这小伙子就是普兴义。普兴义年方二十，敦实健壮，勤劳诚实，浑身焕发着青春的活力，一看就知道是把劳动的好手。普兴义家中清贫，父母双亡，祖上留下三间草房和二亩薄田，孤身一人生活。平时耕田种地之余砍柴担薪出售。由于勤劳能干，日子倒也过得去。今天他砍回来的柴也是要准备出售的。不过在他的柴担子上却多了一束红艳艳的山茶花和一包鼓鼓的野生大杨梅。他顺着山路走下溪水边歇了担子，伏下身子喝饱了清凉的溪水后，又挑起柴担子爬上六丫头村所在的山坡，来到村旁的梯田边。此时在一丘月牙形的水稻田里，一个彝族姑娘正在齐腰的稻禾间拔除稗草，她就是六丫头村的方月花。方月花是村里的漂亮姑娘，芳龄十七，生有一张圆圆的红扑扑的脸庞，一笑就像一朵盛开的山茶花，人见人爱。方月花贤惠善良，手脚勤快，是村里小伙子们热追的对象。这会儿她正在自家的稻田里除草。田边的埂子又宽又结实，从山里回村的路就从田埂上经过。

普兴义看到方月花正在稻田里劳作，他感到很高兴。本来他还想等回到村里再找方月花，却不想在这里就看到了她。普兴义把柴担子歇在田头上，朗声对方月花说："月花，月花！你过来，看我给你从山上拿什么回来了！"说着举起了手中的山茶花。

方月花正在埋头拔着稗草，忽听到普兴义叫她。她抬头就看见普兴义手里摇晃着鲜花朝她喊着。方月花的脸灿烂地笑了，欢快地应答："哎！兴义阿哥，你砍柴回来啦！"说着扒开稻丛兴奋地朝普兴义走来。她来到普兴义身边，接过鲜花左看右看欣喜地说："哦，这花真好看！水灵灵的，太美了，真香！"

普兴义趁方月花张嘴说话的当儿，忽地把一颗又圆又大的山杨梅塞进她的嘴里笑着说："这才是最美的呢。"

方月花一愣神，慌忙中闭嘴一咬，啊！是杨梅！又酸又甜又新鲜，好吃极了！她忙把杨梅从嘴里拿出来，眼光灿烂地望着普兴义说：“兴义阿哥，你去摘杨梅啦，真好吃呢。”说着又急忙把杨梅放进嘴里吃起来。

普兴义直望着方月花笑着说：“当然去摘啦，你看，一大包呢，是摘回来送给你的。”说着把一包杨梅塞给了方月花。

方月花抱着杨梅说：“杨梅树都生长在高山顶上，路挺远的，我们专门去摘都感到很累的，你又砍柴又去摘杨梅，真够你辛苦受累的了。”

普兴义说：“不累，没事的。能让你吃上杨梅，再苦再累我都愿意的，你就放开心地吃吧。”

普兴义饱含热情的话，说得方月花心里比吃杨梅还甜。她一边吃着杨梅一边对普兴义说：“兴义阿哥，你也吃几颗吧。”

普兴义说：“我在山上摘杨梅时就吃过了，不吃了。这都是给你吃的，你就吃吧。”

方月花说：“我也吃了一些了，我把它带回去跟家人一起吃，一家人都喜欢吃杨梅呢。”说着把杨梅包起来轻轻地放在田边草皮上。

普兴义说：“我要挑柴回家了，我们一起回去吧。”

方月花说：“你先回去吧，现在还早一点，我得再做一会儿活计才回去。”

于是普兴义就离开方月花挑着柴担子回到了家里。

普兴义和方月花从小一起长大，是青梅竹马的小伙伴。随着慢慢地长大，两人也逐渐懂事，总是喜欢在一起玩耍做事，不在一起时老是惦念对方。方月花家里有父母和一个阿弟，家境虽说不上殷实，却也可以温饱。普兴义和方月花之间的感情，随着年龄的增长也不断发展着。

这天，天气晴朗，太阳当顶有些热烘烘的，但山风也徐徐吹来，仍使人感到凉快。普兴义正在山林里专注地劈着柴，忽听到身后脆亮的喊声：“兴义阿哥，歇歇吧，我给你送晌午饭来了。”普兴义转身一看，见方月花手里捧着一个竹篾饭盒向他走来。方月花背着背皮带着砍刀，也是上山来砍柴的。她给普兴义送午饭来，是知道普兴义正在这里砍柴。普兴义见方月花给他送午饭来，心里的高兴自不必说，可他嘴上却说：“你给我送午饭来，这么远的路也挺难为你的。我是想把柴劈好就挑着回家做饭吃的，今天劈的柴多一点，就多用了一点时间，不想你就送午饭来了，真是劳烦你了。”

方月花说：“什么劳烦不劳烦，客气什么呢，你一早就出来砍柴，现在中午已过，肯定饿了，你就赶快吃吧。”说着把饭盒递给普兴义。又说：“你慢慢地吃，我就要去砍柴了。”

普兴义说：“你不要去砍了，我劈好的柴足够我们两个人拿的了，你就把劈好的柴捆作背子吧，我把剩下的两截木头劈好就吃饭。”说完将饭盒放好又劈起柴来。

方月花没有捆自己的柴背子，而是先把普兴义的柴担子捆好。一会儿普兴义将剩下的柴劈好了，就帮着方月花捆好柴背子，然后就坐下来吃午饭，方月花就坐在他身边歇息。普兴义打开饭盒，见饭盒里满满地盛着的白米饭上盖着几块腊肉和两个煎鸡蛋。显然这是方月花专门为他做的饭菜，普兴义心里自然明白，他吃着香喷喷的饭菜一股暖流传遍全身。他感动地说：“这么好的饭菜，简单一点就好。”方月花说：“你这么辛苦，饭菜当然要做得好一点啰。”普兴义说：“来，我把它分开，一人吃一半吧。”方月花说：“这是给你的，我刚吃饱了，不要了，你就尽管吃吧。”普兴义不由分说，趁方月花张嘴说话，把一块鸡蛋塞进她的嘴里。方月花咬住鸡蛋又从嘴里撕出一半塞进普兴义嘴里。两人亲昵地说笑着吃完了午饭，就挑（背）着柴高高兴兴地回家了。

普兴义和方月花两人的感情越来越深，随后发展成恋情，已经形影不离，难舍难分，直至私订终身。普兴义便托媒人到方月花家里去说亲，却遭到方月花父母的反对。他们认为普兴义不仅是孤儿，而且那么穷，家中只有三间草房和两亩薄田，平时还要打柴出卖方能度日，女儿嫁给他简直是去受苦。可是方月花却非普兴义不嫁。最后父母没有办法才同意将女儿嫁给普兴义。这除了方月花的坚持外，方月花父母最终也有这样的考虑：一则看到普兴义体格健壮，人勤快老实，是生产的一把好手；二则想到姑爷顶半个儿子，家中有事可随时叫来帮忙，而且嫁出去的女儿仍在本村，可免除远嫁他乡思念之苦。因此没有再阻拦女儿与普兴义的婚姻。父母既已同意婚事，普兴义和方月花都很高兴。

于是普兴义赶紧操办起自己的婚事来。

普兴义家是当地的外来户，父母是从外地搬迁来的，所以在六丫头村没有亲戚帮忙。大小事情都是普兴义一个人忙活。他将自家的草屋加盖了一层新茅草，还添置了一点家具，又买回了一些猪肉、两只鸡和几斤酒，备办了两桌酒席，凑了一点彩礼请两个朋友带上到方月花家去迎亲。方月花的父母也没有再为难普兴义，也没计较彩礼的多少，打点好嫁妆，请来几个亲戚去送亲，将女儿嫁给了普兴义。就这样，普兴义和方月花顺利地结了婚。

从此，普兴义和方月花就生活在一起，日子虽然清苦，但夫妻恩爱，勤劳持家，生活却也过得去，两人都感到甜美幸福。一年以后，方月花怀孕了，这可乐坏了普兴义，整天乐呵呵的，做活的劲头更足了，而且舍不得让方月花做活，总是叫她多休息。可方月花是勤快人，哪舍得休息，带着身孕尽量帮丈夫做事。

这天，普兴义要到山上去砍柴，他想多卖点柴禾为即将诞生的小宝贝置办一些东西。临走时他嘱咐挺着大肚子的方月花在家里好好休息，不要乱走动，说自己很快就会回来。这几天小宝贝在妻子的肚子里捣腾得厉害，方月花已感到肚子有些疼痛。普兴义估摸着孩子快要降生了，欣喜中多了一些对妻子的担忧，自然对妻子多交代了一番。

当普兴义挑着柴回来时，天上下起了小雨，雨未停又出了太阳。此时他看到自家屋顶的上空，架起了一弯绚丽的彩虹，五彩斑斓，好看极了。他想彩龙临门是个好兆头，就急急地赶回家。一进家门就听到了婴儿的啼哭声。啊！妻子临产啦？小宝贝降生了？他惊喜生疑间急忙奔到床前，只见方月花一脸疲惫地躺在床上，旁边的襁褓里睡着一脸红嫩的小宝贝，隔壁家的施大嫂正在床边忙碌着。原来普兴义走后，方月花感到肚子一阵阵疼痛，肚里的小家伙也鼓捣得更欢，她估计孩子要生了，就赶忙叫隔壁的施大嫂来帮忙，不多时孩子就出生了，是一个胖儿子。施大嫂看见普兴义回家来了，就笑呵呵地对他说："兴义阿弟，恭喜你生了一个小儿子，你当阿爹了。"普兴义听了激动得满脸堆笑，高兴得不由自主地直搓着手，一个劲地对施大嫂说："施大嫂，感谢你的帮忙，感谢你的帮忙。"一边说着一边伸手就要去抱儿子。施大嫂一把将他的手打了回去说："孩子刚生下来嫩弱得很，哪能让你这么抱的。先忍着吧，孩子有你抱的，你就快做饭去吧，我们都饿了。给你媳妇做好吃的，她需要补身子，孩子要吃奶呢。"普兴义缩回手傻笑着连连说："是，是，做好吃的，一定要做好吃的。”接着他关切地问妻子：“月花，身体怎么样？还疼吧？”方月花有些乏力地说：“没什么，就是感觉到累。”普兴义给妻子拉了拉被子说：“你就好好地躺着养好身子吧，屋里屋外的事情有我做呢，你放心好啦。”普兴义看到母子都平安，心里甚慰，立即从圈里捉来一只母鸡杀了煮上，他要给妻子补身子，也要好好招待施大嫂呢。

家中喜添贵子，普兴义的喜悦自不必说。他想着要给儿子起个好名字，但起个什么名字呢？他不识字，咬文嚼字的事他不懂，请个先生吧，也不必了，穷人家的孩子哪有这么多讲究。他忽然想起儿子出生时，自家房子的上空出现了彩虹，他想：“生子见彩虹，祥龙降草庐”，这是预示着极好的彩头呢，又看自家的破草屋，“草屋生龙儿”，就托这个福彩吧，愿儿子今后果真成龙，但不能忘记这个破草屋，这是他的根，是他的降生之地。因此，他就给儿子取名字叫“普丕”。“丕”在彝语发音里是破烂的意思，其名字寓蕴着永远不忘破草屋之意。普兴义对儿子的名字很满意，在儿子出生之日就叫起了这个名字。

普兴义一家人平静而温馨地生活着，小普丕也在清贫的日子中慢慢地长大了。夏日里的一天，三岁的普丕正在家门前玩耍，方月花在屋里做着家务，普兴义则在自家的稻谷田里忙着中耕薅除。这时阿稽竜村的豪强地主李士天，突然找到普兴义说：“普兴义，我家要增盖一座新院子，需要砍木料，你就来我家砍五天的木料吧。”

面对繁忙的农活，普兴义为难地对李士天说：“阿波对不起了，目前农活正忙着呢，这几天没有时间到你那里砍木料的。”

不料李士天却蛮横地说：“不行！如果你不来，我就断了你家的田水，让你家的稻苗枯死，我看你家吃什么，给你家喝西北风去。”

原来流进普兴义家稻田的水是从李士天家田边的水沟里流淌来的，如果李士天仗着权势真的断了普兴义家稻田的水，那普兴义家的稻田就会颗粒无收，一家人就将无法生活了，后果不堪设想。李士天是一个狠毒狡诈的人，什么事情都做得出来，他既这么说，也一定会这么做。因此普兴义只得问：“那么，阿波，一天给多少工钱？”

李士天更为霸道地说：“没有工钱，只管一天两顿饭，做活要‘两头黑’（即天不亮就干活至天黑了才歇工），后天就要来上工。”说完不由分说背手昂头地走了。

普兴义迫于李士天的淫威，无奈只得去给李士天砍木料。活做到第五天，由于劳累体力透支，又加上下雨路滑，普兴义在扛着沉重的木头下坡时，脚下一滑，扛着木头重重地跌坐在地上，在木头的重压下，他的腰椎摔折了，动弹不得被抬回了家。此后普兴义瘫卧在床，做不得活计。可李士天根本不管不顾。普兴义被李士天威逼着做了五天活计，不仅分文未进，反而落下了重伤。为了治好普兴义的伤，家里仅有的一点积蓄用光了，没有办法，只得向李士天借了三两高利息银子用于治疗，仍不见伤情好转。可怜的普兴义被李士天所逼去无偿做活致伤，反而向李士天借钱治疗，此苦情却无法诉说！最后只得变卖了赖以生存的两亩田继续治疗，最终也没有治好伤，普兴义就这样病死了。

普兴义家的这次灾难，不仅人财两空，而且还欠下了李士天三两银子的高利贷。普兴义没了，失去了家中的顶梁柱和两亩田地，方月花和普丕母子俩开始了苦难的生活。

在方月花母子生活陷入绝境的时候，李士天却来逼债了。他对方月花说："方月花，你家在治疗你男人普兴义伤病的时候，向我借的那三两银子，今天就得还给我。"

方月花母子连吃饭都困难，哪有银子还给他，方月花只得哀求李士天说："阿波，现在我家里实在没有钱还给你，你就宽限宽限，让我去帮人家做工挣钱来还给你吧。"

李士天轻蔑地说："哼，你去给人家做工挣钱还债，哪有这样容易的事。你就来我家做活吧，用你做活计的工钱来还你男人欠下的债。"听这口气似乎李士天早有预谋。

方月花别无选择，只得把年仅三岁的儿子普丕寄养在娘家，就到李士天家里做长工。她在李士天家里做勤杂工，什么挑水扫地，劈柴担水，喂猪喂鸡，刷碗洗菜，碾米磨面，无论脏活累活都要干，终日劳累，这样做了三年活计，不但丈夫的三两银子债没有还清，反而欠债增加到了六两银子。原来李士天的债利很高，加上利滚利，负债量很快就升高了。而付给方月花的工钱又很低，根本抵不了债务，致使负债成倍增长。方月花真是有苦说不出，只得忍气吞声，含泪劳作。她很想念儿子，但白天要做活，只得时不时在晚上连夜回去看望，天亮前又赶回来。

普丕离开阿嫫后住在阿婆家，很是乖巧，也很懂事，经常帮阿婆做家务，跟阿婆种菜拾柴，甚至下地做活，阿婆一家人也都很疼爱他。然而就在普丕五岁那年，阿婆家却发生了一次大灾害。这年夏天连日暴雨，洪水突涨，接着又发生了山体滑坡和泥石流，阿婆家的田地都被这场突如其来的泥石流掩埋了，所幸没伤及人畜。阿婆家没有办法，就举家搬迁到阿婆的娘家白达莫村去生活了。普丕却没有跟着去，他说他想念阿嫫，舍不得自己的家，执意要一个人留在家里生活。阿婆一家人拗不过他，只得让他留下来。阿婆舍不下他思念他，常常回来看望他，并给他带来粮食和蔬菜，阿嫫也经常回来看望他和带回一些食物。普丕也很争气，拾柴种菜，小小年纪就自己独立生活。

普丕六岁这一年，清明节到了，家家都上坟扫墓。方月花想起丈夫普兴义已去世三年，今年一定得去给丈夫上坟。在她的苦苦哀求下，李士天终于答应放她歇一天工去上坟。于是方月花回到家里，带着儿子去给丈夫上坟扫墓。母子俩来到坟地上，清理坟上及周围的茅草，又给坟堆添加了土块，接着上香烧纸钱磕头。方月花在坟前哭诉了一场，普丕也哀泣流下了痛苦的眼泪。母子俩扫完墓后就回家来了。回来时方月花顺路拾了一背干柴，还挖了一些野山药，采了一些野菜带回来。

在回家的路上，普丕问母亲："阿嫫，我阿爹是怎么死的？"儿子的问话触痛了母亲的伤心之处，方月花的眼睛一下子红了，眼泪在眼眶里直打转，她的情绪激动起来，她颤抖着声音，把当年李士天如何逼丈夫砍木料受伤致瘫，李士天竟不管不顾，家中如何想法筹钱治伤终不治，反欠下李士天三两高利息银子，自己因李士天逼债舍家离子做长工抵债，苦死累活三年反欠李士天六两银债的事，一股脑儿都告诉了儿子。普丕听了终于明白了父亲死亡的真相，他心里很痛苦，深深怀念父亲，更憎恨李士天，认为李士天是害人的坏蛋。

方月花母子俩一路说着话，来到了六丫头村所在的山坡上，已经离家不远了，便停下来坐在地埂上歇息。普丕举目瞭望，只见弯弯曲曲的槽子河流向远方，远处层峦叠嶂，掩映在黛青色的雾霾里。其中有座山峦很特别，活像一只巨大的灰猫横亘静卧在群山之中，十分显目。普丕过去曾无数次地看过这些群山，但从没有像今天这样看得认真过，也没有发现这座山如此逼真酷似猫山，普丕越看越觉得生动有趣，就对母亲说：“阿嫫，你看，前面那座山峰很像一只大猫爬在那里。”母亲说：“那确实曾是一只活大猫，先前还是一个人呢，后来为了救护人们免受灾害，才变成了一只巨大的山大猫，永远地爬在那里了，这里面有一个很感人的故事呢。”普丕听母亲这么一说十分惊奇，便吵着母亲讲讲这个故事。

于是母亲就给普丕讲起了山猫的故事。

古时候，大地上的老鼠十分猖獗，遍地乱蹿，又多又大，吃光了庄稼、粮食和可食用的东西，甚至啃伤大人，啃食婴儿，严重的鼠害使人们无法生活，不少人被饿死。人们千方百计拼命捕杀老鼠，但老鼠生性狡猾，跑得快，藏得深，繁殖多，越捕老鼠越多，人们苦不堪言，毫无办法，陷入绝境。那时村里有个叫阿咪的小孩，机灵无比，智慧过人，十分善于捕杀老鼠，无数的老鼠被他捕杀，然而仅靠一个人的神功是无法灭尽老鼠的，但他仍然竭尽全力灭鼠不停。这天，他正在野地里捕鼠的时候，来了一位鹤须童颜的老人。老人问他：“孩子，你在做什么？”阿咪回答说：“阿波，我在捕杀老鼠呢，可是老鼠越捕杀越多，我很着急呢。”老人说：“孩子，我有个办法可以捕杀完老鼠，不知你愿不愿意做？”阿咪忙说：“阿波，我愿意，我愿意的，只要捕杀完老鼠我都愿意，你就教我如何做吧。”老人说：“好，我就教你做。”说着随即拿起身上背着的葫芦说：“我这葫芦里有三颗金丹，你吃下第一颗，就会变成无数只猫，到处去捕食老鼠，就可以将老鼠捕杀完，当老鼠被灭绝后，你再吃第二颗金丹，就会立即变回人了，但你千万不能再吃第三颗金丹，否则就会变成一座巨大无比的猫形大山被固化，就永远变不回人了，你要牢记。可是没有第三颗，第一、二颗就不会起作用了，所以我把三颗金丹连葫芦都交给你了。”老人说着把装有金丹的葫芦郑重地递给了阿咪，阿咪也很郑重地接过了葫芦，随后老人就飘然而去了。还边走边高声说：“孩子，祝你成功！”阿咪目送老人消失在远方。

阿咪按照老人的教导立即取出一颗金丹吃下去，顿时他感到全身燥热，身体急剧膨胀，只听“砰”的一声巨响，他的身体爆裂成无数小块，每一小块又爆裂成更多的小块，最后每一小块都变成一只只健壮的猫，奔向四面八方去捕食老鼠。没过多久老鼠都被捕食殆尽，但唯独最后的一只老鼠，因猫过于高兴一时疏忽竟从嘴边逃走了，一下钻进了一道深深的石缝里怎么也抓不到了，这样这只老鼠剩了下来，才有了后来的老鼠，不然地面上就再也见不到老鼠了。

老鼠皆被灭掉，阿咪很高兴，即刻吃下第二颗金丹，阿咪又变回了人。鼠害被消除后，草木又变绿了，庄稼又长起来了，人们又过上了幸福的生活。

不料，正当人们安居乐业的时候，又发生了一场巨大的灾害。由于暴雨连月，发生了前所未有的大洪灾，无比巨大的洪流铺天盖地汹涌而来，眼看着村庄、人畜和庄稼等都将被洪水吞没。人们惊恐万状，不知所措。阿咪也焦急万分，他恨不得挡住洪水，帮助人们脱离灭顶之灾。正在危急时刻，他忽然想起那老人说过，吃了第三颗金丹就会变成一座巨大无比的猫形大山。想到此，他为了拯救人们，不顾一切地奔到洪峰跟前，吞下了第三颗金丹，他立即变成了一座猫形大山，挡住了滔天洪水。村庄、人员、牲畜和庄稼都保住了，可是阿咪却永远变成了一座再也无法改变的巨型猫山。阿咪凭着勇敢、智慧和善良，用自己的身体保护了人们。所以人们都很敬仰他，传颂他。这就是这座猫形大山的来历。

母亲讲完了猫山的故事，似乎自己的内心也被触动了，凝视着猫山沉思了一阵。

普丕听了无比震撼和感动，由此他想了很多很多，他十分敬佩阿咪的献身精神，他觉得阿咪是天底下最勇敢的好人。他甚至联想到李士天是只害人的大老鼠，要是自己能变成一只大猫，去抓捕李士天这只害鼠才好呢。而这些都深刻地影响了普丕的一生。从此，普丕每次看到这座猫形大山，都会忍不住多看上几眼，似乎会获得勇气和智慧。

方月花讲完故事后，就背起柴带着儿子回到了家，第二天一早又照常给李士天做活计。

这年初冬的一个早上，方月花在李士天家里打扫完猪厩后，就给猪群喂食。这时有两头猪为争食咬架，方月花急忙将它们隔离开来，然而有一只猪的耳朵被咬破了，血流不止。此时恰巧李士天来猪厩探视，看见了猪耳朵上淌着血，顿时怒气横生，破口大骂方月花："蠢女人！你怎么养的猪？我的猪都快被咬死啦！我打死你！"一边责骂一边不由分说地操起猪槽旁边的搅食棍，狠狠地朝方月花的头劈打下来，顿时，方月花头上血流如注。方月花遭此一击，只觉天旋地转，眼前一黑便跌倒在地，什么都不知道了。方月花的眼睛、鼻子和耳朵都流出了血。李士天见状却手操棍子，还狠狠地骂道："贱女人！看你还敢不敢把我的猪养成这样，今天给你个教训！"边骂边扬长而去。方月花被打得深度昏迷不省人事，而且一脸血迹，气息奄奄。李士天不仅不管不医，还狠毒地说："这个蠢女人已经是废人，留她在这里做什么？把她撵回去吧！"昏迷的方月花此时已生命垂危，哪里还能走呢？好心的工友们忍不住流着泪把方月花抬回了六丫头村家里。小普丕看到母亲这般模样，急得直哭，不断地呼喊着："阿嫫！阿嫫！"后来在亲友们的救护下，方月花才慢慢苏醒过来。但她的颅内严重受伤导致了双目失明，再也看不见东西了。失明后的方月花身体十分虚弱，而且经常会头疼，整天昏沉沉的，再也做不了活计了。家里一无所有，普丕年幼还不能自食其力，更不能挣钱养家，母子俩靠亲友们接济过日子，常常吃了上顿没下顿，日子过得异常悲苦。方月花整天以泪洗面，生活对于她除了黑暗还是黑暗，看不到一点光亮和希望。看到母亲万分痛苦，普丕向母亲问起头上的伤是怎么来的。方月花流着泪，悲愤地将遭李士天毒打致残成盲的经过如实告诉了儿子，普丕听后怒火中烧，更加认清了李士天的狠毒无情，心中又添了一层对李士天的愤恨。

这天清晨，朝霞格外地红，红得有点像血染。血红的霞光映照着普丕家破败的草房，连挂在屋檐下的一小串辣椒和几头大蒜，以及堆在房脚的一小堆柴禾，也像染上了一层血红色。普丕迎着霞光在屋子旁边的一块菜地里浇菜水，他身上的补丁衣服在霞光下变成了淡红色。普丕把一瓢瓢清水泼浇在青菜畦上，突然一只硕大的蟋蟀从青菜丛里蹿出来。普丕先是一愣，随即迅速放下瓢，伏身一把抓住蟋蟀后站起来喊道"你这可恶的东西，叫你跑来吃青菜，我让你滚蛋！"说罢把手一扬，将蟋蟀抛进了远处的草丛中。此时，屋里传来母亲孱弱而沙哑的声音："阿宝，丕儿、丕儿，你回来。"

普丕听到母亲的呼唤，边应着边跑回家去。家徒四壁的草屋内，被炊烟熏得黑黝黝的，靠墙的地方有两张支在土墼上的木床，床上垫着陈旧的草席，草席上是补丁摞补丁已分不出颜色的黑被子。房中央的火塘边，摆放着少许简陋破旧的炊具和碗筷，周边摆着几个供人坐的木墩子，屋角放着一口粮缸，但缸里是空的，见不到一粒粮食。火塘里没有一点火星，屋里霉暗阴冷。双目失明的方月花，木然地坐在火塘边的木墩子上，面容憔悴，头发紊乱，满身的补丁衣服也遮蔽不住她极度虚弱的身躯。她翕动干瘪的嘴唇，对跑回家来的孩子有气无力地喊道："阿宝，丕儿，来，坐到阿嫫身边来。""哎。"普丕应声乖巧地坐在母亲身边。

"丕儿，我的心肝，我可怜的儿子。"母亲一边流着泪一边抚摸着儿子的头说："你今年六岁了，别人家的孩子正是快乐地过童年生活的时候，可是阿嫫穷啊，不但不能给你上学，而且让你忍饥挨饿还让你种菜、拾柴、做活，阿嫫真是让你受苦啊。阿嫫真是对不起我儿啊，我心里难过呀！"说着母亲泪如雨下，声音哽咽泣不成声。稍停又声音嘶哑地说："现在我的眼睛瞎了，身体又这么弱，天天头痛头晕，什么活也做不了，家中没吃没穿，这日子怎么过呀。我母子俩怎么活呀。"阿嫫声泪俱下，悲痛至极。她的胸脯急剧地起伏，有点上气不接下气，似乎没有力气说下去了，无力地垂下头来，捂着脸呜呜地哭泣。

普丕见状，双手抱住母亲安慰道："阿嫫，你别难过。我已经长大了，我会做活的，我会养活你的，我还会还清阿爹的债。你在家里什么也不必做，我会出去做活挣钱养家的。"

母亲听了，抽噎着抬起头来，干黄的脸上似乎漾起一丝慰藉的笑意，随即又满脸布满阴霾紧蹙双眉，把儿子搂在怀里，无限疼爱地说："我的好儿子，你还小哇，你还做不了大人们的活计。阿嫫怎么能忍心你这么小就去受苦受累。我实在不忍心成为你的负担，不忍心拖累这么小的你啊。"母亲说到这里，气喘得说不下去，稍停又说："我的儿，我的心肝宝贝，你就听阿嫫的话，如果阿嫫没了，你就到白达莫村你阿婆家生活去，阿婆一家对你会很好的。这样，我死了也就可以安心地闭眼了。"说完母亲泪如泉涌，把儿子搂得更紧了，把脸贴在儿子的头上，久久不放开，母亲的眼泪顺着儿子的头发落在肩膀上，湿了一片。

普丕听了着急地说："阿嫫你不会死的，你的眼睛会好起来的，我哪里也不去，我要永远跟阿嫫在一起。"

母亲说："我的好儿子，不要说傻话了，哪有永远跟阿嫫在一起的事情。只在阿嫫身边是不会有出息的，你好好地记住阿嫫的话，照着阿嫫说的去做就是了。”

母亲终于松开了紧抱着儿子的手说：“我的乖儿子，你去抱一点柴禾进来，阿嫫把火塘的火燃起来，这屋里太冷了。”

普丕应声抱回柴禾。

普丕帮着母亲把火塘里的火燃起来。火塘里的火苗升起来了，一时间屋里烟雾腾腾，屋内开始有了一些暖意。火苗映照着方月花瘦削的脸庞和佝偻的身躯。她的表情悲苦、无助和绝望。一阵不安的沉默后，她像决定什么大事情似地对普丕说：“丕儿，今天家里没有一点吃的了，你到阿婆家去借点粮食回来，我母子俩好做饭吃呢。”

“哎，我就去。”普丕愉快地答应着，然后背起小背篓走出家门，又回头对母亲说：“阿嫫，你放心，你在家里好生歇着，我很快就会回来的，回来后我们就做饭吃。”说完急急地走了。

可是儿子刚走几步，母亲就用奇怪而急促的声音喊道：“丕儿，你回来！”

普丕不知何故母亲又让他回去，他狐疑地踅回到母亲身边。

母亲又一把紧紧地抱住儿子，生怕被人抢走似的。母亲的眼泪又顺着儿子的头发滴下来。许久，母亲饱含眼泪，在儿子额头上深深地吻了吻，理了理儿子凌乱的头发，又摸索着扣好儿子衣襟上的纽扣，并显出无限眷恋的神情，颤抖着声音说：“去吧，我的丕儿，我的好儿子，走吧，路上小心，一定要走好。”随着无限深情的嘱咐，母亲又泪如雨下。

儿子走了，母亲扶住门框，面对着儿子走去的方向一动不动。儿子远去的脚步声渐渐消失了，她还在不断地流着眼泪，久久地伫立着……

普丕在路上觉得母亲今天的神情有些怪，但他没有多想，只顾急急地赶路，他要早点从阿婆家里借回粮食来，母亲还在家里等着做饭吃呢。阿婆家住在白达莫村，离六丫头村有三里路，中午前是可以赶回家来的，普丕想着便加快了脚步。

快到中午的时候，普丕背着一个南瓜、几块红薯和一小袋米，急匆匆地走回家来，见门关着，便推门进去高声地喊道：“阿嫫，我回来了，粮食借回来了，我们快做饭吃吧。”但屋里没有阿嫫的应答声，普丕即刻有一种不祥的预感，顿时他的心提了起来，只见火塘里的火苗已经熄灭了，只有木炭还暗红着，他猛地抬头一看，豁然间看见母亲脖颈上套着索子直挺挺地吊在屋角的梁上。普丕直觉脑袋“嗡”的一声，如五雷轰顶，惊呆了！身上的背篓“咣当”一声掉在地上，南瓜、红薯和米袋滚在了地上。

“阿嫫！阿嫫！阿嫫！……”普丕撕心裂肺地哭着扑向母亲。

可是母亲再也不会答应了，母亲死了，母亲再也不会喊丕儿了！

普丕的痛哭声惊动了乡亲们，大家怀着悲痛的心情安葬普丕母亲时，普丕的阿舅也闻讯赶来帮助料理母亲的后事。母亲就葬在父亲身旁。

从此，六岁的普丕成了孤儿。

普丕记着母亲的话，收拾东西准备跟着阿舅到阿婆家生活。母亲的死是李士天造成的，小小的普丕更加憎恨李士天。

然而，李士天很快就知道了方月花死亡的事情，他来到普丕家，对普丕说：“普丕！你阿爹治伤时向我借的钱，你阿嫫还没还清就死了，人死债是不能死的，你做儿子的要继续还债。明天你到我家里做活，我让你放猪，用你做工的钱来还债。”

普丕听了，厌恶地说：“我不去！我要跟阿舅到阿婆家生活去。”

李士天听了冷笑道：“哼！你不去我那里做工，要到阿婆家生活去。好哇，就让你阿舅和阿婆来还欠我的债吧。”

普丕听了，沉默了。他想，李士天本来就狠毒，又欠着他的债，他是不会放过他的。如果他到阿婆家生活，李士天会逼迫阿婆家还债，那阿婆家就没有安生日子过了。不行，不能连累阿婆家！父母欠的钱只能自己去还。他还想，自己已经长大了，要自食其力独立生活了，不能再去麻烦和依靠阿婆家过日子了。他又想，欠李士天区区几两银子算什么，凭他的劳动要不了多久就会还清的，到时你李士天还有什么话可说。天真的普丕哪里想得到，就是这几两银子，竟像一座大山压得他多少年都翻不了身。

尽管普丕万般不愿意，但最终还是同意到李士天家里做长工。

李士天逼死了普丕的父亲，又害死了普丕的母亲，使之家破人亡，最终还使普丕沦为了他家的长工。普丕幼小的心田里，深深地播下了对李士天的憎恨和反抗的种子。

第二回 六岁少儿早当长工 青涩牧童初放毛猪

普丕怀着对失去母亲的无限悲痛，怀着对故土和自家草屋的深切眷恋，孤身一人来到阿稽竜村李士天家里，成了李士天的长工，做起了放猪的牧童。

阿稽竜村子坐落在青龙山西面的半坡上，与六丫头村间隔槽子河遥遥相望。阿稽竜村是当地的一个大村子，住有百十户人家。李士天是村里有名的豪强地主，拥有良田数百亩，畜禽遍野，杂役长工成群，是雄霸一方的大户人家。李士天的大宅院在村子中央，由两幢大型四合院相连构成。大院青砖白瓦，红柱绿檐，雕龙刻凤，很是气派威严，在众多的农舍中鹤立鸡群，十分显目。阿稽竜村背靠青山，面向槽子河。村后群山连绵，森林茂密，泉水充沛。村子左右两边广布着梯田，村子前面的山坡上层层梯田延伸至槽子河边。

李士天身为大财主，家中金银财宝无数，但生性吝啬，贪得无厌，狡诈狠毒，为富不仁，依仗权势，横夺暴敛，欺压盘剥四方村民。村民们慑于其淫威，敢怒不敢言，心中积怨甚深。

普丕离开家里破旧的茅草屋，来到李士天的豪华大院里，就像到了另一个世界，看到了这里的富丽堂皇。身居这样的地方，却感觉不到入住天堂的快乐，反而觉得深陷魔窟一般，感到阴森恐怖，如入地狱，而李士天就是坐在这地狱里的魔主。普丕的内心既有新奇，而更多的是惶恐。就在这样的环境中，他开始了漫长而艰辛的长工生活。

李士天让普丕放牧一大群毛猪，大小有百余头。就这样普丕由此开始了在李士天家放猪的日子。

阿稽竜后山是广袤的青山绿野，草木葳蕤，是天然的放牧场地。

每天，普丕都与猪群为伴，早晨赶着猪群进牧场，傍晚吆着猪群回家来。每当猪群早出晚归，哼哼呀呀一大群猪，穿街过巷，好生热闹。要照管好这群毛猪，实属不易，好在毛猪是群居动物，不轻易离群，而且性情温顺，虽然偶有争斗，但更多的是聚群而居相依相随，倘有猪离群，就会惊恐不安，觅群而归。因此不会轻易遗失一头猪，这倒使普丕放心，免了寻猪之苦。普丕又是机灵的孩子，放牧这群毛猪倒也顺利。这群毛猪原来是一个老头在放牧，因老头突然暴病而亡，所以李士天就交给普丕放养。

放牧生猪，其实也是一桩辛苦活计。不论刮风下雨，不管酷暑严寒，每天都要赶着猪群进山饲放。小普丕天天赶着猪群，风里来雨里去，从村子到山野，又从山野到村子，出出进进地饲放不歇。山野里林木葱郁，青草覆地，花果遍布，各种毛猪食料是丰富的，猪群每天都能吃得很饱，生长也快。李士天也就不断地出卖肥猪，收入颇丰。

普丕在李士天家里做牧童放猪群，这对他来讲是一件全新的事情。从他记事起，家里就从来没养过猪，更没有放过猪。加之普丕年纪尚小，全然没有饲放毛猪的经验，是完全陌生的活计。但凭着他的勤快和聪明，他很快就掌握了放牧猪群的要领及门道，了解了生猪的习性和特点。他年纪虽小却把猪放养得很好，受到人们的赞扬。然而最让他头疼的是母猪生仔猪时的照管。在猪群中就有不少能繁母猪，每月都有几头母猪生小猪。母猪快要产仔时要隔离喂养，使之顺利生产，待仔猪双月后连同母猪一齐入群放养。这就要准确地判断出母猪的生产期。普丕开始没有这些经验，掌握不好。有时隔离早了待产期过长，增加饲养成本，有时隔离晚了，就在山上放牧时产仔，难免造成仔猪折损，为此他没少受李士天的责骂。但聪明的普丕不久就很好地掌握了产仔期，使母猪顺利安全地产下仔来，让大人们对他刮目相看。

普丕很快就成了一个优秀的放猪童，他能用特别的发声和指令招呼放牧猪群。他吆喝一声，猪群就会按他的指令，或走或停或聚或散，就像一个将军指挥士兵一般自如。

每天清早，普丕就到产仔的母猪厩里照看清扫喂食，厩里随时都有五六头待产和已产母猪，有问题及时处理。当太阳从东山顶上升起的时候，普丕就把要放的猪群赶进山里放牧。欢快的猪群就哼哼呀呀地奔跑着在山林里觅食。普丕常常把猪群赶到草木最丰盛的地方去饲放。有时还会爬到高高的野果树上，用杆子把果子噼里啪啦地打落让猪啃食，猪群总是吃得肚圆体肥。吃饱了猪群会撒欢打闹，有时甚至会互相斗狠，伤及对方，普丕就会及时驱赶分离。

在放牧的树林里，有许多飞禽走兽出没。牧场里不仅是猪群的觅食撒欢之地，而且是麂子、兔子、松鼠、野鸡等的乐园，这些山林中的禽兽每天都与猪群和普丕为伴。

有时，普丕会看见一只松鼠摇着大尾巴在树木的枝条间跳来跳去，还会好奇而友好地向普丕张望。有时会看见一只兔子从草丛间蹿出来，一蹦一跳地在猪群中相伴吃草。忽然又会飞一般地跳跃而去停在远处，站立着呆望普丕，再用双手抹洗脸面，末了跑得无影无踪。有时会看见两只野鸡在灌木间的草地上，抖动漂亮的羽毛欢跳嬉戏，舞姿十人优美，令人赏心悦目。有时会看见一只棕褐色的麂子从树丛中出来，看见普丕后又慌忙号叫着奔驰而去。

普丕虽然孤身一人在山林里放猪，但他置身于这青山绿野中，觉得周围的一切是那样的美丽、生动而诱人，这使他常常忘记辛劳，心情会愉悦起来。有时他会把猪群放牧在林间草地上，就着伸展的树枝搭个凉棚，棚内地上铺上翠绿的蕨菜叶子，躺在里面闭目歇息，怡然自得。有时会采来五颜六色的鲜花编个花环戴在头上，肆意在林间奔跑尽欢，自寻其乐。甚至有时动情地向林间的动物们喊话交流，坦露心迹。高兴至极时还会亮起尖脆的童音欢唱起山歌，让歌声传得很远很远……

生活当然是苦难的，唯有大自然给普丕带来欢乐。

然而当普丕清静下来的时候，内心会翻腾起那些刻骨铭心的痛苦。他常常想起他家那破旧的草屋，想起凄惨死去的父母，想起慈祥的阿婆，不知阿婆现在是否安康？在母亲给李士天做长工的那些年头里，他大部分时间都是在阿婆家里生活的，那是他最幸福的日子。与阿婆吃睡在一起，跟阿婆养鸡养鸭，种菜拾柴，上山摘野菜拾菌子。

阿婆教他唱山歌，他现在会唱的山歌都是阿婆教的。阿婆还常常给他讲故事，每次都让他听得入迷。其中他对阿婆讲的《神笔里那》的故事印象最深刻，记得特别清楚。此时他又一次回忆起了这个让他震撼心灵的故事。

很早以前，在可拉莫的地方，有一个村子叫阿拉冲，山清水秀，村子依山临水，村人们安居乐业，祥和愉快地生活。村子东头住着一户年轻的夫妇，丈夫叫木可，妻子叫米善，木可父母双亡，家有三间草房，几亩田地。夫妻俩十分恩爱，勤劳善良，耕田种地为生。家境虽然不富裕，日子却也过得甜蜜。这年春天，家里喜添了一个宝贝儿子，夫妻俩欣喜万分。父亲给儿子取名可莫。小可莫的诞生给家里带来了无限的欢乐和希望，草屋里欢声笑语不断，家里充满了幸福。小可莫十分乖巧可爱，红红的脸蛋，亮亮的眼睛，一笑现出两个小酒窝。可莫仅半岁就能爬行自如，咿呀学语，夫妻俩疼爱有加，可莫一天天长大，愈加惹人喜爱。

就在可莫一岁的时候，村里来了一对逃难的年轻夫妻。二人衣服褴褛，蓬头垢面，面容憔悴，疲惫至极，身无分文和一粒粮食，一路讨饭来到这里。此时日落西山暮色苍茫，他们实在走不动了，便来到木可家里讨饭借宿。木可夫妇看到这对落难的夫妻，十分同情，立即笑脸相迎，热情接待。不仅让他们洗身净体，还拿出家里的衣服给他们换上，好茶好饭地招待他们。这对逃难夫妻十分感激，在交谈中他们流着眼泪讲述了身世和逃难的经过。

丈夫叫索里，妻子叫扎西，家住在遥远的东方山脚下的者冲村。家乡水源充沛，土地肥沃，物产丰富，生活富裕。家中有父母二老，还有一个两岁的男孩，一家人过着幸福的生活。当时正值多雨季节的夏日，田地里的庄稼正是疯长期，一天比一天长，丰收有望。可这段时间连日暴雨，洪水猛涨，大片的田里灌满了水，庄稼被淹。这天下午，夫妻二人冒着暴雨到田地里排水，二老在家里带领小孩做家务。正在夫妻二人在田里奋力排水的时候，雨越下越大，暴雨如注，下个不停。四周全是一片哗哗的下雨声，洪水四溢。忽然听到撕天劈地般的轰隆隆一声巨响，夫妻二人惊骇地循声望去，只见村子后面大半个山坡天崩地裂，倾泻而下，瞬间埋掉了整个村子，一场巨大的泥石流灾害发生了，汹涌的洪水裹卷着泥沙呼隆隆地奔流而下，埋没一切，经过之地均被夷为沙涂。顿时，泥石流震天动地咆哮着，排山倒海地向他俩冲来。索里见大事不好，一把拽住惊呆了的扎西飞快地跑向田边的山脚，拼命往山上爬去，狂暴的泥石流竟擦着他俩的脚后跟呼啸而去。所幸二人跑得快躲过了这场灾难。但村子没了，家没了，父母和孩子没了，田地也没了，一切都被泥石流掩埋了，整个村子就只剩下了他俩。面对这突如其来的灾难和变故，夫妻二人痛苦至极，相抱着嚎啕大哭，直哭了一天一夜。然而失去的一切都不会回来了，二人既没有半粒食粮，也身无分文，无奈地走上了逃难之路，去寻觅能落脚生活的地方。饿了吃一点野果，渴了喝一捧山里的泉水，一路讨饭过来，路途遥遥无可落脚之地。也不知经过了多少时日，走过了多少路程来到了这里。二人已经面黄肌瘦，精疲力竭，快坚持不住了，却还不知道逃难的路尽头在哪里，不知道哪里才是落脚生活的地方……

木可夫妇听了索里夫妇悲惨的讲述，难过得流下了眼泪，十分同情索里夫妇的不幸遭遇。木可满怀深情地对他们说："可怜的索里阿弟和扎西阿妹，你们遇到如此的不幸和遭遇，受尽了苦难，我们一家人深表难过和同情！我要对你们说，你们逃难的路程已经到了尽头，这里就是你们落脚生活的地方和你们的家。你们不嫌弃就在这里跟我们一起生活吧，不要再四处逃难和流浪了。只要我们有吃的就不给你们饿着，只要我们有住的就不给你们受寒，让我们两家人在一起创造未来的生活吧！"

索里夫妇听后真是"拨开乌云见青天，山穷水尽逢生处"，喜出望外，感激不尽，再三致谢。从此，索里夫妇结束了逃难生活，在木可家里住了下来。不久在木可家的帮助下，索里家盖起了三间草房，开垦了几亩田地，安定地生活起来。两家人亲如兄弟，互相帮助，辛勤劳作，两家人的生活都渐渐好起来，对未来的生活充满了希望。

第二年，索里家里添了一个儿子。这对于历尽劫难和颠簸，刚过上稳定生活的索里夫妇，是天大的喜事。两口子欣喜万分，木可夫妇也前来祝贺。患难已去又喜添人丁，两家人都十分高兴。索里给儿子起名叫里那。从此，索里家里充满了欢乐，一扫昔日的郁闷之情。不料正当两家人满怀希望地奔向新生活的时候，却发生了一场意外事故。这是一个阳光炎炎的日子，然而西风较大。木可去远地里劳动，米善在家里照看孩子。时近中午孩子睡着后，米善到村外的菜地摘菜，就在这当儿，一阵强风吹来，把火塘中埋在炭灰里的火星子吹到了屋间的草壁上点燃了。一时间火借风势，草壁熊熊燃烧起来，不一会儿整个草屋都烧着了，风高物燥火势猛烈。此时索里正在附近的田地里做活，看到木可家发生火灾，大吃一惊！

立即丢下手中的活计去救火。正在自家屋里忙事情的扎西，也赶忙奔去救火。索里夫妇冒着生命危险冲进火海里，抱出了正在熟睡中的木可的儿子可莫和一些被褥粮食，可是大部分家产和房子都烧光了，成了一堆灰烬。这突如其来的灾祸使木可夫妇遭受了巨大的损失，所幸一家人平安无恙。索里夫妇安慰了木可夫妇，把木可夫妇接来家里居住和生活。接着两家人清除灰烬，在房屋原址上又盖起了三间新草房，使木可夫妇很快又有了新家，安居了下来。这一次灾害使两家的感情更深了，犹如一家，患难与共，生死相依。

正当两家人团结互助，勤勉耕作，生活蒸蒸日上的时候，索里家却又经历了一场灭顶之灾。这年，索里家的几亩包谷地长势非常好，杆粗叶肥，一片绿油油，透着丰收的前景，索里夫妇十分高兴。然而夏日里的一场强风把许多包谷都刮倒了，必须要立即扶起培土，否则会严重影响产量。索里赶忙去包谷地里扶苗培土，扎西也把两岁的儿子托付给米善照看，帮着丈夫忙活。夫妻俩紧忙着把一棵棵倒伏的包谷扶正后牢实地培好土。此时烈日当空，很是闷热。然而正所谓“天有不测风雨，人有旦夕祸福”，突然天气骤变，狂风顿起，天空乌云密布，雷鸣电闪，大雨倾盆而下。索里夫妇立即跑到田边一棵大树下避雨，刚来到树下，随着一道闪电，一声巨响，大树瞬间被雷电劈成两半，索里夫妇当即也触电身亡。当木可等乡亲们赶来时，只看到了索里夫妇两具被烧成焦炭的死尸。真是“屋漏偏遇连阴雨”，多灾多难的索里夫妇还是被灾难夺去了生命。大家怀着悲痛的心情安葬了索里夫妇。索里夫妇没了，他们的儿子里那便成了孤儿，成了木可夫妇的养子。这小里那倒也十分乖巧，不哭不闹，温顺听话，似乎懂得家庭父母的不幸。木可夫妇对可怜的小里那更是疼爱有加，视为己出，精心抚养。从此木可夫妇就带着可莫和里那两个孩子生活。日子一天天过去，可莫和里那两个孩子渐渐长大。可莫憨厚老实，里那机敏聪颖。两人在一起玩耍，也常帮大人们做事。两个孩子都非常可爱。

这一年可莫到了四岁，里那三岁，随着年龄的增长，两个孩子不同的性格和兴趣爱好愈来愈明显。可莫喜欢玩石块泥球，每天把自己弄得浑身泥土，为此没有少受父母的责怪，而里那却喜欢写写画画，在沙地和石板上画这画那，摆弄着画些鸟儿虫儿什么的，乐此不疲，画个不停。虽然年纪尚小倒也画得几分神似，大人们看了称奇。

就在天真无邪的孩子们逐渐长大的时候，又一场巨大无比的灾难降临了。可拉莫地区发生了空前绝后的大旱灾，水源断流，庄稼绝收，草木枯萎，出现了严重的饥荒，到处是饿殍。木可家几乎靠吃草根树皮度日，仅有的一点粮食只能给两个孩子喝点粥。到后来粮食越来越少，不够两个孩子吃了，没有办法，木可夫妇只得让自己的孩子可莫也吃草根树皮，让索里夫妇遗下的孩子里那吃粥。幼小的可莫哪里受得住吃草根树皮，瘦得皮包骨头，极度虚弱，不久便死了。木可夫妇流着泪掩埋了自己心爱的儿子。可怜的可莫饿死了，里那终于活了下来。后来干旱渐渐解除，庄稼生长起来，生活慢慢恢复过来。木可夫妇带着里那生活。

里那在木可夫妇的抚养下顺利地长大。当他长到七八岁时就十分勤快地帮大人们做家务和农活了。同时一有空就画各种动物，而且所画的飞禽走兽都活灵活现，形象逼真，就像真的一样。里那到了十五六岁，长得很俊帅，人聪明善良，勤快能干，已经是家里的一把劳动好手了。里那称木可和米善为阿爹阿嫫，但木可夫妇坚持要称大爹大嫫，意思是要里那永远不忘自己的亲生父母。这期间木可夫妇添了一个女儿，取名叫可念。可念长得漂亮伶俐，喜欢跟里那阿哥玩耍学画。

这天，里那带上几个面饼作为晌午饭，到离家较远的一块坡地上种芋头。中午休息时顾不上吃午饭，就在地边的沙土上用木棍画起一群牛羊。这时只见山路上一个瘦弱的老人杵着拐棍颤颤悠悠地走来，快到里那跟前时不慎被石块绊倒了。里那急忙跑过去扶起老人在自己身边歇息，问老人怎么一个人赶路，要到哪里去。老人说要到女儿家去，几年没见到女儿很想念的，不想年纪大路途遥远，行走缓慢。途中饥渴，心慌脚软，以至于被路上的石块绊倒了。里那听了立即拿出自己的面饼午饭和饮水给老人吃喝。老人也不推辞，接过来吃饱喝足，立即显得精神大增。老人看到里那在沙地上画的牛羊群，赞不绝口。说里那是个好后生，前途无量，并鼓励里那以后要好好作画，造福人们。最后老人从身上掏出一支金色的画笔交给里那说："好小伙子，感谢你给我吃饱喝足，我没有什么，就把我家祖传下来的这支画笔给你作为谢礼吧。这是一支画飞禽走兽的专用笔，以后你就用这支画笔画它们吧。你会画得更生动，更适用的。"里那十分欣喜，郑重地从老人手中接过了画笔。末了老人起身便走，说还要赶路到女儿那里。里那要送老人一程路，老人坚持不依，说自己完全可以走的，说着就迈着稳健的步伐走了。里那看见老人的衣服单薄恐受风寒，就脱下自己的上衣给老人穿上。老人欣然接受，走了几步又回头对里那说："孩子，以后你需要什么飞禽走兽你就用画笔来画吧，它会给你带来好福气的。你要给穷人们多画一些，让他们能过上好日子。"老人说完扬长而去，很快就消失在群山之中。

傍晚，劳累了一天的里那忍着饥渴收工回到家里，见大爹外出劳动还未归来，可念小妹在门外玩耍着，大嫫的晚饭还未做熟，就一个人在桌边歇息喝水。他想起老人送画笔时说需要什么飞禽走兽就画什么，而且会给他带来福气的话。他很好奇，就拿起那只老人送给他的画笔，在屋内地上画了一只小狗。忽然奇迹出现了，地上画的小狗立即变成了一只可爱的真小狗，对里那摇着尾巴"汪汪"地叫唤，他感到十分惊奇。紧接着他画了一只母鸡，画中的母鸡即刻变成了一只真母鸡，咯咯地叫着绕行在桌旁。他又画了一窝鸡蛋也立刻变成了真鸡蛋。里那欣喜万分！原来他白天遇到的那位老者是一位仙人，看见里那果真绘画出色，心地善良，特意送给他一支仙笔，让他画飞禽走兽扶贫济困。里那很快给家里画了一批牛羊，大爹大妈出卖了其中一部分盖了一幢新房子，购置了一些田地，过上了幸福的生活，还送可念去读了私塾。

里那牢记着老人"要给穷苦的人们多画画"的话，不久就告别了恩重如山的大爹大嫫，告别了心爱的可念阿妹，离开了温暖的家，云游四方，用画笔普济天下。画出鲜活的家禽家畜送给那些贫困的人家，使他们过上好日子。里那用画笔救助了无数的贫困人家。多少年以后，传说里那最终画了一只大白鹤和那个送给他画笔的老仙人，骑着大白鹤飞到天上去了。

这就是外婆当年给普丕讲的神笔里那的故事，这个凄美而动人的故事，多少年过去了，普丕仍然十分清晰地记得，现在回想起这个故事，依然让他激动不已。

此刻刮来一阵山风，树林里立即响起了一片松涛声，普丕停止了回忆。远处有一只杜鹃鸟在不停地啼叫，草地上猪群的铃铛声时响时停，当顶的阳光从树叶缝隙斑驳地照射在地上。普丕坐靠在一棵大树上遥望远方。此刻他又想起了悲惨死去的父母，想起了他家那破旧但温馨的茅草屋，禁不住流下了眼泪。想着想着，他感到一阵困意便闭上眼睛。悠然间他觉得恍恍惚惚，身体飘荡起来，落到了一处五彩缤纷的花园里。花丛间蜂飞蝶舞，流水潺潺，不知从哪里传来一阵阵美妙的音乐。忽然他看见花园那边阿爹走来了，他似乎从来没有见过阿爹，原来阿爹这么高大帅气，神采奕奕。正微笑着张开双臂向他走来，嘴里还甜甜地喊着："普丕，我们的儿子，我的好儿子！"在阿爹身后阿嫫也来了，阿嫫花枝招展，穿得非常漂亮，闪亮亮的衣服镶着五彩的花边，头上戴着精美的喜鹊帽，脸上灿烂地笑着。他欣喜若狂，大声笑着朝阿爹阿嫫奔跑过去。阿爹抱着他高高地举起来又放下，阿嫫一个劲地亲吻他，他感到无比温暖和幸福。忽然美妙的音乐声大起来，阿爹阿嫫拉着他随着音乐跳起舞来，所有的鲜花也跳起舞来，溪水还唱起了歌。突然远处传来了一阵咚咚的鼓声，音乐停止了，周围响起了奇怪的声音。阿爹阿嫫说："那边叫我们了，我们得赶快走了！"说着丢下他轻飘飘地走了，他急了，高声喊着："阿爹，阿嫫，等等我，带我一起去！"可是阿爹阿嫫头也不回地走了。他哭喊着紧紧地追赶，可怎么也追不上，忽然阿爹阿嫫也不见了，他着急地大哭起来……

忽然一阵毛猪的撕咬嚎叫声把普丕从睡梦中惊醒了。原来是两头猪在咬架，他揉了揉眼睛站起来赶开了咬架的猪，一切又恢复了平静。他又重新坐下来靠在树上，回忆起刚才的梦境。更加想念阿爹阿嫫了，可他永远见不到阿爹阿嫫，只能在梦中相见，普丕禁不住流下了眼泪。

普丕做牧童的放猪生活辛劳自不必说，得风雨无阻，踏霜披雪，顶暑冒寒，天天要赶着猪群，奔走在林间野地里。但大自然的美丽、清新和生动也会给他带来许多欢欣。他不仅会唱山歌，还会用树叶吹奏歌曲，每当劳累和寂寞的时候，他就经常会用树叶吹奏山歌，他那清脆而动听的山歌树叶吹奏声，久久在林间萦绕回荡。

奇怪的是普丕一旦用树叶吹奏山歌，猪群就会停止吃料，抬头竖耳地静听，甚至远处的猪会循声聚拢过来聆听，他发现猪群对他吹奏的哨声特别敏感。于是他灵机一动，用树叶吹哨声训练猪群，改吆喝声为哨声指挥放牧猪群。不几天他就把猪群训练得很听话，随着他的哨声猪群就会聚拢来，说走就走，说停就停，比先前用吆喝声指挥更听话、更自如。普丕真是成了名符其实的“猪官”。大家都说普丕用哨声指挥猪群比将军指挥军队还有效。这使普丕既欣喜又自豪。

一头叫“粗脖子”的领头猪，膘肥体壮，肥头大耳，在猪群里颇为威风。普丕特意训练它，给它洗澡挠痒，与它贴身打滚，还摘来上好的野果给它吃，十分亲密。这头猪常常会跑到普丕跟前要东西吃，这时候，普丕就用盐巴和美味的野果喂它，让它更听话。普丕把这头猪训练出来后，猪群就好放多了。他把领头猪当坐骑，骑着它巡视猪群，回家时骑着它带领猪群回来，去放牧时骑着它带领猪群到牧场。人们看见了既惊奇又好笑，称赞不已。

在普丕放牧猪群的山林间有一条泉水溪流，终年汩汩流淌，水又凉又甜。溪水边上花草丰盛，各种野果也较多，普丕常把猪群赶到那里去放，让猪吃饱喝足，自己也趴在溪边痛饮一番。这条小溪不仅流向村里是村里的饮用水，而且灌溉着许多田地。

这天，普丕在溪水边的草地里放猪，不期遇到了来放牛的一个同村老人，老人知道普丕的身世，很同情普丕一家的遭遇。两人就坐在小溪边的一个山包上闲聊。在这里透过林木隐约可见远处的阿稽竜村子。普丕望着阿稽竜村子问老人：“阿波，这个村子为什么叫阿稽竜？”

老人听了抬头望着阿稽竜村子说：“哦！阿稽竜这个村子的名称，说起来跟面前的这条小溪有着直接的联系呢。”

“跟这条小溪流有直接的联系？”普丕不解，好奇地问道。

“是的，这里有一个很感人的故事呢。”老人清楚而明确地回答。

“真的吗？那，阿波，你就给我讲讲这个故事吧，我可想听呢。”普丕听说有故事，很想知道，急切地恳求老人说。

老人低头沉思了一下，然后抬起头来说：“好，今天我就给你讲讲这个故事，这也是上辈老人讲给我听的。”于是老人就娓娓地讲述起来。

阿稽竜一带原来是贫瘠的山梁，缺少水源，树木稀少，村里只有七八户人家。人们生活十分贫困，加上连年干旱，人们连水都喝不上，村里竟有人畜被渴死。那时村里有个漂亮的姑娘叫索雅。索雅聪慧、勤快而善良。她看到村里的人们因缺水而受尽了磨难煎熬，就一个人扛上锄头，离开村子爬山入箐去寻找水源，她看到有树林的地方就挖，见到有青草的地方就扒，期盼能够找到水源。索雅日夜不停地寻找，不知挖了多少土扒了多少坑，她带着的食粮和饮水都用完了，仍没有找到水源，但她毫不气馁，继续寻找不止。这天她来到阿稽山的一片山洼里，见山洼边沿的一处沙土很湿润，长着青葱的绿草和美丽的鲜花。她高兴极了，想着此处一定会有水源，于是使劲地挖起来，可直到挖出了一个大坑仍不见水源。此时她连日劳累又缺粮断水，已经是又饥又渴又乏，精疲力竭了，但她仍然挖坑不停，最后终于坚持不住，在极度的饥饿和疲劳中倒在坑里累死了，人们悲痛地把索雅埋在这个土坑里。不料就在当天晚上，人们在村子里看见埋葬索雅的那片洼地的上空，雷鸣电闪，一片通红，一条青龙在电光中腾云驾雾地盘旋，久久不停。第二天天亮后，人们惊奇地跑到那里去看，只见掩埋索雅的土坑，已经变成了清汪汪的水塘。塘里泉水喷涌，顺着山箐源源不断地流向田野和村里。人们欢喜若狂，奔走呼喊："有水啦！有水啦！"许多人还趴在流水边埋头痛饮起来，不少人都流下了激动的泪水。人们都感动地说："索雅姑娘变成了一条青龙，吐出泉水，泽福村人们来了！"从此，有了水源，阿稽竜一带青山绿野，溪流潺潺，五谷丰登，六畜兴旺，人丁繁衍，成了一方福地。

讲到这里老人停下来，从棕批叶挎包里掏出旱烟点上，吧嗒吧嗒地吸了几口，吐出一口浓浓的烟雾，又继续讲道："人们有了充足的水源，过上了美好的生活，可偏偏这时人们患上了一种叫'稽布'（疥癣）的传染性皮肤病，奇痒难耐，挠破流脓，很难治愈，人们痛苦不堪。万般无奈下，为了减轻痛苦，人们就用这泉水擦洗身体。不料奇迹发生了，人们身上的'稽布'迅速好了。人们欣喜万分，想不到这泉水还能治'稽布'病。这真是药水呀，这也是索雅姑娘的神力啊！人们是这样认为的。因为泉水是从阿稽山洼地里流出来的龙水，因此这泉水就叫'阿稽竜'（汉语意为阿稽龙），后来村子也就因这泉水而叫作'阿稽竜'村了。这就是阿稽竜村的来历。"

老人的故事讲完了，沉默起来，只是拿着旱烟一个劲地抽起来，一团团白色的烟雾从他的嘴里不断地喷出来，又丝丝缕缕地在他头顶上空飘散。普丕听得入神，双手托着下巴，眼睁睁地盯着老人的脸，等待着老人继续讲下去。老人却扭头看着普丕摊开双手说："怎么，还想听吗？讲完了呀！”普丕这才缓过神来，不好意思地笑了。

不过老人又缓缓地说道：“索雅姑娘真是个好人啊！她的心像月亮一般亮堂，她用自己的生命换来了甘甜的泉水，造福了人们，我们世世代代都享受着她的恩泽呐！我们得像索雅姑娘一样要做善人哪！可是李士天从小喝着索雅姑娘的泉水长大，如今成了大富人，却为富不仁，只顾千方百计地压榨穷人们的血汗，不管别人的死活，真是没良心啊！他最终会得到报应的！”说完老人起身告辞普丕，去追赶他放牧的已经走远的牛群去了。

普丕静静地坐在那里半晌不动。索雅姑娘舍己为人的故事深深地震撼了他的心灵。他十分佩服索雅的贤惠和勇敢，他深深地思索着，似乎想了很多。

此时，草地上猪群哼哼呀呀的叫声惊醒了他，他发觉太阳已靠近西山，该是回家的时候了。他吹响了哨声聚拢猪群后，骑上那头“粗脖子”领头猪，赶着猪群回到村里。

普丕在李士天家里做长工，不仅是放猪的牧童，而且还是做劳务的杂役。除白天在山林里放猪外，早晚还得挑水扫地劈柴担粪做杂活。这不，普丕一放猪回来，李士天就叫他去劈柴了。

普丕年纪虽小，却勤快能干，李士天像抽陀螺一样整天团团使唤他。李士天看着在自己驱使下忙着做这做那的小普丕，心中甚为得意。他心里盘算着怎样奴役普丕一辈子，为自己挣来更多的财富。

第三回 放牧场上害病获救 逮住野兔分送三处

普丕在李士天家里当长工放猪，李士天没有因为普丕年幼而有所怜悯，反而想方设法让普丕做更多的事情。除每日白天让普丕放猪外，早晚还让普丕做许多杂事，使得普丕一天到晚忙碌，活像个被耍的猴儿东奔西跑，没有休息时间。

这天早上天刚亮，普丕就要去母猪厩里清扫喂食，李士天却没好气地对他说："普丕，你到施大明家里去看看，他为什么昨天没来做工？你去告诉他说我叫他赶快来做工。"

施大明是李士天家里的长工，一个四十来岁的男人，普丕跟他见过几次面，但不知道他的家住在哪里。所以普丕对李士天说："阿波，我不知道施大明的家住在哪里，恐怕难找到他。"

李士天却吼起来："废什么话！难道你不会问吗？不会找吗？啰唆什么？还不快去！"

于是普丕就问着去找，走过一条巷子，拐了一个弯又走过一条巷子，最终在村子边上找到了施大明的家。施大明的家是三间草顶土墙的平房，普丕来到时房顶上正冒着青烟，但门掩着。普丕推门进去，只见正屋靠山墙的火塘边，有一男一女两个孩子在烤着火。女孩约五岁，男孩约三岁，显然是姐弟俩。两个孩子忽然看见有人推门进来，先是一愣，然后惊奇而探询地望着普丕。普丕对女孩问道："小阿妹，你阿爹呢？在家吗？我是来找他的。"女孩子听见问话，很懂事地站起来让座说："阿哥，你坐吧，我阿爹病了，在里屋床上躺着呢。"

"病了？你快领我去看看吧。"普丕有点意外地说。

于是小女孩带着普丕到里间见阿爹。普丕看见施大明病蔫蔫地躺在床上，神情萎靡。施大明看见普丕来到想坐起来，普丕忙上前止住说："施大叔，你不要动，你有病就好好地躺着休息，养病要紧。”

施大明有气无力地问普丕道：“普丕侄儿，你来找我有事情吗？”

普丕就把来意和李士天的话告诉了他。施大明听了叹一口气说：“我突然生病了，干不了活计。也不知吃错了什么东西，上吐下泻不止，病得很厉害，弄得脚瘫手软了，动弹不得，头也昏沉沉的，难以做活，实在没有办法。你回去告诉李士天阿波，说改天我病好了就会去做活的。”说完喘了几口气又说：“真急人哪，不能做活一家三口吃什么呢？平日就是靠我做活挣钱过日子呢。两个孩子都得靠我呀，就是天天做活也是吃了上顿没下顿呢，这一病可怎么办呀。”说着长叹了一声接着又说道：“生病了又无钱请郎中抓药看病，只得自己找点草药来吃，但不济事，病不见好。更何况现在我连找药的力气都没有了，真急死人了！”

普丕听了心里一阵酸楚，他明白了这个家庭目前窘迫无奈的处境，强烈的同情之心油然升起。他想上吐下泻的病他过去也害过，是阿嫫找草药给治好的，那些草药他还清楚地记得，很多都生长在田边地角，做活时经常会见到的。普丕感到他现在必须尽其所能帮助施大明治好病，让这个家渡过难关。于是他安慰施大明说：“施大叔，你不要着急。我知道治好这个病的药，是我阿嫫在世时告诉我的，我当时也害过这个病，是阿嫫用这些药给我治好的。你现在好好躺着休息，我去给你找药回来，就在村外的田地边，我很快就会回来的，你就放心吧。”

施大明听普丕这么一说，疲惫的脸上现出了宽慰的笑意，说：“普丕侄儿，那真是劳烦你了，给你添麻烦了，很不好意思。”

普丕说：“施大叔，你不要这么说，谁都会有生病为难的时候，互相帮助是应该的，不必客气，我现在就去找药。”说着就要走了。

这时小男孩正站在床边，施大明对孩子说：“施明，快叫阿哥，这是你普丕阿哥呀。”小男孩很听话，转头望着普丕轻声地喊：“阿哥。”普丕亲热地答应。

施大明又对女孩子说：“施慧，你跟你普丕阿哥找药去，不要只让他一个人忙活。”

小女孩脆声地应道：“好的，阿爹，我跟普丕阿哥去找药。”

普丕连忙拦住说：“不用，不用，我一个人就行了，我很快就会回来的。”然后对施慧说：“施慧阿妹，你不用去，就在家里好好地服侍阿爹和带好阿弟吧，你只要准备好一口土锅就行了，我回来熬药汤要用的。”说着迅速抓起柜上的一只提篮，扛上一把锄头就挖药去了。

没有多大功夫，普丕就挖药回来了，提篮里装了半篮子草药。他的裤脚和鞋子都被露水打湿了。他进门放好锄头，提着药篮子来到火塘边说：“施慧阿妹，快把土锅拿来熬药了。”施慧迅速拿来了早已清洗好的土锅。普丕把草药放入土锅内，放好水在火塘上熬煮起药汤来。施慧不断地往火塘里加着柴禾。

就在普丕去挖药的当儿，施大明又吐了一次，但肚里的东西早已吐光，只吐出了一点苦胆水。现在又要去茅厕了。普丕扶着他到茅厕，但只是泻了一点脏水，肚子早已瘪如空囊，无东西可泻了。末了，普丕又扶他回到屋里重新躺下。

普丕回到火塘边加柴，对施慧说：“施慧阿妹，你好好地熬你阿爹的药，熬上吃顿饭的时间就可以了，到时你把药汤给你阿爹喝。完了再熬一点粥给你阿爹吃，这样你阿爹的病就会好一些了。我还要忙着放猪去，来不及熬好你阿爹的药了，只能让你熬了。”

施慧答应着说：“好的，普丕阿哥，我会按你的吩咐熬好药汤给我阿爹喝的，你就放心地放猪去吧，我会做好的。”

普丕又对施慧说：“晚上我会来看望的，到时我会再找一些药来。”说完走进里屋跟施大明做了一些交代后，出门匆匆地走了。施慧把普丕送出门外。

普丕从施大明家出来后，立即去找李士天报告施大明生病卧床没能来做活的情况，然后就到母猪厩里清扫喂料，检查仔猪生长情况，做完后草草吃了早饭就上山放猪去了。

普丕在放猪的山上，一整天始终想着施大明的病。他很不放心，特地在傍晚放猪回来的路上，又采了两味草药带回来。刚吃完晚饭就急匆匆地赶到施大明家里，去送药看望。只见施大明家里的火塘烧得正旺，火塘上支着的茶壶冒着白色的热气，屋里比早上温暖多了。施大明靠着后山墙坐在火塘边烤火，施慧在一旁收拾碗筷，小施明望着一闪一闪的火苗发愣，不知在想什么。普丕又来家里看望，一家人十分高兴。施慧立即给普丕拿来坐墩。施大明忙欠了欠身微笑着问普丕："普丕侄儿，你又来看望了，吃饭了没有？没有吃就让施慧给你做饭。"普丕回答说："吃过了，刚吃完饭的。"然后又问："你们一家都吃了吗？"这时小施明抬起红扑扑的脸蛋，抢着回答说："吃过了，我们都吃过了，吃了包谷面糊糊，都吃饱了。"说完便咯咯地笑了起来。

吃包谷面糊糊过日子，这种寒酸的生活普丕再清楚不过。他在老家阿嫫被伤害病时，就是吃野菜包谷糊糊过来的。普丕环视了一下简陋的屋内，这境况就像当时自己那贫寒的家。此刻他感到就像在自己家里一样，一种温馨和亲切感即刻传遍全身。

普丕看到施大明的神态比早上好多了，放心了许多，便关切地问施大明说："施大叔，你感觉好些了吗？我从放猪的山上又找回一些草药送来给你吃。"

施大明说："普丕侄儿，真是难为你啦，你的药真好。今天吃了你的药以后就再也没有吐泻了，早晚都吃了一些包谷粥。现在感觉好多了，真是感谢你呀！"

普丕说："施大叔，感谢的话就不说了，只要你的病好一些我就放心了。今晚和明天早上用剩下的药和我现在拿来的药加在一起继续吃，我估计过一两天你的病就会好了。明天早上我再给你挖一些药来。"普丕说着把药装在土锅里放在火塘上炖熬起来。

施大明听了心里说不出的高兴。施大明平日里在李士天那里做活，常常见到普丕忙里忙外，又知道了普丕一家的遭遇，看到小小的普丕就当长工卖苦力，心里很同情。却没想到普丕如此能干，像一个大人一样，而且如此富有同情心，真是个好孩子啊！施大明深深地喜欢上了普丕。真是"穷人的孩子早当家"啊，他心里感叹。

说话间施慧收拾好了碗筷，沏了一碗热茶递给普丕说："普丕阿哥，喝茶吧。"普丕接过茶喝起来。

火塘里的火苗一蹿一蹿地燃烧着，天已经完全黑下来了。施慧又往火塘里加了柴禾，塘火呼呼地燃起来，映得满屋通亮，缕缕的火烟弥漫在屋顶，又从屋顶的缝隙间飘散到夜空里。火塘上土锅里的药咕噜咕噜地沸腾着，屋里充满了浓浓的药味。普丕和施大明一边喝茶一边交谈起来，施慧和施明坐在火塘边静静地聆听着。施大明向普丕缓慢而沉重地讲述了家里的遭遇。

施大明的妻子是在两年前害痨病去世的。当时施慧三岁、施明一岁，都还很小，生活过得很苦。原先一家人的生活还是过得很和美的，家中有五亩田地，只要风调雨顺，吃喝完全可以自给，而且还有结余。可是自从妻子得了痨病以后，久治不愈，而且越来越严重，用光了家里的积蓄，仍不见好。不得不典卖了家里的五亩田地治疗，最终也没能治好，落得人财两空。妻子没了，田地没了，两个娃娃还小，家里又断了收入，施大明没有办法就给李士天做长工，工钱很低，又抚养着两个年幼的孩子，生活过得苦不堪言……

普丕听了施大明的讲述，才知道施大明家经历了这样的磨难，心里也很难过。他想象得出施大明日子的艰难，他不由得又环视了一遍寒酸的屋内，听了这番讲述，又看到了这样的家境，他心里更加怜悯和同情。他觉得身处这样的家境，跟自己当年的家愈发相似，更有了一些家庭般的温馨和亲近感。

施大明又说："日子过得真难啊，两个孩子倒也乖巧。施慧在家里带小弟做家务，我一天到晚都给李士天做活，回家来又当爹又当妈，生活的重担压得我喘不过气来。要是孩子的阿嫫还健在，家里还有那五亩田地，那日子就会好过了。可是看看现在这样的生活，想想未来的日子，心里阵阵发凉啊！"

普丕只得连忙安慰说："施大叔，你不要过于着急，日子慢慢会好起来的。现在重要的是治好你的病，你身体好了一切都会有希望的。"此刻普丕的心里想，以后自己要多帮助施大叔一家哩。

普丕看看天色不早了，又想到让施大明多休息，就说："施大叔，时候不早了，我得回去了。等一下你就倒出熬好的药汤吃一些，明天继续吃这些药，我想你的病就会好了，我有空再来看你吧。"说着起身告辞。

施大明要起身相送，普丕赶快劝阻说："施大叔，你有病不必相送，你要多休息才是。"施大明就对女儿说："阿慧，你就送送你普丕阿哥吧。"

施慧随即应答："哎，好的，我去送。"说着把普丕送到门外，施明也跟在阿姐后面一起来送。

普丕回头对施慧说：“不必送了，回去吧，照顾好你们阿爹，我走啦。”说着就走了。

门外，月光明朗，村路清晰可辨，普丕迅速消失在月光下的街巷里。

到了第三天，施大明的病好了，又来李士天家里做工了，他见到普丕感谢地说：“普丕侄儿，你的药真是好哇，看，现在我的病好啦，多亏你的药了。”

普丕听了，也高兴地笑起来。

也真是人食五谷，难免生病。施大明病愈不久，普丕也生了一场大病，并且几乎失去了生命。

普丕因年小体弱，终年劳累，又受了风寒，便开始感冒发烧，而且病得很重，吃了一些草药也不见好转。可李士天就是不给他休息治病，仍逼着他上山去放猪，并且还恶狠狠地说：“这么一丁点感冒休息什么？还不快给我放猪去，不去放猪不能吃饭！”

普丕已病得水米未进，但在李士天的威逼下，无奈只得带病赶猪上山。普丕浑身发冷、四肢无力、全身酸疼、头痛眼花，步履沉重地行走在放猪的林间。本来天气晴朗，可偏偏到了下午，晴空突变，狂风大作，乌云密布，雷鸣电闪，紧接着倾盆大雨骤然而下。一时间普丕被淋得透湿。普丕在暴雨中踉踉跄跄地奔走在山坡上赶着猪群。此时他更加感到寒冷异常，浑身哆嗦，头痛欲裂，双眼发花，昏头晕脑，站立不稳。当他赶着猪群来到一处洼地里时，一声炸雷，雨下得更大，大雨劈头盖脸地倾注下来，普丕一个趔趄，随着一阵昏眩，眼前一黑，一头栽倒在泥水地上不省人事……

这时，来山上拾菌子的李方氏，在回家时恰恰路过这里，看见了昏倒在泥水地上的普丕，大吃一惊，赶忙扶起普丕。发现普丕全身发烫，昏迷不醒，知道普丕是病倒在这里，就立即冒雨赶着猪群背着普丕回到村子里。

李方氏也是阿稽竜村人，是个年逾五旬的孤寡老妪。一个人耕种着两亩薄地生活。在村里普丕经常见到她，并叫她李大嫫。李方氏也听说了普丕一家的遭遇，很同情这个年纪小小的放猪娃。她没想到会在这暴雨天的山野里，遇到了气息奄奄的病重的普丕。

李方氏把普丕背到家里，给普丕换洗衣服，像对待自己的孩子一样精心给普丕治病护理，她让普丕睡在床上盖好被子，熬汤煮药。普丕醒来后，给他喝下热腾腾的红糖姜汤，又喂了米粥。她还冒雨在野地里找回草药来熬汤给普丕服下，服侍了一整夜。第二天早上，普丕的高烧便退了许多，病情有了明显的好转。李方氏不仅给普丕治病，还在普丕生病期间，替普丕上山去放猪。两天以后，普丕的病好了，又去放猪了。

普丕这一次生病，得到了李方氏的救治。普丕感激不尽，终身不忘这位慈母的救命之恩，敬重她如自己的生母一般。

真是患难见真情啊！普丕在艰苦的放猪生涯中，不仅认识了施大明一家，而且认识了李方氏，不仅与他们建立了深厚的情感，而且终身与他们结下不解之缘。

在普丕放猪的山林野地里，那些飞禽走兽经常出没其间，普丕在放猪场上时可见到。有的甚至在普丕身边跑来跑去，有的头对头打架，有的追逐嬉闹，有的放声啼叫，有的还跑进猪群里与猪玩耍逗乐……

这不，一只兔子正在草丛里睡觉，当普丕走路快要踩到它时，猛然惊醒的兔子“嗖”地蹿出来，箭一般跑了。跑不多远又突然站住回头看着普丕，然后抹抹小脸蛋又飞跑了。

普丕想打一只兔子，但他没有枪也没有弓箭，怎样才能打到兔子呢？普丕为此动起了脑筋。

普丕看到有些兔子丝毫不惧怕他，因此他试图徒手抓住一只兔子。他看到有一只兔子在不远处的草地上，悠然自得地埋头吃草，于是他猫着腰，蹑手蹑脚地悄悄走过去。当他接近兔子时，一个箭步猛扑上去伸手就抓。那兔子听见响动猛地抬起头来，见有人朝它扑来，“吱吱”地叫着惊恐地蹽起双腿一阵风似地跑了。普丕紧追不舍，追过了一个山包、一条深箐和一道山梁，越追越远，兔子越跑越快，最后竟跑得无影无踪。

普丕跑出一身大汗，累得直喘粗气，一屁股坐在草地上半晌起不来，精疲力竭地空手而回。

普丕不甘心，他想徒手抓不到，就用石头去打。等到他又看见前方有一只兔子时，就手抓一块石头，匍匐在草丛中掩蔽着慢慢地爬过去，待接近兔子时，忽地站起来举起石头朝兔子猛砸过去。机警的兔子听见异响，抬头见一块石头朝它飞来，就地一蹿又飞跑了。那石头刚好砸在兔子跳离的地方砸空了。兔子跑出一段后还停下来回头惊恐地望着普丕，用“双手”摸了摸因惊吓而竖得挺直的耳朵，然后扬长而去。那样子像在讥讽普丕做的恶作剧。普丕又空手归来。

普丕又想了一个绝妙的办法。他会看兔子的路径，就在兔子来往经过的路径上挖了一个土坑，然后盖上细树枝和青草，给兔子做了一个陷阱。想让来往的兔子掉入陷阱中。他觉得这个方法很好，会万无一失，一定会捉到兔子的。他这是见到有人挖陷阱捕野猪受到启发的，他为自己想出这样一个好办法而高兴。陷阱做好后，他满怀希望地躲在一棵大树后“守株待兔”。没多时，一只兔子在路径上出现了，一蹦一跳地直朝陷阱走来。普丕高兴极了，屏声静气地等待兔子落入陷阱中。只见那只兔子来到陷阱边上，也许觉得有些异样，左闻闻右嗅嗅，竟绕开陷阱跑过去了。这太出乎意料了，普丕没想到兔子会这么机灵，用陷阱捕捉兔子的行动也落空了。普丕又着急又好笑，满脸无奈，一筹莫展。

普丕几次抓兔子接连失手，但他并没有灰心，他一定要想办法逮住一只兔子。普丕在苦思冥想中忽然想起曾有人对他讲过用“扣子”下兔子的事情，还说到这是别人抓兔子常用的办法。普丕想用这个方法一试。但他没有见过别人用“扣子”抓兔子，也不知道怎么做“扣子”，只是听别人粗略地讲过。但他抓兔子心切，凭着回忆，他做起抓兔子的“扣子”来。首先他就地找来一条牢实的细藤子，又砍来一枝足够大的树枝，做了一个藤子活扣，扣子一端的藤绳牢系在砍来的树枝上，将“扣子”张开安放在兔子出没的路径上，等待兔子到来入扣。普丕这是第一次做“扣子”抓野兔，不知道自己的“扣子”是否做得标准，更不知道这“扣子”能否套住兔子，他只有提着心静静地等待着。

终于有一只兔子朝“扣子”走来了，很快兔子的头钻进了“扣子”里，其脖子立即被“扣子”套住了。兔子感觉不对劲，惊慌发怵猛地往前跑，拴在树枝上的藤绳一下拉紧了“扣子”，紧紧地勒住了兔子的脖子，兔子拼命挣扎，越挣扎“扣子”勒得越紧，使兔子动弹不得，只能束手被擒。普丕欣喜万分，急奔过去伸手抓兔子。兔子一急狠命一挣，只听

“嘭”的一声，藤条“扣子”被挣断了，兔子即刻缓过气来，“哧溜溜”地跑了！眼看到手的兔子就这样跑了，普丕感到十分惋惜和沮丧，呆呆地怔住了。

不过普丕很快就恢复了平静，他决定再做“扣子”继续抓兔子。他吸取了这次做“扣子”的藤条过于纤细而不牢靠的教训，找来了一根大一点的藤条，并用双藤合并做成“扣子”，使“扣子”更加牢靠结实，又重新安放在兔子的路径上。过了一阵又有一只兔子在路径上出现了，并很快钻进“扣子”被套住了。这次任凭兔子怎样挣扎也没有挣断，普丕终于顺利地抓住了兔子。普丕普兴极了！这是他第一次成功地抓住兔子，而且是活蹦乱跳的活兔子。他用藤条绑缚住兔子的手脚和嘴后放在一棵大树下。接着他用同样的方法在另两条兔子出没的路径上，又抓住了两只兔子。这样，普丕在这一天共抓住了三只兔子。这真让普丕喜出望外，情不自禁地手舞足蹈起来，而且还高兴地哼起了山歌，弄得他身边的猪群吃惊地抬头竖耳望着他。

满心高兴的普丕想，抓住的三只兔子送给谁呢？反正自己是不会做了吃的。他首先想到一只兔子要送给自己的救命恩人李大嫫，然后又想到一只送给生活困难的施大叔家。第三只怎么办呢？他想了想，最后决定送给李士天吧，虽然他很不情愿送给李士天，但毕竟自己在李士天家里做长工，好歹就送给他吧。普丕就这样想好了三只兔子的处置办法。

这时太阳快要接近西山顶了，该是回去的时候了，普丕聚拢猪群，背着三只兔子高高兴兴地回家了。

普丕赶着猪群回到村里，已经是傍晚时分了，他把猪群关入厩后，立刻抓起一只兔子送到李方氏家里，李方氏正在做饭。普丕高兴地说：“李大嫫，今天我在放猪的山上抓到了几只兔子，我给您送一只来，您就做菜吃吧。”

李方氏看见普丕手里鲜活的兔子，欣喜地说：“好，好！普丕侄儿，你就快坐吧。”

普丕说：“不坐了，李大嫫，我现在就给您收拾兔子。”说着跟李方氏要过刀子杀兔子剥皮清洗。

李方氏一边往灶里加柴一边问：“普丕侄儿，你是怎么抓到兔子的？

兔子很灵活，跑得也很快，是不容易抓到的。”

普丕边剥着兔子皮边把抓兔子的经过讲给李方氏听。李方氏听了笑说着：“普丕侄儿你可真行啊，小小年纪抓起兔子来这么厉害，而且一天就抓住了三只，你真能干。”

说话间普丕把兔子收拾干净了，又说：“李大嫫，我把兔子收拾好了，您就做菜吃吧，我去啦。”

李方氏忙说：“普丕侄儿，怎么就要走，我嫫儿俩一起煮兔肉吃才好呢。”

普丕说：“不了，李大嫫，顾不上吃了，我还要给施大叔和李士天阿波送兔子去呢。”一边说着一边就走出门外。

李方氏追到门外说：“那么，我就先做好饭菜，你送完兔子再来吃饭吧。”

普丕回头说：“不了，李大嫫，您就自己做了吃吧，我不来吃了。回到家后，还不知道李士天阿波给我做什么事呢。”说完就走了。

普丕从李方氏家里出来后，又提上一只兔子送到施大明家里。施大明正在烧火做饭，施慧在旁边帮忙洗菜，施明在屋里玩耍。普丕提着兔子进来，一家人可乐了。施大明热情地招呼普丕坐下，并说饭很快就熟了，在一起吃晚饭。施慧和施明亲热地喊着：“普丕阿哥，普丕阿哥。”一边喊着一边朝着普丕走来。

普丕提起活脱脱的野兔，对施慧和施明说：“阿妹阿弟，你们看，我给你们送什么来了？”

“兔子、兔子！”施慧和施明兴奋地看着兔子，拍着手欢快地跳起来。

普丕对施大明说：“施大叔，我今天放猪时在山林里抓到几只兔子，给你家送一只来，你就宰杀了做菜给弟妹们吃吧。”

施大明高兴地接过兔子说：“嗬！普丕侄儿，你真不简单啊，竟然能抓到这么大的兔子！好哇，杀了我们一起煮兔肉吃，我叔侄俩今晚好好地喝一杯吧。”

不料施慧却跑过来抱着兔子说：“不嘛，普丕阿哥，兔子不能杀，我要养着，让它带很多的小兔子呢。”

普丕笑着说："施慧阿妹，还是杀了做菜吃吧，这是只公兔，它不会带小兔的。过几天，阿哥一定抓回两只会带儿的兔子给你养着，让你养很多很多兔子。等你养大了，又吃肉又卖钱，买新衣服穿，买好吃的东西好吗？"

施慧听了，依依不舍地放开兔子说："真的吗，普丕阿哥，真的吗？那太好啦，我一定好好地养。"说着开心地笑了。

施大明立即提刀杀兔子，并对普丕说："普丕侄儿，你先坐下休息会儿，我马上就把兔子收拾好，做熟了一起吃饭喝酒。"

普丕忙对施大明说："施大叔，饭我就不吃了，你们做了吃吧。我得赶回去给李士天阿波送兔子呢，说不定吃了饭他还要让我做活计的。"说着匆匆出门去了。施大明一家只得把他送到门外。

普丕来到李士天那里，把剩下的一只兔子送给了他，李士天惊奇地问兔子是怎么来的？普丕跟他讲述了抓兔子的事情。

不料李士天听了，却瞪大眼睛恶狠狠地说："普丕，你听着，你是我的长工，你吃我的，住我的，你做工的钱都在还我的债。你带回来的每一样东西都是属于我的。你抓回来的三只兔子都应该拿回来给我，你怎么送给人家两只了？嗯？"说完李士天眼珠一转，心想，两只兔子既已送了人家，也难要回来了。又怕以后普丕一气之下不再抓兔子了，就转了口气说："今天就算了，送给人家的就送给人家了，我就不追究你了。"说到这里又加大语气说："不过请你记住，以后抓到的兔子都要拿回来给我，不准再送给别人了！"

普丕听了，气得满脸通红。心里想，自己好心给他送兔子，却落得这般训斥。他的心真是黑呀！面对李士天的训斥，普丕一言未发，却对李士天的贪得无厌更加厌恶了。

李士天极爱吃野味，从普丕的手中一把抓过兔子，立即打发人弄干净下锅，刚训斥完普丕就忙着吃兔肉喝酒去了。

从这以后，普丕还在继续抓兔子，但抓到兔子都背着李士天，全送给了李方氏、施大明和长工们，再也没有一只兔子送给李士天。

李士天见普丕一直没有送兔子来，就问普丕："普丕！你怎么不抓兔子回来，阿波我早就想吃兔子肉了，你不知道吗？"

普丕说："阿波，不是我不想抓兔子回来，而是那些兔子都鬼起来了，再也抓不到了，没有办法啊。"

李士天听了，也没有办法，无话可说。

不久，普丕抓到了雌雄两只野兔，就送给施慧饲养起来。

过了一段时间，普丕就听说两只野兔已经带小兔了，而且一带就是八只小兔，施明高兴得成天围着小兔看。

普丕听了，心里很高兴，想着一定要去看看。

第四回　放猪场上施慧拾菌　夜烧野蜂阿年[1]惊魂

在普丕放猪的山林里，除了飞禽走兽，还有各种蜂类。有蜜蜂、葫芦蜂、大黑蜂、细腰蜂、土甲蜂、小蜜蜂等。

普丕熟悉多种蜂的特性。他最喜欢蜜蜂，放猪时经常找蜂蜜吃。

李士天也特别喜欢吃蜂儿，他对普丕说：“普丕，你在山上放猪时，要多找蜂窝。找到了就告诉我，我们一起去烧回来炒蜂儿下酒。”

普丕答应说：“好的，阿波，我找到蜂窝会来告诉你的。”

这天，天空一片晴朗，阳光明媚，清风徐徐。普丕赶着猪群上山去放牧，刚走出村子，听见后面有急急跟来的脚步声。普丕回头一看，只见施慧背着一个竹篓急步赶来对普丕说：“普丕阿哥，我要跟你到放猪的山上拾菌子。”

普丕很是出乎预料，有些惊讶地问：“哦！放猪的地方山高路远的，你还小，走得动吗？”

施慧说：“我不怕，我走得动，你就放心吧。”

普丕又问：“你阿爹出门做活去了，你阿弟在家里谁领呢？”

施慧说：“今天隔壁的王大嬢在家，说好她帮我带阿弟的。”

普丕才放心地说：“那好吧，我们一起走吧。”

他们一齐赶着猪群走向山里。一路上施慧好奇地问这问那。

路上施慧问普丕说：“普丕阿哥，山里菌子多吗？今天我会拾得到菌子吗？”

普丕说：“当然拾得到。山上的菌子很多，不过有些菌子有毒不能吃，到拾菌子的时候我会告诉你的。”

施慧又问：“山上有橄榄树吗？我最喜欢吃橄榄啦，今天摘得到橄

① “阿年”：彝语奶奶的称谓，即老奶奶。

榄吗？”

普丕说：“有的，有许多橄榄树呢，这段时间正是橄榄成熟的时候，你会摘到橄榄的，会让你吃个够。”

施慧又问：“山里的野花多吗？有山茶花吗？我最喜欢红红的山茶花了，我还要摘许多鲜花呢。”

普丕说：“山里的野花很多，山茶花也开得正红，到时你需要多少花就可以摘多少，会满足你的。”

施慧听了，高兴得又跳又笑，他欢快而新奇地四处张望着。过了一会儿她继续问：“普丕阿哥，山里的动物多吗？今天见得到兔子吗？见得到野鸡吗？见得到麂子和松鼠吗？”她好奇地问个不停。

普丕说：“山里有不少动物，但不是随时都见得到的，它们听见人说话，或者看见人就会跑的。不过也可能会见得到，到时你就注意看吧。”

施慧有所明白地说：“哦！是这样吗，我真希望看见它们。”施慧心里很高兴，巴望着快点到达放猪的山林。

普丕笑着对施慧说：“说不定你今天会看见的，不过，今天我想带你去找蜜蜂，割蜂蜜给你吃，也带一些回来给你的阿弟和阿爹吃。”

施慧听了高兴地说：“好哇，太好啦！普丕阿哥，我喜欢吃蜂蜜，很甜的。”

这时，普丕想起送给施慧两只野兔饲养的事，就问道：“施慧阿妹，你养的兔子怎么样啦？”

施慧高兴地回答说：“可好啦，已经有十多只了！我阿爹说，等我把小兔养大了，就请你来家里杀兔子吃呢。”

普丕听了笑着说：“好哇，你就好好地养吧，等养大了，不仅杀了吃，也卖钱给你买新衣服穿。”

施慧听了，开心得咯咯地笑起来。

施慧一路走一路问，终于来到了放猪的山林里，普丕把猪放在林间草地上。林地里生长着许多菌子，有红的，有白的，有青的，还有黑的，大小不等散布在草木间。有的生长在枯松毛地上，有的生长在草丛里，有的生长在树荫下。施慧真是大开了眼界，情不自禁地欢呼起来，赶忙去拾菌子。

普丕也忙着帮施慧拾菌子，他一边拾菌子一边向施慧仔细地讲解着，这是什么菌，那是什么菌，这种菌无毒能食用，那种菌有毒不能吃等等。施慧认真地听着，并把能吃的菌子不断拾进篓里。

不多时，他们拾了一大堆菌子，有鸡纵菌、干巴菌、青头菌、羊肝菌等，都是好吃的，装了半篓。

随后他们便来到橄榄树下摘橄榄。满枝的橄榄又亮又大，翠鲜欲滴，施慧边摘橄榄边吃着高兴地说：“这橄榄真好吃，又鲜脆又酸甜，在橄榄树下吃橄榄的感觉真好！”

摘过了橄榄，施慧看着一株株散布在林间鲜红的山茶花，水灵灵地盛开着。施慧亮着眼睛欢叫起来：“啊！这么多的山茶花，太好看了！”说着跑过去要摘花。

普丕却急忙阻止施慧说：“施慧阿妹，你莫忙，山茶花现在还不能摘，时间还早着呢，现在就摘下来到回家时花就蔫了，不好看了。等到我们回家时再摘，好拿到家里时水鲜鲜的才好看呢。”

施慧听了才从花树下踅回来说：“好吧，听普丕阿哥的。”却还不时回头张望看花。

随后，两人在山坡上坐着休息了一会。这时阵阵山风吹来，山林里枝摇草晃，鸟语花香，让人心旷神怡，施慧高兴得又唱又跳。

普丕去巡视了一遍猪群，见平安无事便坐下来休息。他给施慧讲述那些山里动物的有趣故事，施慧觉得十分新奇，津津有味地听着。

突然一只漂亮的野公鸡从林间溪水边的灌木丛里钻出来，抖动羽毛竖起长长的花尾巴，“青青”地叫着跳起舞来。

施慧惊喜地叫起来：“啊！野鸡，野鸡，真好看，声音真好听，还跳舞呢！”

普丕说：“这是一只野公鸡，它在热情地呼唤野母鸡一起来玩呢。”

施慧听了，呆呆地看着野鸡，似乎联想到了什么。不过，野公鸡的漂亮舞蹈转移了她的注意力，她霍地站起来，高兴地叫道：“好！跳得好，太好看了！”这却吓到了野公鸡，迅速没入草丛不见了。

施慧着急地说：“普丕阿哥，它跑了，野公鸡跑啦，不见了，怎么办哪？”

普丕笑着说：“它是被你吓跑了。没关系，你那么喜欢野鸡，哪天我捉一只回来给你养着，让你用漂亮的野鸡毛打扮自己。”

施慧这才笑起来说：“普丕阿哥，真的吗？那你一定捉一只野鸡给我，我可喜欢这些漂亮的野鸡呢。”

休息够了，普丕带着施慧去找蜜蜂采蜜。普丕背着挎包，这个挎包是普丕上山放猪的必带之物，挎包里装着放猪的常用品，内有手斧、瓦罐等。手斧是砍伐树林和杂物用的，瓦罐是装食物和水用的。

施慧跟着普丕来到一处开满鲜花的草地上。这里鲜花簇簇，蜂飞蝶舞，许多蜜蜂在花丛间采花粉花蜜，嗡嗡地飞来飞去。普丕仔细地观察着蜜蜂来去的方向。施慧不知道普丕阿哥在看什么，她看到的只是鲜花丛里的蜜蜂和蝴蝶，根本看不到什么蜂蜜，她心里不免有些纳闷。

普丕却忽然欢欣地叫起来：“看清了，我看清楚了，是在那个方向。”他欢快地用手指着东边：“在那边，我们快到那边去看！”

施慧惊讶而不明白地问：“普丕阿哥，你说什么？你看到了什么？到那边做什么？”

普丕一脸兴奋的表情，眼睛始终盯着东边的天空，头也不回地说：“蜜蜂窝，在那边，蜜蜂是从那个方向来往。快！我们跟着蜜蜂顺着去找。”普丕边说边抬头望着天空中飞着的蜜蜂跟着奔跑，施慧却什么也看不到，只得跟着普丕一起狂奔。

他们跑过一块平地，又跑过一道山梁，再跑到一处涧水边。涧水旁有一棵高大的沙松树，树干中部分杈的地方有一个树洞，成群的蜜蜂从树洞里爬进爬出，嗡嗡地飞舞，有的飞出去，有的飞回来，树洞口被蜜蜂爬得黑油油的发亮。

普丕喘着粗气高兴地叫道：“找到了！蜜蜂窝找到了！就在这个树洞里，我们可以采蜜了。”

施慧喘着气追上来，她也看见了树上的蜜蜂洞。

施慧既高兴又担心地问普丕：“普丕阿哥，那蜜蜂窝在高高的树洞里，我们怎么采到蜂蜜呀！”

普丕笑呵呵地说：“你别急，看我的，我一定让你吃到蜂蜜，你就等着吧。只是你要离远一点。采蜜时蜜蜂会乱飞乱咬，怕蜇到你，你就躲在小树林那边看着吧，小心蜜蜂蜇疼你。”

普丕一边说着一边抓来几棵绿叶蒿枝，又把蒿枝揉了揉，然后盘结起来，缠包在头上和脸上，只露出眼睛和鼻孔。

普丕如此打扮，施慧不解地问：“普丕阿哥，你这是做什么？”

普丕说：“蜜蜂怕蒿枝的臭味，我把它包在头脸上，采蜜时蜜蜂就不敢来蜇我啦。”然后笑笑又说：“这办法好着呢，你就看好吧。”

普丕说着抱着大树“嗖嗖”几下爬到树洞前，踏着树枝站稳双脚后，往树洞里观看，但树洞太小，手难伸进去抓到蜂蜜。他从挎包里掏出手斧，在洞口上“咚咚”地砍起来。顿时，受惊吓的蜜蜂从洞内成群地涌出来，嗡嗡地在普丕周围乱飞，黑压压的一片。

施慧远远地看着，十分担心普丕，她的心都提起来了，按住咚咚乱跳的心胸，紧张地看着普丕。她忍不住高声地喊道：“普丕阿哥，你要小心，蜜蜂太多了，太吓人了！”

普丕停下斧斫，回应答：“施慧阿妹，你就放心吧，我没事的。”不多时，树洞砍开了，普丕收起斧子，又从挎包里掏出瓦罐，手伸进洞中的蜂巢里，一块块地从洞里掏出黄灿灿的蜂蜜饼装进瓦罐，金黄的蜂蜜从蜜饼里淌滴出来。末了，普丕留一部分蜂蜜在洞中给蜂群享用，然后提着瓦罐从树上下来。

施慧害怕蜂蜇，一直躲到小树林里观看，一动也不敢动。看到普丕从树上安然下来，一颗悬着的心才放下来。

普丕笑眯眯地端着装满蜂蜜的瓦罐来到施慧面前说：“施慧阿妹，蜂蜜采来了，吃吧，甜着呢。”

施慧看见蜜饼上还有一只蜜蜂在爬动，只是愣愣地看着，不敢动手。

普丕把那只爬在蜜饼上的蜜蜂拿掉说：“你不用怕的，这是只半大的蜜蜂，不会蜇人的。”说着把一块晶黄透亮的蜂蜜送到施慧嘴边说：“快吃吧，还愣着干什么？”

施慧用手接住蜂蜜块送进嘴里一咬，满嘴蜜汁，香甜无比，顿时欣喜地喊起来：“啊！真甜真香，太好吃了！”边喊着边高兴地吃起来。

普丕看着施慧津津有味地吃着蜂蜜，开心地笑了，自已也吃起来。

两人吃饱了蜂蜜，瓦罐里的蜂蜜也没下去多少。他们提着蜜罐回到了放猪的草地上，看到猪群正平静地觅食。

两人坐下来小憩。刚坐下普丕说：“我们现在采的是大蜂蜜，还有小蜂蜜未采，坐一会儿我带你采小蜂蜜去。”

施慧听了惊奇地问：“什么，普丕阿哥，还有小蜂蜜要采？”

普丕说：“是的，还有一种更小的蜜蜂，但它们的窝不在树洞里，而是在灌木草丛间。这种小蜜蜂窝一般离花丛不远，较为好找。而且这种蜜蜂一般不蜇人，即使蜇人也不疼的，你不用怕。”说完停了一下他又说：“我们得再找一窝小蜂蜜，把瓦罐装满了，好拿回去给你阿弟和你阿爹吃，同时也分一些给李大嫫吃。”

两人说着话坐了一会儿，普丕又带着施慧来到花草地上。普丕仔细地观察在花丛间采花蜜的小蜜蜂的来去方向后，就高兴地喊起来：“好啦，看清了，小蜜蜂的窝在那个方向。”普丕手指南方说：“施慧阿妹，快来，我们顺着蜂向去找。”说着追着小蜜蜂跑去，施慧紧紧跟在后面。

他们很快穿过一块草坪，来到一片灌木丛，这片灌木丛特别繁盛，小蜜蜂从那里飞进飞出。普丕跑过去扒开灌木丛，看见了小蜜蜂的蜂巢，禁不住欢叫起来：“哈哈，原来蜂窝就在这里，已经找到了。”

小蜜蜂的蜂巢结在树枝上，圆柱形地包住树枝，活像一个大萝卜。施慧怕蜂蜇，不敢近前，站得远远地看着。普丕喊：“施慧阿妹，走前来吧，不要怕，小蜜蜂不蜇人的。”

施慧听了，怯怯地挨到蜂巢前来观看。普丕用蒿枝刷开蜂巢上的小蜜蜂，然后砍下挂着蜂巢的树枝提起来。蜂巢被劫，成群的小蜜蜂嗡嗡地四处飞舞，却不蜇人。整个蜂巢里尽是蜂蜜，还有蜂儿。施慧好奇地左看右看。

他们提着蜂巢回到放猪的场地上。然后割下蜂蜜饼装进了瓦罐里，把瓦罐装得满满的，剩下的就吃了，两人都吃得饱饱的。

这时，太阳快近西山了，猪群也吃饱了，躺在地上睡觉。该回家了。

普丕帮施慧把菌子、橄榄、蜂蜜装在篓子里帮她背着，又摘来一大把鲜艳的山茶花让施慧抱着，高高兴兴地赶着猪群回家了。

路上，普丕对施慧说："施慧阿妹，今天我们收获不错，把背篓都装满了。把蜂蜜带回去，让你阿弟、阿爹和李大嫫饱饱地吃，你高兴吗？"

施慧脆响地说："当然高兴啦！"又说："普丕阿哥，我今天跟你拾菌子，又摘橄榄又摘花又采蜂蜜，我真是开心极了。普丕阿哥，你知道那么多，你真能干，你真行！"

施慧跟在普丕后面走着，她觉得普丕阿哥什么都懂，而且那么能干，心里很佩服他。

一路上施慧笑声不断，高兴地唱起山歌来。

普丕也高兴地跟着一起唱起来。

傍晚时分，晚霞满天，他们回到了村里。

普丕在山上放猪，平时练就一手找蜂的技能，不仅擅长找蜜蜂也擅长找葫芦蜂（黄蜂）等大蜂群。

这天，普丕想着要在山上找一窝葫芦蜂，他在家里就准备好找葫芦蜂的"信子"。到山上后，他把猪群放好，就去找葫芦蜂放"信子"。

普丕就地打了一只蜻蜓，穿在一根木棍头上。找到了一只正在松树上采松香脂的葫芦蜂，他把穿有蜻蜓的木棍头伸到葫芦蜂身边。葫芦蜂是食肉昆虫，最喜欢吃蜻蜓肉，见到有蜻蜓肉在身边立即撕咬起来。

普丕拿出准备好的"信子"。"信子"是用细细的丝线拴一小条白纸做成的。趁着葫芦蜂只顾专注地撕咬着蜻蜓肉，普丕把"信子"拴在葫芦蜂的细腰上，葫芦蜂却浑然不知。

不一会儿，葫芦蜂咬下一大块蜻蜓肉心满意足地带着"信子"飞起来，朝着蜂巢的方向快速飞去。"信子"上的白纸条，随着葫芦蜂的飞翔，猎猎飘舞，十分显眼，葫芦蜂飞到哪儿都看得很清楚。

普丕紧跟带着"信子"的葫芦蜂奔跑，飞过一道山梁子，葫芦蜂歇落在一棵栗树枝上。普丕认为这里就是葫芦蜂窝了，原来葫芦蜂是飞累了停下来休息的，许是带着的蜻蜓肉太沉重了。

过了一会，葫芦蜂又飞起来，继续朝蜂巢方向飞去。葫芦蜂飞过一条山箐，又飞过两道山梁，最后落在一棵老沙松树上。沙松树很高，在树腰的横树枝上，一个脸盆大的球型葫芦蜂窝凌空吊在粗壮的树枝上。蜂巢洞口，成群的葫芦蜂爬进爬出，飞去飞回，繁忙而有序，有的葫芦蜂还在蜂巢表面巡查。

这样大的葫芦蜂窝足有几十斤重，看情势蜂群很旺盛，蜂儿一定是丰满的。普丕找到它，心里很高兴。放猪回来，普丕把找到葫芦蜂窝的事情告诉了李士天。

李士天自然很高兴，他太喜欢吃蜂儿了。当天晚上，李士天和普丕带上收取葫芦蜂的工具，踏着星光，提着灯去烧葫芦蜂窝。路上，李士天叫普丕背着烧葫芦蜂的用具在前面走，他跟在普丕身后。

一路上，星光微明，灯光暗弱，视线模糊，好在普丕熟悉路径。他俩朝着葫芦蜂窝的方向，踏草穿林，匆匆行走。

他们终于来到了那棵吊着葫芦蜂窝的沙松树下。普丕熟练地找来几棵干蒿枝捆成火把，然后带着砍刀和干蒿枝爬到沙松树上的葫芦蜂窝边站稳脚跟。此时葫芦蜂窝上，巢里巢外的葫芦蜂在黑暗里毫无察觉。普丕点燃干蒿枝伸到葫芦蜂窝下。

顿时，葫芦蜂窝“呼呼”地燃烧起来，很快变成一个火球。成群的葫芦蜂被烧死后纷纷掉落。

一会儿，蜂巢上的火熄灭了，葫芦蜂大部分被烧死，少部分在暗夜中逃逸，嗡嗡乱飞。只剩下联结在一起的裸露的葫芦蜂巢饼。普丕对在树下不远处等候的李士天说：“阿波，我要砍下葫芦蜂窝了，蜂饼要掉下来了，你用麻袋接住吧，不然蜂饼会摔坏的。”

李士天本来只想在旁边看着，等普丕收好了蜂巢就一起回去，以免被葫芦蜂蜇。此时听普丕这么一说显得有些无奈，很不情愿地拿起麻袋张开袋口去接要掉落的葫芦蜂巢饼。普丕很快挪近葫芦蜂巢饼挥刀砍断了树枝上吊着蜂巢的把儿，蜂巢呼地掉下来。李士天也真有一手，准确地接住掉下来的蜂巢饼，不料正当他得意的时候，几只夹在蜂饼中间未烧死的葫芦蜂，钻出来嗡嗡地飞扑到李士天身上，在李士天的头上脸上狠狠地蜇了几下。李士天痛得丢掉麻袋，“啊呀呀”地豪叫着跳起来，使劲地往头上脸上扑打，蜂巢饼从麻袋里滚出来洒了一地。李士天痛苦地呻吟着躲在一边，不敢再去拾蜂饼了。

普丕砍落蜂巢饼，顺溜地从树上下来，把蜂饼拾起来装在麻袋里，扛在肩上对李士天说："阿波，好啦，我们带着蜂饼回去吧，这蜂饼里的蜂儿可满着呢，挺沉的，回去炒蜂儿吃才好呢。烧蜂被蜇几下是常有的事，过一两天就好啦，不碍事的。走吧。"

李士天被葫芦蜂蜇得只顾捂着头脸"熬熬"直叫，管不了其他，只想着赶快回去。他跟在普丕后面，跌跌撞撞地走回家来。

午夜时分，他们回到了家里。

李士天本来说，烧蜂回来后要连夜炒蜂儿喝酒，叫老婆等着。此刻，李士天哪里还有心思炒蜂儿吃，哪里还吃得动蜂儿！到家后一下蹲在地上哼着，显得十分狼狈。被惊骇得半天说不出话来的老婆拖进房里上药睡去了。

李士天的头和脸肿得像个猪头，足足睡了三天。

这几天，李士天和家人天天炒蜂儿喝酒摆宴席，可普丕和长工们一只蜂儿也没有吃到。普丕自然十分不满，心中充满了怨气。李士天真是吝啬无情呀！普丕愤愤地想着。普丕想好了，要出出这口怨气。

过了一段时间普丕在放猪时，见到了一窝有拳头大的葫芦蜂窝。普丕找到李士天说："阿波，我又找着一个葫芦蜂窝了。"李士天听了立即兴奋起来，急切地问："普丕，蜂窝在哪里？有多大？"

李士天嗜蜂儿如命，上次烧回来的蜂儿他足足享用了十天，现在还觉得口里遗香犹在。一想到有蜂儿吃，竟把上次遭蜂蜇的痛苦都忘了。

普丕伸出两只手臂围成很大的一抱，蜂窝的大小却用两只手掌比出碗大的一个圆圈来说："阿波，这么大，我们去烧吧。"

李士天高兴极了。他认为蜂窝有普丕用臂围起来那么大。心想蜂窝有一抱大！我活了这么大年纪，也没见过这么大的葫芦蜂窝呀！于是，李士天决定，当晚和普丕去烧蜂。

这时，李士天的老婆跑进来劝他别去，因为上次他就被葫芦蜂蜇得睡了几天了。李士天有点犹豫不决，因为想起上次被葫芦蜂蜇着，确实蜇怕了。但葫芦蜂是一定要烧的，更何况是那么大的一窝葫芦蜂。思来想去他的目光落在了老婆身上，他终于想出了一个办法。

于是李士天对普丕说："普丕，这次烧蜂我就不去了，还是让你阿年跟着你一起去烧蜂吧，我在家里烧火，等你们烧蜂回来就炒蜂儿吃。"

李士天的老婆没想到老头子会叫她去，心里也害怕起来。她心里是不情愿去的，但一看李士天的脸色，只能答应了。

这天晚上，天气阴沉，没有月光，一片漆黑，还一阵一阵地吹着夜风。普丕领着李士天的老婆阿年去烧葫芦蜂。路上普丕提着灯走在前面，阿年高一脚低一脚地紧跟着普丕走着。

山里的黑夜是不平静的，尤其是月黑风高的夜晚。夜幕里野猪、黄鼠狼、狐狸等都会出来活动，到处游走。

普丕和阿年正走着，忽然路边一只受惊吓的野猫从夜暗里蹿出来奔向远处。心情本来就已紧张的阿年“啊”地一声尖叫，吓得全身发毛。

普丕对阿年说：“阿年，你别怕，这是只野猫，被我们吓得跑远啦，没事的。”

忽然，黑夜里又传来一阵“咕咕”的怪叫声。阿年颤抖着声音问普丕：“这是什么在叫？声音太吓人了！”

普丕知道是狐狸的叫声，但他故意说：“是野猪在叫，也许是狼吧。”

阿年听了，吓得魂都要掉出来了。紧紧地跟着普丕走，一步也不敢落下。

走了半夜，普丕领着阿年终于来到了有葫芦蜂窝的树下。这是一棵高大的麻栗树，葫芦蜂窝高高地挂在一杈横树枝上。普丕指着树对阿年说：“阿年，蜂窝就在这棵树上了。”阿年抬头一看，树上黑乎乎的，什么也看不清。她心里害怕已经无心看蜂窝，只想尽快烧完蜂回家去。她急急地对普丕说：“普丕，快去烧蜂吧，烧完了，我们赶快回家去。”

普丕叫阿年在树下等着，自己麻利地爬到树上去烧蜂。一会儿烧完了就把蜂巢砍落在地上。然后普丕装出很害怕的样子紧紧地贴在树干上，大声对下面的阿年说：“阿年，赶紧把地上的蜂巢拾起来，不然狼闻到香味就会赶来的。”

阿年更加害怕，抖着双手拾起蜂巢装在麻袋里，见蜂窝只有拳头大，又气又急，但心里更是害怕，也管不了这么多了。

这时，两只狐狸闻着烧蜂的香味“咕咕”地叫着赶来了。普丕在树上听得真真切切。他从树上跳下来，假装着急地对阿年说：“阿年，我们赶快走吧，有两只狼朝我们追过来了。”

阿年听了，惊骇得全身都抖起来，她紧张得一把抓住普丕的胳膊催促道：“普丕，快走吧，我们快回去！”说着惊慌地走在前面，让普丕在后面跟着。

那两只“狼”紧随而来，人走得快就跟得快，人走得慢就跟得慢，紧走慢挨地跟着，不离不弃，一路还“咕咕”地怪叫着。

阿年吓得魂都掉了，路上摔了几跤，弄得满身灰头土脸，鼻青脸肿，嘴里“啊呀呀”地哼着，失魂落魄至极。普丕看着平时在长工杂役面前颐指气使、斥三骂四、高高在上、作威作福的阿年如此狼狈，心里既解气又好笑。他想如果今晚是李士天来就好啦，可以好好地出出怨气了。不过他又想，这个阿年跟着李士天欺压穷人，好好教训她一番也是应该的，他的心里也就痛快起来。

鸡叫的时候，他们终于回到了家里，那两只紧随而来的“狼”不知什么时候也消失了。

刚跨进门就看见李士天把火烧得正旺，准备亲自炒蜂儿喝酒吃夜宵。

跌跌撞撞的阿年一头扑倒在李士天怀里，嚎啕大哭叫着：“以后我再也不去烧蜂了，死也不去烧蜂了！”李士天惊讶地看着她急问怎么了？怎么会这个样子？怎么回事？

普丕淡淡地说：“路上遇到了野狼，被吓着摔倒啦。”

李士天听了把老婆推在一边不管，急问普丕：“蜂儿在哪里？”

普丕从麻袋里掏出一个拳头般大的葫芦蜂巢，郑重其事地摆在李士天面前说：“阿波，你瞧，这就是我给你说的葫芦蜂窝。”

李士天看见这么小的一个葫芦蜂窝，大吃一惊！立即气急败坏地骂起普丕来：“普丕！你不是说这个葫芦蜂有一抱大吗？现在怎么只有一个拳头大？你是不是骗我？”

普丕面不改色认真地说：“阿波，我没有骗你呀？我就是说这么大嘛。是你看错了我的手势。”说着普丕重新用手比画了一阵。

李士天这才晓得，普丕说的蜂窝是用两个手掌圈起来那么大，而不是两只手臂围起来那般大的。

李士天无言以对，气得说不出话来。他气冲冲地灭了灶里的火，狠狠地瞪了普丕一眼，鼻子一哼，拂袖而去了。

普丕觉得非常解气。

从此，普丕找到了野蜂，再也没有告诉李士天，而是告诉施大明等长工们烧吃了。

不久，普丕捉到了一对雌雄野鸡，送给了施慧。施慧十分喜欢，放在笼子里饲养起来。施慧有时用漂亮的野鸡羽毛打扮自己，普丕觉得很好看。

第五回　施明做伴夜捉石蛙
普丕用计巧拉田鱼

光阴荏苒，许多年过去了。

普丕已是一个十七岁的小伙子，帅气、健壮、青春焕发。他早已不是当年李士天家的放猪娃，他现在是李士天家的杂役，每日里听李士天的调派，东奔西跑地做一些杂务，有时也被派去做农活，然而同李士天的积怨却日益加深。

施慧也是一个十六岁的大姑娘了。俊俏水灵，贤惠能干。在家养兔养鸡，拾柴种菜，洗衣做饭，里外操持着家务。和普丕的感情有增无减。

施明已经十四岁，跟着一个木匠师傅在外地学艺做木活。

施大明因家中无田地，仍然给李士天做长工。

这天晚饭后，普丕来到施大明家。他要约当天刚从外地回家来的施明，晚上到山箐里捉石蛙。施明爽快地答应了。

石蛙是水陆两栖动物，一般生活在山箐的深水塘中，白天潜伏在水塘石缝里，夜晚出来在陆地上觅食，喜食蚊虫之类。

目前是干旱季节，箐水稀少，甚至断流，形成一个个孤立的小水塘，加上天气炎热，蚊虫较多，石蛙都集中在水塘里和周围捕食或交配，最容易捉到，是捉石蛙的好时节，而且这个季节的石蛙最肥嫩，味道最鲜美，常常有人捉拿。普丕当然不会放过这样的好机会，他想趁施明回家来，去捉些石蛙回来，与施大明一家人好好聚一顿餐。

夜幕降临。普丕和施明带着装石蛙用的布袋、砍刀和一捆松树明子，提着灯径直朝村后的山箐里走去。

山箐两旁是茂密的青草山花和灌木丛，还有高大的树木，林木间藤蔓缠绕，杂草遍生。弥漫着浓浓的阴湿之气。炎热的夏天在箐里行走，阴凉有加。

普丕和施明沿着箐边的小路，踏着落叶腐草，快步行进。

天上没有月亮，星空里飘着几块黑云，黑云的缝隙闪烁着星光。一阵夜风徐来，使人倍感清凉。黑夜里传来猫头鹰“咕噜咕噜”的叫声，声音有点恐怖，但丝毫没有影响两个小伙子捉石蛙的兴趣。对他们来说，那叫声就像乐曲，有点好玩呢。

雨水季节里，箐水是大的，要涉水过箐很难。但在干旱季节，箐水就会小许多，但也是终年流水不断。今年却特别干旱，去冬今春都没有下过一滴雨水，山上有些树木都被晒死了，这条箐水也罕见地断流了，只有砂砾下还有些暗水流动，渗入大大小小的水塘里。此时的水塘里自然聚集了许多石蛙。在山里长大的普丕很清楚，在这个时候来捉石蛙，一定会收获颇丰，这一点普丕是蛮有把握的。

箐里由于溪水断流，溪床里裸露着大大小小的石头，有的石头竟有房子那么大，村人们常来这里打石缸、石磨、石条、石柱等石器，大小水塘就散布在这些石头中间。

普丕和施明正走着，不久来到一处水塘边。在灯光下只见成群的石蛙正在水塘边上觅食、交配和鸣叫。听到响动和见到灯光，有的石蛙“扑通扑通”跳进水里迅速藏匿于石缝中间，有的却傻傻地趴在地上，呆呆地看着灯光一动不动。

普丕急忙对施明说：“施明阿弟，快！把水塘边上的石蛙捉进袋子里！”

两人快速地把这些石蛙捉进布袋里。

水塘里有的石蛙在水中一撑一撑地游动，有的却已钻入石头缝中不见踪影。

普丕和施明为了节省灯油把灯熄灭了，在水塘边点燃松明子照亮。一时间，“嗞嗞”燃烧的明子火把水塘照得通明。

在火光照耀下，普丕和施明进入水塘捉石蛙。他们先抓捕了游动在水面上的石蛙，接着把手伸进石缝里逐一摸索，把藏在石缝里的石蛙一只只地捉出来。手伸不进去的地方就用小木棍子插进去搅动，迫使石蛙逃出来便于抓获。随着他俩的抓捕，一只只石蛙被抓进布袋里。布袋里的石蛙极度惊慌地“嘭嘭”乱撞乱跳，普丕叫施明扎紧布袋以防止石蛙蹦跳出来。

今晚的石蛙真不少，普丕和施明抓得很顺手，两人都很兴奋，兴高采烈地抓捕着一只又一只石蛙。正当两人心满意得兴致高涨时，施明把手伸进水中的一道石缝里摸索石蛙，忽然他摸到了一个软体，但皮质粗糙，不像石蛙那样滑溜溜的，他有点狐疑，抓住掏出来一看，“啊！”是一条蛇！他惊叫一声，随即把蛇抛进水塘边的草丛里，受惊吓的蛇忽地从草丛里逃走了。

施明惊魂未定，紧张得跳出水面站在水塘边，捂着“砰砰”乱跳的胸口，张大嘴呆呆地望着蛇逃走的方向。

普丕见状哈哈大笑起来说：“施明阿弟，你还不知道，在水塘里捉石蛙摸到蛇是很平常的事，不必惊慌，不要怕。这种蛇是水蛇，这种蛇在水里和陆地上生活，有时在水塘外吃老鼠，有时在水中吃蛙吃鱼，一般不咬人的，即使咬了人也无事，没有毒性的。”说到这里停了一下又笑着说：“你把蛇丢了，可惜了。把蛇捉来弄死后剥了皮煮吃，味道鲜美可好吃呢。如果是我就要捉了回去下酒呢。”

施明听了，浑身的鸡皮疙瘩才渐渐没了，惊恐得砰砰乱跳的心才平静下来。

普丕叫施明快下水来，继续摸捉石蛙，说没事的，还说你是第一次摸到水蛇才紧张，以后遇到这种事情多了，就不怕了。

施明又慢慢地进入水塘继续抓石蛙，不过他心有余悸，还是有些局促不安，似乎害怕又抓到蛇，显得有些缩手缩脚，不像先前那么放心放手了。

普丕看到施明的神情，会心地笑了，说：“第一次摸到水蛇都会害怕的，以后慢慢就习惯了，不但不会害怕，甚至会觉得好玩呢，巴不得捉到蛇才好呢。”

施明听了点点头，他是相信普丕阿哥的，他觉得很多方面需要向普丕阿哥学习。

普丕和施明在这个水塘里忙活了一阵，把塘里的石蛙都捉完了。他们又顺着箐往上走，到另一个水塘里捉石蛙，一连捉了几个水塘里的石蛙，布袋里的石蛙也装得鼓鼓的了，提着都有些沉重。身上也感到了一些凉意，而且也感到身子有点乏了。

这时，时间也快到午夜了，带来的松明子也用完了，该回家去了。

他们重新点上灯，带着石蛙，一路说笑着回到施明家里。

施明家里的灯还亮着，施慧坐在火塘边做着针线，等着他们回来。施大明劳累了一天，已经睡了。

施慧见他们回来了，微笑着走过来，帮他们放好东西。

施明对施慧说："阿姐，石蛙捉回来了，有很多呢，快拿一些下锅做菜吧，我们都饿了，要吃夜宵饭的。"

施慧赶忙抓出石蛙做夜宵饭。普丕在旁边呵呵地笑着，帮着施慧杀石蛙。

不多时，施慧麻利地做好了石蛙肉汤，一盆热腾腾的石蛙煮小葱摆上了桌，屋里顿时充满了石蛙汤的香味，施慧又拿出酒来斟上。

施明迫不及待地坐在桌旁，率先搛起蛙肉大吃起来。

普丕把施大明喊起来，一起吃夜宵，施慧忙完了活也围坐过来。大家高兴地吃蛙喝酒，其乐融融，甚为温馨。吃喝中施明讲起了自己捉蛙时摸到蛇的状况，做出十分害怕的模样，引得大家欢笑起来。欢乐的场景使他们暂时忘却了日子的辛酸和劳累。夜宵饭至下半夜方散。

普丕在当地，还是一个有名的捉鳝鱼的能手。他会用许多办法捉拿黄鳝。

在阿稽竜一带，虽然地处山区，但层层梯田都是水田，除坡地栽种包谷荞麦、芋头等外，水田里皆种水稻。一部分水稻田直接引箐水灌溉，一部分"雷响田"靠雨水栽种，还有一部分腊发干田用冬水田里蓄的水栽种。这里的冬水田在犁耙以后，常年蓄满水，待来春栽插时，放出多余的水到腊发田里一起栽秧。秧田里自然一年四季都是有水的，拔去小秧后再种上水稻。

稻田里有很多鲫鱼和黄鳝，还有鲛鳅、泥鳅、虾螺等。

普丕有空时常在田里抓鳝鱼。

初冬的一天下午，下了一场雨，又雨过天晴。正是拿夜黄鳝的好天气，普丕兴奋起来，恰巧这两天施明又从外地回家来了。晚饭后，普丕找到施明，约好两人今晚去拿黄鳝。

于是他俩就准备夜里拿黄鳝的用具。两人紧张地在施明家里破松树明子疙瘩，以便在拿黄鳝时用于照明。施慧在旁边帮忙，将破好的明子装了两背箩。接着又准备一个铁制火罩和一把竹制钳子，火罩和钳子是早已有的，拿出来用就可以了。火罩是用铁丝网成的，形似马笼头，用铁线拴住吊在一棵木杆顶端。夜里拿黄鳝时把劈好的明子装进火罩里点燃，用手举着照明。钳子是用三块硬竹片做成的。上面一块，下面两块成剪刀状，三块竹片上均有齿牙。使用时像剪刀一样夹住黄鳝放进背箩里即可，很方便也很实用。需要的用具都准备好了，但天还没有黑尽。要等天黑了才能出发，因为天黑了黄鳝才从洞里钻出来觅食方能捉到。两人便坐着闲聊等待天黑。

施明问普丕说："普丕阿哥，为什么下雨后好捉拿黄鳝呀？"

普丕说："不下雨时也可以拿，但没有下雨后的黄鳝多。因为下雨后，空气清新，各种动物活跃，加上水里空气多，水中的各种食物也多，黄鳝纷纷出来呼吸觅食，这样就好拿黄鳝了。"

施明听了，明白了这个道理。

普丕又说："本来我可以一个人去拿黄鳝的，为什么要约你一起去？是因为天黑看不清四周。提着火罩在田里捉黄鳝低着头一个劲地走，会转晕了头，只看见眼前的光亮，而辨不清东西南北方向，不知道自己在哪个地点，四周又黑蒙蒙的看不清楚，找不到回家的路，摸不回来。特别是带着的明子燃尽以后，伸手不见五指，会困在原地走动不得。曾有人夜间拿黄鳝，跑晕了头，辨不清回家的方向，一整夜都被困在野外，到第二天早上天亮后才回到家里。因此要喊上你跟我去做伴认清方向，帮我带东西，帮我加明子。更主要的是你也可以学一点夜里捉黄鳝的技能，再说我们一起去捉黄鳝也是一件很快乐的事情，你说对吗？"

施明明白地点着头说："普丕阿哥，我明白了。我很高兴今晚跟你一起去拿黄鳝，从中我也会学到很多拿黄鳝的知识的，你要我做什么，尽管吩咐就是。"

普丕高兴地拍着施明的肩膀说："好，好的。"

说话间，天黑下来了。普丕和施明一人背着一背箩松明子带着火罩钳子等，来到了拿黄鳝的田块。他们把松明子装进火罩网兜里点燃后，普丕斜背着装有明子的背箩，提着火罩，手持夹黄鳝的钳子，走进水田里。

施明也要一起跟着进去，普丕阻止说："施明阿弟，你不必下田来，你不必跟着我在水田里跑，你只要在田埂上跟着做伴，等着我来加明子，看清楚方向就行了。"

施明按照普丕的吩咐，背着装有明子的背箩在田埂上跟着，等到普丕进入下一丘田时，又在下一丘田的田埂上跟着，如此陪伴着普丕。

此时的稻田在水稻收割后，早已翻犁耙平，蓄满了水。普丕在水田里举着火罩，左右甩动着寻找黄鳝。火罩一经甩动，风助火势，呼呼地燃烧得更旺，照得田里一片明亮。田水是清澄的，水下看得清清楚楚。不一会，普丕就看到一条大黄鳝，他熟练地迅速夹起黄鳝放进背箩里，尔后又继续寻找。

普丕时不时往火罩里加一块松明子，不断甩动着照明，也不断地往背箩里装黄鳝。有时看见鲫鱼、鲛鳅、泥鳅，这些是不容易夹住的，普丕就用带着的刀子照准砍下去，然后捞起来放进背箩里。

普丕在田里来来往往地拿黄鳝，拿完一丘又拿一丘，也记不清拿了几丘田了。身上背的明子用完以后，又拿施明背的明子来用，尽情地捉拿黄鳝。今晚的黄鳝也特别多，普丕越拿越高兴，忘记了疲劳。

施明一直在田埂上紧跟着普丕，帮普丕加明子和背黄鳝。

渐渐地时间已近午夜，天气冷凉起来，黄鳝开始进洞，稀少起来。这时两背松明子也快烧完了，黄鳝也拿得不少，已经到回家的时候了。

于是，他们背着黄鳝，高高兴兴地回家了。

回到家时已过午夜，但屋里还亮着灯，施慧仍在等着他们回来。一家人自然又是煮黄鳝喝酒吃夜宵，欢饮甚久。

普丕不仅善于拿夜黄鳝，更是白天捉黄鳝的能手。平时，在风和日丽的日子里，田里水平如镜，可清楚地看见田里黄鳝打的洞。此时黄鳝正在洞里安然入睡，是白日里拿黄鳝的好时候。在这样的日子里，普丕有空时，就会在腰间系上鱼箩，下田拿黄鳝。在田里看见黄鳝洞后，普丕用食指沿着黄鳝洞小心探索进去，一旦摸到黄鳝，就迅速地抓住黄鳝从泥土里拿出来装进鱼箩里。要不了多时，一鱼箩的黄鳝就拿回来了。

栽秧以后，在谷棵发棚分蘖时期，是黄鳝产卵生子的季节。这时田中的黄鳝纷纷到田埂边打洞产卵，孵化出幼鳝来。普丕会在这个时期沿着田埂找黄鳝洞捉黄鳝。这时的黄鳝因为在产卵生子期，出于护卵护子的本能，性情比较凶狠，攻击性很强，如果黄鳝看见有外物进入洞内来侵扰它，就会凶狠地咬住来犯者。因此普丕捉黄鳝的手指常常被咬，有时还会被咬出血来，但他却毫不在乎，照拿黄鳝不误。稻田主人们也乐见普丕把田埂上的黄鳝捉去，以免田埂因黄鳝打洞而引起漏水。甚至有人来请普丕去捉掉自家田埂上的黄鳝，普丕当然是乐意的。

更绝的是，有时候普丕因脚伤不能进入泥水中捉拿黄鳝，他就做一个小小的铁钩子，拴上细线，拿蚯蚓穿在钩子上做诱饵，然后轻轻地放入田埂边上的黄鳝洞里，正在孵卵而饥饿的黄鳝看见有美味食物，猛地一口咬住蚯蚓，急不可耐地吞食，一下就被铁钩钩住了嘴唇，黄鳝感到疼痛，急忙往内缩。这时普丕把钩子上的细线一拉，像钓鱼一般将黄鳝从洞中拉出捉住。普丕拿黄鳝的这等功夫，人们见了都啧啧称奇，夸普丕真是拿黄鳝的好手。

阿稽竜的田都是山区梯田，水源金贵。因此人们从来不会放干田水来拿鱼，所以田里一年四季都有水关着。人们在田里拿鱼时，就用竹制的拉筢在田水中拉出来捉拿。

李士天从来不干活，但吃的都是美味的大鱼大肉，天天摆酒欢宴。而对长工杂役们却十分刻薄，只管榨取他们的血汗，不顾他们的饥寒死活。普丕十分不满，早想出出这口气，于是他想出了一个办法。

这天早上，普丕犁完田后，把旁边的一丘田搅浑，然后拿一条活蹦乱跳的鱼用湿润的鲜苔包好，装在自己的衣袋里去找李士天。他对李士天说："阿波，今天早上我在犁田的时候看见一丘田，田里水不深，一丘田的水都是浑浑的，我很奇怪！仔细一看，嘿！田里有很多鱼！那些鱼在水里活蹦乱跳，有的还跳出水面。原来田水是被鱼搅浑的，真带劲！我看了好一阵才离开。如果去拿肯定会拿得很多鱼，我想我俩一起去拿，给你在晚上好好地下酒，你看要得吗？"

李士天闲来无事，又想到可以抓鱼下酒，一下来了兴趣，想立即去拿。但他转念一想，普丕说的是真的吗？他有点不相信地看着普丕说："普丕！是真的吗？你可不要哄我！"

普丕装作认真地说："阿波，当然是真的，我不哄你。"

李士天听了，有些迫不及待了，说："那好吧，我们现在就去拿鱼，拿回来我要好好地用煎鱼下酒喝一顿，快走吧！"

于是，普丕迅速带上拉篼和李士天去拿鱼，普丕很高兴，李士天兴致也很高。

到了田边，普丕对李士天说："阿波，你就在这儿瞧着，我就下田去拉鱼。"

李士天看着田里浑浑的水问普丕："普丕，我咋看不到鱼跳呢？"

普丕笑着说："阿波，现在是中午了，鱼儿们都已休息睡觉，早晚才会欢跳呢。"

李士天想，也是的，便没有再多问，于是兴致勃勃地看普丕拉鱼。

普丕用拉篼在水田里"哗哗"地拉了几下，迅速把装在衣袋里的鱼往拉篼一放，然后从水里提起拉篼来。于是一条活蹦乱跳的鱼出现在拉篼里，李士天在田边看见，脸上露出笑意。

普丕把鱼抓在手里，高声对李士天说："阿波，你瞧！一下子就捉到这么大的鱼了。"

李士天看着，更是乐得合不上嘴。

普丕把鱼放入别在腰上的鱼篓里，接着又"哗哗"地在水里拉起来，趁着李士天不注意，又把鱼篓里的鱼放进拉篼里。普丕又高声对李士天说："阿波！你瞧！又捉到一条鱼！"

就这样，普丕用这样的方法做了几十回。李士天看到普丕不断地捉到鱼，完全被迷住了。

这时，普丕对李士天说："阿波，我拉不动了，你来拉一回，挺好玩的，你会越拉越高兴，连休息都舍不得呢。"

李士天看到普丕一条又一条地捉鱼，早就想去拉一回了，听普丕这么一说更动了心，立即卷起裤脚进到田里，从普丕手里接过拉篼拉起鱼来。结果他拉了半天也没拉到一条鱼。他有点泄气地问普丕："普丕！怎么回事，我怎么拉不上鱼来？"

普丕故作认真地说："阿波，是因为你拉鱼时出力小，才拉不上鱼来，你要用劲地拉才会拉上鱼来。"

李士天听了拼着力气，狠命地拉了一阵，也没有拉上一条鱼。李士天急得对普丕叫起来："我已经使劲地拉了，怎么还拉不上鱼来呢？"

普丕也装作很急地说："阿波，是因为你的动作太慢了，鱼都跑到那边去了，你快到那边去拉。"李士天忙着到那边去拉。一会儿普丕又说："阿波！鱼又跑来这边了，你快来这边拉。"李士天又赶来这边拉。忙得李士天东奔西跑，汗流浃背，衣裤尽湿，满身泥污，累得够呛。

就这样，李士天拼命地拉了几个来回，最终一无所获。

这时，李士天已气喘吁吁，满身泥污，精疲力竭，再也坚持不住了。他只得疲惫而沮丧地倒拖着拉篼走出田来，并对普丕说："普丕，你拉到那么多鱼，可我怎么连一条鱼都拉不到呢？这可急死我了。"说着不由得往普丕的鱼箩一瞧，只见鱼箩里只有一条鱼！

"啊！"李士天猛然顿悟，他终于明白了，是普丕使手段哄骗他！他受了普丕的戏弄，他上普丕的当了！

李士天立即拉下脸来，瞪圆眼睛，脸红脖子粗地指着普丕大声骂道："普丕！你敢这样哄我戏弄我！让我上你的当！你说你为什么这么做！"那气急败坏的情势，恨不得把普丕一口吞下。

普丕却很镇静，微笑着对李士天说："阿波，你别生气，我哪敢哄你，更不敢戏弄你。我只是想跟你开一个玩笑嘛，我看到你没事情，这样做就是想给你开开心嘛。"

怒火中烧的李士天，没想到普丕会这样回答他，竟有点无言以对。事已至此，也无可奈何。只得对普丕吼道："哼！开心！怎么开心？累死我不说，还把我弄成这般模样！我连路都走不动了，还不快扶我回去！"

此时，李士天满肚子都是气，而普丕却是满腹的欢心。

第六回　入山寻药救治李嫫　随机应变巧哄阿波

李方氏突然病倒了，而且病得很重，连门都出不了啦！

普丕闻知，心中甚为着急，风急火燎地赶到李方氏家里去看望。李方氏的家在村子西边，是三间年久的土掌房。普丕赶到时见门掩着，屋里传来李方氏沙哑而微弱的咳嗽声。普丕径直推门走进去，急切地走到李方氏床前。只见李方氏躺在床上，不断地呻吟着，面容憔悴，嘴唇干裂，神情委顿。普丕亲切地对李方氏喊道："李大嫫，听说您病了，我来看望您。"

李方氏看到普丕来了，暗淡的眼神突然亮起来，吃力地挪动着身子，似乎要坐起来。被普丕立即按住制止了说："李大嫫，您不要动，好好地躺着养病要紧。要做什么您吩咐我就是了。"

李方氏声音低哑地说："普丕侄儿，难为你来看望我。这次生病原以为会慢慢好的，哪成想越病越重，病得连起床都困难了，弄得什么都做不了啦，真是没有办法啊。"

屋里没有一点暖气，火塘和灶台都是凉的，也没有一点开水。原来李方氏两天没有吃饭了，病得连开水都烧不动了。普丕见此情景，鼻子一阵发酸，泪水在眼眶里打转。

普丕红着眼睛对李方氏说："李大嫫，您生病了，怎么不告诉我一声呢。我是刚刚才听到您生病的事情，急忙赶来了，没想到您竟病得这样重！"普丕说到这里稍停又说："如果我知道您病了，我会赶来照料您的。"

李方氏有气无力地说："普丕侄儿，平日里尽是你来帮忙，我不能动不动就劳烦你哪。"

普丕听了忍不住动情地说："李大嫫您不要这样说，以后您病了尽管告诉我，我会来看您的。看您病成这个样子了，我还不知道，我心里难过。当年我在放猪场上病重昏倒，要不是您把我救回来，我早就没命了。现在您病了我来看您是应该的，更何况您孤身一人，年老体弱，我更要来照顾您了。”

李方氏听了，眼里含着泪花，感激地点点头。

普丕立即烧水煮粥，服侍起李方氏来。

李方氏告诉普丕，她得的是胃病，疼得经常吃不下饭，这两天疼得更厉害。还有关节也疼，是风湿关节炎，疼得下床和走路都困难。又没钱请郎中治病，只得自己找点草药来吃，不见好，反而病情愈发沉重起来，真是让人无奈啊。

普丕给李方氏喂水喂粥，细心侍候照料她。

李方氏又告诉普丕说，穿山甲鳞壳、刺猬针毛和青香树上的玭草能治她的胃病，把这几种药烤酥研末后，温水吞服就可以了，还有苦刺花上的黑蚂蚁也可以治她的关节炎，把黑蚂蚁焙干研末，温水吞下就行。也可以用黑蚂蚁泡酒喝都很好的。可是这些东西她找不来呀，没办法啊！说完李方氏长叹了一口气。

李方氏说的这些可以做药的东西，普丕是知道的。穿山甲和刺猬他在放猪时就捉过，玭草他在村外的大青香树上也曾见过，至于黑蚂蚁他在水沟边的苦刺花树上经常见到。

于是普丕安慰李方氏说：“李大嫫，您不要着急和难过，你说的这些能做药的东西，我都知道，您放心，我一定要把这些东西找回来，给您治好病。”

普丕决定，马上到山上捉拿穿山甲和刺猬，去找黑蚂蚁和玭草，他决心治好李方氏的病。于是他就找到李士天，要求放工一天，以便给李方氏找药。吝啬而冷酷的李士天哪里肯放，但普丕决意要去，最后李士天勉强答应了。

普丕把施慧喊来，交代她好生照顾李方氏，自己带着回家来的施明，去捉穿山甲和刺猬，寻找黑蚂蚁和玭草。

普丕和施明带上麻袋、砍刀、锄头等所需工具，还有一个南瓜，向村子后山的一片林地走去。普丕知道那一带有穿山甲和刺猬出没。

他们急匆匆地走着，路上施明好奇地问普丕："普丕阿哥，穿山甲和刺猬像什么样子？"

普丕告诉施明说："穿山甲是一种硬甲壳动物，生活在丛林中，喜食蚂蚁。满身有鱼鳞般的厚甲，坚硬如石。其身上的鳞片既是它的护身盾牌，也是它生活的工具。当天敌来袭时，它会收紧鳞壳，缩作一团，像个坚硬的圆形石头，捕食者只能把它踢来踢去，无从下口，无法吃到它身上的肉，无奈中只能悻悻地离开，丢弃而走。如在山坡上，它会像皮球一样骨碌碌地顺着山坡滚下去，逃之夭夭，不见踪影，让捕食者毫无办法。"说到这里普丕换了换肩上的锄头，又继续说："穿山甲以吃蚂蚁为生，它吃土里的蚂蚁时，将全身鳞片展开，使片片鳞甲成为锋利的掘土刀刃，手扒鳞刮，打洞寻找蚂蚁而食。它深居洞穴，不容易捉到。特别是挖洞捉拿它时，它会拼命地打深洞子来躲避，有时你挖洞没有它打洞快，就会越挖越深，越深就越难挖，最终捉不到它不得不放弃。所以挖穿山甲要快挖、用力挖才行的。"

施明听得津津有味。他又说："普丕阿哥，那你再讲讲刺猬像什么样子吧。"于是普丕又给施明讲述刺猬："刺猬生活在林多草茂的地方，喜欢吃树根和草根，也是一种硬毛动物，其毛如铁针，十分尖锐，长满全身。当遇到天敌来犯时，它会竖起全身的针毛护卫，使捕食者不敢吃不敢抓。如在山坡上时也会抱成团滚下坡逃跑，所以也是难以抓住的。"

施明又进一步问普丕："那，普丕阿哥，我们带个南瓜做什么用呢？"

普丕笑着说："带个南瓜，奇怪了吧？是这样的，我们捉刺猬的时候，它会竖起全身的刺毛逃跑。我们用手不敢去抓，用棒打又有硬毛护着打不伤它，它仍会逃跑。这时，只要用南瓜从它身上砸下去，南瓜被针毛刺住，掉不下去，刺猬背着南瓜就跑不动路了，这样就可以捉到它了，明白了吗？"

施明领悟地说："哦！原来是这样。想不到南瓜还可以用来捉刺猬！"

普丕说："是呀！南瓜是捉刺猬的好武器，所以我们必须带着，在我们抓刺猬时使用。"

施明听了普丕对穿山甲和刺猬的讲述，觉得十分有趣。他希望早一点抓穿山甲和刺猬。

普丕和施明一路说着话，便来到了要抓穿山甲的树林里。这里地势平缓，土壤肥厚，林木茂密。穿山甲就在这一带活动。

普丕和施明拉开一定的距离，并排认真寻找。

忽然，普丕看见在一棵大沙松树旁边有一堆土，看样子显然是刚挖出来的。他快步走近土堆一看，发现土堆边上有一个洞，离洞口不远处还有穿山甲的粪便，而且粪便是新鲜的。

这就是穿山甲的洞！穿山甲就在洞里！普丕十分欣喜。他高声地喊道："施明！快过来，穿山甲洞找到了，穿山甲就在里面！"

施明听到喊声，高兴地跑过来。

普丕指着洞口对施明说："这就是穿山甲的洞，穿山甲就躲在里面。我们得抓紧挖，不能让它跑啦！"

说着普丕和施明就赶紧朝洞里挖起来。立时，洞里传出一阵"扑噜噜、扑噜噜"的响动声。

普丕说："听！穿山甲在洞里动呢，赶快挖！"

接着洞里又传出"沙沙沙"急促的扒土声。

普丕对施明说："听见没有，穿山甲正在挖深洞子逃跑呢，我们要赶快挖才行，不然赶不上它挖洞的速度，我们就会捉不到它的。"

普丕和施明挥舞锄头，汗流浃背，轮番挖洞，不敢歇息。

但挖了半天，仍然不见穿山甲。显然穿山甲挖洞的速度是很快的。洞越挖越深，越深越难挖。普丕和施明喘着粗气，来不及擦汗，猛挖不止，对洞里的穿山甲紧追不舍，志在必得。

他们正奋力地挖着，突然看见穿山甲搅动的尾巴，这就是穿山甲！普丕急忙丢掉锄头，探下身子猛地抓住穿山甲的尾巴，用力把它从洞中提出来。

穿山甲"吱吱"地叫着，惊恐地抖动身子，四脚乱爬，还挣扎着倒勾起头来，试图去抓提着它尾巴的普丕的手，但显然是徒劳的，它够不到普丕的手。

施明忙伸出双手要来帮普丕抓住穿山甲。

普丕立即阻止施明说："施明阿弟，小心！不能这样来抓，它会抓伤你的手的，它的爪子很锋利。"

他叫施明拿砍刀来，施明快速递上砍刀。普丕用刀背照准穿山甲的头"扑扑"地砸了几下，穿山甲随即垂下头来，很快死了。

普丕又叫施明拿来麻袋来，把穿山甲装在麻袋里。

普丕对施明说，穿山甲打死了才能装进麻袋里，否则它不但会抓伤人，而且会抓破麻袋跑掉的。

捉到了穿山甲，两人都松了一口气，便坐下来擦汗歇息。

接着，就要去抓刺猬了。

普丕带着施明翻过一道山梁，来到一处斜坡地。坡下是一条涧，流水潺潺，草木茂盛，这是刺猬喜欢待的地方，普丕曾在这里见到过刺猬。

普丕告诉施明，刺猬不打洞，是在地面上生活。但奔跑比穿山甲快，如果发现它就要紧紧地追上，不要让它跑掉了。

施明点头称是。

两人又并排拉开距离慢慢向前搜索。

忽然，施明看见身旁一棵大树的草丛中"扑嚓"地抖动了一下，他用木棍扒开草丛，想探身看个究竟。突然"嚓"的一声，只见一个长着灰色花斑、满身毛刺的东西，猛地撞开他的木棍飞奔而去。施明不由自主"啊"的惊叫一声，吓得后退了两步。

随即施明大声叫喊起来："普丕阿哥，那是什么？跑了！跑啦！"

普丕听到施明的喊叫声，急忙抬头看去，是一只刺猬，便大声说："施明，是刺猬，追，快追上！"

施明明白过来，快速追上，举起木棒照准刺猬猛打下去，正打在刺猬身上，但有硬毛护着，没伤到它，只是缩了一下身子，又跑了，而且跑得更快。施明提棒紧追。

普丕也背着麻袋和南瓜急追上来。

不料这时，刺猬紧缩为一团，像个带刺的皮球，顺势从山坡滚下去，没入溪涧边的草丛里不见了。

普丕和施明朝着刺猬逃去的地方直追下去。在刺猬藏匿的草丛里仔细找寻。

很快，他们便找到了躲藏在草丛里的刺猬，但刺猬忽地又跑了。施明追上去又是猛打一棒，可刺猬跑得快，没打中。

普丕快速追上来，举起南瓜对准刺猬砸了下去，正打在刺猬身上，南瓜被刺猬的毛针牢牢地刺住，掉不下来了，刺猬背托着沉重的南瓜，挪动几步就跑不动了。普丕立即抽出身上带的砍刀，照着刺猬的头猛砸几下，刺猬立即被砸死了。

普丕把刺猬身上的南瓜拔下来，连同刺猬一起装入麻袋里提着。

刺猬也捉到了，普丕和施明感到有点累了，便坐下来休息了一阵。因为还有事，坐了一会儿，他们带着东西走了。

普丕和施明还要去找黑蚂蚁。

黑蚂蚁一般在临水的灌木枝条上筑巢生活，其窝是圆形的，活像一个篮球。球形的巢上有一个洞口，供蚂蚁出入。

当年普丕放牛时，看见过在离村子不远的箐水边上的苦刺花树上，有一个大的蚂蚁窝。当时不知道可以做药，因此也就不当一回事，没去管它。

普丕想到那里去看看，那个黑蚂蚁窝还在不在。

普丕和施明来到那里时，只见破败的蚂蚁窝飘零地吊着几块残片，一只蚂蚁也不见了。或许是黑蚂蚁弃旧巢筑新巢去了，或许是被人为破坏后被迫搬家了。总之黑蚂蚁不见了。

普丕心想，附近一定会有黑蚂蚁窝的。

于是，普丕和施明就在附近认真地寻找起来。

果然，在离旧蚂蚁窝不远的地方，在一棵苦刺花树枝上，发现了一个黑蚂蚁窝，也足有篮球般大小。成群的蚂蚁在洞口繁忙地出出进进。

普丕和施明很高兴。他俩小心地砍断挂着蚂蚁窝的树梢，用麻袋整个地套住蚂蚁窝，防止蚂蚁跑掉，然后再砍断树枝下段，把蚂蚁窝整个装进了麻袋里，这样，又拿到了黑蚂蚁。

到此，穿山甲、刺猬和黑蚂蚁都拿到了。普丕和施明高高兴兴地带着回到李方氏家里。

施慧正在给李方氏洗衣服。见普丕和施明捉回穿山甲、刺猬和黑蚂蚁，便放下手中的活计，兴奋而好奇地凑过去看。

李方氏既惊讶又高兴，挺着病体也探起身来观看。连连夸奖普丕和施明能干！

普丕劝李方氏好好地躺着休息，并说马上会按她说的配药。

普丕吩咐施明把穿山甲和刺猬剥下皮毛，将其肉弄干净后，交给他阿姐做菜，把穿山甲的鳞片和刺猬的毛针放在火塘边烤酥，然后舂细。自己却到村外的青香树上找茈草去了。

不久前，普丕还见到村外的那棵大青香树上长着的茈草。他走出村来，径直朝那棵青香树走去。

茈草是长在其他树上的一种寄生植物。普丕在野地里经常会看见，已司空见惯，从来引不起他的注意，想不到它还能治胃病！他觉得有点意外和惊奇。

青香树上的茈草还在，普丕很快便拿到了。他带着急速地回来。这时施明把穿山甲鳞片和刺猬毛针烤酥舂好了。

普丕马上把茈草焙干舂细，又把黑蚂蚁用开水烫死后，把一部分黑蚂蚁烤干研末，剩下的黑蚂蚁用酒泡上做成药酒。

普丕把这一切都做好后，把适量的舂细研末好的穿山甲鳞片、刺猬毛针、黑蚂蚁和茈草的粉末配起来给李方氏服下，余下的分别包装好交给李方氏以后继续吃，黑蚂蚁酒待泡出药效后再喝。

这时，施慧的饭菜也做好了，招呼大家上桌吃饭。满屋弥漫着穿山甲和刺猬的肉香。

普丕特意请施大明一起来吃饭喝酒。

施大明自从李方氏丧夫后，特别是自己丧妻后，就没有到过李方氏家了，他觉得两个鳏夫寡妇不便来往。普丕来喊他到李方氏家吃饭去，他有点为难。不过他又想，这一次不同以往，孩子们都在那里服侍李方氏，而且李方氏又病得很重，他去看望吃饭是应该的，没什么不妥，所以他愉快地答应了。

于是施大明带着两斤糖来到了李方氏家里，他显得有点不自然地到李方氏床前问好。

对于施大明的到来，李方氏有点意外，她探起身来表示感谢，并热情地招呼施大明坐下来吃饭。

李方氏由于心情高兴，精神似乎也好了一点，她吃了一点肉和粥，喝了一些汤，就重新躺下休息。

其余的人围桌吃饭喝酒，至夜方散。

当晚，施慧就在李方氏家留下来，服侍李方氏。

药效也真不错，李方氏服药后的第二天，就觉得病情减轻了一些，可以下床活动了。五天以后病情大为减轻，可以做家务了。半个月以后，李方氏的病基本好了，又可以做农活了。

普丕心里很是高兴。

春天，万物萌发。也是蜜蜂发展分群的时候。一群群的蜜蜂在新蜂王的带领下，从老巢分离出来，独立门户，另寻新居。这时，村里村外，蜂群飞舞，嗡嗡之声不绝于耳。新分出来的蜂群有的聚集在屋檐下，有的聚集在树枝上，也有的钻进人家的空蜂箱里落巢。

这是捕捉蜜蜂饲养的好时节。

普丕用竹篾编织了两个木桶般大小的蜂箱，里外皆涂上牛粪晾干，放置在李方氏房顶阳台上。他要捉两窝蜂给李方氏饲养，以便采蜂蜜给李方氏滋养身体。

不几天，果然有一群分离出来的蜜蜂进了一个蜂箱安家了。还有一个蜂箱空着。普丕等待时机，要捉一窝蜜蜂放进去。

这天接近中午，普丕犁田回来吃饭，正好有一群分离出来的蜜蜂，在房前屋后嗡嗡地飞舞着寻找新居。普丕很高兴，他马上回家拿来一个盆子，打水向蜂群洒去，蜂群以为下雨了，很快聚拢在附近的一棵青香树上。普丕飞快地跑到李方氏家里，拿来一个装米的小箩筐，洒上盐水，用蒿枝小心地把蜜蜂群扫进筐里带回来，放进空着的蜂箱里养起来。

李方氏家里的两窝蜜蜂都养起来了，李方氏高兴得满脸堆笑。

普丕对李方氏说："李大嫫，这两窝蜜蜂您就这样养着，每年的夏末初冬，我都会来给您采蜂蜜。到时您就有蜂蜜吃了，您的身体会好起来的。”

李方氏感激地说：“普丕侄儿，你为我想得多么周到！真是难为你如此操心了，你真是好孩子呀！”

在阿稽竜村口有一处空场地，场地中央有一棵又高又大的万年青树，枝繁叶茂。高高的树梢处有个鸟巢，鸟巢里有些鸟蛋。村里的几个青年娃子，都曾试图爬上去掏鸟蛋，但因树干又高又滑都没能爬上去，只能望着鸟巢里的鸟蛋干瞪眼。

普丕是爬树高手，他要爬上去掏鸟蛋是没有问题的。

这天中午，普丕想李方氏病后身子弱，要给她补补身子，他像猴子般爬上万年青树顶，把那些鸟蛋全掏了，装了满满一挎包呢，普丕可高兴了！他小心地从树上爬下来，正想把鸟蛋给李方氏送去。

这时，普丕忽然看见李士天向他走过来，似笑非笑地看着他，径直来到他身边。他知道李士天不怀好意，下意识地握紧了装有鸟蛋的挎包。

李士天的眼睛紧盯着普丕挎包里的鸟蛋，声音听起来有点怪气地说：“普丕，掏鸟蛋呀，你真行呀，掏得这么多鸟蛋。”说着摸了摸普丕挎包里鼓囊囊的鸟蛋呆看了一会又说：“这可是好东西呢！正好我可以用这些鸟蛋下酒了，哈哈……”

李士天家里什么没有？鸡鸭鱼肉都吃不完，更不用说鸡鸭蛋了。可是那些东西他吃腻了。他要吃野味。他从家里闲逛出来，正好看见普丕掏鸟蛋，就走过来计划着拿走普丕包里的鸟蛋。

李士天要拿走鸟蛋，普丕心里厌恶顿生。他对李士天说：“阿波，李方氏大嫫大病初愈，身体弱。我想用这些鸟蛋给她补补身子，让她好起来呢。”李士天听了，十分不快地说：“噢！你是要送给那个老婆子。”说着脸一沉又说：“普丕！你听着，你是住在我家里的长工，吃我的，喝我的，你这些鸟蛋应该送给我呀！”

普丕忍住心中的厌恶说：“阿波，李方氏大嫫确实大病了一场，身体很虚弱的，真的需要用这些鸟蛋补一补身……”

李士天很不耐烦地说：“这跟我有什么关系呀。你是我家的长工，你的东西应该是我的！”李士天看着不好强拿，于是就想出了一个鬼主意，然后语气变得温和地说："普丕，这样吧，人家都说你机灵，你今天就哄我一下。"

普丕不知李士天是什么意思，更不知道他玩什么鬼把戏，就不解地问："阿波，哄你？这……"

李士天得意地说："对！普丕，你如果今天哄得了我，明天给你休息。但如果你哄不了我，这些鸟蛋就是我的。"李士天心里盘算着，你普丕再机灵，不管你怎么说，我都知道你是在哄我，如此你怎么哄得了我呢？你哄不了我，鸟蛋十拿九稳就是我的啦。

普丕听了，心想，这李士天真是狡诈啊，要夺人家的东西，手段无所不用其极，打尽鬼主意。不过这难不住普丕，他灵机一动，想出了应对的办法。他对李士天说："阿波，我不敢哄你。"

李士天问道："为什么？"

普丕装作十分认真而害怕地说："阿年在你房子阳台上正在看着我们，如果她见到我哄你，她会责骂我的。"

李士天说："你阿年不在阳台上，你不必怕的。"

普丕说："在的，我刚才在树上看见了。不信，你爬上树看看，只要爬上去一点就会看见她的，你叫她下去，我才能哄你。"

李士天要鸟蛋心切，也顾不了许多，就去爬万年青树。可是他身子笨，怎么也爬不上去，还是普丕撑着他才勉强爬上去。李士天爬上万年青树一看，他老婆根本不在阳台上。于是等不及下来就对普丕说："普丕，你阿年不在阳台上，你就开始哄我吧。"

普丕哈哈大笑说："阿波，我已经哄你啦！我知道阿年不在阳台上，我就说她在阳台上让你上树去看，这不就哄你了么？"

李士天听了，一时愣住，张着嘴半天说不出话来。他气得抖抖索索地下树来，心急手没抓稳，"嘭"一声从树上掉下来，一屁股坐在地上，疼得他"呀呀"直叫。

普丕看到李士天这般模样，心里暗自好笑。但他走过去扶起李士天说："阿波，摔疼了没有，要不要我背你回家去？"

李士天踉跄着站起来，眼睛直瞪着普丕恶狠狠地说："普丕！你，你……”竟说不出话来。

普丕却平静地说：“阿波，我已经哄你啦，我明天可以休息了吧？”

李士天又沮丧又气恼，无话可说，只得手一挥，捂着摔痛的屁股，脸嘴气得歪歪地一瘸一拐地走了。

普丕高兴地把鸟蛋送到了李方氏家里。

第二天，普丕得到了休息，他帮助李方氏犁了一天地。

第七回 棕枇故事感动普丕 黑色蚂蚁痛咬阿波

李方氏的家在阿稽竜村子边上，门前有一块不大的场地，场地前边是逐级而下的梯田。在场地周围有几排棕枇树，每当山风吹来，扇形的棕枇树叶“哗啦啦”直响。

这些棕枇树一棵棵茂盛挺拔，树干一溜笔直，剥了棕枇的树干裸露着棕褐色的树皮。从远处看，棕枇树就像一把把巨型的绿色雨伞。

棕枇树很容易栽活，一旦栽活了，不需要人们的任何管理，它年年生长，任凭风吹雨打，依然傲然挺立，不断向人们奉献宝贵的棕枇，让人们在生产和生活中使用。人们用棕枇编织床垫、坐垫、蓑衣和搓成绳子等用具。此外，棕枇树头肉嫩部分可食用。棕枇叶质地坚韧，可扎扫帚。叶筋可做筲箕扫把，已去筋的叶子可编挎包、做绑带及搓绳。树干木质坚硬耐腐蚀，可做梁柱，树根可做木瓢。总之，棕批树没有一处可丢弃的。因此，人们都珍惜和喜爱棕枇树。

李方氏的这些棕枇树是在她结婚时栽种的，如今已长得很大很高，陪伴和奉献了她几十年。所以李方氏将它们视为亲密的伙伴。

棕枇树的风雨傲骨，忘我奉献，常常引起普丕的联想。他喜欢棕枇树，认为棕枇树是人们最好的朋友。

棕枇一年收割一次，今年收割棕枇的季节又到了。

李方氏叫普丕帮助她把房子场地边上的棕枇割下来。往年的棕枇她是卖钱贴补家用的，今年的棕枇她不出卖了。她想做床垫、坐垫和搓绳子，这是家里需要的。更主要的是她想给普丕做一件蓑衣。普丕一年四季风里来，雨里去，天天劳苦，可还没有一件蓑衣呢，只有一顶发黑的篾帽戴在头上。李方氏看着心疼。

普丕按照李方氏的吩咐，带着砍刀爬上棕枇树，在紧包着树干的棕枇底部，用砍刀围着划一圈，将其割断，然后剥下一片片棕枇和一柄柄棕枇叶子。

普丕认真地剥着棕枇，在新剥了棕枇的树杆上留下了一圈圈的割痕，露出洁白的皮质，十分醒目。然而这对棕枇树没有丝毫的损害，反而会促使它更好地生长。每年每棵棕枇树上可收割五六片棕枇，余下的得留在树上，到来年成熟了再收割，否则收割过量就会影响棕枇树的生长。这一点普丕很清楚，所以每棵的收割量他都掌握得很好。李方氏看着很满意，直夸普丕做得好。

棕枇都割好了，李方氏很快做了一张床垫、几个坐垫和搓了几条绳子，特别是选出最好的棕枇给普丕缝制了一件蓑衣。

蓑衣做好了，李方氏把普丕喊到家里来，亲切地对普丕说："普丕侄儿，大嬶用新棕枇给你制作了一件蓑衣，给你挡风遮雨，保暖护身。来，披在身上看看合不合身。"

普丕高兴地接过蓑衣披在身上，很合身，便欣喜地说："李大嬶，真合身！也挺暖和的！"

李方氏微笑着对普丕说："这蓑衣呀，用处大着呢，我们农户人家少不得它呢。风雨天可以挡风遮雨，阴冷天可以保暖御寒，睡坐在地上可防潮防湿，好处多着呢。你好好地用着吧，用坏了大嬶再给你缝新的。"

普丕把蓑衣披在身上，又听了李方氏这一番话语，顿时一股热流暖遍全身，他感觉到了久违的母爱，禁不住眼眶有些湿了。他感激地说："李大嬶，侄儿让您费心劳身了，多谢您啦！"

李方氏嗔怪地说："说什么话，我嬶儿俩还要这么客气吗？你好好用着就是了。大嬶看见你披上蓑衣护身子，我心里也是挺高兴的。"

普丕看着新做的床垫、坐垫、绳子和蓑衣，颇有感触地说："李大嬶，这棕枇真好，可以做这么多东西！"

李方氏说："是啊，棕枇树可好呢，它把身上的全部都给人们使用，是我们庄稼人的好伙伴呢。"说完稍停又说："其实啊，你不知道，这棕枇树是有灵魂的，它是一个勇敢善良的小伙子的化身，不！是一对十分相爱的恋人的化身呢。”

普丕十分诧异地问道：“一对恋人的化身？”

李方氏认真地说：“对！这棕枇树，说起来还有一个十分感人的故事呢。”

棕枇树还有感人的故事？普丕更加诧异了，对李方氏说：“李大嫫，您就把这个故事讲给我听听吧。”

李方氏说：“好，今天我就给你讲讲这个故事。”说完沉思片刻，凝视前方，像在深沉地回忆，又似透视古老的历史，尔后缓缓地讲起来。

从前，在旦去白那个地方，有一个彝族村子，村里的人们都以耕田种地为生。

村里有一个姑娘，叫米念嫫，漂亮聪慧，勤快能干，山歌唱得特别好听；村里还有一个小伙子，叫阿依诺，高大帅气，勇敢善良，是个劳动能手。

阿依诺和米念嫫从小一起长大，是青梅竹马的伙伴。他们在劳动中相助，在生活中相爱，随着年岁的增长，感情日深。

月光下，他俩相约在多依树下，相依相偎，倾吐衷肠，情意浓浓。

星夜里，他俩相会于泉水边，尽情欢歌，深情无限。

这对金童玉女两心相印，两体相融，难舍难分，憧憬着美好的未来。

那时，人们还没有丝麻编织的衣服，用兽皮和树皮裹身蔽体，保暖御寒。但兽皮稀少，只有富人家才穿得起，大多数穷人只能披裹树皮。阿依诺和米念嫫家里都穷，身上穿的都是树皮做的衣服。

这年冬天，天寒地冻，天气特别冷。这天米念嫫冒着严寒到山那边的地里劳作。不料一场暴风雨骤至，冰冷的雨水像瓢泼般浇在米念嫫身上，刺骨的寒风吹刮着她的肌肤。米念嫫裹着树皮的纤细身躯，难以抵挡住这般狂风暴雨，浑身发抖，坚持不住，倒在地上的雨水里。顿感四肢僵冷，全身麻木，动弹不得，再也爬不起来，意识逐渐散失，很快便不省人事。

当阿依诺找到米念嫫，将她背回家时，米念嫫已经奄奄一息了。再也吃不进热粥，喝不下药汤了。

阿依诺抱着米念嫫撕心裂肺地呼喊。

米念嫫微微睁开眼睛，紧握住阿依诺的手不放，长出一口气，头一歪倒在了阿依诺怀中气绝。

米念嫫死了，她被无情的风雨冻死了。

人们帮助阿依诺把米念嫫埋在了村子旁。

米念嫫的死使阿依诺悲痛万分。他心身俱碎，呼天喊地号哭着，泪如泉涌，不吃不喝，不分白天黑夜地爬在米念嫫的坟上痛哭不止。人们竭力劝他节哀止哭，但无济于事，直哭得天昏地暗，日月无光。

阿依诺跪哭着伸开双臂向天呼喊："老天啊，你是这样不公，夺去了我心爱的人！老天啊，你是这样无情，拆开了我们一对恋人，天各一方！我愿用我的身体变成参天大树，用我的血肉之躯变成人们柔软温暖的衣服，让世人不再寒冷，让有情人不再生死分离……"

阿依诺的哭喊声传得很远很远，感天动地，闻者无不垂泪。

终于，在一个黎明，阿依诺的哭喊声停止了。

阿依诺最终哭死在米念嫫的坟上，死时双手还紧紧抱着坟头。

人们流着悲痛的眼泪，把阿依诺埋在米念嫫身边，合在一起。让这对恋人不再分离，永远相依。

不久，在阿依诺和米念嫫的坟上长出了两棵挺拔翠绿的棕枇树。树干上包裹着厚厚的棕枇，既柔软又轻便，韧实耐磨。人们把棕枇剥下来做成蓑衣蓑裤，穿在身上挡风避雨，御寒暖身，十分方便实用。

从此，棕枇树就广泛栽种，蓑衣也到处使用起来。

人们都说这棕枇树是阿依诺和米念嫫变成的，都十分感激。

这棕枇树只在房前屋后和田边地角生长，人们都说，这是阿依诺和米念嫫深情地守望着房屋田地，也让人们割棕方便。人们也就更加珍惜和喜爱棕枇树了。

李方氏的故事讲完了，停了停她又接着说："后来社会发展了，人们用丝麻、棉布做衣服，但蓑衣仍然在做，下雨时人人都披着，而且棕枇的用处越来越多，人们在生产生活中始终离不开它。"

普丕听完故事，长吁一口气。这个故事深深地感动了他。阿依诺和米念嫫化身棕枇树，向人们奉献出一切，多么善良！他看见棕枇树，就如看到了阿依诺和米念嫫。

普丕更加喜爱棕枇树了。

李士天看见普丕披着一件崭新的蓑衣，乜斜着眼睛问道："普丕！你的新蓑衣是哪里来的？是不是偷剥了我的棕枇做的？"

普丕听了，肺都气炸了，他强压住心中的怒火说："阿波，我没有偷剥你的棕枇，这蓑衣是李方氏大嫫用她家的棕枇给我做的。"

李士天听了，轻蔑地哼道："哼！原来是那个老嫫子给你做的！"说完歪着头，背着手走了。

普丕望着李士天的后背，狠狠地吐了口唾沫，愤然说道："呸！这老魔头，可恶！"

没过几天，李士天对普丕说："普丕，听说这几天甸中街上棕枇最好卖。你把我家那些棕枇剥回来，我要拿到甸中街上去卖。"说完转身要走，忽又转回头来说："那些棕枇树，你要一天剥完，否则不能回来吃饭。"说完晃着脑袋走了。

普丕知道，那么多棕枇树一天是剥不完的，以往是两个人剥两天的，他为难地对李士天高声喊道："阿波！那些棕枇树我一天是剥不完的，这……"

还没等普丕说完，李士天头也不回，口气硬邦邦地吼道："什么这啊那的，废话！别啰唆了，没什么说的，就这样了，现在就去剥！"

普丕知道，再说也无用了。就窝着一肚子火去剥李士天的棕枇。

普丕来到李士天的棕枇树林里，棕枇剥了一棵又一棵，一口气剥了十几棵。已经是半天了，却还没剥完三分之一呢，累得腰酸背痛，手麻脚软了。但他不能休息，因为李士天给他的任务是今天要剥完全部棕枇树林，才能回去吃饭休息，不然李士天是不会答应的。

他只得振作起精神来，疲惫地爬上其中一棵最高的棕枇树，正待要剥棕枇，抬头看时，发现棕枇树干与叶茎相连处有一窝黑蚂蚁。黑蚂蚁是食肉动物，咬人狠，又辣又疼。他吃了一惊，急忙想退下来。

正在这时，他看见不远处李士天摇摇摆摆地朝这边走来。

普丕心想，这狡猾的老狐狸一定是来督促我做活计了。普丕又想起了李士天说他偷剥棕枇的事，而且让他一个人做几个人才能做完的活计，还叫他不做完活计不能回来吃饭。这显然是为难他，普丕心里正窝着满肚子的火气，他想要出出这口气。于是他灵机一动，想出了一个出气的妙计。

想好后他一动不动地紧紧抱着那棵棕枇树，把头抬得高高的，眼睛像着了魔一样定定地看着远方不动。

李士天确实是来监督普丕剥棕枇的。他来到棕枇树下，站了好一阵子也不见普丕动一动，觉得很奇怪！他故意咳了两声，仍不见普丕动一动。他火了，破口就骂："哎——普丕！你愣着干什么？怎么不剥棕枇？"普丕却不答话，只是摆摆手。李士天看普丕不屑一顾的样子，更火了。

李士天又粗声粗气地骂起来："普丕！我在说你呢！是聋了还是哑了？"

这时普丕装出惊醒的样子，猛地回过头来说："哦！是阿波来了。"

李士天的火气正旺着，又吼道："普丕！你是吃了豹子胆了吗？阿波我来到你面前，竟敢理都不理！"

普丕却笑嘻嘻地说："阿波，你莫生气，你是我的主人，我不会不理你的。只是我刚才在棕枇树上望见了一个大海，白汪汪一片浪花，竟望呆了，没瞧见阿波你来了。"

李士天被普丕说得消了一些气，但语气里还充满着火气问道："什么？普丕！你是说望见了一个大海？"

普丕语气肯定地说："是的，望见了一个大海，一个望不到边的大海！"

李士天高声叫道："你胡说！"但心里觉得有些惊奇。

普丕也不答话，揉揉眼睛又往原来的方向仔细地望着说："阿波，是真的，不哄你，可能是国窝黑（即滇池），不信你就瞧瞧，海里面还看得见渔船、渔夫呢!"普丕说得很认真。

这下，李士天按捺不住了，他也动心了。

李士天想，我长这么大，也没听说过在这里见得着国窝黑，这回可得好好地瞧瞧了。

于是，他就催促普丕赶快下来，让他上去看看。

普丕却头也不回地说："阿波，莫慌，莫慌。现在海里有个人正打捞一条大鱼呢，鱼很重，看来他一个人是没有办法了。"普丕兴致颇高地看着远方说。

棕枇树下的李士天更是急不可待。

李士天瞪着眼睛又大声喊起来："普丕！你啰唆什么，还不赶快给我下来，我得赶快上去看看！"

普丕装出很可惜的样子，趁李士天不注意的时候，猛地捅开黑蚂蚁窝，成群的黑蚂蚁立刻拥出来。然后他急速地下树来。

李士天急着看海，赶忙手脚并用地往棕枇树上爬。可是因为过于心急，又加上手脚笨拙，接连两次都滑了下来，很难爬上去。

普丕在旁边鼓着气说："阿波，你莫慌莫急，沉住气，慢慢地往上爬。"

最后，在普丕的帮助下，李士天用足全身的力气爬了上去。普丕看着李士天艰难地节节爬高，在树下不断地说："阿波，再爬高一点，爬高了才见得到大海的。"

李士天准备用最后的力气再往上爬。此时树上蚂蚁窝里拥出来的大群黑蚂蚁正迅速地往树下爬来。李士天只顾伸头寻海观看，一点也没有觉察到黑蚂蚁的到来。一会儿，黑蚂蚁爬遍了他全身。因巢穴遭到攻击破坏而暴怒的黑蚂蚁群，疯狂地在李士天身上狠命地撕咬起来。李士天被咬得嗷嗷直叫，疼得他坚持不住。"啊呀！啊呀"地号叫着急忙往下爬。但疼痛难忍，全身发抖，手脚慌乱，大叫一声，从棕枇树上"扑咚"一声摔了下来。

李士天被摔得全身的骨头像散了架，头昏眼花，浑身剧痛，瘫坐在地上"啊唷啊唷"直嚎叫。并发疯似的对普丕喊道："普丕！快给我打去身上的蚂蚁，这臭蚂蚁快咬死我啦，快……"

看着李士天这般狼狈相，普丕心里可解气了，他按捺住心中的痛快，跑过去为李士天拍打和清除黑蚂蚁。并问李士天说："阿波，还要上树看大海吗？”

李士天一边哼着痛一边怪叫道：“看什么看！不看了！快扶我回家去！啊唷，疼死我啦……”

普丕故意说：“阿波，我的棕批树还没有剥完呢，我还不能回去，你自己回去吧。”

李士天急得瞪着发红的眼睛吼道：“棕枇不剥了，不剥了，以后再来剥。快扶我回去！”

普丕满心惬意地扶着李士天回到了家里。

李士天被摔得在床上躺了好几天。

第八回 摩白街购物赠阿妹 鲁则代巧“吻”众姑娘

正月初十，村里还弥漫着浓浓的过年气氛。不到正月十五元宵节，大年是不算过完的。请春客自然还在热闹。村里请客的、做客走亲的、访友的络绎不绝。请客的爆竹声此起彼伏，天天都在响。

这天早上，李士天对普丕说：“普丕，今天是摩白可街的赶街天，你到街上去买一桃甘蔗，明天我要带着到鲁则代阿舅家去做客。”

普丕应允后正要走，李士天又对普丕说：“你到账房里去拿买甘蔗的钱，买三十棵甘蔗，多一棵不要，少一棵不行。一棵甘蔗一分银子，你拿上三十分银子就够了。”

普丕拿着买甘蔗的银子上摩白可街去了。普丕知道李士天把甘蔗和银子都定得死死的，是防自己偷占银子和甘蔗，他心里暗暗骂道：“这老吝啬鬼，算计得够精的。”

摩白可街就在摩白可村子里。摩白可是一个有一百多户人家的彝汉杂居的大村子，在阿稽竜对面的半山腰上，与阿稽竜隔着槽子河遥遥相望，从阿稽竜遥望过去，摩白可村清晰可见，但却听不到鸡犬之声。

虽然两村遥望可见，但隔着槽子河，间隔宽阔，从阿稽竜到摩白可，先要下阿稽竜大山，过了槽子河，又上摩白可大山，路途崎岖，来回都要半天。

摩白可街是这一带的集贸中心，五天一街。周围几十个村子的人们都来这里赶集，还有大量的外地客商也前来经商做买卖。街市上商品丰富，互通有无，买卖交易农产品、山货和各种日用百货。酒店旅馆齐全，市场热闹，交易繁荣。

一早，普丕沐浴着朝阳，沿着山路，走下阿稽竜坡，过了槽子河，又爬上摩白可坡，到达摩白可街上时，已是日上三竿，街市上早已人头攒动，声音嘈杂，很热闹了。因为还在过年期间的赶街天，赶街的人来得早，也来得多。

普丕要买甘蔗，他觉得时间还早一些，就想先逛逛街子，看看市场。

普丕先来到卖粮果的地方，见摆着稻米、包谷、红薯、芋头、南瓜、蔬菜、鲜果等一应农产品，接着来到卖山货处，有兔子、野鸡、麂皮、草药等山里特产；又来到卖畜禽的市场，有牛、羊、猪、狗、鸡、鸭、鹅、猫等家禽家畜；再来到卖日用百货场上，有布匹、衣服、糖、盐、酱、醋、锅碗瓢盆、儿童玩具等货物；再来到卖农具之处，有锄头、斧子、镰刀、砍刀、背箩、粪箕、簸箕、篾帽等生产用品；最后来到肉食品场地，有鲜猪肉、牛肉、羊肉和牛羊肉汤锅，以及米线、凉粉铺。食馆酒店里蒸煮煎炒之声不绝于耳，肉香酒香扑鼻而来。

普丕走了大半天，也有点饿了，诱人的酒肉香味，更增加了他的食欲。但他不能买肉吃，买酒喝。他买甘蔗的钱已被抠得死死的，分文不能动，他虽自己也有点钱，但他还有更重要的东西要买。因此，他咽下口水，离开了酒店肉锅。

普丕再次来到卖日用百货的地方，为施慧买了一把精致的红梳子，为施明买了一斤他爱吃的花生糖。最后来到卖甘蔗的地方，买了甘蔗。

这里卖的甘蔗是从雨正村背来的，雨正是热区，甘蔗长得好，皮薄肉甜，当地人十分喜欢。

普丕如数买好甘蔗捆扎好后，准备挑着回去。

这时街上西北角传来一阵热闹的锣鼓声，响声激昂铿锵，其间伴有阵阵爆竹声，人潮开始向那边涌动。

一个戴黑毡帽来买甘蔗的人说：“雨自村的花鼓队又来街上跳花鼓了。”

普丕去过雨自村。雨自村是一个彝族村子，有三十多户人家。村子离摩白可街不远，只隔三道梁两条箐。雨自村里的人喜欢唱歌跳舞是出名的。

普丕问那个戴黑毡帽的人说：“今天不是节日，他们怎么会来跳花鼓呢？”

戴黑毡帽的人说：“不是节日也算节日呢。不是说不到正月十五还没过完年的么？现在还算是年节的赶街天呢。”

过了一会，戴黑毡帽的人又说：“雨自村的人历来爱唱爱跳，还喜欢唱戏，也很喜欢跳花鼓。所以，他们不管今天是不是节，趁着刚过年的喜庆气氛，就上街来跳花鼓舞了，其实也是为了愉快和欢乐的。”

普丕听了，觉得也是。为了愉快和欢乐，何必要在节日，不要说是街子天，即使是平日里也可以跳，可以唱的。这样一想，雨自村的人今天来街上跳花鼓舞也就是很自然的事了。而且确实街面上热闹了许多，欢乐了许多。使人们觉得现在还在过着年呢。这样想着普丕也高兴起来。

要说街上的文艺表演，最热闹的是要龙灯和跳花鼓。龙灯一般是在开新街等大节日里才耍的，而且人员多，场面大，不容易组织。而跳花鼓，人员少，场面小，精干灵活，只要高兴，场子合适，都可以跳。

跳花鼓一般要十个人，都是清一色的精壮男子。其中正式跳场子的五个人，四个人肩挎腰鼓，拿鼓槌敲击而跳，一个领头掌龙头。龙头是一杆雕有龙头的花杆，在花杆龙头上绑缚着几根长长的雄箐鸡尾做成。领头用甩动龙头来指挥鼓队跳舞。还有四人在旁边随着鼓点，有节奏地敲打大小镲和大小锣，形成奔放震撼的鼓乐之声。再有一个人随花鼓队适时燃放爆竹，以增加喜庆热闹的气氛。跳花鼓人员虽少，但却十分热烈欢快，极具震撼力和感染力。

此时，花鼓队一边跳一边走来，来到街子中心的场地上便围场跳起来。

普丕把他买的那挑甘蔗交给卖甘蔗的老板看守，说自己去看看跳花鼓舞，过一阵子再来拿。

普丕来到跳花鼓的场子里，人群里里外外围得水泄不通。普丕费了很大的劲才得进去观看。

场子内花鼓舞跳得正酣，鼓声激越，场上气氛热烈异常。舞姿粗犷豪放，舞步快而不乱，尽显激动人心的阳刚之美。在领头的指挥下，随着龙头箐鸡尾的翻飞，花鼓队欢跳腾挪，在铿锵的鼓声中，时而像兔子下蹲，时而像麂子起跳，时而像松鼠转身，时而像野鸡跺脚……跳到关节处，一起齐刷刷地甩动白毛巾，活像一朵巨型百合花，忽地绽放，使人眼花缭乱，激动不已。锣镲手们也配合着舞步鼓点尽情敲打，爆竹手也适时燃放爆竹，以助声势。

锣鼓声，舞步声，爆竹声，人们的拍掌欢笑声……混合在一起，喧闹如潮。

普丕看得心潮激荡，如痴如醉。直到舞场间歇，他才猛然醒悟，哦！时候不早了，该回去了。

普丕钻出人群，离开跳花鼓的场地，挑着甘蔗走出街子，赶回阿稽竜村。

甘蔗担子足有百斤，山路又下又上，挑着重担行走很不容易。但普丕心中有事，因此步履匆匆，以最快的速度回到了阿稽竜村。

普丕向李士天交接了买回来的甘蔗。

李士天仔细地查看了甘蔗，证实足量足数，完整无缺，才耷拉着眼皮，对普丕说：“今天就这样了，明天一早你就挑上甘蔗跟着我，我们一起到鲁则代阿舅家里去做客。”

普丕便离开李士天，匆匆吃完早饭。这时，日头已西斜。他直接就到施大明家里去找施慧，只有施明在家里。

普丕把买回来的花生糖递给施明说：“施明阿弟，今天我到摩白可去赶街，给你买回一斤花生糖，你就吃吧。”施明很高兴地接过花生糖说：“谢谢普丕阿哥！”迅速打开包装吃起来，边吃边说：“啊，真甜真香！”然后把糖递给普丕说：“普丕阿哥，你也吃吧。”普丕说：“我吃过了，你自己吃就好。”随后普丕问施明说：“你阿姐施慧不在家里吗？她到哪里去了？”

施明嘴里嚼着糖块，回答说：“我阿姐到来冲拉箐里挖山药和黏渣渣去了”。

普丕又问道：“为什么挖山药和黏渣渣？”

施明回答说：“因为家里粮食不够吃，挖来拌在饭里一起吃。”

普丕没有再说什么，立即提着镐锄，急匆匆去来冲拉箐找施慧了。

普丕对来冲拉箐是很清楚的，他以前经常到那里去放猪。箐里长年溪水不断，水质好，土质肥厚，草木旺盛，野生的山药和黏渣渣也多。箐两边斜坡上，是腐质土和松散的沙壤土，比较好挖山药和黏渣渣。只要顺着山药、黏渣渣的根茎挖下去，把土石块往斜坡扒下，就可以顺利地挖到山药和黏渣渣了。普丕来这里放猪时也挖过，猪群也会扒食山药和黏渣渣呢。

山药和黏渣渣是藤蔓植物，其苗攀爬附着在其他树木上生长。山药和黏渣渣是其块根，依生长年代和土质肥瘦大小不等。山药的叶子比较大，呈三角形；黏渣渣的叶子比较小，为圆形，较容易辨认。山药味甘质面，黏渣渣味淡质黏，都是村里穷人家常挖吃的野生食材。把山药和黏渣渣舂细，拌着包谷面做饼煎吃，或与饭同蒸而食，尚可充饥。

普丕心急步快，不多时便来到来冲拉箐里。他听到灌木丛里传来“嚓嚓”的挖土声，他想一定是施慧了。

普丕走近一看，果然是施慧。施慧正弯着腰，聚精会神地挖一棵山药，她的背箩里已经装了半箩山药和黏渣渣了。

普丕轻手轻脚地走到施慧面前，忽然“哎”的大叫一声，出现在施慧跟前。

施慧被吓了一跳。她捂住怦怦乱跳的胸口，惊魂未定地看着普丕嗔怪地说道：“普丕阿哥，你真是吓我一跳，吓死我啦。”

普丕哈哈大笑着说：“吓什么？我又不是老虎，有什么可怕的？”

施慧不无亲昵地埋怨道：“人家正在专心挖山药嘛，又不知道你来，你突然大叫一声出现，咋不吓人嘛？”

普丕又是玩笑又是关切地说：“施慧阿妹，是哥不好，本来是想给你一个惊喜，不成想却吓着你了，对不起，你不要生气。”

施慧转嗔为笑地问道：“普丕阿哥，你来干什么？”

普丕说：“我来看你呀，来帮你挖山药，不好吗？”

施慧开心地笑了，少女青春的脸上泛起一阵红晕，像熟透的桃子般好看。

普丕把手放在背后神秘地说：“施慧阿妹，你猜我手里拿着什么？”

施慧望着普丕狡黠含笑的目光，左右探头窥看普丕手里的东西是什么，但普丕不给她看，她哪里会猜得到呢，就说：“普丕阿哥，我猜不到。”

普丕猛地亮出红梳子说：“你看！这是什么？”

施慧看见了惊喜地喊起来：“红梳子！一把红梳子！普丕阿哥，你哪里拿来的？”

普丕说：“今天李士天叫我到摩白可街上买甘蔗，他说明天要我挑着甘蔗跟他去鲁则代舅爷家里去做客。所以我在街子上买回来送给你的。”说着把红梳子递给施慧。

施慧高兴地接过梳子，左看右看，爱不释手，说：“普丕阿哥，这把红梳子真好看，你真会买东西，我很喜欢的。”

普丕说：“你喜欢就好，那你就好好地带着用吧。”

施慧拿起梳子，认真地梳理了几下紊乱的头发，开心地笑了，说：“梳子真好用”，那妩媚的样子普丕看着觉得很美。

普丕拿起锄头说：“时候不早啦，我们赶紧挖山药和黏渣渣吧，挖好了我们就回去。”说着转身寻找起山药藤蔓来。

施慧小心地把梳子装好，继续欢快地挖山药。

普丕很快找到了一棵山药。他迅速扯断其藤蔓，挥动锄头朝山药根茎挖下去，挖起的土石块顺势扒下斜坡，很快在挖开的洞子里，现出了浅黑淡黄色有包谷棒大小的肥嫩的山药块根。普丕小心地扒出来装进施慧的背箩里。

他们挖了一阵子，背箩里的山药和黏渣渣也装满了。

普丕对施慧说：“背箩已经装满啦，太阳也快落山了，我们回家吧。”

此时施慧正在挖一棵黏渣渣，但黏渣渣长在一块石头下，她想搬动石头却搬不动，便回头对普丕说：“好吧，挖完这棵黏渣渣就回去。可有一块石头压着黏渣渣，我搬不动，你过来帮帮我。”

普丕走过去，帮着施慧掀开石头，立刻出现了一根丝瓜状的洁白的黏渣渣。施慧把它挖出来装在背箩里。

于是，普丕扛着锄头，施慧背着山药和黏渣渣，有说有笑地走回村里。

路上，他们采了一些蕨菜，捆扎起来放在背箩上背着，又割了一些兔子吃的草，也捆扎起来，普丕扛着走回来。

回到家时，已经是晚霞满天了。

第二天，当朝阳照在门框上时，李士天让普丕挑着甘蔗，一起上路到鲁则代李士天的阿舅家。

阿稽竜到鲁则代，山路崎岖，烈日当空，天气炎热，甘蔗沉重。走到半路，普丕累得腰酸起来，满脸汗水，直喘粗气。可是李士天不让普丕休息，反而催他快走。

路上普丕实在口渴肚饿，向李士天讨吃一截甘蔗。李士天却大声斥责普丕说："小叫花子，嘴这么馋！这甘蔗是送亲戚的，不是给你肿脖子的，不要乱想，快走！"

普丕忍饥耐渴，挑着沉重的甘蔗一步步向前迈去。到了鲁则代村子李士天阿舅家的时候，普丕已经精疲力竭了。

李士天的阿舅和舅嫫都已死了，家中的表兄弟二人出来接待。

李士天和表兄弟二人一阵寒暄之后，三人便大嚼起甘蔗来。嚼着嚼着三人便起了口角，一个说甘蔗甜，一个说不甜，一个说有酸味，各执己见，竟争吵起来。

普丕劳累了半天，早已饥渴难耐，可李士天三表兄弟既不叫他吃甘蔗，也不叫他喝水，更不叫他吃饭，而他们自己却大吃大喝。普丕对这吃饱喝足了无事做，无聊透顶的三个表兄弟怨恨起来，很想戏弄他们一番，出出自己心里的怨气。

正巧他看见村子下方的梯田里，有一群姑娘正在嘻嘻哈哈地割猪草，旁边有几棵李士天表兄弟家的黄果树，树上还挂着越冬的黄果。他灵机一动，计上心来。

普丕对李士天说："阿波，你们都别吵了，我做样事给你们看看，让你们开开心。"

李士天问："普丕，你要做哪样事情？"

普丕说："我要对下面那群割猪草的姑娘们，每个人嘴上亲吻一下。"

李士天却对普丕吼起来："哼，小花子真会吹牛！也不在我的尿罐里照照你的模样！人家那样漂亮的姑娘能让你这丑干巴亲嘴吗？胡吹什么？你闭嘴吧！"

普丕说："阿波，我说到做到的。"

李士天直视着普丕厉声地问道：“做不到怎么办？”

普丕毫不犹豫地说：“做不到任你处治，做到了你们把这挑甘蔗送给我。”

李士天鄙视着普丕没好气地说：“好！按你所说，你能亲到那群姑娘的嘴，甘蔗送给你，但如果你做不到，就罚你推三天夜晚的包谷面。”

普丕说：“阿波，你不能食言，要说话算话啊。”

李士天说：“金口玉言，一言为定，决不食言。我两个表兄弟做证。”

两个表兄弟也齐声附和赞成。他们想，普丕这小子，要亲一群姑娘的嘴，还要吃甘蔗，真是异想天开，癞蛤蟆想吃天鹅肉，是绝对做不到的。个个心里既鄙视又暗笑，等着看普丕的笑话。

姑娘们割猪草的地方有一段不小的距离，但在李士天表兄弟家里尚能看得见。

普丕跑过去对那群姑娘说：“阿姐们，有人说你们偷吃了阿波家的黄果，阿波叫我让你们赔！”

姑娘们听了都感到冤枉，着急地齐声说：“没有，没有哇！我们真的没有偷吃阿波家的黄果！”

普丕说：“吃黄果嘴是要留味的，你们偷吃没偷吃，我闻一闻你们的嘴就知道了，真的没偷吃我就回去告诉阿波。”

姑娘们没有办法就说：“那，你来闻吧！”

普丕就凑过去逐个闻了姑娘们的嘴。最后一个姑娘年纪最小，也最害羞，不给普丕闻，笑着跑了。

普丕假装怒道：“好哇，你不敢给闻，就是你偷吃的！”

小姑娘急得想哭，直嚷道：“没有！没有！我没有偷吃黄果的！”

普丕说：“没有？那你为什么不敢给闻？真的没有偷吃，你就过来让我闻闻看。”

小姑娘没有办法，走过来给普丕闻了闻嘴。

这样，普丕把姑娘们的嘴都闻了一遍。从远处看，就像在亲嘴一样。

李士天三表兄弟，远远地看见普丕真的在每个姑娘的嘴上亲了一口。都看呆了！既惊奇又无奈。

普丕跑回来对李士天说："阿波，我跟每个小姑娘都亲了嘴，你们都看见了吗？"

李士天三表兄弟只能点头，说不出话来，只得无可奈何地把一挑甘蔗都输给了普丕。

李士天没好气地对普丕说："普丕，你现在就回阿稽竜去吧，我要在这里住两天，跟我两个表兄弟好好喝喝酒呢。"

普丕立即挑上甘蔗走出鲁则代村子，在村外饱吃了一顿甘蔗。顿时感到一身轻松，充满了力气。他挑着甘蔗，步履如飞，天黑前便回到了阿稽竜村里。

普丕把一部分甘蔗送给施大明家和李方氏家，其余的分给了长工们。

长工们高兴地吃着甜甜的甘蔗，普丕把巧"吻"姑娘，赢得甘蔗的事，讲给大伙听，屋里发出一阵阵开心的笑声。

第九回　撵麂子普丕满载归　充猎手阿波空手回

秋末的阿稽竜村，刮起了阵阵凉风。山野里果实都成熟了，树叶变黄落满大地，到处呈现一派诱人的金黄色。

这时山野里的各种飞禽走兽，也都膘肥体壮，更加频繁地出没于山林草丛间，禽兽的鸣叫声不绝于耳。

这个时候是打猎的好季节。

阿稽竜村里有一个年轻人叫李亮，李亮平时非常喜欢打猎，他打猎的经验很丰富，是村里有名的猎手。他的家里养着一只猎狗，他经常独自一个人带着猎狗进山打猎，总是满载而归。因此， 得了个外号叫“哈佐晒”（汉语，食鸟魂）。

这天，李亮找到普丕和施明，来相约一起去撵鹧鸪和麂子。正巧，普丕昨夜被李士天安排放夜水，今天得以休息。施明也刚从外地做木活回来，两人都有时间，就答应同李亮一起去撵鹧鸪和麂子。

于是，三人就在施明家里商量起撵鹧鸪和麂子的事情来。

施慧好奇地问李亮：“李亮阿哥，我远远地见过飞着的鹧鸪，但没有细细看过，这鹧鸪是什么样的鸟啊？”

一提起猎物李亮就来了精神，他听了施慧的问话，就像先生给学生讲课一样，很认真地讲道：“鹧鸪啊，是山野里的一种飞鸟，生活在灌木草丛中。成年的鹧鸪约有二斤重，肉多毛少，双翅不发达，飞行能力弱，不能长途飞行。一般一次只能飞一二百米，所以容易撵得到。”说到此喝了一口茶水又说：“哦！我们撵回来你就知道鹧鸪是什么样子了，到时还要让你煮鹧鸪给我们下酒呢。”说着笑了，普丕和施明也一起笑起来。

施慧又问道：“鹧鸪是会飞的，你们撵得到吗？就你们三个人够了吗？”

李亮很自信地说：“够了，正好需要三个人的。撵鹧鸪的时候，一个人带着猎狗在场地上把鹧鸪撵飞起来，其余两个人在离场地远一点的地方分别在左右两边看着，看清楚被撵起来的鹧鸪飞落到哪里，然后大声告诉撵鹧鸪的人，撵鹧鸪的人又到鹧鸪飞落的地方去撵，这样撵飞两三次鹧鸪就飞不动了，会被猎狗咬住，很容易捉到。”

施慧听了笑着说：“哦！是这样撵鹧鸪的，倒很有趣呢。”

李亮也笑着说：“是的，很有趣的，所以我是经常去撵的呢。”

施慧再无问话，去门外洗自己的衣裳去了。

李亮一边喝着茶水一边对普丕和施明说：“我们村子的东边山和西边山，是我们今天要去撵鹧鸪和麂子的地方。东边山林多草少，麂子多，西边山林少草多，鹧鸪多。我们先到西边山撵鹧鸪，下午再到东边山撵麂子去。”

普丕和施明也一致同意说：“行！就按你说的。”

高量好后，三人就带着猎狗到西边山去撵鹧鸪。普丕和施明都是第一次撵鹧鸪和麂子，觉得很新奇，兴致很高。三个人有说有笑地走向撵鹧鸪的场地。

路上，李亮的猎狗在他们前面匆匆地奔走，由于走得快，不时回头站住等候他们到来，显得异常兴奋。这是一只黄色的猎狗，很机灵，李亮叫它“阿冲”。阿冲体格健壮，手脚极快，很善于抓猎物，是一只很难得的好猎狗。每次打猎它都奔走在前面，很听主人的呼唤。所以李亮很喜欢它，是李亮打猎的得力助手和忠实伙伴。

不多时，李亮、普丕和施明三人来到西边山。

西边山的山腰下是层层的梯田，山腰上是林地，灌木茅草丛生，他们就是在这半山腰上的林地里撵鹧鸪。李亮选择好场地以后，与普丕和施明摆开了撵鹧鸪的阵势。

普丕和施明按照李亮的指点，分别在离场地远一点的左右两边山上负责观看，李亮带着猎狗进场地上的林木中搜撵鹧鸪。李亮一边走一边嘴里“哦呵呵”地喊叫着不断往前搜索，猎狗阿冲紧张地在主人前面蹿来蹿去。忽然阿冲汪汪地叫起来，随着叫声，只见一只鹧鸪“扑”地从草丛里飞出来，腾空而去，落入不远处一片洼地里一棵大沙松树旁的灌木丛中。

普丕看得真切，大声地对李亮喊："李亮阿哥，鹧鸪飞起来了，飞到了洼地大沙松树旁边！"

李亮听得很清楚，急忙带着阿冲赶往洼地去撵。普丕和施明也急赶去那里，各自选好地点继续观看。李亮赶到洼地后，又"哦呵呵"地喊叫着搜撵。鹧鸪又一次被撵飞起来，落入一个小山包上一块大石头旁边的草丛里。

看清楚了的施明又对李亮大声喊："李亮阿哥，鹧鸪又飞起来了，落入小山包大石头旁的草丛里！"

李亮又带着猎狗迅速地赶到那里去撵。

这样如此三次，鹧鸪精疲力竭，再也飞不动了，很快被猎狗阿冲咬住，于是顺利地捉到了这只鹧鸪。

这是一只浅灰色的鹧鸪，很肥壮，足有二斤重，施明从李亮手中接过鹧鸪左看右看一番，很高兴地把它装入麻袋中提着。

有了收获，他们的劲头更足，继续撵鹧鸪。一只又一只的鹧鸪被他们抓获了。

接近中午时，太阳当顶，天气炎热起来，此时他们已经撵到了九只鹧鸪，收获不少。忙了半天，三人都已感饥渴。该回去吃早饭了，吃了早饭，他们还要去撵麂子呢。

他们坐着休息了一会，就带着鹧鸪回家来了。

回到施明家里，施慧已做好饭菜等着他们了。他们一回来，施慧赶忙摆菜端茶，招呼大家吃饭。施大明等不及他们，已经吃过饭做活去了。

吃完饭，普丕叫施慧把两只鹧鸪送到李亮家里去，给李亮的父母做菜吃。按规矩，猎狗也与人一样，有收获都要分一份呢。其余的鹧鸪三人一起动手杀了弄干净后，交代给施慧做好晚饭的下酒菜，晚上要好好喝两杯呢。

饭后他们一边休息喝茶一边又商量起撵麂子的事情来。

李亮说："东边山林密草疏，野果多，菌子也多，麂子喜欢吃野果和菌子，所以那里麂子也多。这几天常能听到麂子'吓吓'地号叫着呢，想必你们也听到了。"普丕和施明都点点头。

这时，施慧也凑过来不解地问李亮说：“李亮阿哥，麂子为什么这样嚎叫？声音怪大的？有点吓人呢。可有时也会‘拜拜’地叫，声音就比较柔和，而且还动听呢。为什么会这样？”

李亮认真地说：“麂子‘吓吓’地嚎叫，一般是受到某种惊吓或刺激而叫。有时有外地麂子来侵犯领地，也会发出有决斗意味的‘哎哎’的高叫声，以示威权，警告入侵者快走。当听到麂子‘拜拜’地呼叫时，那是麂子呼唤异性的声音，在寻偶求爱，说明麂子要生育后代了。”

李亮这般直白的讲解，不免使施慧有些脸红。她不再问，默默地为三人添加茶水。

李亮看着普丕和施明又认真地说：“麂子是一种十分精灵和敏感的动物，腿脚长极善奔跑，上坡下坡都如履平地，逃跑时飞奔如箭。当地有句俗话叫作‘麂子放屁麂子惊’，就是说稍有风吹草动麂子都会惊觉，一有动静就会竖起耳朵飞逃而去。除非是病残麂子和幼小麂子，否则人是无法追上的，即使是最好的猎狗要追上也是不容易的。要硬撵虽然也会撵到麂子，但费劲费力，要花的时间多，而且我们的人手和猎狗也是不够的。”说到这里李亮端起茶碗喝了几口，继续说：“当然我们可以用枪箭猎捕，领着猎狗把麂子撵起来，人带着枪箭埋伏在麂子逃跑时要经过的路上，待麂子跑来时用枪箭将其击倒，但这样的猎获几率也不高。所以最好的办法是，我们用麂子求偶的叫声来诱捕麂子。”

施明好奇地问：“李亮阿哥，那，怎么诱捕麂子呢？”

李亮说：“哦，是这样的。麂子是有自己固定的行走路径的，猎人一看就知道。其实普丕阿弟也是知道的。我们在麂子要经过的路上挖一个陷阱，盖上土，然后躲在陷阱的这边吹响苇笛，使之发出‘拜拜’的类似麂子求偶的叫声。麂子听见了就会以为有异性求爱，会循声跑过来寻找而落入陷阱，这样就可以抓住麂子了。”

提起做陷阱，普丕想起了当年自己做陷阱捕兔子而未果的事情，心里暗笑那时自己的窘境。

施明听了李亮的话，很感兴趣，不过他有所顾虑地问李亮：“李亮阿哥，我们没有苇笛呀，怎么吹麂子的求偶声呢？”

李亮从挎包里拿出一支苇笛说：“有苇笛的，我已经拿来了。很好用的。”

普丕接过来一看，是用一段约五寸长的芦苇做的，有食指大小，有一端去掉苇节，另一端的苇节留着。从去掉苇节那一端破开至另一端的留节处，将破开的一端放在嘴里一吹，气流从破开的缝隙处喷出来，振动缝沿就发出了“拜拜”的似麂子求爱的声音。

施明很好奇，把苇笛拿过来放在嘴里一吹，“拜拜”，苇笛便发出了似麂子求爱呼唤般的声音，很好听。施明可高兴了，拿在手里仔细地看了好一阵子。

施慧在旁边看着也笑起来，她也感兴趣地拿过苇笛来，“拜拜”地吹了好几声，高兴得咯咯地笑了。

普丕和施明都觉得李亮说的办法很好，同意用诱捕的方法去撵麂子。

就这样，三人商量好撵麂子的方法，茶水也喝足了，就带上锄头、绳子、铲子、砍刀、棍子、苇笛等要用的东西，带着猎狗出发了。

他们来到了东边山。

东边山半山腰下仍然是层层梯田，半山腰上是林木草地。这里地势较为平缓，林密草疏，生长着许多大大小小的野果树。树上还挂着零星熟透的果子，大部分果实都已成熟落地被麂子吃掉了。

他们就在这块林草地里诱捕麂子。

首先，他们认真地踏勘寻找麂子来往经过的路径，很快，有经验的李亮在草丛里发现了一条麂子来往的路。路面的枯草上有模糊的麂子脚印，不是有经验的猎手是难以看出来的。边上还有麂子排出的粪便。

李亮又俯下身仔细地看了看说：“有新的麂子脚印，粪便也是新的，麂子脚印去的方向是前面那片林地，一定是躲在里面的，说不定吃饱了正在睡觉呢。”

接着李亮认真地环视了一下地形说：“我们往后退一点，就在身后那个地方的麂子路径上挖陷阱。”

李亮说完，就带着普丕和施明来到挖陷阱的地方，挥动锄头和铲子挖起陷阱来。

陷阱很快就挖好了，然后用草木盖顶，覆上土。弄好后，李亮退到离陷阱稍远的地方。躲在草丛里吹苇笛，普丕和施明则埋伏在陷阱旁边的草丛里。

李亮在草丛里吹响了苇笛哨音，吹出的“拜拜”的声音，与麂子求爱的声音丝毫不差。猎狗阿冲静静地蜷伏在李亮脚边，乖巧地配合着李亮的行动。

“拜拜”的声音在林地里不断响着，清晰而悠扬，传得远远的。普丕和施明蹲伏在陷阱左右两边的草丛里，屏声静气，瞪大眼睛在陷阱旁等候着。

随着李亮在草丛里发出“拜拜”的苇笛声，前方那片林地里的一处草丛动了起来。随着草丛被分开，一只棕黄色的麂子从草丛里钻出来，站在路上，竖直耳朵，抬着头，看着苇笛声传过来的方向静听。

极富诱惑力的声音一声接一声地传过来，麂子似乎激奋起来，昂着头，也“拜拜”地回应着，循着苇笛声，顺路径快速走过来。

麂子走过来了，李亮在树棵草丛缝里看得真切，他心中暗喜！继续吹着苇笛。

普丕和施明也从草丛缝隙里看到了走过来的麂子，抑制住兴奋，一动不动地窥视着。

麂子离陷阱越来越近了。

普丕和施明紧张得大气都不敢喘。

麂子求偶心切，火急火燎地只顾抬头竖耳急步向苇笛声走来，丝毫不察觉脚下路径的异样，正走着一脚踏上陷阱上覆盖着的草木，便 “呼隆”一声栽到了陷阱里，顿时惊恐得“吓吓”地号叫着，绝望地在陷阱里乱撞乱跳。

普丕和施明高兴地喊叫着冲向陷阱，李亮也急步跑过来，猎狗紧跟着他。

施明跑得快，一下跳到陷阱里，高兴地抱起麂子大叫：“捉到了!捉到了！”

不料，被施明抱起来的麂子，在极度惊恐和拼命挣扎中，双脚往后一蹬，踩着施明的大腿往上一蹿，趁势挣脱施明抱着的手，跳出陷阱，“吓吓”地惊叫着跑了！

正当麂子跳出陷阱的那一刹那，李亮也赶到了，他赶忙顺手往麂子身上一抓，但没抓住，只拽住了一撮麂子毛。猎狗欲急追上去，却被李亮叫住了。他知道猎狗追不上麂子，以免麂子被猎狗追跑得更远。

普丕看到这个意外傻眼了，不知所措。只见施明弓着腰，按着被麂子踢痛的大腿"阿唷啊唷"地哼着。普丕也顾不了许多，急忙跳进陷阱里，扶住施明关切地问踢伤了没有？所幸没事，只擦破了一点皮。

到手的麂子跑了，普丕和施明都很沮丧。

施明十分自责和内疚，他嘴里喃喃地喊着："麂子怎么就跑了呢？抱得紧紧的嘛，没想到这麂子力气这么大！"

眼看着麂子被抓到了，但又眼睁睁地看着跑了！李亮心里十分可惜。但这是意外呀！谁又情愿让麂子跑掉呢？况且他心里正谋划着怎么再次捕捉到这头麂子。不能让它这么跑掉，一定要抓回来！他心里暗暗盘算，已有了主意。

李亮对普丕和施明说："你俩都别丧气，没关系的，无非是我们多花点时间再抓到它。"

普丕疑惑地问李亮："再抓到它！它跑了，怎么抓到呢？"

李亮说："哦，这样，你们看，"他用手一指说："前面那片林地，灌木茅草较多，我认真地看了地形，那麂子跑进那片丛林里没有出来，它就躲在里面呢。"

施明问："那怎么再抓到呢？"

李亮说："再次诱捕肯定是不行了，只能撵了。"

施明不解地说："撵！那不撵跑了吗？"

李亮说："就是要让它跑的。再让它跑进陷阱里，我们再捉住它！"

施明又问："它会再次跑进陷阱里去吗？"

李亮说："会的。不过我们得这样办"，李亮一边说一边用手指点着："在那片丛林的前面，肯定有麂子出入的路径，我们找到后，就在那里挖个陷阱。然后我们从这边撵，让它往那边跑，让它掉进陷阱里捉住它！你们看这样好吗？"

普丕和施明都觉得这个办法好，点头同意了。李亮真是有经验的猎手啊！遇事不慌，从容应对，总是有好办法，难怪每次打猎都未曾空手而回呢。普丕和施明从心里更加佩服起李亮来。

于是三个人就绕过去走到那片林子的前面。李亮很快找到了麂子出入的路径，动手在那里挖好了陷阱。李亮又吩咐普丕和施明，分别埋伏在陷阱左右两边偏离一点的地方，以防止麂子跑偏了不从有陷阱的路径上过，嘱附二人若麂子离开路径朝他俩跑来，就站起来把麂子撵到有陷阱的路径上。两人应允了。

安排就绪后，李亮带着猎狗退回到林子的后面，然后大声喊叫着一路撵着过去，猎狗也“汪汪”地叫着，左突右蹿地撵起来。

早已惊恐万状躲藏在丛林里的麂子，哪里经得住这般撵赶，猛然蹿起来，狂奔而逃。李亮和猎狗紧紧追赶，麂子在惊恐之中慌不择路，跑向普丕守着的方向，普丕看到麂子朝自己的方向跑来，忽地站起来大叫着堵住麂子，麂子又跑向施明守着的方向，也被施明堵住了。极度惊慌的麂子只得拼命朝着有陷阱的路上猛跑。

忽然，只听“扑隆”一声，麂子又一头撞进了陷阱里。

还是施明跑得快，他迅速跳进陷阱里，记住上次的教训，紧紧地按住麂子不放，嘴里一个劲地喊：“我叫你跑！我叫你跑！”

普丕和李亮也急忙跑过来，跳进陷阱里一起捆住了麂子的脚，把它抬出陷阱来。啊！好大的麂子，足有七十多斤重。猎狗也在旁边不停地跳跃，兴奋得“汪汪”地叫着。

麂子终于又被抓住了，三个人都长舒了一口气，擦着汗，高兴地笑了。

他们砍了一根杆子，普丕和施明用杆子抬着麂子，李亮带着工具，有说有笑地走回村来。

回到村子里，太阳刚刚落山。

到施明家后，三个人把麂子宰了，砍开四条腿，一条腿送到李亮家里，而且连着尾巴。按规矩有尾巴的那一份，要分给猎狗和主人。一条腿给施明家留下。其余两条腿和早上的鹧鸪一起下锅，又煮又炒，喊来几个亲戚朋友，吃肉喝酒，欢饮到天亮方散。

临走时，普丕带上一些好肉给李方氏送去。

第二天，李士天知道了普丕他们撵麂子的事。十分喜好野味的李士天也很想吃麂子肉，听到普丕他们一夜喝酒吃麂子肉，馋得差点流出口水。他竟无端生起怒气来，气冲冲地跑来责问普丕说："普丕！你昨天跟着人家去撵麂子，为什么不做活计？"

普丕平静地说："阿波，你忘了，是你前晚安排我给田里放夜水，你答应我昨天可以休息睡觉的。我有了休息时间，所以才跟他们撵麂子去了。"

李士天听了无话可说，转了几下眼珠子说："明天你跟我去打麂子，我也要打一条又大又肥的麂子回来，用麂子肉下酒。"见普丕不出声，又厉声地问道："听见没有？"

普丕说："好的，听见了。"

普丕知道，李士天虽然好食野味，但压根就不会打猎，说要去打一条大麂子，是因为看到别人吃麂子肉，自己嘴馋空逞能而已，但普丕没有说破。他想，李士天叫他跟着去打麂子跟着去就是了，何必再说什么呢。

翌日，李士天带上一张上好的弓箭和崭新的箭镞，让普丕带着一把猎刀，领着普丕到村子后面的吃念白山打麂子，李士天听说那里麂子多，经常见到有麂子出没。

李士天家里也养着几只狗，却没有猎狗，所以没有带狗去，只能身带弓箭和猎刀去打麂子。李士天说看见麂子就张弓射杀。

普丕心里明白，李士天没有打过麂子，更不会看麂子的路径。这样瞎跑着去打，肯定什么也打不到的。普丕没有明说心里却暗自好笑。

李士天却装作很会打麂子的样子。而普丕什么也不懂，怕坏了他的事似的，他一路上喋喋不休地教普丕怎样打麂子。

李士天一边走一边说："普丕！见麂子来了，先莫出气，脚步要轻，等看准了再用弓箭狠狠地射杀。撵麂子时耳朵要特别灵，眼睛要特别亮，警觉性要特别高。树林里有声音响，你都要把它看成是麂子才行的。"

说话间，过箐上山，便到了吃念白山打麂子的地方。

李士天又对普丕说："打麂子精力要集中，要互相看着。我到西边的山坡上打麂子，你在东边的山坡上给我看着。你若看见我去的山坡上有麂子，就赶紧告诉我，我会跑过去把它射死的。我看见你在的山坡上有麂子，我也会告诉你，你就跑过去砍死它。”说完他又特别强调说：“我再次提醒你，警觉性要特别高，树林里的任何响动，你都要把它看成是麂子，决不能麻痹放过，这样才会发现麂子，否则我们会打不到麂子的，你记住了吗？”

普丕心不在焉地回答：“嗯，记住了，你就放心吧，阿波。”李士天带着弓箭爬上西边的山坡打麂子。普丕带着猎刀爬上东边的山坡上望着。

普丕想起李士天平时对他的恶劣行径，顿生满腹的怨气，他有意今天让李士天出尽洋相，好好出一口怨气。普丕看见身旁的一棵老沙松树上，一群大蚂蚁上上下下地爬着，并发出“沙沙”的声响，他心里立即有了一个主意。

李士天刚到西边的山坡上，就听见东面山坡上的普丕朝他大声喊：“阿波！上去了！上去了!”李士天一听，以为是普丕看见了自己所在的山坡上，有麂子跑上去了，他高兴极了！大声地问普丕：“普丕！是不是麂子上去了？”普丕也不答话，只是一个劲地朝他喊，“上去了！上去了！”这下，李士天慌了，他以为麂子往山头上跑了，于是手提弓箭拼命追上山头去。可到了山顶，他很扫兴，没有麂子的影子。这时，李士天又听见普丕大声地喊：“阿波！下去了！下去了！”李士天听了，又以为麂子跑下山去了，自己才没看见，就不顾一切地冲下山去，结果还是什么也没有看见。李士天有点泄气，大声地问普丕：“普丕！麂子到底在哪儿？”普丕还是不答话，只管大声地喊：“阿波！上去了！上去了！”

就这样，李士天从山脚跑到山头，又从山头跑回山脚，上上下下跑了几个来回，奔忙了半天，结果什么也没看见，累得他瘫在地上。

李士天感到很奇怪，跑过来问普丕：“普丕！你说麂子在哪儿？”普丕指着自己面前的沙松树，认真地说：“阿波，在这上面呢。”李士天被说得莫名其妙，仔细一看，只见树上有成群的大蚂蚁上上下下地行走着，还发出“沙沙”的响声。普丕是在看着这些上上下下的蚂蚁群大声地喊叫着的。

李士天顿时火了，大声喊道："普丕！这是蚂蚁呀，你瞎喊什么？"普丕却一本正经地说："阿波，你不是说林中有哪样响动，都要把它看成麂子吗？我见这棵树上的蚂蚁上上下下地跑动，并且随着跑动发出'沙沙'的响声，就把它看成麂子告诉你了。"李士天被气得说不出话来。两人不欢而回。

结果，李士天撵了一天麂子，累得浑身疼痛，却连麂子的毛都没见到一根，终是空手而归。

第十回 挖田侃讲痴情龙女 空手打靶巧赢阿波

在六丫头村对面的半山坡上，离槽子河不远的地方，有一片李士天家的干田。

这天，普丕和长工们头顶烈日，挥汗如雨地在这片干田里翻挖土垡。

烈日炎炎，酷热难耐，犹如在火炉里炙烤。

大家挖了大半天的干田，又渴又累，很想在树荫下歇息一下，哪怕坐下来喝上几口凉水也好。可是李士天有规定，天黑才能歇工，中途不能歇息。否则不付工钱。大家只得耐着酷暑，闷着头继续翻挖土垡。

大家渴得实在没有办法了，一位年长的长工提议让普丕到槽子河里提一罐凉水来解渴。

于是普丕背着土罐，走下层层梯田，径直来到槽子河里汲水。

槽子河水在哗哗地流淌着，清澈如镜，水底的鹅卵石清晰可见，小鱼儿在水里自由自在地游来游去。现在是旱季，河水自然小了许多，但却更加清澈了。在清澈的水中，他看到两个核桃般大的一模一样的五花石，他捞起把玩一会，爱不释手，顺手装进衣袋里。

此时普丕多么想在河水塘里畅游一番，消暑解乏。但他不能，长工们在干田里眼巴巴地等着他喝水呢。他只得匆匆地洗了一把脸，就忙着提水了。

他在河边的细砂滩上扒开了一个小水塘，塘里立即渗满了清水，经过砂石过滤渗出来的水，又清又凉又干净。普丕俯身嘴对着水塘饱饮了一顿，然后灌满土罐，急匆匆地回到挖干田的地方。

普丕来到干田边，把水罐提到干田边的一棵大青香树下，招呼大家在树荫下坐下来喝水。大家争先恐后地拥来树下喝起水来，许是渴急了，个个都喝了不少，喝得酣畅而惬意。有人喝完后，还吧嗒吧嗒地咂着嘴说：“这水真好喝啊！又凉又甜，太解渴了！”

这时，只见那位年长者说：“槽子河里的水好喝，那是自然的。因为这水是国窝黑（即滇池）龙王的女儿四姑娘所赐，当然好喝啦！”

众人听了既惊奇又困惑，不解地问：“国窝黑龙王的女儿四姑娘赐给的？这怎么说呢？是怎么回事呢？”

面对大伙的疑惑和提问，年长者不紧不慢地说：“其实这里面有着一个十分凄美动人的故事，你们听了就知道是怎么回事了。”

众人说，既然有故事，你就讲给我们大伙听听吧！

年长者说：“好吧，我就给你们讲讲这个故事，这个故事也是十几年前我家的阿波讲给我听的。”

于是，年长者娓娓地讲起来。

古时候，槽子河一带十分荒凉，山上光秃秃的没有树，河里干涸涸的没有水。雨水积不住，土地极度贫瘠。地里庄稼长不好，人们生活十分困苦，缺吃少穿，纷纷出外逃荒要饭。

槽子河源头卡昔村，村里有一个彝族小伙子叫莫黑，莫黑长得英俊帅气，聪明能干，心地善良，而且能做一手好木活。莫黑家里父亲去世，现有母亲和哥嫂。由于家里太穷，日子过不下去，莫黑就离开阿嫫和哥嫂，出外做木活讨生活。

数年来，他东奔西跑，走村串寨，四处漂泊，做木活为生。后来，到了昆阳国窝黑边西山地界上，便租了一间小屋住下来，为当地村民修房盖屋，打桌制柜。因为手艺好，人厚道，善吃苦，乐助人，人们都喜欢请他做木活，因此他的生意很好。

一日，莫黑要到一个村庄做木活，路过国窝黑边的西山脚下，沿着海边的路匆匆走着。此时，海风徐徐吹来，让人神清气爽。他举目瞭望，只见碧海蓝天，水波浩渺，烟波里白帆点点，海鸥翻飞。海边浅滩上的海水，清澈见底，群鱼游弋，景致美不胜收。

忽然，他看见海边的沙滩上有一条红鱼，在灼灼烈日下艰难地噏着嘴。这条红鱼也许是在海边游动跳跃时，不小心用力过猛跳到了沙滩上吧。它试图再跳回水里，无奈气力不支，无法再跳到海里去。如果跳不到海里，红鱼就会干渴而死，会被晒成鱼干的。

莫黑赶快跑过去抓起红鱼细看，多漂亮的一条红鱼呀！真可爱！莫黑把它放在手里舍不得放下。但红鱼不在水里会很快死亡的。莫黑怎么会舍得让这么可爱的红鱼干死呢！他把红鱼轻轻地放回水里说："漂亮可爱的红鱼，海里才是你的家，水中才是你的乐园。你去吧，愉快地回家去吧！"

红鱼被放回水里后，显得欢快无比，又游又跳，像跳舞似的，十分好看。莫黑在海边走，红鱼一直在海里跟着他游，似乎舍不得离去，又似乎在感谢莫黑的救命之恩。

莫黑急着做木活，容不得多耽搁，他离开海边走了，但还是忍不住不断地回头张望红鱼。他看见红鱼也在那里痴痴地望着他，显出依依不舍的神情。

第二天，莫黑做完木活回家来时，就在昨天见到红鱼的地方，有一个姑娘背对着他亭亭玉立地站着，肩上披着一块丝绸披肩，披肩上绣着精美的鱼鳞状图案，图案下还有道道波纹，披肩四周绣着朵朵鲜花，十分漂亮，然而奇怪的是姑娘却在掩面哭泣着。

这姑娘为什么一个人在这里哭泣？莫黑既惊愕又同情。

于是莫黑便走上前去，问姑娘道："小阿妹，你为何一个人在这里哭泣？莫不是遇到什么为难和伤心之事？"

姑娘双目紧蹙，泪流满面，说："家中父母病故，前来此地投亲，不想亲戚已搬家，不知去向。弄得孤身一人，举目无亲，无依无靠。不知如何是好，故而伤心流泪。"

莫黑听了，十分同情姑娘的遭遇，很关切地问："阿妹来自哪里？叫什么名字？"

姑娘有些羞涩地答："我叫四姑娘，来自遥远的东海边。"

莫黑说："四姑娘阿妹，你别着急。既然如此，你若不嫌弃，就到我家里去吧。我叫莫黑，也是孤身一人，多年离家漂泊在外，四处做木活为生，现居家此地。家虽不大，可容得下你住，日子虽然清贫，也有你吃喝。我也是心善之人，你就放心到我家里去吧。"

四姑娘听了立时破涕为笑，说："多谢莫黑阿哥，我很愿意跟着你到你家里去。”四姑娘显得很高兴，又说：“莫黑阿哥，我满脸泪痕，怎么见得了人？待我洗一把脸，再回家去吧。”说完走到海边，清洗脸面，然后跪着向海里磕了三个头。

莫黑惊愕不解地问：“四姑娘阿妹，你为何向海里磕头呀？”

四姑娘似乎有些激动地说：“我来到这片海边，有幸遇到你并收留了我，这是海赐福于我啊，所以我在磕头致谢呢。”

莫黑听了，觉得在理，而且感到四姑娘多情多义心地善良，心中甚喜，不再多问。

四姑娘磕完头，站起来转过身，满面春光，笑盈盈地对莫黑说：“莫黑阿哥，我们走吧，回家去。”

这时，莫黑十分惊奇地发现，用海水清洗了面容的四姑娘，变得秀美如仙，面似桃花，两眼含情脉脉，十分俏丽迷人。

莫黑心里十分欣喜，高兴地领着四姑娘回到了自己的租居屋里。很快两人便倾心相爱，难舍难分，不久便结为夫妻，共同生活，恩爱有加。

从此，莫黑出外做木活，四姑娘料理家务，和和美美地过着日子。

奇怪的是，每当夜深人静的时候，四姑娘就会披衣起床，默默地看着窗外浩渺的大海，似有无限心绪和难言的情思。

原来，这四姑娘就是那天被莫黑在海边沙滩上救起，又放回海里的那条红鱼变的，她是国窝黑龙王的四女儿，是龙王几个女儿中最漂亮、最能干、最机灵的。龙王很疼爱她，姐妹们也很喜欢她。那天，她和姐妹们化作鱼，到西山脚海岸边的浅水里玩耍。四姑娘兴奋异常，一时欢跳过猛，不小心竟跳到了海边的沙滩上。她想跳回海里，拼命地跳，但没有海水的托付，她怎么跳都跳不回海里了。她裸露在砂砾上遭烈日暴晒，干渴得要命，全身似被烈火炙烤，面临着即将干渴而死，她陷入了极度绝望之中。

正在这万分危急之时，路过的莫黑看见了她，并把她放回到海里，救了她的命。她心里感激万分。她见莫黑英俊潇洒，勤劳肯干，诚实善良，十分倾慕，深深地爱上了他，有心做他的妻子。因此就等候在莫黑回家来的路上，使之相遇以结伉俪。

那块美丽的披肩是四姑娘的护身符，犹如生命一般重要。有了这块披肩，她可以随意变化自己的身份，可以变成龙，踏波海上遨游太空。可以变成鱼游弋水中，在海里生活；也可以变成人，落俗尘世，耕耘劳作，食人间烟火，过凡人的日子。如果没有了披肩，她将失去一切神力，无法变化而永成俗物。所以披肩是她的命根子，须臾不离身。

这一切莫黑是不知道的。她没有告诉莫黑。她对莫黑隐瞒事情的真相，是因为怕吓坏了莫黑，失去她跟莫黑的幸福生活。她深爱莫黑，对莫黑的爱甚至超过了爱自己，她愿意为莫黑舍去自己的一切。她情愿一辈子做莫黑的妻子，跟莫黑过平凡人的生活。她跟莫黑在一起生活，日子虽然过得清贫劳累，但她觉得十分美好幸福。

莫黑十分爱自己的妻子四姑娘，对四姑娘十分关爱体贴，他觉得跟四姑娘生活在一起，非常幸福甜蜜。

然而近几天来，莫黑总是一脸愁容，唉声叹气，茶饭锐减，身体日瘦。

四姑娘既纳闷又担心，关切地问："莫黑阿哥，有什么不快而愁眉不展？有什么难事而叹气不断？"

莫黑说："我离家出外有五年，如今自己已成家，有漂亮能干的爱妻，生活幸福。但不知家里的阿嬷是否安康？不知哥嫂生活是否顺利？近日倍感思念，故而叹气。"

四姑娘听了，心里顿时释然，深感丈夫是孝顺之人，有良心之人，大好人，心里很高兴。便贴心地说："既然离家这么多年了，不宜在外这么飘泊下去了。我们就回老家去吧。"

莫黑为难地说："我的家乡卡昔村水源奇缺，土壤贫瘠，庄稼歉收，生活艰难。我就是不忍心让你跟我回家去受苦，才更添难过之情的。"

四姑娘听了却显得很轻松，丝毫没有为难之情，微笑着说："我不怕，什么苦我都能吃，什么累我都能受，只要跟你在一起，再苦再累我心甘。你不要再多虑了，我们抓紧回老家去吧。"

于是，莫黑带着妻子四姑娘，回到了卡昔村家里。

没想到村子里一派死气沉沉，残破落寞。

莫黑的老家里早已人去楼空，密结蛛网蒙尘盖垢，好久都没人住了。莫黑惊疑不已。

村人们告诉他，他走后不久母亲就病逝了。两个哥嫂生活过不下去，也出外逃荒去了，已多年不归音信全无，不知死活。

莫黑听了，悲恸失声，泪如雨下。他携妻到阿爹阿嫫坟前磕头哭诉，请阿爹阿嫫安息，并保佑儿子、儿媳安康幸福。

莫黑和四姑娘扫房净地，修楼补房，重整家业，再起炉灶。耕地翻田，播种庄稼，饲养禽畜，辛勤劳动过日子。

说来也怪，自从莫黑和四姑娘回村后，村里的水发便充沛起来，庄稼也长好了。莫黑和四姑娘的庄稼特别好，粮食获得丰收，畜禽也兴旺起来，日子很快就好起来了。莫黑和四姑娘先后生了二男一女。

一家人其乐融融，幸福地生活着。

一天，莫黑到地里去忙活，孩子们也都出门玩去了。四姑娘一个人在家里洗衣服。这时，一个戴着尖顶青帽，穿着一件有鱼鳞状绣纹的马褂，肩挑瓷碗沿街叫卖的小贩，来到家里讨水喝。

四姑娘十分热情地从壶里倒了一碗茶水递给来人喝，那人却不接茶水，而是直直地看着四姑娘怪声喊："四姑娘！"

这声音特别熟悉，而且直呼她的名字，四姑娘忙抬头一看："啊"的一声尖叫，茶碗落地摔得粉碎，茶水四溅。四姑娘惊呆了，半天说不出话来。

来人是国窝黑龙王父亲的虾将扑节。

扑节细小的眼睛直视着四姑娘，青黑的长脸似笑非笑地对四姑娘说："四姑娘啊四姑娘，自从你失踪以后，你父王命我寻找你。几年来我遍游天下，走遍了山山水水，村村寨寨地找你，却不见你的踪影，你找得我好苦啊！原来你躲在这里！你好快活啊！今天我终于找到你了。"说到这里他面露狰狞，加重语气说："现在，你要跟我回国窝黑龙宫，否则你父王有话，将严惩不贷，毁你全家！"

四姑娘听了，如五雷轰顶，瘫倒在地，向扑节哭诉道："扑节将军，我不能回龙宫去，这里是我的家，有我的丈夫，有我的儿女，我真的不能回龙宫去呀！请扑节将军行个方便，请求父王容我在这里生活。"

扑节面露怒容说："哼！想得真美，人神怎能共室？你倒好，竟与凡人结为夫妻，生儿育女，共同生活，龙规难容啊！你就等着父王来收拾你吧！"

扑节说完，化作一道青烟直入云霄，回国窝黑龙宫向龙王禀告复命去了。

灾难降临了！四姑娘紧紧地抱着回家来的孩子们，痛哭不已。

莫黑从地里做活回来，惊讶地看见妻子和孩子们这般情景，急切地询问怎么了？出了什么事？

四姑娘一头扑在莫黑身上，哭着道出了事情的全部原委，请莫黑原谅她隐瞒了自己的身份，并说出了面临的灾难。

莫黑听后，恍然大悟，他一切都明白了。此刻他对四姑娘没有丝毫的埋怨之情，更没有责怪之意，反而更爱她。他心里知道，四姑娘是因为深爱他才化作女儿身嫁给他，是因为要给他幸福，才向他隐瞒自己的身份，此情此意犹如山高海深。他感谢四姑娘对他的真情，感谢四姑娘给了他无比的幸福，感谢四姑娘为他生儿育女，感谢四姑娘给了他一个幸福的家。他遇到四姑娘，与之结缘为亲，组成家庭生活，是他此生最大的幸福和希望，他无怨无悔。他感恩上天赐给他四姑娘这样好的妻子。他不能没有四姑娘，他的孩子们不能没有阿嫫，四姑娘是他的希望，他的幸福，他的美好家庭。他不能让四姑娘走，他要拼死保护四姑娘。

此时，莫黑百感交集，饱含深情地对四姑娘说："四姑娘我心爱的妻子，我和孩子们不能没有你，你不能去的，不能离开我和孩子们。"

四姑娘痛苦而万般无奈地说："莫黑阿哥，我心爱的丈夫，你和孩子们是我幸福的全部，是我生命的全部，我怎么能割舍你们！但我们是斗不过他们的！如果我有不测，你要带着孩子们好好生活下去！"

说完一家人抱头痛哭，彻夜流泪未眠。

第二天，天刚亮，就狂风大作，天空乌云密布，雷鸣电闪处，出现了两个全身披挂的战将，都是国窝黑龙王派来的干将。一个是龟甲大将乌邦，手提巨斧，威风凛凛；一个是蟹黄大将普扎，手提红缨枪，杀气腾腾。只听在狂风中从空中传来龟甲大将乌邦那雷鸣般的吼声："四姑娘！你听着，我们是奉你父王之命，前来捉拿你回龙宫的，请你乖乖地跟我们走，不然我们就动手啦！"接着又听到蟹黄大将普扎怒涛般的嘶喊："四姑娘！你要听话，好好跟我们回去，否则就击毁你的家和家人！"

莫黑、四姑娘和孩子们紧紧抱在一起，誓死不从。四姑娘哭喊道：

“不！我不走！我离不开我的家人……”

还没等四姑娘说完，乌邦和普扎像狂风般凌空而降，不容分说抓住四姑娘就走。

四姑娘拼命挣扎呼叫，莫黑和孩子们哭喊着紧紧抓住四姑娘不放，普扎手一挥，掀起一股狂风吹开了莫黑和孩子们，莫黑不顾一切冲上去抢夺四姑娘。乌邦高举利斧，要砍向莫黑和孩子们。四姑娘急忙用身体挡住，绝望地高喊：“不要杀害我的丈夫和孩子们！我跟你们走！”

四姑娘被乌邦和普扎抓走了，高空中四姑娘声嘶力竭地喊道：“莫黑阿哥，带好孩子们！孩子们，好好听阿爹的话！你们要好好地生活……”

四姑娘说着，一把拽下披肩，撒向莫黑和孩子们，撒向广袤的槽子河大地，怀着对莫黑和孩子们的无限眷恋消失在茫茫的乌云之中。

四姑娘的披肩盖住了莫黑和孩子们，盖住了卡昔村，盖住了槽子河流域的山山水水。顿时槽子河地区草木繁茂，鲜花盛开，涧水淙淙。槽子河里水波涟涟，终年悠悠地流淌不断，成了一方沃土和富饶之地。

莫黑怀着对四姑娘的无限思念，带着孩子们和乡亲们一道，在青山绿水中辛勤耕耘，很快五谷丰登，六畜兴旺，过上了安定幸福的生活。

四姑娘被抓回国窝黑龙宫后，龙王狂怒不已，把她关进了牢房里。又因她丢失了披肩，龙王就惩罚她，将她贬为一条青鱼，逐出宫外，流放在茫茫的大海中。

四姑娘被贬成青鱼后，在海里游啊游，四处游荡，没有归落处。她无限思念莫黑和孩子们，无限思念她在卡昔村的家。可是她已没有了披肩，再也变不成龙，变不成人，更不能上天了，她永远只能是一条青鱼。

她不顾一切地冲向海边，跳到西山脚下的海岸上，朝卡昔村的方向拼命地跳，她要跳到莫黑的身边，跳到孩子们的身边，跳到她的家里。她跳出了很远，全身被砂砾磨得血淋淋的。然而她再也回不到莫黑身边，回不到孩子们身边，回不到那温暖幸福的家里了。最后她累死在了海边的西山脚下。

有个渔民看见这条遍体鳞伤，一身血迹的青鱼死尸，莫名地顿生恻隐之心，遂将她埋在国窝黑边的西山上。

没过多久，四姑娘就变成了西山上的睡美人，静静地躺在那里。她对莫黑和孩子们的思念凝固成了永恒……

正当长工们津津有味地听着故事的时候，旁边传来“呯”的一声暴响，大伙从故事情境中惊醒过来。随即传来了李士天咆哮的吼声：“好哇！你们不去挖田，却在树荫底下坐着歇聊侃古！”

普丕忙解释说：“阿波，我们挖田实在是口渴了，才在这里坐下喝几口水，说上几句话的，才刚刚坐下呢。”

李士天鼓着眼睛说：“喝水！你们分明是在歇工侃古，这是磨工偷懒！”

原来，李士天是来监工的，恰巧看到这一场景，就怒不可遏地抱起路边的一块石头朝石头堆狠砸下去，石头砰然作响，打断了长者的故事。

李士天看到长工们在挖田时坐着休息，怒气冲天，破口大骂起来：“好家伙！你们白吃我的饭不说，还竟敢在我眼皮底下要滑头，不挖田在旁边干坐着，看我怎么收拾你们，你们都听着，今天的工钱就不给啦！”

普丕知道，李士天极为吝啬，心狠手辣，他以这个为借口，不给今天的工钱，他一定会这样做的。这怎么办呢？普丕很着急，急切的心情使他手脚有些无措起来，无意中他伸进衣袋的手，触摸到了他在提水时在河里拣到的那两颗五花石，一下触发了他的灵性，情急之中，他霍然间心生一计，顿时平复下来，不慌不忙地对李士天说：“阿波，你莫生气，我想和你打个赌。”

李士天没好气地骂道：“赌什么赌，我在说正事呢！你来添什么乱？”

普丕没有直接回答李士天，而是指着田边那棵大青香树说：“阿波，你看这棵青香树离村子远不远？”

李士天没好气地说：“这还用说吗，当然远啦，怎么了？”

普丕又问李士天：“阿波，你能不能从村里打靶，打中这棵青香树？”

李士天听了，火起来，高声说：“这怎么能够打中呢？这么远从村中根本打不到这里的！普丕！你是在说疯话吧！”

普丕却一本正经地说：“阿波，我不是在说疯话，我可以从村里打中这棵青香树的。”

李士天瞪大了眼睛，勾着脖子高声叫道：“什么？你从村中能打到这棵青香树？普丕！我看你吹牛吹得太大了，我是不会相信你的！”

普丕说：“阿波，如果你不信，我就跟你打赌，以这棵青香树为靶，从村里打这棵青香树。我真的打不中，今天和明天的工钱我们都不要了；但如果我打中了，明天我们休息一天，不仅今天的工钱要付，而且明天的工钱也要照付。”

李士天听了，心中暗暗地想，普丕这小子也许是疯了，这棵青香树离村子这么远，根本是不可能打到的。如此一赌，普丕肯定要输。这样就可以名正言顺地扣下他们两天的工钱了，何乐而不为呢？赌吧，毫无疑问，他赢定了。

于是李士天拍了一下大腿，很豪气地说：“普丕！就按你说的办，我就跟你赌啦，赌从村中打这棵青香树！输赢自负！”

普丕听了，镇静地指着青香树上的杈丫口，对李士天说：“阿波，我要打中这棵树的杈丫口，你就看好啦！”

李士天不屑一顾地看看青香树杈丫口，不无鄙视地说：“普丕！先不要说大话，打中了才算得的！”接着就迫不及待地催促普丕说：“普丕！莫再说废话了，现在就回村里去打，以早见分晓！”

普丕却不放心地说：“阿波，你不会反悔吧？说好的事是不能够反悔的。”

李士天昂起头来，拍着胸脯，信誓旦旦地说：“阿波我金口玉言，决不反悔！你小子也不能反悔的！”李士天当着众长工的面言之凿凿地表明了态度。李士天是决不相信普丕会打得着的，说话当然就很硬气。

自然长工们也难以相信，都围着李士天吵不能扣工钱，这使得场面有些混乱。普丕趁着混乱之中李士天不注意，从衣袋里掏出一个五花石交给一个年幼的长工说：“小阿弟，待会大家回村时你稍后一点走，把这颗五花石悄悄地放在青香树杈丫口上，然后迅速赶上来跟着我们，记住不要让人看见，也不要对人说。”小长工点头说：“好，我会的。”

人群乱嚷嚷地走向村里。小长工按照普丕的吩咐，在青香树杈丫口上放好五花石后，很快赶上了人群，没有一个人看见。

在路上，李士天问普丕：“普丕，你要用什么东西打青香树？”

普丕从衣袋里掏出剩下来的那颗五花石说："阿波，我就用这颗五花石打青香树，因为这颗五花石好辨认。"

李士天接过五花石看了看说："这颗花石头倒蛮好看的，好，你就用这颗花石头打青香树吧！"说完把五花石交还给普丕，并急急地赶到前面走着。这时，普丕又趁大家不注意，悄悄地把刚才的这颗五花石交给走在后面的小长工说："小弟，你帮我把这颗花石带好，不要声张也不要给人看见，同样注意保密。"小长工微笑着从普丕手中接过五花石在身上藏好。

李士天与长工们吵吵嚷嚷地回到了村里，李士天已显得厌烦，他急切地对普丕说："普丕！我们已经到了村里了，你就打吧。干田边那棵青香树是你打的靶子，你现在就照准了打吧！"李士天想尽快看到普丕的笑话，更主要的是想尽快平息长工们对他烦人的吵嚷，以使他们平静下来，无话可说。

普丕不慌不忙地说："阿波，我打青香树的动作是很快的，快得你们都有点看不清楚，打这么远的靶子手脚不快是不行的，快了才能打得远，打得中。"说着把手伸进衣袋里做抓石头要打之状。

李士天嫌烦地说："普丕，别说那么多废话了，叫你打你就打，需要多快你就用多快！快打吧！"

李士天的话音刚落，普丕飞快地抽出插在衣袋里的手，闪电般地挥动手臂，做奋力投掷石头之状，随后大喊起来："哇！我打中啦！"

"什么？打中啦？"李士天还没有看清楚，普丕就说已经打中了！李士天十分惊愕，就对普丕大喊："普丕，你咋呼什么？我没有看清楚打出去的石头，怎么就说打中了呢？你乱讲！"

普丕说："阿波，我真的把花石头打出去了，而且打中了那棵青香树的，我不是对你说了吗，我的动作很快的，你们都会看不清楚的。阿波，你都看见了是这样的吧？"

李士天被普丕说得无话可说。但他心里哪里会相信？于是叫普丕过来，亲手在普丕身上摸了一遍，那花石头确实不在身上了，在周围查看了一遍也不见花石头的影子，李士天狐疑不已。

普丕对李士天说："阿波，你不相信，我们就到那棵青香树上去看吧，我的那颗花石头已被打到树杈丫口上了。"

李士天无奈，就与大伙跟着普丕到那棵青香树前去看，众人来到青香树前，普丕指着青香树杈丫口上的花石头说："阿波，你看，我打中青香树的花石头在树杈丫口上呢。"

李士天一看，傻眼了！那颗花石头果然在青香树杈丫口上。李士天赶忙跑去抓下来一看，确实是普丕在半路上给他看的那颗花石头，莫非普丕真的打中啦！这怎么可能呢？不可能花石头怎么又在这里呢？李士天懵了，他左思右想也理不出头绪来，他甚至想得头都有些疼了，仍然想不明白。但事实是，花石头确实在青香树杈丫口上摆着。除了普丕打中外，还能说什么呢？这就意味着普丕赢了，他输了。

此时，李士天真想反悔，但他已在众长工面前发了誓言决不反悔的。他如果反悔了，在长工们面前还有什么颜面和威望？以后还怎样威慑和驱使他们呢？而不反悔，他的损失就大了。李士天真的急了，急得头上冒出汗来。

普丕看出了李士天的心思，就抓住时机说："阿波，青香树被我打中了，我赢了，你输了。按照赌前的协议，你要付今天的工钱，明天大伙休息一天，也得照付工钱。"

李士天又羞又恼，急得眼珠子都快暴突出来了，把手一挥气鼓鼓地说："就这样吧！"然后愤然离去，李士天对普丕是怎么打中了青香树的事情，苦想了很长时间，但是百思不得其解。

长工们见普丕赢了，都舒心地笑了。感谢他为大伙争得了利益，却不知道普丕是怎么打中青香树而赢的。后来普丕告诉了大家事情的真相，大家都开心地笑了，连夸普丕真是足智多谋。

这次普丕被李士天"逼上梁山"，兵临城下的他，机智地用了"空城计"，竟成功了。普丕心里特别高兴。

第十一回　卖梨路上尊老讲古　巧用计谋长工吃梨

在离阿稽竜村子不远的地方，有李士天的一片梨园。

每到秋天，梨子成熟了，红彤彤的梨子挂满枝头，好馋人。

可是李士天势力大，为人吝啬狠毒，人们都惧怕李士天的威势，没人敢偷吃他家的梨子。

到了这个季节，李士天就叫长工们摘梨挑到街上去卖。普丕年轻力壮，手脚麻利，头脑灵活，经常被李士天驱使到街子上卖梨子。

这天是坡拉坡街子的赶街天。天刚亮，李士天来找普丕询问：“普丕，这几天有没有发现我家的梨子被人偷吃？”普丕说：“没有，阿波，你声威震四方，没有人敢来偷吃你家梨子的。”

李士天听了，鼻子“嗯”了一声，说：“那就好！”接着又说道：“这段时间，我家的梨子拿到周边的几个街子上去卖，价格都很好，行情很不错的。今天是坡拉坡街的赶街天，你就挑一挑梨子到坡拉坡街子上去卖。还是跟先前一样，你先从梨园里把要卖的梨子摘回来，待我点清数目后，你再挑着到街上去卖。”

普丕按照李士天的差使，摘了满满的一挑梨子回来，让李士天逐个点清数目后，就挑着梨子上街去卖。

从阿稽竜到坡拉坡街子上，山高箐深，道路崎岖，路途很远。要先走下阿稽竜山坡，然后过槽子河，又爬上摩白可坡到达摩白可村，再翻过摩白可村子后山，还得过一段山路，最后才能走到坡拉坡街子上。这一单程路就得耗去半天的时间。

这样的路途即使是空手行走都是挺累人的，更何况挑着沉重的担子。

普丕挑着满满一担梨子紧紧地赶路，一路下坡上坡，翻山越岭，山高坡陡，赤日炎炎，天气闷热，沉重的担子压得他气喘吁吁。当他爬上摩白可村后面大山的山顶时，累得他满头大汗，大口大口地喘气，饥肠咕咕，口干舌燥。

普丕真想吃个梨解解饥渴，可是担子里的梨子李士天是有底有数的，他怕吃掉了梨回去不好向李士天交代，就原封未动。

但是，在高山头上，附近又找不到一点水，普丕饥渴难耐，嗓子冒烟。眼巴巴地看着一挑又红又大水生生的梨子干渴难受，心里不是滋味。

这时，普丕愤愤地想，我帮李士天卖了那么多梨子，可我却吃不到一个梨子。他越想心里越不平，越想越气！于是不管三七二十一，抓起一个梨子大口大口地吃起来。啊！梨子的滋味是如此甜美！他觉得今天的梨特别好吃！他一连吃了两个，饥渴终于解除了。但他又想起了整日辛苦的长工们，终年也吃不上李士天的一个梨子，特别是那些种植梨子的长工们。普丕的心里更是不平！他怔怔地望着面前的一挑梨子，心里便生出一个主意来。

于是，他把担里的梨子拿起一个咬一口就放下，又拿起一个咬一口又放下，就这样，一连咬了十几个梨子，然后把这些咬过的梨子放在最上面，又摘来一点树枝盖在上面。拍拍肚子，捋一捋头发，挑起担子就走，但不是赶往坡拉坡街去卖梨子，而是慢悠悠地走下山坡，径直返回阿稽竜村里去了。

普丕按照自己的主意，不再去卖梨子而是走回家来。

他回来到槽子河边，清澈的河水卷起朵朵白色的小浪花，哗哗地流淌着。河堤上长着一排排的杨柳树和竹子棚，水边长着片片青草和簇簇鲜花。路边还有几棵肥大的芭蕉树，风吹芭蕉叶啪啪作响。

在河边山脚下的一块菜地里，一个老农正在菜地里锄草施肥。

普丕把担子放在河堤一棵大柳树的树荫下，就蹲在河边掬起清水喝了个够，然后回到树荫下坐在一块长条青石上休息。

普丕招呼种菜的老人说："大爹，过来休息一会吧！"

听到普丕的喊声，许是老人也累了，抑或是天气太热了，老人也过来坐在普丕身边休息。此时轻风徐徐吹来，普丕感到凉爽爽的，可老人刚从烈日下的菜地里走来，浑身透着热气，他一边擦汗一边用敞开的衣襟向身子扇风散热。普丕拿了两个梨子给老人吃，性直的老人也不推辞，接过来就吃，边吃边夸奖说："咦！真是好梨子，水分足，甜味够，真好吃呀！"吃着梨子老人问普丕是不是去卖梨子，普丕点点头。

普丕和老人边休息边闲聊起来。

在这些日子里雨水偏少，河水流量也少，水浅而且清，水底的鹅卵石可以看得很清楚。

这时，只见他们坐着的河堤下边清清的河水里，一条花鳅鱼和一条玛鳅鱼，双双穿梭在清水下的鹅卵石间，逆水而上，自由自在地追逐畅游着，显得精灵而欢快。普丕见了，顿感兴趣，不禁赞叹道："多好看的一对小鱼啊，如此游得欢畅！就像一对儿似的。"

老人说："是的，确实好看，它们确是一对，不过是一对兄妹。那花鳅鱼是阿妹，玛鳅鱼是阿哥。"

普丕听了，十分惊奇，不解地问老人："大爹，这怎么说呢？花鳅鱼怎么是阿妹？玛鳅鱼怎么是阿哥呢？"

老人说："这里面有着一个凄美而古老的故事呢，说起来也是令人十分感叹的。"

普丕甚觉奇特，就要求老人说："大爹，你就给我讲讲这个故事吧。"

于是老人抹了抹嘴，清清嗓子，不紧不慢地讲述起来。

从前，在槽子河畔有一个叫俄代的彝村小村子。村里有一户人家。阿爹已病逝，阿嫫年迈双目失明，儿子叫莫多，年已二十，母子俩相依为命，耕种三亩薄地过日子，生活清贫。

莫多勤快能干，富有孝心，不仅辛勤劳动，而且好生赡养阿嫫。阿嫫虽然年迈失明，想到儿子整日辛劳，也摸索着在家里洗衣做饭，尽量操持家务，以减轻儿子的负担。就这样，日子平平淡淡地过着，然而阿嫫始终惦念着一件事，即儿子已经二十岁了，但还没有成家娶媳妇，因此她甚为着急，竟让她日里茶饭不香，夜里难以入眠。她常常催促儿子赶快找一房媳妇。甚至还说："如果村里找不到，就离家数日到外村去找，实在不行就去入赘，做上门女婿，不要管我，我一个行将就木的老人，自会安顿的。”阿嫫如此的肺腑之言，足见母亲对儿子婚事的关爱之急切。

莫多是一个孝子，看到年迈失明的母亲还不停地做着家务，心里很难过，也很想找一个媳妇，来帮助母亲做事，可是村里已没有可娶的女人了，他又不能不管母亲离家数日到外村去找，更不忍心丢下母亲去做上门女婿。因此莫多的婚姻一直没有着落，阿嫫也越来越焦急。

说起来也极巧，真是天赐机缘，莫多意外地获得了一桩良姻。

这天，莫多吃了早饭，交代过阿嫫后，就带上晌午饭，扛着锄头，到离家较远的山那边的芋头地里去做活。莫多的芋头地在一条山路边上。一到地里莫多就紧张地做起活计来。莫多做了半天活计，时过中午，便在树荫下休息，正要吃午饭，忽见地边的山路上来了一个失魂落魄、蓬头垢面、衣衫褴褛的年轻女人，跌跌撞撞地从山路上奔跑过来，还显得极为惊恐，一边狂奔一边不时地往后看视。快到莫多的芋头地边时，却突然昏倒在地上起不来了。

莫多大吃一惊！急忙跑过去抱起女人呼喊：“阿姐！阿姐！你怎么了？你醒醒！”女人微微地睁开了眼睛，又面露惊恐的神色，身体也颤抖起来，无力地抬起手指着后面，声音沙哑地说：“后面有狼！有恶狼追来，快跑！”

莫多听了紧张起来。抬头朝路上望去，望了好一阵也不见有狼来。这时女人又昏迷过去了。莫多又呼唤了一阵女人才醒过来，莫多对她说：“阿姐，你别怕，没有狼来的。”女人听了才安静了一些，随即说道：“我饿，我渴。”莫多立即用自己的午饭和饮水给女人吃喝，女人的精神好了一些，却掩面大哭起来。莫多慌了说：“大姐，你莫哭，你为什么会这样？遇到什么事了？”

女人一边抽噎哭泣一边向莫多讲述自己悲惨的遭遇，她说，我名叫西蒙，本来有一个美满的家庭，家中有公婆和丈夫，还未生子，一家人满怀希望，幸福地生活着。不料遇上了大旱，庄稼绝收，缺吃少穿，年迈多病的公婆都在贫病交加中死去了，我和丈夫也无法度日，外出逃荒要饭。一路上饥寒交迫，身体已很虚弱。当来到一处山梁时，突遇一群饿狼疯狂向我们袭来，丈夫看到情势危急，一边抗击着恶狼一边对我说，你快逃去吧！我来挡住恶狼，再迟就来不及了，快走！我哪里舍得丢下丈夫逃去，就大声对丈夫说，我不走！我不能丢下你，死我们也要死在一起，我不去！我坚持死活不走，丈夫一急，就狠命地推我一把，把我推下路边的陡坡下，我急速地滚下山坡，随即昏迷过去。

当我醒来，急切地爬上丈夫与恶狼搏斗的地方，我惊呆了！场地上已沉寂，一片狼藉，恶狼已不知去向，只剩下丈夫零乱的尸骨和血迹斑斑的衣服碎片，四周到处是血污，场面极其恐怖。我绝望地俯在丈夫尸骨上痛哭，这时不远处又传来了恶狼的嚎叫声，似乎还朝这里跑过来。我大惊失色，只得丢开丈夫的尸骨夺路而逃。不想刚到你的芋头地旁时，极度的悲伤、惊吓和饥渴，体质已十分虚弱的我眼前一黑便昏倒在地，就一切都不知道了。醒来时见我被你抱着，正急切地呼唤着我……

莫多听了西蒙的哭诉，十分同情她的遭遇，就扶着她回到了自己的家里。阿嫫听到西蒙的遭遇后，也难过地流下了眼泪，并对西蒙说："孩子，不要难过了，过去的就让它过去吧，活着的人总要好好生活下来，才对得起死去的亲人们。这里就是你的家，只要我母子有口饭吃绝不让你饿着。"随即给西蒙梳洗，并拿出自己的衣服给西蒙换上，视如己出地对待西蒙。莫多也对西蒙备加关爱。西蒙的身体很快就恢复了，她感受到了家庭般的温暖，心情也开朗起来一些，勤快地帮阿嫫做家务，帮莫多做活计，很能干。

莫多和西蒙到西蒙丈夫遇难的地方，安葬了西蒙丈夫的尸骨，烧香祭拜，西蒙哭别了丈夫，悲痛难抑，痛哭失声，经久不歇。

西蒙的到来，阿嫫心里十分高兴，她真切地感觉到，这就是她日夜盼望着的儿媳妇，欣喜之情溢于言表。莫多也感到西蒙来到家里，才是一个完整的家，心中充满了幸福之感，做活计更有精神了。西蒙看到阿嫫和莫多都是好人，她感激阿嫫和莫多收留她，关爱她，也像是这个家里的女儿一般做事生活。他们俨然像三口之家，过得其乐融融。莫多和西蒙在共同的劳动和生活中，感情日深，终至互相爱慕，不久在阿嫫的催促下，便结为连理，拜为夫妻，组成了幸福的家庭，终于圆了阿嫫多年的心愿。第二年就生了个儿子，取名多扎，家里喜添人丁，一家人都十分高兴。特别是阿嫫笑得合不拢嘴，终日抱着孙子哄个不停。过了两年又生了个女儿，取名多娜。家里愈加热闹起来，一家人虽然生活清苦，但欢声笑语不断，幸福地生活着。过了几年，阿嫫安然逝世，此时多扎六岁，多娜四岁。

正当一家人和和美美地生活着的时候，槽子河一带发生了旱灾，饥荒四处蔓延，人们挖树根采野菜充饥，不断有人饥饿而死。村里人纷纷外出逃荒，及至十室九空，农耕凋敝。莫多和西蒙因儿子和女儿幼小，无法外出，仍在家里苦熬。

这天，莫多和西蒙到山上找野菜，叫多扎在家里好好带着阿妹多娜。懂事的多扎为了减轻爹嫫的负担，就带着阿妹多娜到槽子河边采野菜，捉鱼虾捡螺蛳。

两个孩子来到槽子河边，兴高采烈地采摘河边的野芹菜、野薄荷，在河里捡拾小螺蛳，在浅浅的河水里欢快地追捉小鱼小虾。

兄妹俩忙了一阵子后，把采摘来的野菜、捡拾到的螺蛳和捕捉到的小鱼虾，放在河堤上的树荫下，接着在河里尽情地嬉闹玩耍起来。他们嘻嘻哈哈地在水中追逐奔跑，溅起阵阵水花。

跑累了，阿哥在水边砂砾里捡拾漂亮的花石头，阿妹则采摘那些好看的鲜花，试图插在头发上，却老是掉下来，急得阿妹直叫。阿哥看见了，帮她编了一个小花环，扣戴在她头上。阿妹高兴地晃起头，头上花朵摇曳，活像一个小花女。阿哥说真好看，阿妹兴奋得咯咯地笑了。

正当多扎和多娜两兄妹在河里尽情玩耍的时候，一场灾难向两个孩子悄悄地袭来。数年未下雨的河水源头上空突然下了一场暴雨，洪水滚滚而下。而多扎和多娜却一点也不知道，当他们听到洪水隆隆的咆哮声，惊恐地抬头看时，为时已晚。他们来不及逃跑，甚至来不及呼喊，铺天盖地而来的洪水瞬间劈头盖脸地将两个孩子席卷而去，冲得无影无踪……

两个可爱的孩子，就这样消失在滔滔的洪水中。

孩子们的父母采野菜回到家里，不见两个孩子，急切地四处寻找。当听到孩子们已在洪水中遇难时悲痛欲绝，泣不成声，跌跌撞撞地跑到河边，撕心裂肺地呼喊寻觅，但河里除了无情的滔滔洪水，哪里还见孩子们的身影！

孩子们再也回不来了，痛不欲生的父母在河边哭喊了三天三夜，直至洪水退去。

随着莫多、西蒙声嘶力竭的哭喊声，忽然听见河里哗哗啦啦直响，只见满河游弋着花鳅鱼和玛鳅鱼。人们见状，纷纷下河捉拿，以此度过灾荒。

人们都说，河里的花鳅鱼和玛鳅鱼，是多扎和多娜变成的，是给苦难的爹嫫和村人们度过饥荒的。

人们对多扎和多娜心存深深的感激。

从此，槽子河里就有了花鳅鱼和玛鳅鱼，人们经常捕捉而食。

莫多和西蒙夫妇出于对多扎、多娜两个孩子深深的思念，就捉了一条花鳅鱼和一条玛鳅鱼养在家中的水缸里，两条小鱼在水缸里显得十分欢快，极为可爱。奇怪的是第二天早上，水缸里活蹦乱跳的花鳅鱼和玛鳅鱼都不见了，不知去向。但不久西蒙就怀孕了，十月怀胎后，生下了龙凤胎一男一女两个孩子。两个孩子都极像多扎和多娜，简直是活脱脱的多扎和多娜！

莫多和西蒙欣喜异常，遂将新生男儿取名多扎、女儿取名多娜，沿用已故的两个孩子的名字。人们都说多扎和多娜又回来了！家里又充满了欢乐，他们又过上了幸福的生活。

老人讲完了故事，停下来，然后又补充说："现在槽子河里的花鳅鱼和玛鳅鱼少了，也许是人们捉拿得多才少的。"

老人说完了，沉默下来，静静地坐在那里，似乎在想着什么。过了一会，老人告别普丕回家去了。

普丕听完这令人感叹的故事，怔怔地盯着河里，他好像在河里看到了多扎和多娜兄妹俩的身影，听到了他们那欢快的笑声……

过了一阵，普丕缓过神来，他想起了自己要办的事，便走到老人的菜地边拿起拦牲畜用的一块篾笆席，铺在柳树荫下，脱下衣裳在上面翻来覆去地睡起觉来。此时，秋风徐徐吹来，普丕感到满身凉爽，舒服极了。

普丕累了半天，不经意间，困意绵绵，很快闭上了眼睛，打起了轻微的鼾声，悠悠睡去……

忽然，普丕看见，阿爹和阿嫫在升腾的紫雾中出现，从充满阳光的山那边走来。

阿爹帅气强壮，阿嫫漂亮青春。都穿着崭新而华丽的衣服，笑盈盈轻步若飘地走到普丕身边。

阿嫫脸上像绽开的花朵般美丽地笑着对普丕说："丕儿，你阿爹、阿嫫有很多很多的金钱，要盖我家的新房子，盖好后要给你娶新媳妇啦！"

阿爹也笑着说："是啊！普丕，我的好儿子，你长大了，该成家了。新房子很快就会盖好的。你很快就要有新媳妇了。"

紧接着只见阿嫫的手一挥，阿爹一声吆喝，随即传来一阵好听而奇怪的声音。

接下来，普丕看到了一场奇特而又热闹的建房场面。

一群野猪头人身的泥水匠过来了，呼哧呼哧地在普丕家草房旁边的场地上挖基沟垒石脚。

一群兔头人身的砖瓦匠过来了，噼噼啪啪地砌砖盖瓦。

一群啄木鸟头人身的木匠过来了，叮叮当当地劈柱琢梁，架屋立门。

一群鹊头人身的纺织娘过来了，叽叽喳喳地铺地毯挂窗帘。

这一群群精灵般的工匠依次而来，劳作一番之后依次而去……

很快，一所漂亮豪华的新住宅建造起来了，显得金碧辉煌。

这时，忽见四周果树鲜果累累，果香四溢，各种鲜花盛开。奇花异草遍地，彩蝶蜜蜂飞舞。

又见一班莺鹂乐队高奏优美的乐曲，一群漂亮的野鸡和乐而舞，一时歌舞升平。

普丕惊奇地看着这一切，目不暇接，陆离炫目。

阿爹和阿嫫，满面红光，笑容满面地走到普丕跟前说："丕儿！新房子盖起来了，现在就给你娶媳妇吧！"话音刚落，阿嫫背后走出一个鲜亮无比的姑娘，美丽如仙，仪态万千，面向普丕脉脉含笑。

普丕一时看呆了，心跳如鼓，脸红似灼，手足无措。

突然，一阵黑风骤起，刮飞了新房子，刮走了眼前的一切！阿爹、阿嫫也被刮得高悬在半空急飞而去！

普丕张开双臂急切地向空中呼喊："阿爹！阿嫫！你们别走！等等我！"然而阿爹、阿嫫顿时在空中消失得无影无踪了。

那个漂亮的姑娘突然变成了施慧。紧紧地抱住他喊："普丕阿哥，普丕阿哥！"

又一阵黑风吹来，吹在他俩身上……

普丕忽地醒来，正有一阵凉风吹拂着他。

普丕从篾笆席上坐起来，回忆着刚才那奇怪的梦境，他深深地思念起了阿爹、阿嫫，又想起了施慧。他呆坐了好一阵子，然后长长吁了一口气，缓过神又认真地思考和执行他的计划。

这时，日头偏西，天气凉快了一些。他看看身上因裸睡在竹篾笆上，被压勒出的道道红红的印痕，极像挨打的伤痕，会心地笑了。

于是，他爬起来，将竹篾笆放回原处，然后挑着梨子，慢悠悠地赶回家。

李士天见普丕把满担的梨子挑回来，顿时火冒三丈，对普丕喝问道："普丕！你干什么，不把梨子卖掉，怎么又挑回来了？"

普丕装出一副很委屈的样子说："阿波，你别发火，听我说嘛。今天，我把梨子挑到坡拉坡街上，刚摆卖一会，只见一伙人大摇大摆地走到我面前，说要买梨子就得先尝尝。说着抓起梨子就吃，刚咬一口就说这个梨子酸就丢下，又抓起一个咬一口说这个梨子不甜又丢下。他们就这样，不断地把每个梨子咬一口就放下，只一会工夫，一挑梨子个个都被他们咬过了！"普丕说着指着梨子又说："阿波，你瞧，这些梨子都是被他们咬过的！"

李士天急忙伸头一看，见一个个被咬过的梨子，大吃一惊！

普丕又说："当时，我气愤地制止他们说：'你们不能这么吃，这些梨是我阿波家的，你们不能这么咬的！'哪里晓得那些人一点道理都不讲，不但不买梨子，更不听我劝阻，还动手打了我，打得我死去活来，差点都走不回家来了。我是忍着疼痛回家来的。"说着脱下衣裳，露出身上道道的红印痕继续说："阿波！你瞧，我身上还有许多红彤彤的被打的伤痕呢！"

李士天看到普丕身上那一道道血红的伤痕，也无话可说。他想事到如今也没有办法了。今后要多派几个人去卖才是的，就拉着脸对普丕说：“普丕！算了，算了！现在生那些人的气也没用了。咬过的梨子卖不掉，就倒给猪吃啦，也不看这一挑梨子了，阿波家梨子多的是。”

这下，普丕高兴极了。

他把咬过的几个梨子放在猪槽里喂猪，好的梨子除送了一些给李方氏家和施大明家外，其余的全部分给了长工们食用。

长工们破天荒第一次吃到了李士天家又大又甜的梨子，都很高兴。

第十二回　废寝助李嫫砍明子　施计让长工吃白酒

这天早上，普丕呼呼地睡了一觉，睡得很沉，做了几个零碎的梦。醒来时太阳已临空高照，已是吃早饭的时间了。

昨晚，李士天指派他到西边山的瓜地里守夜，因为近来有野兽在晚间偷吃瓜。他在瓜地里守护了一夜，天亮时才回家睡觉，因此早上就美美地补了一觉。昨晚他一夜守瓜地，今天便可以休息了。

普丕起床洗漱后，就去吃早饭，饭后走出屋外，顿感神清气爽。时值初夏，艳阳高照，渐觉热风扑面。

这时，施大明手里拿着一包用水冬瓜树叶包着的东西，来找普丕。

施大明见到普丕后说："普丕侄儿，你帮我办一件事情。"

普丕说："施大叔，你说吧，什么事？"

施大明把手上的东西递给普丕说："这是一包刚煎好的鱼，是用我做活时在田里拿到的鲜鱼做的，你替我送给李方氏大嫫，好吗？"

普丕微笑着接过施大明递来的煎鱼包说："好的，施大叔，我现在就给她送去，你放心吧。"

施大明又说："上次，你李方氏大嫫生病时，我去看望她，在她家里跟你们又吃穿山甲肉又喝酒，看到她病重体弱，我也没有什么好东西送给她，就送给她一点煎鱼补补身子吧，略表一点心意，物小礼轻怪不好意思的。她一个女人，年纪大了，不方便拿鱼了，也就送给她尝尝吧！我去送给她有点不方便，就托你带给她了。"

普丕听了施大明对李方氏大嫫关切入微的话语，也不无感动，不禁说道："施大叔，你对李大嫫够关心的。"

施大明说"应该的，她一个老女人，一个人生活，也够难的。"

带着施大明的委托，普丕来到了李方氏家里。李方氏正在用弯刀劈一个拳头大的松树明子疙瘩。见普丕来到，忙放下手中的活计，问普丕吃过早饭了没有，又给普丕倒茶水。说没吃过早饭的话，就给普丕做饭。

普丕说吃过了，说着把那包施大明送的煎鱼递给她，告诉她施大明的意思。

李方氏接过鱼，笑着说："这施老头，也够有心的，他何必这样客气呢！"

李方氏话语间，显得很高兴。

普丕走过去蹲下来，拿过李方氏没有劈开的松树明子疙瘩，用弯刀劈起来。

李方氏见了，说："普丕侄儿，你休息一会，我会劈开的。"

普丕说："没事，李大嬷，我劈开就好啦。"随即又问李方氏，家里只有这点明子了吗?

李方氏说："是的，都用光了，我正想明天上山去砍明子呢。"

普丕说："我今天就帮你砍明子去吧。昨晚我给李士天阿波守瓜地，今天正好可以休息，有时间上山去砍明子呢。"

李方氏说："普丕侄儿，既然你昨晚一夜都没睡，也够你累的，还是我明天去砍吧，你今天得好好睡觉休息呢。"

普丕说："李大嬷，没事的，我今天早上就睡够了。你年纪大了，腿脚又不好，还是我去砍，我很快就会砍回来的，你就放心吧。"

普丕说完，把劈好的明子放在灶旁。然后背上竹箩，带上斧子和锄头，还带上一个用棕枇叶编织的挎包，出门上山砍明子去了。

李方氏跟出门外，望着普丕走远的背影，高声嘱咐道："普丕侄儿，早点回来啊！"

普丕应声快步而去。

普丕前些年给李士天家放猪，跑遍了这里的山山水水，对这里的一草一木了如指掌，哪座山上的松树明子多，他是很清楚的，他知道法念可坡上的明子是最多的，便径直朝法念可山坡走去，以前他在那里也砍过明子。

村里人一年四季都要用松树明子，是人们每天都需要的生产生活材料。日常取暖，煮茶做饭，要用明子来引燃柴禾，家中夜里照明或出外行夜路，也离不开明子，每家一年都要上山数次砍明子来用的。

普丕走进他旦山箐，到法念可山坡要经过这里。山林里永远都不是寂静的。来到山里他有一种莫名的振奋感，不禁想起了当年放猪时，天天与之相处的久违了的声响和场景。虽然许多年过去了，但山里的景致似乎依然如故，依然那样的生动诱人。箐里淙淙的流水声，随风而起的阵阵松涛声，还有各种鸟叫声，以及不时可见的野兽的奔跑声，混合成生动的乐曲，不绝于耳。随风摇曳的簇簇野花，扑鼻而来的浓浓的草木的清香，这是普丕最熟悉不过的。尽管是炎热的夏天，但在山林里却使人觉得清爽，普丕感到舒坦和振奋。

此时，普丕想起了当年放猪时遇到一个砍明子的老人时的情景，更想起了老人当时给他讲的明子树的故事。

普丕清楚地记得那是风和日丽的一天，普丕把猪群饲放在一处山坳里，自己坐在山坳边高处的一块石板上看视着。忽然对面的山梁上传来了一阵“咚咚”的砍木声，砍木声停后却传来了一阵山歌声，那山歌唱道：

满目青山艳阳天，
到处藏有长明灯。
莫愁黑夜无光明，
更有松脂照乾坤……

听歌声是一位老汉在唱，声音粗犷，饱含沧桑。唱词之中似有话，意味深长皆含情。许是猪铃声吸引了他，似乎正唱着歌向普丕走来。果然，很快传来了他那粗大的嗓音：“哈，小伙子，你这猪倌当得不错嘛，满山都是你的猪将豕兵，好威风啊！”说着便来到普丕身边石板上坐下来，热情地与普丕交谈起来。

这老人有六十开外，脸膛铜红，精神矍铄，看得出来，是一位性格豪爽、饱经沧桑、阅历丰富之人，身上背着一个用棕枇编织的挎包，包内已装了许多上好的松树明子，显得黄灿油亮，发出阵阵松脂的清香。老人从身上解下挎包置于地上，又取下扣在腰上的葫芦，打开盖仰头喝了一口，然后递给普丕说：“小阿弟，你也喝吧，来，喝上一口酒，这酒是好东西呢，既解渴又饱腹，上山可起作用呢。”普丕这才知道，老人喝的是酒不是水。上山用酒解渴，真是酒壶不离身，真豪气呀！难怪老人身上透着一股侠气！普丕微笑着婉言谢绝说：“阿波，我不喝了，天气热我不喝酒的。”老人却说:“越热越要喝，这才痛快地解渴呢。”说完又仰头喝了一大口，有滋有味地咂吧了两下又抹抹嘴，把酒壶放在地上。

看着老人的热情和气概，普丕对老人充满了好感和敬重，他问老人道：“阿波，你是来砍明子的吗？家里的明子用完了吗？”

老人爽朗地说：“是的，是来砍明子的，不过家里从来都不缺明子，我是砍来要去卖的。我经常进山砍明子，然后拿到街上去卖，再买回酒来喝，砍一天明子，上街卖一天，可换回两壶酒，就够我喝一街子了。上山砍明子，上街沽美酒，日子倒也过得蛮爽快的呢。”

看着老人的乐观之情，普丕也被感染了。他感触地对老人说：“阿波，这明子的好处真不少呢，给我们带来很多方便。”

老人说：“那当然啦，这明子绝对是好东西，人们都离不开它。你知道吗，这明子还是一对恋人化成的。”

“明子是一对恋人化成的？”普丕听了大感意外，惊愕地问。

“是呀，是一对恋人化成的，这里面有一个故事呢，小伙子你想听吗？想听我就讲给你听。”老人看着普丕说。

普丕急忙说：“我想听，阿波，你就讲给我听吧。”

于是老人兴致勃勃地讲起来。

从前在法田有一个村子叫拉沙，拉沙村里有个姑娘叫阿米，阿米姑娘漂亮活泼，能唱一手好山歌。家里父母兄妹俱全，家道殷实，生活无忧无虑，每在劳动之余，阿米姑娘喜欢到山上采鲜花摘野果。

这天，阿米姑娘到山上摘橄榄，忽听见对面山上传来一阵羊叫声和羊铃声。随即又传来悠扬动听的竹笛声。诱人的笛声深深地吸引了阿米，她循声而望，看见一个十分清秀的小伙子，披着羊皮袄，坐在树荫下的一块石头上横笛而吹，吹得很投入，神情十分专注。他身旁扎有一个简易帐篷，周围林间草地上一群山羊在笛声中悠闲地吃草，不时咩叫几声。啊！原来是一个放羊的小伙子。看着这动人的场景，不知为什么，阿米对牧羊的小伙子产生了喜爱之情，她莫名地兴奋起来，情不自禁地随笛声唱起了优美的山歌，边唱边走向小伙子。小伙子正在兴头上，却听得天籁般的歌声传来，放下笛子循声而望。只见一个漂亮的姑娘身背竹篓，唱着歌向他款款走来。他既惊讶又欣喜，立即站起来示意姑娘请坐。

阿米走到小伙子跟前停止了唱歌，开口问道：“阿哥，你在这里放羊啊？”小伙子爽朗地回答说：“是的阿妹，今天刚来到这里的，看到这里的水草好，就安扎下来，准备在这里放上一段时间的羊。”就这样，两个人高兴地交谈起来。小伙子告诉阿米说，自己叫苏山，来自遥远的可罗寨，一路逐水草牧羊来到这里，在冬天前还要牧羊回家去。阿米也对苏山谈了自己的情况，并告知苏山今天来山上摘橄榄，闻笛声而来见到他的。随后阿米对苏山说：“阿哥，你吹的笛子真好听，我都被吸引过来了。”苏山说：“阿妹，你唱的山歌才更好听呢，听得我都入迷了。”阿米说：“是吗，阿哥，那你吹笛我唱歌，我俩配合起来奏唱好吗？”苏山听了高兴地说：“好哇，那太好啦，我俩就一起奏唱吧。”于是阿米放开歌喉唱了起来，苏山吹笛伴奏，配合得天衣无缝。美妙的音乐和歌声在山林间回荡，羊儿抬头静听忘了吃草。他们越唱越兴奋，唱了一曲又一曲也难以尽兴。然而太阳西斜，时间不早了，两人停止了唱歌。苏山帮助阿米摘好了橄榄，送阿米下山回家。一路上阿米显得很兴奋，多次对苏山说，今天太高兴了！苏山把阿米送到山下就返回自己的驻地继续放牧羊群，阿米怀着依恋之情走回家去。

从此，阿米每天都到山上与苏山约会，畅谈，唱歌跳舞，还把家中好吃的东西带给苏山吃。阿米还常在苏山处用餐，有时苏山到拉沙村里去购买生活用品，阿米也陪伴左右。两人的感情日益加深，很快便产生了恋情，形影不离难舍难分，一次阿米从橄榄树上不慎摔下来，摔伤了脚，难以走路，苏山一路把她背回家里。

阿米在养脚伤的日子里，度日如年，她日夜思念着苏山。苏山没有阿米的陪伴也备感寂寞，念念不忘在家里养脚伤的阿米。两颗年轻的心在强烈地互相牵挂着，阿米等不及脚伤痊愈，一瘸一拐地跑到苏山放羊的住处，日夜相伴。笛声、歌声和欢乐的笑声又飘荡在林地的上空。然而好景不长，苏山和羊群不得不走了。这里的山草大部分被羊吃尽了，苏山要转场到别的地方去放牧，就要离开阿米了。这可急坏了阿米，她已离不开苏山，她深深地爱上了苏山，觉得跟苏山在一起很是幸福。她提出要跟苏山结婚，跟苏山走，可是她的要求却遭到家人的强烈反对。苏山也深深地爱上了阿米，他觉得跟阿米在一起无比愉快，他舍不下阿米，他多么希望能跟阿米结婚，幸福地共度终生，可自己终年牧羊在外，风里来雨里去，风餐露宿，他不忍心让阿米如此受苦受累，加之阿米的父母又十分反对阿米跟他结婚，他强忍心中的深爱，苦口婆心地把阿米劝回家里，自己赶着羊群转场到外地去了。

一路上，苏山由于对阿米的极度思念，显得无精打采，阿米的身影始终在眼前闪现，挥之不去。这一天也不知赶了多少路，临近傍晚，他把羊群聚拢，在一处山坡上支起帐篷宿营。正待要生火做饭时，身后却传来一阵急促的脚步声和喘息声，他扭头一看，惊诧得怔住了！只见阿米头发紊乱，衣衫不整，满脸疲惫地出现在他面前！他万没想到心上人又出现在他面前，又惊又喜，赶忙跑过去抱住阿米，流下了激动的眼泪。阿米也激动得浑身微微发抖，眼泪扑簌簌地掉下来。

苏山和阿米终于生活在一起了，有情人终成眷属，他们同甘共苦，风雨同舟，相濡以沫，恩爱有加，幸福地过起了日子。

一天，他们来到了一处开阔的低洼之地，洼地中央有座小山，洼地处水草丰盛，小山上树林茂密，是牧羊的好地方。于是，他们在小山头上支起帐篷住下来，决定在洼地里放上一段时间的山羊。

不料，这天晚上风云突变，雷雨交加，暴雨如注。第二天苏山和阿米起来一看，都惊呆了。小山周围洼地里已是汪洋一片，小山成了孤岛，人和山羊被困在了小山上，原想暴雨会很快停歇，洪水也将退去，洼地里的青草会重新裸露出来。可万没想到，暴雨连日不停，洪水更加暴涨，水位急速上升，人和山羊都被逼上了小山顶上。苏山和阿米的食物已尽，终于断炊了，可洪水还丝毫没有要退的迹象。家里家外没有一点吃的，帐篷里已没有半粒食粮，帐篷外除了绿树就是青草，没有一点可食用的，更要命的是没有干的柴草可以燃火，苏山急得搓着打火石一点办法也没有。苏山想杀山羊度饥荒，无奈无火可烧，没有热水，没有食物，他们陷入了绝境，饥饿已使他俩很虚弱，阿米昏迷了好几次，苏山也全身瘫软，连抬手的力气都没有了，他们在小山上被大水围困，没有一个人来，他们也出不去，得不到半点救助和食物补充，只能绝望地望水哀叹！

阿米又一次昏迷过去，苏山抱着她无力地呼喊，在苏山急切的呼喊声中，阿米微微睁开眼睛，深情地望着苏山。苏山流着泪声音嘶哑地说：“阿米阿妹，我心爱的女人，你跟着我，没有享一天福，尽是受苦受累，如今又陷入这死亡之地，我对不起你呀！”阿米听了脸上现出一丝微笑，无力地说：“苏山阿哥，你是我最爱的男人，跟着你是我最大的幸福，我跟着你的这段时间是我一生最美的时光，能跟你生死相依，我知足了，此生无憾。苏山阿哥我爱你……”说完闭上眼睛停止了呼吸。苏山悲恸万分。呼天喊地放声大哭，最后抱着阿米也哭死了。此时一道惊雷劈天炸响，一阵狂风骤然而起，把苏山和阿米的帐篷刮得无影无踪，一对恋人紧紧地抱着，在风雨中长眠在小山头上。

洪水退去后，阿米的家人和乡亲们找到早已气绝身亡的苏山和阿米，怀着悲痛和惋惜的心情，将他们埋在小山头上，不久，在苏山和阿米的坟上长出了两棵根连根枝连枝的大树。一棵是松果树，树上松包累累，松包里是满满的松子，食之油香可口；一棵是松明子树，树体晶黄松香四溢，材质不管干湿极易燃火。很快周围就长出了大片的松子树和松明子树。从此，人们就采松子食用，用松明子燃火。人们知道，这松子树和松明子树是苏山和阿米的骨肉化成的，是来救助饥寒的人们的。松子让人们充饥裹腹，松明子让人们驱除寒冷和烧煮食物。所以人们都喜欢松子树和松明子树。

老人讲完故事，又仰头喝了一大口酒说：“这就是松明子树的来历，小伙子，你听明白了吗，啊？”

普丕听得入迷，浸沉在故事中，忽听得老人发问，猛抬头说：“啊，阿波，听明白了，我现在知道松明子树的来历了。”

老人说：“听明白就好，请记住，好好记住这个故事，多讲给人听，让人们都记住松明子树的来源和恩德吧！”说完老人又喝了一口酒，站起身来，背上装有明子的挎包，提上酒壶说：“小伙子，你就好好放猪吧。我也要劈明子去了。”说着走了。一边走一边又唱起了山歌：

朗朗天地日月照，

茫茫世事如水流。

前人身骨化大树，
后人乘凉安知福……

歌声停处，又传来了“咚咚”的劈松明子声。

普丕看着老人远去，觉得这老人颇有几分仙风道骨之气，难于忘怀。现在许多年过去了，但老人的样貌和讲述松明子树故事的情景，他依然记忆犹新。

普丕一边回忆着往事一边走，不觉间走出他旦箐，他又翻过一道山梁，穿过一片松子树林，便来到了法念可山坡。这是一座开阔的缓坡，向阳背风，多为沙壤土，土中砂砾多，茅草稀少，松树疏朗不繁茂，但木质紧硬，是上好的建房木料，明子树也较多。普丕就在这林子里寻找明子树，很快便发现了一棵，这是一棵高龄松树，在离地面不高的树干上，有一处被人劈过明子的疤痕，从疤痕处分泌出来的松脂，已凝固紧贴在疤痕上。这是松树为了修复伤痕而分泌出松脂，是形成明子的地方。

普丕用斧子刮去疤痕周围的树皮，果然露出了黄灿灿的明子木质，形成了约二尺长的明子带。于是普丕挥动斧子咚咚地朝明子砍劈起来，随着斧声，一块块上好的明子掉落下来。砍进树干的三分之一处，明子没了，普丕放下斧子，将劈下来的明子拾进背箩里，一下就装满了半箩。

这棵松树的明子劈完了，但松树会继续分泌出松脂来修复伤口，这样伤口处又会形成新的明子层，数月后又可以劈这些明子用了。这样连续劈下去，松树将自己所有的明子献出后，被劈倒死去。人们觉得这是自然而然的。在死去的松树旁，不久又会长出新的松树苗来。也有的松树从梢到根全棵都是明子，但这样的明子树较为稀少，难以遇见。普丕也曾遇到过这样的明子树，一棵明子树劈下来，就获得了十几背箩的明子。

普丕背起背箩，又去寻找下一棵明子树。在不远处，就看到了一棵倒伏的松树，这棵松树看来已死亡多年，树干大部分都已腐烂脱落，但树心还坚挺地横着。普丕用斧子敲去还粘连在树干上的褐色朽木，露出了实心的树干。普丕看清了，挨近树根的那一段树心就是明子。于是他砍去不是明子的那部分树心，留下明子树心将其砍断破开，拾进背箩里。

明子是松树贮藏松脂最多的地方，橙黄晶亮，散发出松脂的香味，木质坚硬，防腐力极强，在风雨下几十年不腐，松树已腐烂得无影无踪，但明子部分却坚硬如初，是人们最喜欢劈砍的明子。

两棵松树的明子砍下来，背箩快装满了，普丕背着继续寻找。普丕走不多远，看见了一棵老松树根桩，被腐烂多年的松树残渣覆盖着，腐渣堆上微微凸露出坚挺的树心，树桩根部深埋在地下，腐渣堆较大，看来是一棵大松树的老桩根。

普丕用锄头扒开腐烂的树渣，一小段露出地面的树芯便突显出来，普丕用锄头"嘭嘭"地敲打几下，树根纹丝不动，这显然是一棵明子树桩，普丕迅速地挖开树根周围的土块，将整个树根挖了出来。这是一个硕大的松树疙瘩。普丕清理掉树疙瘩表面的土块和腐皮，一看整个树疙瘩都是明子，普丕将树疙瘩一块块地破开，装入背箩，这下背箩都装得堆尖了。

松树根一般都是明子。这是因为松树根富含了大量的松脂，坚硬发达的根须，盘根于土地，吸收水分和营养，以支持松树的生长。一个大松树根疙瘩明子就可以装满一背箩，而且往往都是上好的明子。所以人们上山劈明子时，除带上斧头还要带上锄头，寻找松树根疙瘩明子。

松明子劈够了，但普丕还不急于回家，他就地坐下小憩一会儿，然后带着棕枇挎包又去寻找松香。

所谓松香实际上就是松脂。一般出现在松树根部土表上，是松树根须将多余的松脂排泄出来而形成的。大小不等，小的如拳头，大的如脸盆，均堆积在松树脚。但不是每棵松树都会产生松香。只有松树生长健壮，松脂分泌旺盛，排泄能力强的松树才会有松香的。松香是凝固后的松脂，有明显的香味，是很好的助燃物，在烧柴禾时放上一点松香，马上会火势旺盛，呼呼地燃烧起来，特别是烧潮湿的柴禾时，加一点松香就会很好地燃烧起来。松香还可以加香油捣制成松香膏，粘补木盆缝隙防止漏水和腐烂。也可以研成松香末，在火把节燃火把时，将一把松香末撒在火把上，就会"呼"一声燃爆出绚丽的火花，甚为壮观。所以人们都喜欢捡拾松香使用。

普丕依着树势，在松树脚一棵棵地寻觅起松香来。茅草遮蔽的地方，他扒开草丛，认真查看。他不断地发现松香，又不断地捡拾在挎包里，很快，包里就装满了松香。

这时，太阳已经偏西，普丕背着松明子和松香回到了村里，走进李方氏家里时，太阳已经靠山了，斜阳从窗户格子间直射进屋里，一时间李方氏黝黑的房子便敞亮起来。

李方氏早已把饭菜做好了，只等着普丕回来就吃晚饭，饭菜的香味在房里弥漫着。

李方氏见普丕回来了，赶忙帮普丕御下背箩和挎包，说："普丕侄儿，怎么背这么多明子和松香回来，这么沉真够你累的！"说着拿毛巾给普丕擦汗和拍打普丕身上的尘土。

李方氏很快给普丕打来了洗脸水，就往桌上摆饭菜，说："普丕侄儿，你累了一天，肚子一定饿了，快洗一把脸吃饭吧。"

普丕洗完脸，在饭桌边坐下来跟李方氏一起吃饭，李方氏不断给普丕斟酒搛菜，劝普丕多吃。普丕吃得很香甜。

李方氏面带微笑，深情地看着津津有味地吃着饭菜的普丕说："普丕侄儿，你这般待我，比我的亲儿子还对我好呀！"

普丕听了咽下咀嚼着的饭菜，抬起头来说："李大嫫，你就像我的阿嫫一样知冷知热地关心我，为你做这点事是应该的，今后你有什么困难，尽管告诉我，我会来帮你的。"

说话间，母子般的深情在他们的心田荡漾开来。

吃完晚饭，普丕告辞了李方氏，回到自己的住处。

此刻，李士天正在家门口，剔着牙打着饱嗝，一见着普丕就说："普丕，马槽里的饲料没有了，你到楼上撮些包谷去喂吧！"

普丕按照李士天的吩咐到楼上撮包谷，看见包谷堆旁边，有一个大瓦盆，用簸箕盖着，一股浓浓的白酒气味从瓦盆里透出来。普丕顺手揭开簸箕一看，呀！满满一盆白花花的糯米白酒酿捂着，正待吃呢！满屋飘溢着白酒特有的香甜味，普丕深深地吸了几口这诱人的味道，不敢擅动，又轻轻地把白酒盖好，撮了包谷喂马后，就回屋里睡了。

第二天一早，李士天对普丕说："普丕！今天没有其他事情，你就跟长工们到米他旦去挖干田吧！"

于是，普丕和长工们在太阳未出来前就吃了早饭，扛上条锄，到米他旦去挖干田。李士天给长工们规定，挖完三块大田才能回家吃晚饭。

时下，正是夏日 ，烈日当空，长工们挖了半天的田，早已又饥又渴，一个个累得没精打采，可田还没有挖一半呢。没有办法，大伙只得顶着烈日继续闷头挖田，除了挖田声和大伙呼哧呼哧的喘气声，没有人说话。

肚里空空，口干舌燥，普丕也饥渴得有气无力。这时，他想起了李士天家楼上那盆甜白酒，此刻，他多么想吃一碗甜白酒哇。突然他灵机一动，想出一个主意来。

普丕就对大伙说："兄弟们，你们想吃甜白酒吗？"

长工们咧着干燥的嘴唇苦笑起来说："普丕，不要说了，越说我们越淌口水了，哪里去找甜白酒吃？能喝上一口水就不错了。"

普丕说："真的，我能让你们吃上甜白酒，只要你们送给我一只死老鼠。"

送只死老鼠就能吃上白酒？众人半信半疑，就在田埂上的老鼠洞里挖出一只老鼠打死后交给普丕。却不知他要如何做。

普丕用阔树叶把死老鼠包好，然后放在衣袋里回去了。临走又回过头来对大伙说："你们就等着吃甜白酒吧，我去去就来。"

大家认为普丕开玩笑，一只死老鼠怎么变成甜白酒呢？所以没有抱多少希望。不过又觉得普丕不像开玩笑，感到很奇怪，等着看究竟。

普丕回到村里，来到李士天的马厩旁，他进去看了看，见马槽里无料了，就随手抓了一把草料放在槽里。然后找到李士天说："阿波，天气热，我回来给大家拿一点水喝。路过马厩时进去看了，看见槽里无料了，我加了一些草料，但单喂草料不行，要加喂一些精料，不然马瘦了，你骑着马出门去，不好看。"

李士天看到普丕擅自回来，正想呵斥责问，没想到普丕却如此关照自己的坐骑，怒气顿时消了一半，只好顺着说："对的，你就到楼上拿些包谷喂喂吧。"

普丕听了暗喜，他马上到楼上，看到那盆甜白酒，香气扑鼻，令人垂涎。饥渴的普丕立即产生了要吃白酒的强烈欲望。但此刻他不能吃，他咽下了差点流出来的口水，从楼角处的碗篓里拿出一只碗，舀了半碗白酒，然后把带在身上的那只死老鼠放在半碗白酒里搅了搅，泡在里面。即刻抬着这半碗装有死老鼠的白酒，慌慌张张地跑下楼来对李士天说："阿波，不好啦，白酒盆里淹死了一只老鼠，你看，我把它捞出来了！”

李士天一看急得直跺脚，他心疼极了，颤声说：“瓦盆不是盖着簸箕吗，老鼠怎么会进去呢？”

普丕说：“簸箕有些盖歪了，边上露出一道缝，老鼠肯定是从缝里钻进去偷吃白酒被淹死的。”

李士天想，这一大盆甜白酒是请人精心酿制的，又甜又香，是专给家里人享用解暑的。可是现在被一只老鼠弄脏作废了！他心疼得直拍着胸口，但也无可奈何。

李士天急得声音有点结巴地说：“唉！不，不能吃了，把它倒掉吧！”

普丕说：“阿波，倒掉太可惜了，送给挖田的长工们吃吧。反正他们不知道是淹死了老鼠的白酒，只会想着是你关心他们，给他们吃白酒呢，他们就会更积极地挖田做活了。”

李士天觉得普丕说得有道理，点了点头说：“好吧，你就抬去给他们吃吧！”

普丕迅速喂了马料，满心欢喜地把那盆甜白酒拿去给长工们吃。

长工们见普丕果然抬来了一大盆甜白酒，才相信普丕说的是真的，高兴极了。

普丕向大家讲了事情的经过。长工们哈哈大笑，都佩服普丕的机灵能干。

在欢快的笑声中，大家美美地吃了一顿香甜的白酒。

不知是兴奋，还是吃白酒醉了，大家的脸都红扑扑的。

第十三回　赶街卖货难堪重担　巧施妙计送盐济贫

李士天的贪得无厌是有名的，小气吝啬也是有名的。他为了钱财可以不择手段，他吝啬到对给他做苦工的人一毛不拔。他拥有良田无数，牛羊遍山，鸡鸭满圈，白银压楼，粮食满仓，富甲一方，却仍然千方百计地敛聚财富。除想尽办法盘剥村民外，利用一切机会做投机生意，在多处集市和街上，挖空心思做买卖，赚取厚利。真是无钱不赚，无利不取。

李士天利用食盐是人们必不可少的生活用品的特点，竭力做食盐生意。他利用马帮到遥远的磨黑采购块状的锅熬盐，运回家来舂细后，贮存在自家盐库里，看市场行情待价而沽，拿到集市和街子上出售，获利颇丰。

临近腊月了，村民们家家要腌制腊肉，腊腌菜和腊卤腐，需要大量的食盐。这时盐价也很高，李士天趁机大量抛售囤盐，获取暴利。

明天，是甸中的街子天，李士天早就做好了到甸中街上卖盐的准备，这样赚钱的机会他是不会放过的。

傍晚，李士天对普丕说："普丕，明天是甸中的街子天，你就挑一担盐到那里去卖，明天一早就到盐库里挑盐巴。"

普丕答应说："好的，阿波，我知道了，明天我会及早到盐库里取盐巴挑到甸中街去卖的。"

李士天府里有那么多长工，为什么只派普丕一个人去卖呢？李士天可精着呢。他想让普丕一人先试卖一街子，如果价格理想下街子就多派人去卖，如果价格不满意，就缓缓再卖。总之要卖得最高的价钱方才出手。

第二天清晨，普丕到盐库里取盐巴，盐库的管事已开门等着他。普丕看见库里的盐巴存得满满的。

普丕跟盐库管事打了招呼后，用木桶装了一挑足够量的盐巴，过秤后正要挑起来走，这时，李士天来了。

李士天看了看普丕的盐担子，脸马上拉了下来，瞪着眼睛对普丕说："普丕！怎么才挑这么一点盐巴？看你平时吃饭倒不赖，挑担子却没有力气啦？"说着往普丕的盐担子里又加了几瓢盐巴，两只木桶里的盐巴都堆尖了。

普丕着急地说："阿波，盐巴加多了，担子太重了，我怕难挑到甸中街子上的。"

李士天满脸怒容，气冲冲地说："有什么重的？去卖一趟就得多卖一些，少废话！快挑上走，老老实实地给我卖回来！"说完催促盐库管事快给普丕过称。然后交代普丕每斤盐巴的卖价，回来如数交钱。

普丕在李士天的威压下，无可奈何地挑起沉重的盐担子，吃力地上路了。

从阿稽竜到甸中街路途遥远。要途经一座高山、数道山梁和山箐，翻山过岭后还要走很长一段平路，要半天的时间才能到达。

盐担子过于沉重，普丕一路上满腹愤懑，他心里骂道："这贪财的老鬼！不管我挑得动挑不动，他要拿我的命去赚钱呢！"

普丕挑着沉沉的盐担子，翻山越岭，走梁过箐，上坡下坡，累得汗如雨下，气喘如吼，一步步行走在崎岖的山路上，他感到脚步越来越沉重，渐渐感到体力不支，脚步慢下来。

当普丕爬上这条路上最高最陡的山坡时，他已经精疲力竭了，双腿重得难以抬起来，他把盐担子一放，一屁股坐在草地上，顺势往后一靠，喘着粗气摊开手脚仰躺在草地上，两眼直望着天空。

湛蓝的天空深邃得令人恐惧，几块薄薄的白云急速地飘过，像一群奔逃的绵羊。这时林间山雀叫个不停，几只青蛙在旁边的牛滚塘水里"沽哇咕哇"地叫着，令人烦躁。

看看这样的情景，普丕联想起自己的处境，想起李士天为了赚钱，不顾自己的死活，硬往担子上加盐，弄得自己挑不动担子，这一定是李士天趁机为难自己。他越想越气，恨不得把一挑盐都倒进牛滚塘里，激愤之中他抓起一把盐巴丢进塘里，塘里的蛙声也立即停止了。

这时一阵山风吹来，掀起了一阵松涛声。松涛声稍息，坡上响起了“叮咚叮咚”的牛铃声，伴随着牛铃声又传来了一阵山歌：

天上的白云啊，
请给我捎个信儿；
地上的清风啊，
请给我带个话儿；
远在天边的妹呀，
我日夜想着你。

你的舞步那么优美，
你的歌声那么动听；
你的身材像白鹇般美丽，
你是我生命的天使；
远在天边的妹啊，
我深情爱着你。

没有雄鹰的翅膀，
我也要爬过千山；
没有麂子的手脚，
我也要越过万水；
远在天边的妹啊，
我永远相伴你……

啊！是一首情歌。听声音是一位老者唱的。唱得如此深情，但歌声中却透着凄凉和伤感。

歌声刚落，一个放牛的老人朝普丕走来，人未来到话却先到了：“哈哈，小伙子，躺在山头上睡大觉哇？”看看普丕的盐担子又说：“是要到甸中街卖盐去的吧？可时间不早啦，还不快到甸中街上卖盐吃米线去！”

普丕坐起来招呼老人说："阿波，快来坐，你在放牛吧？我的盐担子太重，走累了，在这里休息一下。"

老人在普丕身边坐下来，看了看普丕的盐担子说："看样子这盐担子是挺沉重的，你怎么挑这么多呀？"

普丕苦笑着说："盐巴是我做工的财主李士天阿波家的，叫我挑到甸中街上去卖，我说挑不动这么多，他硬压给我挑这么重的。"

老人听了也有些愤然地说："这些财主就是心黑，只管多赚钱，不管我们做活人的死活，真是应了'深箐可以填满，人的贪心填不满'这句俗话，贪心的财主就是这样，守着金山银山还嫌少，拿我们的命去赚钱！"说到这里，稍停又说："我也是为我们村里的财主放牛的，放了一辈子牛，没有田地，没有妻儿，孤身一人生活，一辈子做财主的长工，命苦啊！算了，不提这些了，还是苦中寻乐吧！"

普丕对老人说："阿波，你的歌唱得很好听，是情歌吧！"

老人呵呵地笑了，说："是的，是唱情歌，一时兴起就唱起来了。孤身一人在大山上放牛，怪寂寞沉闷的，就唱支情歌穷开心的。你不会笑话我这把年纪了还唱这样的情歌吧。不过我一旦唱起情歌来，自己也觉得年轻起来了，心情也愉悦不少，烦恼苦闷之事也就忘了。"

普丕说："阿波，唱情歌，不必要分年老年少，高兴唱就好了，你就放心地唱吧，我听你就唱得很好，我很喜欢听呢。"

普丕看出来，这是一个快乐的老人，但他唱的歌声里怎么会有凄凉之情呢？于是他问老人："阿波，你刚才唱的情歌那么感人好听，但歌声中怎么带着伤感之情呢？"

听到普丕如此发问，老人低下头沉默了，过了一会儿抬起头来说："小伙子，你既然这般问我，我就给你讲实话吧。我叫罗山，现年五十五岁了。我年轻时有过一段恋情，深深爱上了一个姑娘，但无缘相聚，更未成眷属，天各一方，也不知道她在哪儿，一辈子怀念着她，真是日思夜想啊！刚才唱的情歌就是因为怀念她才唱的。"

普丕听了，对老人的爱情遭遇很同情也很惋惜。就进一步问老人说："阿波，那后来是怎么分开了呢？"

老人长叹了一口气说："说来话长啊，想起这段往事，我是既甜蜜又心酸，不愿向人们提起。今天你既然问了，我就将这段恋情讲给你听吧。"说着老人缓缓地讲起了他当年那段刻骨铭心的恋情。

那是三十多年前的事了，当时我十八岁，父母不幸双亡，留下了三间草房和二亩薄地。我一边耕田种地一边打柴出卖为生。那时我风华正茂，年轻活泼且能唱一手好山歌，常在劳动之余放开歌喉尽情地欢唱。虽然生活贫苦，但有山歌为伴，日子倒也过得愉快。

一天，我上山打柴，忽然来了兴致，就一边打柴一边唱起了山歌。

这时，对面的山坡上传来了羊叫声和牧羊铃声。这里的山上常有人牧羊，我也没有在意。可是伴随着羊铃声却又传来了一阵清脆悠扬的山歌声，是一个姑娘应和着我在唱，我又惊愕又欣喜，就放大声音再唱起来，姑娘也抬高了声音紧跟着对唱，边唱边向我走来。果然，很快一个姑娘就笑盈盈地出现在我的面前。姑娘很漂亮，明亮的眼睛，红润的脸儿，笑起来像一朵绽放的山茶花，很好看。姑娘见到我，也不羞涩，开口对我说："阿哥，你在打柴吗？你的山歌唱得真好听啊。"我第一次受到姑娘的夸奖，而且还是一个陌生的姑娘。不知怎么，有点不好意思红了脸说："阿妹，看你说的，你唱得才好听呢。"姑娘说："阿哥，真的嘛，我都被你的歌声吸引过来了呀。"我听了，不知如何回答，只能傻笑。姑娘接着说："阿哥，休息会儿吧，我们坐下来说说话好吗？"我听了立即放下手中的活计，与姑娘坐在树荫下交谈起来。

许是以歌识友通了心声，两人素不相识，却无拘束之感，像熟人般畅谈起来。姑娘告诉我，她叫糯玉，今年十六岁，跟着父母放羊，是今天早上来到这里的。父母看到这里的牧草旺盛，决定在这里放上一段时间羊，住宿的帐篷就安在对面山坡上。她很喜欢山歌，常常在放羊时亮嗓欢唱。我也把自己的情况告知了她。我们谈得很愉快，虽然是第一次认识，却感到情投意合，心心相印，互相颇有好感。

我们交谈了好一阵，看到时间不早，糯玉主动站起来帮我打好柴，我也帮她采了些菌子等野菜，就分手各自回家，相约第二天在此见面。

第二天，我特意做了一团糯米饭，又煎了几个鸡蛋，带上山来给糯玉吃，糯玉也给我带来了香喷喷的熟羊肉。我们高兴地用青松毛铺地，席地而坐，吃喝起来，吃饱喝足了，又唱起了山歌，时而合唱，时而对唱，十分和谐。我们陶醉在歌声里，陶醉在情感的交流中，甚为欢愉，尽兴方散。

此后，两人几乎天天相约，感情日深。我常到糯玉家帐篷里喝水小憩，也带着糯玉到我家里吃饭。我买了姑娘喜欢的镜子、梳子和衣裳送给糯玉，糯玉也把一块绣有两只喜鹊的手帕送给我。

两人的来往越来越密切，关系也越来越紧密。常在一起互吐衷肠，倾诉爱慕，产生了深深的恋情，已经难舍难分，形影不离，两人都感觉到在一起十分愉快幸福，谁也离不开谁了。最终两人私订终身，决定结婚生活在一起，可是遭到了糯玉父母的强烈反对。理由是我不仅穷，而且孤身一人，糯玉跟着我，将受苦一辈子。因此，坚决反对糯玉与我结婚。然而，糯玉也很坚持，非我不嫁。我也不能没有糯玉，曾多次到糯玉父母跟前恳求糯玉嫁给我，我表示我会给糯玉幸福。可是糯玉的父母一点不为所动，每次都将我骂赶出来。这急坏了糯玉和我。

事情就这样僵持着。恰在这时，我娘舅家盖新房子，人手不够，叫我去帮助做几天活。我向糯玉说明情况后，就去娘舅家帮忙盖房子。也因为这事让我永远地失去了糯玉。

几天以后，我怀着对糯玉的深深思念，回到家里，就立即急切地上山去看望糯玉，并且唱起深情的情歌与她联系。然而糯玉家住的山坡却异常寂静，也听不到糯玉那清脆愉悦的山歌，我感到不对劲！就急奔到她家，一看傻眼了！他家的帐篷不见了！糯玉和她的父母都不见了！他家的羊群也不见了！场地上空荡荡的，只有紊乱的生活过的痕迹。原来，糯玉的父母趁我不在，强带着糯玉走了。我心痛如绞，声嘶力竭地向四野呼唤着糯玉的名字，但茫茫山野，哪里还有糯玉的回音！我抱着头嚎啕大哭起来。半晌，我慢慢抬起头来，忽然发现场地边的一棵沙松树下，有几枝新松枝像盖着什么，我忙过去掀开松枝一看，竟藏着一双崭新的布鞋，我突然想起糯玉曾经量过我的脚板。这是糯玉给我缝制的新鞋！来不及交给我，就用松枝作显眼的记号藏在这里留给我的。我一把抓起来捧在胸前，泪如泉涌。

我不能失去糯玉，她是我的心上人，我要把她找回来。情急之中我把田地卖了作为盘缠，奔走四方去寻找糯玉，但路漫漫野茫茫，踏破铁鞋也没找到糯玉，不知道她到了何方？三个月后，我的盘缠用完了，我讨着饭失魂落魄地回到家里。糯玉没有了，田地没有了，我万念俱灰，就到财主家里当长工放牛，一放就是几十年。

至此，我再也没有谈恋爱结婚，孤身一人过了一辈子。因为我的心里已经有了糯玉，哪怕她在天涯海角，也是我的女人。我的心里再也容不下第二个女人了，我日夜想念着糯玉，这样一天天地熬过来。每当我想念她的时候，我就唱起刚才那首情歌，以寄托我的心声。这首情歌我唱了一生，也想念了糯玉一生，至死不忘……

老人讲完，低下头沉默了好一阵。看得出来，深情的回忆引发了他心中的痛苦，普丕也不知如何安慰他。

沉默一阵后，老人的心情似乎有些平复，抬起头来对普丕说："小阿弟呀，我跟你说，情歌唱的是男女之间的爱，这男女之间的爱啊，是个奇怪的东西，就像树林里的藤子，互相缠绕着，扯也扯不开。真是说不清，道不明，复杂得很呢。"说着望了望他在山坡上放着的牛群又说："男女之间原本是没有爱情的，男女之间的爱情是神主策格兹造出来的。"

普丕听了很不解地问道："爱情是神主策格兹造出来的？"

老人说："是啊！神主策格兹是至高无上的，是天地的主宰，是神仙和人类的管理者，也就是汉人所说的'盘古'。策格兹不仅造出了爱情，也造出了人类，天下地上的一切都是策格兹造的。所以他是天地之母，这里面有很多故事呢。"

普丕听了觉得更神奇了，就对老人说："阿波，你能不能讲讲这些故事给我听呢？"

老人说："当然可以，"一说到讲故事，老人立即来了精神："好吧，我今天就讲给你听。"说完从背着的葫芦里喝了一口水，兴致勃勃地讲起来。

远古的时候，天地是混沌一团的。策格兹用神力把天地分开。天轻在上，地重在下。接着又造了天庭和诸神管理天地。随后又造了日和月，风和雨，树木和鲜花，男人和女人，并教人类种五谷，养六畜。

策格兹让太阳发热光白天照亮天地，让月亮发冷光在夜晚照亮天地，这样，白天和黑夜都有了光亮。但后来月亮到策格兹那里去诉苦，说自己天天晚上都熬夜工作，睡不了觉，实在受不了啦！策格兹就批准月亮每月工作半个月，休息半个月。从此，每个月中只有半个月有月亮，半个月就没有月亮了。

开始的时候，男人和女人都会生孩子，男人生男孩，女人生女孩。男女之间没有爱情，没有家庭，没有性爱，互不结合，各自生育自己的孩子，形成了男女两个族群。两个族群之间经常发生矛盾，甚至争斗。男人高大有力，女人矮小力弱。因此女人族群经常受男人族群的欺负，男女之间互不团结一片混乱。女人们就到策格兹那里去告状，说男人们欺负女人们，苦不堪言。

于是策格兹就不让男人生孩子了，只让女人生男女孩子，而且男女之间互相结合才会生孩子。使男女之间产生爱情而结合，共同在一起生活和生育孩子。这样，所有的男女都是女人生出来的。离开了女人男人就会死绝，就再也不敢欺负女人了。女人没有男人也不会生孩子，女人也会死绝，女人也就离不开男人了。因此，男女之间建立起了牢固的家庭关系。从此，男女之间就有了爱情，相濡以沫，同甘共苦，团结和睦，生活安定下来。

起初，孩子们生下来，就有坚硬的牙齿，会吃大人的食物。可是孩子们肠胃功能弱，因消化不良而发育不好。老人们不管年龄有多大，牙齿仍然健全，长生不老。这样只有出生，没有死亡，人满为患，食物不够吃，人们为食物而争斗。

策格兹看到这种情况，就让初生的孩子没有牙齿，只能吃流食和软食，随着年龄的增长再长出牙齿，逐步吃大人的食物，让孩子们顺利地长大。让老人们到五六十岁就脱落牙齿，从而逐渐减少食物而死亡，以便使人类推陈出新，更宗换代，保证人类的正常发展。

可是策格兹觉得这样做对不起老人们，老人们生儿育女，一辈子辛辛苦苦地劳动，最终让老人们这么死去，感到有点残酷。于是策格兹就对老人们说："你们老人辛苦了一生，老了就让你们死去，对不住你们！还是让你们牙齿永不脱落，长生不死吧。"

谁知老人们听了，却一起跪下哀求策格兹说："尊贵的神主策格兹，还是让我们老人老了就死吧。如果我们长生不老，我们的孩子们的粮食就不够吃，房子就不够住。这样，孩子们和我们都会因饥寒而死的。为了我们的孩子们的成长和幸福，还是让我们到了五六十岁就掉牙齿逐渐死亡，最多也不要活过一百二十岁，我们就心满意足了。"

策格兹听从了老人们的意见。所以，老人们到五六十岁就掉牙齿，不能正常饮食而逐渐衰老死亡，最多也活不过一百二十岁。这样人类就一代接一代地更替发展下来。

曾有一段时间，森林里虫害成灾，大片大片的林木死去，人们没有木料盖房子，没有柴禾取暖做饭，生活不下去了。人们就到策格兹那里诉苦。策格兹就造了许多啄木鸟放在树林里。成群结队的啄木鸟在树林里飞来飞去，吃尽了害虫，森林又恢复起来，人们盖房的木料，取暖做饭的柴禾有了保障，生活顺利地过下来。

那时，山上的野果树枝上没有长刺，水里的鱼身上也没有骨刺。人们和野兽们看见野果和鱼，伸手就抓，张口就吃，把野果和鱼都快吃绝了。野果和鱼就到策格兹那里哭诉，说："无比尊贵的策格兹神主，我们都快被人和野兽吃绝了！救救我们吧！"策格兹就让野果树枝长出了刺，让鱼身上长出了骨刺。这样，人们和野兽就不敢随便抓吃野果和鱼了，使野果和鱼保存下来……

老人兴致勃勃地讲述着，却发现他的牛群已经走远了，他余兴未尽地停下讲述说："策格兹神主创造天地万物的故事多着呢，三天三夜也讲不完的。现在我的牛群已经走远了，我要放牛去了。小阿弟，今天就讲到这里吧，以后再慢慢给你讲。时候不早啦，你也快赶街卖盐去吧。好啦，我走了。"说完喝干了葫芦里的水，站起来就要追赶牛群去。

普丕急忙说："阿波，你等等，我送你一些盐巴，你带回家里吃吧，反正我也挑不动了。"普丕说着拿过老人喝水的葫芦装满了盐巴递给他。

老人高兴地接过葫芦，放牛去了。

普丕坐下来，还沉浸在老人讲的故事情境中。多么有趣的故事！这是真的吗？普丕思考着。而故事说得又如此在理，普丕相信是真的了。

此时已是正午，骄阳似火。普丕已被重盐担子压得肩疼腿酸，他已经没有力气把这么重的一挑盐巴，挑到甸中街上去卖了。他想把盐巴全部倒进牛滚塘里。但转念一想太可惜了。他想，索性一不做二不休，把盐巴挑回去分给李方氏、施大明和长工们食用，他想好了应付李士天的办法。于是他拼尽力气把盐巴挑回来，偷偷地分给了李方氏、施大明和长工们。

太阳快落山的时候，普丕挑着空木桶回到李士天的府上。

李士天见到普丕回来就急着问："普丕！今天的盐巴好卖吗？得了多少钱？"

普丕哭丧着脸说："阿波，盐倒好卖，给到你说的价钱了。可买盐巴的人太鬼，等我把盐巴卖给他，他就说：'小兄弟，你这挑盐巴真不错，可我带的钱不够，等明街子你来这里拿钱。'说完就走了。我急忙拉住他说，那怎么行？你拿了钱再来买吧。但他哪里肯听我的话，还对我说：'你这小子，叫喊什么？还怕我不给你钱吗？就这样了，你下一个街子来拿钱吧！'我死活不依，拉住他不让走，坚持给了钱才能拿走盐巴，没想到他们有一伙人，这时有两个汉子出来，叫我放手，否则对我不客气。我没有办法，只好答应下一个街子来拿钱，他就走了。"

李士天听了，气得直跺脚，说："你呀……普丕！怎么会这样？你把盐巴都卖给人家了，却一分钱也没有拿回来！看你弄的什么事啊！怎么会遇到这样一些人？你下一个街子一定得给我把盐巴钱要回来！"说完背着手愤愤地走了。

到了下一个甸中街子天，李士天迫不及待地再三催促普丕到甸中街上去要盐巴钱。普丕心里早有了主意，他装作很着急的样子，匆匆地走上赶甸中街的路。出了村子李士天已看不到他后，就悠闲轻松地行走起来，他慢悠悠地走到那个牛滚塘边，只见塘里有几只青蛙朝天翻着白白的肚皮，被那天他丢进塘里的盐巴毒死了。普丕有点过意不去，心想这几只与世无争，自由自在生活在水塘里，欢快地朝天高歌的小生灵，成了自己一时性急的牺牲品。他不无愧疚，就将这几只死青蛙从水中捞出来，埋在旁边的一棵青松树下以示歉意。

到了这里，普丕没有再往前走了，他在一棵大松树的树荫下美滋滋地睡起来。他要等放牛的老人来，继续给他讲伟大的策格兹神主创造天地万物的故事呢。可是放牛的老人今天没有来这边，普丕不免有些遗憾。在不知不觉中普丕竟睡着了。

普丕一觉醒来，已是下午，斜阳西照。时候不早了，该回去了。于是普丕按照自己的计划，把身上的衣服脱下来，使劲地吐上唾沫，又往手上、脸上和头发上也抹上唾沫，还把眼睛揉得红红的，然后穿好衣服，从容淡定地走回来。

走到村里，刚好日落西山，炊烟袅袅，牛羊归厩，劳动的人们从四面田野回归家里。

普丕红着双眼，哭丧着脸去见李士天。

李士天见到普丕垂头丧气地回来，感到有点不妙！瞪着普丕急切地问："普丕！盐巴钱收到了吗？"

普丕唉声叹气地说："唉，阿波，甸中街上的人太鬼了！买盐巴的人是来了，我急忙抓住他索要上街子欠我的那担盐巴钱，他不但不给钱，而且还翻脸不认账地骂我说：'你个叫花子！哪个欠你的盐巴钱？你跟我说什么疯话？快离开！'说着直朝我身上吐唾沫。我急红了脸跟他争辩，说你不能这样赖账，快把上街子欠我的盐巴钱给我！这时一下子上来几个人要打我，还一起一个劲地往我身上吐唾沫，很显然他们都是一伙的。阿波，你想啊，我是个穷人，又是单身一人，怎么敢跟他们打呢？再说也打不过他们呀！我真是冤屈而无奈，只得这样空手回来了。我受辱骂和被吐唾沫也就罢了，可阿波的盐巴钱一分也没有收回来，我太难过了！我是流着泪回来的，我的眼睛都哭红了。阿波你看，我身上都是他们吐的唾沫。"普丕说着眨巴着眼，看样子眼泪又快要流下来了，显得十分委屈和可怜。

李士天一看，普丕的眼睛红红的，像流过很多眼泪的样子，衣服上、头上、脸上和手上，全身上下都有唾沫的痕迹。

李士天又气又急竟说不出话来，憋了好一阵，才粗声粗气地对普丕吼起来："普丕！你看你把盐巴卖成什么样子？满满一担子盐巴丢失殆尽，分文无回，我损失了一大笔钱啊！你以后卖盐巴，要先付了钱再卖出去，不能赊账就把盐巴给人拿走啦，听见了吗？"

普丕点头说："是，阿波，我记住了。"

李士天想，这事既然成这样子了，也没有办法了，事情只能如此罢了。

普丕心里暗暗高兴，迅速离开李士天，愉快地吃晚饭去了。

第十四回 李亮带友夜上玩场 普丕用计巧扛木头

开春，市场上的生猪行情好，李士天要增盖几间猪厩，想多养一些毛猪。本来他去年就想这么做了，盖猪厩的木头都砍好了，不料猪瘟流行，死猪很多。李士天不得不中止扩大养猪的计划，连砍伐在山上的木料都没有扛回来。今年没了猪瘟，但因去年猪病死得惨，市场上的猪源减少，猪价暴涨。这就更刺激了李士天要抓紧建盖猪厩，多养一些生猪发财的想法。李士天是决不会放过一切发财机会的。

这天早上，李士天对普丕说："普丕，今天你到美得迭箐里，把地里种的红薯挖回来，明天上山去，把去年砍在山上的木料扛回来，阿波我要加盖猪厩多养猪。"

普丕答应后，按照李士天的安排，挑着竹篓到美得迭箐里挖红薯。

到了傍晚，日落西山，晚霞绚丽，映红了阿稽竜村子。这时劳累了一天的人们也纷纷从地里归来。村里炊烟四起，畜禽归厩，人喧犬吠，一时热闹起来。

这时，普丕挖完红薯，挑着红薯回家来，刚到村前，见李亮来找他。李亮叫他放下担子说几句话，普丕就把担子歇在路边，跟李亮说话。

李亮神秘地对普丕说："普丕阿弟，今天晚上你跟我到他旦山一趟。"

普丕说："李亮阿哥，到他旦山做什么？打猎吗？"

李亮微笑着摇了摇头说："不是去打猎，是去与姑娘相会，跳大乐作。"

普丕说："跟姑娘相会跳大乐作？我不会唱也不会跳呀。"

李亮说："没关系的，你只要跟着我做伴就行了，不必跳也不必唱。我只一个人去天黑路远，寂寞孤单，有你做伴才好呢。再说你不会唱不会跳，可以去看呀，你可以学嘛，我可以教你呀。你这么大一个小伙子，不会跳大乐作，不会唱情歌，不与姑娘们相会，怎么找媳妇呢？”

李亮说到找媳妇，普丕似乎有点脸红，说：“找媳妇？我一个长工，身上还背着父亲的重债，一无所有，谁会愿意嫁给我做媳妇呀。”

李亮说：“你这么好一个小伙子，自然会有姑娘喜欢你的。你跟我去了与姑娘们相会，说不定有姑娘会喜欢上你呢。”

普丕笑着说：“李亮阿哥你取笑我啦。”

李亮说：“我怎么会取笑你。实话告诉你吧。今晚我到他旦山去，是有大好事的。我看上了一个叫龙兰的姑娘，是茂旦村子的，在雨正街子上认识的。龙兰姑娘说她很喜欢我，但我们当时在街上不方便多谈，就约好今天晚上在他旦山玩场相会深谈，她们村的小姑娘和期旦村的小伙子们，约定好今晚在他旦山玩场上相会唱歌跳乐，她也要去的，叫我一定要去那里跟她相会。所以我得如约跟她会面交谈。这可是我的终身大事，你可一定要陪我去哟。”

普丕听了，说：“哦！原来是这样，我当然要跟你去，不过，我跟着你，你怎么好跟龙兰相会交谈呀？”

李亮笑了起来，说：“你呀，真是个愣头青，这方面你什么都不懂。我与龙兰姑娘交谈时，你离开一点不就可以了吗？你在路上给我做伴就行了嘛。”

普丕也笑了起来说：“这就好，我要怎么做你就教我吧，我得听你的呢。”说着他忽然显得有点为难地说：“李士天阿波叫我明天一早就上山去扛木头呢，来得及吗？”

李亮说：“没事的，今天晚上还要赶回来，不会影响你明天扛木头的，不过你可得多辛苦了。”

普丕听了高兴地说：“这点辛苦算什么。行！李亮阿哥，我跟你去，什么时候走？”

李亮说：“吃完晚饭，天一黑就走。要悄悄地走，不要给人看见才好的。到时我俩在村外青香树下会合后一起出发。我还要提一个灯笼，天黑走夜路没有灯笼照明是不行的。不过到村外没有人看见的地方才能点灯行走，你就什么东西也不要带了，穿上干净一点的衣服，如果怕冷多穿一点衣服就行了。”

普丕说：“好的，我知道了，李亮阿哥，你放心吧，到时候我会准时到的。”

李亮和普丕说好后，各自回家吃晚饭。

吃完晚饭，天很快就黑下来了。普丕换了一身干净的衣服，如约来到村外青香树下，见李亮已经在那里了。李亮一身新装，显得格外精神，除提着一盏灯笼外，还背着水壶。

普丕问李亮：“李亮阿哥，你背着水壶是喝水的吗？山上有泉水的，不必背水吧？”

李亮拍拍水壶说：“这水壶里装的是酒，不是水，夜里在山上喝上几口酒，提精神不瞌睡，还能驱寒，更主要的是姑娘伙子们相约在玩场上唱歌跳乐，往往要吃宵夜饭，你我空着手怎么好意思跟着他们吃宵夜饭呢？所以这壶酒是吃宵夜饭时给大伙喝的呢。”

普丕听了，又明白了一个与人交往和为人处事的道理。他从心里佩服这个年轻的猎手阿哥，考虑问题和办事情之缜密。真是上过玩场的人，经验丰富着呢，他觉得需要向李亮阿哥学习的东西还真不少呢。

在青香树下，李亮和普丕不敢声张，悄悄地说了些话，就离开村子向他旦山走去。这些山路他俩都很熟悉，尽管天黑无月亮，但尚有星光，不点灯走上一段是可以的。走到村外拐了一个弯，到村人看不见的地方，李亮点亮了灯笼走在前面，普丕紧跟其后，两人沿着山路快步走向他旦山。

李亮是个很帅气的小伙子，高挑的身材，一张微黑透红的脸，两眼炯炯有神，头脑灵活，勤快能干，不仅是个打猎能手，也是种庄稼的一把好手。村里的好几位姑娘都心仪于他，但不知道为什么，李亮却一个也看不上。这会儿却偏偏爱上一个外村的姑娘。普丕心里自然有些困惑和纳闷，但他也不好过多细问。普丕觉得，这种事情李亮自然有自己的见识和想法，他没有必要寻根问底。

一路上夜色茫茫，看不清周围的景物，只看得见灯笼照明之处和脚下的路基。李亮和普丕踏着山路上的落叶枯草匆匆行走，山野里一片寂静，脚踩在碎石上发出的声音显得格外响亮，路途中不时碰见野猫、老鼠之类的夜食动物，“倏”地从路上窜进路边的草丛里。

走在路上，普丕好奇地问李亮：“李亮阿哥，为什么小伙子和小姑娘们，相约在那么远的偏僻山头上的玩场里跳乐唱歌啊！”

李亮听到普丕的问话，似乎更来精神，他加快了脚步边走边说：“小伙子和小姑娘们相约到远离村子的山里玩场上跳乐唱歌，是我们山里彝人青年的习俗。在玩场上年轻人们谈情说爱，尽情欢乐，放松心情，消除疲劳，互相交往选择对象，约订终身，是年轻人们追求自由、愉悦和幸福的一种表达方式和有效途径。因而深深地吸引着年轻人们。在玩场上没有老人和家庭的约束，年轻人们可以自由地表达心意，追求爱情。为了不干扰村子和老人们，故而玩场就远离村子，而且男女青年们在玩场上相会也是秘密的。这更激发了青年们的青春和热情，频频相约到玩场上，通宵达旦地歌舞。”

普丕听了，甚为感叹，他没想到玩场的唱歌跳乐，有着这许多说词事理。

李亮和普丕一边走路一边说话，不知不觉翻过了两座山，走过了一条河，开始上他旦山了。

李亮对普丕说：“我们快到了，玩场就在他旦山的半坡上。”

果然，快走到他旦山半坡时，前方的树林里透出了篝火的亮光，在亮光里传来一伙年轻男女的说笑声。

李亮和普丕快步走上去，来到半山腰的玩场上。普丕终于看清了，这是一片森林中的开阔地，是一块草坪，草坪四周是茂密的树林，玩场就在草坪中央。

一堆通亮的篝火在玩场中央呼呼地燃烧着，柴火下堆积着褐红色的炭灰，看样子是多次燃烧后形成的，显示这里经常有跳乐歌舞活动。

篝火旁边围坐着一群小伙子和一群小姑娘，各有十来个人。普丕一个也不认识，只知道他们分别是期旦村和茂旦村的，这也是李亮来约他时告诉他的。

闪闪的火光映红了小伙子和小姑娘们焕发着青春的脸，个个脸上洋溢着兴奋的神情，正在兴高采烈地说笑着，人群里一个胖一点的小伙子，抱着四弦“吱吱嘎嘎”地调着琴弦。看样子是领头的，做着跳乐弹弦的准备。

许多伙子姑娘都认识李亮，他们见到李亮和普丕来到，都很高兴，热情地招呼他俩坐下。

李亮和普丕就跟小伙子们坐在一起。

李亮悄悄地告诉普丕说："跟她约会的龙兰姑娘就坐在小姑娘们的左边，就是包着粉红色头巾的那个。"

普丕听了点点头，特意观察起那个小姑娘来。

姑娘确实漂亮，身材苗条，鹅蛋形的脸白里透红，明眸皓齿，一笑两个小酒窝。时不时看着李亮会心地微笑，笑容很迷人。

普丕暗想，原来是这么个美人，难怪李亮阿哥喜欢她呢。

这时领头的小伙子已调好四弦，站起来铮铮地弹响四弦说："阿哥阿妹们，莫让脚歇着，莫让手歇着，莫让嘴歇着，大家喜欢了，快快跳起来，快快唱起来。"

领头小伙子的一声呼唤，小伙子和小姑娘们一下呼啦啦地围上来，跟着弹弦领头的小伙子，围着篝火开始跳大乐作。大家一起有节奏地拍着手，跟着领头小伙子的旋律和舞步，边跳边唱起曲子《鲜花阿妹》调：

鲜花呢阿哥，鲜花呢阿妹；
想往一处想，跳来一起跳；
哥来跳一脚，妹来跳一脚；
哥妹合脚跳，哥妹合心跳；
跳了再来跳，跳得真快乐。

唱跳完一曲，大伙兴致刚起，紧接着又唱跳《麦子花开》调：

小麦花开一朵朵，大麦花开一朵朵；
小麦大麦在一起，在一起呀根连根；
阿哥个个心里欢，阿妹人人心中乐；
阿哥阿妹在一起，在一起啊心连心；
阿哥阿妹不分开，今日来了明日会。

跳乐场上的歌词是简单易记的，皆取材于现实的生产与生活中，朴实而富有感情。歌曲明了易唱，明快而意浓，激越而情绵。每一曲调都循环往复地唱跳。舞步简单易跳，轻快而豪迈，有力而舒缓。歌和舞是同步的，歌随舞而唱，舞随歌而跳，十分和谐优美。

一时间，整个玩场上气氛活跃而热烈。悦耳的弦声，动听的歌声，清脆的掌声，优美的舞步，整齐而协调，欢乐异常，使人无比愉悦。人们都融入欢乐的旋律和舞蹈中，令人如痴如醉。

在歌舞中，双手始终有节奏地拍掌，舞步则不断变化，每一支歌曲都有特定的舞步，舞步有行步、踏步、抬步、踢步、轻步、退步、蹲步等。有时进两步退一步，有时退两步进三步，并适时地伴有转身、下蹲、聚合、散开等动作。舞姿富有变化，歌舞节奏强烈，简洁而有力，生动而充满激情。

小伙子和小姑娘们，在这星光灿烂的夜晚，在这偏僻的山野玩场上，围着熊熊的篝火，尽情地欢跳，尽情地欢唱，尽情地享受愉快和欢乐，热烈地迸发着青春的情感。又一曲《大家来跳乐》调子唱跳起来了：

对面山坡上，四弦响起了；
这里做哪样，弹弦玩跳乐。
阿哥如雄鹰，阿妹如鲜花；
不要这样夸，害羞脸儿红。
大家来合脚，大合小也合；
合脚齐合脚，大家来跳乐。

普丕面对这热闹而欢乐的歌舞场面，看呆了，陶醉了，仿佛在梦幻之中，引得他也心情激荡。姑娘们多次来请他一齐跳乐，可他不会唱，也不会跳，只好尴尬地红着脸推辞，蹲在一旁观看。李亮却挨着龙兰姑娘一直在欢跳。

普丕正专注地观赏着，却不知什么时候，李亮和龙兰姑娘在歌舞的人群中不见了。普丕会心地微笑起来，他知道，李亮和龙兰已没入树林中谈情说爱去了。不仅他俩，歌舞人群中似乎少了三四对男女，人们都心照不宣，狂欢的歌舞丝毫也没有受到影响。

不知已经跳唱了多少个曲子，篝火的烧柴已加了多次。小伙子和小姑娘们都唱跳累了。于是在篝火旁边分男女坐下来对唱情歌，小伙子和小姑娘们，分别推举出各自的善唱者领唱，大家一起合声。玩场上的情歌一般分为“阿约塞”情歌、“旗子”情歌和“白话”情歌，内容均为赞美对方，表达爱慕。歌声悠扬、情深意长。男女对唱情歌，不仅互相表情示爱，暗中也是在比试对方才学智慧的高低，往往要唱出输赢方休。如果遇到对手，唱几天几夜也难见输赢，只能欢笑言和。赢者自然光彩，输者觉得有失体面。所以很想在对方面前表现自己的小伙子和小姑娘们，对输赢是很在意的，往往都充分地准备而来。

情歌有固定的曲调，歌词大多是按照自己的才智，随意发挥，实在考验歌唱者的功力和才能。对那些声音甜美又善唱者，大家都是很羡慕的，异性也最喜欢。

唱情歌时，旁有四弦伴奏，也有清唱的。

玩场上对唱情歌，多以唱《白话》调、《旗子》调和《阿约塞》调为主。开始对唱时，小伙子和小姑娘们各自推出领唱人，由领唱人分别代表男女队对唱。在领唱人唱《阿约塞》调时，众人同来合声。

于是开始唱《白话》调：

男：阿姐是否爱玩人？爱玩赶快来玩啰。
女：妹是一个爱玩人，不会跳来不会唱。
男：姐会唱来姐会跳，只是阿姐舍不得。
女：阿哥本是八哥嘴，只求阿哥教妹唱。
男：阿姐才是百灵鸟，应是阿姐来教弟。
女：阿哥心灵手脚巧，阿哥教妹来跳乐。
男：姐是会跳金孔雀，快来教弟憨包鸽。
女：哥像白马多俊气，妹如丑鸭难为伍。
男：姐是天鹅如仙女，弟是蛤蟆丑死啰。
女：阿哥聪明又勤快，妹心有哥不忘啰。

对唱了两支《白话》调后，接着唱《旗子》调：

男：一想天上七仙女，二爱地上这场花。
　　三想天上红太阳，四爱玩场喜洋洋。

五想星宿望月亮，六爱情人多欢乐。
七想七星拱北斗，八爱情人手拉手。
九想青春永在身，十爱情人舍不得。
女：一想青山绿茵茵，二爱露水浇花林。
三想橄榄满枝挂，四爱喜鹊伴梅花。
五想紫燕鸣天暖，六爱蜜蜂采鲜花。
七想石榴红又红，八爱妹情在心头。
九想永走合心路，十爱小妹等哥来。

对唱《旗子》调后，又对唱《阿约塞》调：

男：月亮落山啰，公鸡都叫啰。
雾露下来了，时候不早啰。
今日玩到此，下次再来啰。
姐要回家去，弟来送别啰。
一送山脚下，二送大桥边；
三送岔路口，四送到门口。
送姐回家后，弟就孤单啰。
想姐睡不着，挨到天亮啰。
要见阿姐面，等到下次啰。
分人莫分心，两头挂心啰。
女：今晚跳得好，今晚唱得好。
今晚玩得好，今晚高兴啰。
今晚这么短，一下过去啰。
跟哥多欢乐，没有时间啰。
阿哥跳得好，阿哥唱得好；
舍不得回去，舍不得分开。
妹跟阿哥玩，心里喜欢啰。
每日想阿哥，日子难过啰。
今日分别后，何日能见啰。

人嘛分开了，心嘛跟哥啰。

对歌场上的小伙子和小姑娘们意气风发，心高气傲，唱兴浓烈，激情高涨。谁也不显弱，较劲十足，一个唱累了再换一个唱，唱了一曲又一曲，不知唱了多少曲，仍然难分高低。真是强者遇高手，对擂酣畅，唱兴愈加高昂。这时时候不早了，双方只得言欢罢唱。歌舞了一夜，大家都觉得肚子有些饿了，于是就开始吃宵夜饭。

这时，普丕看到，李亮和龙兰等不见的几对男女又出现在玩场上了。

宵夜饭早已做熟了，是两个小伙子在大伙跳乐唱歌的时候做好的。这次是小伙子们请小姑娘们吃。吃的是鸡肉和米饭，喝的是清酒。米饭是在家里煮好后拿来的，鸡肉是带活鸡来山上宰杀烹煮的，大家吃着鸡肉喝着酒，说说笑笑很是快乐。李亮把带来的酒斟给大伙喝，酒自然是好酒，大家喝了很高兴。

特别有趣的是，小伙子们上山来玩场时，在路上打到了一条黑蛇，就把蛇退了皮，煮熟了和鸡肉一块吃，小伙子们不断地把蛇肉搛给小姑娘们吃，说是吃鸡脖子。小姑娘们一看心知肚明，其颜色和气味跟鸡肉也不同呀。于是就笑着问："阿哥们，左搛鸡脖子，右搛鸡脖子，不知杀了几只鸡？"小伙子们笑着回答："鸡脖子好看，鸡脖子好吃，不管杀几只，吃了饭口香，吃了喝酒甜。味美难吃到，妹们赶快吃。"引来一片笑声。谁也没有捅破这层窗户纸，谁也没有说破是蛇肉，大伙都吃得津津有味，还说这鸡脖子真好吃呢。确实，大家感到，在玩场上吃的宵夜饭就是格外香甜可口。

李亮紧挨着龙兰在一起吃喝，显得很亲密。普丕心想，真是天生的一对情人啊。李亮显然向龙兰介绍过他，龙兰向普丕投来友好的微笑，普丕也慌忙报以会意的笑容。

宵夜饭吃完了，众人均有些醉意。在篝火的映照下，小伙子和小姑娘们的脸都红彤彤的，一个个像熟透的石榴，分外好看。

舞跳了，歌唱了，酒喝了，但小伙子和小姑娘们，仍感到余兴未尽，余情犹存，然而时候不早了，不久天就要亮了。大家不得不在情意绵绵中依依惜别。临别，小伙子和小姑娘们议定好了下一次约会的时间，小姑娘们还说下一次约会时由她们招待小伙子们吃宵夜饭。

李亮和龙兰是最后分别的，看来他俩真是有点难舍难分啊。

小伙子们和小姑娘们都走了，玩场上寂静下来，星光下的四周山野依然黑蒙蒙的。李亮点亮灯笼，和普丕一道返回家来。

回来的路上，李亮显得很兴奋。

普丕问李亮："李亮阿哥，你跟龙兰姑娘相会得怎么样？"

李亮掩饰不住心中的喜悦说："很满意，情投意合，互相爱慕，我们在一起都感到愉快和甜蜜，我送她一面小镜子和一把梳子，她也送给我一块手帕，这算是我们的定情物了。"李亮说着从衣袋里掏出一块精美的折叠着的手帕，递给普丕看。

普丕小心地接过手帕，认真地看了看，手帕还散发着淡淡的香味呢。普丕把手帕还给李亮说："李亮阿哥，我也看出来了，你们互相都是很喜欢的，而且两人都很般配，真好！"

李亮笑着说："普丕阿弟，我叫龙兰也给你介绍一个好姑娘，好吗？今晚，你看上哪个姑娘了没有，我会叫龙兰帮忙帮你说话的。"

普丕听了忙说："不！不！李亮阿哥，我还小，我还不考虑这个事情呢。"

李亮和普丕一路说笑着，很快回到了阿稽竜村子里。此时天快亮了，李亮灭了灯笼，二人悄悄地各自回到家里。普丕倒头便睡了。

第二早上，普丕被嘈杂的人声惊醒了。睁开眼一看，天已经大亮了。他想起今天早上还要上山去扛木头呢。这是李士天昨天就交代好了的，急忙爬起来洗漱。他想起昨晚的经过，犹如做了一场美梦，一觉睡醒又回到了现实中。

普丕刚起床，李士天就过来了。

李士天对普丕说："普丕！我昨天早上就跟你说了，今天早上上山扛木头去，你怎么还没去，磨蹭什么？快点去呀！"

普丕说："阿波，我睡着了，刚起床，我马上就去啦。"说完普丕就走向山去。

普丕走在路上，因昨晚睡眠不够，头有点昏昏沉沉的，身子也有点疲惫。他想起李士天的为人和平时对他的刻薄，心中的怨恨不由得升起来，于是他想好了一个主意，出出心中的怨恨之气。

普丕没有去扛李士天说的去年就砍好还摆在山上的那些木头，而是在半路上捡了一棵烂木头扛回来。当他扛到李士天的房子旁边时，把木头“咚”的一声摔在李士天要盖猪厩的场地上。李士天在房里听见普丕放木头的声音，很高兴。

普丕放下那棵烂木头后，就跑到隔壁张有家喝茶去了。

过了一会儿，普丕又从张有家跑出来，把刚才扛回来的那棵烂木头抬起来又重新“咚”的一声放下来，然后又到张有家继续喝茶。

李士天在家里听到后，以为普丕又扛了一棵木头回来了，自然更放心了。

又过了一会儿，普丕又跑出来抬起那棵烂木头“咚”的又放了一回。

李士天在家里听得真切，心想普丕这穷小子，这回扛木头倒也挺利索卖力的。一会儿就扛回来一棵木头。如此一来，盖猪厩的木头扛上一天也就够了。

就这样，普丕不断地搬动那棵烂木头重复地放，自己却一早上都在张有家里喝茶休息。

等到太阳当顶，到吃早饭的时候，李士天以为普丕扛了一早上木头，肯定扛回来一大堆木头了，他走出门去看。

李士天看到的只是一根烂了的木头。

李士天又气又恨，他破口大骂：“普丕！你扛了一早上的木头，扛到哪里去了？怎么才有一根烂木头？”

普丕马上装出有气无力的样子说：“阿波，我一早到山上去扛木头，见山上去年砍的木头都烂了，只有这根稍微好点。”

李士天听了，瞪着眼看着普丕。

普丕又说：“木头烂归烂，可我还是把那些木头都扛回来了，就堆在这里。可我又一想，阿波肯定不会用这些烂木头盖猪厩的。别人笑话不说，用烂木头盖的猪厩倒了，会砸死生猪的。我这样想来想去，觉得烂木头实在用不成。我又扛起这些烂木头，全部丢进了村子旁边的大箐里了。阿波，这下我才晓得，我不该丢弃了那些烂木头的。是我做错了，你骂我吧。”说完，普丕低下头来，装出一副准备挨骂的样子。

李士天听了普丕的话，心里的火气反而消了。他想，既然木头都烂了，倒也用不成了，毕竟木头在山上放了一年，烂了也是有的。

李士天看着疲惫的普丕说："普丕！木头烂了就算了，丢了就丢了。盖猪厩的木头重新砍就是了，这事就这样吧。说完背着手走了。"

普丕也暗笑着走了，他不仅出了心头的怨恨之气，也得到舒舒服服地休息一天。

第十五回 帮助李嫫收割蜂蜜 利用死蛇巧取卤腐

仲秋，满山遍野尽显金黄之色，春华秋实，地里的庄稼、山里的果子都已成熟了，进入了收获的季节。

李方氏家里饲养的那两窝蜜蜂，也到了收蜜的时候了。蜜蜂经过春夏的采花酿蜜，已贮存了大量的蜂蜜，这个时候的蜂蜜是最饱满的，也是最好的。

这天，普丕和长工们给李士天家收包谷。吃完晚饭后，余晖映在村后的尖山顶上。普丕趁晚上有点时间，准备到李方氏家里，抓紧帮助她把蜂蜜给收了。

普丕正要走，李士天对普丕说："普丕，明天不收包谷了，你去稻谷田里割埂草。"

普丕说："好的，阿波，我知道了。"

随后普丕来到李方氏家里，见李方氏正在做晚饭，普丕喊道："李大嫫，你在做晚饭呐？"

李方氏见普丕来了，很高兴，忙招呼着说："是的，普丕侄儿，你来啦，快坐吧，饭一会儿就熟了，就在一起吃饭了。"说着倒了一碗茶水给普丕又说："你就先喝着茶水等等吧。"

普丕说："李大嫫，我已经吃过饭了。今天我们给李士天收包谷，吃完饭我就过来看看你的那两窝蜜蜂能不能收蜜了，按时间是到该收蜜的时候了。"

李方氏说："好哩，都是让你记挂着，让你忙活呀。"

普丕说："李大嫫，你莫这样说，这里就像我的家哩，你不要客气啦。"说完普丕就到平房阳台上去查看那两窝蜂蜜是否已经成熟了，普丕看见蜂箱洞口乌黑油亮，在洞口爬行的蜜蜂只只体态丰满，褐亮透黄，这是蜂巢里的蜂蜜已饱满成熟的特征，是该收蜜了。

普丕从阳台上走下来对李方氏说："李大嫫，蜂蜜已经成熟饱满了，可以收割了，我现在就给你收了吧。"

李方氏欣喜地说："那好哇！需要我帮你做什么吗？"

普丕说："我一个人收就行了，你就煮饭吃吧。"

随即普丕就到门外田埂上，割了一些青蒿枝和干蒿枝回来，分别扎成两把以便在收蜂蜜时使用。然后用布把自己的头脸都包起来，只露出两只眼睛和鼻孔。又找来两个盆子、一把筲箕、一块纱布和一把尖刀，放置在蜂箱旁边备用。接着把筲箕放在一个盆子上面，再把纱布铺在筲箕上，用于装蜂蜜饼，另外一个盆子就装蜂儿饼。

一切准备就绪，此时正是傍晚，蜜蜂都已归巢。这个时候拿蜂蜜就不会有归来的蜜蜂满屋乱飞叮咬人了，而且这个时候的蜜蜂因天暗视线不明，飞行能力和攻击人的能力弱。因此，是拿蜂蜜最好的时间。

普丕用尖刀插进蜂箱盖口边缘的缝隙里，轻轻地撬开盖子放在一旁。只见蜂箱里的蜜蜂密密麻麻地爬在蜂饼上，蜂饼一层层地悬挂在蜂箱上壁，蜂饼与下壁间有空隙供蜜蜂出入。整个结构紧密而有序，足见蜜蜂的机灵与工艺之精湛。

普丕把蜂箱盖打开后，亮光透进了蜂巢，晚风也吹进了蜂巢，蜂群显然感觉到了外来的威胁，整个蜂群一阵阵整齐地嗡嗡扇动翅膀，共同形成气势引起振动。这是蜂群集体自卫的方式，以威慑和警告来犯者。这种示威和反抗方式颇能吓退外来昆虫的侵犯，能有效地保护蜂巢的安全。

这时有少量蜜蜂飞出蜂箱，在普丕身边飞舞盘旋。有的蜜蜂受到惊吓跑出来乱飞，有的蜜蜂勇敢地飞出来试图攻击来犯者。但对普丕这样的庞然大物，却也奈何不得。普丕心中自有把握，任凭蜜蜂缠身，仍从容地收割蜂蜜。

普丕点燃干蒿枝，用蒿枝的烟雾熏开蜂饼上的蜜蜂后，露出了黄灿灿的蜂蜜饼，饱满得油亮汪汪的。他小心地用刀把蜜饼割下来，再用青蒿枝扫去还在蜂饼上的余蜂，然后将蜜饼放进垫有纱布的筲箕里，再用刀将蜜饼划开。顿时，晶莹透亮的橙黄色蜂蜜就从蜜饼里涌出来，经过纱布的过滤流进下面的盆子里，变成了干净清亮的纯蜂蜜，一时间，蜂蜜浓浓的香甜味在阳台上弥漫开来。

就这样，普丕一饼饼地逐一割下蜜饼，也割下夹在其中的蜂儿饼，将蜂儿饼放在另外一个盆子里。

秋季的蜜蜂巢里，蜂蜜饼多，蜂儿饼少。这是因为漫长的冬季即将来临，在天寒地冻的冬天，花儿少采蜜难。尤其在雨雪纷飞的日子里，更是无法采蜜。因此蜂群就贮存大量的蜂蜜，以度过漫长的冬天。冬天气候寒冷，也不适宜蜂儿生长。况且大量繁殖，蜂儿也会过多地消耗冬藏的蜂蜜，以致会造成蜜荒。所以在这个季节，蜂巢里的蜜饼就多，而蜂儿饼自然就少了。从中也可以看出蜜蜂计划性和智慧之高妙了。

普丕在蜂巢里留下三分之一的蜂蜜饼和蜂儿饼，让蜂群有足够的蜜能在冬天食用，使其顺利过冬。而且在留下的蜂儿饼里，认真地找出襁褓中的新蜂王，将其逐一弄死。如果不把过多的新蜂王灭掉，一旦哺育为成年蜂，到来年春季，一只只新蜂王就会带着一群群蜜蜂分家出去，蜂巢里的蜂群就会骤减而衰败消亡。所以必须要将这些过多的新蜂王剔除。以保持蜂群的延续与旺盛，保证蜂蜜的高产与稳产。蜂王与一般的蜜蜂体形不同，蜂王体形粗大，肚大而长，且微白油亮，一看便知，辨认容易，寻找方便。普丕仔细地寻找出那些过多的新蜂王蛹将其灭除后，才放心地重新盖上蜂箱盖子，并用预先准备的新牛屎，糊住蜂箱盖子的边缘缝隙，以保暖和防害虫爬入。这样，收完了第一只蜂箱里的蜂蜜。

当第一只蜂箱的蜂蜜收完以后，天色暗下来了，普丕点燃松树明子来照亮，继续收第二只蜂箱里的蜂蜜，这时，李方氏的饭菜也做好了，她过来举着火把给普丕照明。

普丕说："李大嫫，这里我一个人做就行了，这么晚了你一定饿了，快去吃饭吧。"

李方氏说："普丕侄儿，我不饿，等拿完了蜂蜜再一起吃。"坚持给普丕照明。

普丕见李方氏饿着肚子给自己照明，也加快了拿蜂蜜的动作。不多时普丕顺利地收完了第二只蜂箱里的蜂蜜。

两窝蜜蜂的蜂蜜收下来，筲箕里的蜂蜜饼堆得冒了尖。今年的秋蜜收得真不少，比往年多出了许多。

收完蜂蜜，普丕和李方氏把蜂蜜饼和蜂儿饼抬到灶房里，让蜂蜜饼继续滤蜂蜜，蜂儿饼则放入锅中热煮，以方便拿出干净的蜂儿来。

蜂蜜饼要四五天的时间才能过滤干净。到时过滤出的蜂蜜就成了纯净的蜜汁，将其装入罐中慢慢食用。再将过滤后的蜂蜜饼又放在甑子里蒸煮，经过蒸煮残余在蜜饼里的蜜汁和蜡质就会滴落在甑子下锅中的水里。然后将含有蜜汁和蜂蜡的甑脚水舀进盆里冷却，冷却后蜂蜡就会漂浮凝结在蜜水上面，将其捞起来直接做成蜂蜡使用。蜂蜡有多种用处，可制成蜡烛来照明，也可作密封用剂，村里最常见的是女人们用蜡来沾纳鞋底的麻线，纳鞋底时将麻线紧按在蜡上一拉，麻线上就沾满了蜂蜡，不仅纳鞋底时麻线好拉扯，而且蜡麻线防水性能好，不易腐烂，牢固耐用。所以蜂蜡也就成为家里的必备之物。最后将经过蒸煮的蜂蜜水再放入锅中熬煮，煮干水分就成了香甜可口的蜜汁，同样装罐食用。

蜂儿是上好的佳肴，下酒的极品。将蜂儿饼放在锅里烫煮后，饼渣就会漂浮起来，蜂儿落在下面，捞去饼渣后，舀起蜂儿滤干，就成了干净的蜂儿。蜂儿可鲜炒或干炒食用，村里人最喜欢吃的是腌菜炒蜂儿，酸甜可口，味道鲜美。

只一会儿工夫，普丕还没有喝完一碗茶水，李方氏就将新鲜的蜂儿弄出来了。接着很快就做出一碗腌菜炒蜂儿，又迅速拿出酒壶斟上酒，高兴地叫普丕一起吃饭喝酒。既有腌菜炒蜂儿，李方氏又热情相邀，普丕也不好再客气，就爽快地跟李方氏吃饭喝酒。

普丕用蜂儿下着酒颇有感触地说："这蜜蜂真是好东西呀，整天忙忙碌碌采花酿蜜，从不向人们索取什么，却给人们提供这么好吃的蜂蜜和蜂儿，真是人们的好朋友啊！"

李方氏也说："也真是的，蜜蜂真是可爱的动物。可据说在远古时候的昆虫国里，因蜜蜂其貌不扬，备受歧视。特别是蝴蝶更看不起蜜蜂。蜜蜂却没有自卑自弃，而是经过自己的辛勤劳动和努力，最后获得了昆虫们的尊重。说起这个事情来，还有着一个很有趣的《蝴蝶和蜜蜂的故事》呢。"

普丕听了，更来了兴趣，要求李方氏讲讲这个故事。于是李方氏也饶有兴致地讲述起来。

相传在远古的时候，昆虫就有了自己独立的国家，当时的昆虫国已经很繁荣兴旺了。这一天，无比尊贵的昆虫国王的生日到了，举国欢庆。国王在自己的王宫里举行盛大的歌舞晚会，以庆祝自己的生日。国王邀请了全国各地各类昆虫的歌舞明星们参加歌舞晚会。明星们纷纷涌进王宫，向国王献礼祝贺，高兴地参加歌舞晚会。在出席晚会的众多明星中，蝴蝶明星和蜜蜂明星也都各怀绝技地到了晚会上。

晚会就在豪华的王宫歌舞厅里举行。此时，整个王宫装饰一新，华灯齐放，歌舞厅里金碧辉煌。晚会开始，一身华丽着装的国王来到歌舞厅里，顿时整个歌舞厅掌声雷动，在一片“万岁”的欢呼声中，国王神采奕奕地登上看台，高坐王椅，观看这盛大的为自己的生日举行的歌舞专场。在无比热烈的气氛中舞蹈开始了。王宫乐队奏起了欢快的舞曲，明星们互相邀请，拥进舞池，一对对手拉手地跳起了舞。一时间，整个舞厅里涌起了舞蹈的浪潮。蝗虫、蝴蝶等这些著名的舞星们，一个个翩翩起舞，尽显舞姿。特别是蝴蝶，凭借自己美丽的身段、轻盈的体态和精湛的舞技，成为全场最耀眼的舞星，出尽了风头。而蜜蜂却因其貌不扬，无伴同舞，备受冷落，无奈孤身一人起舞。

舞会进入高潮，当蜜蜂跳到蝴蝶身边时，高傲的蝴蝶竟对它说：“你这丑陋的东西，离我远点，我不愿与你为舞！”说着拉着舞伴旋转而去。对于蝴蝶这样的轻狂明星，蜜蜂自有心中的定律，没多计较，照跳自己的舞蹈。悠扬欢快的舞曲，轻盈优美的舞蹈，汇成了歌舞的海洋。明星们忘我地尽情欢舞，愉悦无比。

舞蹈结束后，紧接着进行演唱。蝉、蟋蟀等著名歌星纷纷入场献唱，精彩的演唱让全场喝彩叹服。蜜蜂本是唱歌明星，也入场献唱，歌声清亮动听，获得热烈的掌声和欢呼声，一扫舞场上的尴尬。蝴蝶本不擅唱歌，只能在场边静坐围观，尽显遗憾之情。

绚美无比的歌舞晚会结束后，王宫里举行了盛大的晚宴。明星和贵宾们兴高采烈地赴宴入席。当蜜蜂来到宴会厅的时候，已是嘉宾云集，高朋满座。见蝴蝶所在的席面上还有一个空座，蜜蜂就入席而坐。不料蝴蝶极为不满，忽地站起来出言道：“我不能忍受与这等丑陋之客同桌共宴！”说着愤然离开另入他席。弄得蜜蜂甚为难堪。

自从参加王宫歌舞晚会以后，蝴蝶得意忘形，陶醉于在舞会上大出风头的荣耀，整天飘飘然炫耀游荡于柳树花丛间，不做实事，不屑立业，生活过得很窘迫。

而蜜蜂却脚踏实地，辛勤劳动，采花酿蜜，发展家业，生活富足。

这一年的冬天特别漫长，冰天雪地，大地上的花木都被冰雪覆盖。许多昆虫都断了生活来源，闹起了饥荒。尤其是蝴蝶，因无花可食，又无存粮，饥寒交迫，别说跳舞，连说话的力气都没有了，生活陷入了绝境。

那些生活困难的昆虫们都到蜜蜂那里借粮度荒，蜜蜂热情接纳。蝴蝶历来看不起蜜蜂，但迫于生活压力，不得不低头到蜜蜂那里去借粮。蜜蜂也不计前嫌，慷慨地送给它足够过冬的粮食。

春天又来到了，大地上百花盛开，昆虫们欢天喜地开始了新的生活。在这美好而充满希望的季节里，蝴蝶依旧不改虚荣浮华的习性，也不吸取冬季挨饿的教训，仍然不务正业，四处游荡炫耀自己的美丽。家无隔夜粮，吃了上顿没下顿，最终除了自己好看的翅膀外，一无所有。

而蜜蜂却始终克勤克俭，不辞辛苦，酿蜜不断，家业发展，粮食满仓，子孙兴旺，生活富裕。而且经常帮助困难的昆虫们，终于获得了昆虫世界的尊敬。

李方氏讲完故事，又继续吃饭。

普丕专注地听完了故事。他既感到有趣又受到了教育。使他顿悟，做人要少浮华多实干，生活才能过得好。这真是至理哲言啊！普丕觉得受教良多，他沉思着继续吃饭。

吃完饭，普丕便告辞李方氏回去了。临走时，李方氏在提篮里装好一些蜂蜜和蜂儿，叫普丕带给施大明家，又点起一把松明子交给普丕走路照明。普丕接过来走出屋外，李方氏送到门口，并叮嘱普丕走路小心。

普丕举着明子火，提着蜂蜜蜂儿径直来到施大明家里。

施大明一家刚吃完晚饭，正坐在火塘边烤火闲谈。施大明抱着烟筒吸烟，施慧和施明在喝水。见普丕进来，一家人都很高兴。

施慧立即起身让座说：“普丕阿哥，你来啦，快来坐。”说着给普丕倒了一碗茶水。

普丕把李方氏托他送来的蜂蜜和蜂儿交给施慧收好。

施大明扶着烟筒说："这李大嫫也真够有心的，难为她心里惦记着我们一家人。"

施慧则拿出李方氏托普丕带来的蜂蜜，用开水冲泡给大家喝新鲜蜜糖水。

大家喝着又香又甜的蜜糖水，又高兴地聊起来。

闲聊中普丕说到明天要给李士天家割埂草的事情。

说起割埂草来，似乎引起了施大明的某种回忆，他扶着烟筒竟忘记了吸烟。

施大明望着火塘里一闪一闪的火苗，缓慢而郑重地说："割草用镰刀时可要小心呢。过去曾有个人割埂草，不小心把自己的头都给割掉了呢。"

"割埂草把自己的头都割掉了？"几个孩子瞪大眼睛，吃惊而不解地望着施大明。

施大明对着孩子们惊疑询问的目光，清楚无误地说道："是的，这是一个让人扼腕叹息的故事，说起来很是恐怖和难以置信，但据说真有其事呢。"

普丕听了要求说："施大叔，那你就给我们讲讲这个故事吧，让我们也知晓其中的利害之处吧。"

施慧和施明也要求说："阿爹，你就讲给我们听吧。"

好吧，我给你们讲讲这个故事。施大明放下烟筒，端起碗喝了一口蜜糖水，讲述起来。

从前，在米念口一带，有个叫颇拉的村子。

一天，村里来了一个算命先生，这个算命先生气宇不凡，颇有几分仙风道骨之气。村人们纷纷让他算命，都说算得很准，很神。

村里有一个小伙子，五大三粗，血气方刚，脾气暴躁。平时自恃力大，傲视村人，经常出言不逊。他听说这个算命先生算得很准，也来凑热闹为自己算个命，看看自己什么时候能发大财。

他这一算可算出了大问题，算命先生问了他的生辰八字，又认真地看了他的面相和手相，左看右看了半天。忽然显得神情凝重，紧蹙眉头，面露难色，欲言又止。最后叹了一口气，缓慢而沉重，一字一字清楚地说：

“算命不留情，留情不算命，壮汉恕老夫直言，近期你有灭顶之灾，不出月余，你将死于一个螺蛳之下。可惜！太可惜了！”

小伙子万没想到，算命先生会算出如此骇人听闻的结果。他脸色骤变，勃然大怒，涨红着脸，指着算命先生的鼻子吼道：“胡说！你这老匹夫算什么命，我一个七尺大汉，腰圆膀粗，力大如牛，一个小螺蛳，其奈我何？简直是一派胡言乱语！”

算命先生却席地稳坐，闭上双眼言道：“恭话舒心，直言逆耳，闻命遇厄，怒色于形，可解可恕。”

随后，慢慢站起来，说道：“冥冥乾坤，生死命定，天意难违，斯人奈何？”边说着边走了。

小伙子还站在原地，直骂到算命先生走远看不见了，才愤然回家去。

此后过了不到一个月，一天小伙子到田里割埂草，割着割着，忽然看见田埂上有一个螺蛳。他想起算命先生给他算命时说过，他将死于一个螺蛳之下的话。顿时，他怒不可遏，见螺蛳如见仇人。他猛地举起镰刀，嘴里直叫道：“小小螺蛳有何能耐，是我死于螺蛳，还是螺蛳死于我！你个臭螺蛳，我现在就让你死，我叫你粉身碎骨……”他伸头怒视着螺蛳，一边狂叫着一边高举镰刀，用镰刀底端对准螺蛳狠命地砸下去。不料在极度的愤怒和忙乱中，不注意镰刀的刀锋正对着他的脖子，还未等他砸死螺蛳，只听“咔嚓”一声，反而把自己的头砍掉了。

小伙子果然死于一个螺蛳之下，印证了算命先生的预言。

施大明讲完故事，停了一下又说：“这个故事对我们还是很有警示作用的，你们年轻人使用快口刀具时，一定要小心，以免误伤自己和他人。”

普丕听完故事，觉得有点玄乎，但仔细一想，又觉得颇有情理，确实要以此为戒，谨慎安全地使用刀具。施大叔的告诫包含了对晚辈的厚爱，他从心里感到一种深沉的父爱。

普丕又坐着闲谈了一会，就告别施大明一家人回去休息了，施慧把他送到门外。

第二天，普丕和长工们到李士天的稻田里去割埂草。埂草很旺，普丕不断地挥动银亮的镰刀，沿着田埂将草割倒后顺埂脚沤在田里。不多时便割好了一条埂子。

普丕干得正起劲，突然看见草丛里有一条花蛇，正抬着头直视着他做出攻击的样子。普丕大吃一惊！他知道这种蛇有毒，吓得浑身起鸡皮疙瘩，汗毛直竖，出了一身冷汗。他急忙举起镰刀猛击过去，几下便打死了花蛇，丢在埂子上。

普丕将蛇打死后又继续割草，不过遇到花蛇后，他对暗藏在草丛中的危险多了一分警惕。割了半天，他感到肚子饿起来了，因为吃早饭时，李士天给他们吃的菜是辣子，辣得他和长工们都吃不饱饭，所以肚子就提早饿起来了。

普丕想，李士天真是吝啬，舍不得给苦死累活的长工们吃一点好的菜，只想在长工们身上多赚取血汗钱，他愤愤不平，满腹怨气。

普丕一边想着一边割草，他想起了李士天屋里的那几罐卤腐，要是让长工们吃上一罐卤腐多好啊。普丕想着眼睛盯住了那条死花蛇，心里忽然萌生了一个主意。于是他把打死的花蛇用阔树叶包起来，小心地放在衣袋里备用。

傍晚，普丕和长工们做完活计，收工回来吃晚饭。饭菜依然是干饭加辣子。长工们个个一脸不满，但也无可奈何。

普丕就对李士天说："阿波，这几天吃饭尽吃辣子菜，辣子太辣了，辣得我们都吃不饱饭，饿得我们连做活计的力气都没有啦，阿波能不能再给我们吃一点别的菜，譬如白菜啦、卤腐啦这些。"

李士天当然舍不得给长工们多吃菜，但想到只给长工们吃辣子，辣得吃不饱饭而做不动活计，他就亏大了。因此，他对普丕说："哦，辣得吃不饱饭吗？那这样吧，白菜来不及煮了，就吃点现成的，普丕你到咸菜房里捞一碗卤腐让大家吃吧。"

这正合普丕的心思，普丕到咸菜房的卤腐罐里捞出半碗卤腐，把装在衣袋里的那条死花蛇拿出来，放在碗中的卤腐里搅动一番，让死蛇身上都糊满了卤腐。

然后，普丕拿着那碗卤腐和死蛇，急匆匆地来到李士天跟前说："阿波！不好啦！你瞧瞧！这条死蛇在卤腐罐里啊，一罐卤腐都被搅烂了。"

李士天看着沾满卤腐的死蛇，大吃一惊，着急地说："啊！真是一条蛇！怎么搞的？卤腐罐怎么会有一条蛇？卤腐罐口不是盖着的吗？"

普丕也装出很惊讶的样子说："阿波，卤腐罐口没有盖着，盖子在罐旁边放着呢。可能是我阿年捞卤腐时忘记盖上了的。"

李士天是一个很迷信的人，他认为死蛇死在卤腐罐子里是不祥之兆，心里发毛，还生怕外人知道了笑话他，因此他也顾不上可惜了，急着把那罐卤腐处理掉。

李士天沮丧地对普丕说："普丕，这可是不祥之兆呢，是不好的事情呢。算了，那罐卤腐要不成了，你赶快抬出去把它倒掉，而且你还要注意这个事情不要跟别人说。"

普丕听了心里暗暗高兴，立即答应："好的，阿波，我马上抱出去把它倒了。"说着急转身要去倒卤腐，走了两步又跑回来说："阿波，这样倒掉太可惜了，这样吧，趁长工们都不知道，就拿给他们吃吧。这样不祥的预兆也就转移了，出哪样灾祸，也只会在他们身上了。"

李士天听了，觉得普丕这个主意好，说得有道理，就满口答应了。

这样，普丕丢掉死蛇和碗里的卤腐，把一大罐上好的卤腐抱给长工们吃。

长工们很高兴，卤腐好吃，很下饭，胃口大开，津津有味地吃了几顿饱饭。

普丕看见长工们高兴地就着卤腐吃饭，心里很开心。

第十六回　李亮携友过“咪赛代”[1]　普丕耙田巧换壮牛

进入春耕季节，山里的布谷鸟一声接一声地叫唤不停。村里村外的梨花和山野里的百花竞相绽放，田地旁和路边的黄泡树上挂满了黄灿灿熟透的果实，引得孩子们整日围着摘食。村民们忙着犁田耙田拔秧插秧，在片片梯田里紧张地忙碌起来，田野里处处飘荡着春耕的喧闹声。

此时的阿稽竜一派繁忙景象。

在插秧之前有的村子或农户还忙着祭祀田公地母（即田地神），办“咪赛代”祭祀活动，有的以村祭祀，有的以户祭祀。村子里一般每三到五年祭祀一次。阿稽竜村子在两年前就祭祀过一次，故村里今年不再办“咪赛代”祭祀活动，但有的农户年年自己祭祀，以祈求来年丰收。

此时的李士天家里也紧张繁忙起来。李士天吆三喝五，整天骂骂咧咧，驱使着长工和仆人们起早摸黑地做活计。长工们有的放水泡田，有的犁田耙田，有的铲埂理埂，有的拔秧，人们都超负荷地劳动着。

太阳升起来了，可普丕正在呼呼睡觉，屋里屋外的喧闹声并没有影响他沉沉的酣睡。原来昨天晚饭后，李士天对他说：“普丕，后天我家就要栽秧了，今天晚上你去冲莫拉连夜把那里的干田放满水泡田，后天就耙田栽秧。今晚不许睡觉，一定要放满水才能回来，明天让你睡觉休息。”因此他受李士天的指派，去给干田放夜水，忙了一整夜，天亮时才回家睡下，现在睡意正浓呢。

这时，李亮却兴冲冲地来找普丕，见普丕还在蒙头大睡，就一把推醒他，嘴里直嚷：“普丕阿弟，起来，快起来！”

普丕在睡梦中被推醒，揉揉惺忪的双眼，嘟哝道：“谁呀，叫什么？我正睡觉呢。”说着睁开眼，一看是李亮，立即来了精神说：“李亮阿

① “咪赛代”：彝族祭祀活动，即祭田神，目的是禳灾祈福。

哥，原来是你呀！李亮阿哥怎么了？有事吗？”

李亮笑着，不无嗔怪地说：“你呀，太阳都老高了，还在睡觉。我来找你，当然有事啦！你怎么睡起懒觉来了？”

普丕委屈地说：“李亮阿哥，你冤枉我啦，我哪里是在睡懒觉，我才合上眼呢。昨晚我放干田水，熬了通宵，才回来刚刚睡下的嘛。”普丕边说边打着哈欠。

李亮听了说：“哦，原来是这样……”李亮欲言又止，面显难色。

普丕见李亮说话吞吐，着急地催问道：“李亮阿哥，有什么事情？你快说呀。”

“啊！是这样，鲁则代村子办‘咪赛代’祭祀活动，我的弟兄施昊请我去他家里做客。我想请你跟我一起去，我就是来看看你是否有时间。没想到你昨晚一夜没睡，今天确实需要休息，不忍心让你跟我一起去，我只有自己一个人去了。”李亮有点难为情地说。

“不！李亮阿哥，我没事的，我跟你一起去，正好我今天休息有空。”普丕说着一骨碌爬起来。

“那你的身体吃得消吗？”李亮有点担心，关切地问。

“李亮阿哥，我没事的，你放心，我有的是精神。不睡一两晚上不会碍什么事。”普丕边说边穿好鞋子。

“那好，我们现在就走，到鲁则代我弟兄施昊家里吃早饭去！”李亮高兴地说。

普丕迅速地换上一身干净的衣服，跟着李亮到了他的家里，提上鸡、酒、糖等礼物后，二人说说笑笑直朝鲁则代村子走去。

鲁则代是一个有着百余户人家的大村子，与阿稽竜同在一条山脉上。相隔半天的路程，一个早上便能赶到的。

刚到早饭时分，李亮和普丕就赶到了鲁则代村。只见村子里充满了喜庆气氛，人们进进出出，操办着“咪赛代”事宜。李亮和普丕径直走进李亮弟兄施昊的家里。

施昊全家人都穿戴一新，正在家里张罗着早饭。李亮和普丕的到来，使施昊一家人十分高兴，忙让座上茶，屋里充满了欢声笑语。李亮把礼物交给施昊的母亲，老人接过礼物说：“人来了就好，怎么带上这么多礼物，太客气了。”说着把礼物交给儿媳收好，并叫李亮和普丕坐下歇息，说早饭很快就好啦。

施昊家里一共有六口人，父母、哥嫂、侄儿和施昊。施昊的父母已年过六旬，但精神尚好。哥嫂身体健壮，有一个六岁的男孩，活泼可爱。施昊和哥嫂一早就帮助村里备办“咪赛代”活动，刚回到家里，此时正帮着母亲做早饭。

施昊的父亲身板硬朗，精神矍铄，古铜色的脸庞轮廓分明，纹路深刻。是一位饱经世事，阅历丰富的老人。施昊年近二十，青春帅气，热情豪爽。还是一个好猎手，跟李亮是在狩猎场上认识的。

施昊告诉李亮和普丕，鲁则代每五年举办一次全村性的“咪赛代”祭祀。今年距上次办“咪赛代”已经有五年了，所以今年全村一起举办“咪赛代”祭典活动。这就像过节一般，可忙哩。今天就是“咪赛代”祭祀日，早饭各自在家里吃，晚饭全村人都在“咪赛代”祭祀堂的草场聚餐。聚餐的费用按各家参加聚餐的人员集资。下午申时祭祀，然后用餐，不过聚餐时各家的饭自已煮好带去，酒菜由村人在聚餐处备办，以户为单位与客人围席用餐。吃过早饭后，青壮年男子要到聚餐处备办伙食，青壮年女子除一个留在家里煮饭外，其余的要上山去采摘青松毛铺设筵席和做好其他参加聚餐的准备。

说话间，饭菜做好了，满屋飘溢着饭菜的香味。大家围桌而坐，高高兴兴地吃早饭，其乐融融。

吃完早饭喝了一会茶水后，施昊和其哥就要去参加备办祭祀和聚餐的事情去了。施昊对李亮和普丕说，“你们就在家里玩吧，我父亲会在家里陪着你们的，我和我哥就要去帮忙了。”李亮和普丕坚持要一起去，施昊说：“也好，你们去看看吧。”于是四人便带着要用的工具向祭祀点走去。施昊的父亲和侄儿也一同跟了去。留下施昊的母亲在家里煮饭。施昊的嫂子也与其他妇女一起上山采摘青松毛去了。

村里“咪赛代”祭祀和聚餐点离村子不远，就在村子旁的一条山涧边。涧里流水淙淙，清澈透亮，中有一塘清水，水满汪汪。紧挨着山涧是一块足有三亩的水田，田土已经翻犁耙平，田水涟涟，正待插秧。今天“咪赛代”祭祀后，村里就从这块田开秧门。水田南面是层层往下的梯田，北面是一片松林，林下是一处较为平缓的山坡，山坡靠近田的地方是一块开阔的草坪，“咪赛代”祭祀和村人们聚餐就在这块草坪上进行。草坪周围是青葱挺拔的树林，草坪靠坡的地方有一棵高大的沙松树，枝繁叶茂，这就是田地神树。“咪赛代”就祭祀这棵田地神树，祭祀堂就靠着这棵大树搭建。

施昊他们来到时，这里已是一片喧闹，人声嘈杂，笑语阵阵。有人在涧中水塘边宰杀牛猪羊鸡等畜禽，有人在洗菜刷碗，有人在垒灶搬柴，有人在搭建祭祀堂。附近的松林间传来妇女们采摘青松毛的笑语声，还有孩子们在场地中欢快的嬉闹声。呈现出一派繁忙紧张和欢快愉悦的景象。

施昊和其哥都各自忙活去了。李亮和普丕也被这场景吸引，加入忙碌的人群中。李亮去帮忙宰杀畜禽，普丕则帮忙搭建祭祀堂。

其间，场地边上的大小灶炊烟四起，收拾干净的畜禽肉纷纷下锅，厨师们紧张地烹调起来。很快，场地上空便飘荡起浓浓的肉香。

在人们的欢笑声中，经过一番紧张繁忙的劳作，“咪赛代”祭祀堂已搭建起来了，就搭建在草坪边的那棵田地神树前面。祭堂为方形凉棚，边立四柱，立柱缚着青松枝，木条搭棚顶，顶上覆盖着青松枝，堂内设有祭坛香案，并有青松毛铺地，显得庄严肃穆。

村人们忙活了半天，真是人忙时快，申时已到。此时，灶上的各种肉食菜肴均已烹熟备妥，白酒已安排就绪，聚餐用的盆瓢碗筷等一应用具已备好，妇女摘回的青松毛已堆放在场地上，煮饭的人们也带着热饭到了场地上，全村的男女老少都已聚齐。场地上到处人头攒动，人声鼎沸。高兴地等待着“咪赛代”祭典开始。

在众人的翘首期盼中，村里德高望重的祭师站在祭祀堂前司仪，高声宣布：“兹吉日申时到，鲁则代村‘咪赛代’祭祀典礼现在开始！鸣炮！奏乐！”一时间，爆竹震响，锣鼓喧天，唢呐高奏，人群迅速向祭祀堂周围靠拢来。鸣炮、奏乐毕，祭师又高声喊道：“向田公地母祭香烛，献三牲！”

随着喊声，人们点燃祭坛上的香烛，并献上牛头、猪头、羊头、鸡等食品，同时在大田四周也燃上香烛。

接着祭师又喊：“全体村民下跪，向田公地母行跪拜礼，念诵祭文！”

按照祭师的喊声，全体村民齐齐跪下，听祭师念诵祭词：

天地皇皇，乾坤朗朗。尊贵的田公地母在上，我鲁则代全体村民众生谨向神力无边的田地神敬香祭拜，敬献三牲酒馔、果品等美食。祈望田公地母保佑全村田地肥沃，风调雨顺，庄稼茁壮、五谷丰登、六畜兴旺；保佑全村老小丰衣足食，人丁兴盛，幸福安康。尚飨。鲁则代村全体村民叩上。祭祀词颂毕。全体村民叩首、再叩首，三叩首。礼毕，兴！

念诵祭文和跪拜毕，祭师又喊："花鼓队祭献《叫谷魂》舞。"喊声刚落，村里的花鼓队上场跳《叫谷魂》舞，边跳边唱：

高山叫荞魂，荞魂请回家，回来有仓歇，回来有温暖。

山腰叫麦魂，麦魂请回家，回来得安稳，回来得清闲。

田坝叫谷魂，谷魂请回家，回来添人福，回来添人寿。

随着铿锵的鼓声，粗犷有力的舞步声，高亢的呼唱声，伴着人们的欢呼，声音地应山回，响彻云霄，"咪赛代"祭祀活动进入高潮。

花鼓舞跳完，祭祀典礼结束，最后祭师高声宣布："全体村民们、亲戚朋友们，鲁则代村'咪赛代'祭典仪式结束，现在开始聚餐！"

顿时，随着一阵热烈的掌声，人群沸腾起来，欢声笑语响彻全场。随即妇女们纷纷撒青松毛铺席，男人们抬菜送酒，各家各户携带亲友围坐在铺着青松毛的酒席上吃饭喝酒，尽情享受美酒佳肴，开怀畅饮，热闹异常。

施昊一家老小和李亮、普丕团团围坐就餐。主人热情地不断搛菜给客人，频频举杯劝酒。菜香酒甜，林中野宴让人心情舒畅，气氛热烈，主客尽欢。

施昊哥嫂的小儿子显得特别兴奋，他倚在阿波身边，一边啃着鸡大腿一边问阿波："阿波，田公地母能保佑我们丰收吗？能保佑我们过好日子吗？"

阿波不知是兴奋还是酒力上脸，脸庞红红的，听见孙子的问话，喝了一口酒，笑呵呵地说："能呀！田公地母是田地神，掌管着田地粮食的丰歉。只要我们好好祭祀他们，好好地种庄稼，我们就能多打粮食，这样，我们就会过上好日子啦。"

小孙子听了，微笑着眨眨眼，似乎明白了。又好奇地问阿波："阿波，那田公地母在哪里？我们怎么见不到他们呀？”

“哦”，阿波笑起来，拍拍孙子的脑袋说：“田公地母是神仙，他们神力无边，想让人见到就会见到，不想让人见到就见不到的。他们有时住在天上，有时住在大山里，住在我们看不到的地方。但他们看得见我们每一个人，看得见每一块田地，他们管理着天下所有的田地。到处跑着查看。看到庄稼种得好就奖励丰收，看到庄稼种得不好就惩罚歉收，赏罚很分明的。”

“那，阿波，田公地母是从哪里来的呀？”机灵的小孙子追问不停。

看着孩子十分认真地追问不舍，把大家都逗乐了。

阿波被小孙子追问得呵呵笑起来，说：“说到这田公地母的来历啊，那说起来话就长了。这里面有着很感人的故事呢。”

孙子听到有故事更来了兴趣，尖着小嗓子要求阿波说：“阿波，你快讲讲这个故事给我们听吧！”

“好吧！”阿波喝了一口酒，说：“我就把田公地母来历的故事讲给你们听吧。”

阿波也许是高兴，也许是想趁此机会让孙子和家人们增长一些知识，就兴致勃勃地讲起来。

很早以前，天下千里莽林，万里荒地。人们猎捕野兽，采摘野果充饥。食不裹腹，衣不蔽体，饥寒交迫，生活十分凄苦。天神策格兹看到天下的人们，不知垦田种地，不识种粮种菜，不善饲养畜禽，茹毛饮血，生存难以为继。就委派天庭户部大臣兹善为田地神下凡人间，配合先前派下去的庄神专管田地，教人们开田辟地，种植五谷，饲养畜禽，纺纱织布，安定生活。

兹善肩负重任下凡后，化作一个十分英俊帅气的小伙子，协助庄神巡遍五洲四海，走村串寨，向人们传授生产和生活技能，帮助人们过好日子。

一日，兹善来到一个村子，见村旁有一个俊俏的小姑娘跪在一老妪身边痛哭，老妪躺在地上已奄奄一息。兹善关切地上前询问缘由。小姑娘抽泣着泪流满面地说：“家中老父已早年病逝，小女与老母相依为命。但娘老女小，体力孱弱，无力狩猎采果，生计艰难。不幸老母又身染疾病，贫病交加，难以生活，无奈娘俩出外讨生计，却毫无着落，只得又相扶回家。不料老母病体不支，快到家时就倒在村旁无法回家，故而在此伤心痛哭。”

兹善十分同情小姑娘一家的遭遇，他好言安慰小姑娘，并背着老妪帮助送回家里。兹善给老妪服了神药，用带着的粮食喂老妪，老妪的病情很快好了起来。从此，兹善就住在小姑娘家里，帮助她照顾老母亲，就像照顾自己的生母。

小姑娘对兹善的帮助十分感激，同时她爱上了这个英俊善良的小伙子，小姑娘告诉兹善她叫雅黛。兹善也喜欢美丽勤劳的雅黛，帮助雅黛垦田开地，种植庄稼，饲养畜禽。雅黛一家很快就过上了好生活，不久，雅黛和兹善就结婚了，并生育了二男一女三个孩子。兹善和雅黛勤耕善作，抚育孩子赡养老人，生活很幸福。同时，他们还帮助村里人发展生产，使全村都过上了好日子。

后来，孩子们都长大成家了，老母也安然善终。兹善不忘自己的使命，携着妻子周游天下，巡视农耕，不分日夜地指导人们种粮养畜，纺纱织布，医治病患，搞好生产。他们所到之处，风调雨顺，粮食丰收，畜禽兴旺，百姓康乐。渐渐地天下阡陌遍野，粮丰物阜，人丁兴盛，社会繁荣。

天神策格兹看到兹善和雅黛夫妇不辞辛苦，忘我工作，善施天下，帮助人们发展生产过上好日子，使得天下大变，其功昭著，十分高兴，并在天庭对其嘉奖封禅。封兹善为田公，封雅黛为地母，均为土地神仙，永管天下田地。

从此，田公地母发挥着神力，掌管天下田地的丰歉。

阿波讲完了故事，微笑着对孙子说：“田公地母就是这样来的，现在知道了吧。”说完继续喝酒吃饭。

小孙子听得入神忘了吃饭，呆呆地望着阿波。大家也被老人讲的故事所吸引，一时竟忘了动筷子。老人见大家都摆着饭菜不吃，笑着说道：“怎么了，都只听不吃呀？快！喝酒吃肉哇。”说着自己举杯大大喝了一口。席面顿时又活跃起来，一家人又高兴地吃饭喝酒，兴致愈浓。

此时聚餐的场地上，笑语喧哗，到处是杯碗的碰撞之声，互相劝酒的声音不绝于耳。不少人高声划拳行令，引起阵阵欢笑。人们忘却了平日的劳累，大碗喝酒，大块吃肉，开怀尽欢。

不觉间，夜幕降临，月亮挂上了松树梢。酒足饭饱的人们陆续散席收拾东西回家，但也有三三两两的男人们余兴未尽，围着残席高谈阔论，尽管都已醉醺醺的，仍痛饮不停，最终被人步履踉跄地扶着回去。

施昊一家及其客人们都已吃饱喝足，遂收拾东西踏着月光回了家。这时祭堂的香烛已燃尽。聚餐场地和祭堂自然有人善后。

回到施昊家里后，李亮和普丕提出要回阿稽竜去。施昊一家人再三挽留，说黑天瞎地的，不能走夜路，要明天玩上一天再去。即使要走，今晚也要在此留宿待明早再走。但李亮家明天就要插秧，普丕明天一早就要做工，难以留宿。便谢过施昊一家人的盛情，告辞出门，连夜回到阿稽竜家里。

二人到李亮家时，已是午夜，家里人都已睡熟。李亮和普丕仍无睡意，便坐在火塘边喝茶议事。李亮对普丕说：“明天我家就要栽秧了，栽秧前我家自己要做‘咪赛代’，然后就开秧门，家里都准备好了，你明天来我家帮忙一天。”

普丕听了心有顾虑地说：“恐怕李士天不会同意，他肯定不会放我来你家帮忙的。”

李亮说：“这我已经想到了。我打算用我家的一天牛工换你的一天人工。要是在别家那里，三个人工才能换得一天牛工呢。李士天是个唯利是图的人，有这等换法他肯定会同意的，你对他说，后天他家栽秧时，就使用我家的牛做一天的活计，我想这样事情准会成的。”

普丕听了说：“这倒是个好主意，既如此，我想李士天不会不同意了吧，好的，就这么办，只是这样做就亏了你家了，为了我一个人工你家就付出一个牛工。”

李亮说：“为了你我兄弟之情，亏不亏就不讲啦。”

二人商议妥当，又叙了一阵话，就各自去睡了。

第二天一大早，普丕找到李士天说了今天李亮家请他帮忙栽一天秧的事情。

“什么？”李士天瞪大双眼，吼叫起来：“要你去帮李亮家栽秧？你是我家的长工，吃我家的睡我家的，怎么能帮助别人家栽秧？况且我家明天就要栽秧了，今天有很多事情要做的，不行！不准你去！”李士天气得紫红着脸，额上青筋暴跳。

普丕平静地解释说：“阿波，是这样的。李亮说用他家一天的牛工换我一天的人工。我想你家明天就要栽秧了，怕牛工不够，正好使用李亮家的牛做一天活计。”

李士天一听，眼珠骨碌一转，觉得有利可图，紧追问道：“用你一天人工换他家一天牛工？”

“是的，李亮亲口对我说的，叫我回来跟你说的。”普丕肯定地回答。

李士天的脸色立刻缓和下来，忙说：“那好，你今天去帮他家做工吧，但明天一定要拉他家的牛来使用，不得有误，听见了吗？”

“好的。”普丕应声而去。

普丕随即来到了李亮家里。

“怎么样，普丕阿弟，李士天没有刁难你吧？”李亮问道。

“哪有不刁难的，这吝啬精，开始他根本不准我来。我说用你家的牛工换我的人工，他马上就改口同意了，一点都没迟疑。”普丕说。

“我就知道会这样的。你来了就好，我就有帮手啦。我对你说过，今年栽秧时我家要做‘咪赛代’，我们就先杀做‘咪赛代’的鸡吧。”

李亮和普丕把准备好的大公鸡宰杀弄净，交代老父亲将其煮熟后，带少许饭菜、酒和熟鸡来田边做“咪赛代”。此时李亮的母亲早已带着请来栽秧的女人们拔秧去了。李亮和普丕扛着耙和锄头，赶着牛去耙田。

二人来到要栽秧的田边，这是一块冬水田，约有亩余。泥土已经翻犁，田水适中。李亮驾牛耙田，普丕铲理田埂。李亮家的牛个头不小，由于饲养得好，膘体犹在。但终究年迈体弱，气力衰微，耙得较慢。李亮扬鞭催赶，但牛始终快不起来，看来这牛确实老迈了。

日上三竿，李亮和普丕把要栽秧的田耙好，李亮的母亲和几个妇女也背来了拔好的秧苗放在田边，这时老父亲带着“咪赛代”祭祀的物品来到了。

李亮一家人和来帮忙的人们，就在田边做“咪赛代”祭祀。

李亮家这块田的四周都是别人的田，田边没有树木也没有场地。做

“咪赛代”只有因地制宜，因陋就简，就以进水口处的田埂上为祭坛，撒上一点青松毛，在祭坛和田埂四周燃上香烛，然后将熟鸡、饭菜献在祭坛上。大家在田埂上朝祭坛跪下。李亮的父亲口中念道：“大慈大悲的田公地母，神通广大的土地神，我施氏门宗今日开秧门，特燃香烛、献上美酒佳肴敬祭，保佑我家庄稼茁壮，谷穗饱满，粮食箩满楼满，全家人有吃有穿。保佑全家兴旺发达，幸福安康。”父亲念完，大家即三叩首，祭祀结束。

“咪赛代”祭祀结束后，母亲和女人们就从进水口处开始插秧，李亮的父亲、李亮和普丕回家去备办伙食。

中午时分，家里的伙食做好了，母亲也带着妇女们回来吃早饭了。大家高高兴兴地吃饭喝酒。女人们吃完饭休息一会儿后，又继续插秧去了。李亮的父亲、李亮和普丕仍继续喝酒闲谈。谈话间李亮说到，家里的这条耕牛已经老了，耕耙田地已显得吃力，今年尚可勉强撑过，但不知明年还能不能撑得过去。想买条年轻力壮的新牛，但苦于财力不足，只能费力地熬下去了。不知什么时候能更换成一条壮牛，这成了全家人的心焦之事。李亮的话语中充满了焦急之情。

李亮的话触动了普丕的心思。他思忖，李亮阿哥家的这条耕牛确实已老迈体衰了，犁田耙地已经体力不支，如有一条像李士天家那样的壮牛就好了，耕田耙地就不成问题。为此，他也不由得为李亮家的耕牛问题而焦虑起来。普丕沉思片刻，灵机一动，心情豁然开朗起来。他神情飞扬地对李亮说：“李亮阿哥，你不要着急，你家的壮牛会有的，说不定我还能帮上你们家的忙哩！”

李亮听了，似乎也兴奋起来，说：“多谢普丕阿弟的吉言，阿弟果能助上一臂之力，哥不胜感激！不过恕哥直言，恐阿弟会有心而无力啊。”

普丕不以为然地笑了笑说：“李亮阿哥，说不定我真的能帮上你家的忙呢。”

“那好，普丕阿弟。我敬你一杯，以酒致谢了。”说着举杯一饮而尽。其实李亮心里明白，普丕身为李士天家的负债长工，身无分文，哪有钱帮助他家购买耕牛呢？当然普丕的好意他心领了，且作酒话笑谈，不留心里。末了李亮说：“普丕阿弟，买牛是以后的事情。明天你就要用我家的牛给李士天家做活了，你不要让我家的老牛累伤就行了。”

普丕说：“放心吧，李亮阿哥，我会把一条有精有神的好牛给你送回来的。”说着朝李亮举起酒杯，二人碰杯后，都喝干了酒。

次日早上，普丕扛上耙，拉着李士天家的壮牛和李亮家的老牛去耙李士天家要栽秧的水田。女人们一早就拔秧苗去了，吃了早饭就栽秧，所以普丕在早上就要把栽秧的田块耙出来。普丕来到田边，这是一块三丘连在一起的腊发田，已放水泡了三天，干硬的土块已有些软化，但腊发田是比较难耙的。

李士天家的田，垡子又大又硬，很难耙细，但是他家的牛又肥又壮，耙起来不吃力，也耙得快。

太阳渐渐升高，天气很快就热了起来。李士天怕普丕磨工偷懒，就来到普丕耙田的地方监工。他站在离田较远的一棵大树下，一边乘凉一边紧催普丕：“普丕！快点抓紧耙田，今天早上必须把这三块田耙完，女人们吃了早饭就要来栽秧了，不能误了她们的。看你磨磨蹭蹭的，什么时候才能耙得完？耙不完不能回来吃早饭！”

普丕看着李士天那悠闲的样子和把人当作牲口使用的神气，心里自然很气愤。但他心中早已有着一个主意，所以一面扬鞭催牛，一面高声地对李士天说：“阿波，你放心吧，我在早上会把田耙完的，今天我带来了两头牛使用着呢！”

普丕看到田耙得差不多了，就对李士天说：“阿波！你家的牛耙不快，这样慢的话早上是耙不完的，现在得用李亮家的牛耙才行了。”说着他把李士天家的那条壮年换下来，驾上李亮家的那条老牛。趁着李士天不注意没看清楚时，就把耙翻过来，让耙齿朝上耙板朝下。然后踏在耙上大喝一声：“驾！走！”连喝带打一鞭，老牛一时被激起了神，昂头奋蹄，在田中快速跑起来。一下就跑到田头，然后转过身又回耙过来，比李士天家的牛快多了。李士天在树下看得清清楚楚，竟看呆了。

普丕把耙齿朝上后，耙下面是滑板，耙在田中不抓泥土漂在水面上拉着很轻松，这样迅速地来来回回，很快就将三块田耙完了。

于是，普丕大声地对李士天说：“阿波！要不是用了李亮家的牛，你家的这些田块在今天早上是耙不完的，但用李亮家的牛提早把田耙完了，幸亏用了李亮家的这条好牛啊！”

李士天也不答话，只是一个劲地点头，他看得真真切切，李亮家的牛比他家的牛快多了。此时，一个贪念悄然在他心中升起。再加普丕这么一说，李士天对李亮家的牛羡慕极了，贪婪之心急速膨胀起来，他紧盯着李亮家的那头牛说：“普丕！我要用我家的牛换李亮家的牛！”其口气不容置疑，一副非换不可的势头。普丕一听心中大喜，正中他的心意，他正等着李士天的这句话呢。他高兴得差点跳起来，但他不露声色，装出很着急的样子，大声说：“阿波！这可不行的，使不得的。你不晓得，李亮家就靠这头牛吃饭的，是他家的命根子哪！你这不是端了他家的饭碗了吗？”

李士天根本不理会普丕的叫喊，还狠狠地说：“不是还有我家的牛换给他家了吗？我家的牛也不赖，他家就那么一点田地，是完全耕得过来的，照样有饭吃，少废话！就这样了！”

“阿波！这不能换，真的不行的。我怎么回去跟李亮一家交代呀！”普丕装作哭丧着脸，语气急切地喊。

李士天大声喝道：“怎么不行！在阿稽竜这个天地里就是我说了算。我要的东西谁敢阻拦？你回去跟他家说，他家的牛我李士天换定了。以后如果他家用牛紧了，可以过来借用我家的牛一两天，但不能再把他家的牛拉回去，我也不会把我家的那头牛拉回来了。”说着昂头哼鼻地拉着李亮家的牛扬长而去。

普丕站在那里，心里无比高兴，他终于用李亮家的老牛换得了李士天家的壮牛。他想这下可帮助李亮家解决大问题了，李亮家耕耙田地再也不用愁了。

普丕在箐水里痛快地洗了个澡，然后兴奋地吹着口哨，拉着换来的李士天家的那条壮牛，到李亮家送牛喝酒去了。

第十七回　老叟讲述“石人之恋”　普丕用计巧砍床架

一天，李士天把普丕叫到面前，然后用两个手指向下张开，形成一个“∧”形对普丕说：“普丕，你今天到山上砍几棵这种树杈回来，我要搭几张床架。”

普丕听了认真地照着李士天的样子，把两个手指向下张开，也形成“∧”形问李士天：“阿波，是这种形状的树杈吗？”

李士天粗声拖气地说：“对，就是这种形状的树杈。”

普丕问明白后，心中自有了主意，便痛快地答应说：“好的，阿波，我立即上山去砍回来。”

于是，普丕带着砍刀上山砍树杈去了。

普丕走出村子，沿着山路，走进了村子后面的法衣起箐里。法衣起箐是这一带的一条大箐，箐中常年溪水流淌。箐两旁的山头很高，但坡度较为平缓，箐口很宽敞。山腰和山头是茂密的森林，箐边山脚青草灌木丛生，各种山花四季开放，各种野兽出没其间，是放牧牛羊和狩猎的好地方。

走进山箐不久，可以远远看见箐两边各有一座挺拔的山崖，两座山崖相对耸立，其形状酷似两个人身。更奇的是一个像男人身，一个像女人身。男人身上林木苍苍，女人身上青草簇簇。

普丕走在山箐里，山风徐徐，身上感到丝丝凉意。他顺着箐边爬上一座山坡，走到一个较为平缓的山包上，坐在野花丛生的草皮上，气定神闲地观看着箐里的风光，觉得一派生机盎然。遥望两座对峙的山崖，似乎引起了他某种说不清的联想。此时，阳光融融，清风拂拂，阵阵松涛声在耳畔回响，他感到周身的舒服与慵懒，顿感阵阵睡意向他袭来。他就地倒在草皮上睡了起来，很快便进入了梦境。在迷糊中似乎传来了一阵动人的歌声。他不知是在梦境里还是醒着，却听得这般唱道：

淙淙的泉水常年流淌，
艳艳的山花永在绽放。
深深的爱情无比炽热，
依依的恋人生死相望……

伴随着悠扬的歌声，传来了清脆的铃铛声和山羊的叫声。普丕睡意全消，完全清醒了，他坐了起来。是一个牧羊的老人在唱歌：

百鸟的叫声那样动听，
群花的开放那样迷人；
清澈的泉水那样甘甜，
苍茫的群山那样壮美；
忠贞的爱情那样久远，
感人的故事那样永恒……

歌声中一群山羊在欢快地追逐吃草，一位老人伴随着羊群健步走来。老人径直走到普丕身边坐下来，朗声说：“小伙子，轻风拂树枝，丽日映蓝天，多好的景致啊！你似乎沉迷于此地，在做什么呢？”

老人鹤须童颜，耳聪目明，声音洪亮，一身透着豪气，性格开朗直爽。见到普丕热情地询问道。

普丕说：“阿波，我上山砍床架树杈，来到此地小憩观景，顿感一身倦意，竟迷迷糊糊睡着了，听到你的歌声才醒了过来。”

老人开心地笑了起来，看着普丕慵倦的神态，把身上带着的装水的葫芦递给普丕说：“小伙子，渴了吧，喝一点。”

普丕此时也真有点渴了，也不推辞，接过葫芦仰头喝了一大口。顿时一股辛辣顺喉而下，直抵肺腑。他张大嘴巴拽长脖子，“啊啊”地咳起来。原来这是一壶烈酒啊！普丕还以为是一壶水呢，没想到竟是一壶酒。老人上山带酒当水喝，还真少见！普丕直觉一般热流向全身扩散，他用手“扑扑”地拍打着辣乎乎的胸口。

老人看着普丕的窘态哈哈大笑起来说：“小伙子，怎么样，够劲吧？

这才解渴呢，看你不是马上就有精神了吗？”

普丕确实一口酒下肚，慵意全消，精神振奋起来。他说：“阿波，你刚才唱的山歌真好听，是什么歌呢？”

老人又笑了起来说：“哦！我呀，不好意思啰，人老心不老，经常爱唱点情歌，刚才唱的就是情歌。”稍停又说：“我这一路放羊一路心中有感触，歌声也就随口而出了。唱着歌不仅消除寂寞，不觉间一天也就轻松地过去了。”

“心有感触，歌声随口而出。阿波，难道你唱的情歌跟这里的景物有什么关系吗？”普丕疑惑地问老人。

“有哇，小伙子，你很聪明，你猜得不错。我刚才唱的情歌跟这里是有直接关系的。可以说是跟这里发生过的爱情故事有关呢。”老人说。

“跟这里发生过的爱情故事有关？阿波，难道这里发生过一场不寻常的爱情故事吗？引得你老人家有感而歌？”普丕惊疑地向老人追问道。

“是的，”老人说：“这里发生过一个十分凄美动人的爱情故事，一个永恒的爱情故事，千古流传啊！”看得出老人对这个爱情故事深深地感叹。

“那，阿波，你能不能给我讲讲这个爱情故事？”普丕怀着渴求的心情向老人询问道。

老人没有直接答话，而是用手指着前方那两座相对耸立的石崖问普丕：“小伙子，你看见前面那两座石崖了吗？”

“看到了。”普丕不解其意地回答。

“像不像两个面对面的人站着？”老人又问。

“像，很像的！”普丕回答。

“像不像一个是男的，一个是女的？”老人继续问。

“像，太像了，我刚才看了，还有点神奇呢。”普丕回答说。

“是啊，故事就在这里，就是这两座石崖的爱情故事。这两座石崖是两个年轻的恋人变成的。”老人直视着石崖，声音有点低沉地说。

“那两座石崖是两个年轻恋人变成的？”普丕感到十分惊奇！恳求老人快讲一讲。

老人打开葫芦大大地喝了一口酒，长长地呼出一口气，声音缓慢地讲述起来。

很早以前，这里的山没有这么高，周围有着大块的绿草地。在摩白可村子下面的槽子河里，是一片亮汪汪的湖。湖里波光涟涟，鱼儿遨游，渔船穿梭，法衣起箐比现在还开阔，中间是一条哗哗的大河，流向槽子湖里。

在法衣起河西岸靠近槽子湖的地方，有一个村子叫他旦，村里有一个小姑娘叫念雅。念雅家境贫寒，父亲已病故，母亲因病失明。念雅和母亲，孤女寡母，相依为命。平时母亲打草鞋，念雅放羊艰难地过日子。念雅姑娘长得很漂亮，既贤惠又勤快，能唱一手好山歌，人们都夸念雅是个好姑娘。

在法衣起河东岸上游，有个村子叫尼冲，村里有一个小伙子叫莫可。莫可家贫如洗，父母双亡，无土无地，经年打柴为生，日子过得十分清苦。

这天，莫可像往日一样上山打柴，正做得起劲，忽然一阵清脆甜美的山歌，从远处的丛林间随风飘来：

天空缓缓飘白云，
地上咩咩跑羊群；
青山楚楚开鲜花，
树上声声鸣画鹛；
姑娘悠悠唱山歌，
清风徐徐迎歌来……

是一个姑娘在唱歌，轻盈柔美的歌声在山林上空飘荡，十分动听。莫可被这美妙的歌声所吸引，不由自主地停下手中的活计，侧耳细听，歌声却停住了。莫可翘首探望，只见草木不见人影。这时风吹草低处出现了一群觅食的山羊，随即传来了一阵羊铃声。哦！原来是个牧羊的姑娘在唱，莫可明白了。歌声实在太好听了，莫可想再听听，但除了阵阵松涛声和羊铃声，再没有歌声传来。莫可放弃了聆听，继续打柴。

秋日的天气说变就变，晴朗的天空忽然狂风骤起，乌云密布，紧接着一阵急雨落下来。莫可立即放下手中的活计，跑去近处一座半悬空的石壁下撑开雨具避雨。这时却在风雨中见一个姑娘头顶一块布帕，从羊群那边的草丛里慌忙跑出来，寻找避雨的地方。一时慌张，不慎“啊”的一声跌倒在地。莫可立即跑出去，扶起倒在地上的姑娘说：“阿妹，快，到那边石壁下避雨！”说着拉住姑娘跑到石壁下，并用自己的雨具为她遮雨挡风，自己却淋着雨。雨“哗哗”地下着，冷风一阵阵吹来，姑娘衣服单薄，经雨淋风吹，感到有些寒冷颤栗。莫可脱下自己身上的褂子给姑娘穿上御寒。姑娘心存感激地望着这个健壮而善良的小伙子。

悬崖下，一个小伙子和一个小姑娘，两个陌生的年轻人，第一次在一起避风雨，在一张雨具下挨得这么近，各自都感到有些紧张和拘束。双方仿佛听得见对方咚咚的心跳。在交谈中两人互报了姓名，互通了家庭情况，都感到有着同样的遭遇，两颗年轻的心贴近了。

突然而至的阵雨，来得快去得也快，不多时雨停了，乌云很快飘散，又现出了蓝天丽日。莫可和念雅离开避雨的地方，念雅脱下褂子交还莫可，感谢莫可的帮助，并眼光灿烂地看着莫可，报以甜美的笑容。莫可继续打柴，念雅收拢被风雨驱散的羊群，继续放牧。但两颗在风雨中相识的心，从此便联系起来了。

自这次在风雨中避雨认识后，莫可、念雅总是互相记挂着。莫可每天在山上打柴，念雅每天在山上放羊，两人有了更多的见面和交谈的机会，互相有了更多的了解，日益加深着他们的感情。

莫可的柴要挑到摩白可街上卖，经过念雅所在的村庄。莫可有时在念雅家里歇脚和食宿。念雅家里的烧柴也都是莫可挑来的。念雅的母亲虽然双目失明，但每天都坚持打草鞋，打出的草鞋又结实又美观，人们都很喜欢买她的草鞋来穿。莫可经常给念雅和母亲买来吃穿用的东西，像自己的亲人一样对待她们。念雅的母亲也很喜欢莫可这个小伙子，视如自己的儿子一样。

一次，念雅在山上放牧时不慎扭伤了脚，难以行走。莫可背着她赶着羊群送回家里，并且在疗伤期间为念雅放牧羊群。

莫可还到处询医问药，从郎中那里买回药品，挖回自己寻访到的偏方草药给念雅母亲治眼病。如此坚持治疗一年有余，奇迹终于发生了。念雅母亲的眼病竟治好了，老阿嫫重见光明！念雅和母亲高兴万分，深深感激莫可的帮助。莫可心里也是说不出的高兴和激动。念雅的母亲复明后，不仅继续打草鞋，而且还下地种粮种菜，家里的生活渐渐有了改善。

转眼快过大年了，念雅和母亲十分热情地邀请莫可来家里过年。莫可很高兴，爽快地答应了。莫可为念雅和她的母亲每人买了一套新衣服。这可把念雅母女俩乐坏了，多少年来没能买上一套新衣服，今年过年有了新衣服穿，念雅和母亲别提有多高兴了。莫可还买回了过年的酒肉，唯独没有给自己买一件新衣服。念雅和母亲看在眼里疼在心上，买回了布料，母亲精心地给莫可做了一套新衣服，念雅给莫可缝制了一双新布鞋。莫可却当作宝贝舍不得穿，放在枕头边常常翻看。莫可和念雅母女像一家人一样，喜喜欢欢过了一个大年。

这一年，到了念雅母亲的六十诞辰，念雅和莫可商量好后，破天荒地宰了家里的一只山羊，办筵席寿面，请来亲友和街坊邻居，热热闹闹地为母亲过了六十大寿。一辈子没有过过生日的母亲感动得流下了热泪。

念雅和莫克互相帮衬着，清苦而又愉快地过着日子，两人渐渐产生了深厚的感情，心贴得越来越紧，都深深地爱上了对方，觉得在一起充满了幸福感，感到谁也离不开谁，难舍难分。

念雅更加出落得楚楚动人，美丽如花。四村八寨的小伙子们纷纷前来求婚。但都被念雅回绝了，因为她已经有了心上人莫可。

槽子湖边上有个他依村，村里有个财主叫那莫。那莫自恃财大气粗，为富不仁，横行霸道，欺压村民，欺男霸女，肆意妄为，民愤极大，但都慑于他的权势，无人敢与他抗争。那莫对念雅早已垂涎三尺，他虽已有三房妻妾，但仍想娶念雅为妾。以丰厚彩礼为诱，请媒婆来提亲，被念雅一口回绝了，那莫又施淫威逼婚，念雅也坚拒不屈。那莫恼羞成怒，带着家丁强行抢走了念雅，念雅的母亲为护住念雅也被打伤。莫可听说后，急从打柴的山上跑下来，到那莫家论理，也被其家丁打成重伤，被乡亲们抬回念雅家里救治。

莫可痛苦万分，怒不可遏，真想与那莫拼命。念雅的母亲终日以泪洗面。念雅被抢到那莫家府里后，那莫对念雅软硬兼施，威逼利诱，逼其成婚，均被念雅严词拒绝，誓死不从。念雅被打得遍体鳞伤，不省人事，最后被关在一间牛厩里。

那莫强抢念雅的暴行传出去以后，四方的村民们群情激奋，对作恶多端的那莫早已义愤填膺，民众的怒火终于暴发了，人们从四面八方迅速拥聚过来，愤怒地带着扁担锄头、斧子镰刀，连夜打着火把，潮水般地涌向他依村，将那莫的府宅团团围困起来。声言放了念雅，否则火烧府宅，踏平庭院。怒吼声震天动地，势不可挡。

平日里趾高气扬，不可一世，目中无人，称王称霸，横行村寨的那莫和众家丁，面对如此的众怒和威势，已被吓得胆战心惊，无力抗拒，慌忙放了念雅。

此时念雅满身血污，奄奄一息。乡亲们赶忙把念雅抬回家里救治。念雅的母亲和莫可一起跪下，感谢乡亲们的相救之恩。乡亲们赶忙扶起他们安慰了一番后，方才散去。

这场磨难考验了念雅和莫可之间坚贞的爱情，他俩更加相爱，生死相依。在念雅母亲的撮合催促下，他们决定就在过中秋节时结婚。念雅和莫可的婚事已定，念雅的母亲也了却了多年的心事。

莫可和念雅高兴地订了婚事，他俩心中都充满了甜蜜之感，憧憬着未来美好的生活。念雅的脸上终日洋溢着幸福的笑容，显得愈发俏丽，光彩照人。在放羊的山上她放开歌喉，尽情地欢唱：

明亮的太阳如此温暖，
青葱的群山如此壮美；
溪水的欢唱如此动听，
鲜艳的花朵如此俏丽；
欢跳的羊群如此可爱，
五彩的蝴蝶如此迷人；
心上的人儿如此深恋，
姑娘的心啊如此甜蜜……

念雅觉得每天都生活在幸福之中。

不料，一场更大的厄运悄悄地向念雅和莫可袭来。

在可拉箐上方的黑虎山里，有一个幽深的大溶洞，洞中有一个大水潭，潭里终年白浪翻滚，涌出一股大水，注入槽子湖里。洞内四季雾气腾绕，寒气袭人，阴森恐怖，世人不敢入内。

不知何时，来了一个魔头，带领一伙小妖，霸占了溶洞，在洞内建造魔宫，占洞为王。这魔头有一件法器，法力无边，非常厉害。法器一旦发动，顷刻间狂风暴雨，雷鸣电闪，劈山裂地，推山移河，无所不能。魔头仗着法器，胡作非为，兴风作浪，为害四方，村人无不闻之色变。魔头的法器平时藏在密室的宝箱里，无人能触。

一日，魔头闲来无事，便化作一条鲤鱼顺法衣起河而下，观赏两岸风光。忽闻一阵优美的歌声，忍不住驻足探望，见是一个牧羊姑娘在树林旁边的山花丛中忘情地欢唱，姑娘的美丽使魔头看直了眼，忘了动弹。立时它恶念顿生，欲占其为妻。它立即返回洞内，叫来几个小妖说：“我看见法衣起河边坡地上，有一个会唱山歌的漂亮姑娘，你们去把她抓来，我要娶她为妻，做压宫夫人！”小妖们应声奉命而去。

原来这一天，念雅正在法衣起河边放牧羊群，见岸边草地上鲜花锦簇，争相绽放，欣喜之中欢唱起情歌。不想被魔头撞见，向她伸出了黑手。满心欢欣的念雅，哪里会想到灾难正向她降临。此时，念雅正欢快地采摘鲜花，突然有一团黑雾飘来罩住了她，顿时她眼前一片漆黑，意识模糊，飘然腾空而起，只觉耳边呼呼风声作响。不多时只听“噗喳”一声落下地面，黑雾散去，意识清醒过来。她定眼一看，身处一座宽敞的洞内，四壁辉煌，烛光明亮，周围是一群形容怪异的小妖。在正堂一张宽大的虎皮椅上坐着一个虎头熊腰、一身棕毛、满脸狰狞的妖怪魔头，双眼直勾勾地逼视着她。几个气喘吁吁的小妖上前对魔头拱手叫道：“大王，奉你的命令，已将牧羊姑娘请来！”

那魔头“嘿嘿”地怪笑两声，粗声大气地说：“好！小的们干得好！今晚赏你们喝酒，你们歇息去吧！”小妖们欢喜离去。

然后，魔头一脸堆笑，抬起硕大的毛茸茸的头颅，对念雅说：“漂亮的姑娘，我把你请到我的洞里来，是要娶你做我的压宫夫人。”说着嘿嘿地干笑了几声继续说：“你到我宫里来就享福了。你看，我的宫殿里到处堆着金银珠宝，你要什么有什么。你就可以饭来张口衣来伸手，坐享其福了。你就嫁给我，做我的夫人吧。”说着离开座椅走到念雅身边，眼里喷着欲火，团团地围着念雅转了几圈。

念雅已经明白，自己已经深陷魔窟了。她眼里喷着怒火，大声地对魔头说："老魔头！你把我抓到这里，做你的什么夫人，你休想，我是不会答应你的！你的什么金银珠宝，什么坐享清福，我一概不稀罕！你赶快放了我，让我出去！"

魔头听了，眼里喷射着凶光，却皮笑肉不笑"嘿嘿"地冷笑着说："是吗，美人，不要生气，我会叫你答应的。"然后转身对众小妖说："小的们，先把这姑娘关起来，不要让她跑啦，待我慢慢地享用她！"接着他站在高台上又大声说："小的们，现在开宴！今天是我夫人到宫里来的好日子，大家要痛饮庆贺，一醉方休！"

几个小妖将念雅关在牢里。

众妖们在一片欢呼声中摆开筵席，大吃大喝起来，众小妖们纷纷给魔头敬酒祝贺。

魔头嘿嘿地怪笑着，一碗接一碗地豪饮起来。

这时，一只老乌龟蹒跚地路过这里，魔头看见了满口酒气地嚎叫起来："小的们，看呀！这堆老牛屎爬来了！"他把一只脚踩在乌龟背上继续叫嚷："这牛屎想必是参加宴会来了，那我就赏它一口酒！"说着把一大口酒喷吐在乌龟头上。老乌龟不胜酒力，突然受到酒的刺激，一时间"喀喀"地咳嗽起来，众妖哄笑。

"看啊！这堆牛屎又放屁啦！"魔头叫着，然后一脚把乌龟踢进水潭里，溅起一片水花。魔头看着落水的乌龟又叫道："看呀！牛屎到水潭里洗澡啦！嘿嘿。""哈哈哈！"众妖狂笑。

入夜，魔妖们酒足饭饱，散了筵席。魔头醉醺醺地要跟念雅同房，念雅誓死不从。魔头大怒，叫众妖捆绑痛打，打得念雅皮开肉绽，鲜血直流，最后魔头吼道："小的们，把这女人关在水牢里，不要放她出来，直到她答应为止！"

众妖把遍体鳞伤的念雅关在水牢里。

念雅家里，急坏了念雅的母亲和莫可。天已经黑了，一直不见念雅归来。急得念雅母亲坐卧不安，茶饭不思。莫可连夜上山去寻找，只见蜷缩一堆的羊群，却不见念雅的踪影。他把羊群赶回来后，又上山继续寻找。

一弯冷月挂在东边天上，地上朦朦胧胧，在惨淡的月光下，莫可找遍了山头找遍了草地，找遍了河岸，找遍了一切能找的地方，始终不见心爱的念雅。他心急如焚，不停地寻找，不停地呼喊：“念雅！念雅你在哪里？”他急切的呼喊声在夜空山野里久久地回响，传得很远。

夜已经很深了。魔洞里的大小妖都已酣然入睡。念雅被关在阴暗潮湿的水牢里，紧锁的牢门由一小妖看守着。周围一片寂静，唯有洞壁上滴滴答答的落水声，念雅忍着周身的疼痛，双脚泡在冰冷的洞水里，双手扶着铁栏杆站立着。她满脸怒火，心里无比激愤！她思念母亲，思念莫可。此刻他们在做什么？一定是在寻找自己。她伤心地流着泪无比地思念亲人。她感到无比的凄苦，悲愤的歌声脱口而出：

无情的魔窟黑暗深沉，
冰凉的水牢浸透肌骨。
深爱的亲人身在何处？
可怜的姑娘深陷魔窟。
愿化作烈火焚尽妖魔，
盼冲出牢笼奔向亲人……

凄婉悲愤的歌声久久在牢洞里回荡。歌声停息，牢洞里又恢复了寂静。

“姑娘，念雅姑娘！”忽然一个轻微而清晰的声音传进了念雅的耳朵，她以为是幻觉。“念雅，念雅姑娘！”声音又一次传来。念雅听得很真切，分明是有人在呼唤她。她举目四望，却不见一个人影。她惊疑地问道：“你是谁！你在哪里？是你在叫我吗？”

“我是老乌龟，在你脚旁。”念雅循着声音望去，只见一只老乌龟在囚笼外她脚旁的水里，正张嘴跟她说话。

念雅惊愕地说：“尊敬的老乌龟，我是一个饱受磨难的姑娘。你怎么知道我的名字？你来做什么？”

“可怜的姑娘，我同情你的遭遇，我是来救你出去的。”老乌龟说。

念雅听了说：“救我出去？尊敬的乌龟，洞穴这么深，囚笼这么牢，你怎么救我出去？你为什么要救我出去？”

“姑娘啊，你听我说。”老乌龟讲道：“这个溶洞原来是我们乌龟族群的幸福家园，我在这个洞里生活了千年。后来魔头带着一班小妖抢占了洞穴，杀死了我的族群。见我年迈无用，才把我留下。但这群妖魔百般欺辱我，迟早我也要被它们害死，我痛恨它们。”说到这里老乌龟停了一下又继续说：“我经常在法衣起河里上下游玩，时常见到你和莫可，你俩深深地相爱，真是天生一对。这老魔头却要强占你为妻，破坏你和莫可的姻缘。我决不会让它罪恶的邪念得逞。我要让你和莫可团聚。我一定要拼着命把你救出去。”

念雅听了十分感动，她心怀顾虑地说：“尊敬的老乌龟，我十分感激你的相救之心。但是牢笼这么坚固，不仅有铁锁，而且有小妖把守牢门。特别是魔头有法器，无所不能，我怎么出得去呢？”

老乌龟却信心十足地说：“可爱的姑娘，你放心吧！我老乌龟在洞中已修炼千年，懂得一些法术。我会用法术打开牢门。我已对守门的小妖施了催眠术，使它深睡不醒。而且我已多次化作流水潜入魔头的密室，打开宝箱观察魔头的法器，我对法器很熟悉。在来这里之前，我已进入密室打开宝箱，启动了法器的暗机。到今晚鸡叫时，法器就会爆炸，大小妖魔们将全部被炸死，我也将死去。但到时你只要跟莫可紧紧地抱在一起形成阴阳体，就会在爆炸中安然无恙的。否则你和莫可也将变成石头。不过你放心，你有足够的时间与莫可相会。现在离鸡叫还有一个时辰，你赶快去，莫可正在法衣起河边寻找你。你到了那里就可以见到他，注意路上不要耽搁，尽快赶到莫可身边紧紧地抱住他。现在众妖魔正在酣睡，不会警觉。我开启了法器的暗机魔头是不会知道的。一个时辰后守牢门的小妖就会醒来，见到你已逃离，就会报告魔头追赶再把你抓回来的，所以你走得越快越好。我现在就给你打开牢门，你立刻出去。”老乌龟说完，从口中喷出一道闪光直冲牢门铁锁，只听“咔嚓”一声，牢门被打开了。“念雅姑娘快去吧！”老乌龟催促道。

念雅对老乌龟的相救感激万分。但她不忍心老乌龟为救她而死。她流着热泪说：“慈悲恩重的老乌龟，我不忍心让你为救我而死，我不能走！”

老乌龟焦急而又情深义重地说：“善良的念雅姑娘，你就安心地走吧。我在这里迟早会被魔头害死，况且我已千岁，已是寿终之期，来日无多。你还年轻，美好的日子还长着呢。还有你慈祥的母亲和心爱的莫可在焦急地等你回家呢。而且法器的暗机一经启动，就不可逆转。时间紧迫，你快走吧，去找你的幸福去吧，”末了又说：“法器爆炸之时，你家屋内墙角的那堆芋头会变成一堆金银财宝，足够你家过上富足日子的。”

念雅泪如雨下，感动万分，说：“感谢老乌龟的救命之恩，我将永世不忘！”说完跪下给老乌龟磕了三个头，走出牢门。回头看见老乌龟深情地目送着她。

念雅飞泪走出魔窟，只见群妖在酒桌旁横七竖八地沉睡着。那魔头歪倚在虎皮椅上酣睡，鼾声如雷。

念雅迅速跑出洞口，飞奔而去。路上月光朦胧，四野静谧，偶尔传来几声夜鸟和野兽的叫声。念雅无暇旁顾，一个劲地往前急走。他跑过了一道道山梁，走过了一条条山箐，终于来到了法衣起河边上。她已经隐约地见到河对岸，正在焦急地寻找着她的莫可的身影。“念雅！念雅你在哪里？”一声声急切的呼唤清晰地传过来，见到心爱的莫可，她激动得流下了热泪，喘着气，招着手，高声地应答：“哎！莫可！我在这里！”听到念雅的应答声，莫可也看到了她。莫可欢心如狂地向她奔过来，念雅也朝莫可跑去。

这时念雅后面，火光冲天，叫喊声一片，声音嘈杂。魔头率着众妖举着火把追过来了。原来一个小妖在酒席上吃坏了肚子，疼得在地上打滚，大喊大叫，吵醒了魔头和众妖。魔头一看念雅已逃走，急带众妖拿上法器尾追而至。

念雅已经来到河边，河水浅浅的，刚没过足膝。念雅正要抬腿涉河过去。走几步就可以到莫可身边了，她无限欣喜。正在这时，只听“哗啦”一声，河水突然暴涨，浊浪翻滚，汹涌澎湃。法衣起河变成了一条滔滔大河，横亘在念雅和莫可之间。咫尺之遥立即变成了天堑。这是魔头为了拦阻念雅与莫可相聚而启动了法器，使小河变成了大河。念雅和莫可被阻隔在河水两岸，无法过河。急得二人在河水上下游跑来跑去，来回寻找渡口。但哪里也过不了河，两人对滔滔河水毫无办法。两人面对面焦急地呼唤对方。魔头和小妖们已追近念雅，魔头大声叫喊："赶快抓住她，不要让她跑啦！"众小妖嗷嗷怪叫着向念雅扑过来。

这时，一声嘹亮而悠长的雄鸡的啼鸣声，划破了灰蒙蒙的夜空。随即一声惊天动地的爆炸声响起，随着响声五彩缤纷的火花布满了天空，就像满天的星星落下来。魔头的法器爆炸了，大小妖魔们均肝胆俱裂，悉数被炸死。念雅和莫可也即刻成了两尊石头，面对面矗立在法衣起河两岸。焦急地盼望相聚的形象凝固成了永恒。

法器爆炸时，念雅家里满屋红光，内屋墙脚的芋头堆金光闪闪。念雅的母亲觉得奇怪，走近一看，见芋头堆变成了一堆金银。失去念雅和莫可后，念雅的母亲靠着这些金银安然地度过了晚年。

今天我们所看到的法衣起箐中，那两座相对矗立着的像男女的石崖，就是当年的念雅和莫可变成的。他们永远面对面遥望着，焦急地盼望着相聚呢。

老人的故事讲完了，双眼却紧紧地望着那两座石崖，似乎陷入了沉思。过了一会儿，老人长出了一口气，站起来说："好了，时候不早啦，我得赶羊群去了。小伙子，你也该去砍你的床架了。我走啦。"说完追赶他的羊群去了。

普丕的情思深陷在故事中，老人走时他才缓过神来。高声对走远的老人说："阿波，你慢走！"

普丕坐着望了两座石崖好一阵，他觉得老人讲的这个故事既感人又悲壮。他为念雅和莫可最终没能相聚而惋惜和遗憾，又为他们能永远地面对面相守而庆幸。

老人放牧羊群的铃声渐行渐远。普丕看看天色回家去还尚早，就在箐边找了一些蕨菜和蘑菇带回去给李方氏。

傍晚，普丕空着手，装出很疲惫的样子回到家。

李士天一看普丕空着手回来，就满脸怒气地吼道："普丕！我叫你去砍床架，你怎么不砍回来？"

普丕装出很委屈的样子，有气无力地说：“阿波，你莫发火。今天我把山山箐箐都找遍了，只见朝上的‘V’形树杈，就是没有朝下的‘Λ’形树杈，所以没有办法砍回来，累得我腿都迈不动了。”说着普丕还用手照李士天早上的说法比画了一阵。

李士天干瞪着眼睛无话可说，气得直发抖，用手指着普丕，说不上话来：“普丕，你……你……你呀！”随后一甩手，转身走了。

普丕看着李士天气急败坏的样子，心里很是解气和痛快。

第十八回 舍身救人话女郎中 治病休息说辣子树

在靠近六丫头村的一条山箐里，有一棵很大的万年青树。因为这棵万年青树年久衰老，历经风雨，部分树干已枝枯叶落。树上布满着绿茵茵的青苔和斑驳的枯树皮。说来也怪，偏偏在高高的树丫枯洞上，长出一棵挺拔的辣子树。辣子树干壮叶茂，在荫荫绿叶中缀满了鲜红发亮的辣子，别有一番景致。一次普丕路过树下，看到这般景况，历久未忘。普丕知道，这是落在枯树洞里的鸟便中的辣子种生长出来的。

五月里，炎炎盛夏，天气闷热，令人难受。恰在此时，普丕不慎受凉，患了伤风，头痛发冷，浑身酸疼，四肢无力，身体沉重。早晨，该是起床的时候了，但因普丕有病在身，不想动弹，躺在床上，普丕很想休息一天。可他是李士天家的长工，他知道这个愿望是奢侈的。

果然，屋外传来了李士天催命般的叫喊声："普丕！怎么还不起床？快起来，今天到维旦去挖蚕豆田去，那里的蚕豆刚割完，要赶快翻挖起来晒垡子，等待栽秧。"

"阿波，我病了，伤风了，今天让我休息治病吧。"普丕病恹恹地恳求李士天说。

"什么？病了？装什么病！"李士天怪叫道："看你脸红气壮的，一天吃几大碗饭，会得什么病。不要装病了，快给我起来挖田去！"李士天句句紧逼，随后又恶狠狠地说："听见没有！快去挖田！今天你不出工就不能吃饭！"说完气哼哼背着手"咚咚"地走了。

普丕无奈，拖着病体，扛上锄头，头昏脑涨地到维旦去挖蚕豆田。走到村口遇上李方氏从菜地里回来。李方氏看见普丕一副病恹恹的样子，关切地问普丕："普丕侄儿，你要到哪里做活去？看你脸色和精神都不好，你怎么了？病了吗？"

普丕回答说："李大嫫，我要到维旦去挖蚕豆田去。今天我得了伤风，没力气做活，可李士天阿波逼我做活去。"

"啊，伤风了，是吗？让我看看！"李方氏说着走过来摸了摸普丕的额头又说："噢，真是的，头好烫呀，身上正发着烧，病得不轻呢。这怎么能下地做活啊！这李士天就是只叫人干活，却不管人家死活，心真狠啊！"

李方氏又关切地说："生病了，不能大意的，要吃药。我回去给你熬药去，送来给你吃。"接着又心疼地嘱咐道："你病得这么重，还要去做活，要悠着点干，实在干不动就在田边休息，我会尽快送药来给你吃的。"说着急急地回家去了。

普丕昏昏沉沉地走到维旦，忍着病痛，挥锄挖田。天上晴空万里，太阳渐渐升高，时近中午，烈日当顶，普丕拖着病体在如此炎热的天气下劳作，几近昏厥，他实在坚持不住了，只得扶住锄把，站在田里喘息一会。

这时，李方氏提着药罐和早饭急匆匆地赶来了。看见普丕在酷热下费力地挖着田，心疼又心焦。她心疼普丕患病在身还在烈日下使力挖着田，心焦普丕会病体难支昏倒在地。当年普丕放猪时，带病放猪在大雨中昏倒在地的情景，又闪现在她脑海中。她心急火燎地走到田埂边的树荫下，放下药罐和早饭对普丕说："普丕侄儿，快来把药喝了，再吃早饭。不然病情加重，又饿着肚子，你会坚持不住的。"

普丕放下锄头，从田里走出来，来到田埂边的树荫下，靠在树干上坐下来歇息，李方氏把药汤倒进碗里递给普丕，催促道："快趁热把药喝下去，这药挺好的，是专治伤风的药汤，你喝上两三次病就会好的。"末了又说："我一早看到你病了，就急忙到山箐里找回草药，熬煮好后就给你送来了。可还是拖到了这个时候。"

普丕看到李方氏为治自己的病忙碌了半天，心里又感激又歉意地说："李大嫫，你这么大年纪，还为我采药治病而奔忙，真不知道怎么谢您老人家了。"

李方氏不无嗔怪地说："普丕侄儿，切莫这样说，就不说什么感谢的话了。你平时对大嫫卖心卖力地帮助，大嫫都记在心里。我嫫儿俩虽非亲非故，但能互相帮衬着过日子就好啦。好啦，不说这些了，快把药喝下去吧。”

普丕喝下了李方氏的药汤，感到有一股浓浓的辛辣味道，普丕对李方氏说：“李大嫫，这药汤里辛辣味重着呢。”

李方氏说：“药里掺有生姜和辣椒，所以有辣味。有辣味就对了，会帮助你暖身疏体呢。”

普丕喝了李方氏的药，又吃下了早饭，感到身体暖烘烘的，精神头也上来一些。他微笑着对李方氏说：“李大嫫，我喝了你的药，感到全身暖暖的，精神也好一些了。”

李方氏听后开心地笑了，说：“是吗？这就对了，我就说这药很好的嘛。这药方是我的一个邻居早年告诉我的，她说这还是她家的祖传药方呢。我就是吃这味药治好了无数次的伤风呢。”

“是她家的祖传药方？”普丕好奇地问道。

“是的，”李方氏说：“我的那位邻居告诉我说，她父亲告诉她，这药方是古代名医米念女郎中传下来的，一直作为她家的祖传药方使用着。还给我讲了米念郎中十分感人的故事呢。”

“米念郎中还有着十分感人的故事？”普丕更加有了兴趣，他对李方氏说：“李大嫫，你就把米念郎中的故事也讲给我听听吧，我可想听呢。”

李方氏说：“那好吧，你也趁此休息一下吧。我就给你讲米念郎中的故事。”

于是，李方氏便缓缓地讲述起米念郎中的故事来。

很早以前，在米吃那地方，有一个名望很高的老郎中。老郎中早年亡妻，身边有一个女儿叫米念。老郎中上山采药，行医四方，米念姑娘都跟在父亲身边，老郎中也细心地教授女儿识草认药，诊脉看病。米念姑娘从小聪明伶俐，贤惠善良，跟父亲认真地学习医道，年纪轻轻就有了很高的医术，声名远播，成了父亲的得力助手。后来年事已高的父亲去世了。米念姑娘就独立悬壶行医，成了很有声望的女郎中。

米念郎中不仅医术高，而且医德善。问诊行医，不分贫富贵贱，无论女幼童叟，都一视同仁，不管晴日雨天，酷暑严寒，白天黑夜，只要有病人，都坚持治病不怠。米念郎中吃苦忘我的医风和以病人为天的医德，深受人们的敬重和爱戴。

在冬季的一天深夜里，北风呼啸，雪花纷飞，天气奇冷。米念郎中已上床歇息。突然，一阵急促的敲门声惊醒了她。随着敲门声门外传来急切的呼喊："米念郎中，米念郎中！"米念郎中知道又有急诊病人了。她赶忙去开门。随着一阵寒风刮进门，一个中年汉子进门来焦急地说："米念郎中，我的孩子生急病发高烧说胡话，还抽搐不止，请米念郎中紧急去治疗！"

米念郎中二话不说，带上药箱和药物立即跟汉子出发。这汉子家住大山深处，一路上爬山过箐，山路已被大雪覆盖。米念郎中和汉子在微弱的火光下，冒着风雪，深一脚浅一脚地探路前行。忽然一阵强风吹来，刮起一片雪雾，视线愈加模糊。米念郎中脚下一滑，跌下路边一个坑中，脚被树枝划破了一道口子，鲜血直流，钻心疼痛。米念郎中简单包扎后，继续赶路。一路上跌跌撞撞，终于在天色微明时分赶到了汉子家里。汉子的孩子得的是急性肺炎，生命垂危。米念郎中来不及休息，不顾劳累，赶忙给孩子看病服药，摸穴针灸，紧急救治，忙个不停，终于使孩子转危为安。米念郎中疲惫的脸上露出了欣慰的笑容。汉子一家人感激不尽，再三道谢。

夏日里的一天，天气突变，狂风暴雨，雷鸣电闪，倾盆大雨哗哗地下个不停，满山满地水流如注，山洪暴发。此时，一个年轻女人急匆匆地走进米念郎中家里。女人虽然披蓑戴笠，但遮挡不住猛烈的风雨，已全身淋湿。女人眼中泪水汪汪，急切地对米念郎中说："米念郎中，快！快到我家看看我阿嫫的伤，我阿嫫快不行了！我阿嫫从地里冒雨回家途中跌了一跤，撞破了头颅，鲜血直流，昏迷不醒，不省人事。请米念郎中快到我家里救救我阿嫫吧！"说着女人泪如雨下，泣不成声。米念郎中一边好言劝慰，一边急忙收拾药箱带上，披蓑戴笠，冒着暴雨紧急赶往女人家里去抢救负伤的老人。刚上路狂风趋紧，雨水更大，感到满世界都淌着水，大箐小沟水流急泄。道路十分湿滑，途中还遇到了危险的泥石流。一路上她们顶风冒雨，艰难行进。在过一条小河时差一点被冲倒。在经过一段山路时，只见路旁有高大的密林，枝繁叶茂，路途上空均被树枝遮蔽，在风雨的击打下，枝垂叶落，满地树叶。人在落叶上行走。忽听得“嘶啦”一声，一枝碗口粗的树枝在暴风雨中折断，从米念头顶上掉落下来。米念郎中急忙躲避，幸好未砸在身上，躲过了一劫，否则断不能存活。但是米念郎中前额被落下的小树枝划开了一道伤口，血流满面。米念郎中顿感一阵眩晕，踉跄欲倒，幸被女人扶住，还好是皮外伤无大碍。米念郎中紧急上药包扎好后，跟着女人继续在风雨中赶路。

两个时辰后，女人带着米念郎中终于赶到家里。只见女人的母亲躺在床上，头上的伤口还在不断地渗出鲜血，老人仍旧昏迷不醒，气息奄奄。一家人守在老人身边焦急不安。米念郎中来不及换下潮湿的衣服，也来不及在火塘边暖一暖身子。立即给老人切脉看病，敷药止血包扎伤口，喂药针灸，紧急救治，忙得顾不上擦一把汗。终于使老人慢慢苏醒过来，脱离了危险。苏醒过来的老人看见米念郎中为治自己的伤而忙碌不停，感动得流下眼泪说：“米念郎中，感谢你的救治之恩，为了我你都累坏了！”米念郎中笑着说：“大嫫，你莫说谢，只要你好了就比什么都强。”看到老人已转危为安，女人一家人都欣喜万分，屋里一片欢乐。米念郎中也感到由衷的高兴。能为人们解除病痛，救死扶伤，劳累和付出她心甘情愿。

米念郎中勤奋刻苦，善于学习提高。她在父亲的药理和医疗基础上，结合自己的行医临床实践，总结经验，刻苦钻研，探索和提高新的药理和医疗技术，为治好更多的病症努力。她自己亲自尝试新的草药，实验新草药的安全性和治病效果，曾多次中毒。屡次引发呕吐、咯血、腹泻、便血、头晕、眼花等各种反应，一次竟中毒昏迷三天三夜，急得乡亲们不知所措。就这样，米念郎中用生命和健康，发现了许多新草药和医疗方法，治好了更多疑难杂症，声望日高。

一日，米念郎中上山采药，途中看到一个年轻的猎人被毒蛇咬伤小腿，躺在路边呻吟。蛇毒正在小伙子身上快速发作。小伙子嘴唇发青，满脸汗珠，全身发抖，其伤口肿胀乌亮，不断地淌着血，整条小腿已紫黑青肿，小伙子因剧痛而龇牙咧嘴，痛苦地哼叫着，意识已有些模糊，语言也含混不清了。生命垂危，如不及时抢救，就会即刻死亡。

米念郎中来不及多想，立即展开紧急救治，她马上在伤口处放血排毒，还用嘴在伤口上吸污血去毒，又迅速在附近找来治疗蛇毒的草药，用嘴嚼烂后嘴对嘴地喂下。然后搀扶着小伙子带回自己家里，继续治疗。不想在小伙子的另一条腿上，还有一处因外伤感染而红肿流脓的伤口，米念郎中同样排脓消炎，与蛇伤一并治疗。治疗期间，因大量使用药物，小伙子内热燥火，大便硬结难解。米念郎中给小伙子加服清热通便药物的同时，还亲自用手指抠出硬结的大便，以帮助通便，小伙子感动得泪流满面，不知说什么好。

小伙子告诉米念郎中，自己家住法莫村，名叫莫青。父母双亡，孤身一人狩猎为生。那天他上山去打猎，不幸在半路上被毒蛇咬伤，疼痛异常，命在旦夕，幸亏遇上米念郎中及时抢救，否则定会抛尸路边。而另一处伤口是夜间打猎时，不慎被一棵老树桩刺伤发炎脓肿，所幸被米念郎中治愈，不然也将祸及生命。他万分感谢米念郎中的救治，称米念郎中是他的救命天使，终生感恩不尽。

在米念郎中的精心治疗和调养下，莫青的伤完全被治愈，身体康复。莫青怀着深深的感激之情告别了米念郎中，回到自己家里继续狩猎为生。此后，他经常带着猎物来看望米念郎中，以示感谢。

深秋的一天，米念郎中为了治疗更多的病人和治好更多的疾病，去老鹰山的石崖上，采挖铁皮石斛。这铁皮石斛是一味名贵草药，不但具有滋阴壮阳增强人体免疫力的作用，而且可治疗多种疾病。可这铁皮石斛生长在人迹罕至的高湿石崖上，采挖实为不易，且还有一定危险性。但有着强烈治病意识的米念郎中，困难和危险是阻挡不了她的。她带着锄头镰刀，背着竹篓径直向老鹰山崖走去。

老鹰山崖高数十丈，上面是高耸的老鹰山顶，下面是滔滔的法念河，时有雾气腾绕。陡峭的崖壁上生长着稀疏的灌木丛和簇簇青草花卉，铁皮石斛紧贴着崖壁生长在树丛花草之间，依稀可见。米念郎中沿着崖缝和突出的崖石，攀爬到石崖半腰生长着铁皮石斛的地方。头上是高高的崖顶，天空中飘着朵朵白云；脚下是深深的崖底，法念河哗哗流淌，身旁有薄薄的云雾从崖腰飘过，一阵阵山风呼呼地吹来。米念郎中小心地挨近铁皮石斛，一棵接一棵地挖进药篓里。米念郎中正专注地挖着铁皮石斛，突然她脚下踩着的一块崖石碎裂掉落，脚下踩空，连人带篓跌下山崖深渊，顿时失去知觉。

当米念郎中醒来的时候，见自己躺在一间陌生的土坯房内的床上，只觉得头昏昏沉沉的，浑身疼痛。莫青在床边守着自己。莫青见她醒来，异常兴奋地说："啊！米念郎中，你醒来了，你已经昏迷一天一夜了。现在终于醒来了，太好啦！快！喝点水吃点粥吧！你一定又渴又饿了。"说着端来热气腾腾的开水和玉米粥。

米念郎中惊愕地问莫青说："莫青，我现在是在哪里？怎么会在这里躺着？而且浑身疼痛动弹不得，这是怎么一回事？"米念郎中被摔晕了头，一时记不起上崖采药摔伤的事情。

莫青对米念郎中说："米念郎中，这是在我家里，昨天我给你送去一只野兔，听说你已上老鹰崖采药去了，我有点不放心就到崖上去看你。刚走到石崖边却见你从崖上摔下来，落在石崖下方一棵青香树上昏迷过去，我赶紧把你背回家来。"说到这里停了一下又说："幸亏你摔下石崖时被青香树挡住，如果掉到崖下地上，后果真是不堪设想，我现在想起来都还替你害怕呢。"

米念郎中听了，终于想起了上崖采药摔伤的事，便问莫青说："莫青，那我采下的铁皮石斛呢？"

莫青对米念郎中说："你采的铁皮石斛我都带回来了，而且我还多采了一些回来，都晾放在屋内墙脚了，你就放心吧。"

米念郎中听了，脸上露出了笑意。她想坐起来，可稍一活动，头却剧烈地疼痛起来，全身疼痛难忍，一只脚竟动弹不得。直觉告诉她，她的头颅已受到震荡，身体被多处摔伤，左脚骨折。她庆幸自己还活着，且无大碍。她叫莫青帮自己坐起来，然后喝了水吃了粥，感到精神好了一点。接着她指点莫青帮忙拿来治疗跌打损伤的药，开始治疗自己的伤，莫青按照米念郎中的吩咐找药送药，煮肉熬粥，帮助米念郎中治伤，精心护理。米念郎中脚伤行动不便，他便端屎端尿，如同家人，使米念郎中深为感激。

米念郎中伤势好转以后，叫莫青送她回到了家里。因为在家里不仅可以养自己的伤，而且可以为来家里找她看病的人们治病。她的心里始终放不下那些病人。在这段时间里，莫青也住在了米念郎中的家里，一边护理米念郎中，一边做米念郎中给人治病的帮手。米念郎中和莫青同甘共苦，患难与共，两个人的感情与日俱增，两颗年轻的心越贴越紧，双方都渐感难舍难分。两人奇迹般地相遇相救，冥冥之中许是天意呢。

数月后，米念郎中伤好了，生活行医都自如了，莫青离开米念郎中回到自己的家里。但因两人相互思念，来往频繁。

一日，有个老妪因患伤风病来让米念郎中治疗，老妪还说米念郎中治疗伤风的药特有效，一吃就好。但又诉苦说，因自己年老体弱，常患伤风，居家较远，腿脚又不便，常来米念郎中家里看病，多有不便。米念郎中听后心中有所触动。她略一思索便对老妪说："大嫫，这样吧，我把治疗伤风的药方开给你，以后你患伤风时，就在当地按药方找药吃。这样你就不必为治疗伤风病来回往我家里跑了。"老妪听了十分高兴，连说："这样最好。"于是米念郎中给老妪抓了伤风药又开给了药方。老妪拿着药和方子高兴地走了。从此，这老妪一患伤风病，就按方子在当地找药吃，一吃即好，再也不用大老远跑到米念家中看伤风病了。

米念郎中医术高超，声名远扬。普拉地方有一大财主用高俸禄享清福来聘请米念郎中做家庭郎中，专为这财主治病，遭到米念郎中的拒绝。她要行医四方，为众人治病。哪怕生活清贫，吃苦受累，也在所不辞。受到人们由衷的赞许。

米念郎中和莫青在长期的交往中，建立了深厚的感情，产生了炽热的爱情。他俩决定喜结连理，在一起生活，并决定在中秋节举行婚礼。街坊邻里纷纷预祝他俩结为伴侣，说他俩是天生的一对。莫青和米念郎中心里充满了甜蜜，憧憬着美好的生活。

一天，米念郎中到一个村里去看一个重病人，回来时突遇暴雨，洪水暴涨。途中看到一个读私塾回家的小男孩，正在雨中行走在木桥上。突然，木桥被洪水冲垮，小男孩惊叫着落入水中连连呼救。米念郎中来不及多想，飞奔而去跳入洪水中抓住小男孩拼命游向岸边，猛地将小男孩推上河岸，小孩得救了。但米念郎中因用力过猛，被反推力冲离了河岸，此时，一个混浊的浪头向她压过来，她在洪水中起起落落，再度尽力朝河岸游来，但洪水汹涌，她力不从心，反被洪水冲得离岸越来越远，情况十分危急。正在此时，因不放心在大雨中出诊的米念郎中而急忙赶来的莫青，看见自己心爱的米念郎中在洪水中搏斗。他不顾一切地跳入洪水游到米念郎中身边，刚紧紧地抓住米念郎中的手，一起用力往岸边游时，一排巨大的浪劈头盖脸地朝他们压下来，瞬间把他俩打入水底，河面上只见滔滔的浊浪和洪峰，米念郎中和莫青再也没有钻出水面，再也见不到米念郎中和莫青在洪水中搏浪奋击……

四村八寨的人们闻讯赶来，在洪水两岸日夜呼唤寻找。当人们在河水下游的一片沙滩上找到米念郎中和莫青的尸体时，只见米念郎中的手和莫青的手仍紧紧地抓在一起，米念郎中的另一只手还在紧紧地捂着身上背着的药箱。

米念郎中和莫青的死亡，让人们十分悲痛，特别是那些受过米念郎中救治的人们，更是泣不成声。人们含着热泪，把米念郎中和莫青以及米念郎中的药箱，埋在米吃那村离米念郎中家不远的一块山坡上。奇怪的是，不久在米念郎中和莫青的坟上长出了一棵杜仲和一棵黄连，两棵树都是上好的药材。有人说那是米念郎中和莫青的遗体化成的，让人们做药，死了也不忘给人们治病；有人说那是埋在坟地里的米念郎中药箱里的杜仲子和黄连子生长的。反正用这两种药治病效果奇好。

米念，这个很有名望的一代女郎中，就这样突然离开了人世。后来她的药方和医疗技术也渐渐失传了，唯有她开给那个老妪的治伤风病的药方流传了下来。成为老妪家里祖传药方代代相传，赐福人们。

李方氏讲完了故事，最后对普丕说："普丕侄儿，你刚才喝的治伤风病的药，就是按照米念郎中留传下来的药方熬制的。我的那个邻居的祖上，就是当年米念郎中开给治疗伤风病药方的老妪。"

普丕听完故事，不知是药物作用还是心理作用，觉得伤风病好了许多，他觉得李大嫫讲的米念郎中的故事太感人了，甚至心里有些激动起来。

“好啦，”李方氏说：“我也该回去了，你在这里多休息一下，你身体有病做活就悠着点。晚上回来时就到我家里继续吃药，明天早晚再各吃一次，你的伤风病就会好啦。”说完起身回家去了。

普丕呆呆地坐着，他还在回味李方氏刚才讲的故事。

这时，普丕远远地看见李士天摇着扇子朝这边走来。普丕知道李士天是来监工的。在普丕生病时李士天都不会放弃监工。普丕心里自然不好受。李士天如此刻薄地对待自己，他想戏弄李士天一番出出怨气。他想起刚才喝药的辣子味，又想起不久前曾见到过的那棵万年青树上的辣子树，心里便有了主意。有意转过身子抬着头怔怔地看着辣子树的方向。

很快，李士天来到了普丕跟前，见普丕抬头呆望着，就大声呵斥道：“喂！普丕！三锄不落地就呆歇着，要喝西北风啊！”

普丕不为所动，仍然呆望着远方说：“阿波，你莫发火，我正看一棵从未见过的大辣子树，足有几围粗呢！”

李士天觉得普丕是在说痴话！大声嘲笑说：“你这饭桶，我在这儿多年，还没有听说过像你这样蠢的话，世上哪会有这么大的辣子树。”

普丕继续装作很认真的样子说：“阿波，我说的是真话，决没有半点虚假。阿波你不信，我可以领你去瞧嘛。”

于是，两人说走就走，一路上两人争论不休。李士天想，普丕说假话，可他骗不了我，这回我要抓住这个把柄，好好地整治他一顿。而普丕心里却自有把握。

普丕把李士天带到那棵万年青树下，指着树干腰部枯洞里长出的那棵辣子树说：“阿波，你看，就是这棵辣子树。”又指着辣子树下的万年青树干说：“阿波，你再看，我俩面前的这棵辣子树干，几个人都合抱不过来呢。”

李士天听了，瞟了一眼长在树干枯洞上的辣子棵，哈哈大笑起来，尖声地讥讽说：“你这个憨包！这整个一棵不是辣子树，是万年青树上的枯洞里长出来的辣子棵呀！你真是病疯了说胡话呢！”

普丕装作顿有所悟的样子说：“噢！原来是这样，我还以为整棵树都是辣子树呢。”心里却狠狠地骂道，你个歹毒的李士天，宁肯给我病疯，也不让我休息治病。我怎么会不知道这辣子棵是寄生在万年青树上的？不如此跟你说，又怎么戏弄你出我的怨气呢？

李士天看到普丕这般模样和神态，也就不好再责难他，且作罢。

此时，太阳已经落山了，两人只得回家去。

普丕就这样不仅戏弄了李士天，出了心中的怨气，而且还巧妙地得到了半天的休息时间，使病好得更快了。

晚饭后，普丕到李方氏家里又吃了伤风药，自觉病也好了许多。施慧闻讯后，还特意煮了几个鸡蛋前来看望普丕。普丕很感激，心里不由得泛起一股甜蜜之感。

第十九回　赞女不弃患疾恋人　借势用计随机说谎

这天早上，普丕驾着水牛在那片莫给李士天家翻犁收割后的稻田。时令已是初冬，清晨稻田里的水已觉冰凉，普丕感到有些寒冷。好在太阳渐渐升高，普丕才暖和起来。时近中午，普丕犁完了田，把牛放在田边的山坡上就回家去吃早饭。

普丕刚走到村口，见李亮正等着他。李亮对他说："普丕阿弟，我正等着你回来呢。昨天晚上，我打到两只野兔，已经做熟了。我来喊你到我家吃兔肉喝酒呢。"李亮和普丕是很要好的朋友，平日里互相帮衬，吃饭也不分你我。普丕高兴地到李亮家里去吃早饭。

普丕到了李亮家里，见桌上已摆好饭菜，屋里弥漫着兔子肉浓浓的香味，李亮的家人正等着他们回来吃饭。在火塘边吸烟的李亮的父亲放下手中的水烟筒，热情地招呼普丕在饭桌边就座，李亮的母亲把一碗热气腾腾的茶水放在普丕面前请他喝，李亮拿起酒壶给普丕斟上酒。一家人对普丕很热情。也难怪，前次普丕帮助李亮家换回了李士天的壮牛，一家人心存感激，自然对普丕倍加亲热。这反倒使普丕感到有些不好意思，连连说："你们一家对我太客气了，随便一点就好啦。"

李亮也不多说，给大家都斟上酒后，举起酒杯对普丕说："普丕阿弟，你犁了一早上的田，饿了吧？来，先喝了这杯酒！"普丕举杯相应，大家高兴地举杯而饮，欢快地吃兔肉，屋里充满了欢乐。

良酒甘醇，兔肉喷香。大家大口地吃着兔肉，频频举杯畅饮。席间，李亮兴致勃勃地讲起昨晚打猎的趣事来。

"昨晚，夜空晴朗，月光清亮。我带着刀箭到念白山去狩猎。到了那里，月光下的景物清晰可见，我屏声静气蹑手蹑脚寻找猎物，竖起耳朵睁大眼睛倾听和观察四周。忽然看见一头大麂子正在林间草地上悠闲地啃食着青草，我心里甚喜，忙张弓搭箭，慢慢地蹭过去，心想更靠近点再打。不料脚下踩着一条枯树枝发出声响，那麂子一惊，撒腿就跑了。顷刻间便消失在月光下的林木中。我感到可惜和懊恼！真是出师不利，快到手的麂子就在眼皮底下跑掉了，太可惜了，不然我们现在吃的就是麂子肉了。不过，下次我可不会再让它跑掉了，迟早我会把它给打回来的。”说到这里李亮喝了一口酒又继续说：“稍后，我稳定了情绪，继续搜寻，很快我就看见一只灰白兔子正在疏林间草地上一蹦一跳地吃草，恰好距离适合，我一箭射过去，正中兔子的脖子，当即气绝而死。有了收获我心情好起来，又再搜寻，不多时，在一处洼地里，见一只黄褐色的兔子吃饱后在梳理耳朵上的毛。正是好机会，我轻身快速地靠近将其一箭射翻，又打到一只兔子。我很高兴，看时间不早了，就欢快地吹着口哨快步走回家来。在经过山头上的一块平地时，只听脚下‘咣当’一声响，我的一只脚踩进了一个小土坑里，踩碎了一块旧瓦片。我好奇地把瓦片掏出来看了看，就随手丢在路边，心里却犯嘀咕，奇怪了！这块瓦片怎么会在山头上？是什么人带上山来的？做什么用的？我想不明白。这也不是什么值得想的事情，想不明白就不想了，我径直回家来了。”

李亮讲完，大口地喝酒吃肉。李亮很高兴，兴致很高，谈兴甚浓，看来他心里很畅快。他又对普丕说：“普丕阿弟，快点吃肉喝酒，等下次我打到那头麂子时，再请你来喝酒！”

普丕听了，忍不住笑了起来。

“你笑什么，真的，要不了多久，我就会把它打回来的，你等着吃麂子肉吧！”李亮认真地说。

普丕赶忙笑着说：“我信，我当然相信你说的是真的，我会等着吃麂子肉的。”凭李亮的经验和身手，李亮是做得到的，只要是他看到的猎物是逃不出他的手心的，普丕心里明白。

不料真是说者无心，听者有意。正在喝酒的李亮的父亲，听到李亮说在念白山上看到瓦片后，若有所思。稍后他睁大眼睛问李亮：“李亮，你刚才说在念白山头上看到有旧瓦片，是真的吗？”

李亮肯定地说：“是真的，我还仔细地看了一下后才丢掉的，那瓦片现在还在那里呢。”

“这就对了！古老的传说故事终于得到了印证！”李亮的父亲眼里闪着不知是激动还是兴奋的亮光说。

听着老人这番不着由头的话，李亮和普丕惊讶地怔住了。

李亮的父亲说：“你们不知道，在念白山上，还有着一个令人唏嘘的传说呢。”

“噢！真的吗？那你就把这个故事讲给我们听听吧。”李亮和普丕异口同声地要求老人说。

“好，我就把这个荡气回肠的故事讲给你们听。”李亮的父亲举杯喝了一口酒，抹了抹嘴唇，有精有神地讲起来。

很早以前，在念白山下的河边，有一个叫他期莫的村子，村里有一个帅气的小伙子叫罗克。罗克年满二十岁，父母双亡，与哥嫂一起生活。罗克聪明能干，性格豪爽，心地善良，乐于助人。罗克还是一个好猎手，平时帮助哥嫂耕田种地外，常常上山狩猎。罗克作为村里出类拔萃的好小伙子，不少姑娘都青睐他，心仪于他，哥嫂也有心早日给他娶妻成家。但罗克却心静如水，不为所动。大家猜不透他的心思，也许没有遇到令他动心的姑娘吧。

也不知道是前世有因，还是今世有缘，罗克在打猎的时候意外遇到了莫雅姑娘，而且深深地爱上了她，而他们的相遇也很离奇。

莫雅的家在他克村，在念白山的另一边，离他期莫村有半天的路程。莫雅的家里有父母和阿哥。莫雅年方十八，漂亮贤惠，勤快伶俐，很多小伙子都在追求她，来家里说媒的人络绎不绝，但莫雅姑娘始终不点头，总是忙这忙那，整天都是快乐地生活，好像一点也不在心这方面的事情。家里人为此而着急。

这天，莫雅和同村的两个姑娘相约着，一起到念白山上采蕨菜。念白山土质肥厚，生长的蕨菜最多，又大又嫩，大家都喜欢到那里去采蕨菜。时令已近春末，又下了几场透雨，地上长出了密密麻麻的蕨菜。春蕨菜是最好吃的，几个姑娘都赶着要采回这些时鲜蕨菜来尝新。

一早，几个姑娘吃了点早饭，背着竹篓带上镰刀就欢快地朝念白山上走去。她们顺着山箐往山上走。山箐里的早晨是清凉的，太阳刚刚从东山上明晃晃地升起，山野里一片清亮。路边的涧水在淙淙地流淌着，林间雀鸟的鸣叫声四处回荡，遍地的野草山花挂着晶莹透亮的露珠。路边山坡上的樱桃花开得红艳艳的，预示着来夏将是满树累累的硕果，到时姑娘们又会争先恐后地来摘樱桃解馋了。现在是各种野花盛开的季节，姑娘们在花丛间一路行走，一路洒下欢声笑语。

在欢笑声中姑娘们来到了半坡上，这里的地势较为平缓，只见满地都是鲜嫩的蕨菜。三个姑娘高兴地采摘起来，不觉间她们拉开了距离。姑娘们的欢声笑语停息了，她们专注而熟练地采着蕨菜，随着“嚓嚓”的声音，一棵棵蕨菜装进了她们的竹篓里，竹篓渐渐地满起来了。

正当姑娘们欣喜地收获时，谁也没料到，一只饿狼悄悄地向她们袭来，姑娘们专注于采蕨菜，谁也没有察觉到狼的到来，况且狡猾的恶狼是隐蔽地向她们靠近的。狼越来越近了，踩在干草枯枝上发出了轻微的响声。莫雅感觉有点不对劲，似乎有个可怕的黑影正向她逼近。她猛抬头一看，只见一只双耳直竖，眼睛发绿，张着大口的狼朝她而来。她心里猛地一惊，尖声喊叫起来：“啊呀！有狼！快跑”边叫喊边扭头就跑。但已经来不及了，恶狼已蹿到跟前，莫雅惊恐地朝恶狼挥舞镰刀自卫，却在慌乱中脚下一滑跌倒在地，背篓和蕨菜滚到一边，镰刀也被摔飞了。饿狼趁势张开血盆大口，纵身跃起朝莫雅猛扑下来。其他两个姑娘惊呆了，不知如何是好，紧张得连话都喊不出来。

在这万分危急的时刻，突然一支飞箭从树林间“嗖”的一声射进了恶狼张着的大嘴，直从后脑射出，恶狼惨叫一声，倒在血泊中死去。只见一个小伙子身挎猎刀，手持弓箭从树林间飞奔过来，跑到莫雅身边，扶起惊魂未定的莫雅，关切地问：“阿妹，你怎么样？伤到哪里没有？”失魂落魄的莫雅眼泪直流，全身颤抖，紧张得话都说不出来了。

这小伙子就是罗克。原来恰巧在这天罗克也来念白山打猎，当他来到半山上时发现了狼的脚印，就沿着脚印急追而来。刚追上狼就看见了刚才惊人的一幕。他急忙拉弓搭箭，一箭射死恶狼，救下了莫雅。

莫雅跌倒时，脚被尖石划了一道口子，血流不止。莫雅痛苦地咧着嘴，脸色惨白。罗克见了立即摘来松叶嫩芽捣烂，细心地敷在莫雅的伤口上，又从自己穿的衬衣上撕下一块布条包扎起来，长长舒了一口气，然后说：“好啦！这回没事了。”

此时，莫雅惊魂渐缓，极度紧张的心情平复下来。这小伙子救了自己一命，又给自己治伤，莫雅的感激之情无法言表。一种从未体验过的暖流传遍全身。面对帅气、勇敢而善良的小伙子，敬仰和挚爱之情油然从心底升起。她满怀感激地对小伙子说：“阿哥，多谢你啦，谢谢你救了我的命，又给我治伤！”其他两个姑娘也赞同地点着头。

罗克说：“没有，没有！只要你们好好的就好啦。”然后开心地笑了。

大家在草地上坐下来休息交谈，在交谈中罗克问了姑娘们的住址和姓名，姑娘们都做了回答。罗克也把自己的姓名和地址告诉了姑娘们。接着罗克问姑娘们：“你们的蕨菜都采好了吗？”

姑娘们说：“没有，但是我们不采了，要回家去了。”遇到这样惊心动魄的事情，姑娘们采蕨菜的兴趣全都没了，急着回家。

罗克说：“哪行呢，既然来了就要采够的，你们看这蕨菜长得多好，不采太可惜了。”又说：“没事的，狼死啦，都过去了。我们继续采蕨菜，采够了就回家去。”

于是姑娘们又安心地采蕨菜。莫雅的脚负伤了采不了蕨菜，罗克就叫她坐着休息，他替莫雅采。很快大家都采够了蕨菜，就收好东西回家去了。

按照习俗，猎人所获猎物见者都有份。今天，罗克打死的这只狼，三个姑娘见到了都是有份的。为了给三个姑娘送份额，更是为了帮助莫雅回家，罗克就与三个姑娘到他克村。在回去的路上，两个姑娘背着自己的蕨菜，并搀扶着莫雅行走。罗克砍来一棵木杆，用藤子分别拴住死狼和莫雅装着蕨菜的竹篓挑着，在姑娘们后面跟着走。

三个姑娘回到他克村家里，当父母们听说了姑娘们上山采蕨菜遇到恶狼的事情时，都惊悸得张大了嘴巴，庆幸没事，纷纷感谢罗克出手相救。罗克把莫雅送到家里后，在莫雅阿哥的帮助下，收拾出狼肉，给姑娘们分别留下份额，然后带着自己的一份狼肉回到他期莫村的家里。罗克和莫雅自从这次不寻常地相遇相识后，在二人平静的情感深处掀起了巨大的波澜，强烈的相思之情日盛一日。罗克对莫雅的美丽淑雅印象深刻，始终不忘。他感到跟莫雅在一起有一种莫名的愉悦和幸福，他深深地喜欢上了莫雅。而莫雅也一直忘不了罗克，对罗克日夜思念。罗克的勇武和善良深深地吸引着她，跟罗克在一起她感到安全和可靠，更有一种甜蜜之感，她每时每刻都想跟罗克在一起，她已刻骨铭心地爱上了罗克。

莫雅怀着深情，一针一线地为罗克缝了一双布鞋，然后放在花布挎包里，趁着风和日丽的这天，独自到罗克家里去感谢罗克的相救之恩。她不仅对罗克怀有感恩之情，更有强烈的思念之情促使她早日见到罗克，半天的路程没到中午她就赶到了罗克家。

当莫雅笑盈盈地出现在罗克家门的时候，正在做早饭的罗克感到有些意外。他强烈地期盼着见到莫雅，想不到这么快就见到了。莫雅的突然到来，一声“罗克阿哥”使他格外身暖心甜。他高兴地说：“莫雅阿妹，你来啦，太好啦！快坐，快坐！”说着欣喜地让座倒茶。在这两天里罗克的哥嫂不在家，到外地走亲去了，只有罗克一个人在家里。

莫雅的到来使罗克喜出望外，心里异常高兴，赶紧做饭热情招待莫雅。

莫雅对罗克说：“罗克阿哥，我今天是特意来感谢你的救命之恩的，我也没有什么，只能给你做了一双新鞋，你双脚的大小在打狼那天我见到后记在心里了，是估摸着那个尺寸做的，也不知道合不合你的脚？你就穿上试试吧。”

罗克听了笑着说：“莫雅阿妹，你感谢什么？不必这么客气，还麻烦你做了新鞋，真是辛苦你了。没说的，鞋子肯定会合脚的。”说着走过来试穿。确实很合脚，穿着很舒服。

罗克高兴地对莫雅说：“莫雅阿妹，鞋子很合脚，穿上很暖和的，你的手也太巧了，鞋子做得这么好！”

莫雅听了，甜甜地笑了。她对罗克说：“罗克阿哥，你打狼那天为包扎伤口撕破了衬衣，你拿过来我补一补，不然再怎么穿出去呀！”

“莫雅阿妹，没什么的，破一点照样可以穿的。”罗克不以为然地说。

“快拿来吧，你这样穿出去人家会笑话的，而且我心里也是不安的，衬衣为我撕破，我当然得补好了，快拿来吧！”莫雅催促道。

罗克就把那件衬衣拿给莫雅。莫雅认真地把衬衣撕破的地方找了一块布料补了起来，并且把补好的衬衣洗刷一遍后晾起来。

说话间，罗克的早饭已经做熟了，罗克特意炒了一盘野鸡肉和一盘野猪肉，屋里飘溢着饭菜的香味。罗克热情地邀请莫雅吃饭：“莫雅阿妹，快来吃饭吧，你跑了一早上的路肯定饿了。”于是两人像一家人一样高兴地在一起吃饭，还喝了一些酒。吃饭间他们说了很多知心的话，感到十分愉快和欢欣。两人的面颊都红彤彤的，不知是兴奋还是喝酒上了脸。

饭后，莫雅边叙话边喝了一阵茶水就回去了，两人都依依不舍。

从此，两人的心就贴得更紧了，相思更深了，他们经常有了约会。

一天中午，温暖的阳光照耀着他可村和周围的田地，小孩的喧闹声和鸡鸣狗吠声一阵阵从村里传出，牧牛的铃声和人们劳作的欢笑声在田间回荡。村后的山坡上山风徐徐，松涛阵阵，青草闪着绿光，鲜花竞吐芳香，蜂蝶飞舞，鸟儿啼唱，悠扬的山歌从对面山坡上传来。此时在山坡上的一棵多依树下，罗克和莫雅紧紧地相依而坐。他们如约而至，相倾爱慕，互吐衷肠，享受着迷人而甜蜜的时光。

一个幽静的夜晚，皎洁的月亮像一个硕大的银盘，悬挂在东边山的树梢上。清凉的夜风吹拂着朦胧的山村田野。他克村旁边的小河在月光下波光粼粼，像一条晶亮的水银缓缓流动。时有夜鸟在月光里掠过，清脆的笛声从村里飘来。在这幽雅宁静的明月夜，在河边一株青葱的杨柳树下，罗克和莫雅相拥而坐，莫雅的头紧靠在罗克的肩膀上，罗克的手紧挽着莫雅的腰，这对深情的恋人，相约在月下，畅谈期许，憧憬未来，难舍难分，沉浸在烂漫和温馨中。

甜蜜的爱情和幸福的生活似乎离他们越来越近。

然而，谁也没料到，一场巨大的灾难却悄悄向这对深爱的恋人袭来。

这段时间，罗克的身体发生了奇怪的变化，身上的皮肤不仅有灼疼感，而且觉得像蚂蚁爬过一般，痒酥酥的。用手去抓，皮肤还感到有些麻木，并有皮肤开始出现溃烂，手脚的麻木感也越来越重。这个症状引起了家里人的担忧。

罗克的哥嫂请郎中来给罗克看病，郎中看后，二话不说，马上洗手，慌忙把哥嫂叫到门外说了几句悄悄话，然后急匆匆地扬长而去。

哥嫂进得门来，脸色大变，神色慌张，并突然提出马上要和罗克分家过日子。

这毫无先兆的分家，使罗克惊愕得茫然不知所措。他预感到了不祥，急切地问阿哥："阿哥，我们在一起过得好好的，为什么要分家？"

阿哥语气沉重却清晰地说道："因为你有病，没有办法呀！"似乎很无奈和难过，罗克听了很纳闷，向来对自己很好的哥嫂，为什么突然就变了呢？

于是，罗克和哥嫂火速地分家了，各立门户。哥嫂把一间较好的房子分给了罗克，并配给了生活和生产用具。

罗克就这样独立生活了。很快，罗克得了麻风病的消息一阵风地在村里传开了。有的小孩见到罗克就叫喊："麻风，大麻风！"然后跑开了，罗克见人们纷纷躲着他。

罗克终于明白了，他患上了可怕的麻风病。麻风病是传染性很高的绝症。因而家人和乡亲们恐惧他，排斥他，躲避他。患上麻风症就是另类，近乎被判了死刑。没有社会活动空间，没有人员交往，没有亲戚和朋友，只能痛苦、孤独而悲惨地死亡！这凭空而降的灾难，像晴天霹雳重重地击碎了罗克的精神和生活梦想。他关起门来痛哭，三天三夜都未曾出门，然而罗克毕竟是一个坚强的汉子，在痛不欲生地痛哭之后，他冷静下来面对现实，开始了艰难而孤独的生活，他要勇敢地与命运抗争。

莫雅很快就听到了罗克患上麻风病的事情，她真的不敢相信自己的耳朵，但事实是无情的，这对她也是一个致命的打击，罗克是她的心上人，是她幸福生活的希望和寄托。她风急火燎地跑到罗克家去看望罗克。但罗克紧闭门户不见她。任凭她怎样敲门喊叫，罗克始终不开门。此刻的罗克，面对门外莫雅的声声呼叫，心如刀绞，泪如雨下。莫雅是他心爱的人，他日夜思念着莫雅，盼望着莫雅来到身边，但不能让她来，他隔着门对莫雅说："莫雅，我心爱的女人，你回去吧，我不能见你，更不能跟你在一起，我的病会传染给你的。我已经不幸了，不能让你再遭到不幸。我不能害了你，毁了你。你忘了我吧，莫雅，快回去吧，你还有幸福的生活的，走吧，快回去吧！"

莫雅听了泣不成声，她对罗克说："罗克，我心上的人，我离不开你，我不能没有你，不要说麻风病，再有天大的痛苦和灾难我都要和你一起承担，我要跟你在一起，决不离开你。没有你就没有我的幸福，你快开门让我进去跟你在一起吧！"莫雅在门外整整哭喊了一天，也没能叫开罗克的门，只得流着眼泪回家去了。

莫雅始终没有离开罗克，经常来看望罗克，还送来了她给罗克缝制的新衣服。但罗克都始终不见她，待她走后，才开门把莫雅送来的衣服拿回来亲了又亲，久久地抱在胸前不放，滴下的泪水淋湿了一大片衣服。

罗克是聪明的，也是能干的。他带病照常打猎种地，获猎甚多，收粮也颇丰，除自足外，尚有许多剩余。但罗克的哥嫂却不敢吃他送去的鲜肉和粮食，乡亲们就更不敢吃了。他送去的鲜肉连狗都不敢喂，直接被深埋了，他送去的红薯等食粮悉数被倒在茅坑里了。人们见到他如同见到魔鬼，躲得远远的，没有人敢接近他，更没有人敢和他说话。他从河上游过水时，下游就没有人敢过水，甚至他自己田里出来的水别人都不敢放在田里。他已经完全与世隔绝了，这使他很痛苦。但罗克也有欢心的事，他摸索着千方百计地用草药来治自己的病，竟使身体的烧灼感和麻木感减轻了，溃烂的皮肤也逐渐愈合，眉毛也不掉了，身上也基本没有痒酥的感觉了。这一切都表明他的病情正在好转。然而这丝毫也没有改变人们对他的恐惧和排斥。更可怕的是，聪明而细心的罗克感到，一个想灭绝他的幽灵悄悄在他身边徘徊。

在村子里跟乡亲们是过不下去了。罗克就搬到远离他期莫村的念白山上安家，搭个草棚住了下来。他除打猎外，开荒种粮种菜，还特意挖了一些山茶花和马缨花栽在草棚周围，美化住处。从此，他离开了人群，在这里一个人孤寂地生活。白天阳光相随，夜晚星星作伴，当然还有广袤的林木和众多的禽兽，这就是他的世界，罗克在这里生活心情平静了许多。

随着时光的流逝，罗克的生活发生着急剧的变化。但莫雅的心一刻也没有离开过罗克，她的心始终跟随着罗克。她来这里看望过罗克多次，给罗克送来了衣服布鞋、食盐和一双双草鞋，但罗克就是不肯跟她在一起。她知道罗克的心思，更明白罗克对她的挚爱。罗克躲避她是因为深爱着她，莫雅也一直痴心不改，照来不误，她是永远不会放弃罗克的。

罗克打到的猎物和收获的粮食较多，一时间吃不完，就在屋里挖个地窖储藏起来，以备后用。

一天夜里，月黑风高，罗克心里莫名地兴奋，毫无睡意，就点着灯进入地窖整理储藏的食物。就在此时，草屋四周突然着起火来，罗克大惊。急忙爬出地窖想去开门跑出去，可是他发现门在外面被锁上了，推不开了。罗克情知不妙，又迅速进入地窖躲藏起来。此时，火借风势，烈火熊熊，火光冲天。顷刻间，草屋和屋内的东西被烧得精光。由于地窖上方覆盖着燃烧物，罗克在地窖里感到窒息难受。但此时地窖上面还有余火，还不能出去。这时，外面传来两个人的说话声。一个说：“这火烧得真是猛烈，一下子就把草屋烧没了。”另一个说：“罗克也随着火焰上天了，这下就不用怕他会传染麻风病了。而且人们只会认为是罗克自己失火被烧死了，不会想到是我们烧的。现在我们回去吧！”罗克明白了，是有人在暗害他，对他下毒手！他怒火难耐，恨不得冲出去杀了那两个人。但转念一想，人们如此害怕他，把他视作妖魔来灭除，实在是因为自己身带病源会传染人。对此他又能说什么呢？只能怪苍天对他不公。他觉得万般无奈和委屈。只能忍气吞声，平静对待，就让两个放火者得意地离开了。

遭此一劫没有击垮罗克，他大难不死振作精神又盖起新草屋重建家园，重新置办生产生活用具，还像往常一样生活。这次重建家园，莫雅给了罗克很多帮助。火烧草屋后，罗克对莫雅说是自己失火的，没有告诉她实情，以免引起她的愤怒和害怕，然而莫雅对罗克的安全愈加不放心，提出来要和罗克在一起生活，罗克坚决不同意。莫雅无法，不过她从此后来得更勤了。

这次大火没有烧死罗克，人们十分惊讶，不知道罗克是怎么从大火里逃生的，感到罗克真神了，是烧不死的铁汉子啊。也许是老天在保佑这个麻风病人吧！经过这次事件，不知道是因为害怕还是同情，再也没有人对罗克下毒手了。

在这段时间，他期莫村和附近的村庄里却发生了十分可怕的事情。真正的魔鬼来了。

在离他期莫村不远的一条深箐里，出现了一条如木桶般粗大的巨蟒，四处为害村人和牲畜，已有多人和牲畜被它吞食。人们在恐慌中组织了二十多个强悍的猎手去捕杀，不料未伤到巨蟒，反被巨蟒吞食了五个猎手。人们惊恐万分，面对如此凶恶的巨蟒毫无办法。小孩不敢出门，大人不敢做活，牲畜不敢放牧，惶惶不可终日。人们在绝望中已有人家逃离到外地，以躲避巨蟒为害。

巨蟒的肆虐，人们的遭难，使罗克悲愤难平，豪气顿发。他虽然是人们所惧怕、排斥的麻风病人，但他仍然是一个有良知的铁骨铮铮的男子汉。他不能让恶蟒为害人们，他要挺身而出，杀死恶蟒。他知道只身与恶蟒拼杀，是一场生死恶斗，绝无生还的可能。但他决心以身除害，用自己的一腔热血造福人们。

这一夜，罗克整夜没睡，他把两把长猎刀磨得十分锋利。天亮了，罗克凝神站在草屋前，遥望莫雅所在的地方，心里默默地说着："永别了，我心爱的莫雅，祝你幸福，来生再见！"说完把两把猎刀横绑在腰间左右，一把火烧了草屋，然后背上箭筒，手提弯弓，直奔巨蟒所在的地方。这时初升的太阳红红的，整个大地像被染上一层血红色。

罗克来到巨蟒所在的大箐里，故意大喊大叫，喊声响彻山谷，久久回荡。被惊醒了的巨蟒正感到饥饿，忽有食物送上口来，自然疯狂地向罗克扑来。巨蟒经过之处，草翻石滚，尘飞树摇，爬行声震动山野，满地腥风恶臭，令人毛骨悚然。巨蟒裹挟着旋风摇头摆尾盘旋而来，欲用蛇体缠死罗克。罗克沉着镇定，勇敢地与巨蟒展开搏斗，巧妙地跳出了巨蟒的围缠。迅速拉弓搭箭，直射巨蟒的大嘴，还未等罗克把箭射出去，狡猾的巨蟒忽地将大尾巴甩过来，一下把罗克掀翻在地，未等罗克爬起来，大口一张就把罗克整个吞到肚子里。巨蟒正心满意足地享受这顿美餐，它的腹部突然剧痛起来。罗克身上横绑着的那两把锋利的猎刀，将巨蟒的腹部划开了两条口子，巨蟒痛得遍地打滚。一时间，飞沙走石，草断树折，搅得天昏地暗，一片狼藉。随着巨蟒的滚动，其污腥恶臭的肚肠从划开处被抛到一边，巨蟒挣扎着倒地死了。

凶恶的巨蟒死了，英勇的罗克也没了。罗克用自己的生命灭除了为害人们的恶蟒，为人们清除了祸患。人们流着钦佩而感激的热泪，将罗克的遗体从蟒蛇的肚肠中找出来，洗净身上的污秽，将他埋在念白山上他的草屋旁边。

莫雅听到罗克死亡的噩耗后，如五雷轰顶，悲痛欲绝，跌跌撞撞跑到罗克坟边，撕心裂肺地抱坟痛哭，哭声传得很远很远。哭得高山垂首，河流哀泣。莫雅哭了三天三夜，竟气绝身亡在罗克坟边，人们将莫雅埋在罗克身边，这对恋人终于永远在一起了。

人们为了铭记罗克以身除害的功绩，在罗克草屋的遗址上盖了一间庙宇，设立罗克和莫雅的灵位，烧香祭拜，以示感激缅怀之情。后来经年历代，房屋倒塌，瓦砾被尘土埋没，不见痕迹，唯有罗克和莫雅的故事流传了下来。

老人讲完故事，最后说："想不到旷古尘封的当年罗克和莫雅祭祀屋的瓦片，被李亮昨晚夜猎时踩到了，这也是奇缘啊！"

李亮的父亲讲完故事，见大家听得入神，竟没有人动筷子了，就笑呵呵地说："我讲完了，大家吃菜喝酒呀，怎么都不动筷子？不然饭菜都要凉了。"说着自己喝了一大口酒。大家都笑起来，继续喝酒吃饭，边吃边谈，其情甚欢。

吃完了早饭，喝了一阵茶水，普丕就离开了李亮家，他想趁现在有空，去念白山看看罗克草屋的遗址。刚走到村口，见到正在悠闲逛着的李士天。李士天竟强拉着普丕说："普丕，人家说你经常在哄我。"

普丕不慌不忙地说："阿波，那是人家在乱说，我怎么会哄你呀。"

李士天听了一下拉高了声音，脸现怒容地说："人家可没乱说，你是常常在哄我，今天我非要瞧瞧你是怎么哄我的！"

普丕看出来，李士天是专门找碴的，是想趁机整治他，看样子今天李士天是不会放过他了，他必须得对付李士天的发难。这其实难不住普丕，他脑子一转，立刻有了主意，马上装出很忙的样子对李士天说："阿波，你真的要瞧我哄你就在明天吧。我刚才听人说，看到你家养鱼的田坝埂子决口，有很多鱼淌出去了，我得赶紧去堵住埂子决口，也把淌出去的鱼捞回来。"说着急急忙忙地跑了。

李士天一听这话也急了，他的田坝里养着上万尾鱼苗，如果鱼都淌完了，那损失就大了。他上气不接下气地慌忙跑到养鱼的田坝边，见埂子好好的，鱼没有淌出去，也看不到普丕的影子。

李士天这才知道，刚才普丕是在哄他，他又上普丕的当了。李士天感到有些沮丧，他不仅没能整治到普丕，自己也讨了个没趣。

而此时，普丕正快步朝念白山罗克的草屋遗址走去，他要亲眼去看看当年罗克和莫雅埋葬的地方，他实在是被罗克和莫雅的故事感动了。

第二十回 酒桌佳话传颂歌女 板田翻犁要用猪油

这天早上，普丕在衣念莫给李士天家挖田，已是初夏时节，早晨也热烘烘的。太阳渐高，天上无云也无风。普丕挖田使劲，全身燥热，汗流浃背。他索性把上衣脱下来，挂在田埂边的树枝上，光着身子在烈日下洒汗挥锄，翻挖起一个个土垡子。这时，忽然刮来一阵山风，普丕感到凉快了一点。就在普丕埋头挖田之时，有只鹧鸪在田边的树丛里鸣叫起来。寂寞劳累中的普丕听着甚觉可爱，就吹起口哨，与鹧鸪呼应逗着玩。他想叫李亮把这只鹧鸪捕去下酒，但又有点舍不得，就打消了这个念头。在田边小溪的青苔下，一只青蛙也"咕呱、咕呱"地鼓噪起来。又是鸟鸣又是蛙叫，普丕感到有趣。他一边挖田一边像听音乐一样，津津有味地欣赏着这山野里的"乐曲"。山坡上的棠梨树开着洁白的花朵，在清风下欢快地摇曳着，芬芳四溢。

太阳已经升高，时近中午，普丕已翻挖了一大块田。翻起的土垡子在阳光下熠熠发亮冒着湿气。

忽然，在开着棠梨花的山间来路上，传来一阵清脆的山歌：

烂漫的山花靠露水滋养，
青葱的树木靠沃土生长。
自由的泥鳅靠田水翻腾，
遒劲的苍鹰靠山风翱翔。
挖田的双手靠体力支撑，
赤身的饿哥靠饭菜吃饱……

歌声刚停，传来了一串笑声。随着笑声，施慧那张清秀而俏皮的笑脸从花丛间露出来，并对普丕高声喊道："普丕阿哥，回来吃饭啰，太阳都升高了，你还在这里挖田，难道你忘了吃饭啦？不吃饭怎么有力气挖田啊！”

普丕看到施慧来喊他吃饭，心里很高兴，他笑着说：“施慧阿妹，你的山歌唱得可好听呢，我还以为是哪位仙女下凡来唱歌呢！”

施慧笑嘻嘻地说：“普丕阿哥，你别这样夸我，我虽然不是天上下凡的仙女，也是地上的歌女呀！”

“哦，是吗？地上的歌女，你的歌唱得那么好，我听了肚子都饱啦，一身都是力气了，我就不回去吃饭了，你回家去吃吧。”普丕开玩笑说。

“那怎么行，我阿爹杀了家里养的兔子，已经做好了饭菜，专等你回来吃饭呢。而且我阿弟施明也回来了，他正想着要跟你吃饭呢。这次杀的兔子还是你送给我养的野兔下的儿呢。你不去吃饭，我可要生气了。”施慧噘着嘴说。

“好，好，我跟你开玩笑呢。我的肚子早饿了，现在就跟你回家吃饭。而且我好久都没有见到你阿弟施明了，我要好好地跟他聊聊呢。”普丕一边说一边穿上衣裳跟着施慧走回家去。

二人回到村口的时候，见到饭后的李士天，李士天对普丕说：“普丕，我正想跟你说呢，今天下午你到米他代犁田去，把那里的闷板田犁起来晒着，晒上几天就要泡水栽秧了。吃完饭就去犁，不要大意啊！”说完剔着牙，挺着肚子，悠闲地走了。

施慧领着普丕到了家里，已是满屋菜香。施明闻声迎出门来，热情地拉着普丕的手进屋说：“普丕阿哥，饭菜都早就做熟了，只等你一回来就吃饭呢。你就坐下来吃饭吧！”说着摆上饭菜，拿出酒壶斟满了酒杯。施慧的父亲给普丕端来了一碗热茶，施慧给普丕打来了一盆洗脸水。普丕洗了一把汗渍的脸，就坐下来和施慧一家人围桌吃饭。

施明的父亲举起酒杯说：“普丕侄儿，你今天要多吃多喝一点，今天吃的兔肉是你送给施慧的兔子下的儿。今天施明也回来了，大家就高高兴兴地吃顿兔肉。来，先喝干这杯酒吧！”大家应声举杯共饮。

吃饭的时候，普丕与施明聊起了施明在外地做木活的情况。施明说：

“这半年我跟师傅在外地做木活盖房子，辗转了几个地方，盖起了好几所新房子。到了许多村子，见识了当地的风土人情，长了一些见识，也学到了一些木工技术。特别让我印象深刻的，是见到了一个很会唱歌的彝人大姐。我听了她唱的歌，越听越想听。听着她的歌连干活计都不会觉得累呢，真的。”

普丕听了说：“刚才你姐姐来喊我吃饭时，就是唱着山歌来喊我的呢。我想再听她唱几句，她却不唱了，一再催促我回来吃饭。”

施慧听了，有点不好意思地说：“普丕阿哥，我才唱得不好呢，我在学唱呢。”

这时，施明的父亲搭话说：“唱山歌古来就有之，古代的人喜爱唱也喜欢听，跟现在是一样的。人们在生活中是离不开歌声的，劳累时唱歌可以提精神，闲暇时唱歌可以使人愉悦，甚至愁苦时唱歌也可以舒缓郁闷，年轻人谈情说爱更离不开情歌。我年轻时也学唱过山歌，但会唱的歌不多。现在老了，特别是老伴过世后，就再也没有唱过山歌了。我跟施慧的阿嫫是唱山歌认识结婚的呢。”

施慧听了，高兴地拍起手来，说：“啊呀！没想到我阿爹阿嫫的爱情还是很浪漫的，两个老人都是歌手呢！”

施慧的父亲说：“我算什么歌手，顶多会唱几句而已。你阿嫫还比我唱得好呢，我是唱不过她的。可惜她过早地走了，不然的话，她会好好地唱给你们听的。”说着语气有些沉重。

施慧却没有理会父亲有点沉重的心情，调皮而天真地歪着头对父亲说：“阿爹，你现在唱支情歌给我们听吧，我可想听呢。”

“小孩子家懂什么，按规矩大人在小孩面前是不宜唱情歌的，在同辈人面前才能唱情歌。”施慧的父亲认真地说。

“那好，有时间我请李大嫫过来，你就唱，我们听。”施慧又说。

“就你话多，快吃饭！”父亲有点嗔怪地对施慧说。

施慧这才不说话，吃起饭来。

施明的父亲又说：“说起唱山歌，古代有过一个很会唱山歌的姑娘，远近闻名，代代传颂。据说她可以从天黑唱到天亮，又从天亮唱到天黑，三天三夜都唱不完。她张口就成歌，出声就成调，所有看到的、听到的、想到的都可以入歌，随口就唱。而且声音动听，唱词生动，让人如痴如醉。听说飞鸟听了她的歌，会忘了扇翅膀从天上掉下来，鱼儿听了她的歌会忘了游动静止在水里。美妙的歌声无与伦比，无人能及，如天籁之声，被后人称为歌仙。这个歌仙还流传着动人的故事呢。"

三个年轻人听说歌仙有动人的故事，更来了兴趣，异口同声地急切要求老人讲给他们听。

施明的父亲喝了一口酒，也蛮有兴致地说道："好吧，我就把歌仙这个千古传说的故事讲给你们听。"说完清清嗓门，娓娓地讲述起来。

很早以前，在玛者糯的地方，有一个叫者拉冲的美丽的村子。村子山环水抱，绿树成荫，鲜花盛开，瓜果飘香。凤凰在村边跳舞，喜鹊在枝头鸣唱。人们在这世外桃源般的村里愉快地生活。

这天村里有一户人家的女人正在临产。忽然，有一只花喜鹊飞入这家的院子里，再也没有出来。这时女人生产了，顺利地生下了一个小女孩。只见女孩的嘴里含有一颗红豆，张嘴吐出，"哇哇"直哭。奇怪的是这女孩的哭声很特别，声音悦耳动听，就像唱歌一样。因此，就给这个女孩起个名字叫灵妹，意蕴百灵鸟般的孩子。灵妹慢慢长大，长得越来越俏丽，而且聪明伶俐，唱歌跳舞，一教就会，一学就懂，甚至听一遍就能记住了。人们都惊讶她唱歌的天赋和能力。

村里有个老人，是唱山歌的能手，他看到灵妹有唱歌的天赋，就有心收她为徒，把自己唱山歌的知识传授给她。灵妹自然十分喜欢，就向老人学习唱山歌，一有空就跟老人学习，回家后反复练习，进步很快。没多久，就把老人唱山歌的知识学完了。她成了村里最会唱山歌的人，村里没有人能唱得过她。灵妹很高兴，认为已经学得满满的了，就信心十足地到歌场上对唱山歌，没想到很快就败下场来。至此她才明白，自己在村里学到的山歌是有限的。山外还有山，天外还有天，能手之外还有高手。于是她想到外地找高手学习。

灵妹听说在颇拉的地方，有一个会唱山歌的高手叫阿卓，在对歌场上很有名气，没有人能唱得过他。不过他很少到歌场上对歌，人们很少能见到他。灵妹萌生了到颇拉找阿卓学唱山歌的想法。强烈的求知欲望和执着的唱好山歌之心，终于使她踏上了寻找阿卓的路。

春末的一天，灵妹不顾家人的担心和劝阻，毅然地向颇拉出发，去找阿卓学习唱山歌。山高高，路遥遥，灵妹勇敢地行进不停，义无反顾，朝着颇拉勇往直前。

这天，灵妹终于来到了颇拉地界上，她长长地舒了一口气，就坐在山坡的树荫下歇息片刻。她举目四望，只见这里山清水秀，绿草茵茵，各种山花遍山绽放。天气晴朗，白云悠悠。清脆的牧羊铃声从草木间传来。一群山羊悠闲地吃着草。这优美的风光，生机盎然的景色，使她精神兴奋，疲惫顿消，歌兴突起，情不自禁地唱起了山歌。她那悠扬的歌声传向四方，在山野里回荡。忽然，她的歌声刚落，在草地边上的树荫里，传来一阵清亮的山歌声：

山高高来水长长，金丝鸟儿飞过来。
不知阿妹有何事，不辞辛劳远方来。

灵妹一听，是个男子的声音，声音优美动听。这显然是在回应她唱的山歌，而且在询问她的来意。于是她又亮起嗓子唱道：

山高高来水长长，雏燕学飞来借风。
小妹唱歌不成调，还求阿哥教妹来。

只听对方又唱道：

山高高来水长长，箐水淙淙在流淌。
喝水青苔糊住嘴，怎能教妹唱山歌。

灵妹对唱道：

山高高来水长长，鲜花要靠水来浇。
阿哥开口即成调，怕是阿哥舍不得。

歌声中树荫下走出一个帅气的小伙子。他手持羊鞭，快步朝灵妹走来。表情显得很兴奋，看来他似乎感觉到遇到了知音。

啊！是这个放羊的小伙子在唱！灵妹眼睛一亮，心里一阵惊喜。

放羊的小伙子很快来到灵妹身边，笑呵呵地说："阿妹的山歌唱得真好！"

灵妹的脸一红，不好意思地说："阿哥你过奖了。因为唱不好，才来这里学唱的。阿哥唱得才真正好呢。"

小伙子大方地坐在灵妹身边说："阿妹，看你是远道而来，你辛苦了！一路走来，一定饥渴了吧？来，吃点东西解解乏吧。"随即拿出带在身上的荞粑粑和凉水给灵妹吃喝。

灵妹也确实饿了，面对这个一见如故、以歌相识的小伙子，也顾不得羞涩和拘束，说声"谢谢阿哥"，接过粑粑和凉水吃喝起来。

小伙子高兴地看着灵妹吃喝，说："今日真是巧遇啊！想不到在这里跟阿妹以歌相识。"小伙子显得很高兴，随后又询问起灵妹的来意。

灵妹向小伙子说了自己的情况和理想，尔后说："我来颇拉村，就是找唱山歌的高手阿卓哥学习唱山歌的。"

小伙子听了，呵呵笑起来，爽朗地说："其实阿卓的山歌也唱得不怎么样，想不到你这么抬举他。"

"怎么，你认识阿卓哥？"灵妹问。

"岂止认识，我就是你要找的阿卓呀。"小伙子笑眯眯地说。

"啊！是真的吗，阿卓哥，我可找到你了，太好啦！"灵妹异常兴奋地说。

真是"踏破铁鞋无觅处，得来全不费功夫。"灵妹意外地遇到了自己要学习山歌的阿卓。她真是喜出望外。她抑制不住兴奋的心情说："阿卓哥，我远道而来，就是来向你学习唱山歌的，你可要教我啊。"

"其实，你的山歌已经唱得很好啦。这样吧，我们互相学习。"阿卓热情而率直地答应说。

阿卓高兴地带着灵妹回到家里。阿卓的父母，两位慈祥的老人，对这个漂亮机灵、乖巧伶俐的姑娘很喜欢。一家人热情地接待她，视她如家人。从此，灵妹就跟阿卓学唱山歌。白天他们在放牧的山上对唱，晚上在一起切磋交流体会和经验。阿卓也毫不保留地把唱山歌的知识传授给灵妹，灵妹更是细心地学习。凭着灵妹的聪明和悟性，学习日进，没有多长时间，就很好地掌握了阿卓唱山歌的大部分知识。灵妹学艺已成，怀着深深的感激之情，依依不舍地告别了阿卓一家，回了自己的家里。

此时的灵妹，唱山歌的水平有了大幅的提高。她经常与村里的姑娘们结伴到玩场去跳乐唱歌，山歌已没有人能唱得过她。

到了这一年的元宵节，又是玛依拉街的赶街天。街子上人头攒动，热闹异常。

当夜幕降临，喧闹了一天的街便沉寂下来。但离街子不远的玩场上，却篝火熊熊，热闹非凡，穿着节日盛装的青年男女们，汇聚在场上跳乐作舞唱山歌，青年们翘首期盼的欢乐的歌舞盛会又开始了。灵妹和村里的几个姑娘也在欢乐的人群里。

此时，月亮升起来，月明火亮。玩场上一片欢声笑语，弦声铮铮，歌声阵阵。青年男女们围着篝火，拍着手掌，欢跳乐作舞。四弦声、拍掌声、舞步声和舞曲的合唱声响彻云霄。火光映红了每个人的脸，人人笑靥如花。人们尽情地欢跳，尽情地欢唱，喧闹如潮，玩场成了一片沸腾欢乐的歌舞场。

欢跳过后，人们坐下来休息，男女分群落座，开始对唱山歌。往往是男女人群各自推出一人领唱，众人帮腔唱和。

人们在篝火上添加柴禾，烈焰腾空，火星飞舞，篝火燃烧得更旺。这时男子群里有人喊道："月亮出来了，山歌要唱了，阿妹金嗓子，快快唱起来！"女子群里立刻有人回应答："月亮出来了，时候正合了，阿哥八哥嘴，起先唱起来！"

话音刚落，男子群里站出一个小伙子，亮开嗓子先唱起来：

月亮出来亮汪汪，玩场篝火正旺烧。
阿哥阿妹来跳乐，合心合意多欢乐。
阿哥弹得四弦响，阿妹唱得山歌亮。

女子群里推举出灵妹来对唱：

月亮出来亮汪汪，阿哥唱在妹心上。

不跳乐作脚板痒，不唱山歌心会烦。
老倌跳成帅阿哥，老奶唱成花骨朵。

小伙子又接唱：

月亮出来亮汪汪，小妹美貌如桃花。
金口一开如百灵，歌声一亮传四方。
鲜花朵朵遍地开，这朵鲜花格外香。

灵妹又对唱：

月亮出来亮汪汪，阿哥莫把小妹夸。
小妹脸红心发慌，还请阿哥张口教。
只要阿哥有心唱，小妹唱到月亮落……

山歌唱了一曲又一曲，唱到月亮落下西山，篝火熄灭，鸡鸣东方亮。真是歌多月夜短，人乐夜不长。人们余兴未尽，却也不得不散场回家。

这一夜对唱山歌，男子群的主唱人换了一个又一个，却没有一人唱得过灵妹，均输下阵来。灵妹一人唱到底，独占鳌头，全场叹服。从此灵妹唱山歌名扬山里山外，成了名副其实的山歌王，人们甚至把她称为歌仙。灵妹婀娜俏丽的身影和天籁般美妙的歌声时常出现在歌场上、村寨里和群山中。

随着灵妹唱山歌的名声日益增大，她也到了谈婚论嫁的年龄。她愈发出落得亭亭玉立，美貌如仙。四邻八村的小伙子们都青睐她，争相追求她。来她家里说亲的人络绎不绝。好女众人捧，好花众人采。这本来是一件好事，但来家里说亲的人太多，应接不暇，这也就成了灵妹父母的一桩烦心事。灵妹的父母催促她赶快选好意中人成婚立家，以免说亲的人踏破了门槛。但她始终未对一个说亲者点头答应，而是宣称，她要以唱山歌选亲择偶。谁能唱赢她，她就嫁给谁。此言一出，便引来四方唱山歌的小伙子，其中也不乏能手和高手，但就是没有一人能唱赢她。因此她的婚事也就一直没有着落。

有一个自称唱山歌能手的小伙子，来求婚对唱道：

青松绿来青松香，西山顶上马缨花。
缨花红红在绽放，想采花来心又慌。

灵妹对唱道：

青松绿来青松香，西山顶上马缨花。
露水不下花不红，蜜蜂不采花不开。

小伙子又唱道：

青松绿来青松香，西山顶上马缨花。
有心采花够不着。搭把梯子垫起脚。

灵妹再对唱道：

青松绿来青松香，西山顶上马缨花。
若是阿哥真爱花，练好手脚再采花。

显然这小伙子不是灵妹唱山歌的对手，也不是她的意中人，小伙子只能败兴而去。过了几天，又有一个来唱歌求亲的小伙子唱道：

桃花红来梅子青，有心采取花一朵。
哥是绿叶来配花，不知颜色合不合。

灵妹对唱道：

桃花红来梅子青，樱桃熟了石榴青。
待到秋日谷子黄，摘下石榴不成双。

小伙子又唱道：

桃花红来梅子青，多依树下等阿妹。
哥是钥匙妹是锁，不知哪日锁能开？

灵妹又对唱道：

桃花红来梅子青，山路弯弯水路长。
一把钥匙一把锁，钥匙不合锁难开。

小伙子最终也没能唱赢灵妹，也不是灵妹的心仪之人，求婚之事也被灵妹拒绝了。

在玛者糯，有一个大财主。他对灵妹的美貌和才智早已垂涎三尺。虽然已有一妻三妾，但仍然想纳灵妹为四妾。财主用大量的金银财宝诱使灵妹结亲，灵妹不为所动，遭到严词拒绝。财主就用威势逼灵妹就犯，灵妹坚决不从。财主恼羞成怒，把灵妹劫持到家里，继续威逼利诱，灵妹仍然坚贞不屈。财主将灵妹关在一个羊厩里，后在一个长工樵夫的暗中帮助下灵妹连夜逃出财主家。

财主发现灵妹逃跑，率家丁打火把追赶。山高夜黑，灵妹慌忙寻路而逃。不料脚踩在乱石上被扭伤，跌倒在地。眼看财主追赶将至。在这紧急之时，路边树丛里突然出现一个小伙子，将灵妹拽入树丛中躲藏起来，躲过了财主的追拿。

灵妹万没想到这个小伙子就是阿卓，原来阿卓来到玛者糯亲戚家夜出狩猎，见财主率众追赶一个小姑娘，就忙将姑娘救下来。阿卓也没想到这个姑娘就是灵妹。两人相见，悲喜交加。灵妹含泪对阿卓倾诉了自己的遭遇。阿卓听了愤怒异常，痛恨财主心黑手毒。

阿卓离开亲戚家，带着灵妹连夜赶回自己家里，灵妹就在阿卓家里住下来养伤，后来财主知道了灵妹躲在阿卓家，想继续捉拿灵妹。但财主对灵妹施暴逼婚，已激起民愤。如果再次捉拿灵妹，财主怕激起更大的民愤不好收场，只得黯然作罢。

灵妹再次到阿卓家，使阿卓的父母喜出望外，阿卓更是欣喜异常。阿卓一家人的关心体贴，很快就治好了灵妹的脚伤。但灵妹没有离开阿卓，从此就在阿卓家住下来。

灵妹经过了这场劫难和阿卓的再次相会，激起了内心的情感波澜，阿卓的帅气、热情、聪明、勇敢和高超的唱山歌才智，使灵妹仰慕，对阿卓产生了爱恋之情。阿卓也十分喜爱美丽、贤惠、机灵和活泼的灵妹，在灵妹来学唱山歌之时就喜爱上她，现在喜爱之情愈加强烈。两颗年轻的心悄然贴近，爱恋之火不知不觉炽热地燃烧起来，难舍难分，两人在一起都感到十分愉快和幸福。

这一天，他俩一起上山牧羊。天空是湛蓝湛蓝的，白云在天空中悠悠地飘浮。地上青山绿树，连绵不绝。羊儿在欢快地追逐吃草。太阳暖暖的，轻风阵阵拂面而来。灵妹在草地东边看守着羊群，阿卓在场地西边吆喝着羊群。阿卓看着对面坐在草场边上如花的灵妹，心中升腾起强烈的爱恋之情，他情不自禁地对灵妹唱起山歌：

橄榄青来杨梅红，一只独燕盼双飞。
万绿丛中花一朵，绿叶盼着配鲜花。

灵妹听到阿卓唱的山歌，知道是向自己表情示爱。她已心仪阿卓，经过无数的歌场和对歌择偶，没有一个男人是她心里满意和喜欢的，唯有阿卓让她怦然心动，在她心灵深处激起阵阵爱慕的涟漪。她跟阿卓在一起的愉快和幸福感越来越强烈。她已意识到，阿卓就是她的意中人，是她值得信赖和可以托付终身的男人，她已深深地爱上了阿卓。阿卓的情歌更加触动了她内心的爱意。于是她那深情而悠扬的歌声脱口而出，与阿卓接歌对唱，倾吐衷肠和爱慕：

橄榄青来杨梅红，鲜花开放少绿叶。
抬头望月盼露水，接得露水花更红。

阿卓听得清楚明白，从歌声里他听出了灵妹对自己的爱慕和接纳之心，他心里十分高兴，立即接唱道：

橄榄青来杨梅红，一对山鸡脚跟脚。
双双钻进树棵里，高高兴兴理窝棚。

灵妹自然明白阿卓歌唱的含义和所指，这正是她的心思和向往。她怀着甜蜜的心情对唱道：

橄榄青来杨梅红，一对鸳鸯身挨身。
风吹雨打不分离，相依相伴到终身。

灵妹的歌声表白得清楚无遗，是对爱情的明白应允和承诺，阿卓听了异常欣喜。

当太阳偏西的时候，阿卓和灵妹双双赶着羊群，高高兴兴地回了家。

又是风和日丽的一天，阿卓和灵妹把山羊放在草坡上，两人相依而坐。满山遍野的鲜花在草木间开放着，轻风摇曳着花朵，似绽开着笑脸在欢舞。林间鸟儿在欢唱，两只苍鹰在碧空里翱翔。羊群在草地上悠闲地吃着草。灵妹紧靠在阿卓肩膀上，阿卓手搂着灵妹的腰，深情地唱起山歌：

山茶叶绿花儿红，阿妹来到哥身边。
吃着橄榄蘸蜂蜜，嘴也甜来心也甜。

灵妹接上对唱：

山茶叶绿花儿红，一对蜜蜂采花来。
口含蜂蜜嘴对嘴，妹也甜来哥也甜。

阿卓再唱：

山茶叶绿花儿红，哥有情来妹有意。
相爱日夜来相伴，泉水鸳鸯配成对。

灵妹接上对唱：

山茶叶绿花儿红，哥心长在妹心上。
藤缠树来树缠藤，生死相依永不离。

阿卓和灵妹绚丽的爱情之花，终于结出了幸福之果。就在这一年的秋天，阿卓和灵妹结婚了。他们恩爱有加，相依相伴，赡养父母，养育子女，幸福地度过了一生。美好的山歌也始终伴随着他们一生，他们还培养出了许多唱山歌的能手，世代相传。一代歌仙灵妹也这样传颂于世。

施明的父亲讲完了故事，几个孩子竟听得如痴如醉，都被故事深深地吸引住了。

施慧缠着父亲教唱山歌，父亲笑呵呵地点头允许，说：“现在要吃饭喝酒呢，以后再教唱吧！”

一家人又高兴地继续吃饭。普丕吃完饭以后，从施慧家里出来。歌仙灵妹的故事使他亢奋，余兴未消。他还要给李士天家犁田去，就径直来到李士天家里。他到李士天家的楼上，撮了一些精料要去喂牛。他看到楼上搁着几罐猪油。李士天很吝啬，从来不给长工们吃猪油，老是吃一点菜油。实际上这些猪油他们家人也是吃不完的，可他就是这样搁着。而施大明家和李方氏家已经很长时间没有油吃了。于是一个主意便在普丕心里形成了。

普丕在犁田的时候，将犁板退下来，这样犁起来的土垡就翻不过来，犁田质量就会很差。

李士天看到田块的土垡犁翻得七零八落，不成样子。就对普丕发怒呵斥道："普丕，看你犁的田成什么样子？土垡子一个都不翻，这样犁田栽秧收什么粮食？"

普丕不紧不慢地说："阿波，这不能怪我。你不知道，今年干旱，闷板田的土壤太干，翻犁时因为犁头不滑，所以土垡子就翻不过来。要让土垡翻过来，就得在犁头上抹猪油，让犁头变滑，这样土垡子就会翻过来了。我怕你老舍不得，才没有向你要猪油抹犁头的。"

李士天确实舍不得猪油，但土垡子不翻就种不好粮食，那损失就大了。只得叫普丕回去抱一罐猪油来抹犁头。

普丕马上跑回去，把满满一罐猪油抱到田边装模作样地往犁头上抹上了一点油，然后把一整罐猪油送给了施大明家和李方氏家。紧接着到田里重新安上犁板犁起来，土垡一个个都翻过来了。

第二天，李士天看到普丕犁起来的土垡子个个都翻身，犁得很好，他很高兴，以为是犁头抹了猪油的缘故，因而大声对普丕说："要在犁头上多抹些油，再多抹些猪油！"

普丕嘴上连连答应，心里却暗暗发笑。

第二十一回　说瞎眼女好心得报　笑恶阿波成“落汤鸡”

时令已是隆冬，寒风刺骨，天气奇冷。

这天早晨，普丕起床洗漱，就觉得阵阵寒意袭人。天空灰濛阴沉，飘着细细的冰碴，人们身上都裹着几层衣服，仍然寒意难挡。这么寒冷的天气，李方氏身体还好吗？她孤身一人生活，年事已高，体质又差，没事吧？普丕老是记挂着，心里放不下。恰巧早上李士天还没叫他做什么，想必是李士天还捂在热被窝里没有起床吧。他想这么冷的天也是难以做农活的，早上可能会没事了。于是普丕就去看望李方氏。

普丕走出门，一阵朔风迎面刮来，刮得脸面生疼。普丕衣着单薄，不禁一阵寒颤。他裹紧了衣服，顶着寒风直朝李方氏家里跑去。

李方氏正在火塘边补衣服，见普丕带着寒风推门进来，赶忙招呼说：“普丕侄儿，快坐下烤火，这么冷的天你还过来？”

普丕说：“天寒地冻，我来看看您老人家身体好不好。”

李方氏说：“让你挂心了，最近身体还可以，就是眼睛老是昏花，视力下降了，缝补衣服不太方便。”她说着看见普丕衣服单薄，关切地又说：“天气这么冷，你穿得这样少，怎能抵挡住寒冷？等天气好点，我上街买些布料，给你缝制一套衣服，不然会冻病的。”

普丕感激地说：“李大嫫，不麻烦了，我年纪轻，没事的。”

李方氏认真地说：“年轻也难挡严寒啊。要是真冷病了，可就麻烦了。这事就这么定了，大嫫会抓紧时间给你缝制的。”稍停又说：“天气这么冷，我熬点山药米粥给你暖暖身子吧。”说着拿来山药和大米放进锅里在火上熬煮起来。

普丕往火塘里添了些柴禾，火苗噼啪地旺燃起来，很快锅里就冒出大米山药粥的香味，屋里比先前暖和了。

普丕看着慈母般的李方氏，心里翻腾起感激之情。他见李方氏在补衣服，看针线时甚感吃力，他觉得有些奇怪，心想前几天老人的视力也不至于如此差，怎么一下子就变得这样不好？于是他便问李方氏：“李大嫫，您的眼睛前几天还好好的，怎么只有几天就不好啦？”

李方氏抹了抹眼睛说：“这几天兴许是被冷风吹多了，伤了眼睛，眼睛老是流泪，还觉得生涩发痒，视力也有些模糊。”

普丕听了，走过去好好地查看李方氏的眼睛，见她眼睛红红的。“哦，看来眼睛有病了。”他说，“明天，我去找郎中抓药回来给您治眼睛。”

李方氏说：“天气这么冷，等过几天天气好了再去吧！”

“不怕，哪怕下雪也要去的，治眼睛可不能大意，耽误不得，病情是不等人的，越早治疗就越好的。”普丕说。

“那好吧，天气寒冷，说不定还会下雪，路上可要小心啊。”李方氏对普丕嘱咐说。

“好的，李大嫫，我会注意的。”普丕边往火塘里加柴边说。

李方氏又说：“眼睛不好可人的良心要好。人的良心好了，神仙也会来帮助治病的。有个故事就是讲神仙帮助一位好心的瞎眼姑娘治好眼病，使姑娘看见光明的事情。”

“神仙帮助瞎眼姑娘治好眼睛？”普丕觉得很新奇地问。

“是的，是一个动人的传说故事。”李方氏说。

“李大嫫，那你就把这个故事讲给我听听吧。”普丕要求说。

“好，我就讲给你听。”李方氏高兴地答应了。然后一边补衣服一边讲起来。

从前，在米都得的群山之中，有一个彝族村子，村里有一个十八岁的姑娘，名叫施黛。施黛姑娘像山里的百合花一样美丽可爱。不幸的是姑娘自生下来就看不见东西，长大以后也是一个盲人。

施黛姑娘很聪明，能吹弹一口好的口弦，能唱一口好的山歌。当她吹弹响清脆婉转的口弦时，优美的弦声引得百鸟聚落在她家的屋顶上；当她唱起悠扬清亮的山歌时，动听的歌声感动得流水也停住了脚步。施黛姑娘很勤劳，虽然不能到远处的田地里做农活，但很多家务事都由她来做。自从施黛的爹嫫去世以后，幸福就离开了她。狠心的哥哥嫂嫂嫌她是个瞎子不能出外做活，就把她单独分出来让她一个人生活。

分家以后，施黛姑娘生活上遇到了很多困难，但她十分坚强。她虽然看不见太阳，但太阳在她心中，她的心像金子一样明亮；她虽然看不见月亮，但月亮在她心中，她的心像银子一样纯洁无瑕。她不愿做一个无用的人，她用灵巧的双手以打草鞋为生。

施黛姑娘从小就跟母亲打草鞋，所以她打出来的草鞋既美观又结实，深受乡亲们欢迎。她起早贪黑地打呀打呀，打了数不清的草鞋，全被人们用米和盐换走了。猎人穿上她打的草鞋，走山路脚步像风一样轻快，出猎总是满载而归；农人下地干活，牧人上山放牧穿上她打的草鞋做活周身是劲，五谷丰登，六畜兴旺。小伙姑娘们穿上她打的草鞋，舞步也特别欢快轻盈。所以分家以后，猎人就给她送来美味的锦鸡肉，做活的人给她送来喷香的白米饭，放牧的人给她送来可口的牛羊肉，伙子们给她送来干燥的柴禾，姑娘们给她送来漂亮的衣裙。

一天，有一个白发苍苍的老人路过这个山村，他向施黛姑娘买了一双草鞋。施黛姑娘一听是个赶远路的老人，不仅不收他的钱，还送他两双草鞋，让老人家穿烂了可以换用。她说：“老人家，收回你的钱吧！快穿上草鞋，让疲劳从你脚下溜走，让我一个瞎眼姑娘的敬意伴随你顺利到达你要去的地方。”过路老人十分感动，摘下他挎在身上的一个葫芦送给施黛，并且说：“善良的姑娘，你不收钱，就收下这个装水的旧葫芦吧！你可以用它来打水吃，让清水永远伴随你生活，让泉水冲走你的黑暗，给你迎来光明。”说完老人起身走了。

施黛姑娘抱着葫芦走到门口叫老人回来带走他的葫芦时，老人早已走远了。她打开葫芦喝了一口水，啊！这水又凉又甜，真是甜透了心肝肺腑。从此，施黛姑娘就一直用这个葫芦装水喝。

又过了不久，无情的嫂嫂见施黛一个人住着家里的一间房子，就在背地里找丈夫吵，硬是逼着他把施黛姑娘从家中赶出去。施黛姑娘伤心地背上葫芦，带着一包红薯干，骑上哥嫂给她的一匹小瘦毛驴，向着茫茫群山走去。山高高，路遥遥，施黛姑娘痛苦地唱起了山歌：

淙淙的流水啊，哪里是你的归宿？茫茫的黑夜啊，你到底要有多长？弯弯的山路啊，哪里才是你的尽头？高高的群山啊，哪里是我落脚的地方……

悲凉的歌声，使河水流泪，百鸟哀鸣，高山也闪开了道路。施黛姑娘骑在毛驴背上，走过了一山又一山，跨过了一河又一河。渴了喝点葫芦里的水，饿了就吃一点红薯干。不知过了几天几夜，也不知走了多少路程，来到了一个小山坳里。筋疲力尽的小毛驴由于过度劳累，倒在地上死去了。施黛姑娘抱着死去的毛驴放声大哭，哭声传得很远很远。

就在这个山坳里的半坡上，住着一家彝族人，有母子二人，母亲心地善良慈祥。儿子名叫磨拉，二十岁，勤劳老实。母子相依为命，靠种山地维持艰苦的生活。

这天，磨拉在山地里种芋头，看见一个姑娘抱着一匹死毛驴痛哭。便来到旁边问："可怜的阿妹，你遇到什么灾难，为何这般痛苦？"施黛姑娘听到这个小伙子同情地问自己，就把自己所遇到的遭遇全向他讲了。磨拉十分同情施黛的遭遇，在安慰过施黛姑娘之后，就把她领到家里。慈祥的老母亲听了磨拉的介绍后，用颤抖的手拭去姑娘脸上的泪水，深情地说道："可怜的孩子，这茅草房就是你的家，虽不能给你温暖，但可以遮挡风雨。我们母子俩就是你的亲人，你就在这里落脚吧。"

施黛姑娘听了，含着感激的泪花说："尊敬的阿嫫，可爱的阿哥，姑娘我是一朵没有绿叶的花，带来的只有黑暗，留给你们的只有负担，还是让我走吧！我十分感谢你们对我的一片真心。"

老母亲听了施黛姑娘的话以后，更加感到这个姑娘的纯洁和可爱。她紧紧地将施黛姑娘搂在怀里，说道："可怜的姑娘，穷人的心就像树上的吊兰花一样紧紧相连。有两碗包谷饭我们愿分作三碗吃，有一个荞粑粑我们愿分成三块吃。你的眼睛虽看不见东西，但你的心像玛瑙一样珍贵。我们就像亲骨肉一样不能分开。今后，你就是我的孩子。"

施黛姑娘听了老人的话，心里就像燃起一堆明子火，全身感到温暖。从此，她就在磨拉家住下了。

磨拉的母亲就像对亲女儿一样疼爱施黛，磨拉就像亲阿哥一样关心施黛。施黛也在家里努力帮助老母亲做家务洗衣服。有一天磨拉用施黛的葫芦倒水，不料倒出来一粒瓜子。他觉得奇怪，就把它种在屋前的菜地里。不几天，瓜苗长得很旺盛。又过了几天，就结了一个大南瓜。磨拉十分高兴，这天下午他把瓜收回来煮吃。这瓜的味道特别香甜，一家人都说从来没有吃过这样好吃的瓜。

说来也奇怪，这天下午吃了瓜以后，第二天早上起床时，施黛的眼睛突然就亮了。她第一次看见了光芒四射的太阳，第一次看见了青山绿水，第一次看见了慈祥的阿嫫和英俊的磨拉。这件事给全家带来了欢乐和幸福。施黛姑娘俏生生的脸上，一双熠熠发光的眼睛看见了光明，连她的歌声也更加动听了：

太阳啊，你是这样辉煌，大地啊，你是这般壮观。光明啊，你终于来到了我身边，我心啊，充满了希望……

又有一天，施黛和磨拉在山里种芋头，他们用葫芦提水浇，倒水时竟倒出来一个芋头，他俩皆感到很奇怪，就把芋头种在地里，用葫芦浇水。不到几天，这棵芋头长得又大又肥，还开出了很好看的花朵。在收挖这棵芋头时，挖出来的却不是芋头，而是一堆大大小小的金子！一家人都高兴极了。从此一家人就过上了好生活。但仍然辛勤劳动，勤俭过日子。

真是连做梦也没有想到，正当一家人开始过上好日子的时候，一场灾难却悄悄袭来。一天，当地一个财主进山来打猎，他意外地看到光彩照人的施黛姑娘，被她的姿色迷住了。于是财主恶意顿生，以磨拉砍了山坡上的松树为借口，说山林是他家的，要以施黛姑娘做赔偿，带着一帮打手，来抢夺施黛，想让施黛做他的小老婆。这帮恶棍来抢人时，磨拉的母亲紧紧地抱住施黛不放，被凶恶的财主一棍打倒在地，地上淌满了老人流出的鲜血。愤怒至极的磨拉抓起一根扁担奋力与打手们拼斗，虽然被他打翻了几个人，但由于财主人多势众，最后施黛还是被抢走了，磨拉也被他们打得昏了过去。

施黛被抓到财主家后，尽管财主对她软硬兼施，但她誓死也不做财主的小老婆，后来被打得遍体鳞伤，关在一栋高楼上。

当天晚上，月亮从东边升起，天边淡淡地染了一层红色，整个月亮就像泡在血海之中，整个大地也像在流血。施黛姑娘手扶铁窗，泪流满面。她远望家园，无限思念磨拉和母亲，她恨不得砸碎这万恶的囚笼长翅飞回家中，与亲人相见。这时她吹响了自己的口弦，那悲愤的歌声飞出窗外：

黑暗啊，又遮住了光明，亲人啊，你们在哪里？葫芦啊，快来救救我吧！把吃人的豺狼一网打尽……

施黛的歌声刚落，只听“喀喳”一声，铁窗被撞碎了，葫芦果真从天空飞到了她怀中。施黛姑娘又惊又喜，把葫芦打开后，一股水从里面喷了出来，哗啦哗啦地流着，越流越涌，越淌越大，顷刻间冲倒了财主的高楼，淹没了财主的房子，淹死了财主和他的打手。

施黛骑在葫芦上游出水面，急急忙忙向家中奔跑。在离家不远的场地上见心爱的磨拉满身是血，躺在地上。施黛抚摸亲人身上的伤痕，心疼得哭不出声来。她急忙用葫芦给磨拉喂水，又冲洗了他身上的血污，磨拉很快就清醒过来，伤口也长好了。当他睁开双眼看到施黛时，立刻将施黛紧紧地抱在怀里，泪水像断了线的珍珠，从他宽大的面额上淌下来。“抢人魔鬼们上哪里去了？”他问施黛姑娘。

“死啦，全部都让葫芦里淌出的水淹死了，我们再也不用怕这帮野兽豺狼了。”施黛把事情的经过告诉了磨拉。

“阿嫫呢，她老人家现在在哪里？”施黛问。

“走，我们快回去看看吧！”磨拉说着和施黛急向家中奔去。就在家门口，老母亲蜷曲着身子，满头是血，倒在地上。她的双手紧紧地合抱着，似乎永远在合抱着施黛姑娘不给人抢走。但老阿嫫再也不能喝下葫芦里的水了。慈祥的老母亲被抢人的魔鬼打死了！施黛跪在老人身边，紧抱着比自己亲生母亲还亲的阿嫫，哭得死去活来。磨拉也在母亲面前哭得两眼通红。后来，他俩怀着万分悲痛的心情，把老人埋在家后面的地里。不久，老人坟上长出一棵苍劲的青松，日夜守护着自己的家园和亲人。

就在这一年的秋天，施黛和磨拉结婚了，九山八坳的乡亲们都赶来向他们祝贺。

事情真是巧得出奇，恰恰就在这天中午，有一男一女两个叫花子，到磨拉家中讨饭。当他们认出新娘就是施黛姑娘时，真是羞愧得无地自容。两人正要躲开逃去时，却被施黛拉住了。原来这两个叫花子，就是以前赶走施黛的阿哥和阿嫂。自从他们赶走了施黛后，由于家中遭了灾害，家境败落，因而只有去乞讨要饭为生。

施黛认出了哥哥嫂嫂以后，不仅没有骂他们两人，还叫磨拉也认了他们，并给他们换了衣服，请他们和客人一起参加了自己的婚礼。婚礼后又住了几天，施黛和磨拉送给哥哥嫂嫂粮食和衣服，才把他们送走。

从此，施黛和磨拉两人一直过着勤劳幸福的生活。每当闲暇，磨拉就弹起四弦，施黛便和着弦声唱起山歌。这歌声听起来比蜜还甜。

李方氏的故事讲完了，她的衣服也补好了。她咬断线头，把衣服折叠起来放好。

普丕觉得故事很感人，他庆幸施黛姑娘和磨拉终于有美好的生活。

这时，山药米粥熟了，屋里充溢着山药米粥的香味。李方氏说：“山药米粥熟了，可以吃了。”说着舀了一碗给普丕，自己也舀了一碗吃起来。味道又香又甜，很好吃。吃了粥普丕感到周身都暖和起来。

这当儿，施慧猛然推门进来，脸蛋儿被冻得红红的，手里还拿着一包东西递给李方氏说：“李大嫫，这是我阿爹叫我带给你的红糖。他说你孤身一人，身体又不好，这大冷的天，担心你冻坏了身子，给你煮糖粥暖暖身子。”

李方氏说：“看你爹，何必这么客气，我好好的呢。你爹也是年纪大的人了，也不要冻坏了身子，多多注意才好啊。”李方氏说着脸上禁不住漾起笑意，看得出她的心里比糖还甜呢。她接过糖放好，赶忙叫施慧坐下烤火，又舀了一碗山药米粥递给施慧说：“侄女，赶快趁热吃吧，我们也是刚刚吃的。”

施慧吃着，高兴地说：“真好吃。”

“是吗，好吃就多吃一点吧。”李方氏看着像自己闺女一样的施慧，疼爱地说。

此时普丕感到来了一阵子了，他觉得该回去看看了。于是就告辞李方氏走出门来，并嘱咐施慧跟李方氏多坐一会。临走时又对李方氏说，买眼药的事情，他明天一定去，叫李方氏放心。

普丕回到李士天家里，见李士天正在往身上加衣整装，看来是刚刚才起床。

李士天一见普丕就说："普丕，你现在去冲莫箐田边修理树枝，那里有一块很肥的水田，被一棵大麻栗树遮阴了，那里的庄稼老是长不好。"

这本来是晴天做的活计，这么寒冷的天气里怎么去做？修理遮在田边上的树枝，树枝必然会落在水田里，严寒天下水田捞树枝，人怎受得住？普丕这样想着，心里不免嘀咕起来。于是他说："阿波，天气这么冷，不去了吧，等天晴……"

还没等普丕说完，李士天就粗着嗓门吼起来："天冷！天冷就不吃饭了吗？就这样闲着？你今天非得去修理完那些树枝不可，否则就不能吃饭！"李士天用命令式的口气说。

李士天给普丕安排这个活计，一则是他不想让普丕吃闲饭，二则是想趁机治治普丕。因为他觉得普丕这个人太精鬼了，得教训他一下，叫他规矩点。

普丕想，这么寒冷的天，什么事不能做，却偏偏要去深箐里修整水田上的树枝！他心里极其不满。他深知李士天的吝啬、奸猾和阴毒，他意识到这是李士天有意在整他。这反而让他的心镇定下来，心里已经有了主意，于是平静地说："好吧，我去修理树枝，不过阿波，你得跟着我去，教我怎么修理好，不然会修理不好的。"

李士天说："好吧，我跟你去。"他要去监工，还要加码给普丕做活计。

普丕带上砍刀，迎着寒风，朝冲莫箐出发了。

天地一片灰蒙蒙的，寒风呼啸着。普丕衣着单薄，只觉寒冷彻骨，不免有些颤栗，但他还是快步地走着。李士天穿着厚厚的绸缎大衣，仍紧缩脖颈，双手插在衣兜里，不断哆嗦地跟着。

两人来到了田边，只见横伸进田里的麻栗树枝在寒风中摇曳着。

这时，李士天命令道："普丕，快爬上树去，给我把那些遮住田的树枝砍下来！"

普丕也不说话，拿着砍刀爬上了树，开始往下砍修树枝。

树枝在寒风中不断摇晃，普丕稳住身子不让自己掉下去，小心地砍着。

李士天穿着大衣得意地站在那儿观望着。普丕瞟了一眼李士天，一边砍着树枝一边想，隆冬酷寒，天气这么冷，还叫砍修田边上的树枝来整治我，他自己穿得这般好也不做活，看我咋个回敬他！

等到普丕把背田一边的树枝砍完，他就忽地把双脚盘在树枝上，头朝下吊着，大声地对站在树下的李士天说：“阿波！快来呀！我要掉下来了，你赶紧把下面的树枝拖走，搬去石头，垫上大衣，不然我会摔死的！”

李士天一看，也大吃一惊，真险啊！如果人掉下来，摔在树枝上或石头上就没命了！他想普丕死掉不说，可他家却白白少了一个劳动力，再说在外人面前也不好交代的。

李士天想着就急忙拖开树枝，搬去地上的石头，然后又把自己的大衣垫在地上，就对树上的普丕说：“普丕，这回好啦，你掉下来也伤不着了。”

普丕做出努力挣扎状，使劲往上翻，翻上去抓住了树枝，对李士天说：“阿波！还好，我正好抓住了树枝，没掉下来，好险啊！”

普丕接着又砍修朝田一边的树枝，这边砍下来的树枝刚好掉进水田里。等到把田上边的树枝砍完，普丕又头朝下在树枝上吊着，装作十分害怕的样子大声叫喊：“阿波！赶快！赶快把水田里的树枝拉走！这回我真的要掉下来了！不然那么多树枝会扎死我的！”

等到李士天把树枝都拖出水田，普丕又拼命挣扎，艰难地翻上去了，说：“阿波！我拼命不让自己掉下去，我很后怕啊！如果掉下去，不死也会重伤的，幸好没有掉下去。”

这时，李士天的裤子全湿透了，冷得他嘴唇发紫，全身颤抖，缩成一团，抖着声音说：“普丕，快下来，冷得要死了！我们不砍树枝了，得赶快回家去！”

普丕立即爬下树来，跟着李士天回家去。

李士天抖抖瑟瑟地走在路上，心想普丕在树上两次倒吊着觉得有点蹊跷，却又说不出什么，只得悻悻而回。他原想今天要好好地整治普丕，反倒把自己弄成这个样子！他心里很沮丧。

普丕看着李士天像个乌龟一样，蜷缩着身子蹒跚而行，冻得步子都快迈不出了，几乎要爬行的模样，心里无比的解气。

李士天冻病了，而且病得不轻，发高烧，头剧痛，全身似散架，躺在床上直哼哼，茶饭不进，一病就是几天。家中人赶忙请来郎中治疗。

普丕也及时在郎中处抓了治眼病的药，很快治好了李方氏的眼病。

第二十二回 痛失恋人另作新娘 “蚂蚁嫁女”普丕得休

这天下午，普丕给李士天家挖干田回来，李亮来找他说：“普丕阿弟，明天，拉们村我阿舅的女儿张玲表妹出嫁结婚，来请我家去做客。可我阿嫫生病，我阿爹要在家里服侍，他们都去不了。只有我一个人去，孤零零的，你就陪我去做客吧。”

普丕听了说：“李亮阿哥，我很高兴跟你去做客，但李士天会不会准许我去是个问题。待我跟他说说看，他答应了我一定会跟你去的。”

“好吧，那你跟李士天多说一说，一定要去。”李亮强调说。

“好的，我现在就找他说去。”普丕说着，当即去找李士天。

普丕找到李士天说明了来意，不出普丕所料，李士天一听就不高兴了，立刻拉下脸来，粗声恶气地说：“你跟李亮去做客，关你什么事？你们是哪门子亲戚！值得去跟他做客？”

“我们是朋友，是伙伴，他来喊到我，我怎能推辞啊？”普丕面露难色地说。

“要去几天？”李士天突然问道。

“要去两天。”普丕回答。

李士天却不作声了，脸色十分难看。

普丕左说右磨，一再强调非去两天不可。

“两天就两天。”李士天铁青着脸，突然从噘着的嘴巴里蹦出话来：“但你要给我按时回来，回来以后，要加磨两天晚上的包谷面，以补因做客两天所耽搁的活计。”

普丕见李士天答应了，脸色顿时舒展开来，赶忙说：“好的。”

李士天答应后，普丕立即去告诉李亮说：“李士天答应了两天时间。”

李亮听了赶忙说："两天不行的，做嫁姑娘的客，时间要三天的，少一天时间了。"

普丕说："三天的时间，李士天肯定不会答应的，这两天时间都磨了不少嘴皮才答应的。管他呢，先去了再说吧！"

"那好吧，明天一早出发，只有半天的路程，我们赶去吃早饭。"李亮对普丕说。

说好后，两人便各自回家。

第二天早上，太阳刚刚升起来，橘红色的阳光普照着村庄田野，小鸟在村里村外鸣叫，人们纷纷从家中出来下地做活，在朝阳的辉映中人们又开始了一天的忙碌。

此时，李亮和普丕也出发去拉们村做客了。李亮穿戴一新，头发梳得光亮，显得很帅气；普丕特意穿上李方氏最近给他缝制的新衣服，又理了头发，显得很精神，透出几分子弟。

两个焕发着青春和朝气的年轻人，带着一只公鸡、两升米、两斤糖、一壶酒和十二个银圆等贺礼，踏着晨曦上路了。他们沿着山路朝拉们村走去。路上晨露未干，在朝阳下，像无数的珍珠，晶莹闪亮地挂在树叶草尖上。还没有起山风，空气清新凉爽，路两旁的树林间，鸟儿啁啾，不时可见松鼠在树枝间跳跃。忽见一只美丽的长尾巴雄箐鸡在栗树下悠闲地散步，昂着头，鸣叫着，呼唤着雌箐鸡。

李亮看着雄箐鸡站住了，说："如果我带着弓箭，我一箭就把它射翻了，现在却没有办法弄到它。"说着拾起一块石头朝箐鸡砸过去，石头落在箐鸡脚下，吓得箐鸡连跑带飞惊慌地逃走了。

两人继续赶路。路上李亮对普丕讲起了他表妹张玲曲折的婚姻。他说："我表妹的婚姻经过了不少波折，经过了热恋、幸福、痛苦和无奈的过程，令人唏嘘。她原来的对象不是现在结婚的这个男人，而是另外一个她十分心爱的男人，可惜苍天不作美，实在无奈啊！"说完接着就讲起了他表妹的曲折爱情经历。

我的表妹张玲长得很漂亮，从小聪明伶俐，性格活泼开朗，深得人们喜爱，是父母的掌上明珠。张玲渐渐长大，乖巧而懂事地帮父母做家务，跟父母在田间劳动。

张玲十五岁那年，她和村里的两个小姑娘到山上割猪草，回来时遇到大雨，河水暴涨。山脚下的这条小河，平时水不大，她们上山时清凉的河水只没膝下，几个小姑娘透过水面还看见有花鱼在水里游动，还嘻嘻哈哈地追拿小花鱼，弄得凉水溅了一身，湿了衣服，不过天干地晴，阳光明媚，衣服很快就干了，小姑娘们爱花，摘来河岸上的鲜花插在头上互相打闹，说当新娘谁会最漂亮，都说自己最漂亮。她们一路笑闹着走上山来割猪草。山上的猪草是丰富的，没多久几个姑娘都割好了猪草，又摘几枝山花，还摘了一些橄榄放在篓里的猪草上背着，高高兴兴地走回家来。

然而这个季节的天气说变就变，原来是风清日丽，朗朗的晴空忽然间急风骤起，乌云密布，电闪雷劈，呼啦啦地下起大雨来。这突然的天气变化，几个小姑娘毫无防备，无处躲雨，一个个淋得成了落汤鸡，全身透湿。不过谁也没有丢弃猪草，还是稳稳地背着，踩着泥泞的山路走回来。

当她们来到山下那条小河边时，看到清清的小河已经变了模样，洪水已经涨起来，哗哗地汹涌而下，而且洪水在雨水中还在不断地上涨。三个小姑娘大着胆子，背着猪草手拉手地涉险过河。前面的两个小姑娘都顺利地过了河，而走在后面的张玲却被一个洪水冲下来的树根绊倒跌入水中。两个小姑娘见状，惊慌地呼喊：“张玲被洪水冲走啦！救命！快来救命！”张玲被汹涌的洪水冲得翻滚着，挣扎着试图爬起来，情况十分危急。这时一个上山砍柴回来的小伙子看见了，立即放下柴担子跳入洪水中，抓住张玲救上岸去，然后追到下游将张玲背猪草的背篓捞出来交给她。看到张玲脱险无事了，安慰了张玲一番，就挑着柴担子走了。小伙子没有留下姓名，也不知道是哪个村的，谁也不认识谁。受到极度惊吓的张玲这时也不知说什么好，呆呆地看着挑柴的小伙子远去，竟说不出一句话。

但张玲对救了自己的小伙子的模样记得清清楚楚，经常想起他。可是张玲再也没有见到过那个小伙子了。不知为什么，越是见不到越思念。小伙子那生动的面孔经常浮现在她的眼前。在她年轻的心里，悄悄地升起对小伙子的感恩、敬仰和爱慕之情。她盼望再见到那个小伙子，但小伙子却像蒸发了的空气，消失得无影无踪。

不料却在一次上山跳乐唱歌的玩场上，张玲意外地见到了那个小伙子，张玲又惊喜又激动。她走到那个小伙子身边亲热地说：“阿哥，你来啦！”小伙子望着这个漂亮而陌生的小姑娘，平静地说：“来了，阿妹，你也来啦，我们一起去跳乐吧。”说着就要走了，张玲急忙拉住他说：“阿哥，你看我是谁？”小伙子不解，狐疑地望着张玲摇摇头。

张玲提高声音对小伙子说：“你还记得几年前在小河里救过一个被洪水冲走的小姑娘吗？还在洪水中捞起背篓交还给她？”

过了这么些年，小伙子对这事已有些淡忘了，经张玲一提起来忽地想起来了。他说：“记得，那个小姑娘是……”

“就是我，就是我呀！你好好看看我吧！”张玲急切地说。

小伙子听了，定定地看着张玲，忽然惊喜地喊道：“你就是落入洪水中的那个小姑娘？”

张玲说：“对呀！我就是那个被洪水冲走让你给救起来的小姑娘。”

“哦！你如今长成大姑娘了，我都认不出来了，也长是愈发漂亮了！”小伙子兴奋地说。

“阿哥，你取笑了，我哪里会长得漂亮。”张玲说着脸儿泛红。

两人意外相遇，都分外高兴，张玲寻找多年的救命恩人终于找到了，她抑制不住内心的喜悦和激动，脸上灿烂地笑着，神采飞扬。小伙子也因再见到张玲而十分高兴。两人避开人群，坐在一棵葱绿的青香树下，倾心交谈各自的情况。原来小伙子住在离拉们村半天路程的阿依村，名叫刘顺。父母双亡，耕种二亩薄地为生，有时也打柴出售以资零用。张玲被洪水冲走那天，他正好上山打柴回家时遇见，遂急忙跳入洪水相救。

“刘顺阿哥，那天要不是遇到你，我早就没命了！”张玲心怀感激地说：“那时我惊吓过度，对你连声谢谢都没能说出，我心中一直过意不去！我一直在找你，可总找不到。想不到今日能相见，我真有说不出的高兴呢！”

刘顺说：“张玲阿妹，你谢什么，不必这么客气。救你是应该的，哪能见死不救呢？只要你没事就好啦。”

这时，月亮升起来，山川原野在皎洁的月光下，显得朦胧娇美，恬静舒朗。两个年轻人，不期而遇，喜悦满怀，话意无限，点燃了他们心中炽热的情感。他们从过去谈到现在，从现在谈到将来，谈向往，谈理想，有说不完的心里话。不知不觉间两人挨得更近了，两心相印、两情相悦，爱恋之情在两人心中悄然升起。夜已经很深了，月亮抵近西山，晨雾在四周悄然弥漫开来，他俩还相依相偎地说着话儿。直到玩场散伙了，同伴们呼唤他们时，两人才依依不舍地分手各自回家。

从此，两人经常在玩场上相会，倾吐衷肠，互道爱慕，感情日深，难舍难分。张玲缝制了一双精致的布鞋送给刘顺，刘顺也买了一件好看的衣裳和一副精美的发卡送给张玲，以为定情物，两人私订了终身。

真是人有喜事精神爽，两人有了心上人，脸上整天洋溢着喜悦之情。张玲整天快活得蹦蹦跳跳，笑口常开，歌声不断。刘顺也春风满面喜悦之情溢于言表。

张玲是村里最俏丽的姑娘，人既聪明又勤快，性格活泼可爱，自然是小伙子们热烈追求的对象。来张玲家提亲说媒的人员三天两头不断。其中来得最勤的是邻村一个给一户富裕人家的儿子说亲的媒人，隔三岔五就登门来说亲，一遍又一遍地念叨男方家如何如何殷实好过，其家儿子如何如何帅气能干。真可谓“会走的人不跟不得，会说的话不听不得”，使得张玲的父母心动神往，暗地里直接去男方家里做了一些了解，甚感满意，就答应将女儿许配给他家。

媒人大喜过望，一路春风得意地回男方家报喜去了。可是张玲死活不同意这桩亲事。她已经有了心上人，她心里只有刘顺。在父母的一再追问下，张玲将自己跟刘顺相好，已私订终身的实情告诉了父母，并表示非刘顺不嫁。张玲的父母不得已了解了刘顺的情况，看到刘顺倒也帅气能干，心肠也不错，但是家境贫寒，无依无靠，孤身一人生活，女儿嫁给他定会受苦一辈子的。因此父母不同意张玲与刘顺结婚，坚持一定要嫁给那个富裕人家的儿子。双方僵持不下，婚事一直定不下来。那富裕人家老是来催婚，但张玲始终坚拒不从，弄得张玲的父母也没有办法。

不知是因为婚姻不顺，父母催逼得紧，长期心烦神躁，精神压抑，还是其他原因，张玲生了一场大病，茶饭不思，身体十分虚弱，医治也不见好转，父母急得直掉眼泪。刘顺听到消息心急如焚，急忙赶到张玲家里看望她。

刘顺的到来，使张玲的病神奇地好了一些，她让刘顺把自己扶起来干干净净地洗了个脸，认认真真地梳理了头发，还把刘顺买给她的发卡仔细地别上。她要让刘顺看到她的美丽，不想在心爱的人面前显得委顿不堪。她难得地吃了一碗饭，喝了一些汤，精神好了一些，跟刘顺说了很多话。这时父母又请来一个郎中给张玲看病，郎中看后说，张玲的病是因长期抑闷郁结于心所致，需舒解心情和药物调理方能治愈。但张玲生病日久，身体极度虚弱，须吃燕窝汤来滋补身体，药物才能奏效。可是郎中没有燕窝，要吃燕窝就得到猴头崖燕子洞去采，而那里是险崖峭壁，采燕窝是很危险的。

刘顺当即自告奋勇地表示他去猴头崖燕子洞采燕窝，郎中担心地说："孩子，那是很危险的。"刘顺毫不犹豫地说："我不怕！为了治好张玲的病，我拼了命也要把燕窝采回来！"随即他安慰了张玲一番，并让张玲等着他去把燕窝采回来，治好她的病。随后他就动身采燕窝去了。

可是张玲却死抓住刘顺不放，不知怎么，张玲突然有一种强烈的难舍之感，她多么想刘顺哪儿也不去，就在自己身边。她说："刘顺阿哥，我们不去了吧……那危险！"

刘顺微笑着深情地说："张玲阿妹，你就放心吧，我会快去快回的，要尽快治好你的病要紧。"说着拍了拍张玲的手，转身去了。

张玲看着刘顺走出门去的背影，突然大声地喊："刘顺阿哥……"一时竟哽咽起来，再也说不下去，鼻子一酸，两眼被泪水模糊了。

刘顺为治好张玲的病而奋不顾身的行动，感动了屋里所有的人。张玲的父母真切地看到了刘顺是一个值得信赖的好小伙子，终于认识到了张玲选择刘顺是对的，他们想再也不阻拦张玲和刘顺结婚了。

刘顺走后，张玲的心一直悬着，她始终放心不下刘顺。在深切的惦念中，突然她莫名地感到心胸一阵狂跳，心里异乎寻常地慌乱。张玲更加牵挂刘顺，希望他早点采燕窝回来出现在自己身旁。

张玲的父母和郎中也焦急地等待着刘顺顺利归来。

可是等到的却是一个惊天噩耗：刘顺在猴子崖燕子洞采好燕窝返回时，踩在脚下的一块崖石突然碎裂，两脚踏空的刘顺瞬间掉落崖下摔死了！但他手里还紧紧地抓着装有燕窝的挎包。乡亲们就把刘顺就地掩埋了，带回了他用生命换来的燕窝。

消息传来，一家人都惊呆了。张玲一听，如五雷轰顶，当即昏厥了过去，经郎中慌忙抢救才醒过来。郎中赶忙熬制燕窝汤和调配其他药物，抓紧为张玲治病。

张玲醒来后，痛不欲生，两眼吊直，呆若木鸡，不说不喊，不吃药，不吃饭。父母急得像热锅上的蚂蚁，坐立不安。母亲流着泪对张玲说：“孩子，刘顺是为了救你而走的，他用生命爱着你，确实是个好人。我们后悔当初没有把你许给他。但他现在没有了，你再急他也活不回来了。他是为你采药而死的，你不吃他用生命换来的药，你就对不起他！他在天之灵也不会愿意看到你这样，他希望治好你的病，让你好好地活着，因为他爱你。”

听了阿嫫发自肺腑的一番话，张玲突然大喊一声：“刘顺阿哥——”然后撕心裂肺地放声痛哭起来。哭罢喝下了燕窝和其他药物，也吃了一点饭菜。父母悬着的心终于放了下来。经过一段时间的疗养，张玲的身体渐渐好起来，但精神仍然忧伤沉郁。

那个来说亲的富裕人家的儿子，倒也表现不错，经常来看望张玲，送药送肉，确见真心一片。

张玲的父母看到情势好转，又跟张玲提起跟那个富裕人家的儿子结婚的事情。

张玲却说，她不嫁人了，要留在父母身边一辈子。

这当然不行，父母哪能同意？老人终有百年时，哪能耽搁女儿一辈子。

父母一再动员张玲答应这桩婚事。看着两个慈祥的老人，看着富裕人家儿子的一片真诚，张玲再也没有坚决拒绝，但也没有表示同意。她心里忘不掉刘顺，没有刘顺她怎么活下去呀！

死的人死了，活着的人还得过日子。在人们一再的劝说开导下，张玲慢慢从悲痛中走出来，身体逐渐康复，但她的性格整个地变了。看不见她笑，更听不见她的歌声。忧郁的情绪一直笼罩着她。

在双方父母的操持做主下，张玲和富裕人家儿子的婚事终于定了下来。张玲没有再拒绝，她只得默认了，心想，刘顺没有了，心上的爱人没有了，反正跟谁结婚都一样。她最终依从了父母。

婚期临近了。这天，张玲穿着刘顺买给他作为定情物的花衣裳，头上别着刘顺给她买的发卡，梳妆一新，走到猴头崖下，趴在刘顺的坟上痛哭了一天，哭得声嘶力竭，最后被亲友们硬拽着才拉回了家。

“这就是我表妹张玲的爱情婚姻经过，既动人又悲凉，令人唏嘘不已。但愿她终归遇到好人家，能过上好日子。”李亮讲完后说。

普丕听了十分感叹。他深深地惋惜张玲和刘顺未终成眷属，真是天大的遗憾。但事不由己，现在既然张玲要和别人结婚了，只有祝福她未来的婚姻幸福了。

李亮和普丕边走边谈，不久已来到拉们村，便径直朝张玲家走去。此时的张玲家呈现着一派喜庆气氛。虽然是出嫁姑娘，但毕竟是结婚喜事，家里家外被打扫得干净清爽。门前场地一侧，排着几口新垒的灶，一帮厨师和帮忙人员，正忙着杀猪宰鸡、烹饪饭菜，准备做客的早餐。人们着装一新，满面笑容，四处充盈着欢声笑语。亲友和家族们忙里忙外，张罗着姑娘出嫁的有关事宜和待客的筵席。墙脚堆放着刚采回的青松毛，这是铺撒在地上做酒席用的，青松毛散发着阵阵清香，更增添了山村特有的喜庆气氛。李亮的阿舅和舅嫫一一指点和安排着要做的事情和接待来客。因为是早上来客还不多，大多数的客人都是下午到来赶晚宴正席的。

张玲的父母见李亮和普丕来到，很高兴，收了贺礼。舅嫫对李亮说：“来做客人来就好了，怎么带这么多东西来呀。”李亮说：“舅嫫，没有什么，只是尽一点心意罢了。”舅嫫关切地问起了李亮阿嫫的病情，李亮说：“请阿舅、舅嫫放心，我阿嫫不是什么大病，只是风寒感冒而已，无大碍的，过几天就会好的。我阿嫫阿爹说，不能前来参加我表妹的婚事，很对不起，等病好了再来看望贺喜。”舅嫫说：“没事的，生病不由人，告诉你阿嫫阿爹不要挂念，把病养好就好。”随后阿舅、舅嫫吩咐李亮和普丕先去喝茶休息，准备吃早饭。

李亮带着普丕到张玲的闺房里去看望她。只见张玲着装依旧，表情淡然，不喜也不悲，在床上静坐着，若有所思。在她旁边的两个伴娘和几个女友则打扮得花枝招展，笑靥盈盈，边说笑着边绣花。闺房里摆放着一对朱红的柜子和一个箱子，一床崭新的棉被、两个绣花枕头和一笼蚊帐，这是家里为张玲准备的嫁妆，也是常规的嫁妆，虽然不够华丽和丰富，但在当地一般农家，已经是够体面的了。

闺房里的姑娘们见李亮和普丕两个小伙子进来，都热情地让座。张玲似乎心事重重，神情忧郁，对李亮淡淡地一笑说：“表哥，你来啦，听说我姑嫫身体不好，我也没顾得上去看望她老人家，近来好一点了没有？”李亮说：“你忙着结婚办事，哪有时间去看望她。我阿嫫叫我告诉你，不要挂念她，她已经好一点了，叫你安安心心地结婚办喜事，等她病好了，会回来给你道喜。”张玲听完，欲言又止，似乎满腹心事，却难以启齿。最后说：“表哥，你们走了一早上的路，肯定饥渴了，去休息吃饭吧，我没事，好好的，你们放心好了。”

李亮和普丕从张玲房中出来，早饭已经熟了，大家就在门前场地的松毛席上吃饭喝酒。因为早上还不是正席，都是自家和帮忙的人，伙食相对简单一些，喝酒也少。人们匆匆吃完早饭，又各自忙事去了。

吃过早饭，李亮和普丕就去帮厨，准备晚餐筵席。

下午，客人们纷纷来到了。来做客的人们，一般拿一只公鸡、两升米、一斤酒和一斤糖等贺礼，较亲的客人加拿贺礼和银圆。四方的亲戚朋友们络绎不绝地向张玲父母送礼贺喜。一时间，家里家外人头攒动，喧闹起来。

晚餐酒宴很丰盛，场地上青松毛铺席，四处飘溢着酒香肉香。在热烈的爆竹声中，人们围席而坐，吃肉喝酒，开怀畅饮，劝酒声和猜拳声此伏彼起，不绝于耳，满场喜气盈盈，笑语喧哗，至夜方散。

晚饭后，张玲的父母再次认真地安排了明天女儿出嫁时的送亲人员，按照当地习俗，一般情况下，送亲人员由新娘的舅嫫、伯或叔、兄或弟和若干亲友、两个伴娘及数个女友组成，人员七八个或十多个不等。

夜晚，客人们分别歇下了。张玲房间的灯火却一夜未熄。

夜深了，四周一片寂静，一弯下弦月清凉地悬挂在天际，朦胧的夜空里群星不停地眨着眼。李亮和普丕不知是多喝了一点酒，还是换了床铺，一直没睡着，轻轻地说着话。

突然，从张玲的房间里传出凄凉的歌声。啊，是张玲在吟唱《哭嫁歌》：

爹嫫好心人，我小的时候，阿爹不打我，阿嫫不骂我；
到了春三月，山上开野花，爹嫫摘鲜花，给女戴头上；
到了夏三月，山上野果熟，爹嫫摘野果，给女尝新果；
到了秋三月，青黄不接时，爹嫫饿肚子，给女吃饱饭；
到了冬三月，霜雪盖山顶，爹嫫穿破衣，给女穿暖和；
如此这一般，快乐过童年，山上的野花，一年开一次；
林间的蘑菇，一年出一回，世间的人啊，一世情一回；
女儿有了情，老天不给缘，心上人已去，女儿心已静；
儿子当金藏，女儿当银用，把女当破篓，就把女儿嫁；
不用丢门外，这是为了啥？嫁鸡得随鸡，女儿无话说；
嫁作他人妇，离开爹嫫身，事易人难做，怕丢爹嫫脸……

悲切哀怨的哭嫁歌声，飘荡在寂静的夜空，如泣如诉，听者无不动容垂泪。凄婉的歌声一直唱到雄鸡破晓。

天刚亮，今天是张玲出嫁的日子，张玲的父母就忙这忙那，张罗起女儿出嫁的事情。

早上，新郎家的迎亲人员就要来了。客人们纷纷起床，迎接新的一天的到来。厨师和帮厨们又忙碌起来，开始准备早餐筵席。

太阳升起来了，拉们村沐浴在金色的朝阳之中，此时张玲的房间里却很安静。张玲昨晚唱了一夜的哭嫁歌，这会儿兴许刚睡着。张玲阿嫫推开张玲的睡房门。张玲和伴娘女友们睡眼惺忪地爬起来。张玲阿嫫催促女儿和姑娘们赶快洗漱梳妆打扮，做好出嫁的准备。并把给张玲做的新衣服、嫁妆细软等物资装入柜子和箱子中，还装进了一些糖果、花生、瓜子、烟丝等东西，以备在新郎家晚间闹新房时的不时之需。

巳时许，新娘家的迎亲人员就来到了。由新郎的一个叔辈带领着，约莫十余人。迎亲人员携带着银圆、公鸡、猪肉、大米、白酒、盐巴、蒜苗、青菜、白菜、豆芽和火柴及松明子等，唢呐吹奏迎亲调，来到了张玲家门口，按当地婚姻习俗，新郎不直接去接新娘，而是由新郎的两个陪郎代表新郎迎亲。满怀喜悦的迎亲队伍，却被新娘的伴娘和女友们挡在了张玲家门外而不得进屋。这也是当地的婚姻习俗，迎亲人员要进新娘家接亲必须过“三关”，通过“三关”才可以进新娘家迎亲，曾有过不了“三关”而被拦阻在门外半天也进不了新娘家迎亲的。这意味着要进新娘家迎娶新娘不是那么容易的。实际上是考验新郎家迎亲人员的才智，看是否聪明能干。如果过不了“三关”，新郎家的迎亲人员就会被人讥笑而失去面子，就会被认为新郎家的人无能。所以在新郎家的迎亲队伍中，十分重视选配头脑灵活、精明能干的人员参与，以便顺利过关，以显示新郎家的人员能干。

在张玲家门口，早有强将严守“三关”以待，静候新郎家迎亲人员的到来。当迎亲的人员喜气洋洋地来到门口时，挡在张玲家门口的一个守关伴娘亮声唱道：

什么啼叫东方亮？什么鸟儿来报喜？什么彩云乘风来？什么客人喜迎亲？

新郎家也不乏人才，早有准备而来，待守关姑娘的歌声刚落，来迎亲的一个新郎陪郎随即应声唱道：

雄鸡啼叫东方亮，一群喜鹊来报喜，一片彩云乘风来，新郎客人喜迎亲。

伴娘又唱道：

来客走了多少路？路上有着几道弯？沿着山川什么路？带着何物来迎亲？

陪郎又应唱道：

走了脚下来的路，除了直路都是弯，沿着山川阳光路，带着喜缘来迎亲。

伴娘再唱道：

新娘家旁无旗杆，门后没有四脚凳，空寂堂上无唢呐，冷清灶上无肉香，清贫家中样样缺，带何进门迎新娘？

陪郎再应唱道：

新娘家旁有柴堆，朱门后面有家犬，富丽堂上有烟筒，灶旁花猫闻肉香，殷实家中样样有，带喜进门迎新娘。

迎亲队伍对答如流，顺利地通过了“三关”，姑娘们让开道，让迎亲人员进到了新娘家里。

迎亲人员进了屋自然有人热情接待，安排迎亲客人入席用茶。来迎亲的带队长辈遂将带来的迎亲物品交给了新娘家，其中带来的蒜苗、青菜、白菜、豆芽及火柴、松明子等各具有象征意义：蒜苗意表这桩婚事已成算得了；青菜白菜意表为人处事要清清白白；豆芽菜意表新郎新娘早生贵子；火柴、松明子意表新婚夫妇生活红红火火，幸福美满。

迎亲人员刚落座，早饭便开席。酒菜随即上桌，来迎亲的陪郎和去送亲的伴娘等年轻伙子姑娘们围坐在一起喝酒吃饭，姑娘们以主人的身份热情地款待客人小伙子们。既是吃喜酒，又是年轻人聚在一起，场面自然热闹。小姑娘们不断地给小伙子们斟酒劝酒，喝得小伙子们个个面红耳赤。当小伙子们酒足饭饱欲要歇碗时，小姑娘们冷不防将一碗饭压进小伙子的碗里，小伙子们吃又吃不掉，丢又不能丢，左右为难，只得硬着头皮吃下肚，撑胀得直喘气，窘态百出。席间小姑娘们十分热情地给小伙子们递来烟筒，又是上烟丝又是点烟火，小伙子们很兴奋地接过烟筒吸起来。殊不知小姑娘们已悄悄地在烟筒口内侧抹上了锅底灰，小伙子们吸了烟筒后，嘴唇周围就留下黑色的锅灰印迹，活像一圈胡子，引得人们哄堂大笑。姑娘伙子们在席间嬉戏，场面热闹欢乐，也是两个村的男女年轻人相互认识寻找意中人的好时机。

早饭后便是喝茶抽烟，此时迎亲长辈将二十二个银圆的“喂奶钱”交给新娘的阿舅，由其转交给新娘的母亲。不多时迎亲人员就催促新娘上路出行了，说路远难走，路上会下雨耽搁等等，强调要早一点走。而新娘家的人却不依，说新郎家的东西拿得这么少，该拿的那些东西没有拿，简直把我家姑娘看成这么不值钱，等于白送人了。要拿那些来才能嫁过去等等。这实际上是新娘家习俗性地刁难新郎家的迎亲人员，以示自己女儿的金贵，不是那么轻易就可以娶走的。迎亲的人就以“本来那些东西是要拿来的，但没有买到，等新娘嫁过去以后就会送来”等话来搪塞，一再催促上路快走。

双方就这样闹闹嚷嚷地僵持着。实际上新娘家正在紧张地进行着新娘出嫁上路的准备。看看时候不早，新娘家的送亲人员就簇拥着新娘出门上路了。新娘打着红伞，用手帕捂着嘴流着泪，在两个伴娘的搀扶下走出家门与父母垂泪而别。迎亲人员立即挑着新娘的嫁妆与送亲人员一道直朝新郎家而去。一路上，两个来迎亲的唢呐手，不断吹奏着喜庆调相伴而行。

两个陪郎刚出新娘家的门，在人们的熙攘中，冷不防被小姑娘们用锅烟灰抹了个大花脸，俊俏的小伙子立刻成了“黑包公”，两个“黑包公”你看我，我看你，显得异常尴尬，引来了人们的一片哄笑。两个花脸陪郎如果路上没有清水来净脸，就只有黑着脸到新郎家了。

迎亲和送亲队伍热热闹闹地走在路上，新娘没有坐轿也没有骑马。所有人都是走路而行。这既是当地的习俗，也是普通人家的嫁女方式。

刚走出村子，张玲频频回首，不断张望着娘家的房子，张望着拉们村，从此她就要离开这个生她养她的地方了，就要离开年迈的父母和年幼的小弟了。她嫁为人妇，就成娘家的客人了。她百感交集，不禁泪如泉涌，又唱起了令人心碎的《哭嫁歌》：

阿爹的宝贝，阿嫫的心肝，女儿今出嫁，从此别爹嫫；
阿爹累弯腰，阿嫫苦成瘸，女儿嫁出去，成为别人妇；
阿爹要挑柴，阿嫫要洗衣，女儿帮不上，只得累爹嫫；
女儿嫁人家，舍不下爹嫫，今日嫁出去，何日回娘家……

这饱含深情，惜别故土，难舍父母的哭嫁歌声，让送亲的人们纷纷流下了伤感的眼泪。

张玲家的亲友们目送着张玲和送亲队伍走远而去。张玲的父母站在门口一直望着女儿随队离去，望不见踪影了还在望着。养护了十多年的女儿就这样出嫁了，从此就是人家的人了，禁不住流下了辛酸的眼泪。

张玲家里的客人们继续留下来做客，按照当地婚姻习俗，新娘家的客人要等到出嫁姑娘和新姑爷三天回门的时候才能散去，因此出嫁姑娘要做四天的客。

张玲出嫁后的第三天，新郎家的客做完了。张玲和新姑爷按照三天回门的规矩回到了娘家，姑爷还带着两个陪郎小伙子，送亲的人们也一起回来了。人们喜喜欢欢地继续做客。次日早上吃完了早饭客人们就散去了。

回到娘家的张玲显得十分疲惫，一到家就一头睡在床上，不思茶饭。这可急坏了张玲的父母，好在姑爷是个热心肠的人，服侍在张玲床边，嘘寒问暖，端水送饭，给张玲父母一些慰藉。看到这一情况，李亮和普丕对张玲的担忧也减少了一些。张玲和姑爷明天再在娘家一天，后天就要回姑爷家去了。到时张玲同样带上两个女伴一起去，在夫家两三天后张玲又回娘家来，就常住在娘家。在夫家的农忙季节和家中有大事时，丈夫就与好友相伴到岳父家接媳妇回家，而女方也与一二女友相伴回夫家帮忙做事。如此这般，夫家只成为女方的暂住地。随着时间的推移，媳妇回夫家的女伴逐次减少，数年后才单独回夫家长住定居下来，等生了小孩后，就完全在夫家定居下来了。

吃过早饭，随着客人们陆续散去，李亮和普丕告辞阿舅、舅嫫回到了阿稽竜家里。这次做客前后用了四天时间。超出了普丕跟李士天要的两天时间，普丕心里清楚，李士天一定会找自己的麻烦。一路上他一直思考着回家后怎样对付李士天。

两人来到离阿稽竜村子不远的地方，普丕在路边看见了一只死老鼠，老鼠身上爬满了密密麻麻的蚂蚁，成群结队地来来往往撕咬搬运着死老鼠肉。看到这个情景，普丕心里突然有了主意。他叫李亮先回家去，说自己顺路到田间看一下。然后他提着那只死老鼠来到离村子较远的一棵麻栗树下，爬上树把死老鼠放在人看不见的树丫上。麻栗树上有许多正觅食的蚂蚁，见到死老鼠立即聚拢撕咬起来，一时间便形成了一支来来往往搬运死老鼠肉的蚂蚁队伍。普丕十分兴奋，立即赶回村去见李士天。

李士天一见普丕回来，就鼓着双眼劈头盖脸地吼道："普丕，你说做客两天，怎么去了四天才回来？”

普丕面带难色地说：“阿波，这事都怪我了。我不知道做嫁姑娘的客要用四天时间，以为做两天就可以了，想不到要用这么多天呢。客不做完又不能回来，所以就多去两天了。”

李士天继续吼道：“少废话！你多去两天就得加倍按四天计算，加上原来说去的两天，一共是六天时间，你要磨六个晚上的包谷面，白天要照常做活计，不得有误！”

天哪！这还让不让人活？真是活剥人的皮呀！普丕心里暗暗骂道。不过他心中早有主意，不慌不忙地说：“好的，阿波，我会按你的话去做的。”接着他又说：“这几天的日子确实好，不仅人们在嫁姑娘做客，连蚂蚁也在嫁女呢。”

李士天一听，愣了一下，又鼓着眼说：“你胡说！哪有蚂蚁嫁女的事！蚂蚁在哪里嫁女？”

“阿波，我说的是真的，你看，那棵大麻栗树上的蚂蚁正在热热闹闹地嫁女呢。”普丕指着远处那棵大麻栗树说。

李士天听了，哪里相信，轻蔑地对普丕说：“普丕，你不要放狗屁了！那棵大麻栗树离这儿那么远，我根本就看不见树上有蚂蚁，你咋见得着麻栗树上的蚂蚁？我不相信！”

普丕认真地说：“阿波，我见得着呢，我不哄你，现在我看见成群结队的蚂蚁正在忙着嫁女呢。”

李士天仍然不相信，说：“普丕，我就是不相信！要是真的，你就不要磨六天晚上包谷面了。但如果不是真的，你就要加倍地磨包谷面！”李士天满以为，那棵树上是根本不可能有蚂蚁嫁女的，他这样说，就是要趁机狠狠地敲诈一下普丕，好好地教训教训他。

普丕听了李士天如此说，心中暗喜。紧接着问李士天：“阿波，你说的是真的吗？”

“真的，就照我说的办！”李士天毫不含糊肯定地说。

于是，李士天和普丕就一起来到大麻栗树下查看蚂蚁嫁女的事。普丕指着麻栗树上成群结队上下爬行的蚂蚁说：“阿波，你看，这些蚂蚁上上下下，来来往往，正忙着嫁女呢！”

李士见状怔住了，这是蚂蚁嫁女吗？谁又能说得清这蚂蚁不是在嫁女呢？他看着呆了半天，竟哑口无言。最后只得悻悻而回。李士天想，那棵麻栗树离村子那么远，普丕怎么看得见麻栗树上成群爬行着的蚂蚁呢？他百思不得其解。

这样，普丕得以免去了磨六个晚上的包谷面，摆脱了李士天对他的责难，他满心欢喜地回到了家里。

第二十三回 “竜拉”[①]盛况普丕长识 平分秋实阿波失算

普丕在李士天家里是很辛苦的，既是长工，也是杂工。种田、砍柴、挑水、扫地、喂牲口、卖东西，几乎样样活计都得做，还要随时听从李士天的差遣，从早做到晚，终日忙碌，而工钱却少得可怜。照此下去，他做一辈子活，也还不上父亲欠下的债，反而利滚利，越积越多，他将终身沦为李士天的农奴。普丕当然不服气，尤其是想起李士天害死了自己的双亲父母，气就不打一处来，总想寻找机会在李士天身上出出气，也特别渴望哪一天能翻身做主。

这一段时日里，山里的布谷鸟又鸣叫了，这一年的栽插季节来临了。

李士天对普丕说：“普丕！今年你做工就不给钱了，我给你包一块田栽种抵工钱，到年底收上来的粮食你我各分一半，你得到的一半就算今年的工钱。”

普丕听了心里很气愤，他想，工钱本来就给得少，这会不仅不给工钱，除每天都要照常做活计，还要多栽一块田的粮食折半抵工钱，更不知道这块田今年的收成如何呢！这李士天剥皮剥得真够狠的。他越想心里越不是滋味，他得想个法子出出这口怨气，并且还要多挣回自己的工钱，经过一番思考，他终于想好了法子。

于是，普丕对李士天说：“阿波，你包给我一块田栽种分一半粮食抵工钱也行，但要订一个规矩，还要以书面文字为据。”

李士天斜着眼睛，不屑地望着普丕问：“哪样规矩？你说。”

普丕说：“阿波，今年你给我包的田种出来的庄稼，你要结在上面的还是要结在下面的？”

李士天一听，心想，包给普丕栽种的是水田，只能种稻谷，谷子是结

① “竜拉”：彝族祭祀活动，即祭龙，目的是禳灾祈福。

在上面的，只能要上面的。于是很痛快地说："我要结在上面的。"李士天认为这样普丕就别想得到一粒谷子了，心中很得意。立即叫人来照此写好了文据为凭。双方各执一份，都认真保管起来。

这时，已经进入谷雨节令了，村民们都忙着做好栽插前的准备。这天下午，普丕给李士天家犁田回来，李亮找到普丕说："普丕阿弟，鲁则代村子明天要做'竜拉'（即祭龙）活动，我的弟兄施昊请我去做客，我们两个人一起去吧，这样有个伴才好玩，所以我来喊你。"

普丕听了高兴地说："李亮阿哥，好哇！那年到你这个弟兄家做'咪赛代'的客，就觉得很有意思哩，我现在就跟李士天说去，一定跟你去就是了。"说着就跑去找李士天。

普丕找到李士天说："阿波，明天李亮要到鲁则代弟兄家做'竜拉'的客，李亮请我跟他一起去，我要跟他去一天。"

李士天听了，脸色忽地阴沉下来，拉得比丝瓜还长，恶声恶气地说："又是跟李亮去做客！难道你跟李亮是穿一条裤子的吗？他去你也去。不要忘了，你是我家的长工，是要做活计的。过几天就要栽秧了，哪有工夫跟李亮去做客！"

普丕说："阿波，李亮是我的好朋友，来请我跟他去做客是不好拒绝的。再说我只去一天，不会影响家里栽秧的，况且今年你也不给我做工的钱了。"普丕话语中不无怨气，软中带硬。

"不给你做工的钱，已经包一块田给你栽种了，那块田分一半粮食给你就是工钱，要不然怎么包田给你栽种呢！"李士天吼叫起来，他看到普丕决意要走，也不便硬阻拦，阴沉沉地闷气了一阵后又说："那你要去一天就一天，回来后补放一个晚上的田水！"

见李士天答应了，普丕回来告诉李亮。李亮说："那太好了，我们明天一早出发，到鲁则代弟兄家吃早饭。"

次日早上，太阳明晃晃地露出东山顶，阿稽竜村子沐浴在一片朝阳中。村里开始喧闹起来，人们荷锄的、背箩的、挑粪的、扛犁吆牛的纷纷朝村外的田地里做活去。早晨的鸟儿在村里村外叫得欢，树叶和草棵上挂着亮晶晶的露珠。一切都朝气蓬勃。

李亮和普丕穿戴一新，带着礼物精神抖擞地向鲁则代走去。到鲁则代的路他俩都很熟悉，但又觉得一切都那么新鲜，一点都没有觉得乏味。树林中的鸟儿始终一路在伴唱，松鼠、野兔等野物依然会时不时见到。在早晨清新的空气中，他俩心情愉快地快步行走着。

在路上，普丕问李亮：“李亮阿哥，为什么搞‘竜拉’活动会这么热闹隆重？”

李亮说：“据老人们说，龙能吐水，与水相伴而生。是兴云布雨，管理水源、雨露的神兽。天下的水都是神龙所赐，每年雨水的多少、年景的好坏皆由龙神掌管。因此人们要定期祭祀，祈求保佑风调雨顺、五谷丰登、六畜兴旺、人员平安，过上好日子。所以在谷雨节前后，各村各寨都择日举办‘竜拉’活动。”稍停他又补充说：“不过是否举办‘竜拉’活动，也看当时雨量而定。雨水来得早，雨量充沛之年就不一定举办‘竜拉’活动了。”说到这里他抬头看了看湛蓝的天空，又说道：“今年鲁则代举办的‘竜拉’活动会特别隆重和热闹，因为不仅要做‘竜拉’，还要将跑到大龙潭的白龙请回来，所以我特意喊你一起去见识见识。”

“要把跑到大龙潭的白龙请回来？”普丕既惊奇又不解地问。

“是的，说起这个事情来，有着一个十分感人的故事呢。”李亮说。

“李亮阿哥，那你就把这个故事给我讲一讲吧！”普丕要求李亮说。

“好吧，我就给你讲讲这个故事吧。”李亮一边走一边讲起来。

很早以前，鲁则代一带水源奇缺，光山秃岭，地瘦人穷。人畜饮水要到山脚下的槽子河里去挑，一天挑不了几桶水，人们生活十分艰难。而隔河相对的摩白可一带，却树木青葱、绿水潺潺、土肥地润、粮丰畜旺，人们过着富裕的日子。因此，鲁则代的姑娘不愿留在本村都嫁到外地，外地的姑娘也不愿嫁到鲁则代来。所以鲁则代村子一半以上的男人都是没有媳妇的光棍汉。鲁则代人就在这块贫瘠的土地上，世代过着困苦的生活。

与鲁则代遥遥相望的摩白可村，具有得天独厚的地理条件，物阜粮丰，人丁兴旺，是周围数十个村庄的物资集散地。故摩白可街子历来热闹。每到街子天，四面八方的人们都来赶街，交流物资，购买日用百货，人头攒动，喧闹异常。年轻人们更是穿戴一新，趁着赶街，云集到离街子不远的玩场上，唱歌跳舞，尽情娱乐，有时通宵达旦。

这天是摩白可的赶街天，天气晴朗，风和日丽。太阳升起一竿子高，摩白可街上就已经热闹起来了。在熙熙攘攘的人群中，有许多小伙子和小姑娘，有的小伙子还背着四弦，个个喜笑颜开。显然这些小伙子和小姑娘是利用赶街天聚在一起跳乐作舞的。有不少年轻男女要趁此互相认识，谈情说爱，寻找意中人。所以赶街天不仅是人们做买卖交流物资的日子，更是年轻人们欢乐的日子。

在街子中间的一个百货摊上，一群人正在围着选购物品。一个小姑娘在选一把精致的红梳子，拿在手里翻来覆去地看着，看来是爱不释手，非常喜欢。这时一个帅气的小伙子出于好奇，也挤进去观看，想看看有没有自己需要的东西，匆忙中不小心踩在选购木梳的小姑娘脚上，姑娘“哎哟”一声忙放回梳子，去揉自己被踩痛的脚。小伙子下意识地急忙缩回脚，连声道歉：“对不起！对不起！”赶忙掏出雪白的手帕拂拭姑娘被踩的脚。姑娘红着脸本能地挡住小伙子的手，微微抬头一看，见是一个很帅气的小伙子，英俊逼人，禁不住心情一阵狂跳，心慌意乱，魂不守舍地慌忙离开了百货摊，消失在拥挤的人群中。小伙子看清了姑娘的脸庞，竟这般俏丽无比，看直眼了，过了一阵子才回过神来。他赶忙买下那姑娘欲选购的红梳子，带着去追赶姑娘，但姑娘早已消失在人群中。小伙子焦急地在人群中来来往往地寻找。最后在一家食馆里找到了姑娘。只见姑娘坐在餐桌旁，面前放着一碗刚买来的米线，人却呆想着什么，竟忘了动筷子吃米线。

小伙子高兴极了，他急忙走进去说：“姑娘，实在对不起！踩了你的脚，伤到没有？”姑娘没想到这小伙子竟然会追来道歉，并且还关心地询问伤情，对小伙子充满了好感。其实她呆想的就是这个小伙子，刚才只睥见一面，却使她难以忘怀。现在又见到小伙子，心里莫名地兴奋起来，全身燥热，双颊绯红，面对小伙子的问话，她忙说：“没什么，没伤着，你放心吧。”小伙子放心地笑了，忙掏出梳子递给姑娘说：“刚才弄得你梳子也没买成，我给你买来了，你就拿着用吧！”姑娘看着梳子眼睛一亮，想不到这小伙子心这么细，心肠这么热，把自己喜欢的梳子也买来了。她感激地看着小伙子灿烂地笑了，笑得十分美丽。使得小伙子心驰神摇，心花怒放。姑娘高兴地接过了梳子，小心地放进自己的挎包里。

小伙子兴奋地买来一碗米线，坐在姑娘对面也美滋滋地吃起来。他俩边吃边欢快地交谈起来，谈得很投机，都感到相见恨晚，一见钟情。小伙子在交谈中无意间看到姑娘白色衬衣领子上有鱼鳞状的花纹，这种花纹图案、衬衣的成色和质地是龙宫里特有的，难道这姑娘是龙宫之女？小伙子吃惊地看着姑娘，心里充满了无比的欣喜。他万没想到事情会这样巧合，在这里竟遇到了自己心仪的同族龙女！不过他心中仍然怀着巨大的狐疑。为了进一步试探姑娘的真实身份，他借口说吃米线热起来了，便敞开外衣，露出了鱼鳞状花纹的青色背心。姑娘看到了，吃惊得直直地看着小伙子，竟忘记了咀嚼口中的米线。她这才明白，原来这小伙子也是龙子。她立刻感到一种无比的亲近感，欣喜地笑了，笑得那么纯真和甜蜜。

小伙子和小姑娘都知道了对方的真实身份，两人都很激动，欣喜之情溢于言表。既都是龙子龙女，同类相聚，无须再掩饰，双方都道出了各自的情况。小姑娘告诉小伙子，自己是大理洱海龙王的三公主，生性喜玩爱动，觉得只在洱海里无意思，更可恶的是昆明滇池龙王的二公子老是来追求纠缠她，为了躲避纠缠，也为了周游四方，她便化作村姑，旅游各地山川，今日刚好来到摩白可街子。小伙子也告诉姑娘，自己是石屏异龙湖龙王的四公子，性格乐善好奇，喜游天下，就化作小伙子遍游各地，今日也恰到摩白可街。真是有缘千里来相会啊！两人在感叹中十分庆幸能在此地相遇。共同的族群，共同的爱好，难得的机缘，使他俩情投意合，互生爱慕，难舍难分，两颗火热的心紧紧连在一起。

他俩在一起有说不完的话，道不完的情。不知不觉间，太阳已落进西山。赶街的人们逐渐散去，喧闹的街子渐渐沉寂下来。可是离街子不远的玩场上，却篝火熊熊，一片欢声笑语，异常热闹。小伙子小姑娘们汇集在那里跳乐作舞唱山歌。铮铮的四弦声，啪啪的击掌声，热烈的舞步声，悠扬的山歌声，汇成了一片欢乐的天地。小伙子小姑娘们尽情欢跳和歌唱。

这欢乐的场面，深深地吸引了这对龙子龙女。虽然他们对这一切都显得很陌生，还从来未参与过这种场面和歌舞，但对于绝顶聪明的龙男龙女来说，这些是难不住他们的。只要看见舞步他们就会跳，只要听到歌声他们就会唱。他们都加入欢乐的歌舞中，不多时就学会了舞步和歌唱，很快就适应了歌舞的节奏和旋律。人们根本看不出这是一对来自龙宫的龙男龙女，而且两人都学会了流利的彝话，可以顺利地与当地人交流。两人和彝族青年们一道尽情地狂舞欢歌，全然忘记了自己和凡人的差异，完全融入这欢乐的世界里。

不料，由于龙女过于兴奋，在旋转舞步时被崴伤了脚，她“啊唷”一声蹲下捂着脚，一瘸一拐地退出了跳舞的人群。龙子立即跑过去搀扶着她走到场地边的树下坐下来，用手轻揉龙女受伤的脚。他们原本不是凡人，可以随意变换身子，更何况这点小伤，根本不碍事。但因为换穿了人类的便服外出游玩，都没有带着贴身的龙珠，失去了变换和各种神力，对这点小伤也就毫无办法了。他俩只能眼睁睁地在玩场边休息，观看人们跳舞唱歌。

月亮渐渐西沉，报晓的雄鸡啼明了，晨雾已悄然降临。歌舞尽兴的青年们散去了，篝火已经熄灭，玩场和四周一片寂静。天上的繁星不知疲倦地眨着眼睛，下晚的夜风徐徐吹来，已有些凉意。龙男龙女决定慢慢地走回家去，龙男要送龙女回家，夜幕下他们向着大理洱海的方向走去。

他俩离开坐落在半山上的摩白可街，下到山下的槽子河，然后又沿着鲁则代山坡的小路走去。由于龙女脚疼走得很慢。快到鲁则代村子时，龙女实在走不动了。龙男背着她继续行走。但夜暗视线模糊，山路崎岖难行，龙子负重行走，脚步不稳踩翻了一个鹅卵石也被崴伤了脚，真是“屋漏偏逢阴雨天”，两人只能互相搀扶着一瘸一拐地来到鲁则代村子。这时天已经亮了，一个老人正从屋里走出来准备下地，看见满脸倦容一瘸一拐的两个孩子，立刻把他们迎进屋里，关切地问他们的脚伤。两个孩子向老人讲了经过，当然没有讲出他们是龙男龙女，只是说他们分别来自大理和石屏，路上相识后结伴来摩白可游玩，不料双双崴了脚。老人听后十分同情两个孩子的处境，他仔细地查看了脚伤后说：“不碍事的，没有伤着骨头，我找些药给你们敷上，休息几天就会好的，你们就安心在我这里养伤吧。你们先休息，我现在就给你们找药去。”说着老人背起竹篓扛上锄头挖药去了。

两个孩子环视起老人的房子来。这是三间土坯平房，房内被烟熏得油黑，家徒四壁，除了简陋的生活生产用具和一张床外，没有什么值钱的东西，米缸里有着半缸子包谷面，一小堆红薯和芋头堆放在墙脚，老人的生活显然是贫寒的。

不多时，老人把草药挖回来了，两只裤脚已被露水打湿。老人立即把挖回来的几种草药捣烂，敷在两个孩子的脚伤处，然后用布包扎好。两个孩子立时感觉清凉的药使热肿的脚痛好了许多。接着老人又忙着烧水煮粥，煮好后把热腾腾的山茶水和香喷喷的包谷粥端到两个孩子面前，亲热地说：“孩子们，快吃喝吧，你们一定又饥又渴，吃饱喝足了就好好地睡觉休息。把这里当作你们的家，只是太寒酸，对不住你们。不过没事的，在我家里，你们就放心地养伤吧。”面对这父亲般慈祥的老人，两个孩子感动得热泪盈眶，说不出话来。

就这样，龙男龙女在老人家里住下来养伤。老人每天给他们换一次药，还特意宰杀了家中仅有的一只下蛋母鸡，煮汤让他们滋补身体，养病疗伤。村民们知道后，也纷纷提着红薯、南瓜等食物来看望他们，祝他们早日康复，顺利回家，使他们深切地感受到了村民的纯朴和善良。

在与老人的交谈中他们了解到，老人由于贫困终生未娶，独自一人生活，也了解到鲁则代因缺水而极度贫困。看到慈善的老人和可怜的村民们在缺水贫困的苦难中煎熬，他们深感震撼！身为龙族子女掌管着水源的他们，感到羞愧难当。他俩商量决定，待伤养好回家后，化回龙身，再一起回来定居在鲁则代村子放水源，给鲁则代村带来充足的水流，让村民们过上富足幸福的生活，以报答老人的关爱和村民们的深情。

经过老人的精心治疗，他们的脚完全好了，已经行走自如，毫无疼痛感了。他俩很高兴，深深地感谢老人的治疗和村民们的关爱。他们辞别了老人和村民们，离开鲁则代村踏上了回家的路。临走时他俩给老人留下了二十两银子，并告诉老人和村民们，他俩还会回来的，会给鲁则代村带来水源，让村民们过上富裕美好生活的。老人和村民们把他俩送到村外，依依惜别。

没过几天，在一天夜里的鸡叫时分，忽然鲁则代上空一片明亮，许多人看见有一条青龙和一条白龙从远处飞来，盘旋在村子上空，还见一道亮光从空中直射老人家里。青龙和白龙在空中盘旋一阵后，最后落入鲁则代村子后山依扎箐的石崖下，落下处金光灿烂，至天亮方熄，人们甚感诧异。

天刚亮，人们听到一阵阵哗哗的流水声，赶忙走出门来一看，只见一股木桶般大的水流从依扎箐里流出。人们欣喜若狂奔走相告，赶忙把水引进村里，引进田地间。人们顺着水流查看源头，见到依扎箐里的石崖下一棵枝繁叶茂的青香树旁，出现了一个清水汪汪的大水塘，塘里出水滚滚，源源不断地流出来。人们争相喝这清澄的泉水，感到无比甘甜。这是生命之水，饱受缺水之苦的鲁则代人们，倍加珍惜这来之不易的水源，严加保护。

人们都说，这水源是来老人家里治脚伤的小伙子和小姑娘送来的，他们是一对龙子龙女，小伙子是青龙子，小姑娘是白龙女，他们回去后恢复了青龙身和白龙身，一起回来救助苦难的鲁则代村民的。事情也确实是这样，青龙子和白龙女回到家后，各自征得父王的同意，便结为夫妻，双双飞到鲁则代村，安家在依扎箐石崖下的水塘里，日夜吐水为鲁则代村民们造福，回报老人和鲁则代村民在他俩落难时的相助之恩。

人们在把水流引进村子的地方建了一个水井和亭子，取名“青白龙水井”，并在亭内水井上方设一祭坛，每逢“竜拉”活动，燃起香火，敬献三牲酒馔等祭品，叩谢青龙、白龙的恩泽，祈祷青龙、白龙保佑鲁则代村民富裕安康。

从此，鲁则代山清水秀、流水潺潺、五谷丰登、六畜兴旺、人丁繁盛，成了远近闻名的富裕之地。据传，富裕得连公鸡也戴上了金耳环，母鸡戴上了银耳环。

就在青龙、白龙来到鲁则代村上空的那天晚上，老人家里一阵亮光过后，到天亮老人起床时，发现在关过蛋鸡的窝里，有一堆金鸡蛋。这显然是青龙和白龙送给老人的酬金。从此老人不愁吃穿，幸福地安享晚年。

不料国窝黑（昆明滇池）龙王二子黑龙，闻知白龙女的去向后，追踪而至，要抢夺白龙女为妻。这个黑龙是个逆子，不务正业，横行霸道，无恶不作，干尽伤天害理之事。他垂涎白龙女的美貌，疯狂追求，甚至动粗。白龙女根本看不上他，并且厌恶地一口拒绝。但黑龙仍纠缠不休。当他知道白龙女和青龙子已结婚，安家在鲁则代依扎箐后，叫嚷着要青龙子交出白龙女让他带走，否则捣毁依扎箐水塘青龙子和白龙女的家园。青龙子这几天生病，正在府中养病。黑龙跑来家门前耍狠作恶，他忍无可忍，拖着病休出来跟黑龙理论，黑龙哪里会听，见到青龙抡起铁棒劈头打来，青龙子急忙躲过，也从身上抽出铁棒与黑龙战将起来。二龙战得天昏地暗，大战三天三夜仍然不分胜负。最后青龙子病体不支，被黑龙一棒打在头上，青龙子晃晃悠悠掉落在乌木树村中产箐中。青龙子自知行将气绝，便用尽最后的力气化作一塘龙泉水。从此乌木树村中产箐流水淙淙，泽惠当地村民。

白龙女听到丈夫战死的噩耗，悲痛欲绝、泪如泉涌，她怀着万分的痛苦，慌忙逃到大龙潭中躲藏起来。当黑龙得胜后跑来挟持白龙女时，依扎箐水塘已龙走塘空。因大龙潭有两条强龙居住把持着，黑龙不敢跟踪造次，遂盘踞在依扎箐水塘里，想伺机抢走白龙女。自白龙女逃走后，依扎箐水塘出水就少了，村人们的生产生活用水不足。但黑龙整日睡大觉不吐水。有时一吐水就狂风暴雨，洪水泛滥，冲毁房舍和庄稼，灾害四方村民。

天帝知道黑龙的暴行后，派雷神去捉拿黑龙归案，并明令如拒捕当场击毙。雷神奉命找到黑龙，喝令黑龙伏法归案，但恶贯满盈、骄横无忌的黑龙哪里肯就范伏法，还恶狠狠地举棒朝雷神打将过来。雷神举锤打在黑龙肩膀上，疼得黑龙周身发麻，铁棒掉落，仓皇逃回国窝黑，被雷神追上一锤将他的头颅击碎，掉落在阿乍拉变成一条红山脊，寸草不生。

自那以后，白龙女一直未归，鲁则代依扎箐水塘水源减少，村民们用水很紧张。

李亮讲完了故事，潜意识地看了看大龙潭方向说：“因为这样，所以鲁则代村里决定这次做‘竜拉’活动，就要隆重地把白龙女从大龙潭请回来，让她回到依扎箐水塘的家里，吐水泽惠鲁则代村民。”

李亮走在前面，边走边讲。普丕听得入神，一脚高一脚低地在李亮后面跟着走。直到李亮讲完，普丕才长出了一口气，回过神来。

李亮的故事讲完了，他们也到了鲁则代村。

此时的鲁则代村弥漫着喜庆的气氛，村里村外已被净扫，人们穿戴一新，笑逐颜开，兴奋地忙碌着，做着“竜拉”的各种准备事宜。村子中央的场地上热闹而繁忙，人们紧张地杀猪宰羊，一排新灶炊烟缭绕，操办村里的早饭酒筵。

李亮和普丕径直走进施昊家里，只有施昊的父亲在家。施昊和哥嫂都忙“竜拉”的事情去了。就连老母亲也与老伙伴们帮忙去了。见李亮和普丕来到，施昊的父亲很高兴，忙招呼他们坐下喝茶休息。说早饭很快就熟了，先坐下歇息一会。

不多时，吃早饭的爆竹声响了，施昊和母亲以及哥嫂都回来了，一家人高高兴兴地去村里场地上吃早饭。场地上人声喧闹，来了许多客人，席面上坐得满满当当。场子上用青松毛铺席，酒菜均已摆好，满场酒菜飘香，人们兴高采烈地吃喝起来。施昊带着李亮、普丕和家人在场中的一处空席上坐下来吃饭。因为早饭不是正席，菜肴相对简单一些，也没有人多喝酒，人们吃完饭，各自忙活去了。早饭后，李亮和普丕就跟着施昊一家人回家喝茶休息。

中午刚过，村里爆竹炸响，锣鼓喧天，沸腾起来。“去大龙潭接白龙回来的人员快到村里了！”消息传来，整个村子欢腾起来，人们纷纷涌出村外迎接白龙的归来。当李亮和普丕跟着施昊一家人来到村外的时候，已经是人群云集，几乎全村的人们都汇集到了这里。在白龙进村要经过的路上早已排起了长长的迎接队伍。最前面的是唢呐长号队、板鼓队和花鼓队，中间是乐作舞队，后面是男女老少。人们在丽日下热情地等候着，企盼着白龙早点来到。

昨天，村里派去接白龙的两个人，避开大龙潭人的视线，入夜悄悄地来到大龙潭边，举香跪下祷告：“尊贵慈悲的白龙，汝历大难，潜此避祸。鲁则代人深表同情，日夜思念。汝离后甘泉骤减，村人用水难济，我等受村人重托，来此诚接贵龙回府，泽惠鲁则代村民为盼。”话音刚落，只见潭中翻起一阵白水泡，一缕青烟随泡腾起，二人赶忙用携带的葫芦打满白水泡，封好葫芦口，立即起身连夜返回村来。

“白龙回来了！”有人兴奋地高喊。随着喊声，只见去接白龙的二人满脸兴奋地快步走回村来，他们经过连夜的奔波仍显得精神抖擞。一人紧紧地抱着装有大龙潭水的葫芦，一人紧跟在旁护卫。会给人们带来幸福水源的白龙就在葫芦里。

人群立即欢腾起来，早有人拥上去给他俩披红戴花，并打开雨伞为白龙遮阳。一时间爆竹声骤响，唢呐长号齐奏，鼓声铿锵，歌舞如潮。人们欢天喜地地迎接白龙经过村子来到依扎箐水塘旁。接白龙回来的两个人举起葫芦跪在水塘边说：“尊贵的白龙，汝已到贵府，请汝入府安居，喷吐甘泉，为吾村民赐福，恭祝白龙贵体无恙。”说完恭敬地把葫芦里的清水缓缓倒进水塘里。立时一缕青烟潜入水塘，塘里即刻翻起一阵白水泡，忽然“哗啦”一声，塘里涌出粗大的水泉。人们欢呼雀跃，齐跪在水塘旁拜谢白龙的恩泽，并争先恐后喝这甘甜的泉水。

白龙终于被迎接回鲁则代村，鲁则代又有了充足的水源，源源不断地流进田野，流进村中的水井里。

水井和亭子早已修葺一新，亭子上书有对联：香绕青烟舞玉龙，烛摇红彩仪金凤。楣联是龙凤呈祥。今天，鲁则代村的“竜拉”祭祀就在这里举行。

全村参加“竜拉”仪式的人们集合在水井旁，施昊的家人、李亮和普丕也在人群中，施昊则去帮厨做晚筵。

到未时，“竜拉”祭祀开始了。

司仪高声宣布：“鲁则代村‘竜拉’祭祀开始！鸣炮，奏乐！”顿时，爆竹炸响，唢呐长号齐奏，锣鼓喧天，震撼村野。接着司仪又高声宣示：“向白龙敬献香烛、三牲酒馔等祭礼！”

人们在祭坛上点燃香烛，献上熟猪头、羊头、整鸡、糖果、美酒等祭品。随后在一位德高望重的老人带领下，数名精壮男子围在水井旁，吟唱祭祀歌：

远古的时候，格慈立规矩。老人父母教，彝人有规矩。

勤劳吃不完，心好朋友多。子孝父宽心，妻贤家平安。

药苦能治病，诚实有福来。重煮汤不甜，重说话不美。

家和万事兴，团结山能移。规矩要做好，老幼皆平安……

歌声古朴而沧桑，众人肃然聆听，以遵古训，警示后人。吟唱毕，司仪朗声宣读祭文：

今吉时，鲁则代人做“竜拉”，虔上香烛拜水神，诚献酒馔祭白龙。祈祷神龙来保佑，全村老小都平安，青青山上出黄金，绿绿地上出白银。彩云之中腾神龙，紫气生处舞凤凰。白龙施恩惠全村，吐出甘泉润大地。风调雨顺五谷丰，六畜兴旺全村乐。大喜大利保安康，幸福生活水长流。

司仪读毕，又向众人高声呼喊：“全村人跪！向白龙一叩首！再叩首！三叩首！”随着司仪的呼喊，参加祭祀的村人们齐跪下，向白龙顶礼三叩首，以祈求白龙保佑幸福永久。

众人叩首毕，司仪高声宣布：“鲁则代村‘竜拉’祭祀仪式结束。下面村人歌舞欢庆自行祭拜开始！”司仪话音刚落，一群妇女走到水塘边欢唱起来：

鲁则代人做“竜拉”，依扎箐中有龙泉；

尊敬白龙吐泉水，润泽田地产粮多；

泉水清澈凉又甜，喝下泉水人健康；

大家都来喝泉水，喝了泉水保平安……

妇女们唱完，男女村人们争相涌上去接喝泉水，以求强身健体。

然后花鼓队跳花鼓舞祭拜神龙，祈求白龙禳灾赐福，护佑兴旺发达。鼓声铿锵，舞步矫健，表达了人们对水源的喜悦和对美好生活的追求。

花鼓队祭拜后，在场的人们围成圆圈，弹起四弦，拍响巴掌，跳乐作舞祭祀白龙。顿时，弦声、掌声、跳舞声、歌声以及人们的欢笑声，汇成动人心魄的交响旋律，回响在水井旁，飘荡在鲁则代上空。真是全村同庆，人人共乐，神龙怎能不动情赐福呢？

跳过乐作舞后，人们在树荫下坐下来，欢唱山歌。一个领唱，众人和声，间有男女对唱。水井旁歌声悠扬，人心欢悦。人们在欢快的歌声中尽情表情达意，倾露对幸福生活的向往。

人们在水井旁祭祀白龙，歌舞欢庆的同时，在村子中央的场地上另有一帮人在紧张地准备着丰盛的晚宴。也是一派热火朝天，欢声笑语，人们个个满头大汗地忙碌着，施昊也在这里帮忙。

在水井旁参加“竜拉”祭祀的人们，兴奋和热情一直未减。在山歌唱歇之后，又复跳乐作舞，直到吃晚饭的爆竹声响起方休。

当施昊的家人、李亮和普丕离开“竜拉”祭祀的水井旁，跟随人们来到吃饭场地上的时候，场地上已经人声鼎沸。家家带着客人在青松毛地上一席席地围坐起来。施昊带着家人、李亮和普丕也围席落座。晚筵十分丰盛，场地四角和中央各放着一大甑热腾腾的米饭和一个装得满满的大酒罐，以方便人们盛饭舀酒。一帮年轻人端着方盘把美味的菜肴送至每一席。人们在欢声笑语中用餐，到处是人们劝酒碰杯之声。人们大块吃肉，大碗喝酒，敬酒的歌声此起彼伏，猜拳行令声不断。人们开怀畅饮，欲醉方休。吃饭的场地依然是欢乐的场所。月亮升起来，这场“竜拉”盛宴才陆续散去。

晚饭后，青年们在场地中央燃起一堆篝火，篝火熊熊。年轻人们聚在一起欢跳乐作舞。对于这些年轻人来说，欢乐远未结束。月光下，篝火旁，他们又掀起了一场欢乐的歌舞高潮。施昊、李亮和普丕也加入到狂欢的人群中，尽情地跳、尽情地唱，通宵达旦。

天微亮，李亮和普丕就告辞了施昊一家人，及早返回到阿稽竜村。普丕这次跟着李亮到鲁则代做客，参加了鲁则代做“竜拉”的全过程，特别是参加迎接白龙回村的活动，场面的隆重热烈，让他兴奋不已，印象深刻，真是长了见识，激动了很长一段时间。

从鲁则代回来后，普丕照常每天给李士天做活，同时耕种李士天包给他的田块。

这一年普丕在李士天包给他的田里种了莲藕。莲藕长得很肥壮，到了挖藕的时候，按照当初双方立下的协议，普丕把长在上面干枯的莲蓬割给了李士天，自己留下了长在下面的藕块。

李士天气得瞪直了眼，但想到预先订下的规矩，是自己提出来要结在上面的，并有文字为凭，不便发作。只得哑巴吃黄连，有苦说不出，闷声作罢。

普丕将收得的部分藕分给李方氏和施大明家食用，其余的卖钱后，为李方氏、施大明、施慧、施明和自己各买了一套新衣服。

到了第二年，普丕又问李士天："我包的田今年种的庄稼，你要结在上面的，还是要结在下面的？"

李士天想，去年要了结在上面的，上了普丕的当，今年不仅要上面的，还要下面的，看普丕还能拿到什么？于是他说："结在上面和下面的都要。"李士天满以为这下整治到普丕了，心里暗自得意，并请人写下字据。

这一年普丕却把那块田栽上了包谷。等到收包谷的时候，普丕把包谷梢和包谷根都给了李士天，把结在中间的包谷棒子留给了自己。

李士天气红了眼，差点流出血来。但有约在先，且有书证，不好多说什么，只能就此了之。

普丕把收下的包谷，悉数送给了李方氏家和施大明家，让他们食用和养畜禽。

到了第三年，普丕再问李士天："包给我种的田块，今年种出来的庄稼，你要结在上面的，还是要结在下面的，或者是要结在中间的？"

这一次李士天想，前年要了结在上面的，去年要了结在上面和下面的都上了普丕的当。今年索性上面、下面和中间的都要，这回可再也不能上普丕的当了。

于是他对普丕说："结在上面的也要，结在下面的也要，结在中间的也要。"李士天心想，这回他把什么都要完了，普丕就什么也得不到了，让他喝西北风去，终于可以整治这小子了。心中自然十分得意，还迫不及待地请人来写下字据为证。

这一年普丕却在田里种上了甘蔗。到收割甘蔗的时候，普丕把上面的甘蔗梢、中间的甘蔗叶和下面的甘蔗根都给了李士天，把剩下的甘蔗棵杆留给自己。

这样，李士天又上了普丕的当，但有字据缔约在先，奈何不得。气得李士天差点吐血，大病了一场。

普丕把收下的甘蔗一部分送给了李方氏家、施大明家和长工们食用。余下的卖了钱，给李方氏和普慧各买了一对耳环和一对手镯。

李士天把田块包给普丕，本来想狠狠地敲诈一番，没想到竟连续三年都上了普丕的当，气恼之下他收回了包给普丕的田块，再也不提让普丕包田栽种的事了。

普丕早已看清了李士天要压榨自己的图谋，机智地应对，并取得了相应的收入，弥补了李士天不付给他工钱的损失，挫败了李士天对他的恶行。

第二十四回　话变龙女普济苍生　普丕拴蚤巧取茶壶

这天晚饭后，李士天对普丕说：“普丕，明天家里来几位贵客，需要设宴热情地款待他们。明早天一亮，你要打扫庭院，擦桌抹凳，清杯洗碗，准备美味佳肴，让客人吃好玩好，不得怠慢，听明白了吗？”

普丕听了，心想这一大堆活计一个人怎么做得过来嘛，简直要累死人嘛，心里起了疙瘩，没有立即回应李士天。

李士天看到普丕毫无回应，只是木讷地站着，恼火起来，提高嗓门带有威胁的口气说：“你要记住！一定要给我办好！明天我派一个人帮你一起做，听见了吗？”

普丕这才面无表情地回答：“好的，明白了。”

李士天交代完后，背着手走了。

天渐渐黑了下来。近一段时间以来，普丕没有到过李方氏家里了，不知老人近况如何，普丕不免记挂着。现在有时间就去看看她，普丕想着就朝李方氏家走去。

已是初冬，傍晚的风已有些寒意。此时天空阴沉沉的，似乎要下雨。秋天过后，山野里少了些葱绿，但田地里的小麦、蚕豆、油菜等越冬庄稼却郁郁葱葱地生长。将度过寒冷而漫长的冬天，到明年春夏，就结出累累的果实。普丕迎着寒风，扣紧外衣，双眼掠过暮色中苍茫的田野，走到李方氏家推门进去。

李方氏家里暖暖的，燃着松明子照亮，火塘里烧着开水，灶里的火燃着，李方氏正在做晚饭，见普丕进来，高兴地说：“普丕侄儿，你来啦，好哇，快坐下烤火，饭菜快要熟了，一起吃晚饭。”

普丕说：“李大嫫，我已经吃过了，不知您近况如何？我是来看望您老人家的。”普丕说着在火塘边坐下来又问：“天都黑了，您老人家怎么没吃饭呢？”

李方氏边炒菜边微笑着说：“我好好的呢，难为你挂记着。今天下晚我到地里挖红薯，回来晚了，所以做饭也就晚了一些。没事的，我还不饿。”

普丕来了，李方氏心里很高兴，特地炒了一碗腊肉花生，满屋飘香。

说话间，李方氏的饭菜已经熟了，热腾腾地摆上了桌面。李方氏斟满酒杯，一定要普丕吃喝一点，说天气变冷了，喝一点酒会暖和身子。普丕也不再推辞，坐到饭桌前跟李方氏吃饭喝酒。李方氏搛了一些菜放在普丕碗里，叫普丕快吃。李方氏没喝酒，自己从甑子里盛了一碗饭也坐下吃起来。他们边吃边聊了一些家事。

饭后，李方氏和普丕坐在火塘边烤火闲聊。李方氏从瓦罐里倒出一碗茶水放在普丕面前请他喝，并说：“罐子装茶水用起来不方便，要是有一把茶壶就好啦。但我们穷人家连肚子都难吃饱，哪能买得起茶壶用呢，只能拿瓦罐凑合着用了。”

普丕听了心里想，以后我有钱一定要买一把茶壶给李方氏，以了老人家的心愿。这样想着便对李方氏说：“李大嫫，你也喝一碗茶水吧。”

李方氏说：“好呢，我也要喝的。”说着自已也倒了一碗茶水喝起来。他们边喝茶水边闲谈起来。

李方氏喝了一口茶水，抹了抹嘴说：“这人啊就是离不开水，每天都要用水，都要喝水。没有水啊，什么都长不出来，什么都活不了的。现在水源充足，人们用水方便，吃水方便，感觉不到水的珍贵。要是真的缺了水，那才是恐怖呢。”说到这里她又喝了一口水继续说：“我给你讲个缺水的故事吧，这个故事可惨呢，说起来让人心碎。听了这个故事，就会知道水有多宝贵了。”说完她缓慢地讲起来。

很早以前，有个地方叫那古，这里林木青葱，花草繁茂，禽兽成群，流水淙淙，人们安居乐业。那古有一条大山箐，箐两边是左右山岭。左山岭上住着一户人家，有夫妇二人和一个男孩。孩子叫阿黑，阿黑生得敦实、活泼而聪明。一家人耕种着几亩薄地为生，孩子的父亲是个猎手，耕地之余常去打猎补贴家用。右山岭上住着一户人家，也有夫妇二人和一个女孩，女孩叫阿卓，生得漂亮、聪慧而乖巧。全家耕种着数亩薄地和饲养一群山羊过日子。孩子的父母除耕种田地外，平时轮流放牧羊群。

阿黑的家是三间草房，草顶草墙。阿卓的家是三间草顶土墙的房子。两家人隔着山箐对门而居。人畜跑动可见，鸡犬之声相闻。

山箐里常年溪水不断，溪水旁绿草青青，鲜花簇簇，两面山坡上群鸟啁啾。清澄的溪水里，有小花鱼、小青虾和小螃蟹。阿黑和阿卓两个孩子常到溪水边玩耍。阿黑在溪水里洗澡，阿卓也常在溪水里洗衣服。有时一起在溪水里捉鱼拿虾。透明的溪水里水底的鹅卵石清晰可见，小鱼就在鹅卵石上游着，小虾却常躲在石缝中，小螃蟹有时会爬到水边的花草中来。两人嘻嘻哈哈地在水中追捉小鱼小虾，弄得水珠四溅，淋湿了衣服，常受大人的斥责。抓到鱼虾他们会拿回家装在盆子里养起来玩。一次阿卓在捉鱼时扭伤了脚，阿黑就背着她送回家。他们本是上学的年龄，但山里偏僻，哪有学堂？再说也没钱去念书，所以两个孩子从小都在家帮大人们做事。阿黑学做农活外，也常跟父亲学打猎，阿卓除做农活外，也常跟父母去放羊。

随着年龄的长大，阿黑成了种地能手和打猎高手，阿卓也代替父母亲成了牧羊女。阿黑到山里狩猎，阿卓到山里放羊，他们经常见面。有时一起坐在草地上交谈，共享各自从家里带来的食物。阿黑常把打到的猎物分一些给阿卓带回去，阿卓也把采到的菌子、山菜和野果分一些给阿黑带回家。有时还一起爬树钻棚拿蜂蜜吃。阿黑还爬上很高的树掏鸟蛋送给阿卓，阿卓喜欢得跳起来。阿黑还会采来山花编成花环给阿卓戴在头上，阿卓高兴地戴着花环放羊，兴奋得脸蛋儿红红的，笑得很灿烂。两人欢快地过着青春时光。

然而天有不测风云，阿黑的家里接连发生了不幸的事情，阿黑的父亲突然患急病死了，不久母亲又患眼疾致瞎。连续的灾难不仅沉重打击了阿黑的心灵，而且加重了他的负担。但阿黑是一个坚强而勇敢的汉子，他战胜了内心的悲痛，挑起了家里生活的重担，不仅种好地，而且狩好猎，孝敬母亲过好日子。

这天，阿卓像往常一样赶着羊群上山放牧。天气晴朗，清风徐徐，丽日普照着大地，几朵白云在蓝天中飘浮。山风过处林间响起一阵阵松涛声，片片青草腾起绿浪，簇簇山花随风摇曳。羊群安静地吃着青草，小羊欢快地追逐嬉戏。阿卓坐在一棵沙松树的树荫下看守羊群。

突然羊群惊恐地逃散，随即传来一阵凄厉的羊的惨叫声，阿卓循声一看，只见一只灰狼扑倒一只山羊紧紧地咬住其脖子，山羊拼命挣扎。阿卓看到这个场景，全身的热血腾地蹿起来，极度紧张的心怦怦乱跳，她又急又怕，但保护羊群的强烈意识促使她勇敢地操起一根木棍，朝狼飞奔过去，边跑边喊："狼咬羊了，快来打！狼咬羊了，快来打！"恶狼慌忙拖起山羊就逃，但山羊体重，狼跑不快。阿卓追上抡棒就打。恶狼放下山羊，瞪着凶狠的蓝眼，转身跳起来直向阿卓扑来。阿卓惊骇得"啊"地尖叫一声，一下怔在那里。正在危急时刻阿黑大叫着赶过来，张弓搭箭，说时迟那时快，一支利箭射过来，一箭射穿了恶狼的双眼，恶狼嚎叫着蹿起来，瞎着眼痛得四外乱撞。阿黑又一箭射中了恶狼的咽喉，恶狼即刻倒地挣扎，不一会儿就死了。

阿卓一下子瘫坐地上，浑身颤抖，满头大汗，胸脯紧张得一起一伏，好一阵才平静下来。

阿黑忙赶过来，关切地问阿卓："没什么吧？"阿卓一手捂着胸脯一手擦着汗，望着阿黑说："阿黑哥，你来得正好，要是你不来，我……你可救了我啊！"阿卓说着声音有些哽咽。稍停又说："我没什么，只是被吓着了，现在好啦。"

阿黑扶着阿卓站起来说："我也是要去打猎恰好路过这里，想来看看你，没想到恶狼正在凶狠为害你，撞在我的箭头上，这只恶狼早就应该杀死了。"说完二人一起去看恶狼，恶狼已经断气，被咬的山羊也死了。

他们坐下来休息了一会儿，然后收拢四散的羊群，趁早回家了。阿黑身体强壮，一身的力气。他把死了的山羊和狼的后脚捆扎在一起。然后像褡裢一样放在肩上，前胸吊羊后背吊狼扛着跟阿卓回到她家里。阿卓对父母讲了今天的遭遇，父母十分庆幸女儿安然无恙，也很感激阿黑相救。接着大家一起动手，把山羊和狼收拾干净，阿卓的父亲分一半山羊肉和一半狼肉给阿黑带回家去。

阿黑和阿卓这对青梅竹马的伙伴，在长期的生活和劳动中，经历了风雨坎坷，经历了痛苦和欢乐，彼此产生了深厚的友情，感情日益加深，最终产生了深深的爱情，彼此难舍难分，一天不见心中就很思念，两人都感到在一起充满了幸福。心灵手巧的阿卓怀着深深的情意，精心地缝制了一双布鞋送给阿黑。阿黑也带着浓浓的爱意，买了一件漂亮的花衣裳送给阿卓，两人私订了终身。

他们经常在丽日下，树荫里，在青草鲜花中，相依而坐，深情地交谈，憧憬未来美好的日子和幸福的生活。他们商量着分别向自己的父母提出婚事……

一天，阿卓正在山坡上放牧羊群，忽然山脚下的箐里传来一阵嘈杂的人声和狗吠声，急促地追赶而过。阿卓知道是有人在撵麂子或野猪等猎物。果然，半晌以后，一群人带着猎狗，抬着一头被打死的野猪经过阿卓放羊的地方。其中有一个腰挎长刀，身背弓箭的帅气小伙子径直来到阿卓身边说："阿妹，你有水吗？今天我忘记带水，干渴得难受，向你讨点水喝。"阿卓莞尔一笑说："有的，有的。"说着把装在挎包里的水壶递给小伙子热情地说："阿哥，你喝吧，多喝一点，喝饱啦。"阿卓的美丽竟使小伙子看傻了眼，差一点忘了喝水。待阿卓递过来的水壶，触碰到他的手臂才猛地回过神来，接过水壶"咕咚咕咚"喝了个痛快，喝饱了抹抹嘴说："阿妹，你的水真甜呀，谢谢你！"他把水壶递给阿卓又问："阿妹，你这么善良叫什么名字？家住哪里？"阿卓嫣然一笑回答说："多谢阿哥夸奖，小妹叫阿卓，家住那古右山岭。"这时离他们不远的草丛里，一只灰色的野兔受到狗叫的惊吓蹿出来奔逃而去。小伙子眼疾手快，张弓搭箭而射，兔子中箭而亡。小伙子跑过去把兔子提过来放在地上说："这只兔子长得真肥胖呢。"这时猎人们走远了，一个走在后面的小伙子朝这边高喊道："苏莫，快点走，大家走远啦！"这个叫苏莫的小伙子高声应答："好咧，我来了！"然后笑呵呵地对阿卓说："阿妹，我走啦，我是查拉村的，我们后会有期。"说着跑步追赶人群去了。阿卓见苏莫未把兔子带走，高声喊："阿哥，你的兔子！"小伙子回过头来高声说："兔子就送给你啦，是你给我水喝的酬谢，再见啦！"说话间跑远了。阿卓看着小伙子远去的背影，觉得这个叫苏莫的小伙子挺有意思，给她留下了深刻的印象。

过了几天，阿卓家里来了一个中年妇女，是查拉村苏莫家请来的媒婆，是给苏莫说媳妇来的。苏莫自从打野猪那天遇见阿卓以后，为阿卓的美丽、热情和善良所动心，他深深地喜欢上了阿卓，阿卓的影子天天浮现在他眼前，就催促父母到那古右山岭说亲。儿子有了意中人，看上了阿卓姑娘，父母自然高兴，立即请来村中最好的媒婆给儿子说媒，这媒婆也真是能说会道，拨动三寸巧舌，说苏莫家如何殷实善良，说苏莫如何英俊能干，说苏莫和阿卓是天造地设的一对，两人结为连理将福禄终身。还说阿卓一旦嫁给苏莫，阿卓的父母也可一齐来苏莫家居住，有足够的住房和田地过上好日子。直说得阿卓父母心动神驰，满心欢喜，认为阿卓遇上了好人家，遇上了好对象，同意了这门亲事，表示愿将女儿嫁给苏莫。媒婆满脸欣喜，认为旗开得胜，大事已成，急回告喜。

可是当父母跟阿卓谈起这桩结亲之事时，阿卓却一口回绝了。当然阿卓已经认识过苏莫，认为苏莫是一个好小伙子。但她已经有了心上人阿黑，她深爱着阿黑，她要嫁给阿黑。阿卓把自己的心事告诉了父母。

父母终于明白了女儿的心思。他们也认为阿黑是个好小伙子，可是太穷了，家中父亲已逝，母亲眼瞎。阿卓嫁给他是要受苦受累的。自然，如果苏莫家不来说亲，他们是会同意将女儿嫁给阿黑，毕竟女儿喜欢他。可是现在苏莫家来说亲，这么好的家庭和小伙子不嫁，实在是可惜了。父母苦口婆心地劝女儿还是嫁给苏莫，可是阿卓铁了心非阿黑不嫁。

阿卓的父母没有办法，只得如实告知媒婆女儿不同意这桩婚事及缘由。媒婆听了心里一下子凉了，空欢喜了一场。她无精打采地到苏莫家，如实禀告了这次说亲的结果。

这下可把苏莫急坏了。说亲失败，阿卓拒绝嫁给他，他实在难以接受。他爱阿卓，忘不掉阿卓，他不愿放弃阿卓。对阿卓的思念使他睡不稳，吃不香。这个耿直而善良的小伙子，怀着执着而炽热的爱意，直接找到阿卓倾吐了衷情和爱慕之心。阿卓也明白地告诉他，自己爱着阿黑，要嫁给阿黑。

苏莫哪里心甘，又找到阿黑说：“阿黑，我看上了阿卓，喜欢阿卓，我要娶她为妻，请你放弃她。”

阿黑对苏莫说：“苏莫，你别瞎想了，阿卓喜欢的是我，她不会嫁给你的。”

苏莫说：“我的家庭条件比你好，阿卓嫁我会好过一些，至少可以少辛苦一点，她跟我结婚肯定会很幸福的。”

阿黑说：“谁说阿卓跟我结婚就不会幸福？阿卓和我从小在一起长大，风风雨雨一同过来，感情很深，跟我结婚她才会幸福，你才认识阿卓几天？就敢谈要娶她！”

苏莫说：“虽然我和阿卓认识没几天，但我一见钟情，深爱上她了，为什么不能娶？”

两个小伙子唇枪舌剑，争吵得面红耳赤，相持不下。

阿卓的父亲看见苏莫急匆匆地去找阿黑，情知不妙，担心两个血气方刚的小伙子出事，火速跑到查拉村告诉苏莫的父亲。阿卓的母亲也慌忙到山上去找放羊的阿卓告知情况。

苏莫的父亲也慌了，马上喊着村里主事的老者风急火燎地赶到阿黑家。只见苏莫和阿黑像两只酣斗的公鸡，红着脸激烈地争吵不休，而且双方的情绪越来越激动。

苏莫的父亲在旁边看着又急又慌，生怕两个年轻人情绪失控，闹出事来。老者也发觉苗头不对，感到事情这样发展下去决不会有好结果。

于是老者高声而严肃地对阿黑和苏莫说：“两个年轻人你们给我听着。你们两个都是好小伙子，都有资格娶阿卓这样的好姑娘。但阿卓只有一个，你们这样争闹下去，是解决不了问题的，弄不好会伤害你们，甚至会闹出人命来的！这样对你们，对阿卓，对你们双方的父母和阿卓的父母都不好。所以，我代表查拉村决定，你俩都是拔尖的猎手，以射箭比武决胜负，谁赢了就娶阿卓，谁输了就退出，这样才算得男子汉和好猎手。你们说行吗？”

老人威严的说词，深刻的义理，使阿黑和苏莫停止了争吵，低头深思了一会。两人毕竟都是聪明和善良的猎手，觉得老人的话是公正的。并且都对自己的箭术十分相信，有绝对的把握得胜，因而都抬头说：“好的，老人家，我们同意这样办。”

老者说：“好！汉子说话如石头落地，你们两人说话算数吗？”

“算数！”阿黑和苏莫异口同声地回答。

阿黑的家门前是一块场地，场地边上有一棵高大的沙松树，树腰上伸出来一条横枝，老人在横枝上用细线分别拴吊了三块石头，然后在四丈开外画了一条线说："你们二人在线外用箭将细线射断，让三块石头落地。成功者为赢，失败者为输。"接着又找来一块小扁石，正反两面分别写上阿黑和苏莫的名字说："现在抛石头定先后，名字朝上者先射，名字朝下者后射。"说着把写有二人名字的扁石抛向空中，小扁石翻转着落地。苏莫的名字朝上。

于是苏莫精神抖擞地站在线外，连发三箭，三块石头应声而落。苏莫笑溢满面。接着阿黑张弓而射，箭不虚发，三块石头也皆落地。第一回合打成平局。紧接着第二回合开始，阿黑先射，又无一不中，石头全落。苏莫接射，前二箭顺利射落石头，当第三箭射出时一阵轻风吹来，吊石的细线有些微摆动，箭贴着细线飞过，未射落石头。

苏莫输了，他难过得蹲下去抱着头。要是风不来，他肯定是要射落第三块石头的，但又怪谁呢，是老天爷不给缘啊！

随即老者高声宣布："比武结束，阿黑赢苏莫输，阿黑娶阿卓，苏莫退出，如约遵从。"

苏莫仍抱着头蹲在地上，一声不响，他心里很难过，这不是他期望的结果，但有约在先，天意难违啊。突然他霍地站起来，这个善良的猎手走到阿黑前高声说："阿黑，你赢了，我退出，你就安心地娶阿卓吧，你得好好地待她，不然我不饶你！"

阿黑说："苏莫，我会好好待阿卓的，你放心吧。"

这时，阿卓听母亲说苏莫和阿黑为她在争斗，风风火火地从山上跑回来，看到这样的结果，她的心才落了地。苏莫走到阿卓面前说："阿卓妹妹，我喜欢你，但我们有缘无分，天注定你是阿黑的，我就祝你们幸福了。"

阿卓微微欠下身子，感激地说："苏莫阿哥，谢谢你，希望你找到比我更好的媳妇。"

事情圆满地得到了解决，老者和苏莫父子要回去了。真是不打不相识，阿黑哪里肯让他们就这样回去，他热情地邀请他们到家里歇息用餐。他用丰盛的山珍美酒款待了客人，阿黑和苏莫自然成了好朋友。

经过这件事情以后，阿黑和阿卓的感情更加深厚，两颗心贴得更紧，两人开始考虑结婚的事情了。这天，明媚的阳光普照着青葱的大地，羊儿在草地上自在地吃着草，徐徐的山风使人神清气爽。阿黑和阿卓相依而坐，商议着结婚之事，憧憬着美好的家庭生活。他俩决定禀告各自的父母在今年过年时结婚，结婚后两家人住在阿卓家，共同生活。

可是万万没想到，一场灾难却降临了。那古地区发生了一次大地震，山崩地裂，村庄夷为平地，人畜死伤无数。在这场大地震中，阿卓家墙倒屋倾，阿卓的父母被倒塌的土墙夺去了生命，阿卓的脚也被砸伤，阿黑家的草屋四面草墙被撕裂，所幸未倒塌伤人。他和母亲受了惊吓却安然无恙。

阿卓悲痛万分，抱着死去的父母哭得死去活来。阿黑帮助阿卓安葬了父母，并把阿卓领回家养伤，让母亲陪伴她，安慰她。

在这场大地震中，查拉村大部分房子倒塌，人畜死亡过半，苏莫全家都遇难了。阿黑和阿卓十分痛心。

阿黑修复了自家的草屋，找回草药给阿卓治疗脚伤，一边耕种山地一边放牧从阿卓家吆来的羊群和狩猎，承担起家庭生活的重担。

然而更可怕的是，自这次大地震以后，野外的水源断流，加上天气干旱无雨，草木逐渐枯死，庄稼不长，人们的生活越来越困难。连牧羊也难以为继，阿卓和阿黑不得不宰杀和卖了羊群。

随着旱情的日益加重，赤地千里，一派荒凉，人畜无处汲水，不断饥渴而亡。阿黑家住在山里情况好一些，因为山箐和溶洞里还有一点渗水和滴水可维持一家人饮用。但这点可怜的水源也越来越少，找水越来越困难，阿黑出去一整天也只能找回一小罐水来，连日常用水也维持不下去了。同时食物也严重短缺，山上已无猎物，地里又长不出庄稼，连野菜也难找到了，人们面临着绝望和死亡。

这时阿卓的伤已经好了。为了找到更多的食物和饮水维持生活，阿黑和阿卓决定外出几天到更远的地方去寻觅。他们给母亲留足了五天的食物和饮水，并嘱咐母亲安心在家，他们五天后回来。随后他们就出发了。临走时母亲对他们说："去吧，孩子们，不要顾虑我人老眼瞎。我除了吃喝帮不了你们什么了，你们出去好好地寻找，一定要生活下去。老天会帮助我们的，你们就放心地走吧。"老人把他们送到门口，两个孩子走远了，听不到脚步声了，老人还扶着门框，望着孩子们走去的方向，久久地伫立着。

五天以后，阿黑和阿卓回来了。这次他们走得很远，跑了很多地方，历尽艰辛，找回了一些食物和水，风尘仆仆地回到家里。走到家门口，不知为什么，阿黑觉得家里有点异样，有一种不祥的预感，他的心突突地跳起来，高声地喊着："阿嫫！阿嫫！"急忙推门进家。家里一片寒气，寂静无声，不见阿嫫应答，阿黑心情慌乱地冲进阿嫫的睡房，只见阿嫫平静地躺在床上安详地死去了！再看屋里留给她的食物和饮水一点都没动。慈祥而苦命的阿嫫，在这极端困难的时候不愿拖累孩子们，把食物和水留下来给两个孩子，自己不吃不喝而死。她是为了使孩子们活下去献出了自己的生命。

阿黑悲痛万分，抱着阿嫫哭了一天一夜，最后在阿卓的劝说下才歇息，两人在悲痛中安葬了老人。

艰难的日子看不到一点改善的迹象，没过几天家里又面临着断粮断水。偏在这时阿卓生病了。接踵而至的打击，极度的悲伤，加之又连日出外寻找食物，营养不良，过度的劳累，使阿卓病倒在床。阿黑又找药给阿卓治病，还千方百计给她增加营养，叫阿卓好生静养。

这天早上阿卓的病已有些好转，但家里又断水了。阿黑说附近的溶洞里些许有点滴水，他去看看，找些水回来。他叫阿卓好好在家里养病，他很快就会回来的。刚走到门口也许是觉得阿卓一个人在家有些不放心，不安之情陡然而生，踅回来在阿卓的额头上吻了吻，又叮嘱了几句，才挂心挂意地走去。

阿卓看着阿黑走出门去，不知为什么有一种说不出的依恋突地在心中升起，她情不自禁地喊道："阿黑阿哥！"阿黑听见喊声转回身望着阿卓，"路上小心！"阿卓无限深情又饱含牵挂地说。

"哎！放心吧，我很快就会回来的！"阿黑面带微笑高声说道，然后走了。

一个早上过去了，阿黑没有回来，中午过去了阿黑还是没有回来。阿卓感到有些不妙，心里慌了。她拖着病体，跌跌撞撞地跑到溶洞里去看。走进溶洞她惊呆了！一幅可怕的场景出现在她面前：阿黑满头是血倒在地上，怀里紧抱着的半罐水却一点也没泼出来。他是在接从洞顶渗下的滴水时，被洞顶上一块松动掉落的岩石砸死了。

阿卓见状，泪如泉涌，痛不欲生，悲痛得大喊一声：“阿黑哥！”一头扑在阿黑身上嚎啕大哭，哭得天昏地暗。阿卓无比悲恸地仰起头哀嚎：“苍天啊，你为什么让人们遭这样的大难？受这样的大罪？你发发慈悲，救救天下苦难的苍生吧！……苍天啊，你让我变成一条龙，吐出无尽的水源解救饥渴的人们吧……”阿卓撕心裂肺的哭喊声，传得很远很远，一直传到了天上。

阿卓不分白天黑夜地在洞内痛哭，哭喊声中，忽然洞里传来了一个奇怪但又清晰的声音：“可怜的姑娘，我是天庭管理水源的大臣，天帝知道了人间的苦难，派我拯救天下的苍生，你说你愿意变成一条吐水的龙是真的吗？”阿卓听了，肯定地回答，“是真的！”奇怪的声音又说：“你变成吐水的龙以后，就再也变不回人了，你愿意吗？”阿卓意志坚定地说：“我愿意，只要能解救人们的饥渴，我愿意永远做一条吐水的龙。”奇怪的声音最后说：“那好，可爱的姑娘，在溶洞尽头有一颗龙珠，你把它吞入肚里，你就会变成一条吐水的龙了，可以永远地向人们提供源源不断的水源了。姑娘，去吧，去给人类提供幸福的水源吧。”

阿卓吻别了自己心爱的阿黑，擦干了眼泪，站起来坚定地走入洞内深处，在洞的尽头她看到了一颗闪闪发光的水龙珠宝，拿起来毫不犹豫地吞进了肚子里。顿时，她感到浑身燥热，全身的血液沸腾起来，接着身体像蛇一样伸长变粗，并且长满了亮闪闪的鳞甲，同时长出了鱼一样的尾巴，鸡脚似的手脚上也长出了长长的指爪，头上长出了一对树枝般的硬角，满嘴津液涌动。她刚一张嘴汹涌的清水便喷射而出。阿卓变成了一条吐水的龙。溶洞立刻变成了龙洞，白花花的清水从龙洞里翻滚而出。洞口边即刻出现了一个清汪汪的大水潭，潭里的水哗哗流向四方，流进了村庄，流进了江河。从此，山上又长出了树木花草，禽兽遍野；田地里又长出了茁壮的庄稼，五谷丰登，六畜兴旺，人们又过上了幸福的生活。

李方氏讲完了故事，喝了一口茶水又说：“后来那古地区的人们，为了感谢阿卓龙给人们带来幸福生活的水源，每年都向阿卓龙祭拜，过‘竜拉’（即祭龙），祈祷阿卓龙清水长流，风调雨顺，保佑五谷丰登，六畜兴旺，村泰民安。”

李方氏的故事讲完了，这凄凉而又感人的故事，令普丕十分感叹！

他感到这水，生命之源，看似普通，却十分珍贵，在人们的生活中不可或缺。普丕对水有了更深刻的认识。

普丕听着故事，竟忘了喝茶水，碗里的茶水都放凉了，李方氏往普丕的碗里添加热茶水。普丕喝了一阵茶水，看时间不早了，就告辞李方氏回家睡了。

普丕睡在床上，毫无睡意，还沉浸在李方氏讲的故事情景中，直到后半夜才悄然睡着。

第二天，天刚蒙蒙亮，李士天就催促普丕快起来做活了。普丕开始洒水扫地，抹桌擦椅，盥盘净碗，洗菜砍肉，蒸饭炒菜，为客人沏茶倒水，上茶斟酒，一整天跑前走后，忙这忙那。纵是铁汉子，年轻力壮，也累得精疲力竭，只想着酒席快散好好地歇息。

可是酒席一直都不散，李士天和客人们以酒助兴，谈兴愈浓，丝毫没有散席的意思，普丕只得咬牙顶着。此时他正要提茶壶给客人们倒茶水。这是一把精致的白瓷茶壶，上有美丽的蓝色图案，既好用又好看。普丕心想李大嫫什么时候有这样一把茶壶就好了，他不免多看了几眼茶壶。这样想着忽然有一只跳蚤跳到他的脚板上来，普丕拿下了跳蚤。突然间他想出一条巧计来。于是他轻轻地拔下一根头发，把捉到的跳蚤拴得紧紧的，然后放在裤裆里。

正在这时，李士天又粗声粗气地叫普丕快给客人们倒茶水。普丕装模作样地咬紧牙关，把手伸到裤裆里说："阿波，先别忙，有只跳蚤正咬着我的屁股，太欺负我了，我要用头发把它拴起来，让它活活饿死。"

喝得晕头转向的客人们，都惊奇地瞪着普丕。李士天酒气醺醺摇头晃脑地对普丕说："我这把年纪了，还没见过你这种人。要是你能从裤裆里拿得出一只被拴住的跳蚤，我当着客人的面再喝五碗酒，你也不要服侍我们了。"

普丕说："阿波，你一下喝五碗酒，怕伤了你的身体，你还是和客人们慢慢地喝。"说着提起桌上的茶壶说："你只要把这把茶壶送给我就行了。"

李士天根本不相信普丕会拴住跳蚤，就说："可以，你只要拴住跳蚤，这把茶壶就送给你了。否则，你给我磨两晚上的包谷面。"

李士天这么一说，客人们也赞同地连连点头。

李士天万万没有想到，普丕不慌不忙地从裤裆里拉出用头发丝拴好的跳蚤，拿到餐桌上李士天的面前。李士天和几个客人面面相觑，甚为惊讶，无话可说。

普丕对李士天说："阿波，我已经把跳蚤拴好放在你面前了，这把茶壶我拿走了。"李士天黑着脸，满脸不愉快。但话已说出又当着客人的面不好发作赖脸，只得无力地挥了挥手极不高兴地说："嗯，你就拿去吧。"

于是普丕告别客人，提着茶壶，大摇大摆地走出李士天的家，高高兴兴地径直走到李方氏家里，把茶壶送给了李方氏。

李方氏喜出望外，听普丕讲完茶壶的来历，连说："普丕侄儿，你这个机灵鬼，真是的……"两人都大笑起来。

第二十五回 喜立新房堪比过节 故作算命智取猪肉

普丕和长工们一年到头辛辛苦苦给李士天干活养猪，每年都养出成批的肥猪，可是长工们从来也吃不到一口猪肉。普丕心里很是不服气，心里暗暗盘算着一定要让长工们吃上几顿猪肉，他终于想出了一个绝妙的办法。

而李士天呢，尽管绞尽脑汁，却总是输给普丕，心里也窝火，总想找岔子整治普丕。

这天，李士天看见普丕从长工们住的地方走出来，就怪声怪气地问："普丕，你又到哪里游荡去了？"

普丕却满脸笑意，带有几分神秘地说："阿波，我刚才到长工们住的地方玩了一下，我给他们算命，他们都说，真神了，普丕算得真准呢！"

"普丕，你算了吧！你又搞什么鬼？你哪里会算命，别糊弄人了！"李士天斜着眼轻蔑地说。

"阿波，你不知道，前段时间我跟人家学了一点算命的知识。说来也怪，试着给人家算了命，都说我算得很准呢。"普丕自豪地说。

其实普丕根本就不会算命，他这么说是在耍弄李士天，是让长工们吃上猪肉计划的一些说辞。

李士天当然不相信，他嘿嘿地冷笑着说："普丕，你不要贫嘴了，算命可不是一般人能做的，你在哄人呢！"

普丕却不动声色地说："阿波，我真的会算命，不信我给你算算试试。"

李士天确实不相信普丕会算命，但出于好奇和好玩，心想，就让普丕这小子算算试试，看他跟我耍什么把戏，说不定可以趁机收拾他呢。于是他把手伸给普丕，放松了马头脸，装作和气地说："普丕，你那样神，你就给阿波算算命吧，看阿波最近会不会发财。"

普丕心里暗自高兴，心想李士天终于上钩了。于是他装模作样地看了李士天的手相，又端详了半天李士天的脸，还问明了李士天的生辰八字，最后装作吃惊和难以开口的神情说："阿波，可不得了啦，你最近的命数是火字当头！"

听普丕这么一说，李士天心里有点莫名地发毛，急问："这话怎讲？"

普丕装作十分严肃认真地说："本来'火'字就不吉利，现在又'火'字当头，正应着'三头人命，二头火'的命理，就是说你最近即使没有灾难，也得折损一大笔财物！"

李士天听了，吃惊得瞪直了眼睛，尽管半信半疑，但心里确实有点害怕。却装作若无其事的样子大声骂普丕："普丕，你这浑小子，真是气死我了！你竟敢对着阿波说出这种不吉利的话来！你是在诅咒我呢！"

普丕却心平气和，一板一眼地说："阿波，你不要生气。俗话说'算命不留情'嘛，我真的是实话实说呢。"

李士天满脸怒容，撇下普丕愤然离去。但普丕的这次算命和说的话，却在他的心里留下了重重的阴影。他每天提心吊胆，生怕普丕说的话真在他身上应验，终日忧心忡忡。

普丕却大喜过望，既然李士天已上钩，紧接着他就要实施让长工们吃上猪肉的下一步计划了。

李士天刚走，施明就来找普丕。施明见到普丕隔老远就喊："普丕阿哥，我来找你！"

"啊！施明阿弟，你回来啦？什么时候回来的？"普丕高兴地走上去问。

"我刚回来的，一到家我就来找你啦。"施明边跑过来边说。

"哦，找我有事吗？"普丕关切地问。

"当然有事啦，不过是好事。"施明笑着说。

"好事，什么好事让你这么高兴？"普丕也笑着问。

"请你到我家里去吃饭啊，家里今晚杀鸡。自从你上次给家里送来好多包谷，就养了一群小鸡，现在鸡都长大了。我阿爹说我也回来了，就杀一只鸡，把你普丕阿哥喊来一起吃晚饭吧！我说好哇，我正要去找普丕阿哥呢。我姐可高兴了，催我赶紧来喊你。这不我就急急来找你啦。”施明兴奋地说。

“好哇，那我一定去，走吧！”普丕高兴地说，又问：“你来找我就是吃饭这件事？”

“当然不是，还有一件重要的事呢。”施明说。

“什么事，快说吧！”普丕催促道。

“去做客。”施明故作神秘地说。

“做客，做什么客？到哪里？”普丕急着问。

“到去拉村。我跟着我的木匠师傅们到去拉村盖房子，房东的儿子跟我拜了弟兄呢。明天他家就要立新房了，要请客，当然也请了我家。我特地赶回来拿点贺礼，同时也请你跟我一起做客去，反正我阿爹和阿姐他们都去不了的。”

“跟你做客去？这……”普丕语气有些迟疑了，面露难色。继而又说：“我当然很高兴跟你去做客，只是不知道李士天会不会答应。”

施明看到普丕疑难的神态，却不容质疑地说：“你给李士天多说说，去是一定要去的，不然只有我一个人去做客没个伴呢。更主要的是你还没有见过立新房的热闹场面呢，那可有意思了，去见识见识多好啊，我也有个伴。今天吃了晚饭就走，路不远，一个时辰就到了。今天晚上我还要跟师傅们一起立房子呢。”

“好吧，我这就去跟李士天说，你就先回家去吧，我随后就来。”普丕说。

“那我就先回家准备礼物去了，晚上等你过来吃饭。”施明说完就回家去了。

普丕随即就去找李士天。此时李士天还在为普丕给他算命说出不吉利的话而气恼呢。这阵见普丕来找他，阴沉着脸说：“普丕！你又像游鬼一样来做什么？”

普丕却微笑着和颜悦色地说：“阿波，我来求你给我放一天的活，我明天要跟施明去做客，去拉村他弟兄家明天立房子请客。”

李士天听了脸色更加难看，气呼呼地说：“又是去做客！跟施明去做客！今天做这个客，明天做那个客，你还做不做活计呀？”

普丕仍然微笑着说：“阿波，做客是好事呀，有请客哪能不去呢？你让我去吧！”

李士天却烦躁地吼起来：“哼！是好事！对我可不是好事！你知不知道这样会影响我的活计？”

普丕争辩着说：“阿波，不就是做一天客嘛，不会影响活计的。我好长时间都没有做客呢。”

普丕软磨硬磨了半天，最后李士天才气哼哼地说：“好吧，就去明天一天。但回来后要加放一天晚上的田水，听明白了吗？”

“好的，阿波，听明白了。”普丕朗声回答。

傍晚，普丕就到施明家里吃晚饭。普丕把李士天同意他去做客的事情告诉了施明，说晚饭后就同施明一起到去拉村做客。施明听了很高兴。

施明家里的饭菜早就做好了，就等普丕来开饭了。普丕到来，施明一家很高兴。特别是施慧，兴奋之情溢于言表。普丕阿哥长普丕阿哥短地招呼普丕吃饭。

饭菜很快就摆上了饭桌。但普丕却不急于吃饭，他兴致勃勃地看了施慧养的兔子和鸡。几十只大小兔子分别关在几个笼子里，有灰的，有白的，还有刚出生的小兔子，煞是可爱。几十只大小鸡也分别关在厩里，有公鸡，有母鸡，有小鸡仔，自然还有几只大阉鸡。

普丕看着兴奋地喊起来：“好哇！施慧阿妹，你的兔子和鸡养得真好，都有这么一大群了！你真能干！”

施慧听了，笑着说：“普丕阿哥，没有你的支持和帮助，我怎么会养得出这些来呀？这可得感谢你呢。”说着显得很高兴。

施大明一边从厨房里拿出酒壶一边说：“普丕侄儿，兔种是你拿来的，喂鸡的包谷也是你送来的，都是你的扶持呐。现在鸡养大了，今天就杀了一只阉鸡，我爷儿几个好好地喝几杯。”说着往饭桌上的酒杯里斟满了酒，热情地招呼普丕说：“普丕侄儿，赶快坐下，吃饭喝酒。”

饭桌上饭酒菜俱全，中间是一盆油亮亮的鸡肉，满杯清亮亮的酒，酒肉的香气弥漫在整个房间。

大家高兴地围桌吃饭喝酒。施慧笑盈盈地把一只鸡大腿搛进普丕的饭碗里说：“普丕阿哥，这只鸡是你送来的包谷喂大的，可肥呢，你就尝一只鸡腿吧。”

普丕笑呵呵地又把鸡腿搛进施明的碗里说：“施明阿弟，你年纪最小，就兴鸡大腿给你吃呢。”

施慧说：“普丕阿哥，你让什么呢，还有呢。”说着把另一只鸡腿搛到普丕的碗里。

普丕笑着反把鸡腿搛进施慧的碗里说：“施慧阿妹，你年纪比我小，而且你养鸡很辛苦，这只鸡腿你吃就好啦。”

施慧又把鸡腿搛进了普丕碗里说：“普丕阿哥，鸡是我养大的，但没有你送来的包谷我也养不了鸡，我们一家都感谢你呢，你就快吃吧，不要再让了。”

普丕还是把鸡腿搛到施大明碗里说：“施大叔，你一个人带两个孩子，又常年给人家做活，甚为辛苦，这只鸡腿就孝敬您老了，您吃吧。”

施大明把鸡腿搛进普丕的碗里说：“普丕侄儿，你客气什么，施慧都说了，养兔养鸡都要感谢你帮忙呢。你就不要再让了，快吃吧。”

普丕这才笑着说：“好吧、好吧，我吃、我吃。”说着他把顶着红冠的鸡头搛进施大明的碗里说：“施大叔，您老年纪最大，按规矩鸡头奉敬老人，您就吃了吧。”说着还把一块肥厚的鸡肉也一并搛进施大明碗里。

施大明高兴地说：“好吧，我就吃鸡头。按理吃鸡头的老人是要看鸡头卦的，以此看今后的家运顺不顺。但我不会看鸡头卦，就只当下酒菜吃了，你们也快吃鸡肉吧。”

普丕又搛两块上好的鸡肉放进施慧的碗里说：“施慧阿妹，你养大了鸡不容易，你就好好地吃吧。”施慧脸上笑开了花。

施慧又把两只乌亮的鸡脚分别搛进了普丕和施明的碗里。

施大明举起酒杯说：“孩子们，托鸡头的福卦，祝我们老小都平安，家事顺运，日子越过越好，来，干杯！”

大家痛快而饮，其乐融融，有说有笑地吃喝起来。

吃过晚饭，天还未黑，但一轮明月已悬挂在东边天上。

施大明早已为儿子和普丕准备好了到去拉村施明弟兄家立新房做客的贺礼：一只公鸡、两升大米、两斤糖和两斤酒。这是当地一般亲友做客的习俗贺礼。

施明和普丕带上礼物出发了。

此时，晚霞映红了山村田野，现出晚景特有的妩媚和妖娆。山村的傍晚是最热闹的，鸡鸭归栏，牛羊归厩，下地的人们纷纷荷锄挑担回家。一时间炊烟四起，鸡鸣狗吠，牧铃声声，小孩欢闹，人声鼎沸，形成一幅生动的山村特有的晚归图。

酒足饭饱的施明和普丕，在这喧闹声中，踏着霞光，精神抖擞地直奔去拉村。晚风徐徐，使人觉得格外清凉。夜幕渐渐降临，山里的禽兽都已归巢，蝙蝠、夜鹰等夜鸟开始活跃，搅动山野的宁静。

一路月光清朗，施明和普丕快步走着。普丕问施明："现在天已经黑了，到了去拉村，我们还赶得上立房子吗？"

施明说："我们到了去拉村，离立房子的时间还早着呢。子夜过后才开始立房子，在黎明前立好就行了。"

普丕不解地问："盖新房立屋架，为什么不在白天而在晚上？尤其是到了子夜以后才开始立房架梁？"

施明说："普丕阿哥，据说这些是老辈人传下来的规矩，也是木匠先师们定下来的规矩。据老人和师傅们说，立房子不能让妇女和孩子看见。因为屋架立好之前，可能出现梁柱不正的情形。这时如果妇女和孩子看见，会口无遮拦无心地说出'歪了，要倒啦！'等话，就会给主人家带来不吉利的事，木匠师傅们也忌讳听到这样的话。所以在妇女和孩子们熟睡的夜晚，就要把新房的屋架立好。"说到这里，只见路上横拦着一丛干树枝，施明拉开树枝继续往前走，又说："还有立好屋架砌墙的时候，不能听到有人哭，特别是不能听到妇女儿童的哭声。听到哭声要立即停止作业，若不然，房屋会倒塌的。所以这些都成了立房砌墙的规矩。"

施明和普丕一路走一路说着话，不久间已走了一个多时辰，来到了去拉村。此时村里家家户户还亮着火光，人们晚饭后围坐在自家火塘旁，喝茶抽烟，聊事侃闲。村里偶尔还传来几声犬吠。

施明和普丕径直来到施明弟兄家里。施明的弟兄叫普兴，一个精悍的小伙子。普兴和家人正在火塘边喝茶说事，火塘边坐着普兴的父母和阿姐，普兴的父母均已年过五旬，但精神尚好。普兴的阿姐生得很漂亮，两年前就已嫁到外村，因娘家盖房子特地回来帮忙的。

施明和普丕连夜来到，普兴一家人十分高兴，热情招呼迎接，施明和普丕递上立新房的贺礼，普兴的母亲忙接住说："侄儿，你们怎么带这么多东西来，太客气了。"接着又问："你阿爹和阿姐怎么不来呢？"

施明说："我阿爹给人家做活来不了，我阿姐需要招呼家里也来不了，我和普丕阿哥就来了。普丕阿哥就像我的亲阿哥，我请他也一起来做客，看看立新房子的情形。"

普丕接着说："大爹大嫫、普兴阿弟和阿姐，我跟施明向你们家祝贺立新房做客来了！"

普兴的父亲高兴地说："好哇，好哇！普丕侄儿，你就在这里多玩几天吧，反正施明和木匠师傅们还得在这里做上一段时间的活计呢。"

施明对普兴说："弟兄，今晚你家就要立新房了，明天大批客人就要到来，你们忙呢，事情可多呢。你们就继续商量家里的事情吧，我和普丕阿哥就到木匠师傅们住的那里去，我也忙着到时跟他们一起立新房呢。"

普兴说："家里的大事基本上都商量好了，就等到时辰立房子了。我也要到祠堂里去，看看夜宵准备的情况。"

于是普兴、施明和普丕三人一起来到祠堂。这座祠堂是去拉村普姓的宗祠，房屋宽敞。木匠师傅们住在楼上，楼下一侧是排列着几口锅灶的厨房，族人们每遇红白喜事或有大事，均在这里办伙食请客会餐。门外有一块宽阔的场地，众多的客人可在场上用餐。

此时，二名厨师和几位帮手正忙着准备夜宵。厨房对面是会客室，一群从村里请来的身强力壮的立房子帮工们，带着粗绳、榔头等立房子用具齐聚这里，和木匠师傅们说笑着喝茶聊天，正等待着吃过夜宵后一起立房子。普兴就到厨房里帮忙，施明和普丕跟着木匠师傅喝茶休息。

不多时，夜宵熟了。大家帮忙着很快摆上桌面，然后围桌就餐。夜宵菜肴很丰盛，但没有酒。立房子前的夜宵是不能喝酒的，以避免喝醉了误事，甚至发生意外。

立新房是一件十分庄严的大事，需要认真谨慎地对待和进行，得按规矩和程序稳妥而快速地进行，力求万无一失，顺利地立起新房子。为了请神灵保佑，就在立房子的前夜子时，由木匠掌墨师傅主持，木匠师傅抬一架“木马”，带着一只公鸡到村旁岔路口，把鸡放在木马上用斧头砍下鸡头，然后把鸡带回来煮食。木匠师傅在立房子的前一夜做的这些活动，外人是看不见也不知道的，这是这一带人们立房子前须做的事。其意是消灾祈福，立房平安顺利，大吉大利。

吃完夜宵，已是夜深人静了。此时村里妇女儿童已熟睡。

子时到，木匠师傅和帮忙立房的人们点起松明子火把，开始在新建的房基石上立柱架梁。施明和普丕也加入立新房的人群中。在木匠掌墨师傅的指挥下，人们有条不紊地用绳子拴住柱子头，把一棵棵柱子竖起来。然后顺序用绳子吊起梁檩一根根地架在柱子上。立房子不仅是力气活，更是技术活，丝毫不能大意和马虎。人们的动作协调默契，很卖力也很小心。没有出现闪失和差错，没有出现柱子倒伏或梁檩掉下来的情况，不仅木料没有受到损坏，也没有发生人员伤亡。立新房进行得很顺利。经过一夜辛劳，终于在黎明前立好了屋架，只有正房中间的一根脊檩空着未架上。这根脊檩要到午后再架上，到时候还有隆重的“点梁”仪式。

新房的屋架立起来了，大家都松了一口气，只感到疲劳困顿一阵阵袭来，人们各自去睡了，待天亮后还要继续进行立新房庆典呢。

天亮以后，人们看到一所崭新的新房屋架稳稳地立起来了。施明和普丕虽然忙活了一夜，但年轻力壮，精力充沛而又好动的他俩，很早就起来了。洗漱过后施明带着普丕来到新房前，指点着一一向普丕做介绍：“这是当地‘三间二耳外平房’的标准住房。后三间是正房，正房前左右是耳房，耳房前面连着的是平房。耳房和平房均低于三间正房，正房和耳房均为二层楼房，两耳房和平房中间为天井。正房楼上用于储藏粮食等食物，正房下屋正中为堂屋，是待客饮宴和家人饮食之场所。后山墙正中墙上嵌着四方小木匣，存放家族圣物《宗谱》，下摆设长方形供桌供奉祖先牌位。堂屋两厢为卧室，左边为长辈卧室，右边为晚辈卧室，房屋正中近天井处设一火塘，为一家人烤火、煮茶或烧煮食物之用。耳房上下均为待客卧室。耳楼有门户直通平房顶，以便在平房上晾晒衣被、粮食等物，或纳凉闲聊，小孩玩耍以及必要时请客饮宴使用。平房的两厢一边为厨房，一边为工具房。因两耳房和前平房地基低于三间正房，使整个房屋室内采光充足，空气清新。此外，家庭茅厕和畜禽厩舍在屋外另建偏房使用。”

施明带着普丕围绕着新房子边观看边介绍。接着他又说：“新房子立起来以后，还有很多事情要紧跟着做的。首先要在新房石脚上夯土筑墙至楼层，往上再砌土墼至顶，同时在屋架上钉椽子盖瓦片。然后在屋内做间隔安门窗平地板。平房檩木上铺上劈柴撒上松毛摊上一层稀泥，再填上泥土夯实作屋顶。最后粉刷墙面，垒灶安锅，才能入住。”

施明介绍得清楚而又细致，普丕听后明白了许多盖房子的道理。普丕心里暗暗称赞，这个施明阿弟真个有出息了！

普丕听完后说：“看来，盖这样一幢房子也真不容易，你弟兄普兴家可殷实着呢。”

施明说：“普兴家算不上很富裕，但能盖这样的房子已经很不错了。他们一家人都挺能干呢。”

看罢房子，施明又领着普丕绕村子走了一周。这是一个有三四十户人家的村子，村子背靠大山，村子前面的梯田下是一条小河，河两岸分布着农田。四周青山绿水，实为宜居之地。难怪这里的人们能够安居乐业，生活富庶呢。

这时，太阳渐渐升起来，朝阳下的村子及其田野一片明亮。前来普兴家贺喜立新房的亲友们，穿戴一新，带着贺礼陆陆续续到来了。一时间村里热闹起来。普兴一家人忙着迎客接礼，家里家外一片欢声笑语。

在祠堂的厨房里，厨师和帮忙的人们，天微亮就杀猪宰鸡，洗菜洗碗，蒸饭炒肉，忙着准备早餐筵席。

忽然村里传出一阵欢快的锣鼓声，这是普兴的阿姐特地请来踩新房的花鼓队，也是给娘家盖新房的贺礼。村里的人们个个笑容满面，满村都是穿着盛装的客人，整个气氛犹如过节一般。

早上的筵席就摆在祠堂门前的场地上，青松毛铺席，酒肉飘香。人们在温暖的阳光下吃饭喝酒，整个场地上喧腾着欢声笑语。饭后，人们都拥到新房前，观看立新房“点梁”仪式。

下午未时，立新房庆典仪式开始。木匠掌墨师傅高声宣布：“普氏门宗立新房点梁开始！上正房脊檩！”随着喊声，站在屋脊两头的木匠师傅将两端拴着绳子、中间挂着红布的脊檩缓缓地提起来，稳稳地架在正房屋脊上。顿时人们欢声雷动，爆竹炸响，场面异常热闹起来。紧接着掌墨师傅唱起房建屋赞礼歌《鲁班秘诀》：

竖柱喜逢黄道日，上梁恰遇紫微星；建盖新房喜洋洋，主人修幢好华堂。
良辰吉日时辰到，托我弟子来点梁；点梁必要一只鸡，古来世上无鸡啼。
唐僧西天取圣经，带回鸡蛋得传遗；昆仑山上把蛋孵，昆仑山下出鸡雏。
大哥飞天成凤凰，二哥下海变龙王；小小三弟飞得好，飞到弟子手中藏。
小红公鸡真漂亮，头顶红冠朵朵秀；身穿五色花花衣，刺破红冠点中梁。

掌墨师傅唱完赞礼歌，在梁上的一位抱着公鸡的木匠师傅刺破公鸡的红冠，用冠血点上中梁的头、中、尾三处。然后下屋来，用鸡冠血分别点正房、房门和正堂。接着掌墨师傅又唱《点梁歌》：

一点中梁头，变成金龙头，金龙抬头，子孙兴旺耀门第。
二点中梁腰，变成金龙腰，金龙弯腰，五谷粮食堆满仓。
三点中梁尾，变成金龙尾，金龙摆尾，金银财宝广进门。

点正房，正房高来正房大，大雨滂沱不漏雨，大风狂来吹不摇，烈日炎炎晒不裂，千年新来万年稳。

点房门，房门正来房门宽，门对青山临绿水，粮食满仓畜满圈，金银财宝广进门，儿孙满堂福寿长。

点正堂，正堂宽来正堂大，布下天地君师位，置放神桌立牌位，今日来奠千年基，世代儿孙居平安。

掌墨师傅唱完《点梁歌》，然后向东西南北中五个方位抛撒糍粑、饭团、喜糖、喜钱和五谷，边抛撒边唱《撒五谷歌》：

一撒东方甲乙木，粮丰畜旺禄位升。二撒南方丙丁火，儿孙满堂福寿长。
三撒西方庚辛金，财源广茂达四方。四撒北方壬癸水，百年家园千年基。
五撒中央戊己土，今日立房来奠基。左撒青龙来戏水，右撒白虎上山岗。
前撒朱雀高飞起，后撒紫微住栋梁。阴阳百物无忌讳，姜太公在此，诸神回避！文曲星、武曲星、紫微星降临，大吉大利！

掌墨师傅唱完《撒五谷歌》，紧接着宣布花鼓队上场踩新房。花鼓队员们整装上场踩新房，边跳边舞唱《踩新房歌》：

一进门来拜四方，四棵金柱顶大梁，张天师傅来竖柱，鲁班师傅来标梁。
大梁本身檀香做，二梁本身紫檀香，大梁头起挂纱灯，二梁头起披彩虹。
上面钉起金银椽，金银椽上包银线，中间压起金银宝，下面踩起八宝砖。
前面盖起三滴水，后面盖起九重天，左边盖起书房屋，右边盖起向阳床。
三日不扫堂前地，前生人来后生走，前仓五谷后仓米，金银财宝堆上楼。
早上开门金鸡叫，晚上关门凤凰音。

新房下，鼓声铿锵，舞步多姿，歌声萦绕，一派乐居喜庆。

踩新房花鼓舞一结束，掌墨师傅高声喊道："踩房跳乐歌舞开始！"话音未落，在场的人们一拥而上欢快地跳起乐作舞。欢乐的人们又歌又舞，弦声铮铮、掌声阵阵、歌声如潮，欢喜的气氛达到了高潮，直至晚宴。

晚宴就在祠堂门前的场地上。全场宾客满座，满桌佳肴，酒肉飘香，四处欢声笑语。人们开怀畅饮，劝酒的欢笑声、猜拳行令声、敬酒的歌声此起彼伏，不绝于耳。施明陪着普兴一桌桌地敬酒。普丕和普兴的父母、阿姐和几个亲友围坐一桌吃饭喝酒。普丕向普兴一家人敬酒祝贺立起新房，普兴家人也向普丕回敬致谢。普丕和同桌几个亲友都互敬了酒。向场上的宾客们敬完酒的普兴和施明也回桌与家人一起吃喝。酒宴至晚方散。

晚饭后，一轮明月升起，人们又在场地上燃起篝火，欢跳乐作舞，歌舞通宵达旦。

普丕因李士天只准许做一天的客，晚饭后便告辞普兴一家人，连夜赶回阿稽竜村。施明留下来继续做木活。普丕这次跟施明到普兴家做立新房客，真是开了眼界，知道了许多盖新房的知识，他真是感谢施明带他来。心里充满了兴奋和喜悦之情，故而脚步也特别轻快。一路上皓月当空，晚风送爽，他很快就回到了阿稽竜村里。

第二天，李士天当然没有放过普丕，鼓着眼睛黑着脸，逼着普丕不仅白天做活，又熬夜放了一晚上田水，早晚还喂猪，使普丕一天一夜没有休息睡觉。

李士天的吝啬，对长工们的压榨是出了名的。长工们敢怒不敢言。而强烈的不满和反抗情绪却像火一样在普丕心里燃烧着。他要抓紧实施让长工们吃上猪肉的计划。

这天一早，普丕照常去喂猪食，他预先把厨房里面烧火用的铁棍烧得通红，趁着猪在吃食的时候，把铁棍用力捅进猪屁股里，顿时几头猪大声嚎叫起来，跳来跳去，不多时就躺在地上“呼呼”喘着粗气。

于是他急急忙忙告诉李士天说：“阿波，不好啦，猪得急病了。刚才都吃着食，不知为什么，突然大叫一声就躺下了。”

李士天听后也急了，赶紧跑去瞧，看见猪躺在地上闭着眼睛直喘粗气，细看表面也没有什么外伤的痕迹，就相信真是得急病了。赶忙教普丕趁猪还未断气就往脖子上杀一刀，放出血，又喊人来把猪宰杀弄干净后，叫普丕带着长工们把猪肉挑到塔甸街上去卖。临行前再三嘱咐：“普丕，到了街上切莫说是病猪肉，不然会卖不掉的。”

往塔甸街子的路上，太阳火辣，天气闷热，坡又陡，挑着满担的猪肉爬坡很是吃力，普丕和长工们累得满头大汗，直喘粗气。于是大家把担子放下来，坐在路边树荫下休息。普丕本来想把李士天的猪整死，当作病猪让长工们吃上猪肉，可没想到极其吝啬和精于算计的李士天，要把猪肉挑到街上去卖，他有些气馁。

不过这当儿，普丕又想出一个主意，并和长工们商量后，大家把李士天的猪肉分光了，悄悄把猪肉送回各自的家里，然后在树丛里睡觉。普丕把分到的猪肉一部分送给了李方氏家，一部分送给了施大明家。

等到太阳快落山的时候，普丕和长工们挑着空箩回到李士天家。李士天看着普丕和长工们都挑着空箩回来了，以为猪肉都卖光了，很高兴，急忙问普丕：“普丕，猪肉都卖完了？价格好吗？卖得多少钱？”

普丕装作垂头丧气的样子，愤愤地说：“阿波，今日卖猪肉真是气死人了。我们把猪肉挑到街上，就遇到几个不讲理的人，不说好歹，就把我们的猪肉抢光了，分文未给，我们追也追不着，越追越不知去向，都躲起来了，找也找不着。无奈我们只有空着手回来了，真是急人哪。”

李士天听后，脸色大变，怒容满面，大叫起来：“什么，这些人怎么这样不讲道理，明火执仗地在大街上抢人！”气得满脸通红。他又看见普丕和长工们一个个狼狈不堪的样子，又气又恼。不行！他要狠狠地教训这些抢肉的家伙！于是他问普丕："普丕，你还记得这些人的模样吗？若记得，你下街子领着阿波去，我要好好地收拾他们，决不能就此罢休便宜了他们！"

普丕说："阿波，我记得，我清楚地记得。"

"好！我绝不放过他们，下街子我要找他们算账，让他们加倍赔偿我的猪肉！"

李士天是一个一辈子都要占便宜的人，这次无故损失那么多猪肉，他哪里受得了吃这个亏，窝着火挨到了第二个街子天。

这天，李士天穿上他那件长袍，拿着烟枪，骑着大马，喊上普丕跟着，急匆匆朝塔甸街上赶去。

到了塔甸街子上，李士天红着眼，眼鼓鼓地瞪着满街熙熙攘攘的人群。对普丕说："普丕！你好好地看着，看见上街子抢你猪肉的那些人就立即告诉我。"

普丕装作很认真寻找辨认的样子，和李士天来来回回在街上走了半天，最后对李士天说："阿波，那些抢猪肉的人一个都没有见到。他们可能是外地人，跑了不会来了，也许是本地人今天没来街子上。"

李士天听了，怒火中烧，无处发泄，忽然看见一个平常在街上闲荡且有些劣迹的人，急疯了的他心想，肯定是这帮人干的！于是他怒气冲冲地走到那个人跟前，伸出手大声向那个人要猪肉钱。那人莫名其妙，大骂李士天疯子。

李士天更火了，心想这人果然蛮横，敢这样骂我，抢肉的人肯定有他，看我怎么教训他！于是他举起手中的烟枪，用力砸在那人头上。"哎唷"，那人摸着头，正想发作。但又想这人不明不白打我，还要什么猪肉钱，肯定是个疯子，只得赶忙躲开。李士天怒火正旺，对着那个人高喊："你这混球！快拿我的猪肉钱来！"边喊边拿着烟枪追着打过去，那人急忙躲开。这时刚好有个塔甸街上有钱有势的少爷路过，烟枪砸在那少爷头上，划破一道口子流出血来。这下可不得了啦，闯下大祸。那少爷无缘无故被打破了头，气愤至极，一纸诉状将李士天告到了县衙。最后县衙判定：李士天说人家抢肉，无凭无据，还用烟枪打伤无辜，免刑重罚。李士天输了官司，折损了半个家产。

李士天十分沮丧。

这时普丕却得意地对李士天说："阿波，我上次给你算命，说你近期有'三头人命，两头火'的命理，我说即使没有灾难，也得折损一大笔财物，这下应验了。"

李士天听了，无言以对，垂下脑袋有气无力地说："算了，折财消灾吧。"

李士天无可奈何地回到了家里，他觉得普丕与"猪肉事件"有点蹊跷，但此时他已无心去细想了，气得半个月没有出门。

第二十六回　李大嫫畅讲“合欢树”　普丕做客反仆为主

晚秋时节，李士天有一块即将成熟的包谷地，杆壮叶绿，棒子累累，丰收在望，李士天喜在心里，笑在脸上，坐等丰收。不料这块地远离村子，又在茂密的树林边上，连续几夜遭到野猪的啃食糟蹋，损失不小。李士天急在心里，愁在脸上，坐卧不安。他急忙组织一班人员撵山猎捕野猪。可野猪却逃之夭夭，不见踪影，夜里又蹿出来踩食包谷，弄得李士天很是头疼。无奈之下他叫普丕彻夜守护。于是普丕夜守包谷地，白天休息睡觉。普丕是个机灵人物，他自有办法守护包谷地。入夜普丕独自一人身背长刀，手提棍棒和灯笼整夜巡护包谷地。在漫长寂静的黑夜里，普丕忽高忽低地举着灯笼，并故意弄出一些声响，或自言自语高声讲几句话，使肆意贪吃的野猪再也不敢来啃食包谷了，李士天这才放了心。

昨晚，普丕守了一夜的包谷地，天亮回来后甜甜地睡了一觉。醒后见日头已高，丽日下风清气爽。他感到困意全消，精神甚好。于是起床洗漱之后，要去吃早饭。这时李士天来找他，对他说：“普丕，你今晚不必去守护包谷地了，我另派人去守。今晚你就睡觉，明天一早跟我到塔克村去做客。你要服侍好我的坐骑大红马，明天我要骑着它去做客。”

普丕说：“阿波，好的，我会服侍好大红马的，你就放心吧！”

吃完早饭，普丕去李方氏家。这阵子普丕较忙，没去过李方氏家了，不知道李方氏可好，他要去看望，同时要看看李方氏家里养的两箱蜜蜂长得怎样。户外的秋风已有些凉意，正午的太阳暖暖的，普丕快步来到李方氏家里。

李方氏刚吃完早饭，正在收拾碗筷，见普丕进来，很高兴，热情地询问普丕吃过早饭没有，说如果没吃就立即给普丕做饭，普丕说吃过了。李方氏却说：“那就吃一碗红糖煮鸡蛋吧，我现在就煮。”

普丕听了说："李大嫫，别煮了，刚吃了饭，吃不下了。"

李方氏说："你个年轻小伙子，消化快，怎么会吃不下？一定要吃！"说着放下手中收拾着的碗筷，动手煮糖蛋。又说："自从前次你给我送包谷来，我就养了一群鸡，都养大了，还下蛋带了小鸡，还有几只阉鸡，肥肥的，改日喊上你施大叔一起杀鸡吃。"李方氏说着显得很兴奋，普丕听了也高兴地笑了。

普丕说："这些日子，我给阿波李士天夜守包谷地，事情多，好久都没来看望您老了，今天有空就来看看您，同时也来看看您养的那两窝蜜蜂长得怎样，入冬前后就要采蜜了。"

李方氏说："侄儿啊，你就是这样关心我、挂着我。我很好，能吃能做，你莫惦念。那两窝蜜蜂我看也挺好的。"说着给普丕倒了一碗茶水，又忙着去看正煮着的糖蛋。

普丕上到屋顶的阳台，仔细观察两窝蜜蜂的生长情况，见蜂群旺盛，蜂儿体态丰满，褐黄油亮，成群地飞进飞出，忙着采撷花蜜，看样子蜂巢里的蜂儿蜂蜜一定饱满，普丕放心了，下阳台来坐着喝茶。

李方氏很快煮来一碗热气腾腾的糖鸡蛋。棕褐色的红糖汤上浮着黄灿灿的鸡蛋花，很是诱人。李方氏催促普丕快点吃。

普丕双手接过来说："李大嫫，这么大一碗呀！你也吃一些吧。"

李方氏说："我一早就吃过了的，你莫客气，快快趁热吃吧！"

普丕吃着香喷喷甜蜜蜜的红糖鸡蛋汤，一股暖意传遍全身，直透心底，感受到了浓浓的母爱。

李方氏给普丕添加了茶水，待普丕吃完糖鸡蛋，又去收拾碗筷，边洗碗边说："今年我在坝米箐里种了一块毛芋头，按这个节令，估摸可以挖了，我想今天去挖回来。"

普丕说："那好哇，我今天正好没事，帮你一起去挖吧。"

李方氏说："你就不要去了，昨晚你夜守包谷地，今晚还要去守。你就好好休息睡觉，不能累坏了身子的。"

普丕说："我早上已经睡足了，再说今天晚上我不去守包谷地了，李士天阿波说要喊别人去守，叫我明天一早跟他到塔克村做客。"

李方氏说："既然这样，那就一起去挖吧。"

二人喝了一阵茶水后，就背着背箩，带上锄头和镰刀，到坝米箐挖芋头。

坝米箐是阿稽竜后山中一条较为开阔平缓的箐，箐里草木旺盛，土质肥沃。箐中终年有泉水流淌。村民们在箐里开垦了大大小小一些地块种庄稼。李方氏说她的芋头地在箐头处，往年种过包谷、红薯、瓜豆之类的作物，但屡遭禽兽啃食，少有收获。今年就种了禽兽不吃的芋头，长势还不错。

李方氏带着普丕朝箐头深处走去。天气是晴朗的，头顶的太阳明晃晃地照在箐里，箐两旁的树丛青草在阳光下显得绿油油的，在山风吹拂下一阵阵摇曳着。箐里的流水潺潺发出悦耳的声响，树林中的鸟鸣声不绝于耳。山花在草丛树林间随处可见，娇艳地开放。箐两边的山坡上散布着大大小小的庄稼地，大部分皆种着毛芋头，也有少部分种着包谷瓜豆，但明显可见禽兽啃食的痕迹。

行了半个时辰，李方氏和普丕来到了芋头地。李方氏的芋头地大约有三分左右，芋头虽然种植得比较稀疏，但棵大叶肥，间隔恰到好处。此时芋头叶大部分已经枯黄凋萎。芋头果然成熟了，该收回家了。

于是李方氏在前面割去芋头叶，普丕在后挖芋头根茎，根茎周围长着大小不等的芋头。普丕把挖出来的芋头一坨坨地摞放在身后，不断朝前挖着。

李方氏割完芋头叶以后，清理普丕挖出来的芋头，掰去沾在上面的泥沙，然后装进背箩里。

普丕年轻力壮，干劲十足，一块芋头地不到半天就挖完了。他歇下来杵着锄把，擦着汗水抬头举目四望。无意间他忽然看见前方箐头石崖下的开阔地上，生长着一棵十分奇特的树，高大挺拔，枝繁叶茂，葱绿滴翠。这是两棵交织在一起的树，互相缠绕，像一条粗大的毛绳编织在一起生长着。树干深嵌在相互的机体中密不可分，合二为一，俨然已变成一棵不可分割的树。普丕从来没有见过这样的树，他十分惊奇！就指着那棵树问李方氏那是什么树。李方氏抬头望了望树说：“哦！这叫合欢树。”

“合欢树？”普丕觉得这树名字很特别，再次追问道。

“对，合欢树！”李方氏很肯定地回答。

奇特的树形，奇特的名称。普丕十分好奇，就跑过去细看，他围着树认认真真地看了好几遍，并且用手抚摸着粗大的树干。两棵树缠绕得这样紧密，中间根本没有一丝缝隙，已经形成了我中有你，你中有我，完全融为一体，根本无法分开。竟有这样的奇树，普丕十分感叹！此时普丕忽地想起曾有人告诉过他这箐里有棵合欢树，但他没有在心，后来就淡忘了。当年他放猪时也没有来过这条箐里，因为箐里种着不少庄稼，他怕猪糟蹋庄稼而未来此放牧，所以他一直没见过这棵树。现在他望着这棵合欢树，突然心里有一种说不出的感觉，好像触动了他内心深处的某种神经，他若有所思地回到芋头地边。

李方氏一边清理芋头一边问他："普丕侄儿，好好看合欢树了吗？怎么样？好看吗？"

普丕说："太好看了，也太特别了，真是不可思议！就像两棵树特别深情，合抱着生死不离，太神奇了！"

李方氏说："侄儿啊，你说得太对了，这棵树就是两个生死相依的恋人化成的。"

"是两个生死相依的恋人化成的？"普丕更加惊奇地问道。

"是的，是两个特别深情的年轻男女的骨血变成的。这里边还有特别感人的爱情故事呢。"李方氏说。

"那，李大嫫，我太想听这个故事了，你给我讲讲吧。"普丕迫不及待地说。

"好的，我就给你讲讲这个故事吧。"李方氏一边清理芋头一边娓娓讲述起来。

古时候，有一个彝族部落，住在遥远的西北原野上。那里水草丰美，草原广阔，山峦起伏，水网纵横，牛羊遍野，人们以放牧狩猎为生，过着富足幸福的生活。不料遇到了特大旱灾，数年不下一滴雨，水源枯竭，草木凋敝，牛羊锐减，人们陷入了贫困。又加上连年蝗灾，仅存的草木被啃光，变成千里赤地，遍地沙化，人们饥寒交迫。不仅牲畜大量死亡，而且不断有人因饥渴亡命，整个部落处于水深火热之中。德高望重的部落首领莫善，带领族人们奋力抗灾。莫善首领没日没夜地奔波操劳，为救助穷人和赈灾用光了家里的牛羊，不久竟累死了。临死前他紧紧地抓住儿子阿达的手说：“阿达，我的儿子。我们遇到了旷世未有的大旱灾。我是不行了，你要跟族人们一道努力抗灾，要想办法生存下去，不能让我们的部落灭亡……”话还没说完就断气了。阿达和族人们流着悲痛的泪水安葬了莫善首领。

莫善首领死了，部落不能一天没有首领，特别是大灾大难的非常时期。于是族人们推阿达做新首领。

阿达是一个年仅二十二岁的精悍小伙子，他英俊正直、勇敢而富有智慧。在巨大的灾难面前，阿达义不容辞地担当起了首领的重任，继承了父亲的未竟事业，不负众望，坚定地带领苦难深重的族人们奋力抗灾，拼命与饥饿和死亡抗争。但终究抵不住空前肆虐的旱魃，旱情越来越严重，幸存的牲畜和人员越来越少，整个部落将难逃灭亡的厄运，后果不堪设想。

在整个部落生死存亡的危急关头，阿达的耳畔不断地响起老阿爹“不能让我们的部落灭亡”的嘱托，他召集族人商议，一致决定全部落迁移，出外寻找适宜居住的地方建设家园，以求生存。

在萧瑟的秋风中，全部落迁移的人员，浩浩荡荡向南方出发了。人们怀着无限伤感和眷恋流着泪离开了世代生存的故土，毅然走向茫茫的前方。整个部落迁徙，男女老少，扶老携幼，赶牛吆羊，路途遥远，前途未卜，极为艰难。迁徙的路途凶险异常，随时会遇到困难和危险。一路上经历了严寒酷暑、狂风暴雨等恶劣天气，还有重重高山激流的阻隔以及凶恶的毒蛇猛兽的侵袭，而且饥饿和疾病始终伴随着迁徙的人们，然而不管如何艰难困苦，迁徙的队伍没有停下脚步，一路上，不断有人倒下，人们掩埋同伴的尸体，擦干眼泪，勇往直前，义无反顾。

阿达跑前跑后，指挥和照顾着庞大的迁移队伍，及时解决出现的困难和问题，不断鼓励大家团结一致，坚定信心，克服困难，勇敢向前。

阿达年迈的母亲也在迁徙的队伍中。母亲体弱多病，但为了部落的生存和发展，她坚定支持阿达和族人迁徙的决定。她不知道自己能否走得到目的地，可她却坚定地踏上了迁徙的路途。阿达十分担心母亲的身体，一路上尽力照顾母亲，在艰难的路段还背着母亲行走。然而路途漫长和艰辛，母亲越来越虚弱了。老母亲拄着拐杖，步履踉跄，眼前一阵阵发黑，她终于病倒了。

晚上，母亲对阿达说："阿达，我心爱的儿子，我老了，如今又病倒了。我身体不行了，看来我是到不了目的地了，但你要带领部落的人们到达目的地。"

阿达着急地说："阿嫫，你不要多想，你会好起来的，不会有事的，你一定会到达目的地的。"

阿达的母亲说："我的孩子，你是部落首领，你身上的担子很重啊。全部落的人都看着你，指望着你带领他们到达目的地，以过上美好的生活。你一定要记住你阿爹的话，要想办法让族人活下去，不能让我们的部落灭亡。我多么希望能跟着你和大家到达目的地，看到族人安定幸福地生活啊。可是我是到不了那一天了，希望我儿子和部落的人们早一天到达幸福之地。"

阿达流着泪说："阿嫫，你一定会到达目的地的，我背也要把你背到目的地。"

母亲流着泪，声音有些哽咽地说："好儿子，阿嫫的身体阿嫫知道。阿嫫已经帮不了你什么，只会拖累你了。希望我的儿子以后找到一个好媳妇，立家生子，好好地生活。"

阿达说："阿嫫，时间不早了，不要多想了，早点睡吧，明天一早还得赶路呢。"

母亲说："好，儿子，你也早点睡吧，明天你还得做许多事情呢。"说完便侧身睡去了。

阿达关了帐篷，熄了灯，也躺下睡觉。阿达确实累坏了，头刚一落枕，便呼呼睡着了。

这时，母亲却爬起来，轻轻走到阿达床边，深情地望着自己心爱的儿子，轻摸着儿子日渐消瘦的脸庞，流着泪轻声说："儿子，我的心肝宝贝，阿嫫走不动了，不能陪你了，不然会把你拖垮的。希望我儿带领部落的人顺利到达目的地，然后娶妻生子，过上幸福的生活。"说完泪如雨下，在儿子额上亲了又亲。然后慢慢站起身走到帐篷外，望着灰蒙蒙的夜空，双手合掌置于胸前向苍天祈祷："苍天啊，保佑我儿子和族人顺利到达目的地，过上繁荣富庶的生活吧！"末了回到床前，从枕头中翻出一个小药袋，吞下了两粒药丸，便安然地睡去了。

阿达睡得太深，母亲的举动他一点也不知道。第二天早上他一觉醒来，见天已大亮，便伸腰展臂，对睡着的母亲喊道：“阿嫫！”见没有回答，又连叫两声，也没有回应。阿达觉得有些不对劲，心里慌了起来。他再连叫三声仍然没有动静。他猛地站起来走到母亲床前轻轻地掀开老人的被子，见母亲已经死了！神情安详地睡在铺上，枕头旁放着一个小药袋。阿达一看全明白了，阿嫫是为了不拖累儿子服毒而死的！阿达悲痛欲绝，抱着母亲的尸体嚎啕大哭。阿达撕心裂肺的痛哭声惊动了族人，大家纷纷前来看望，流下了伤心的眼泪。

逝者已逝，活者要过日子。阿达想起了昨晚母亲的嘱托，擦干眼泪，安葬了母亲，又率领族人前进了。

一天，在一处荒漠的边沿，迁移队伍受到了群狼的袭击，饥饿的恶狼疯狂地扑向人们赶着的牲畜和人群。人们奋力反击，打死了许多恶狼，但恶狼也拖去了不少牲畜，甚至有老人被咬死和小孩被叼走。一次队伍行进在大山里，山势险峻，道路陡峭，突然天色骤变，狂风顿起，天昏地暗，飞沙走石，竟有老弱者被吹下山崖，葬身箐底，实物家具也被吹得无影无踪。有时遇到暴风雨，山洪狂泄，人们不得不涉险过河，有人又被洪水卷走，沉尸河沙。巨大的灾难无时无刻威胁着这支苦难的迁徙队伍。但是人们没有停下脚步，始终坚定而勇敢地前行。

随着迁徙队伍的行进，青野绿洲渐现。队伍来到了一处叫莫梭里的地方，此时已经折损了三分之一的人员。人们衣服褴褛，蓬头垢面，疲惫至极。莫梭里四处群山连绵，山清水秀，物产丰盛。阿达和族人决定在这里稍事休整后继续前行。这里居住着一支彝族部落。当村人们看见这支远道而来的迁徙队伍，十分同情，纷纷倾囊相助，并热情邀请他们到家里歇息，使阿达和族人大为感动。

真是下雨天留客，这时连日阴雨，洪水暴涨，队伍无法行进，只得暂住在莫梭里。阿达就住在当地首领莫多家里。莫多年过半百，面容威严，心地却很善良。莫多的妻子、儿子和女儿一家人都对阿达表示欢迎，并予以热情接待。

莫多的女儿叫阿丽，年方十八，十分漂亮而聪慧，性格活泼可爱，是当地部落里的一枝花，引得无数小伙子青睐追求，但无人使她心动，至今还没有心仪之人。阿丽的父母也为此着急，不知女儿心里在想什么。

不料阿达的到来，使阿丽平静的心里激起了感情的波澜，仿佛在她纯情的世界里吹起了阵阵春风，普照起了爱情的阳光。此时的阿达衣服褴褛，汗渍满身，面容憔悴，但掩盖不住阿达的俊帅、英武和豪气以及青春和活力，尤其是阿达的坚定、沉着和勇敢，使阿丽一见倾心。这一切阿达却浑然不知，他当然对阿丽很有好感，但他目前的处境以及无比重大的责任，使他既没有时间也不允许考虑男女私情，自然对阿丽投来的异样目光，没引起注意。阿丽对阿达处处示好，自有内心深处的情意。阿丽第一次见到阿达叫声阿达哥，不知为什么脸上不由自主地飞起一阵红霞，内心一阵狂跳，感到莫名的兴奋和激情。她翻出父亲的衣服给阿达，叫阿达换下脏衣服让她洗，洗后还认真地补好了破损的地方，折叠好交还阿达，阿达甚为感激，同时也感受到了异样的温暖。

自从阿达来到以后，阿丽更加神采奕奕，笑声不断，像一只小燕子从家里飞出飞进。有事无事总在阿达身边转，主动搭讪聊天，问这问那，一天到晚都是快活的样子。甚至有时喊上阿达上山摘野果，下箐摸鱼虾，跟阿达在一起显得十分高兴。

这日，雨已停了两天，天气放晴好转。阿丽邀约阿达到山上采野菜摘野果。阿丽身背竹箩，阿达手提砍刀出发了。久雨初晴，空气清新，天空明净，久违的丽日悬挂在空中，明亮的阳光普照大地，山川分外郁郁葱葱，苍翠欲滴。阿丽和阿达一前一后沿着山路行走。阿丽一路上很兴奋，又说又笑十分欢畅。路旁开着艳丽的鲜花，阿丽采来鲜花编成一个花环戴在头上，在阿达面前转着身子问阿达好不好看。花环下的阿丽显得艳丽娇美，阿达目不转睛地看着阿丽，竟看呆了。阿丽见阿达木然地呆看着她不答话，有些生气地说："阿达哥，你怎么不说话？我问你好不好看呢。"

阿达猛地反应过来，连声说："好看，太好看了，真漂亮！"

阿丽高兴地说："是吗？真的吗？"随后咯咯地笑起来，阿达的回答似乎让她得到了极大的满足。

到了山上，他们尽情地边游玩边寻觅那些野菜野果，采了一些嫩嫩的蕨菜，摘了饱满清亮的橄榄，捡了新鲜的菌子，装满了阿丽的竹篓。两人忙了半天，收获颇丰。于是就在山头的一棵树下小憩。前面不远处是一道山崖，崖下是一条河，河水在群山间蜿蜒奔涌而去，哗哗的流水清晰可闻。向前望去是无尽的群山，烟雾缭绕。调皮的阿丽拉着阿达的手来到山崖边，亮开嗓子高声呼叫：“哎！哎！我爱你们！”引得四野回音，逐波而去，传得很远。突然阿丽不知怎么“啊唷”一声惊呼，身子一歪，阿达见势不好，大喊一身：“小心！”便一把扶住阿丽，阿丽趁势紧紧抱住阿达，过一会似乎不好意思地猛然松开，红着脸对阿达说：“阿达哥，好险呀，要不是你及时把我扶住，我就要掉下崖去了！”阿达心有余悸地对阿丽说：“阿丽妹，要小心的，你看多危险啊，差点把我吓死了。”然后看着阿丽的脚又说：“你脚伤了没有？没事吧？”阿丽咯咯地笑起来说：“没事，好好的，就是站着站着脚下歪了一下，身子就歪了。”阿达看着阿丽的表情，明白了阿丽是在演戏，会心地微笑了。经过这一幕阿丽更开心了。

此时已是下午，太阳西沉，时候不早了。阿丽和阿达说笑着下了山，高兴地回到了家里。

阿达的部落寓居在莫梭里，等待着洪水退去。这是一段既舒服又忧愁的时光。舒服的是得到了莫多部落的热情接待和资助，迁徙人员得到了休整。忧愁的是不知目的地在何方，前程的艰险难以预料，如今却被洪水阻隔在这里有些时日，仍无法动身前行。阿达不断地查看巡访自己的族人，安慰和开导人们的焦心和疑虑。阿丽却在这些日子里欢天喜地，她总是跟着阿达在人群中出入，就像离不开的影子。她觉得跟阿达在一起充满了幸福感。她对阿达部落的人们也特别好，尽量帮助解决困难，还请郎中来看病，医治伤病人员，就如同对待自己的族人一样。阿达部落的人们也都非常喜欢这个漂亮、热情、聪慧而善良的姑娘。阿丽还在阿达部落里交了几个女友。

这天夜晚，晴朗的天上挂着一轮明月，四野月光皎洁。阿丽邀约阿达到村外走走，阿达高兴地应允。二人沿着村外的小路缓慢地行走。月光下的山好像披上乳白色的轻纱，朦胧而妩媚，不远处的河流闪着粼粼的波光，哗哗的流水声不断传来。

二人来到路旁的一棵青香树下坐下来，一时无语。然而两个人的内心却炽热地燃烧着爱情的火焰。自从他们认识以来，虽然时间不长，但两人之间已经产生了深深的爱情。阿丽对阿达爱得如此之深，似乎阿达已经融入了自己的躯体，使她离不开阿达，时时刻刻都想跟阿达在一起。然而阿丽觉得阿达对自己若即若离，不冷不热，这使她内心有说不出的痛楚。但她对阿达的爱已经超出一切，她紧挨着阿达，把头靠在阿达宽厚的肩膀上。阿达也正值风华青春，他已经强烈地感受到了阿丽对他的深爱，他也对阿丽产生了深深的爱恋，但他的处境，他的重任，他前途未卜的征程，让他无法言说和表露对阿丽深沉的爱。他的理智胜过了感情，压住了心中熊熊腾起的爱情火苗。然而此时，皓月当空，田野乳白娇媚，心爱的姑娘紧靠着自己，此景此情，如梦如幻，一时万般情爱涌上心头。强烈的爱意使他全身燥热，他禁不住紧紧地搂住了阿丽……

这是一个甜蜜的夜，使他俩终生难忘。这对热恋中的年轻人，有说不完的话。阿达讲了自己部落的遭遇和迁徙途中的艰难险阻以及对前程的憧憬；阿丽也谈了自己的成长和自己部落里的一些情况以及对未来幸福的向往。交谈直至月落西山，鸡鸣村头，他们才手牵手走回村里。正走着，只听阿丽“啊唷”一声惊叫，脚一歪蹲在地上，说是脚踩翻了一块小石头被咯疼了。阿达关切地蹲下身去查看，阿丽却站起来说：“没事的，回家休息一下就好啦。”说着一瘸一拐地往前走，阿达扶着她，没走几步她说疼得实在走不动了，阿达就背着她走回家里。阿丽在阿达温暖的背上笑成一朵花，此时她心里比蜜还甜。来到家里，阿达轻轻放下阿丽。阿丽朝阿达深情地一笑，三步两步就跑去睡了，哪里还有脚疼的半点影子。阿达明白了，阿丽又在故伎重演，他也会意地漾起甜蜜的微笑睡去了。

这天，阿达独自一人站在洪水岸边，他思绪连连，忧心忡忡，这个季节的雨水特别多，自己的部落滞留在莫梭里已半月有余。全部落都在翘首盼望雨水停歇，洪水消退，能尽快前行。虽然这几天雨停了，但雨水下得太多，洪水还未消退，脚下还是滔滔洪水，奔涌而流，无情地挡住前行路途。尽管本地的人们很热情，但久居难免会叨扰人家，心有所愧。而且此地山多箐密，资源有限，难以承受两个部落的长期消耗，能走要尽早走，找到适宜居住的地方才是万全之策。但目的地在哪里呢？迁徙的尽头和终点在哪里呢？这还是天大的未知数，阿达忧心如焚。

正当阿达凝视前方沉思的时候，阿丽悄悄地从他身后走来猛地抱住阿达。阿达一惊，回头一看，只见阿丽偏着脑袋望着他，咯咯地笑起来，但手仍然紧紧地抱着阿达不放。

“阿丽妹，你真吓了我一跳。你好调皮呀，快点放手，让人看见了多不好。”阿达也笑着说。

“有什么不好，我觉得这样很好，我就是要抱着你。”阿丽噘着嘴撒娇说。

“快放手吧，我都被你抱得喘不过气来了，你就饶了我吧。”阿达做出痛苦的表情开玩笑说。

阿丽这才嘻嘻地笑着放了手，然后歪着头望着阿达问：“阿达哥，你在河边呆呆地站了半天了，你在想什么呢？”

阿达不由得叹了一口气说：“你看，洪水这么大，我们走不了，发愁啊！”

阿丽却说：“阿达哥，走不了是好事呀，你们的人就在我们这里住下来，你就住在我家做我家的人，你还愁什么呢？”

阿达说：“阿丽妹，你真是孩子啊，我们一直住在这里是不行的。莫梭里养活不了我们两个部落的人，我们到适宜的地方去安家，才是长远之计啊。”

阿丽说：“要走，就让你部落的人们走，你就留下来跟我们在一起，我爱你，我不跟你分开，我不让你走。”

阿达说：“阿丽妹，我感谢你对我的深情，感谢你对我的爱。我也爱你，我也想跟你在一起不分开。但是不行啊，我是部落的首领，我要带领部落的人们到达目的地。这是我父母生前的重托，也是全部落的期盼。不达目的地，不建立起我们部落新的家园，我是不会离开部落的。”

阿丽说：“那好，我跟你走。你到哪里我就到哪里，你在哪里住我就在哪里住，我永远跟你在一起。”

阿达说：“那怎么行呢，迁徙的路途非常艰辛，而且时时危险，尤其是我们迁徙的目的地还不知道在哪里，也不知道我们迁徙的时间还有多长，我怎么能忍心让你跟我去受苦受难呢？”

阿丽却又急又气地说：“不！我跟着你，我什么苦都能吃，什么危险我都不怕，我一定要跟着你走！”说着流下了两行伤心的眼泪。

阿达看到此情此景，既感动又心疼，紧紧地抱住阿丽，竟不知道说什么好。

洪水终于慢慢消退了。如果不下雨，再过两天就可以涉水过河了。阿达部落的人们紧张地做着迁徙前行的准备。这可急坏了阿丽，她老是在莫多阿爹面前叨叨，无非就是说不能让阿达他们走，把他们留下来住在我们这里。还说不留住阿达他们，她就跟着阿达走。阿爹当然明白女儿的心思和用意。女儿喜欢上阿达，莫多早就看出来了。此时他最担心的是阿丽跟着阿达走，他知道女儿的脾气，是会说到做到的。说实话他也很喜欢阿达这小伙子，觉得阿达聪明、坚强而勇敢，如果阿达能够成为他的女婿那当然好，但不知阿达怎么想，并且阿达部落的人都留下来，自己的地方能不能养活两个部落的人，他心存疑虑。

于是莫多首领有意支开女儿，把阿达喊来，推心置腹地跟阿达讲，阿丽很喜欢他，希望跟他在一起。如果他能成为自己的女婿那是一件很让人高兴的事。希望他能留下来跟阿丽成亲，自然也希望他的部落都留下来，两个部落的人在一起生活。最后说，这对阿达来讲是一件大事，现在很难答复，让他考虑考虑明天给自己一个明确的回话。

莫多首领的一席话，使阿达的内心激烈地翻腾，久久不能平静。他睡在床上，辗转反侧，一夜未眠。他深爱阿丽，爱得刻骨铭心。阿丽也深爱他，爱得如痴如狂。阿丽是一个多么好的姑娘，终生难求。他多么渴望和阿丽成家立业，如此便可实现阿嫫要他“娶妻生子，好好过日子”的期望了。但他更忘不了阿嫫临终前要他“带领部落的人到达目的地，过上安定幸福的日子”的嘱托，忘不了阿爹要他“想办法生存下去，不能让部落灭亡”的遗嘱，忘不了族人们对他信任和期待的目光。作为部落首领，带领族人到达目的地是他的神圣职责。不能为一己私情和小家庭，而置整个部落于不顾。纵有千难万险，也要带领族人到达目的地，使整个部落过上安定幸福的生活。经过彻夜思考，阿达更加坚定了带领部落继续迁徙的决心。

第二天一早，阿达面见莫多首领说：“莫多大爹，我和我的族人衷心感谢您和您的部落对我们的接待和资助，感激您和家人对我的恩德，感谢阿丽妹妹对我的深情。我作为部落首领，肩负着带领全部落人员迁徙到幸福之地的使命和重任。我也很爱阿丽妹妹，然而我难以留下来和阿丽妹妹成亲了，不能孝敬你们老人家了，望多见谅！我们部落的人员是不宜留下来的，因为贵地虽然物资丰富，你们待我们也犹如一家人，但确实难以养活两个部落的人。所以我们不得不走，再次感谢你们对我们的挽留。现洪水已退，我们即将开拔迁徙，继续南下，去寻找我们栖身安家之地。这段时间多叨扰你们了，实在有愧。你们对我们恩重如山，无以为报，只能深表谢意。”

莫多作为本地的部落首领，作为阿达的长辈，对阿达的肺腑之言十分理解和赞许。更加觉得阿达是有情有义的汉子和铁骨铮铮的部落好首领。莫多听后点头称是，并说：“你们什么时候走？到时我们要举族欢送。”阿达说：“明日准备，后天一早出发。”

阿丽知道了阿达他们即将要走的事情，嚷嚷着要跟阿达走。这可急坏了莫多首领，阿丽是他唯一的女儿，是他跟老伴的心头肉和掌上明珠，他怎么舍得让女儿跟着阿达走。无奈之下他采取了极端的做法。就在阿达他们出发的头天晚上，他把阿丽关在远离村子的一处田房里隔离起来，还派一男一女两个族人看管照顾阿丽的饮食起居。

阿达率领自己部落的人们出发了，莫多首领带着族人前来相送。这段时日两个部落的人们朝夕相处，互相有了深厚的感情。就要分别了，依依不舍，路途遥远，前程茫茫，今日一别不知何日相见，人们流泪道别。阿达在欢送的人群中始终不见阿丽，心生疑惑，便问莫多首领，莫多首领说，阿丽在亲戚家还未回来，她不能来给你送行了。不来也好，不然你们双方都要伤心了。这时有人轻声告诉阿达，阿丽吵着要跟你走，被他阿爹隔离起来了。阿达十分理解莫多首领的用心，于是他放心了。然而此时，他就要离开阿丽远走了，他多么希望再看到阿丽，多么希望阿丽就在身边。但严酷的现实告诉他，莫多首领说得对，两人相见，双方都要伤心了。他强忍住对阿丽强烈的思念，辞别莫多首领。莫多首领深情而慈祥地对他说：“走吧，勇敢的孩子，不要停下你们寻找幸福的脚步，让苍天和神灵保佑你们顺利到达你们理想的地方。”莫多部落向阿达部落赠送了一些牛羊等食品和物资，以资路用。阿达部落的人们千恩万谢，挥泪而别。

阿丽做梦也没有想到父亲会把她关在远离村子的田房里，用这种方式来隔绝她和阿达相见，来阻止她跟着阿达走。本来她已决定跟阿达走的，并且已做好了准备。可是现在她叫天天不灵，叫地地不应。今天阿达和他们的部落就走了，她恨不得砸破门窗冲出去跟阿达走。可她手无寸铁，田房这么牢实，怎么出得去呢？她急得不知如何是好，除了愤怒地喊叫和哀叹之外，一点办法也没有。自己心爱的人就要远走了，从此远隔天涯再也不能相见，这比挖她的心还要难受。她伤心，她痛哭，她呼喊，几近疯狂。她不敢想象没有阿达陪伴她怎么活下来。不行！我一定要跟阿达在一起，我一定要追赶阿达他们。她拼命地摇着窗栏，叫嚷着要看管服侍她的两个族人放她出去，可是没有莫多首领的准许，他俩怎敢放她出去呢？除了对她的好言相劝和照管好她的生活外，谁也不敢擅自放她走。就这样，阿丽就像关在笼子里的狮子，急得团团转，不断地呼喊着要出去，整日拼命摇窗栏。这已经是第七天了，阿丽还被关着。莫多首领怕阿丽出来去追赶阿达，执意多关几天，让阿达他们走远了再放她出来，使她打消追赶阿达的念头。这天，男族人回村去取食物，女族人上山去采野菜，阿丽独自一人被关在田房里，她像往常一样一边高声呼喊一边用力摇窗栏。突然只听见“喀嚓”一声，有一根窗栏不知是腐朽还是阿丽连日摇动磨损，从接榫处断了。阿丽异常惊喜！她即刻丢掉断栏，迅速从断栏处钻出来，不顾一切地飞奔着去追赶阿达他们，不多时就消失在阿达他们远去的茫茫山野里。

当莫多首领得到阿丽逃走的消息后，除暴躁如雷地痛骂两个族人外，立即派人去追赶，但哪里见得到阿丽的影子？莫多首领痛苦得捂着胸口蹲在地上，他真后悔当初没有让阿丽跟阿达一起走，现在他只能祈盼老天保佑女儿平安追上阿达他们了。

阿丽逃出来后，成功地躲过了父亲派来追赶她的人员，沿着阿达部落去的方向，一路追赶。她侥幸地匆忙逃跑，身上没有食物和钱，没吃的就沿村乞讨，渴了就喝山箐里的水，有时没有人家就吃野果充饥。只要有点力气就不分昼夜地奋力追赶。饥饿、疲惫、孤独和惊恐一路伴随着她。山野里的毒蛇猛兽，夜里的黑暗怪声都使她惊恐不已。但这些都动摇不了她追赶阿达的决心，一想到阿达她似乎浑身充满了力量和胆气，促使她加快脚步。她知道阿达的队伍庞大，人多速度慢，一定会追上的。一次她在涉水过河时被一条水蛇咬伤了脚，流出了鲜血，她知道这种水蛇无毒，就顺手从路边抓了一把绿蒿枝叶揉碎后敷在伤口上，又继续赶路。虽然水蛇无毒，但伤口未经消毒和包扎，受到冷水和污渍的侵蚀，伤口被感染了，红肿疼痛，甚至发黑，身体发烧。她感到昏昏沉沉，步履沉重，举步维艰，一步步往前走。所幸的是她快追上阿达的队伍了，她已经看到了阿达部落的人员。一阵狂喜掠过她的心头。她忍着疼痛挪动脚步拼尽力气追赶上去，终于在傍晚时分追上了阿达的队伍。

这时，阿达的部落离开莫梭里已近两旬，他们来到了阿稽竜地方的一条山箐里。此时已是黄昏，队伍就地宿营。阿达支好帐篷，正想架锅做饭。忽见一个蓬头垢面、衣衫褴褛、疲惫不堪的女人步履蹒跚、跌跌撞撞地走来。忙近前仔细一看，天哪！这是阿丽！阿达万万想不到，阿丽竟这般模样出现在他眼前。“阿丽妹！”阿达大叫着迎上去扶住摇摇晃晃的阿丽。阿丽疲惫至极的脸上极其兴奋地笑着，有气无力地喊：“阿达哥，我终于追上你们了，我终于可以跟你在一起不分开了！”说着身子一歪便昏厥了过去。阿达急忙把她抱入帐篷中，只见阿丽脚上的伤红肿乌黑，溃烂化脓，而且身子发烧烫人。阿达急忙喊来部落里的郎中治疗，并立即煮粥熬汤，紧抱着阿丽焦急地呼唤。

阿丽慢慢地苏醒过来，阿达立即给阿丽喂汤喂粥。阿丽看到自己躺在心爱的阿达怀里，心里感到十分高兴，她紧紧地抱着阿达不放。阿达把脸贴在阿丽的脸上，十分心疼地询问道：“我心爱的阿丽，你怎么会这样？你是怎么追来的？”阿丽喘着气断断续续地讲了一遍全过程。阿达听了感动得热泪盈眶，哽咽着说：“我的爱人阿丽，亲爱的，你怎么能这样，你真是不要命了。”阿丽含笑说：“阿达哥，只要能跟你在一起，我死了也值得。”阿达嗔怪地说：“怎么能这样说话，什么死不死的。”末了又一迭连声地说：“好好好，我们在一起，我们不分开，再也不分开，永远在一起。”阿丽听了脸上笑得很灿烂，此时她的心里比吃蜜还甜，她似乎得到了最大的满足，然后微笑着沉沉地睡过去了。阿丽终因劳累过度，营养极度缺乏，尤其是伤口重度感染恶化，昏睡过去后再也没有醒过来。任凭阿达怎样呼唤再也没能叫醒她。阿丽终于实现了跟阿达在一起的愿望，但她却永远地睡过去了，睡在阿达温暖的怀抱里。

阿丽死了。阿达悲痛万分，心如刀绞。他紧紧抱着阿丽直到天亮，抱了一夜，眼泪流了一夜。他多么希望永远地抱着阿丽。最终在众人的劝说下才放下阿丽的尸体，埋在住地边山崖下的草坪上。临走阿达站在阿丽的坟前说："我心爱的阿丽，安息吧！你是因为爱我跟着我而死的，我永远爱你。现在我要带领族人上路了，待我的部落到达目的地建立新居安定生活后，我再来跟你相会。"说完挥泪而去。一路上阿丽的影子时时闪现在阿达的脑海里，有时竟悲痛得让他喘不过气来。但他仍然迈着无比坚定的步伐，带领着族人行进不止。

一个月以后，阿达和族人们来到了一处叫米嘎的地方，这里地域广阔，草地山岭相间，气候温暖，水流充沛，山清水秀，人烟稀少，到处都是人迹罕至的处女地，十分适宜人们居住。阿达和部落的人们决定在这里定居下来，安家立业。阿达部落停止了迁徙的步伐，终于到达了理想的栖息目的地。

阿达部落迁徙经年，历尽千难万险，到达了自己的伊甸园。此时整个部落只余三分之一的人员了，十分凄惨，但最终保存了部落的生命之根，获得了新生。阿达部落终于有了归宿，终于得救了，不少人喜极而泣。

阿达迅速带领族人起房盖屋，除狩猎放牧外，开垦荒地种粮种菜，半年后获得了丰收。部落走上了兴旺发达之路，过上了安定幸福的生活。阿达完成了自己带领部落的任务，完成了已故父母的委托，实现了全部落的夙愿。但阿丽始终是他心里挥之不去的念想，而且时间越久念想越烈。他想现在是时候了，他要去兑现对已故恋人的承诺了，于是他把部落安排妥当后就上路了。

不久阿达来到了阿丽的坟前，他说："阿丽，我的爱人，我来陪伴你了，我们深情地相爱，绝不分开，生死相依，永远在一起，让我们在另一个世界幸福地成亲生活吧。"说完掏出身上的药丸吞了下去，静静地躺在阿丽的坟旁，安然地死去了。当地人就把阿达与阿丽埋在了一起。很快阿丽和阿达的坟上长出了两棵十分奇特的树，像麻绳一样缠绕在一起生长，相依相缚，密不可分，合二为一，形成了一棵树，迅速生长，枝繁叶茂，青翠如璧。人们十分惊奇，都说这是阿丽和阿达两人的躯体和灵魂变成的，就把它叫作“合欢树。”

讲到这里，李方氏停下来，下意识地望了望合欢树，又讲道：“后来，随着年代的久远，这个故事渐渐被人们所淡忘。如今，这个故事很多人都不知道了。这个故事还是我阿波讲给我听的。”末了她说：“这就是这棵合欢树的来历。”

李方氏的故事讲完了，又低头收拾毛芋头。这是一个多么感人的故事！普丕深深感叹！不由自主地凝望着合欢树，心里油然升起敬仰之感。

李方氏讲完了故事，地里的毛芋头也收拾完了。装了满满一背箩。此时日头西坠，时候不早了。李方氏说：“我们回家去吧。”说着就要背起背箩。普丕说：“李大嫫，这么多毛芋头，很重的，我来背吧。”说完就叫李方氏帮着背在自己背上。李方氏扛着锄头跟在普丕后面走回来。李方氏还在路上顺手采了一些野菜带回家来。普丕一路上还在回想着合欢树的故事。

回到家里，李方氏立即烧火做饭，并且炒了一大碗香喷喷的鸡蛋，拿出酒来叫普丕多吃多喝。普丕吃得很香，然而心里却依然在回想着合欢树的故事呢。

吃过晚饭，普丕要回去休息了。李方氏叫普丕给施大明家带一些毛芋头，于是普丕提着一兜毛芋头到施大明家里，跟施大明聊了一阵家常话，就离开施大明家回去睡了。走时施慧把他送到门外。普丕睡前还特地给李士天的坐骑大红马添足了夜料。

第二天早上，普丕很早就起床了。今天他要跟李士天去做客。一早起来，他给大红马喂饱了早料，而且把大红马梳洗了一遍，使大红马毛净体亮，神足气昂。

朝阳刚升起，李士天就催着普丕上路去做客了。此时的大红马昂头鼓腹，溜滑光亮。李士天觉得甚有体面，也显得神气十足，一副贵客的派头。

路上，李士天骑着大红马，给普丕骑一只山羊，主仆关系十分鲜明。李士天骑在大红马上，春风得意。而普丕骑在山羊上跟着大红马，滑稽矮小。普丕想，凭什么我就不能骑大红马，他很想骑着大红马在李士天面前抖擞抖擞。于是他灵机一动，想出了一个绝妙的办法。他对李士天说："阿波，你的马和我的羊比比看，谁的坐骑跑得快。"

李士天听了哈哈大笑起来，哪有羊跑得比马快的呢？他觉得普丕无知可笑，愚笨至极。他想让普丕出出丑，趁此震慑震慑这小子。就爽快地答应了，还对普丕说："普丕！这回你输定了！"

普丕却说："假如羊比马跑得快，你赌我什么？"

李士天信心满满地说："世间哪有羊比马跑得快的，我要是落后了，大红马就给你骑。"

普丕追问道："阿波，你说的话可当真？"

李士天肯定地答道："阿波我不哄你，说话算话。"

于是普丕抖起精神，挥鞭朝羊屁股抽了两下，山羊撒开四蹄，蹦跳着嗒嗒地跑了。

李士天倒不慌不忙，他骑的是健壮体大的大红马，不愁追不上普丕。他心里想，让你小子跑吧，我很快就会超过你的，到时候看我怎么教训你！可他哪里知道，普丕跑过一道山梁，待李士天看不见时，就拖起山羊往山上赶直路。待李士天走了一段路，不见普丕时，普丕早已等候在前面的路上了。

李士天没走过这山里的直路，不知道普丕是赶直路走在前面的。他见普丕的羊跑得这么快，将信将疑，但普丕和山羊就活生生地在前面。他觉得真是神了，十分惊奇！他要亲自试骑一下，就把大红马换给普丕骑。

普丕骑上大红马，又看着李士天想，要是能把他身上穿的长袍也换过来就好啦。于是又打主意对李士天说："阿波，羊是认主人的，你穿我的衣服它才会跑得快的。"

李士天想想也是，就把长袍给普丕，自己穿上普丕的衣裳。普丕穿上长袍，骑在大红马上鞭子一抽，飞快地走了，回头还高喊：“阿波，我就先走啦！你来追赶吧！”

李士天骑着羊去追赶，开始几步还蹬蹬地跑得起来，后来就怎么也跑不起来了。他这才知道又上了普丕的当！一边走一边嘴里骂骂咧咧，生了一肚子的气。他想叫住普丕，把大红马换回来。可是普丕早已跑得无影无踪了，哪里还喊得到普丕?

等到过了中午的时候，做客的早宴都快散席了，李士天才精疲力竭地来到。此时，普丕早已坐在贵宾席上酒足饭饱了。而李士天却被当作仆人领进偏房用膳去了。

李士天想让普丕出出丑，却把自己搞得灰溜溜的，丢尽了面子。

第二十七回 勇打野猪话说今昔 手中干巴见火就熟

雨季快到了，李士天家里的存柴不多了，必须及时备够度过雨季的干柴。于是李士天对正在牛厩旁挑牛粪到地里的普丕说：“普丕！你明天一早上山去劈柴，不然雨季到来就没柴烧了。”普丕答应了。

这时，李亮来找普丕说：“普丕阿弟，今晚你来我家吃饭，今天我在黄豆地里打到了一只野兔，收拾干净后我阿爹正煮着呢，你好久都没尝过兔肉了吧，今晚就来我家开开荤，我们好好地喝两杯酒，到时我还有重要的事情跟你商量呢。”

普丕笑着说：“李亮阿哥，什么重要的事情，现在商量不行吗？”

“不行！喝着酒才好商量的，你来吃饭就是了。”李亮故作神秘地说。

“好吧，到时我一定会来吃饭的。”普丕爽快地答应了。

李亮回家帮阿爹准备晚饭去了。普丕接着又挑了一阵粪，牛厩旁的一大堆粪都挑完了，已全部送到了地里。普丕干了一整天活，也感到有些累了。此时已近吃晚饭时分，普丕收拾好挑粪的农具后，就到村旁的溪水里清清爽爽地洗了一个澡，洗去了一天劳累的汗渍和牛粪的臭味，然后高高兴兴地来到李亮家吃晚饭。

普丕来得正是时候，李亮家的饭菜刚熟，正热气腾腾地端上饭桌，满屋飘溢着饭菜的香味。见普丕来到，李亮一家人都高兴地招呼，叫普丕赶快坐下来吃饭。李亮提出酒壶把酒杯斟满了酒。李亮阿爹也放下抽着的烟筒围坐过来，李亮阿嫫还给普丕送上了一碗热茶水。李亮打到了一只肥硕的大野兔，肥厚的兔肉盛了满满一盆，香气扑鼻。李亮先用筷子搛了几块兔肉放在普丕的碗里，然后举着酒杯说：“普丕阿弟，我俩是多年的朋友了，平时互相多有照顾，往后还要互相多帮衬，过好日子。你平时给李士天家做活，很忙很累，并且没少受气。今晚你就放松下来，好好地喝两杯吧，来，一起干了这杯酒！”李亮的阿嫫不喝酒，李亮的阿爹也举起酒杯，三人一起干了。李亮又斟上了酒。

普丕举起酒杯动情地说：“李亮阿哥、大爹大嫫，你们对我太好啦！以后家里有需要我帮忙的，你们尽管喊我做，不要客气。我感谢你们一家对我的关怀，这一杯酒我敬你们一家，干了！”李亮的阿爹和李亮，同时举起酒杯，大家一齐干了，李亮的阿嫫也抬着饭碗微笑地看着普丕示谢。

大家高兴地吃着兔肉喝着酒，酒甜肉香，情意浓浓，连连干杯，不亦乐乎。这时，普丕问李亮：“李亮阿哥，你说吃饭喝酒时有重要事情跟我商量，什么事呀？”

李亮听了，咽下了正在咀嚼的兔肉，抹抹嘴说：“哦，是这样的，最近米拉箐里野猪闹腾得很厉害，夜里出来吃地里的包谷和红薯，有好几家人的庄稼都受到损失。我打算喊上你一起去打那里的野猪。因野猪是大东西，而且性情凶猛，你没有这方面的狩猎经验，所以我要跟你好好商量一下，做好充分的准备，到时候才能猎获而归。”说完喝了一口酒又问：“你看怎么样？”

普丕高兴地说：“好呀！你领着我就干，但我没有打过野猪，你教我做才行的。”

“这没问题，我会教你的，只要你按我说的做就好啦。”李亮直率地说。

这时李亮的阿爹语气沉稳而又缓缓地说：“打野猪是一件危险的事情，不同于打麂子、岩羊，更不同于打獭猫野兔。野猪不仅块头大，力气足，而且性情凶猛，所以才有‘头猪二虎三豹子’之说。就是说野猪发起狂来比老虎豹子还凶险，连老虎豹子都要惧怕三分，因此打野猪要注意和小心，讲究方法和手段，以免弄不好反受其害。绝对不能麻痹大意，要小心行事，认真对付，不能出纰漏的。”老人说完就拉起裤脚，指着小腿上一块长长的伤疤又说：“这是我当年打野猪时被野猪咬伤后留下来的疤痕。那一次野猪差点咬断我的腿，险些要了我的命，幸好同伴们竭力相救，打死了野猪，我才有幸脱险，但我脚上的伤却是两个月才好。那一次的经历，我一辈子都难以忘记。”

普丕听了说：“大爹，你就给我们讲讲那次你是怎么被野猪咬伤的。”

老人说：“好的，我讲给你们听，也让你们懂得一些打野猪的教训。”说完老人喝了一口酒讲述起来。

“那时我刚二十出头，年轻气盛，无畏无惧，胆气十足，经常跟伙伴们去打猎，也总是满载而归。也是在一个地里的包谷快要成熟的季节，在坝米箐里，野猪出没，庄稼受害，白天却见不到野猪的踪影，而一到晚上野猪就跑出来在庄稼地里肆虐。所以我们去夜狩野猪，我们在遭野猪为害的包谷地边的草丛里埋伏着，等待野猪的到来。这是一个天上多云的夜晚，四周黑沉沉的，不时还有风吹过，使得树叶茅草一阵阵簌簌地响。我们一共是四个人，拉开一定的距离，布成一个口袋式的伏击圈，静守在野猪来往的路径上，尽量不给弄出一点声响来，以免惊跑了野猪。

到了半夜时分，传来‘呼哧、呼哧’的响声，随着响声野猪来往路径上的茅草刷刷地分朝两边，只见一头黑乎乎的大野猪轮廓出现了。野猪似乎很警觉，时走时停地不断抬起头来凝视静听，似乎在探察有没有异常的动静和危险，确认无危险后才大胆地朝包谷地走来，野猪经过我的面前，我屏息静气，一动不动地让野猪经过，让它进入我们的‘口袋’。当野猪到了伏击的最佳位置时，我的兄长、一位好猎手忽地挺枪跃起，准确地一枪刺中了野猪的喉咙。野猪受到这致命一击，嚎叫着倒地挣扎，我们其余三人也飞身而起，一起举枪刺向野猪，野猪即刻毙命。原来这是一头有孕母野猪，在它后面不远处还有一头公野猪跟着，我们却没有发觉。正当我跃起飞刺母猪的时候，公野猪看到母野猪被袭，急来相救，暴怒地‘呜呜’叫着直朝我冲过来，我感觉不妙，急忙闪躲。公野猪早已蹿到我身边，用坚硬的头颅把我往空中一挑，我四脚朝天被掀向空中，又重重地摔在地上，我的左脚小腿被公野猪锋利的獠牙挑开了一道长口子，鲜血直流，疼痛钻心。此时公野猪忽地掉转身，张开大口，蹿起向我压下来，我就势一滚，躲过了野猪的撕咬，疯狂的野猪欲继续攻击我。此时同伴们及时赶到，一齐举枪刺向公野猪脖颈和肚子。公野猪口吐鲜血白沫，哀嚎着倒在地上死去了。同伴们见我腿上受了伤，立即就地采来绿蒿枝叶揉碎敷在伤口上，然后撕破衬衣袖子包扎起来。这晚的狩猎出现了这样的意外，却打到了两头大野猪。这次的教训是我们只看到前面的母野猪，而没有注意到后面还跟着公野猪，使我受了伤，差点丢了性命，教训是深刻的。”老人说到这里，举杯喝了一口酒又说：“所以打野猪是危险的，要多注意和小心。打野猪时动作要快、要准、要狠，还要注意周围的动静，特别要注意是单猪还是偶猪，以免受其攻击伤害。当然也不要过于害怕，野猪伤人毕竟是少数，但一旦伤人却很严重，不得不防。如果是偶猪或群猪，就捕杀最后的野猪，一般来说，当捕杀后面的野猪时，前面的野猪不知道后面发生了什么事，惊恐之中会逃去。万一有前面的野猪返身来攻击人，有了准备也就容易将其击杀了。”

老人说完继续喝酒吃饭。李亮是有经验的猎手，经历过多次猎杀野猪，他听了阿爹的话自然心里有数。但普丕却少有狩猎经验，尤其没有参加过捕杀野猪，心里自然有些紧张，但他年轻力壮，胆气正足，又是李亮带着去，心里也不惧怕，就说：“我没有参加过打野猪，没有打野猪的经验。大爹说得对，我都记下了，我要多跟李亮阿哥请教才是。”

李亮说：“我阿爹说得很对，打野猪要胆大心细，勇猛果断，耳听左右动静，眼观前后，出手要稳健精准，做得有把有握就没事的。”说完又和普丕举杯而饮。

李亮的阿爹又说：“打野猪发生过许多惨事，给人们的教训是深刻的，所以我才一再提醒你们。出猎时不但希望你们满载而归，更希望你们平安回来。过去曾有一对恋人，因打野猪发生意外，死得很悲惨！一说起这个故事，让人心里很难过。当年我阿波讲给我听时，我就伤心得掉下了眼泪。这个故事我没给你们讲过，你们想听吗？这对你们打野猪是有好处的。”

普丕和李亮齐声说：“我们想听，您就讲给我们听吧。”

于是李亮的阿爹喝了一口酒，抹抹嘴缓缓地讲述起来。

从前，在普拉的地方，有一个叫西旦的村子。村子很小，仅有十余户人家。村中多为猎户，其余为牧民。西旦村坐落在群山之间，村子周围林木茂密，各种飞禽走兽出没其间，猎物丰富。猎户们年年收入颇丰，虽然终日劳累，但居家过日子也算充裕，因此村民们自得其乐。但有一户人家却屡遭灾难，父亲在猎杀一只豹子时遭到另一只豹子的袭击，身负重伤，不治身亡；母亲上树摘野果时不慎踩断横树枝坠落亡故。家里只剩下十六岁的儿子查拉。查拉从此成了孤儿，不得不一个人生活。查拉年纪虽小，身体却壮实，头脑灵活，手脚勤快，而且心地善良。村人们喜欢他，同情他，帮助他。查拉聪敏机灵，胆识过人，父亲在世时就常跟父亲去狩猎，学得不少狩猎的知识，很快成了一名优秀的猎手。到二十岁时，他已经是村里顶尖的猎手了。

这天，查拉要去莫索崖上打岩羊，人们在那里发现了岩羊的踪迹，曾有人去捕杀过，但崖石陡峭，岩羊又十分机灵，无果而返。查拉是身手不凡的猎人，他自信能够打到岩羊。

莫索崖离村子较远，人迹罕至，周围草木繁茂，就连石崖上的缝隙里也生长着青草灌木，成了岩羊的栖息之地。查拉腰挎长刀，身背弓箭，精神抖擞，快步朝莫索崖走去。大约走了一个时辰，他来到莫索崖下。莫索崖高耸入云，呈直立状往高处延伸，崖面怪石嶙峋，人在崖石上是难以攀爬的，但岩羊却如履平地，行走自如，轻松地生活在陡崖上。

查拉细心地观察着岩缝间的青草灌木丛，探索岩羊可能经过的路径及栖身的地方。陡崖上每一处可疑的地方和异动，都逃不过他锐利的目光。忽然，他在崖石间的一条缝隙中发现了岩羊走过的痕迹，继而又发现了新鲜的岩羊大便，再沿此往前延伸查看，很快便发现了这条缝隙远处的草丛里有些晃动，仔细查看，看见有两只岩羊在青草灌木丛中悠闲地采食。他立刻兴奋起来，终于找到岩羊了！对他来讲，见到猎物就等于收入囊中了，余下的就是手到擒来。他身怀绝技，身灵如猴，便悄悄绕过去，敏捷地跑到岩羊的前方，潜伏在草丛里，静候岩羊进入他的射程之内，便立即射杀。

就在他刚潜伏下来的时候，不经意地往崖下一看，只见前方崖下的草丛里一动不动地躺着一个人，他大吃一惊！顾不上快要到手的岩羊，立即下崖，走近一看，是一个五十出头的年老妇女，头上流着血，昏睡在地上不省人事。身旁有一只背篓，篓里篓外散落着一些草药，看样子是在崖石上采药不慎跌落摔伤的。查拉赶忙俯下身摇着老人的手臂呼喊：“大嫫！大嫫！你醒醒！”但老人毫无回应，已是深度昏迷，生命垂危。救命要紧，哪里还顾得上打岩羊！他立即采来松枝嫩叶捣碎敷在老人头上的伤口处，然后撕破衬衣包扎。他想把老人送回家去，但不知道老人家在何处，就背着老人，把散落的药材装进背篓里提着，快步走回家来。

回到家里，查拉让老人安睡在床上盖好被子，自己熬汤煮粥，并按自己所知的药方，熬制药汤给老人服下，细心照料。到了第二天，老人醒过来了，见自己睡在一处陌生的房子里，并有一个帅气的小伙子忙前忙后地服侍着自己。她想抬起头来，但觉得自己的头十分沉重，又疼又晕，弄不懂这是怎么回事。于是声音沙哑而微弱地问道："这位小阿哥，我在哪里？我怎么会在这里睡着？"

查拉见老人醒了，十分欣喜。他知道老人是摔了头，一时失去了记忆，记不起昨天的事情了。他热情地端来热粥，一边喂老人一边说："大嫫，你别急，事情是这样的，你昨天到莫索崖采药，不幸摔下来昏过去了。我恰好到那里打岩羊发现了负伤的你，当时你昏过去不省人事，我又不知道你家在哪里，就把你背回我家里治疗。"并告诉老人自己叫查拉，父母已早年双亡，一个人狩猎为生等家中之事。

老人听了霍然想起了昨天的事情。她见查拉一心救治自己，感动不已。说："谢谢你，孩子，你救了我，这么好地照料我，我不知道怎么感谢你呢。"

查拉说："大嫫，莫说感谢的话，你就像我的母亲，这是我应该做的。你要安心养伤，等伤好了，我就送你回家去。"

老人听了，感动得热泪盈眶。心想这是一个多么好的孩子啊。

吃了粥，老人觉得精神有些好转，就亲切地跟查拉谈起了自己的家事，原来老人是尼克村的，丈夫是村里的郎中，但在一次行医过程中，因救治病人心切，深夜独自一人进深山去诊治，路遇猛兽被害身亡。从此她领着五岁的女儿黛诺相依为命，艰难地生活至今。所幸早年跟丈夫学了一些医疗知识，掌握了一些医术，就时常采药为村人们看病疗伤，却也颇受人们的欢迎。最近村里有一个病人，需要用铁皮石斛来治疗，而这种药材在莫索崖上才有。她知道莫索崖石壁陡峭，攀崖采药是很危险的。但医治病人要紧，她就独自一人径直到莫索崖去采挖。莫索崖山高箐深，崖面陡滑。她踩着石缝，手抓岩草爬上石崖，小心翼翼地采挖石斛，不料在采挖最后一棵石斛时，根深难以拔起，稍用了力，身子一歪失去平衡，连人带篓摔下了山崖，只觉眼前一黑就什么都不知道了。她说：“孩子，幸亏及时遇到了你，不然我就没命了。孩子，你真是我的救命恩人哪！”

查拉说：“大嫫，别这样说。这里如同你的家，你莫客气，就安心在这里好好养伤吧。”

老人说：“不行啊，家中只有我女儿一人在家。她不见我回去，不知会急成什么样子，肯定会到处找我。不行，我得赶回去才是。”说着挣扎着下床站起来，只觉得头疼目眩，站立不稳，差点摔倒。查拉赶忙过去扶住她说：“大嫫，你莫心急，还是安心静养，你的伤要不了多久就会好起来的，到时能走了我再送你回去，你就好好躺下养伤吧。”

老人无奈，真个不能走啊。只得住下疗伤，并且根据自己的伤情，吩咐查拉把所需的草药挖回来治疗。因老人的药物对路，查拉的照顾周到，老人的伤日见好转。

在尼克村，老人的女儿黛诺不见母亲回来，像热锅上的蚂蚁快急疯了。黛诺今年刚十八岁，漂亮能干。她带人到莫索崖去寻找母亲，但除了崖下草丛中的一摊血迹外，不见母亲的踪影。她每天带着人四处寻找，仍然没有母亲的一点消息。她坐卧不安，茶饭不思，消瘦了许多，终日以泪洗面，一遍遍呼唤着母亲。

五天后，在查拉家里，老人的伤情大有好转，精神恢复了许多，急着要回家去了。查拉见老人思念女儿日甚，回家心切，看来可以勉强行走了。于是赶早吃了早饭送老人回家。从西旦村到尼克村，路途有些遥远，且有的路段不易行走。查拉扶着老人，一路走走停停，慢慢行走。遇上难走的路段就背着老人过去。终于在太阳落山之前赶到了尼克村，到了家门口老人长长舒了一口气，慢慢推门进家。

在老人家里，黛诺刚寻找母亲回家。几天来母亲杳无音讯，她心里难受无比，无心做晚饭，正抱着头痛哭。此时关着的门“吱呀”一声被人推开，她抬起泪眼一看，只见母亲拄着拐棍摇摇晃晃地走进门来，后面还跟着一个帅气健壮的小伙子。天哪！是不是幻觉？真的是阿嫫吗？她揉了揉眼睛，睁大眼睛细看，是阿嫫！真的是阿嫫！她欣喜至极，高声地叫喊着“阿嫫！阿嫫……”一头扑向阿嫫。阿嫫亲切地答应着迎上去把女儿抱在怀里。阿嫫终于回来了！黛诺悲情释然，破涕为笑，紧紧地抱着母亲不放，嘴里不断地喊着："阿嫫，你去哪里啦，真是急死我了，我找您找得好苦哇！"

老人抚摸着女儿的头说："我的好女儿，阿嫫算是福大命大啊，那天我去莫索崖挖药，不慎跌落崖下昏过去了，幸好遇到了你查拉阿哥把我救到他家里疗伤，现在伤好一些就急急忙忙赶回家来了。"说着放开女儿拉过查拉说："你看，你查拉阿哥把我送回来了，一路上又扶我又背我。这段时间可劳累他了。还不赶快谢谢他，好好招待他。"

黛诺这才从见到母亲的极度惊喜中醒过神来，她怀着感激的心情认真打量起查拉。只见查拉健壮帅气，显得很精悍，眼里闪着智慧的光芒，正看着她憨厚地笑着，笑得很可爱，很动人。面对这个浑身透着青春和活力，对她家有大恩大德的小伙子，不知为什么黛诺心里怦然而动，脸上泛起一片不易察觉的红晕，倒显得有点不好意思了。黛诺原本是个聪慧机灵的姑娘，她立即招呼查拉坐下歇息，自己忙着烧水做饭，给查拉和母亲洗尘。查拉也是能干和闲不住的人，他不顾路途劳累，帮助黛诺做饭。两个年轻人很快就熟悉了，有说有笑，配合利落，很快就做好了丰盛的晚餐。大家心情舒畅十分欢快地吃了晚饭，都吃得香甜。晚饭后天也黑尽了，黛诺的母亲伤还未痊愈，又加上一天路途的劳累，就先睡去了。黛诺和查拉却在温暖的火塘边喝着茶水唠嗑到深夜。查拉睡后，黛诺不顾几天来寻母的疲惫，将查拉的衣服收了洗净，又连夜在火塘上烘干，把破损处补缀好后，折叠起来放在查拉的床边。第二天早上查拉起床后，穿上了干净整洁的衣服，衣服上似乎还透着塘火的余温，查拉穿在身上心里感到暖烘烘的。

吃过早饭后，查拉要回家去了。黛诺和母亲挽留查拉多住几日，但查拉说家中有事执意要走了。黛诺的母亲对查拉的救护一再表示感谢，和黛诺一起将查拉送出村外，反复叮嘱查拉一旦有空来家玩。查拉也叫老人保重身体，早日康复，就告别老人和黛诺上路回家了。老人目送查拉远去。黛诺送查拉到村外好一程才道别。临别时黛诺送了一块绣花手帕给查拉，查拉爱不释手一直保存在身边。

一个赶街天，查拉到街上卖兽皮，正巧黛诺也上街来卖芋头。查拉高兴地与黛诺打招呼，黛诺见到查拉也十分兴奋，她眼里闪着惊喜，满脸灿烂地笑着说：“查拉阿哥，你也赶街来啦？”

“是的，黛诺阿妹，我是来卖兽皮的，你这么早也到街上来卖芋头了？”查拉也笑着说。

“是的，今年芋头收得多，家里吃不完呢，就拿来街上卖了，及早卖完得赶回去呢。”黛诺说道。

“那你阿嫫的伤好些了吗？”查拉关切地问道。

“现在好多了，可以做一些家务事了，但还不能下地做活。最近地里活计紧，我得赶快卖完芋头早点回去做活呢。”黛诺说。

查拉听了说：“那你抓紧卖吧，我得赶紧去卖兽皮，卖完了我们一起回去。”

黛诺说：“好的，你去卖吧，我等你。”

查拉就到山货市场，为了尽快脱手，以便宜的价格卖掉了兽皮，紧接着给黛诺和母亲各买了一件新衣裳，又买了两斤红糖和两斤糕点放在挎包里，来到黛诺摊位前，黛诺的芋头也卖完正收着摊位。黛诺看见查拉转回来了就说：“查拉阿哥，你的兽皮这么快就卖完啦？好快呀！”

查拉说：“卖完了，为了赶时间，便宜出手啦。”接着打开挎包又说：“我给你和大嫫各买了一件新衣裳，不知合不合你们的身，你看看吧。还买了两斤红糖是给大嫫治伤补身体的。”说着把东西递给了黛诺。

黛诺既惊讶又高兴，接过东西说：“查拉阿哥你又买衣裳又买红糖，怎么能让你花这么多钱呢。”说着满心喜悦地打开两件衣裳翻看，然后贴在身上比试着。

查拉先后指着两件衣裳说：“这件深色的是给大嫫的，这件浅色衬花的是你的。”又望着黛诺问：“怎么样，好看吗？喜欢吗？”

黛诺欣喜地说：“真好看，很合身，挺喜欢的。”接着又说：“只是让你花这么多钱，心里挺过意不去的。”

查拉说：“有什么过意不去的，只要喜欢就好，带上吧，我们现在就回家去。”

黛诺把东西放在背篓里，又买了一些女人家用的针头线脑后，两人说笑着走回家去。查拉从挎包里掏出两包糕点，递一包给黛诺说：“吃吧，黛诺阿妹，饿了吧。为了节省时间，我们就不在街上吃东西了，还是边走路边吃吧。”

黛诺接过糕点，感激地说：“查拉阿哥，你想得真周到，你真好。”说着抓起一块糕点放在嘴里吃起来，说：“啊，又甜又香，真好吃！”

查拉高兴地说：“好吃就快吃，吃饱了赶路才有力气呢。”

黛诺吃着糕点，心里甜滋滋的，又说又笑地快步走在前面，清脆的笑声在山谷的小路上回荡。查拉紧跟在后，心里也格外高兴。

二人走到西旦村和尼克村的岔路口，就要分开各自回家了。黛诺不舍地说：“查拉阿哥，你还是到我家里玩几天吧。”

查拉说：“黛诺阿妹，今天就不去了，我家里没有安排好，等过几天再来看望大嫫和你吧。”

于是，两人怀着不舍之情，走向各自的村庄回家了。

没过多久，查拉带着一些干兽肉，提着一只刚猎到的野兔，来到黛诺家看望黛诺的母亲。这可乐坏了黛诺母亲，她的伤大部分已经好了，可以下地做一些轻农活了。此时她正准备做早饭，见查拉突然来到，真是喜出望外，急忙招呼查拉坐下休息，并端来热气腾腾的茶水。自从她受伤被查拉救护，心里就非常喜欢查拉这个孩子。平日里经常想起查拉，常常在女儿面前念叨，说查拉如何如何好。尤其是上次街子天，查拉让黛诺带回了给她买的新衣裳和红糖，足见这孩子的善良和孝心，更是疼爱有加，恨不得留在自己身边做儿子。

查拉见黛诺不在家，就问老人黛诺到哪里去了。老人告诉查拉，黛诺到菜地里割菜去了，很快就回来。正说着，门外传来黛诺的笑语声。老人说：“这疯女儿回来了。”随着笑声黛诺推门进家来，手中提着的菜篮里装着新鲜的白菜、青菜和芫荽。她突然看见查拉在家里，惊喜得瞪大眼睛，脚跨在门槛上忘记迈了。老人笑着说：“你查拉阿哥来了，愣在那里做什么？快打招呼呀！”

黛诺才忽地回过神来，兴奋地喊：“查拉阿哥，你来啦。太好了！我就说早上出门见彩云飘来，原来是我家的贵人来了。”

查拉笑着说：“大嫫有伤在身，心里惦记着，就来看看好一些了没有，当然也来看看你长大了一点没有。”

黛诺说："我当然长大了，都长成大人了。"说着放下菜篮子转了转身子又说："你看，我已经长成大姑娘了，愈长愈好看了吧？"引得老人和查拉都笑了起来。接着黛诺又说："我阿嫫的病已经好多了，一天比一天见好，只是天天在念叨你，念得我耳朵都快起老茧了。你来了就好啦，我的耳朵也可以清闲几天了。"

老人嗔怪地笑着说："这女儿，怎么能这样说话呢？没大没小的。"

黛诺却嘟着嘴说："阿嫫，我说的是真的。"然后又笑着说："阿嫫，查拉阿哥来了，你要多做一些好菜，多炒一点腊肉，还有鸡蛋……"

老人也露出孩子般的神情说："是，我知道。"又说："你查拉阿哥还送来了干肉和兔肉，够你这馋嘴猫吃的。"

查拉说："黛诺阿妹，吃不了那么多腊肉，鸡蛋就不炒啦。今天我在来路上打到一只兔子，我们就吃兔子肉吧，你们也是难得吃到。"说着就去收拾兔子。

黛诺高兴得拍手跳起来说："太好了，可以吃兔子肉了。"说着就帮着查拉收拾兔子。

老人也打来了滚烫的开水浇在放在盆里的兔子身上。查拉迅速退了兔毛，很快弄干净交给老人烹调。

不多时，老人的饭菜熟了。绿油油的蔬菜，黄腾腾的兔子肉摆上了餐桌，满屋飘香，三人围桌有说有笑地吃起来。老人疗伤吃药不宜喝酒，黛诺也不会喝酒。黛诺就给查拉斟满了酒。老人的烹调手艺很好，做出来的兔肉很好吃。查拉不断地搛兔肉放在黛诺碗里，黛诺也不拘情，埋头一个劲地吃。边吃边不断地念叨："好吃！好吃。"老人看着女儿这般吃相，笑着说："这馋女儿，吃得这么快，恐怕嚼也不嚼就咽进肚子里了吧。"查拉也笑着说："黛诺阿妹，慢点吃，还多着呢。"

黛诺抬起头不好意思地笑着说："查拉阿哥，这兔肉真是太好吃了。你见笑了吧！"

查拉说："没有，好吃就多吃点，以后我给你多打一些兔子，让你吃得够够的。"

黛诺说："那太好啦，那样我就可以吃到好多兔肉了。"她见查拉只顾喝酒，很少吃肉。就说："查拉阿哥，你吃呀，快吃呀！"说着搛了几块兔肉放进查拉碗里。

饭后，黛诺拿出不久前查拉给她买的新衣裳穿在身上，并且把母亲的也拿出来叫她穿上，然后高兴地在屋里不断地转着身喊道："这新衣裳太合身了，太好看了。查拉阿哥，你真的会买呢。"又转身看着母亲说："阿嫫，你穿上这新衣裳，人都变年轻了，又精神又漂亮。"

老人笑着说："看你这贫嘴，阿嫫老啦，怎么会漂亮呢。"

黛诺说："阿嫫，我说的是真的，不信，你问查拉阿哥。"

查拉看着黛诺母女俩如此高兴，心里也乐滋滋的。

查拉在黛诺家里玩了一天，在这一天里他看了黛诺家饲养的畜禽，看了种的菜畦和田地，顺路又给黛诺家砍回来一挑柴。次日早上他就回家了。黛诺母女挽留不住，只得把他送到村外，黛诺特意多送了一程。她边送边说："查拉阿哥，你以后要常来玩，不然我会想你的。"停了一下又说："如果不来，我和阿嫫就到你家里，我还没有到过你家呢。"

查拉说："那好哇，你和阿嫫就尽快来我家吧，我打兔子招待你们。"

听了查拉如此说，黛诺却没有笑，而是满怀心事地说："查拉阿哥，我们又要分手了，要是不分开能在一起那多好哇。"

查拉说："你我各有家，不分开怎么行呢？"

就这样，两人又依依不舍地告别了。

大约过了一个月，一天下午，查拉把刚打回来的两只野鸡弄净，此刻他又想起了黛诺。自从认识黛诺以后，黛诺的漂亮、贤惠、勤快和活泼，深深地吸引了他，总想跟黛诺在一起，黛诺的身影时时浮现在眼前，分别愈久思念愈甚。他正收拾着野鸡想着心事，猛抬头，眼睛一亮，看到黛诺和她的母亲出现在门前，这使得查拉十分意外，既惊愕又欣喜，赶忙放下手中的活计，把黛诺和母亲迎进家，又让座又递茶，忙得不亦乐乎，喜悦之情溢于言表。黛诺满面笑容而深情地说："查拉阿哥，你就忙你的事吧，屋里的事我做就好。"

查拉说："家里也没多少事，我正在收拾两只刚打回来的野鸡，已经弄好了，现在就煮饭做菜。你们来了太好了，正好用野鸡肉招待你们。"

黛诺说："是吗？那太好啦，我和阿嫫可以吃上鲜美的野鸡肉了。"

说着开心地咯咯笑起来。又手脚麻利地帮查拉烧火做饭，洗碗洗菜，俨然像在自己家里一般。

黛诺的母亲伤刚痊愈，又赶长路觉得有些累了，就坐着喝茶歇息。查拉关切地问：“大嫫，您赶这么远的路，头上的伤都好了吗？”

老人说：“好啦，都好啦。家里和地里的事都可以做了，也可以采药为乡邻们治病疗伤了。只是体力还没有完全恢复过来，做事时间一长会觉得有些累。”

查拉说：“您老年纪大了，伤又刚好，不要过于劳累，保重身体要紧。事情让我们年轻人做就好了。”

老人说：“好的。有黛诺和你在身边，我就放心了。”说着从带来的包袱里拿出一套男人的新衣服和一双鞋，递给查拉说：“孩子，这么些日子来，你为我们母女俩做了那么多事情，实难报答。这套新衣服是大嫫为你缝制的，这双新鞋是你黛诺阿妹给你做的，也不知合不合你身？你穿上试试看吧。”

查拉接过衣服和鞋子，一股暖流流遍全身，他感激地说：“大嫫，真是让您和黛诺阿妹劳累了。”说着高兴地穿上衣服和鞋试身。太合身了，穿起来真舒服。

老人看了高兴地说：“真是人靠衣服马靠鞍啊，你穿上这套新衣服就更有精神了。”

黛诺边洗菜边看了笑着说：“查拉阿哥穿上这套新衣服，太帅了，简直就像一个新郎官。”

说得老人和查拉都笑了起来，而且查拉的脸上不好意思地腾起了一片红晕。

查拉试穿了衣服鞋子后，高兴地脱下来，认真折叠后放好，就去跟黛诺做饭菜。

这次黛诺和母亲来查拉家里可是非同一般，是来跟查拉商量和决定一件重大事情的。原来黛诺母亲内心十分喜欢查拉这孩子，有心招查拉入赘为婿。她觉得女儿黛诺和查拉十分般配，也看出两个孩子都互有好感。于是就对女儿提出了这个事情。其实黛诺早已爱上了查拉，她觉得查拉帅气、勇敢、善良和踏实，是自己可以托付的男人。她觉得跟查拉在一起，无比愉悦和甜蜜，心里老是想他，总想跟他在一起，舍不得分开，而且越来越日思夜想，她的心早已给了查拉。当母亲提出要招查拉为婿时，正合她的心思，十分欣喜，爽快地答应了母亲。不过尽管是自己的母亲，可以无话不讲，但听到母亲说让她跟查拉结婚时，她的脸不由得腾地红了起来。然而母亲却又说："这件事情还不知道查拉同意不同意。这样吧，我们母女俩一起到他家里跟他提出这个事情，如他同意就让他搬来我家一起生活；如他不同意，也不要为难他，在他那里玩上一两天，帮他家里洗洗刷刷，拾掇拾掇，他毕竟是我家的恩人哪，事情不成也要当作亲戚来走动才好呢。"黛诺和母亲就这样商量好来到查拉家。

查拉和黛诺的饭菜很快就做好了，除野鸡肉外，还特意炒了一大盘麂子干巴肉，饭菜热气腾腾地摆上了桌，然后三人围桌吃饭。查拉觉得黛诺和母亲来到自己家里是一件喜事，他像过节一般高兴，给黛诺母亲斟上一杯酒，黛诺不会喝酒也斟上一点，自己也满满斟了一杯，热情地招呼黛诺和母亲吃喝起来。吃饭间，黛诺母亲向查拉提出招他入赘为婿的事情，诚恳地询问他同意不同意。查拉听了觉得很突然，真个是喜从天降！这正合他的心思，只是苦于不便主动提出。此刻他激动而急切地说："大嫫，我同意，我同意的！我很喜欢黛诺阿妹，我会好好待她的。"由于激动，他的脸庞通红。但他兴奋的心情忽地低落下来，望着黛诺不无顾虑地说："就是不知道黛诺阿妹的心愿如何呢？"黛诺一下红了脸，低下头轻声说："阿嫫的心意就是我的心意，查拉阿哥，我也喜欢你，让我们做夫妻永远在一起生活，生死相依吧。"

查拉听了，心花怒放。他是个直爽厚实的人。再次斟满了黛诺母亲和自己的酒杯，立即双腿跪下举起酒杯说："阿嫫，从今天起您就是我的阿嫫，我就是你的女婿，不！是你的儿子！我愿意离开这里到你们家生活。我爱黛诺，乐意娶她为妻，好好生活。儿子会孝敬您老人家一辈子，会好好待黛诺一辈子的。这杯喜酒我敬阿嫫！"说完仰头一饮而尽。

老人没想到查拉这么爽快地答应了，更没想到此刻用如此行动认丈母娘。她也激动地站起来，声音有点颤抖地说："好，太好啦！孩子，我的好儿子，快起来，这杯喜酒我喝下！"当即举杯而干，随后扶起查拉。一家人欢喜异常，其乐融融地吃完了饭。

事情皆大欢喜。黛诺和查拉两个年轻人竟然就这样在酒桌上订下了终身大事。老人笑得合不拢嘴，欣喜无法言表。于是一家人坐下来商量接下来要做的事情。当即决定查拉尽快搬到尼克村和黛诺母女一起生活。然后再安排下一步的婚事。好事快办，大家很快动手清理房子，收拾东西，查拉还请村邻们吃了一餐告别饭，交代了搬迁财产住房后的事宜，又带着黛诺到父母坟上磕头拜别。第三天清早，一家人带着东西回到了尼克村黛诺家里。

从此，查拉就在尼克村与黛诺和母亲生活在一起。一家三口日子过得和和美美，愉快幸福。查拉历来以狩猎为生，自小未做过农活，就跟黛诺和母亲学习耕田种地，种粮种菜。他干活很卖力，庄稼都长得很好。真是三人同心，其利得金，日子越过越好。全家商定在这年中秋节前五日举办婚礼请客，时间只有一个月了，家里开始准备婚礼。

尼克村虽然以耕田种地为生，但周围青山环抱，山里林木茂密，林中禽兽很多，还有野猪出没。因此在农耕之余，也常有人去狩猎。

查拉是有名的猎手，他除种地外，也兼狩猎，常常满载而归。

一次，村里有一妇人进山挖草药，突遇一头野猪，而这头野猪被人伤过，因此见人就凶。野猪见到妇人后，咆哮着张开大口直向妇人冲来，企图伤害妇人。妇人在惊慌中爬上身边的一棵松树上躲避。野猪咬不到妇人就狂怒地围着树团团转，口吐白沫，不停地抬头望着妇人咆哮，久久不离开。最后野猪竟咬起树干来，“咯吱咯吱”地咬下一块块树皮，不多时树干快被咬断，整棵树微微晃动起来，很快就要倒了。情势十分危急，妇人惊恐万分地在树上呼救。此时查拉正在附近打猎，听到呼救声他急跑过去，立即张弓搭箭，一箭从猪嘴里射穿了后脑壳。野猪哀嚎着倒地死去，解救了这个妇人。从此查拉的不凡身手很快在尼克村传扬开来。

此间还发生一件野猪伤人的事：一天夜里，村里有一个年轻人进山狩猎，恰遇一头野猪从他对面直走过来，他迅速拉弓上箭朝猪头射过去。不料只射穿了猪耳朵，受伤的野猪发狂地呼啦啦向他直冲过来。年轻人躲避不及，被野猪拱翻在地，一只小腿被野猪的獠牙撕开，惊恐中年轻人就势滚下路边的陡坡，迅速逃离才捡回了一条命。回村后请黛诺母亲治疗伤口，好久才痊愈。

近来有人说，在离村子较远的米白箐里夜间有野猪吃庄稼，损失很大。查拉想去猎杀吃庄稼的野猪，为乡邻们除害，同时也为自己举办婚礼备办一些东西。于是在这天夜里，他跟家人打了招呼后，腰挎长刀，身背弓箭，手提长枪，要到米白箐去打野猪。

这是一个无月的夜晚，天空飘着一些黑云，星光暗淡，还刮着时急时缓的风，夜色黑暗。阿嫫看见天气不好，有些担心，叫查拉不要去了。查拉说："阿嫫，天气不好没事，天黑野猪看不清人才好打的。"

黛诺也担心地说："查拉阿哥，黑更半夜的，又冷又黑，还是不去了吧。"

查拉说："打野猪在夜里才行的，没事的，你和阿嫫就放心吧，天亮之前我就会回来的。"说着就走出门去。

阿嫫还是担心地说："孩子，那你就约人一起去吧，不要一人去。"

查拉说："人多了动静反而大，还是我一个人去吧，一个人好行动。"说着就走了。

当查拉走出门时，阿嫫在背后望着他。不知为什么阿嫫的心里有些莫名的慌乱。她又高声叫住查拉："孩子，还是叫上几个人一起去吧！"

查拉回头说："阿嫫，你就放心吧，我一个人打过很多次野猪，我一个人就行了，我去啦！"说着便消失在夜幕里。

查拉借着微弱的星光，来到了米白箐野猪吃庄稼的地方。这是一块包谷地，包谷棒子即将成熟，过不了多久就可以收获了，但其中一半多包谷都被野猪啃食糟蹋，甚是可惜！他凭着经验，看清了野猪出入的路径，就躲在附近的草丛里静静地守候着。夜风渐渐趋紧起来，天上的黑云聚得更多，夜更黑，稍远的东西已模糊不清。但他已预感到野猪快要来了。

再说黛诺在家里，看到天空越来越黑，夜风一阵紧似一阵，夜已经深了，她却一点睡意也没有，她牵挂着野外狩猎的查拉。如此天气，黑咕隆咚的，查拉冷不冷？饿不饿？老是在心里翻腾，始终放心不下。于是她索性起床煎了几个油饼，带上一件棉袄给查拉送去，到米白箐的路她再熟悉不过了，似乎闭着眼睛她也走得过去，所以也能照走不误。只是风吹得周围草木怪响，心中有些发毛，但想到查拉在前面，因此胆子又大起来。

当她来到箐中的庄稼地旁，睁大眼睛仔细搜寻，却怎么也见不到查拉的身影，她心里不由得又急又慌，于是轻声呼喊："查拉阿哥！查拉阿哥！你在哪里？"

此时，查拉静静地守在野猪要经过的路径旁边的草丛里，他已经听见不远处的草丛中有异样的声音，马上兴奋起来，凭他的经验，这是野猪走动的声音。野猪终于来了，他精神抖擞，紧握长枪，静候出手。此刻他却分明听到了一个他再熟悉不过，又在此时此地最害怕听到的声音，是黛诺在呼唤他！他的心一下子提到了嗓子眼。糟了！他万没想到此时黛诺会来找他，而且在呼唤他。野猪就在旁边，这是十分危险的！必须叫她赶快趴下隐藏，不要动也不要喊，他飞奔过去要保护黛诺，但已经迟了。凶狠的野猪听到黛诺在喊叫，以为是来袭击它，就朝黛诺疯一样地冲过去，一头撞翻了黛诺，尖利的獠牙挑破了黛诺的肚子，挑出的肠子露在肚外。黛诺大叫一声倒地，痛苦呻吟。查拉赶到一枪刺穿了野猪的喉管，又一枪刺穿了野猪的脑壳，野猪当即死亡。不料后面还有一头野猪，看见前面的野猪被袭，疯狂地朝着查拉冲过来。查拉只顾救护黛诺，不料被野猪挑翻了，野猪的獠牙挑破了查拉的大腿动脉，顿时血流如注。查拉忍着剧痛，翻身一枪刺穿了野猪的脑壳，又复一枪刺破了野猪的肚子，野猪哀嚎两声蹬脚死去了。查拉爬过去紧抱着昏迷的黛诺呼喊："黛诺阿妹！黛诺阿妹！你醒醒！你醒醒！"在查拉的呼喊声中黛诺微微地睁开眼睛，短促地呼吸着，声音微弱地说："查拉阿哥，你冷你饿，我给你送煎饼、棉袄来了。"说着用尽最后的力气把油饼和棉袄递给了查拉，然后头一歪，在查拉怀里死去了。查拉悲痛欲绝，泪如雨下，紧抱着黛诺，撕心裂肺地呼喊着。然而查拉已身负重伤，他那被野猪挑破的大腿动脉血管，血流不止，他身体里的血也很快流干了。他渐渐感到疲软，全身寒冷麻木，呼喊声越来越小，很快就倒在黛诺身上死去了。

死去的黛诺和查拉以及两头野猪，静静地躺在米白箐地旁的荒草丛里。这时天上黑云厚得要压下来，狂乱的夜风摇曳得草木树枝狰狞狂舞，发出阵阵恐怖的呼啸声。

自查拉去米白箐打野猪，继后黛诺又去给查拉送衣食后，黛诺的母亲一夜辗转未眠，觉得心里老是不安宁。鸡已经叫头遍了，查拉和黛诺一直未回来，天快亮了仍未回来。她急得像热锅上的蚂蚁，坐卧不安。突然她右眼皮狠狠地跳了几下，接着心莫名地咚咚狂跳起来，她似乎有种不祥的预感。情急之下，她连夜叫起左邻右舍，帮忙去看看查拉和黛诺。当人们在嘈杂声中抬着满身血污的查拉和黛诺以及两头野猪回村来时，黛诺母亲惊呆了！老人经不住打击，在极度悲痛中她两眼一黑，大叫一声，口吐鲜血，当即气绝身亡。在场的人们都惊骇不已！人们在吃惊之余，怀着惋惜和悲痛把黛诺一家三口埋在了她家房子后面的山包上。让他们随时都能看到珍爱的村庄和自己的家园。

李亮阿爹的故事讲完了，他似乎心情有点沉重，低下头沉默了一下又说："这就是打野猪伤害人的故事，多么悲惨啊！可见打野猪充满着危险，要特别注意和小心。不能在野猪的正面打它，野猪是直筒子，防止它受伤后不顾一切地往前冲来伤人。特别是被人伤过的野猪，对人分外仇恨，见人就袭击，要严加防范。还有打野猪时一定要看清后面还有没有野猪，防止后面的野猪突袭伤人。打野猪的人一定要知道这些才行的。"

普丕听完故事，长出一口气，唏嘘不已，更加知道打野猪的险恶。

李亮的阿爹吃着饭，一再地叮嘱儿子和普丕，打野猪一定要胆大心细，考虑周全，充分准备，做到万无一失，即使打不到野猪也不要伤着人，安全要紧。李亮和普丕点头称是。

吃完饭，夜色不早了。普丕辞别了李亮一家人就回去睡觉。临睡前他想，明天上山劈柴时间长活计重，一整天都在山上得带着晌午饭去。李士天一定只会给他吃咸菜，吃得这么差，哪有力气劈一天柴呢？于是他趁人们熟睡，偷偷地溜上了楼房，拿了两块李士天挂在楼上的牛肉干巴，烤熟后装在袋子里，准备第二天吃，然后就睡去了。

第二天天刚蒙蒙亮，李士天就像催命鬼似的叫普丕快起来吃早饭上山劈柴去了。早饭的菜是一碟腌菜，李士天对普丕说："普丕！你今天上山劈柴带的晌午饭，就用刚才吃的腌菜给你做菜，你要把柴劈好啦，不要偷懒！你今天要把家里在雨水季节烧的柴都劈够才能回家来吃晚饭。"

普丕一听，心想，整个雨季需要烧的柴不少，一天怎么能劈够，恐怕用两天都难以劈完，因此心里窝起了火。于是他说："阿波，雨季烧的柴是很多的，一天劈不够，需要劈两天的。再说晌午饭你只给我吃一碟腌菜，这么重的力气活我哪有力气劈柴。”

李士天听了噘起嘴想了想，然后冷冷地说：“那就这样吧，我给你两块牛肉干巴，作为你上山劈柴晌午饭的菜，但是你要把柴劈够！”

普丕说：“吃了牛肉干巴也劈不够的……”

没等普丕说完，李士天烦躁地吼了起来：“我说要劈够就得劈够！你要使劲地劈嘛，牛肉干巴都给你两块了，怎么就劈不够。少废话！快去吧！劈不够不得回来！”

面对李士天的蛮横和强制，普丕似乎觉得李士天是有意刁难他。再也没有说什么，背着晌午饭扛上斧子就上山劈柴去了。他一边往山上走一边想，今天怎么对付李士天？

普丕很快到了山上，立即劈起柴来。到了中午，太阳升到头顶。普丕看到对面山上正燃着山火。烈焰熊熊，浓烟滚滚，燃烧草木的噼啪声远远地传来。烟雾遮住了半个天空，可以闻得到烟火味了。快到吃晌午饭的时候了，对付李士天的办法还没想出来。正在这时，他忽然看见李士天的身影出现在树枝掩映的来路上。他知道李士天是来监工的。他停下来用手袖擦擦汗，无意间触碰到了衣袋里昨晚烧好的牛肉干巴。突然他心里一亮，想出了一个好办法。于是把李士天早上给他的牛肉干巴藏起来，摸了摸衣袋里昨天晚上就已烤熟的牛肉干巴，然后“哼呀哼呀”地劈起柴来，弄得满头大汗。

此时，李士天喘着粗气，脑袋一晃一晃地走上来。他确实是来监工的，他知道普丕鬼精灵，弄不好会磨洋工，就悄悄地摸上山督促普丕来了。他见普丕满头大汗，正在卖力地劈柴，脸上现出了得意的暗笑。心想，任你普丕小子怎么使劲，一天也劈不够雨季用的柴，到时看我怎么收拾你！于是他走到普丕跟前不冷不热地说：“普丕，已经中午了，你可以吃晌午饭了，你赶快生火把我给你的牛肉干巴烧熟了下饭吧。”

普丕停止劈柴，直起身来，喘着粗气，擦着汗，装作才见到李士天的神气说：“阿波，你上山来啦，没想到你会来。我一忙起来连晌午饭都忘记吃了。好吧，你一说我也感到饿了。现在就吃晌午饭，不过不需要生火烤牛肉干巴，你给我的牛肉干巴不烤也会熟的。”

“牛肉干巴不烤也会熟？”李士天听了大惑不解，瞪大眼珠子问普丕。

“是的，阿波，你看见对面的山火了吗？我只要拿出牛肉干巴对着远方的山火说一句‘干巴见火熟’，干巴就会熟透可以吃了。”

李士天想，普丕又在吹牛皮了，哪有干巴远远地见火就熟的事情。我今天得趁此机会好好地刮刮他的脸皮，以警告他在我面前少说大话！于是就对普丕说：“普丕！我不相信干巴见火就熟。如果你拿起干巴对着火说一句‘干巴见火熟’干巴就熟的话，今天就不用再劈柴了。如果不是这样，你要连夜把柴劈够才能歇工回家。”

普丕听李士天如此说，见他已上钩，心里暗自高兴，就提高嗓音问李士天：“阿波，你说的是真的吗？”

李士天头一甩肯定地说：“当然是真的，阿波我说话算数。”

普丕说：“阿波你好好看着，我就要说‘干巴见火熟’了”，接着拿出口袋里那两块熟牛肉干巴，对着对面山上熊熊燃烧的山火，口中高声念道：“干巴见火熟！”然后笑着对李士天说：“阿波，好啦，牛肉干巴熟了！”然后咬上一口美滋滋地嚼起来，边吃边对李士天说：“阿波，干巴真好吃，真香呢！”

李士天哪里相信，他走过去拿过干巴看了又看，然后咬了一口，咦！真熟了！这下李士天懵了，顿时瞠目结舌，半天说不出话来。他想不通怎么会有这种事！这生干巴是早上他亲自拿给普丕的，也亲眼看见普丕装在衣袋里上山去的。一路上也没见他烧火烤干巴，干巴怎么就熟了呢？他抓破脑袋也想不出个道理来，反倒觉得普丕这小子有点神了，他无话可说。他要用劈柴刁难普丕的打算落空了。自觉无趣，便歪着头悻悻地下山回去了。

李士天走后，普丕生了一堆火，把李士天给他的生牛肉干巴烤熟了，和着昨晚烤熟的那两块干巴，美美地吃饱了晌午饭，然后便扛着斧头，吹着口哨，高兴地下山回家去了。

他要回家好好地睡一觉，晚上还要跟李亮阿哥打野猪去呢。

吃过晚饭，天已经黑了。普丕如约到李亮家里，和李亮一起去打野猪。李亮交给普丕一把猎刀，自己挎刀背箭，手提长枪，就朝米拉箐出发了。夜空是晴朗的，虽然没有月亮，但星光灿烂，周围的物体大体可辨。

李亮是狩猎高手，虽然年纪轻，但狩猎经验已很丰富，普丕跟着他狩猎，既高兴又放心。他们来到被野猪啃吃的包谷地边，李亮看好野猪来往的路径，就在路径旁边的草丛里埋伏下来等待野猪。李亮叫普丕拉开一段距离，在野猪先经过的地方埋伏，其任务是把野猪放过来后，仔细观察后面有没有野猪跟着，如果有举草为号，如果没有摇草为号，到时他自有动作。还叫普丕不要慌张，不要有响动，如要动作他也会叫普丕的。普丕按照李亮的话行事。

两人就这样悄悄地潜伏下来。四周一片寂静，偶尔有青蛙和蟋蟀的鸣叫声，还有天上的星星争相眨着眼睛。一切都那么宁静。

到了半夜，野猪终于来了，快到地边时走走停停，竖直耳朵，警觉地观察和倾听周围的动静，确认安全后才快速往前走来。野猪来到普丕跟前，他隔着茅草看得很清楚，已闻到了野猪强烈的体味。第一次这么近地看见活野猪，普丕心里不免有些紧张，但他牢记李亮的话，沉住气，屏声静气地让野猪走过去，然后仔细地看清了后面，确认没有其他野猪跟着后，就举起茅草晃动向李亮示意。

这边的李亮在星光下清楚地看到了普丕晃动的茅草，心中就有了底。待野猪来到他面前，他提枪一跃而起，那野猪一愣，说时迟那时快，还没等野猪反应过来，李亮的尖枪早已刺穿了野猪的喉咙，随着野猪的哀嚎，又复一枪从野猪嘴里刺穿脑壳，野猪随即蹬着脚咽气了。李亮招呼普丕快过来帮忙，说野猪被打死了。普丕兴奋地跑了过来。夜猎野猪干净利落大获成功。

这是一头近两百斤重的大野猪。两人砍了一棵木杆，拴好野猪四脚抬了回来，连夜刮毛破肚弄干净，将其肉一部分腌制成干巴，余下的做成汤锅，准备明天请亲友邻舍共享。李亮要分一些肉给普丕，普丕只要了两块肉，分别送给了李方氏家和施大明家。

天刚亮，一切都收拾妥当了。李士天不知怎么听到了消息，一大早就来到李亮家门前转悠，见到普丕就故意地问："普丕！这么早你在这里做什么？"

普丕说："阿波，昨晚我跟李亮阿哥打野猪，刚收拾完。"

"哼！你去打野猪怎么不告诉我？"李士天怪声怪气地叫道。

普丕听了心里顿生烦意，但语气平和地说："阿波，我在休息时间去打野猪，所以没跟你说。"

"休息时间？要不是昨天下午我让你休息，昨晚你连柴都劈不完，哪有工夫去打野猪？"李士天瞪着眼恶声恶气地叫道。

普丕和李亮都知道，李士天嗜野味如命，故意无事找事来了，分明是来要野猪肉的。李亮想，普丕是李士天的长工，而且那一次普丕还给李亮家换回来了李士天的耕牛。李士天心怀不满，趁机示威来了。还是给李士天一点面子吧，于是就割了一块好野猪肉给李士天，并且很客气地说："阿波，这点野猪肉是孝敬你老人家的，你拿去尝尝鲜吧。"

李士天毫不推辞，接过野猪肉，得意地笑着，忙着回家下锅喝酒去了。

第二十八回　过"白佐索"[1]追捕野牛　获得"宝物"普丕清债

时令已进入了初秋，秋风也渐渐凉起来。地里的庄稼快成熟了，看来今年的收成不错，村民们都盼着沉甸甸的粮食收获到家。而且中秋节临近，金色的秋日是农人们收获喜悦的季节。

在这充满欣喜的日子里，普丕却高兴不起来。中秋节即将到来，不仅不能使他愉快，反而使他忧伤和愁郁。"每逢佳节倍思亲"，在这家庭团圆的节日里，他不仅伤心地想起了早年凄惨去世的父母，更使他忧伤和痛苦的是，父亲当年欠李士天三两银子的债，母亲和他这么多年的劳累偿还，不但没有还清欠债反而增长成了数十两银子的沉重债务。母亲曾为此日夜劳苦付出了生命，自己也十多年长年累月做李士天的长工，用苦死累活的低微工钱来抵偿债务，但根本赶不上利滚利的速度，越抵偿债务越多。如此下去，他一辈子还不了这个债不说，还不知将背负多少巨大的欠债。不仅他这一辈子还不清，后代几辈子也没有还清的希望。想到此，普丕不寒而栗，不敢想下去。

李士天的债像一座大山压在普丕身上，压得他抬不起头来喘不上气。他想这样下去可不行，他要搬掉这座大山，还清李士天的债务。但谈何容易，普丕苦思冥想，始终没有办法。这可急坏了他，成了他沉重的心病，他一直在寻觅着突破这一难关的契机，他期盼那希望之光突然在他面前升起。

李士天可不是一个等闲之辈，他的奸诈和吝啬是出了名的，他日复一日地压榨着普丕和长工们的血汗，贪婪地充盈着自己富足的仓廪。李士天极尽手段地奴役着普丕，尽管普丕年轻力壮，勤快能干，日夜劳作，李士天不仅不需要付给工钱，普丕的债务反而一天天增加着，他自负任凭普丕

① "白佐索"：彝族祭祀活动，即祭山神，目的是禳灾祈福。

怎么跳，也跳不出他的手心。普丕及其后代终将是他家的奴隶，对此李士天十分得意。

傍晚，晚霞映红了山川大地。普丕却一个人坐在村外田边的一个小土包上忧郁地想着心事。前面是幽深的槽子河谷，河对岸是茫茫连绵的大山，晚霞给大山抹上了淡淡的红色，晚霞过后黑暗即将来临，普丕心里愈加焦虑和伤感，令人沮丧的现实，让他十分揪心和惆怅。

正当他凝视着前方，满腹愁郁地想着心事的时候，背后忽然传来清亮而欢快的喊声：“普丕阿哥，你这么一个人呆坐在这里？叫我好找啊！”

普丕这才摆脱了愁思，扭头一看，只见施明笑容满面地向他走来。他便问道：“施明阿弟，你什么时候回家来的？找我有事吗？”

施明说：“我是今天下午回家来的，我来喊你到我家吃晚饭，今天我阿爹捉了一些鱼回家，把鱼做熟了，叫我阿姐送一些给李方氏大嫫，叫我来喊你到我家吃鱼。当然我还有更重要的事情在吃饭的时候跟你说。”

普丕笑起来说：“有什么重要的事情要在吃饭时才说，现在就说好啦，免得我老是惦记着。”

施明说：“就是要给你惦记，这样你才会快来我家吃饭的。”

普丕笑着说：“好你个施明阿弟，你竟要弄起你普丕阿哥来了。不管你有事没事跟我说，我都会快快到你家吃饭的。”

施明调皮地歪着头问：“为什么？因为要见我阿姐吗？”说着咯咯地笑起来。说笑着他怕普丕报复地擂他，急欲躲开，却被普丕一把拽住，拉到身旁坐下来笑着说：“我看你还敢贫嘴，小心我收拾你！”

普丕突然觉得施明长大了，成熟了，浑身透着男子汉的气息，他说：“施明阿弟，你长得越来越帅，也越来越有出息了，听说你已经做了二把手师傅，成了大师傅的得力助手啦！怎么样，在外面有没有相好的姑娘？”

施明毕竟年轻脸皮薄，见普丕如此询问，脸竟腾地红起来说：“姑娘对我有意的倒也遇到了，但我没有考虑。我阿姐都还没有对象呢，我忙什么，我阿姐不结婚我是不会结婚的。”

普丕说：“不必为你阿姐着急，你阿姐这么好的姑娘，很快就会有对象的。倒是你认准的对象要拉紧点，不能放弃。”

施明红着脸羞赧地傻笑着。

然而，施明有意无意说的“我阿姐还没有对象呢”却搅动了普丕沉静的心，也刺到了他内心的痛处。他和施明的阿姐施慧在苦难中共同长大，有着深厚的感情。他喜欢施慧，但他是李士天的长工，身无分文，穷得上无片瓦下无插针之地，而且还背负着巨额债务。他能给施慧什么呢？难道让施慧跟自己一起承受沉重得一辈子都还不清的债务吗？想到这些，他怎敢跟施慧处对象谈恋爱呢？因此，他深爱着施慧，却又难以表白对施慧的爱恋。这是他长期以来埋藏在心灵深处的痛苦，随着年龄的增大愈加强烈地煎熬着。

施明看着普丕满腹心事，表情忧郁，却不知为什么，就问：“普丕阿哥，看来你气色不好，身上是否有病？”

普丕抬起头说：“没有，身体好着呢，只是长大以后，想法就多一些。”

这时晚霞已黯然失色，夜幕悄悄降临，施明说：“普丕阿哥，走吧，天快黑了，我阿爹的饭菜早该熟了，我们回家去吃饭吧。”

于是两人便回到施明家里。施明阿爹的饭菜刚做熟，满屋飘着煎鱼的香味。普丕走进门亲切地喊道：“施大叔，让你忙了，我抬嘴就来吃饭。”

施大明说：“普丕侄子，哪里话！不要客气，你来家里吃饭，我们一家都高兴着呢，饭菜都做熟了，快坐下吃饭。”

施慧也从李方氏处送鱼回来了，李方氏还给她捎回了几个煎饼，施慧把它摆到饭桌上，施慧接上父亲的话说：“是呀，普丕阿哥，你来我家里吃饭我们一家都挺喜欢的。”说着喜笑颜开地给每人沏了一碗茶水。

说话间饭菜已上桌，一大盘煎鱼放在餐桌中间，旁边摆着几样小菜。施明除了阿姐给每个人都斟上酒，大家高兴地围桌吃饭喝酒。

吃饭间，普丕对施明说：“施明阿弟，你说吃饭时有重要事情要对我说，现在酒也喝了数杯，你可以对我说了吧？”

施明喝了一口酒，满脸堆笑地说：“普丕阿哥，是这样的，我那去拉村的弟兄普兴说，他们村里明天要举办‘白佐索’活动。尔后在后天要组织人员去撵野黄牛，我弟兄说很有意思的，请我家去他家里做客，我阿爹和我阿姐是不会去了，我想请你一起去。”

普丕听了觉得很有意思的，很想去，于是就问施明：“那前后要几天呢？”

施明说：“做‘白佐索’要一天，撵野黄牛一般要三到五天，至少要两天吧，前后可要三至四天呢。”

普丕听了为难起来，他心里清楚跟李士天要一天时间去做客都难，更何况要这么多天，李士天肯定不会同意让他去的。便面露难色地说：“我很想跟你一起去，但这么多天李士天一定不会同意的。”

施明却说：“普丕阿哥你回去好好跟李士天磨嘴皮，反正你一年四季都给他做活，也不缺这几天。再说你终年为他苦死累活，他对你始终是那么刻薄，我都为你不平呢。”

施明的一番话，勾起了普丕心中的隐痛。是呀，这么多年给李士天当牛做马，不仅得不到一分工钱，而且负债却越来越多，这分明是李士天在贪婪地榨取他的血汗。罢了，去就去，说不定到了那里会找到还清李士天债务的办法呢，要几天就去几天，待回来了再跟李士天理论。普丕想到此就定下心对施明说：“好，施明阿弟，我就跟你一起去。我去先跟李士天说只要两天，去四天五天等回来再说。”

施明听了高兴地说：“那太好啦，明早就出发到去拉村我弟兄普兴家赶早饭，你今晚就跟李士天说。”

事情就这样在吃饭间决定了，因为普丕还要去找李士天说去做客的事，他没有再贪杯，匆匆吃完了饭就忙着去找李士天，施慧送他到门外。

此时月亮刚刚升起来。普丕找到李士天，酒足饭饱后的李士天正挺着肚子，剔着牙跷着二郎腿，坐在院子里乘凉。见普丕来找他立刻扭过头来乜斜着眼，疑惑地瞪着普丕。

普丕走上前对李士天说：“阿波，我明天跟施明到去拉村他弟兄那里做‘白佐索’的客和撵山狩猎，要去两天，求阿波让我去。”

普丕话音刚落，李士天脸就变绿了，鼓着眼睛叫道：“什么？你又要跟施明去做客？一去就是两天，眼看马上就要进入秋收农忙季节了，哪有时间去做客，不行！不准去！”

普丕却平静而又语气肯定地说："阿波，反正我是要去的。"

李士天没想到普丕敢用这样的语气跟他说话，脸色立即变得通红，额上暴起青筋，吼道："普丕！你竟敢用这样的语气和阿波我说话？我再告诉你，你不准去！"

普丕仍然平静而又沉着地说："我没参加过做'白佐索'活动和撵山狩猎，而且离秋收还有一段时间呢，就去两天影响不了秋收的。"

看着普丕执意要去，李士天火冒三丈，正待发作。但看到普丕身强力壮，想起平时做活计也挺卖力的，今后还要继续让他卖力。于是强压怒火，低头噘嘴，鼻孔呼呼地喷着粗气，沉默了好一阵子。突然抬头恶声恶气地说："两天，就给你两天，但回来要加磨三个晚上的包谷面，把做客占用的劳动时间补回来！"

普丕再也没有说什么，转身离去。李士天瞪着普丕转身离去的背影，那神情恨不得把普丕拖回来。

普丕当即来到施明家里，告诉施明说在他的强烈坚持下，李士天勉强同意他去两天。施明说那超过两天怎么办？普丕硬气地说，先就两天吧，到时回来看情况再说。

次日早上，东山上的太阳喷薄欲出，普丕就来到了施明家。施明的父亲早已为他们准备好了要带的礼物，即一只公鸡、两升米、两斤酒、两斤糖。于是施明提着公鸡，普丕提着米酒糖就上路了。施明的父亲已去做工，施慧把他们送到门外。

这时，明亮的朝阳普照着村寨山川，一派朝气蓬勃，路边的树叶草丛中挂着晶亮的水珠，清凉的空气使人爽快。施明走在前面，手持木棍不时打落伸到路中间的草上的露水，以免弄湿衣裤。普丕紧跟其后，二人边聊着闲话边赶路。

施明和普丕赶到去拉村时，太阳已升高，四周一片温暖。只见村里的人进进出出，忙着操办"白佐索"。二人径直走进普兴家的新居。一家人都在，普兴在外面做"白佐索"的准备刚回来，普兴的母亲和阿姐刚做好早饭，普兴的父亲坐在火塘边喝着茶水。施明和普丕的到来，全家人都十分高兴，屋里的气氛更加欢快起来。他们立即摆好饭菜，热情招呼二人洗手吃饭。普兴的阿姐给施明和普丕打来了洗手水又端来了茶水。施明把带来的礼物交给普兴的母亲，老人接过东西说人来了就好啦，还带这么多东西太客气了，还问施明的父亲和阿姐怎么没来？施明说父亲给人家做工，阿姐照看家里都来不了，因此和普丕阿哥两人来了。老人笑盈盈地说：“好好，前次立新房子你普丕阿哥也来了，看得出来你普丕阿哥是一个很能干的小伙子，那时我就叫他多来家中玩的，这次他和你一起来了，我们一家都高兴的。”

寒暄过后大家围桌吃饭。普兴告诉施明和普丕，今天村里“白佐索”活动，如同过节一般。但是早饭都在各家吃，晚饭时全村人才在一起聚餐。所以早饭的菜肴就在家里简单地吃一点。普兴自然是在说客套话，家里知道施明和普丕要来吃早饭，已备办了满满一桌菜肴。普兴高兴地提着酒壶上酒。普丕说：“早上就不喝酒了吧，白天还要做事情，晚上再喝就好。”

普兴说：“那怎么行呢，今天是做‘白佐索’，虽然晚上才聚餐，但早上也要喝酒的，不然白天哪有精神做事情呀。”说得施明和普丕都笑起来了。普兴分别给大家斟满了酒杯，普兴的父亲只上了半杯酒，因老人家最近一段时间以来身体一直不好，老是咳嗽，吃药也不见好转，所以喝得少一点。普兴的母亲和阿姐都不会喝酒，就盛饭吃。普兴举起酒杯说：“施明弟兄、普丕阿哥，今天我们村做‘白佐索’，你们来我家做客，我们一家人真是太高兴了。为了过好‘白佐索’，为了大家幸福安康，干杯！”于是大家举杯一饮而尽。普兴父亲也喝了一口，母亲和阿姐也微举饭碗微笑示意。

吃饭间，普兴还告诉施明和普丕：“今天村里做‘白佐索’，全村人都参加。祭典仪式在村后的山神树下举行。村里的人准备祭祀的，杀猪宰羊的，做菜洗碗等事宜都分别做了安排，早上就行动起来了。我是杀猪宰羊帮厨的，猪羊早上已经杀好了，只等白天祭祀和下锅了。”说到这里普兴喝了一口酒继续又说：“按照古老的规矩和习俗，祭祀山神树只能男人参加，女人不去。所以晚上聚餐也只有男人，聚餐地点就在山神树边的场地上。聚餐的伙食只备办酒菜，饭各家自己准备好后，带到聚餐地点食用。肉食留下男人聚餐用的以外，其余按每家所定人口份额分给各户给家里的妻儿老小和女客人享用。”说到此，普兴停了一下又说：“祭祀山神在午时举行，以爆竹声响为号集中，到时村里就热闹了。”说完劝施明和普丕喝酒吃肉。

席间普兴的父亲慢慢地喝着酒吃着菜。上次立房子的时候，普丕跟施明来做客时，看到普兴的父亲红光满面，精神矍铄，声音洪亮，身体硬朗，但这次见到判若两人。只见此时的老人面容憔悴褐黄，声音沙哑且不断咳嗽，精神萎靡。待普兴说完，老人喝了一小口酒咳嗽了两声，缓慢而清晰地说：“做‘白佐索’是我们彝族的传统，汉语叫‘祭山神’。我们彝族的祖先们，自古以来就信奉万物有灵，视山神为山野一切生灵的主宰。所以在每年的春秋两季寅辰日举行‘白佐索’活动祭祀山神。在平日的撵山狩猎出行前也向山神祷告，得到山神的默许和保佑才能狩猎有获。山神树是山神的化身，在本村风水林中或进山的路旁选一棵大树奉为山神树，树种可以不一，青香树、松树、柏树或杉树皆可，但要高大挺拔，枝繁叶茂才行的。一旦选定祭祀后就具有了山神的神灵。”老人说着忍不住咳嗽了几声，喘了几口气又说：“我们村子的山神树在村后的风水林中，是一棵大青香树，每次做‘白佐索’都在那里举行。”说着老人又扭头咳嗽了两声再接着说：“‘白佐索’是神圣的祭祀活动，不仅隆重，还要虔诚和认真。这关系到全村人的福祉，不能马虎，一定要做好才是。”老人说完又咳嗽了一阵，尔后慢慢地喝酒吃饭。看到老人如此的病态和衰弱的身体，施明和普丕心里都不免深感担忧。

接着普兴又说：“我们村举办‘白佐索’活动，都是由头家主持。每年的头家经推选由本村各户的成年男子轮流担任，负责组织和操办当年‘白佐索’的相关事宜。等到午时本任头家就要召集组织男人们到山神树下举行祭典仪式了。至于所需经费由头家负责按各户参加人员筹集，并列出收支明细予以公布。这次‘白佐索’结束后，本年头家的任务就完成了。在今天‘白佐索’祭祀结束时就要推选出下一年举办‘白佐索’活动的头家来，以操办来年的‘白佐索’事宜。担任‘白佐索’头家是一件风光的事情，人一生可能只有一两次担任头家的机会，大家十分珍惜，非常尽责和卖力，力求将所负责的‘白佐索’办得火红圆满，获得赞誉。因此能当上头家的都很兴奋，甚至自豪一辈子。所以每年的‘白佐索’都办得很热闹。”普兴说完喝了一口酒吃了一点菜又说：“最近在我们村子对面的伏牛岭山上的树林中发现了一头野黄牛。今日做‘白佐索’结束后，明天做好准备，后天村里组织人员到伏牛岭撵野黄牛去。我、施明弟兄和普丕阿哥都去参加。”

大家边吃边谈。普丕和施明在交谈中了解了许多关于“白佐索”的知识，真是长了见识。

吃完饭，普兴母亲和阿姐收拾碗筷，普兴父子、施明和普丕坐在火塘边喝茶。这时忽听得村后山神树处一阵爆竹声响，接着锣鼓声骤起，唢呐和号角声齐奏，整个村子顿时沸腾起来了，集中祭祀山神树的时间到了。男人们纷纷向祭祀活动的场地涌去。施明和普丕跟着普兴走出家门，随人流奔向祭祀场。普兴的父亲由于身体不好留在家中休息，母亲和阿姐在家里准备晚饭。

很快，全村的男人们都聚集在了山神树下的场地上，普兴三人到时，山神树前已站满了黑压压的人群，其中有不少是客人。山神树是这片风水林中一棵高大的青香树，枝繁叶茂、苍翠悠香。山神树下辟出一块场地，场地上铺满葱绿的青松毛，并在其上靠近山神树的地方设立了一个祭坛，祭坛前方也收拾出了一大块场地，祭祀和聚餐就在这里举行。场地边上有几口新垒的灶，灶上已热气腾腾，厨师和帮厨们正忙着备办聚餐的伙食。只见已宰杀弄净的猪、羊、鸡等都已下锅，弥漫着香气。普兴对施明和普丕交代了几句话后，也帮厨去了。

此时，丽日当空，祭祀场上人头涌动，人声喧闹。人已聚齐，祭祀时辰已到，“白佐索”祭典开始。

头家高声宣布：“今年中秋寅日吉时已到，去拉村‘白佐索’祭祀典礼开始！鸣炮，鼓乐齐奏，向山神行敬香、献三牲、献酒馔等祭礼！”

于是人们在爆竹和鼓乐声中在祭坛上燃香烛，献上煮熟的一个牛头、一个猪头和一只整鸡，以及酒饭糖果等祭品。

接着头家又喊道：“全体人员一起向山神跪拜，念祭词。”

随着喊声人们跪在山神树祭坛前。“头家”念祭词：

尊贵的山神老爷，紫气腾绕映金山，瑞云飘临照银地。西起玉水润宝岭，东升朝阳暖福土。我去拉村全体村民祭拜山神老爷，并敬献香烛、三牲、酒馔和糖果等祭品，以表虔诚之心。祈祷山神老爷给全村人赐福，保佑五谷丰登，六畜兴旺，狩猎有获。出入平安，幸福安康……致飨。

头家念毕祭词，喊道：“一叩首，再叩首，三叩首，兴，礼毕。”在头家的喊声中，人们齐祭三叩首之礼，然后起立。

最后头家高声喊道：“向山神祭献鼓乐，跳《祭山神》花鼓舞”，话音刚落，五名花鼓队员上场跳《祭山神》舞，领队手持锦鸡尾龙头领舞，其余身挎花鼓，擂鼓起舞。舞步沉稳豪迈，鼓声铿锵有力，边舞边唱：

山上草木旺，林中有禽兽，山神来开恩，猎物满载归。

山里土地广，土肥种庄稼，山神来开恩，五谷皆丰收……

随着鼓声、爆竹、唢呐、牛角号声大作，祭祀达到高潮，全场欢腾。

祭祀山神结束后，在本届“白佐索”头家的主持下，大家推选下一年举办“白佐索”的头家。在未担任过本轮头家的男子中推选。推选的办法是用一根拇指粗五厘米长的小木棍，一头削成斜面从中间剖开，剖面涂上红颜色后合起来，由参选的男子们逐一从离地面二尺高的高度丢下，落地后所涂红色的剖面，一面朝上，一面朝下者为当选，即成为下一年度的头家，负责来年“白佐索”活动。大家很快便推选出了下一年度“白佐索”的头家。

推选头家结束后，厨师们迅速将做熟的猪羊鸡肉留下聚餐的以外，其余的肉食按人头分给各户参加祭典的男人们，带回家中给妻儿和女客人们享用，然后带着各自要吃的米饭来祭祀场地聚餐。普兴家的肉食由施明和普丕带回了家，他俩很快便带来了熟米饭。

此时，祭祀场上的美酒佳肴已备办妥当，聚餐的爆竹声响起，男人们欢快地入席聚餐，场地上已铺满了清香翠绿的松毛，酒肉已摆上席，人们围席而坐。男人们豪气大发，大碗喝酒，大块吃肉，开怀畅饮。气氛热烈，场地上一片喧闹，劝酒声、猜拳行令声四处响起，到处是欢声笑语。

跟普兴、施明和普丕同席的是两家邻居及其亲友，大家热情洋溢，互相敬酒劝菜，喝得不亦乐乎。酒饮数杯，普兴兴致大发，对施明说：“弟兄，我俩也划个拳吧！”这正合施明的心意，他说：“好，弟兄，划什么拳呢？”“就划‘两好拳’吧。”普兴说。“好，来吧。”施明应声说道。众人在旁边叫好助兴。

于是，普兴和施明同时猜拳出手：“两好哇，两好哇，二红喜啊，四季发财。”普兴猜二出一，施明猜四出二，谁也没有猜中，没有胜负，不罚酒。接着又来：“两好哇，两好哇，五谷丰登，七仙美女。”普兴猜五出二，施明猜七出三，普兴猜中获胜，施明罚酒一杯，在众人的欢声笑语中施明举杯仰脖而干。“两好哇，两好哇，一魁首啊，久久有福。”普兴猜一出拳，施明猜九出五，两人皆未猜中，没人被罚酒。“两好哇，两好哇，八仙过海，十全十美。”普兴猜八出五，施明猜十出五，施明猜中，普兴输拳，也被罚酒一杯。普兴面带微笑，豪爽地一饮而尽。

普兴和施明越猜拳兴致越高，众人也看得津津有味。在高昂的猜拳声和欢笑声中，划了一拳又一拳，直到酒酣饭饱，尽兴方休。此时月亮已升起，场上聚餐的人陆续散去，大家便收拾席面回家。

这时，村中的场地却异常热闹起来，已成了欢乐之地。场地中央篝火熊熊，青年男女们欢聚在这里开始跳大乐作舞。这场歌舞将通宵达旦。普兴、施明也趁着酒兴加入到跳乐的行列，普丕不会跳就陪着他俩在场外观看。至半夜三人才回家睡觉。

做“白佐索”后第二天，要撵野黄牛的人们就休息一天，同时做好撵野黄牛的准备。撵野黄牛需要数天的时间，要准备好猎具、食宿等所需物资。普兴也认真地准备起来。施明和普丕在旁边帮忙。

施明问普兴：“明天有几个人撵野黄牛？”

普兴说：“加上你们两个，一共是十二个人，都是村里有经验的猎手。”

施明不无顾忌地说：“那我和普丕阿哥都没有狩猎经验，能行吗？”

普兴说：“没事的，你俩跟着我们走，边走边吆喝就行。待野牛被撵得筋疲力尽时，猎狗就会围住野牛，我们猎手冲上去刺倒野牛。你二人跟着我们就好啦。”

“那明天多时走？”施明又问。

“明天早上天一亮就起床吃饭，太阳一出就走。以牛角声为号，出发前先集中在山神树前，向山神祷告后就出发。”普兴说。

“撵野牛要几天时间？这期间吃的睡的要怎么办？”施明又问。

普兴说：“睡的要自带帐篷去，吃的每人带一升米、两斤干肉、两斤酒、一斤香油和适量的盐巴辣子等就行。负责做饭的人会背着锅一起行动，到时把米肉等食物交给他们统一做熟后，大家一起吃。撵野牛一般要两到四天，但要按五天的吃用带够，得有余地。”

施明又问：“那吃的蔬菜怎么办呢？”

普兴笑道：“这好办，漫山遍野都是野菜，要做饭时采些野菜就解决了。”

普兴按三个人的需要，一一做了准备。

这天晚上，三人早早地睡了，以便养精蓄锐，有充足的精神去撵野黄牛。

次日早上三人醒来，天已大亮，普兴的母亲早已做好了饭菜，有酒有肉。三人吃完早饭就在火塘边喝茶。这时村后的牛角号响了。普兴说：“噢，要集合出发了，我们带上东西走吧。”

于是三人带上东西赶去集中。普兴背着帐篷，带上长枪，腰挎猎刀。施明和普丕分别带上一把长刀，背着米肉酒碗等物，每人的挎包里都装有要吃的午饭和一壶水。撵野黄牛中午是不停下来的，肚子饿了自己一边追野牛一边吃午饭。

普兴三人赶到山神树旁时，人员都到齐了。人们个个带着刀枪和相应的用具，其中两人带着牛角号，还有两人背着锅，一口锅做饭一口锅做菜。另有四五条猎狗。大家精神抖擞。几条猎狗在人群里跑前跑后，显得很兴奋。领头的是一个年纪稍大的中年汉子，结实精干，一看就是一个富有经验的猎手。他环视了一下大家说：“我们这次去撵野黄牛，说不定要三天，也许要五天。大家要互相照顾，合力追击，特别要注意安全。”尔后又问大家都带好东西了没有，并要求大家再检查一下。大家都说带好啦。于是他说：“那好吧，现在我们就跪拜山神祈祷吧。”大家一起跪下后他口中念道：“尊贵的山神老爷，我等十二人要去伏牛山撵野黄牛，请山神老爷保佑我们出猎平安，满载而归。”念毕大家磕了三个头后起立。

祷告后就出发了。在“嘟嘟”的牛角号声中，人们快速向野黄牛藏身的伏牛山赶去，几条猎狗“汪汪”吼叫着兴奋地冲在前面。

伏牛岭山脉横亘在去拉村前面，连绵数十里，茫茫苍苍。山脚下是一条河，过了河即进入伏牛岭。撵野黄牛的队伍喧啸着直扑野黄牛栖息的密林深处。人们吹响牛角号，吆喝着，猎犬狂吠着，一路轰撵而去。正在悠闲地吃着树叶的野黄牛，被这突如其来的攻击所惊骇，惊恐地奋踢狂奔而逃。敏锐的猎犬群兴奋地狂叫着紧追而去。人们也呼喊着紧紧跟随。一场数日的与野黄牛竟跑的追杀紧张地开始了。

野黄牛体形大，力气足，性野蛮，是山中的大力士和长跑冠军。而此处却大树灌木参差，藤蔓茅草相缠，惊慌的野黄牛也跑不了很快。而体型娇小敏捷的猎犬在密林中穿梭奔跑更有优势，死死咬住野牛穷追不舍，人们也憋足气随狗叫声紧紧追赶，狗叫到哪里就追到哪里。中午，人们皆感到口渴肚饿，于是边追赶边喝水吃饭，一刻也没停下追赶的脚步。到了下午，草木稀疏了一点，可以清楚地看到奔跑中的野黄牛了。这是一条硕大的黄褐色野牛，膘肥体壮，奔跑快速。野黄牛浑身冒汗，口吐白沫，拼命而逃，自然人们也狠命追赶。

追至黄昏，野黄牛又没入前面的一片密林中。人们停下来在一处箐边的平坦地上宿营。大家分别把身上带的部分米肉等物交给做饭人员，就近捡了一些干柴生火做饭，并且采挖了一些野菜和野山药入菜，饭菜很快做熟了，大家围在一起用餐。也许是又累又饿了，饭菜特别香，酒也特别甜，大家吃得有滋有味。吃饭时领头的问大家有人受伤没有，大家说没有。他就说：“吃饭后大家抓紧休息，明早天亮后吃了早饭继续追赶。”

吃完晚饭后，夜幕降临，大家扯起帐篷就入睡了。普兴、施明和普丕共睡一个帐篷。不一会便鼾声四起。一天的奔波劳累，大家都睡得很香甜，猎犬群也蜷伏在帐篷外睡得沉沉的，不过四周一有响动，警觉的猎犬就会狂吠起来。

第二天天刚亮，人们吃了早饭带上饮水和晌午饭后，又继续追赶野黄牛。犬吠声、牛角号声和人们的吆喝声响彻晨曦中的密林深处。野黄牛又被惊起狂奔，不过奔跑速度没有第一天快了，人们紧紧追着一直到傍晚。这时已来到了莫可村附近。大家就到村里宿营。

莫可村是一个彝族小村子，村人们十分热情好客，对撵野黄牛的客人们很是欢迎。领头人选择了一家住房较大的房东安排做饭，饭后大家分散到各家借宿歇息。

普兴、施明和普丕借宿在一户三口之家里，房东家两位老人均为五十岁左右，二十出头的儿子尚未娶妻，这两天刚好到未婚妻家帮忙去了。房东大嫫热情安排了睡铺。大家一边喝茶一边闲聊了一阵后就去睡了。普兴和施明在左耳房里睡一铺，普丕和房东大爹在右耳房里睡一铺。睡下后老人在交谈中问起普丕的家事。普丕告诉老人，自己早年父母双亡后，从小在地主家做工，并且至今父母欠下的债还未还清，而且债务越积越多，不免深深叹了口气。

老人听了安慰道："孩子，你真是一个苦命的孩子。但不要灰心，要勇敢地生活，'天无绝人之路'，人的命运是会改变的。重要的是不要停止对命运的抗争，争取过上好日子。"说完他给普丕讲了一个改变命运的故事。

从前在深山的一个村子里，有一个叫阿者的孩子，父母不幸早亡，留下两亩薄地。阿者辛苦耕地仍填不饱肚子，于是经常到山上打柴去卖，换些零钱贴补生活。一日他在山上打好柴到箐水边洗手准备吃晌午饭。这时，听到旁边的草丛里有呻吟声，他吃惊地循声找去，只见一个衣衫褴褛，十分瘦弱的老人躺在乱草丛中动弹不得。他急忙把老人扶起来，关切地问老人怎么了。老人说他是一个穷人，孤身一人生活，因没有吃的就上山来挖山药，但又老又饿，感到浑身疼痛，倒地起不来了。

阿者十分同情老人的遭遇，他搀扶老人坐在一块石头上，又打水来给老人洗手，然后把自己的晌午饭给老人吃，把自己的饮水给老人喝。老人吃饱喝足后精神好转，便随手拿起自己挖山药的锄头说："孩子，你是一个善良的人，我这个老头也挖不动什么了。我没有什么东西谢你，就把这把锄头送给你吧。望你用这把锄头好好种地，你的生活会好起来的。"阿者对老人说："老人家你也不要着急，我带你回我家去，我会好好待你的，只要我有一口饭吃，绝不会让你饿着。"老人眼里闪着亮光，微笑着说："谢谢你，孩子，我现在先去方便一下。"说着就到离阿者不远的一棵大树旁的草丛里蹲下去了。过了好一阵不见老人回来，阿者担心老人出什么事，赶紧跑过去看，却不见老人的踪影。阿者着急地高声呼喊，也没有老人的回音，阿者四处找寻也不见老人。没有办法就挑着柴带着锄头回家了。

以后阿者就用这把锄头种地。说来也奇怪，自从用了这把锄头，阿者的庄稼特别的好，收成翻倍，粮食吃不完，饲养了许多猪鸡，余下的拿出去卖。阿者富裕起来了，娶了媳妇生了娃，过上了好日子。

原来阿者在打柴时遇到的挖山药的老人是一个仙人，那把送给他的锄头是一把生财宝锄。仙人见阿者心地善良，勤劳能干，特意来帮助阿者的。

老人讲完了故事又说：“孩子，这就是一个年轻人在无意中改变自己命运的故事。所以人的命运是会改变的，年轻人要充满希望地去争取。”少顷老人说：“孩子，时候不早了，我们睡吧。”

不料，普丕躺在床上听了这个故事，心中一亮，霍地坐起来，兴奋得差点大喊起来。他激动地嘴里反复念叨着：“宝锄，宝锄！”有了！解决自己的债务有办法了。对!就这样做！老人的故事启发了他。老人见他这个样子说：“孩子，怎么了？快睡吧，明天一早你还要去撵野牛呢。”说着老人侧身睡去，不久便响起了轻微的鼾声。普丕则兴奋得辗转反侧，一夜睡不着。

第二天早上天微亮，普丕就起来了。他虽然彻夜未眠，仍然精神焕发，神情愉悦。他看时候尚早，就在村里转悠了一圈。这是一个不大的村庄，约莫十来户人家。村子依山傍水，四面青山环抱，村前的河边田畴满布，这是一个好地方。普丕永远忘不了这个村子，忘不了借宿家的老人，更忘不了老人昨晚给他讲的故事。这时撵野黄牛队集中的牛角号响了，普丕赶忙回到住宿的地方。这时普兴和施明也已起床洗漱完毕。见普丕回来就问道：“你老早到哪里去了？”普丕说：“我在村子里转了转，这是个好村子哩。”于是三人便谢辞了房东老人，来到集中的地方，吃了早饭又继续出发撵野黄牛。

这是追赶野黄牛的第三天了，人、狗都有些疲乏。但大家的精神仍然很好，斗志旺盛，有说有笑，信心满满。人们追赶野黄牛的吆喝声，猎犬的吼叫声，又在野黄牛藏身的丛林里响起。野黄牛惊恐地逃蹿，但两天来的奔逃，夜里猎犬又对它不断狂吠，日夜不宁的野黄牛已疲惫不堪，奔逃的速度明显慢了下来。人们看到了希望，越发鼓足力气，快步追击。临近中午，野黄牛终于坚持不住，越跑越慢。猎犬群争相而上，撕咬野黄牛的脚后跟、尾巴和屁股。野黄牛不得不时不时调转头来抵御猎犬的攻击，猎犬却机灵地躲开，待野黄牛转回头奔逃，又蜂拥上去撕咬。野黄牛奔逃的速度更慢了。紧紧追赶的人们很快赶到，一拥而上，四五杆长枪瞬间刺穿了野黄牛的喉咙，野黄牛口吐血沫轰然倒下而死。

这是一条罕见的特大野黄牛。大家怀着兴奋的心情，立即将其剥皮破肚，将野黄牛肉按人头和猎犬分给每个人。大家担着沉甸甸的野黄牛肉，带着猎犬，怀着胜利的喜悦，乐滋滋地抄近路赶回去拉村，在路过莫可村时，大家分别给借宿的房东们留下了一些牛肉致谢，然后快速地鱼贯回村，太阳还未完全落山就回到了村子。个个家里喜气洋洋，刷锅下肉，晾挂干巴，呼唤左邻右舍、亲朋好友来品尝美味的野黄牛肉。村里四处笑声连连，此起彼伏的喝酒猜拳之声传至深夜。

在普兴家里，普兴阿嫫也煮了一大锅野黄牛肉，余下的肉腌制成干巴。喊来邻舍和村中好友，大家吃喝到深夜方散。

次日早上，普丕心中有事，天刚亮就起床要回去了。普兴一家挽留他多玩几天，普丕却以出来时间太长不便久留为由执意要走。普兴及家人又挽留他既要走吃了早饭再走，普丕急着要走也婉言谢绝了。临走时普兴阿嫫送给他一大块黄牛肉，普丕推辞不过接过来再三致谢后急匆匆地上路了。普兴一家人和施明把他送到门外，并叮嘱他以后抽空常来玩。普丕在应允声中转身而别。施明还要在这里继续做木活，不与普丕一道回去了，所以留下来待吃了早饭再回做木活的地方。

普丕快出村时，到一户人家里买了一把半新的锄头，再将其清洗擦拭干净，打磨得明净铮亮，扛着锄头径直朝阿稽竜走回去。这一次出来前后六天，李士天肯定要气疯了，普丕回去肯定要面临一场暴风雨。但普丕心里却十分镇定坦然，他早已想好了对策，胸有成竹，而且回去还要实施他的大计划呢。因此普丕在回去的路上特地去附近的一个集市买了一些好酒、牛肉干巴、猪肉、花生等物带着回去。由于绕路买东西，天擦黑时普丕才回到阿稽竜村中。他首先到了李方氏家里，告诉李方氏自己刚从去拉村回来。此时李方氏正准备吃饭，普丕立即加炒了一碗野黄牛肉和一碗花生，然后和李方氏一起吃晚饭。饭后普丕将带回来的野牛肉分作两块，对李方氏说："李大嫫，我把带回来的野牛肉分作两块，一块是孝敬您老人家的，一块要送给施大叔家。还有我带回来的牛肉干巴、猪肉、花生等做熟后明天早上用于请客。并且天不亮就在你这里把饭菜做熟了，再拿到我住的地方请客。”然后又指着带回来的锄头说：“这把锄头我也得带回去。”

李方氏听了觉得事情有点神秘，但普丕就像自己的儿子，她充分相信普丕。她知道普丕这样说这样做肯定自有他的道理。所以没有多想，也没有多问，微笑着说：“好的，没事的，你什么时候做菜都可以，家里有什么你尽管拿了用。今晚我的门就虚掩着，到时候你推门进来做菜就行啦。需要我帮忙的时候吱一声就可以啦。”

普丕高兴地说：“好的。不需要您老帮忙了，饭菜我一个人做就可以了，你放心地睡吧。”

说完普丕把一块牛肉交给李方氏腌制起来做干巴，又拿起另一块说要去送给施大明家，还说还要到李士天那里，报告自己回来了。说着就出门去了。普丕把野黄牛肉送到施大明家后，就来到李士天家里。

不出所料，李士天看见普丕回来，就像一头要打架的公牛，瞪着双眼，额头上青筋暴突，脸红脖子粗地指着普丕厉声吼道：“普丕！你还知道回来？你说要去两天，今天是第几天了？已经整整六天，六天啊！你可耽误了多少活计？你说我怎么惩处你？”说着喘着粗气，凶狠的眼神中现出难抑的激愤。

面对李士天暴跳如雷的凶狠指责，普丕不慌不忙平静地说：“阿波，你不要生气。我确实多耽搁了几天，我也想按时回来的，但身不由己实在无奈，‘白佐索’活动一结束，就去大山里撵野黄牛，撵野黄牛不结束是回不来的。我知道我已经过期，但回不来只能干着急，我没有办法啊。”

“叫你不要去你偏要去，一去就不管时间长短，这次我要加重处罚你！你等着吧！”李士天仍然火气十足地吼叫着。

普丕说：“阿波，我接受你的处罚，但等我请你去我家做客以后，你再处罚我吧。”

“请我去做客？”李士天听了大感意外，以为听错了又追问一句。

“是的，阿波，自从我到你家以后，一直受你关照，而且这一次出去做客又超期那么多天。我想明天早上请你吃饭喝酒以赔罪。”普丕谦恭地说。

“少来这一套，你以为你请我客我做就不处罚你了吗？休想！我照样重重地处罚你！”李士天仍然恶狠狠地说。

普丕说：“是，阿波，我接受。你要怎么处罚我，明早我请你吃饭时你再对我说吧。”

这下李士天的怒脸仿佛缓和了一点，但仍然饱含恶意地说：“好！我看你小子怎么请我！你要是怠慢我，更不轻饶！”

普丕见此情景即说：“阿波，那就这样说好啦，明早就到我那里喝酒吃饭，我走啦。”李士天既不点头也不应答，恼怒且蔑视地把头扭到一边。普丕乘机溜走了。

这天夜里，鸡一叫普丕就起床了，他赶到李方氏家推开虚掩着的门进去，动手生火做菜做饭。做好后把一碗碗香喷喷的饭菜和美酒，抬到他住的房子前的一块荒地上，把饭菜严严实实地盖好后埋在地下，并分别做了记号。一切料理好后，扛上自已带回来的那把锄头回到房间睡下，这时天刚亮。

早上，李士天起了床，他想到要去普丕那里做客，蔑视地冷笑起来：“哼！普丕这小子竟然请我去做客，看他能弄出什么饭菜，这分明是想讨好我，以减轻对他的处罚。他想得倒美！今天他请我喝酒吃饭，我倒要看他的笑话。到时再加重处罚他，让他抬不起头来。”于是他特地打扮一番，想在普丕面前摆一摆阔阿波的威势和派头，抖抖威风，让他知道阿波不是普通的客人，叫他注意点。待一切就绪后，只等普丕来请他。

可是到了吃饭的时间，还不见普丕来喊。他又等了一阵，普丕还是没有来。这时太阳已升高，李士天的肚子也饿得“咕噜咕噜”直响，他等得实在不耐烦了，于是气冲冲地来到普丕住的地方。

谁知进了普丕的住处，里面一片冷清，普丕竟然还在睡大觉。李士天见此，更是怒火中烧，气不打一处来。他大声地对普丕呵斥道：“普丕！太阳都这么高了，你还在睡懒觉！你昨晚是怎么跟我说的？这时候还不烧火，冷锅冷灶的，你就这样请客？”

普丕被李士天的吼叫声吵醒，他见李士天来到，一骨碌从床上爬起来，赶快满脸堆笑地招呼李士天坐下，然后不慌不忙地说：“阿波，你莫生气，我原来是想给你多休息一下，不想竟睡着了，是我大意了。你先洗把手，立即就开饭。”说着打来一盆水给李士天洗手。

李士天瞪着普丕，极为不高兴地叫道：“你连火都没有烧，开哪样鬼饭！”

普丕却笑眯眯地说道：“阿波，莫急，我给你开饭就是。”说着从门背后小心翼翼地拿出了那把半新却十分铮亮的锄头，得意而神秘地说：“阿波，你稍等，酒菜马上上桌。”然后举起锄头说：“阿波，你瞧！我们这顿酒饭就靠它了。”

李士天被普丕说得莫名其妙，愣愣地看着普丕手里的锄头，不解其意。

普丕又说：“阿波，这不是一把普通的锄头，它是一件神器，是宝物。阿波，你相信吗，用这把锄头，我要哪样就挖出哪样来。”

李士天哪里肯信，大声嚷道：“普丕，你不要尽说些不沾天、不沾地的话，莫要耍花招，赶紧生火做饭，阿波我肚子饿了。”

普丕见李士天不相信，就说：“阿波，你不信就跟我来，我挖出酒饭来给你看。”说着普丕提起锄头出门。李士天满脸不悦，嘟哝着跟出来。他要探个虚实，心里的愤恨却在增加，愤愤地跟着普丕来到房子边的场地上。

这时普丕带着李士天来到埋着酒菜的地方，装腔作势地喊了一句：“我要一壶酒！”然后举起锄头照着记号挖下去，果然挖出了一壶酒。接着又说一句：“我要一碗红烧猪肉！”又挖出了一碗红烧猪肉。又接着说：“我要一碗牛肉干巴！”又挖出了一碗牛肉干巴。接下来挖出了炒花生、熟米饭等物。普丕把挖出来的酒菜都端回来，摆了满满一桌，酒肉香气四溢，米饭冒着热气。李士天十分惊奇，简直看呆了。他急不可待地品尝酒肉，酒是上好的美酒，肉菜也很美味。这一切都是真的。李士天傻了，他想，真神了，竟有这样的事！他寻思，普丕手里的锄头确实是一把宝锄，而且神力强大。普丕热情地给李士天斟酒搛菜，劝其好吃好喝，自己也美滋滋地吃起来。

李士天津津有味地喝着美酒，吃着佳肴，满脸的怒气早已飞到九霄云外。他一边喝酒一边和蔼地对普丕询问这宝锄是怎么得到的。

普丕一下来了精神，他说："阿波，你莫急，慢慢地吃喝，让我给你细细讲来。"然后编造了一个神奇而又美妙的故事，娓娓地讲述起来。

那天，我们在大山上撵野黄牛，这已经是第二天了。山上的树木很茂密，草旺藤绕，追赶野黄牛很困难，互相间隔一段距离，呼应吆喝着前进。当我走到一处有座岩子的地方，那里藤蔓密布，整座岩石都被藤蔓遮蔽了，就像盖上了一床绿绒毯。岩上的藤蔓开满了五颜六色的鲜花，十分艳丽好看，引起了我的注意，我走近仔细看了看，忽然看到从细细的花丛缝隙间透出紫色的光。我十分好奇，走过去扒开藤蔓窥探，看见有一个山洞，只见洞内深处紫光闪烁。我很惊讶，慢慢走进去看，看见里面竖着一把锄头，锄头顶端紫光闪闪，锄头周围却盘绕着一条硕大的青蛇，那青蛇也是蓝光闪闪。青蛇见洞口有异动，忽抬头直望着我，双眼射出耀眼的金光，我十分惊骇！想扭头就跑。不料此时一道绿光闪过，青蛇忽然不见了，锄头把顶上的紫光也不亮了。我定眼看了看，只剩那把锄头立在那里。于是我定了定神大着胆子走过去拿起锄头，见是一把半新不旧的锄头，但十分干净铮亮。我想这锄头还可用，还可挖点山药什么的晚上做菜吃，于是将锄头带出了洞外。当时撵野黄牛已半天了，肚子有些饿，我也是为了试试锄头好不好用，就举起锄头挖在草地上，同时因心有所思不由自主地喊出："我要油饼！"不料果真挖出了一个油饼，我又惊奇又兴奋，拿起油饼看了看，趁着肚子饿咬了一口，嗬！真的是油饼！又香又甜挺好吃，接着我又再挖一锄嘴里喊："我要一块糖！"又挖出一块红糖。我再挖一锄喊："我要一壶水！"又挖出一壶水，喝着又凉又甜真解渴。我高兴极了！我这才知道这不是一般的锄头，而是神器，是宝锄。这时候旁边有人在呼唤我了，叫我追着野黄牛快撵上去，不要落后了，我赶紧追上去，我怕别人知道宝锄的秘密，没有再挖什么，也没有告诉任何人，就把宝锄带回来了。当时有人问我怎么带着一把锄头，我说在山上捡到的，也许是挖山药的人丢下的，我看还可以用就带回来了，大家都信以为真。

没想到当天晚上我又做了一个梦，梦里看见一个穿绿长袍的白发老翁，他对我说："孩子，我就是你在山洞里看见的那条绿蛇，那宝锄是我的神器。因我老了用不动了就放在那里，想不到你有缘见到了，我就赠送给你啦，你真有福气。以后你要什么就挖什么吧，今后你就不愁吃不愁穿，并且很快会富起来的，但是你要注意，以后你老了，让儿孙们继承这把宝锄的时候，接过宝锄的人过五天后才能使用，并且第一次使用时要净身整衣，否则宝锄的神力就会失效，变成一把普通的锄头。孩子，切记。”说完随着一道青烟飘然而去。随后天空出现一道闪光，轰隆一声震响，我被惊醒了。原来是一场梦，但梦里的情景却清晰地印在我脑子里。我也牢牢地记住了梦中老人说的话。当天再撵野黄牛时，我把宝锄带在身上，一刻也不离开我。等撵野黄牛一结束，我立即带着宝锄急匆匆地赶回来了。在这之前我对谁都没有讲宝锄的事，今天是第一个给你讲的。

普丕讲完，李士天简直听迷了，好一阵才回过神来。李士天尽情地享受着美酒佳肴，贪婪的心却被激活了。他十分羡慕这把宝锄，垂涎三尺，心里盘算着如何将宝锄窃为已有。他想，这样的宝物，不该是普丕这穷小子的，应该属于像他这样的富贵人。他想强占宝锄，于是对普丕说：“普丕！你是我的长工，按理讲，你吃我的用我的，你的劳动果实，你所有的收获都应该属于我。其他的也就算了，但这把锄头应该归我。”

普丕早已料到李士天会来这一手，就说：“阿波，我是你的长工不假，但宝锄是我在外地得到的，不是在你家里和在你地里得到的，它原本是我的，怎么是你的呢？我不能给你，以后我要靠它吃喝，靠它发财致富，还要传给后代呢。”

李士天冷笑两声威胁道：“普丕！你要明白，你作为一个长工孤身一人。我的势力你是知道的，只要我一句话，就可以轻而易举地从你手里拿走宝锄，这一点你必须明白。”

普丕却说：“阿波，你要知道这宝锄是认主人的，不经过我的同意和亲手移交，宝锄是发挥不了神力。你靠势力强行拿走是没有作用的。”

李士天听了，一下沉默了。他想，是呀，强行拿走宝锄没有作用，但宝锄在普丕手上，今后普丕就会有吃有穿，要什么有什么，甚至可能比我还富有。这样他就不可能留在我家做长工了，我将失去一个能干的终身奴隶，这是一个不小的损失。而且更重要的是我会失去拥有巨大财富的机会了。可是强行夺取宝锄看来是不行了，那怎么样才能得到宝锄呢？他转着眼珠，竭力搜寻着鬼主意。他想起了银子，对，银子！用银子把它买过来。然而他天生是个吝啬鬼，他舍不得花银子，但为了宝物他不得不舍。再说宝锄一旦到手，要多少银子就会有多少银子，再用宝锄赚回来就行了。如果宝锄在普丕手上，说不定他还看不上我的银子呢。李士天想到这些，终于狠了狠心对普丕说："普丕，那就这样吧，我不能亏待你，我跟你买宝锄，你说个价要多少银子？"

普丕故意低下头沉思了许久，不说一句话。李士天在旁边急得不耐烦，催促道："怎么样？你快说呀！"

普丕抬起头来长出一口气说："阿波，我是多么舍不得把宝锄卖给你啊！这是我的宝贝，我想靠它发财致富，光耀门庭，世代传承呢。但我不答应，你强行拿走宝锄，宝锄就会失效，变成普通的锄头，到时你用不成我也用不成，反而得不到你的银子。罢了！阿波，卖给你就卖给你吧。看在我从小在你家的情分上，我也不能多要了你的银子，要多了你也不会答应的。这样吧，你也不必拿出现银了，就抵偿我家欠你的债务，你把当年我阿爹的借据还给我，把这些年偿还后余下的债银勾销就行了，我是想让在阴间的父母放心。"

李士天听了，松了一口气，提着的心落了下来。他以为普丕会要几百两银子呢，没想到只要债务数额。他记得很清楚，到如今普丕历年共欠债三十二两银子，这点银子算什么？再说也不是从银库里拿现钱，大笔一挥在债务簿上勾销就行了，他暗自高兴。

不过李士天又想，不对！普丕如果没了债务，就失去了治理他的"紧箍咒"，就很难管住他了。那时他想干就干，不想干就走了。而且每天干活都得清楚地计算工钱付给他了。然而他又想，现在劳力多的是，少一个普丕愁什么？需要多少工可以请多少工，而且宝锄在手，有的是银子，还愁请几个小长工吗？有了宝锄就可以坐享更多的大富大贵了。如果不同意给普丕消债，他拥有宝锄就什么都会有，更何愁这三十二两银子，而且他会拼命保护宝锄，我得不到宝锄的话，巨额的财富和更多的富贵就难以得到了。李士天想后就对普丕说："普丕，你家的债我看过，到如今共计欠债三十二两银子整。我实在不想就这么清了你家的债务，但为了你的宝锄，更看在你这么多年在我家的情分上，我同意用你家的欠债来抵偿宝锄。"说完他又想了想，不行！空口无凭，得留个证据。否则普丕这小子消了欠债后会反悔的。于是他又对普丕说：“不过，普丕，这事不能只在嘴上说说，要立个字据，谁也不许反悔。”

普丕压抑住了内心的欣喜说：“行，阿波，我听你的。”

很快，李士天请来了识字先生，认认真真地写下了宝锄和债务成交的字据，各执一份为凭。李士天当即把普丕父亲当年的借据还给普丕，又拿来了债务簿亲自删除了普丕家三十二两银子的欠债。

普丕也随即郑重地把宝锄交到李士天手里，并且强调说：“阿波，这锄头是宝器，是圣物，必须十分敬重地对待。你接手后过五天才能够使用，而且在第一次使用的时候，要净身整衣，否则宝锄会失去神力而变为凡物。”

李士天得到了宝锄，喜得满脸放光，连连点头称是，急急忙忙拿回去小心地保管起来。准备五天后风风光光地挥锄掘宝。

李士天走后，普丕拿着当年阿爹给李士天开具的银子借据，看着这张已发黄的宣纸，他的手不由得颤抖起来，眼泪像掉了线的珍珠成串地流下来。就是这张借据，不仅要了父亲的命，还害死了母亲，而且也害得自己从小在李士天家当牛做马，苦死累活到现在，像一座大山压在身上动弹不得。如今这座大山被掀掉了，几十年欠李士天的债务消除了。他自由了，普丕心里无比欣喜。他像着魔似的飞快跑到六丫头村子后山父母的坟前，跪着放声大哭，边哭边说：“阿爹、阿嫫，你们的儿子来了。儿子今天来是向你们报喜来的，阿爹欠下的债，阿嫫还不完的债，儿子一直在偿还着的债，今日终于还掉了！从此，我们家再也不欠李士天的债了。你们的儿子自由了。以后还要好好挣钱，娶妻生子，建家立业，你们就放心地安息吧！”普丕在父母的坟前哭了许久才磕头离开。

回来的路上，普丕想到当李士天认识到“宝锄”无用后，会发疯抓狂的。但普丕早已想好了对策。

再说李士天欣喜若狂地拿着宝锄回去后，小心地把宝锄放在睡床的床头边上，日夜看守着。夜里都会爬起来抚摸好几遍。整天笑得合不拢嘴，夜里兴奋得彻夜难眠。等五天他觉得像等五年，他恨不得立即抬着宝锄去挖出成堆的金子银子。强烈的发财心煎熬着他。过分的喜悦和连夜不眠，竟使他精神迷乱起来。到了第四天夜晚，夜空晴朗，月光皎洁。李士天在迷糊之中神情恍惚地披衣起床，身不由已、鬼使神差地拿起床头边的宝锄来到房子旁边的场地上，借着月光使劲挖下去，嘴里高喊：“我要一堆金子！”只听“铛”的一声，一锄头挖在石头上，他顿时被惊醒了。原来他是在梦游用宝锄挖金子，可什么也没有挖出来。此时他也顾不得许多了，又举起宝锄使劲挖下去高喊：“我要一堆银子！”也什么都没有。他急了，又用力挖一锄喊：“我要一壶好酒！”除了挖开的土仍然什么都没有。 他不断地使劲挖起来，嘴里不停地叫着：“我要金子！我要银子！”可是除了被挖起来的土块，哪里有金子、银子的影子呢？李士天懵了，心里猛然地腾起一个感觉，上普丕的当了！他暴怒起来，拖着锄头直奔普丕的睡房，发疯似地踢着普丕睡房的门，声嘶力竭地叫着：“普丕！你起来！”

普丕被李士天吵醒了，他已经猜到了李士天的来意。他知道早晚会这样的，心里有了底，便不慌不忙地穿衣起床开门，平静地说：“阿波，怎么啦？”

“怎么啦？普丕！这是怎么回事？你的宝锄什么也挖不出来！你说你是不是在骗我？”李士天激愤得暴跳如雷。

普丕说：“怎么会这样？阿波，怎么回事？你细细讲一讲。”

李士天满嘴溅着白沫星子，把事情的经过叙说了一遍。

普丕听了，就问李士天：“阿波，你说你接手宝锄后，今天是第几天了？”

李士天想了想，晃晃脑袋，摸着头说：“今天、今天，啊，今天是第四天。”

普丕理直气壮地说：“阿波，你怎么忘记了，我把宝锄交给你的时候，反复跟你说，要等到第五天宝锄才能用，而且第一次用时必须净身整衣。今天才是第四天你就使用宝锄，不仅不净身还披着衣裳，衣冠不整，亵渎了神物，致使宝锄失去了神力，变成了一把普通的锄头。你怎么能怪我呢？你怪我也无用的。只能怪你违反了神道，乱用宝锄才造成如此后果。”普丕说完长叹一口气，又说：“唉，太可惜了！多好的宝锄就这样废了！”

李士天听了，半天说不出一句话来，他也弄不清真假了。自己确实没有遵守使用宝锄的法规，竟糊里糊涂地挖了起来。他已经无话可讲。李士天真想反悔用普丕的欠债换宝锄的事情，但白纸黑字有据为证，已无法反悔。李士天真是“哑巴吃黄连，有苦说不出”了。

事到如今，李士天实在无奈，气极地“咣当”一声甩掉锄头，愤愤地走了。

普丕看着李士天狼狈的样子，心里乐翻了天。

第二十九回 拜认干嬷情订终身 智取羊肉喜过中秋

普丕还清了李士天的债务，感到一身轻松，就像出了笼的小鸟回到了自由的天地。虽然此刻他很贫穷，但却觉得拥有了许多，对生活充满了新的希望。

普丕紧接着做了两件对他一生具有重大意义的事情。做这两件事是他渴望已久的，过去没有条件做，现在他可以做了。

首先他穿戴一新，带上一壶好酒，怀着兴奋的心情来到李方氏家。李方氏是他的救命恩人，是他心中的亲人。当年他刚到李士天家做牧童，给李士天放猪时，身患感冒的他突遇暴雨，长期饥寒、身体瘦弱的他昏倒在路上，是李方氏把他背回家，精心护理才得救，他终生不忘此恩情。而且长期以来，李方氏始终对他宠爱有加，倾注了深情的母爱。李方氏犹如他的再生母亲。今天他不仅要告诉李方氏自己父母欠李士天的债已了清，而且他还要做一件梦寐以求的事情。

此时李方氏正在家里编串刚从地里收回的辣子。只听到门外传来一阵轻快有力的脚步声，随即门“吱呀”一声被推开，普丕亲热地喊：“李大嬷！”便进到家里来。

李方氏见普丕满面春风喜滋滋地走进来，就笑盈盈地问道：“普丕侄儿，看你一脸高兴的样子，有什么好事呀？”

普丕抑制不住兴奋的心情，朗声说道：“李大嬷，有好事，有大好事啊！”

李方氏笑着问：“噢，什么大好事？你快说呀！”

普丕手舞足蹈地说：“李大嬷，我翻身了，我轻松了，我自由了！”

李方氏停下手中的活计望着普丕说：“看你这般高兴，怎么翻身、轻松和自由了？”

普丕眉飞色舞地说："李大嬢，我已还清了父母欠李士天的债，为了还这个债，我阿嬢付出了生命，我也从小给李士天当牛做马至今，不但没有还清当年为治我父亲伤借的钱，反而利滚利增加到三十二两。现在我把它统统还清了，把李士天戴在我头上的'紧箍咒'摔掉了！"接着他一口气把如何还清李士天欠债的经过叙述给李方氏听。

李方氏听了笑得前仰后合，站起来情不自禁地抱着普丕兴奋而激动地说："好！孩子，真有你的！你把李士天压在你身上的大山搬掉了，将来你一定会过上好日子的。大嬢真是替你高兴啊！"接着又说："这样的大好事，我嬢儿俩要好好庆祝一下呢。我现在就去捉一只鸡宰了做菜，好好喝两杯！"

普丕说："李大嬢，我就是来向您报喜庆贺的，酒我带来了，炒点干肉就行了，鸡就不杀了吧。"

李方氏说："这么大的好事，怎么能不杀鸡呢？鸡是自己养的，现在不杀还等什么时候呢？"说着从圈里抓来一只肥鸡。

普丕接过鸡来说："李大嬢，鸡我来宰杀，你老准备一点小菜就行了。"说着把鸡杀了弄净下锅，在灶台上忙碌起来。

李方氏高兴地帮普丕烧火，并从茶壶里倒出一碗茶水给普丕喝。这把漂亮的茶壶是那次普丕在李士天的请客宴上拴蚤赢回来的。茶壶很好用，李方氏爱不释手，现在她觉得茶壶更好看了。在普丕做菜的当儿，她便去清扫鸡圈。

不多时肉菜就做好了，热腾腾香喷喷地端上了桌面。普丕摆好碗筷，又斟上两杯酒，亲热地喊道："李大嬢，菜做好啦，快来吃吧。"

李方氏清扫完鸡圈，随即净了手就高兴地坐在餐桌旁边，拿起酒杯满面笑容地说："普丕侄儿，你还清了父辈留下来的欠债，这是你的大好事，大嬢我祝贺你！你爹嬢的在天之灵也可以瞑目了。祝你娶上一个好媳妇，成家立业过好日子，为这我嬢儿俩干杯！"

普丕兴奋地应答："谢谢李大嬢，托您老人家的福，干杯！"

两人痛快地喝干了杯中的酒。

普丕又郑重地斟满了酒，然后"噗咚"一声跪在李方氏面前，满面通红，显得很激动。李方氏见状，大吃一惊！惊愕得立即站起，睁大双眼，不解地问道："普丕侄儿……你这是怎么了……快起来！"说着急忙去扶普丕。

普丕却没有站起来，而是语气恳切地说："不！李大嬢，您坐下，听侄儿说。"停了一下又接着说："李大嬢，我自小父母双亡，给李士天当长工至今。您对我像母亲一般爱护关怀，尤其是那年我带病给李士天放猪时淋暴雨昏倒在野地里，是您救了我，您是我的救命恩人，是我的再生母亲。我心里无限感恩却无以报答，多少年来我无数次地想过做您的干儿子，但我一直都重债在身，怕连累您老人家，不敢启齿。如今侄儿无债身轻，今天就拜您老人家做我的干嬢，侄儿愿做您的儿子，一辈子侍候您老人家。望您老接受孩儿拜认。"说着举起酒杯又说："现在我就喝了这杯拜认干嬢酒！"说完一饮而尽，接着纳头便拜说："阿嬢，受普丕小儿三拜！"对着李方氏磕了三个头。

李方氏激动得身体有些颤抖，她热泪盈眶地举起酒杯说："侄儿，不！儿子，我今天就认下你这个儿子啦！从今以后，我就是你的阿嬢，你就是我的儿子，我也喝了这杯认儿酒！"说完一饮而尽。接着她立即扶起普丕，激动得紧紧地抱着普丕抚摸着他的头说："儿子，我的好儿子！我终于有儿子啦，是我有福气呀，我高兴，阿嬢我高兴啊！"说着两行热泪朴簌簌地落下来。

普丕扶着李方氏说："阿嬢，我们继续吃饭吧。"李方氏和普丕又坐下来继续吃饭。两人都兴奋得喜笑颜开，感觉这是平生以来最香最甜的饭。

普丕认李方氏做了干嬢，实现了自己多年的愿望，自己又有了阿嬢，终于有了家，心里高兴极了。

普丕接下来还要做一件关乎他一生幸福的大事。

次日早上，普丕又带上一壶好酒来到施大明家，向施大明一家报喜。这一时期，施大明已离开李士天家到工钱稍高的本村地主鲁松明家做长工。施大明因近日在劳动中崴伤了脚休息疗养在家，施明也从外地赶回来看望父亲，刚好到家，施慧也在家里。普丕向他们讲述了还清李士天欠债的经过。一家人乐坏了，笑翻了天。施大明一个劲地夸普丕机灵能干，施明也乐得手舞足蹈地口里直喊："普丕阿哥，你真行，你真行啊！"最高兴的还是施慧，她高兴得差点在屋里唱起歌跳起舞来，一个劲地笑着在屋里走动停不下来。欢乐中一家人立即杀鸡做饭，吃喝着欢快地庆祝了一番。

饭后施明看看父亲的伤势不重，就赶回做木活去了。普丕与施大明喝了一阵茶水也回去了。施慧笑容满面地特意把普丕送至门外，普丕瞧准机会回头悄声对施慧说："施慧阿妹，今晚在村子后那棵大橄榄树下约会见面，我有话对你说。"

施慧听了脸上腾地飞起红霞，微笑着点头。普丕的脸上也泛起了红晕。他嘱咐施慧照顾好父亲后就走了。

普丕和施慧自小认识，在多年的风雨中共同成长，感情很深，但从来没有约会过，可两颗青春的心，互相都有幸福的期盼。普丕的相约施慧自然心领神会。男女青年夜里约会交谈，普丕和施慧既生疏又向往，心中涌起渴望和甜蜜。

晚饭后的阿稽竜，天空渐渐暗下来，喧闹了一天的村庄田野此时安静下来，在夜色里呈现出黑漆漆的轮廓。村里的火光逐渐熄灭，劳累了一天的人们都入睡了，四处一片寂静。

这时，月亮缓缓地从东山上升起来，秋日的夜晚天高气爽，月光也很明亮。普丕和施慧如约来到橄榄树下，施慧显然打扮了一番，一身的新衣服，头发辫也编得很精巧，还特意夹上了当年普丕从摩白可街买回来给她的发卡，平时她舍不得用这个发卡，只有逢年过节的时候才夹上，至今还跟新的一样。随着头动发卡在月光下一闪一闪的。普丕穿得一身崭新，还特意洗了一个澡，头发梳得亮亮的，甚为精神。

施慧款款来到橄榄树下的时候，普丕已经等候在那里了。施慧走过来低声而亲热地喊："普丕阿哥，你来啦，让你等了。"

普丕笑眯眯地说："来了，刚到的，你也来了，快坐下吧。"

施慧走过去和普丕一起坐在橄榄树下长满青草的土坎上。这是一棵很大的橄榄树，树叶葱绿浓密，结的果又大又甜，是村旁有名的橄榄树，普丕和施慧小时候常来摘树上的果子。

四周静悄悄的，唯有月光明亮如水，偶尔有夜鸟从头顶掠过，一只蟋蟀在草丛里断断续续地鸣叫。多么美好的夜晚，如梦如幻。

也许是有点羞涩，施慧拘束地离普丕有一点距离。普丕说：“靠过来一点吧，秋夜的天气有点凉了，晚风会让你着凉的。”施慧挪过去紧挨着普丕坐下。似乎两人都有点紧张，互相都感觉到“咚咚”的心跳声。两人沉默了一会，普丕含情脉脉地说：“施慧阿妹，我俩在一起长大，可谓青梅竹马，但我们从未约会过。一直以来我都很爱你，但我一直是李士天的长工，而且背负着父母遗下的重债。我不敢向你表白，不敢跟你谈恋爱，也没有资格跟你谈恋爱。我怎么能让你跟我受苦？怎么能让你跟我在一起还永远还不完的债呢？可是我的心一直想着你。现在我的欠债没有了，我也更加想你，见到你就感到很高兴，总想跟你在一起。今晚我要大胆告诉你，我爱你，我要娶你为妻。虽然我现在很穷，但我会努力挣钱，建家立业，让你幸福的。”

施慧听了心里很感动地说：“普丕阿哥，你从小就对我很好，一直都在帮助我家，我心里早已爱着你了。我天天都想和你在一起，跟你在一起我感到愉快和幸福。不管你欠债不欠债，我都想好了要跟定你的，想好了要嫁给你的，因为我深深爱着你。”说完由于羞涩，脸儿显得更红，心跳也更快了。

普丕听了心里像吃蜜一样甜，情不自禁地拉住施慧的手，施慧也趁势靠在普丕的肩膀上。普丕紧紧地搂住施慧，相拥而坐，两个年轻人燥热的身躯紧靠在一起，由于激动和紧张，两颗滚烫的心都“咚咚”地乱跳。普丕深情地对施慧说：“我一定要让你幸福，即便我当牛做马也不能给你受苦。到时我会让干媄请媒人到你家里提亲订亲，等我挣了钱我们就结婚，以后跟干媄一起生活，给她老人家养老送终。”说完普丕兴奋地环顾四周，愉悦地说：“明月下的今晚是多么美好啊！我俩在这里私订终身，我将一辈子记住这个美妙的夜晚，过天我会把定情物送给你的。”

施慧说：“定情物我们要互相送，但重要的是各自要把心永远送给对方。”

普丕说：“施慧阿妹说得好啊！让我俩的心永远紧贴在一起不分开吧！”

宁静的夜晚，皎洁的月光，两颗年轻的心燃烧着炽热的爱情火焰。憧憬着美好的未来，期盼着幸福的生活。互倾爱慕，互诉衷肠，谈了很久很久，直到月亮落下西山，雄鸡啼鸣，才依依不舍地分别回家。

从此，普丕和施慧经常约会，施大明和李方氏当然也心知肚明，心里很高兴两个年轻人相爱，却不露声色，只在暗地里盘算和准备着让他们成亲的事情。

普丕了结了李士天的欠债以后，不仅拜认了干嫫，而且情订终身。心里无比畅快和兴奋，更显得精神焕发，浑身是劲，脸上终日洋溢着幸福之情。

消除了李士天欠债的普丕，没有了沉重债务的拘绊和压迫，但仍然做李士天的长工。他已经是个自由人，愿意做就做，不愿意做就不做。而且每做一天工李士天都要计酬付现金。时下普丕不想到其他地方去做工，这是因为他从小在这里当长工，对周围环境和各种情况都很熟悉。特别是一直都在跟李士天斗法斗计，他跟李士天的角力较劲还远未完结。李士天压榨了他家两代人，尤其是父母都死在李士天手上，这灭亲之仇他永远记在心中。他不仅要在李士天这里找回自己应该得到的，而且还要算清他跟李士天的冤债。

李士天经过“宝锄”事件，对普丕更加恨之入骨，恨不得置之死地而后快。但李士天骨子里是个吝啬奸诈之人，他是轻易不会放走普丕的。他看到普丕年轻力壮，手脚勤快，头脑灵活，他还要愈加刻薄地使用普丕，继续在普丕身上榨取更多的血汗。所以一直都让普丕做长工，使唤着做这做那，当然表面上对普丕比先前客气了一些。

中秋节快到了，村里的人们开始筹划和准备过中秋节的物资。按照当地习俗中秋节要吃鸭、鱼、蜂儿还有蒸糕、月饼和水果等，有条件的人家都要备齐。普丕刚拜认了干嫫，他要准备好这些东西，跟干嫫好好过一个中秋团圆节。

这天，施慧找到普丕说：“普丕阿哥，过几天就是中秋节了，我阿爹叫我告诉你，中秋节到我家过，我们一家可都希望你来跟我们一起过中秋节呢。”

普丕笑着说：“施慧阿妹，谢谢你们一家对我的关爱邀请。我今年得跟干嫫一起过中秋节呢。到时我还要买一只鸭子，去找一窝葫芦蜂和捉一些鲜鱼回来过中秋节。”

施慧说："既然这样，鸭子就不要买了，我家里养着几只呢，到时我提一只过来就是了。"

普丕说："那好哇，我也不客气了，吃你养出来的鸭子会格外香甜呢。"

说得施慧笑了。普丕又说："等我烧了蜂和捉鱼回来，会送一些来给你们过节的。"

施慧也不客气地笑眯眯地说："那最好啦，我真想吃你烧的蜂儿和捉拿的鲜鱼呢。"

的确，两个深恋的人还客气什么呢，吃着互相送来的东西是件很甜蜜幸福的事情。

晚饭后，普丕到干嬟家里，跟干嬟商量过中秋节的事情，并告诉干嬟他要准备过中秋节的东西，还告诉干嬟施慧会拿一只鸭子来给他们过节。干嬟听了说："施慧一家对我们太好啦。你告诉他们家，中秋节上吃的蒸糕我会做好送给他们的，叫他们不要做蒸糕了。"

普丕点头称是。

这时，干嬟给普丕沏了一碗茶，郑重地说："来，儿子，你好好坐着，阿嬟有话跟你说。今天阿嬟要把我家的身世和宗族来源告诉你。那天你认了阿嬟，阿嬟只顾激动和高兴，竟忘了给你讲这些。现在你已经是我的儿子，作为我们家的后代，你有必要了解这些事，不仅要了解还要一代代传记下去。现在我就给你好好讲一讲。"说到这里老人目视前方，开启了尘封多年的深沉的记忆，缓缓地说起来。

"我家姓李，你干爹叫李明山。我是方家的闺女，嫁给你干爹后叫李方氏。后来年纪大了，后辈人都叫我李大嬟。我跟你干爹结婚后生了一个儿子，小名叫小生，十分可爱。不料小生长到四岁时得了'比比'（天花）病，发高烧不治死了。当时我哭得天昏地暗，整整五天没有吃喝，差点急死。可灾难接踵而至，儿子死后不久你干爹上山砍柴，从树上摔下来，头撞在石头上，口耳流血，抬到家里就死了。我悲伤欲绝，感觉天塌了，差点急疯了。过了很长一段时间才慢慢平静下来。儿子和他爹没有了，家里本来就穷，没有什么财产，只有两亩薄地。我就自己耕作这点土地艰难地生活。家里有时也请点工来做活计，但大部分都是我自己劳作。

后来也有几个男人来说我，但我始终想念你干爹和儿子，就没有再嫁人，一直一个人生活至今。真是说不完的苦流不尽的泪啊！每次看见你就像见到我的儿子。如果我儿子小生在世的话，我已经早就做奶奶了。”说到这里老人沉默了一下，又说：“儿子，你平时对我很好，多方照顾我，我心里很感激，觉得你是个好孩子，心里只想认你做干儿子，但我始终难以开口哇。我一个老太婆凭什么给你添累养老呢。没想你却认我做了干嫫，这圆了我多年的心愿，是我的福气啊，我心里真是说不出的高兴啊！”说着老人眼圈红了，眼里噙着泪花，但坚强的老人咽下了眼泪，稍停后又继续说，“在阿稽竜我们李姓是外来户，来到这里的祖先叫李邦，是躲避豪强的追杀逃难来这里的。已经历很多代，后裔也有许多繁衍，有的留住在了本村，有的搬到了外地。但李士天家不是我们的宗族，他家的祖先是从另外一个地方搬来的，同姓不同宗，跟我们没有族源关系，所以没有宗族之间的来往。我们的宗族来这里安家立业，还有着一段凄美奇巧的故事呢，也是一种巧遇和缘分，在苦难中获得新生，真是天不给我们族群绝后啊。”说完老人停了停，喝了一口水，讲起了祖先来这里的故事。

这是很早以前的事了。那天，村里的一个普氏妇女在饥荒的日子里，上山去找野菜。这个女人二十刚出头，一个多月前生了一个女孩，但因孩子先天不足和营养不良，没几天就死了，没过多久丈夫也得怪病死了，丢下了一个贫困的家，普氏妇女一个人艰难度日。因粮食不够，平时多找野菜拌粮充饥。一天，她上山找野菜，当她来到一处山坳的时候，她“啊”的大叫一声，惊骇得心都快蹦出来了。她突然看见路边的草丛里躺着一个“死”人。头发蓬乱，衣衫褴褛，满身是血。她大着胆子仔细一看，肚子还在起伏着喘气。哦，人还活着！她走过去一看，是个青年男子，于是轻声喊道：“阿哥！阿哥”，男子没有动静，已气息奄奄，昏死过去了。出于同情，她蹲下去又摇着男子说：“阿哥，你醒醒！阿哥，你醒醒！”这时在她的呼唤声中，男人的躯体动了一下，微微睁开眼睛，干裂的嘴里无力地喊着：“水、水、喝水……”普氏女人看了看周围，在这个山坳里没有一点水，她急得没有办法。突然她想到一个办法，不过脸却红了。她来不及多想，救人要紧。她从树林里摘来一片大树叶，转过身挤出奶水，一点点地喂进男人的嘴里。男人喝了奶水，似乎有了一点精神，声音微弱地说："谢谢你，阿姐。你是个好女人。"女人问："阿哥，你怎么会这样？怎么满身是伤地躺在这里？"

男人说："我是被人追杀逃出来的，几天没吃东西，身上又负伤，来到这里就昏倒在地什么也不知道了。"

普氏女人听了说："哦！原来是这样。快，跟我回家吧。"说着她搀扶着男子回到家里。普氏女人忙着烧水煮粥给男人吃喝，还帮男人净身敷伤，换洗破烂衣服，拿出丈夫生前的衣服给他穿上，认真护理。虽然家里贫穷，食不果腹，仍想办法煮野菜粥给男人吃饱。男人也是种田的受苦人，有身体底子在，又正值青壮年，身体很快就恢复了，伤口也逐渐愈合，能帮女人做些家务了。随着身体的恢复，男人把自己的身世和遭遇告诉了女人："我叫李邦，是昆阳那边一个彝族村子里的人。村子依山傍水，耕地开阔平整。我娶了一个年轻漂亮的妻子，并生有一个可爱的女儿，生活过得愉快幸福。"

"在一个赶集日，我去做木活，我的妻子领着五岁的女儿去赶集。集上一家豪强的公子带着两个家丁闲逛，看到我妻子的美貌，立即起了淫心，挤到我妻子身边就动手动脚，并口出脏言。我妻子怒对这个下流的浪荡子，一把打开他伸出来的脏手，厌恶地扭头便走。那流氓嘿嘿地冷笑着说：'想走？看看你走到哪里？'两个家丁恶棍也不怀好意地怪笑着。后来我妻子领着女儿在一家餐馆里吃米线，那流氓不知什么时候又摸来了，原来他们一直在后面跟踪。那流氓径直走到我妻子跟前，淫笑着用手托起我妻子的下巴说，好个粉嫩的脸蛋，真想吃一口呢，怎么样？让我尝尝吧？说着向我妻子靠过来。我妻子愤怒地将他推开，那流氓却强行扑过去，我妻子拼命抵抗，我女儿也跑过去帮她阿嫫抱住流氓的大腿狠咬一口，疼得流氓呀呀乱叫。在打斗中碰飞了我妻子的米线碗，汤水泼了流氓一身。流氓说我妻子打他，还用米线汤泼了他一身。他和两个家丁嚎叫着把我妻子和女儿抓到他家的柴房里，要强行奸污。我妻子拼命反抗，恼羞成怒的流氓和两个恶棍狠命地毒打我妻子和女儿，打得皮开肉绽，气息奄奄，最后丢在他家宅院的路旁，幸被赶集的邻居们看见抬回家来。"

"当我看到满身血污的母女俩，心里难过得刀绞一般。听到妻子用微弱的声音讲述了事情的经过，我愤怒得血气上涌，恨不得撕碎那流氓和两个家丁恶棍。妻子和女儿因伤势过重半夜就气绝身亡了。任我怎么撕心裂肺地呼唤也醒不过来了。我悲痛欲绝，怀着极度的痛苦和悲愤，流着泪掩埋了心爱而可怜的妻子和女儿后，立即提着锋利的砍刀直闯那豪强流氓公子家，翻墙进去砍死了那流氓公子和两个家丁恶棍，打斗中惊动了豪强家的人。顿时宅院里大乱，一时间豪强家的众帮凶嗷嗷叫着一起向我扑来，并团团把我包围住。我奋力拼杀，砍死砍伤几个帮凶，冲出包围翻墙逃走。那批帮凶配合官军对我紧追不舍，我逃进山里凭着熟悉地形和山路，终于摆脱了追杀。我不敢停步，连续三天三夜不吃不喝不停地走，又累又饿，加上伤痛，最后我终于坚持不住，倒在了那天你见到我的地方，眼前一黑就昏死过去了。幸亏遇到了你，不然的话我早就抛尸野外了。”

李邦悲怆地讲完了。普氏女人听了，倒吸了几口冷气，愤愤地说：“这是什么世道，坏人横行，好人受欺，简直没有活路了，那些恶棍真该千刀万剐！”随后安慰李邦安心住下来，养好伤，身体要紧。还劝李邦不要太过悲伤了，再难过妻子和女儿也活不回来了，好歹为她母女俩报了仇，幸好人还活了下来。言谈中深表对李邦一家遭遇的同情和对他的关爱。

普氏女人也把自己的身世和家庭遭遇告诉了李邦，并介绍自己的名字叫普矣氏。一对孤男寡女，都有着不幸的家庭遭遇，感同身受。真是同病相怜，同难相悲，互相爱怜，互相激励，两颗心不知不觉中靠近了。

不久，李邦的身体完全恢复了，可以帮普矣氏做地里的活计了。这天，普矣氏对李邦说：“李阿哥，你我都是受苦受难的人，都遭遇了家庭的不幸，你要有个落脚的地方，需要一个女人来帮衬，我也是孤身一人，需要一个男人作依靠。既然我俩有缘碰在一起，你我就重组家庭，结为夫妻，生活在一起，永远不分离，你同意吗？”

听了普矣氏的话，李邦显得有些激动，动情地说：“阿姐，你是个好心人，是我的救命恩人，我感恩不尽。我早有此意，但我作为一个落难人，孤身一人，身无一物，不敢开口向你表白。今天你向我讲明了情意，我同意，非常喜欢。我愿意用我的一生，来报答你的相救呢。”

普矣氏高兴地说："既如此，我们就不要客气了。这是天意，是上天给我送来了一个好男人，我高兴还来不及呢。"

于是两人就结为夫妻，恩恩爱爱地过日子。虽然家境贫寒，但普矣氏勤快，家里家外收拾得有条有理。李邦身体强壮，头脑灵活，有一手很好的木工手艺。在两人的操劳下，生活很快就好起来了。后来生了许多子女，后裔不断繁衍，代代相沿。据说到你干爹已经是第十代了。

干嫫讲完了，又补充说："这就是我家的身世和宗族源流。"

说完老人长嘘了一口气，对正在专注地听着的普丕说："你干爹和我心爱的儿子早逝了，留下我一个孤寡老人，苦情一言难尽啊。你来做我的儿子，我又看到了希望。我一辈子都在想念我的儿子。我想给你取个小名，就用我儿子'小生'这个名字吧，这样我就觉得我儿子又活过来了，看见你就像看见我的儿子，你同意吗？"

普丕听了忙说："阿嫫，我同意，我同意我就叫小生，虽然我没见过小生阿哥，但我也思念他呢。"

"那好，我以后就叫你小生，你就像我的孩子一样。"说着老人不知是悲伤还是激动，流下了眼泪。

老人的讲述，使普丕明白了干嫫的痛苦和本家宗族不寻常的来历。

再过两天就是中秋节了，人们忙着准备过中秋节的糕饼鱼鸭等一应物资。可李士天的长工们都是很穷的人，家里一贫如洗，哪有条件准备这些东西呢？恐怕在中秋节连一点肉都吃不上。大家去跟李士天讨要工钱，巴望买一点过中秋节的东西。李士天却说，现在付什么工钱？到年底才能结算给你们。长工们只能空手而回，况且有的长工还欠着李士天的债，这些人根本就没有希望拿到做工现钱的。大家愤愤不平地说："李士天长年鱼肉不断，我们常年做牛马活，吃猪狗饭，生活太苦了。李士天只顾压榨我们的血汗，不管我们的死活，苦死累活也不给我们一点肉吃，真是太窝心了。"

普丕听了心里十分难过，他同情长工们的处境。他要想一个办法让长工们在中秋节都吃上肉。但是用什么办法呢？他正寻思着，忽然听到一阵牧羊归来的铃声，李士天家的羊群回来了。普丕见到羊群，眼睛一亮，计上心来，立即有了一个主意。对！就用这个办法！想着自己也忍不住笑了起来。他想好了主意，而且胸有成竹。

于是普丕对长工们说："你们想吃山羊肉吗？今年中秋节你们就吃山羊肉吧。"

大伙说："当然想吃，可到哪里去弄山羊肉？"

普丕说："李士天不是养着一群山羊吗？我们把它捉来杀了不就行了。"

大伙说："不行的，李士天狡猾吝啬，怎么会让我们捉羊杀了吃？捉不来的。"

普丕说："我们就敲锣打鼓地去捉。"

大伙说："这是笑话呢，偷偷捉都不行，敲锣打鼓去捉，就更不行了。普丕阿弟就不要逗我们玩了。"

普丕说："我说的是真的，大家不要急，按我的计划行事就行了。但我需要两个帮手，保证大家在中秋节吃上羊肉。"

大家听了很高兴，但又半信半疑，不知道普丕能不能做到。大家都希望中秋节真能吃上羊肉。

普丕当即点了两个帮手，并交代了一些事情。准备妥当后，普丕找到李士天说："阿波，你相信不相信，我能把你的羊偷走。"李士天心里想，这个傻瓜，偷东西还告诉人家？我日夜守在羊厩旁，看你怎么偷？你普丕再有能耐也只能凭嘴说空话了。就说："普丕，我不相信你能偷走我的羊。这样吧，限你三天时间，三天你偷走了羊就归你，并且还让你和长工们在中秋节休息一天。但若偷不走羊，我就扣你一年工钱，还要扣长工们一个月的工钱。"李士天想趁机在普丕和长工们身上狠狠地刮一把油。

普丕说："行！但阿波你说话一定要算数。"

李士天头一歪，自信地说："算数算数！怎么说就怎么办！"李士天以为只要他好好死守住羊群，普丕绝对偷不走羊，他可以稳赚不赔。

就在这天晚上，李士天亲自守在羊厩边，可想不到普丕竟敲锣打鼓地来偷羊，并且嘴里还高喊着："普丕来偷羊了！普丕来偷羊了！"这样一夜闹到天亮，李士天一夜未合眼。第二天晚上却悄无声息，李士天想，今晚静悄悄的，普丕肯定会来偷羊了。于是睁大眼睛一夜等到天亮，可是普丕并未来偷羊，李士天又白熬了一晚上。第三天刚擦黑，普丕又敲锣打鼓来偷羊了。李士天赶忙守护着，一会儿敲锣打鼓声停了，不多时又响起来了，这样锣鼓声时响时停断断续续。此时李士天已经熬了两个晚上，瞌睡至极，头颅昏沉，双眼发涩，几乎睁不开眼，李士天使劲地撑着不使眼睛合上，不断提醒自己一定要坚持到天亮。但到了下半夜锣鼓声间歇间，他不由自主地头一歪，双眼一闭便沉沉地睡着了，锣鼓再次响起，他也没有醒来。此时的李士天已经睡得死死的，哪怕在耳边打雷也震不醒了。普丕暗中看得真真切切，很是高兴，立即带着两个帮手大摇大摆地入厩捉走了那只最大的肥羊，和长工们高高兴兴地把羊宰了，每人分到一份羊肉。

大家想到李士天平时的刁钻狠毒，吝啬刻薄，就想出一个怪主意来戏弄他。大家把羊胃偷放在李士天老婆的被窝下，把羊皮铺在楼梯头上，把羊头嘴朝外放在灶门口，并且用一根木棍把嘴撑开，还在吹火的火筒末端拴上羊肠子，并守着看李士天的笑话。

半夜鸡叫，李士天的老婆醒来了，忽然感觉身边有个黏糊糊的东西，一摸是个潮湿光滑的肉包包，在迷糊中她也分不清黑白了，就大声地叫喊起来：“老倌！老倌，你快来！我床上有个黏糊糊的东西，就像添了个老儿子似的。”

李士天被老婆的喊叫声惊醒，他睡眼惺忪地揉着眼睛，听到老婆喊添了个老儿子，也顾不得看护羊群了，三步并作两步地奔上楼去看老儿子。刚到楼梯头踩在铺着的羊皮上，脚下一滑，便从楼梯头摔到楼梯脚。四周一片漆黑，他顾不得疼痛，立即爬起来摸到灶房里，慌慌张张地把手伸进灶门口，要扒开捂着的火炭点燃明子来照明，伸出的手却一下推开了撑着羊嘴的木棍，羊嘴上下一合咬住了他的手。他不知是什么东西，又惊又急，急忙用另一只手摸起灶旁的火筒使劲朝灶里吹，一吹拴在火筒末端的羊肠子就“叽里咕噜”地怪响起来，却吹不起半点火星子。李士天不知就里，魂都吓掉了，便大喊大叫起来，以为得罪了房神灶神，一个劲地朝房神灶神磕头求饶。

长工们听见了，开心极了，大家捂着肚子笑个不停。接着大家便四散而去，各自提着羊肉高高兴兴地回家过中秋节去了，李士天答应如果普丕能偷到羊，长工们在中秋节休息一天，长工们自然受用去了。同时大家都佩服普丕的机智和能干。

李士天极度惊慌地捣腾到天亮，突然想起自己守护的羊群，赶忙去羊厩里查看，一看那只最大的肥山羊不见了！一定是被普丕偷走啦！他十分沮丧，猛然想起昨晚家里发生的蹊跷事情，立即回去查看，见到羊胃、羊皮、羊头和羊肠，他气得脸都红了，急忙来找普丕和长工们，却一个人都找不到。他垂头丧气地瘫坐在地上，嘴里喷着唾沫星子使劲地狂吼："普丕！你这浑小子，我跟你没完！"但除了声嘶力竭的叫骂，他也没有办法了。连续几晚的熬夜，他感到极度困乏，也顾不了许多，昏头晕脑地回到睡房倒头睡在床上，立即鼾声大作，沉沉地睡着了。

此时，普丕早已提着羊肉回到了干嫫家里，然后立即进山去烧他已看好的葫芦蜂。中午时他带回了满满一兜蜂儿饼。吃了早饭他又下田捉谷茬鱼去了，在收割过的稻田里哪丘有鱼，他早已探查好了，直接到那里放干田水就捉拿鲜鱼。这时的鱼经过了春夏的生长，又大又肥，肉质细嫩，口感最好。到太阳西斜时，他已捉到鱼回到干嫫家来。这时干嫫正在蒸米糕，灶台旁边放有一只弄得很干净的肥鸭，干嫫告诉他说施慧早把杀好的鸭子送来了。普丕坐下来休息，喝了一阵茶水，干嫫的米糕也蒸熟了。干嫫说："生儿，米糕熟了，你送一些到你施大叔家吧，我把鸭子放在锅里煮着。"

普丕应声，干嫫把一半多的蒸糕用饭帕包好装进一个竹篮中交给普丕，普丕随即拿了一些鱼、蜂儿、羊肉和蒸糕，提着到施大明家。施大明家里正在煮鸭子，冒着腾腾热气，满屋飘着煮鸭的香味。施大明的脚伤已经好多了，施明也已赶回来过中秋节，并买回香喷喷的月饼，一家人正张罗着过中秋节。见普丕提着这么多东西进门，屋里更增添了欢乐。施慧高兴地接过普丕手里的东西，见到普丕她高兴得一脸红光。施大明说："普丕侄儿，你送来这么多东西，你们那边都没剩了吧？"普丕说："施大叔，我们要吃的都留下了。"施明给普丕沏了一碗茶，二人边喝茶边交谈了一些施明在那边做木活的情况。聊了一阵，普丕要回去做菜了，站起来要走。施明一家都挽留普丕在这里过节。普丕说："我干嫫正在家里等着呢，只能跟她一起过节了。"一家人听了再也没说什么，把他送到门外。临走，施明拿了两个月饼给普丕带回去，普丕说月饼干嫫已经买好了，不拿了。施明说这是他特意买回来的，不一样的，你就拿回去尝尝吧，普丕听了接过来走了。

普丕回到干嫫家里，干嫫正在剥蜂儿。普丕也立即动手剥起来，嫫儿俩的脸上洋溢着兴奋，欢快地备办着中秋节丰盛的晚餐。太阳挨近西山的时候，鸭子煮熟了，普丕将其从锅里捞出来放好待切，然后开始做各种炒菜。

按村里过中秋节的习俗，要待月亮升起来祭祀完后才能开饭，所以不管多晚，一家老小都要等待着月亮升起。小孩子们巴望着月亮快快升起来，好早点吃饭。可有些年的中秋节，月亮偏偏升得很迟，馋嘴的小孩们流干了口水还不见月亮升起来，有的甚至等得都睡着了。

傍晚的时候，普丕和干嫫的饭菜已经做好了，今年中秋节的晚餐很丰盛，有水煮鸭子、油煎鲜鱼、香炒蜂儿、嫩炒羊肉和时鲜蔬菜以及米饭、蒸糕、月饼、红石榴、鲜梨、瓜子等，当然还有好酒。只等月亮升起来祭献开饭了。今晚的月亮升得及时，天刚黑，一轮又大又明的月亮在东山顶上缓缓地露出了笑脸。各家各户在房屋的阳台上摆开酒菜，祭献大月亮。李方氏和普丕也在明亮的月光下，将中秋节的一应食物抬上阳台摆好，然后李方氏用一只木升盛上五谷杂粮，插上香点燃，放在餐席前面向着月亮的方向，又从酒壶里倒出一点酒，从饭菜等多种食物里各搛一点放在碗中摆在木升旁，其后拉过普丕一起跪下来，向月亮磕头祭拜，口中念道："尊贵的阿恩黑颇莫（彝语意为像湖水一样明亮的月亮阿舅），今日是中秋节，我和儿子给您祭拜。特献上香烛酒馔，祈求保佑我家五谷丰登，六畜兴旺。母子平安，快乐幸福。"祭拜完，李方氏又给仙逝的亲人亡灵献了酒饭，然后母子便入席喝酒吃饭。

李方氏一反常态，平时很少喝酒的她却先斟满了两杯酒，分别放在普丕和自己面前，然后举起酒杯激动地说："小生，我的儿，多少年没有吃过这样美好的中秋团圆饭了，今晚阿嫫我高兴得无法诉说。跟我儿一起过中秋节，我十分幸福，真像做梦一般啊！儿，祝愿我嫫儿俩日子越过越好，孩子，干了！"普丕也很激动，跟干嫫干了杯里的酒。然后又分别给干嫫和自己斟满了酒杯，也举起酒杯激动地说："阿嫫，今晚能够跟阿嫫过中秋节，这是我多少年以来的梦想啊。我也是说不出的高兴。阿嫫虽然不是我的亲阿嫫，但胜过亲阿嫫。儿要好好孝顺阿嫫一辈子，祝阿嫫健康长寿。阿嫫，干杯！”母子俩高兴地干了酒。接着李方氏指着丰盛的菜肴对普丕说：“儿子，吃，这么多好菜，快吃吧！”说着把一只鸭大腿搛进了普丕碗里。普丕也搛了几块上好的肉放进干嫫的碗里。在清辉如银的月光下，母子俩幸福地吃喝起来。

月亮渐渐升高，幽蓝的夜空，皓月明照，大地像铺上了一层乳白色的轻纱，格外秀美。今晚的月亮特别大，特别圆，也特别明亮。啊！多么美好的中秋月夜！

忽然门外传来施慧和施明的说笑声，随即姐弟俩高兴地来到阳台上，嚷道：“李大嫫、普丕阿哥，我们过来跟你们过中秋节赏月了。”

普丕欣喜地说：“好哇，快点来吧！”李方氏也高兴地喊：“孩子们，太好啦，快坐下，坐下来喝酒吃菜。”

施慧和施明高兴地坐下来，普丕给他们斟上酒，还搛了些好菜放在他们的碗里说：“快吃吧，好吃着呢。”

施慧说：“普丕阿哥，我们吃过了，吃不了那么多呢。”

普丕说：“吃过了也要吃，这才叫过节呢，吃吧！”

阳台上笑声连连，大家一边吃喝一边赏月，直至深夜。

第三十回 前去奔丧哀悼亡灵 恐“换眼珠”失马赎田

初冬的一天下午，施明突然回到家里，带回了一个噩耗，他在去拉村的结拜弟兄普兴的阿嫫去世了！

原来在今天早上，普兴的阿嫫去菜地里割蔬菜，不慎踩滑了路旁水沟边的泥土，跌下路边深箐摔成重伤，因伤势严重，生命垂危，普兴急差人去报给在邻村盖房子做木活的施明，施明接到消息后火速赶到了普兴家里去看望。只见普兴的阿嫫躺在床上双目紧闭，呼吸急促，面色发青，不省人事，已吃不进任何药汤。施明轻轻地呼唤，老人没有一点反应，看来已经处在弥留之际了。这严重的情况，已不得不考虑老人的后事，果然临近中午，老人断了气，撒手而去了。屋里立即充满了悲哀的气氛，普兴痛苦得嚎啕大哭，普兴的阿爹也忍不住哽咽起来，施明也流下了痛苦的泪水。但是现实容不得人们因悲痛而懈怠。接着要料理老人去世后的一系列事情，普兴擦干眼泪强忍着悲痛，即刻让人去告诉家族尊老自己的阿嫫去世，请尊老来操心和指点办理老人的丧事。不多时尊老便来了，还带来了几个有经验的中年男女，伯叔及堂兄弟也赶来了。

在家族尊老的安排下，首先在家门外放响了爆竹，以告知村人及邻里本家老人去世。又在大门外侧墙上挂上一把筛子，以示路人本家有女人升天。接着将老人遗体从床榻上移下来，头朝外放置于正堂上，剃发净面，擦洗身体，给老人穿上寿衣后装殓。棺椁置于两条四脚凳上，停放于正堂中间。然后用白纸折一个三角形两角尾坠三条白纸带的丧葬示物，挂于大门外侧墙上，以示外人本家有“白事”，并将老人生前床榻上的草席及部分旧衣物，拿到村外发丧时要经过的路上焚烧，路人看见焚烧之物，便知这个村里有人死了，就谨言慎行，表示尊重和同情。

又请来了村里一位有办丧事经验的精明强干者为“总执事”，主持丧事活动的全过程和有关事宜。在总执事、家族尊老和家人的协商下，书写"执事榜"，将所请毕摩，祭奠葬礼主持，挽联祭文书写，向亲友报丧，搭建孝堂，厨师帮忙，发放孝白，砍柴撕青松毛，接收登记吊唁礼品，接待安排宾客，安排宴席酒菜，烧水上茶，抬棺安葬，抛撒纸钱，上山掘墓人员和丧葬日程安排等事项均细列于榜上，张贴在大门旁墙上昭示，让参与者皆按榜所示，各司其职，各负其责，保证丧事办理得周全顺利。

根据出殡下葬的吉日良辰，决定主办丧事三天：第一天报丧和筹备相关事宜，第二天祭奠吊唁烧纸，第三天发丧出殡。决定以后，就立即派出人员到各地向亲友报丧。普兴还让人以丧家的名义在本村请毕摩、唢呐班、板鼓班和花鼓队前来祭奠。

报丧人员迅速出发，向本村内外的同宗和姻亲及亲朋好友通报老人死亡的情况，把老人去世的时辰及原因、祭奠时间、出殡时间等通报清楚，尤其是遵循"娘舅为尊"的习俗，选派精明干练、熟悉娘舅家住所的人员，带上老人生前的一件手镯，赶赴娘舅家将须通报之事项说清楚，以免娘舅家责怪而非难丧事主家，使丧事的办理遇到麻烦。

施明参与了这些事情后，跟普兴打了招呼，就立即赶回家中来备办奔丧吊唁之事。本来丧家要安排人去施明家报丧，施明既已知晓，又不是外人，也就省去了这一差遣。

施明回到阿稽竜家里的时候，父亲做工还未回来，阿姐找兔草也不在家。他顾不上休息，立即来找普丕。普丕正在村子旁的地里给李士天挖红薯。施明找到他说了情况，请他跟自己到普兴家奔丧吊唁。普丕听了很是惊愕！他想起不久前和施明到普兴家做"白佐索"客时，普兴父亲身体很不好，老是咳嗽，而普兴母亲身体却很好。心想可能普兴父亲不久人世了，没想到现在普兴母亲竟先逝了！人生真是福祸难测啊！他不由得嘘唏不已。

普丕问施明："去吊唁要几天呢？"

施明说："要去三天。"

普丕问："什么时候去？"

施明说："明天早上准备好去奔丧吊唁的物品，吃了早饭出发。"

普丕说："好，我去跟李士天说，明天就跟你去。"

施明说："今晚你就来我家吃饭，一起商量吊唁的事情，我还得去请唢呐班，再买一只山羊，还要再找一个伙伴做我俩的帮手。"

普丕说："好的，那你就快去，好早做准备。"

施明就匆匆去了，施明和普兴是结拜弟兄，犹如亲兄弟，形同丧母，自然要准备厚礼，因此不敢大意，紧张地准备起奔丧吊唁之事。

普丕收工之后找李士天说明情况，说要跟施明奔丧吊唁去三天，李士天听了立刻拉下脸来，一脸的不高兴，但不像过去那样凶狠地责骂和百般阻挠，因为现在普丕还清了他的债，普丕头上没有了"紧箍咒"， 可以在他这里干，不愿意干也可以走。所以李士天心里明白，如果像过去一样对普丕发凶，普丕说不定立即就会走人，如果这样他就会失去一个能干的劳动力和差役。虽然他从骨子里恨普丕，对普丕仍然十分吝啬和刻薄，但表面上的态度和语言比过去温和了一些，好留住普丕继续奴役。此时他多么不愿意让普丕去，但他已无法阻挡，况且眼下农活也不多，他也没有多少理由阻拦，只能无奈地冷冷说道："那你去吧，但要按时回来，三天后就是甸中赶街日，我要去甸中街上办一些事情，到时候你得跟我一起去。"再也不说回来后需要加磨三天晚上包谷面的事了，普丕应允后就离开了。

其实普丕也知道，去不去吊唁，去多少天，自己说了算，给李士天说是出于礼节性的，他毕竟还是李士天的长工，不能不说的。普丕到村外的小溪里洗了个澡，就来到了施明家里吃晚饭，这时已经是傍晚了，晚霞映红了村庄和大地。

普丕来到施明家里，施慧的饭菜已经做好了，施明的父亲已收工回家，施明也联系好唢呐班、山羊和伙伴后回了家。因阿弟回来了，普丕阿哥也来吃饭，施慧很高兴，特意炒了一盘鸡蛋和一盘花生，满屋飘着炒鸡蛋和花生的香味。施慧把饭菜摆上桌，施明拿出酒壶斟上酒，一家人就坐下来吃饭喝酒。

在饭桌上说起普兴阿嫫的死时，施大明说："普兴阿嫫不幸摔伤死亡，真令人悲伤。但没有摔死在野外，抬回家后才断气，是不幸中的幸事。否则遵循我们彝人'死人不进村'的习俗，无论贵贱任何人不能将死人直接抬回寨中。寨中之人在外地非正常死亡者，须直接抬至坟地安葬，丧礼从简。在外地属正常死亡的要村人允许才可抬进村，但只能从村尾进，到了自家住宅，尸体须从房屋后墙凿洞抬入或从土掌房天井吊入。而且不论在当地或在外地胡作非为，为众人唾弃不得善终的，不得葬入祖坟地，未成年小孩子死亡也不能葬入祖坟地。所以丧葬规矩是很严格的，这样看来，普兴的阿嬷没有摔死在箐里，也算是有些幸运的，免了不能从大门抬进家做祭奠发丧的愁苦。”

说到准备祭品去吊唁的事，施大明又说：“施明和普兴是结拜弟兄，犹如他们家的儿子，对双方的父母都以阿爹阿嬷相称，也算是至亲。按礼节和情义，要牵一头猪，拿十两银子和请一班花鼓队去。但家里底子薄，也只能牵一只山羊，再请一个唢呐班，拿三两银子、一丈三尺白布、一副‘摇钱树’挽幡和一套水礼。这些略计算一下，也需花去我和施明一年的工钱了。虽然祭品薄了一些，但也过得去了，只是心里有些愧疚，但也只能这样了。”说着施大明停了一下又说：“因为家里贫寒，该办的事无法办好，特别是你们几个都长大了，除了要给你们办喜事外，还有很多地方需要花钱，但又缺少来源，很让我揪心啊。”

听了老人的话，施明说：“阿爹，你别忧心，我会好好做木活挣钱的。”

施慧也说：“阿爹，你莫愁，我会养兔和鸡卖了赚钱。”

施大明微笑着说：“你们这样想很好，真是宽了我的心。但我知道，施明做木活还没出师，一年赚不了几个钱。施慧养兔、养鸡也养不了多少，而且饲养这些还是要粮食的，我们没有田地就没有多余的粮食。我常年给地主鲁松明家做长工也得不到几个钱，家里是入不敷出啊。”说到这里老人沉默了一下又说：“要是我家那五亩田地，不是当年因为治你阿嬷的病而典卖出去就好啦，那就不愁吃不愁穿了。现在要是我家有钱，要赎回来是可以的，但难啊，我家哪里有钱去赎回来呢？只能空想想了，还是慢慢地熬日子吧，但愿以后的日子会好一些。”说完老人的脸上现出了难以掩饰的忧愁。

普丕听了，内心被深深地触动。他虽然没有说话，但他心里已暗暗下了决心，一定要想办法帮助施大明把那五亩田地赎回来，让施大叔一家过上好日子。

吃饭间一家人商量决定，明早施明去牵羊，普丕去拿“摇钱树”挽幡，施大明和施慧在家做饭，得招待请来的唢呐班和吊唁的帮手呢。明早把吊唁祭品都准备好，吃了早饭就及时上路去普兴家吊唁。

商量妥当后，普丕告辞施大明一家，就到李方氏家里看望干嫫，同时告诉干嫫明天要跟施明去奔丧吊唁的事。

普丕到了干嫫家里，见干嫫在小油灯下缝补衣裳，由于视力不好，吃力地缝补着。李方氏见儿子来到很高兴，问普丕吃过晚饭没有，普丕说吃过了，干嫫说锅里的水开了，你沏茶喝吧，我补补衣裳。普丕说茶我会沏的，你就忙吧。说着沏了两碗茶水，一碗递给干嫫一碗自己慢慢地喝着。普丕告诉干嫫明天要跟施明到去拉村他弟兄家吊唁去，干嫫对于普兴阿嫫的死亡很是感叹，说:“人这一生啊真是福祸难料啊，特别是年纪大了容易突发不幸，让人难防啊！”说完她揉了揉昏花的眼睛，又低头吃力地缝补起来，普丕看着干嫫有些佝偻的身体，一针一线慢慢地缝补衣服的样子，心理酸酸的，油然升起敬重和爱怜之情。他想干嫫是个苦命的女人，孤寡半生，经历了太多的苦难，为了生活苦了一辈子，吃不上一口好饭，穿不上一件好衣服，没有一件无补丁的衣服。普丕暗下决心，哪怕自己苦死累活，也要让干嫫过上好日子，穿上好衣服。普丕一边喝茶一边想着心事，干嫫说：“儿子，你就回来家里住吧，在自己家里终归是暖和的，我嫫儿俩也好有个照应。”

普丕说：“阿嫫，我早就想过要搬来家里住了，但李士天那里事情多，有时晚上也有事情，这样看来住在他那里方便一些，暂时就住在那里吧，明年再回来住。”

干嫫说：“你在李士天那里做活也是很辛苦的，要不就不要在他那里做事了，回家里来帮阿嫫种这两亩地好啦。”

普丕说：“我迟早是要离开李士天的，我已在那里做了十多年的活计，我亲阿嫫也是因为在那里做工死的，我跟李士天的恩怨还未了，我还得在他那里做一段时间。再说家里的两亩地收入也不多，难以维持我母子俩的生活。我还得在外面挣钱补贴家用。家里的地和活计我会经常回来做的，您老就不要苦那么多了，多在家里歇息就好啦，我会时常回来看您的。”

干嫫说：“现在我身体还动得了，地里有些活计我还得去做，再说劳作一辈子，闲下来也闷得慌，还是常到地里做做活计吧。”

普丕说：“但您要小心，不要累伤了自己。”

干嫫说：“你就放心吧，我会注意的。”

这时，时候不早了，普丕告辞干嫫，回到住处就睡了。

次日早上，普丕一大早就来到施明家，然后与施明分别去采购山羊和挽幡以及其他一些东西，大约到了巳时，施明和普丕已把所需的物品都采购回来了。这时两个唢呐手和帮忙的小伙子也都来到了。施大明和施慧的饭菜也做好了，于是大家就围桌吃饭，饭后喝了一阵茶水就上路了。所带的吊唁祭品有：一只山羊、一只鸡、三两银子、一丈三尺白布、六升大米、两斤白酒、两斤糖、两把香烛、几串爆竹等。帮手牵着羊，施明和普丕带上其余物品，一起走出门。走到门外燃放一串爆竹，随即唢呐手吹响了唢呐走出村子。出村后唢呐声停止，一路急走。约近午时赶到了去拉村，到村外停住，燃放一串爆竹，唢呐手吹响唢呐，向丧家报到。听到爆竹声和唢呐声，丧家立即有接客人员来接应，将大家领到村里一户事先已协商好的人家里安顿歇息，以准备去吊唁祭拜。

此时因为时辰未到，还未开堂祭祀。未开堂人们是不能够吊唁祭祀的，因此施明和普丕先去普兴家帮忙，唢呐手和帮忙的小伙子留下歇息。这时普兴家大门外已悬挂着挽幡，里外门框和柱子上贴了绿白黄纸写的挽联，堂屋里的孝堂已搭建好，棺椁前孝堂两侧贴有挽联一对，上书：慈母仙逝留贤德，后人悲恸承基业。上有横批：哀悼慈母。棺椁前面摆有供桌、香炉，桌上供有熟猪头、熟鸡、酒馔等祭品，炉上香烟缭绕，两侧摆放着金童玉女、金山银山、飞鹤等祭奠物品，整个孝堂庄严肃穆。孝堂左边的墙上贴着用黄色彩纸书写的祭文。丧家请来的毕摩、花鼓队、唢呐班和板鼓班均已来到，安排在天井两侧的房间内休息喝茶，整个天井用木板盖住，木板上铺了一层青松毛，以便在青松毛上跪拜祭祀，一切准备就绪，只等祭堂时间到。

这时，前来吊唁的亲朋好友陆续到来。普兴的阿姐昨天就赶回来了，一到家就扑在母亲的棺椁上嚎啕痛哭。哭了一晚上，现在还在哭，哭声都哑了。众人劝止不住，其悲哀之切令人动容，只见她哭道：

阿嫫呀阿嫫，女儿回来时，您在门前看，一起进家门。
现见你死了，女儿回家来，想喊喊不着，想看见不着。
阿嫫啊阿嫫，天已黑尽了，女儿打水来，起来洗洗脚。
女儿小时候，您打水给洗，女儿长大了，打水洗不着。
阿嫫呀阿嫫，亲戚有一席，朋友有一伙，但您见不着。
明天上山去，女儿会料理，您不要挂念，阿嫫啊阿嫫……

这深情的哭丧调，普丕听得真切，联想到自己已过世的阿爹阿嫫，他不由得流下泪来。

午时刚过，祭堂时间到了，主持祭奠的司仪高声宣布开堂祭祀开始！并念赞礼道："奏乐，鸣炮！"一时间爆竹炸响，花鼓、板鼓、唢呐齐奏，司仪又念道："孝眷出帏，灵堂前跪！"孝子孝女们一起在棺椁前跪下。司仪又念："孝眷举哀，哀止。执事各司其职：赐冠、赐服、赐履、赐带、赐杖，披麻、行三礼！"执事者为孝子孝女们赐白帽、白衣、白鞋、白腰带和麻布，还赐嫡子出殡时用的白色木杖。司仪再念："初上香、再上香、三上香；初献爵、再献爵、三献爵；初献食、再献食、三献食；初献羹、再献羹、三献羹。三献已毕，孝子默思音容，俯乐止。"唢呐声和鼓声即止，司仪再念："哀诵祭文！"读祭文的先生用悲恸哀切的语调念诵祭文，祭文叙述了已故老人的生平、恩德、功绩和后嗣的哀思以及秉承遗业等。诵完祭文后，司仪最后念道："祭文诵毕。叩首，再叩首，三叩首，兴，礼毕。化钱、孝子入帏守丧，痛思音容！"孝子孝女们在棺椁前退下，又站在两旁守灵，等待亲朋好友来吊唁。

至此开堂祭祀结束，亲朋好友即可吊唁祭拜，鼓乐又复鸣奏。毕摩肃立灵柩旁开始念诵《释梦经》《迎客经》《移尸下床经》《净身经》《装殓经》《开堂祭祀经》等。

开堂祭祀一结束，施明和普丕立即回到住户家，闻讯赶来的丧家接客人员，将所带来的祭品分别装入数个木质方盘中抬着，引领着施明普丕一行人到普兴家吊唁，此时山羊已被接客人员送入伙房中，带回牵羊绳放置于抬着的方盘中，走到普兴家门前，燃放爆竹，吹响唢呐进入屋内来到灵堂前，将祭祀礼品献上，跪在孝堂中的棺椁前磕头。与此同时，司仪高声念亲友祭拜赞礼词：“奏乐，就位灵柩前下跪。初上香、再上香、三上香。初奠食、再奠食、三奠食。初奠爵、再奠爵、三奠爵。上献毕，叩首，再叩首，三叩首。兴、化钱、孝眷谢礼。”在施明和普丕叩首时，在灵柩旁守灵的孝子孝女们也一同叩首，在司仪的赞礼中，施明和普丕依次行祭祀礼。随后唢呐鸣奏《哀丧调》，所带来的“摇钱树”悬挂在屋外。毕摩念《祭牲经》《洗牲经》《宰牲经》，象征性地在牵羊绳上给羊洒清水、洗嘴、洗脚，随行而来的唢呐班被安排在耳楼上吹奏，祭献后施明陪同普兴一起守灵，普丕陪伴着唢呐班。

这时，随着村前传来的又一阵爆竹声、锣鼓声和唢呐声，有人来报，娘舅家的吊唁人员牵着一条黄牛，带着花鼓队和唢呐班及白银等祭品已来到村前了！得到报讯，接客人员和丧家所请来的花鼓队立即到村外迎接。按照习俗，亲友带来的外村花鼓队要进村时，须和本村花鼓队对唱《接待花鼓对口词》，对过对口词后，村外来的花鼓队才能进村入室吊唁祭拜。因此，村内外两支花鼓队便在村外对唱起《接待花鼓对口词》来，首先本村花鼓队唱道：

辛苦辛苦，辛苦而来口干，三口冷水不得漱，槟榔茶水未解渴，请哥包涵。

娘舅家花鼓队对唱道：

禀吧禀吧，小弟来到村中，清甜冷水候到，小弟得漱口，槟榔茶端到，小弟得解渴。

本村花鼓队又唱道：

禀吧大哥，山连山来水连水，山高路远，上坡三十里，下坡十五里，来了四十五里路，实在辛苦了。

娘舅家花鼓队又对唱道：

禀吧大哥，山连山来水连水，小弟花鼓心连心，大路弯弯小路直，小弟来到村中，给大哥添麻烦了。

对唱完对口词，接客人员接手牵住带来的黄牛，其余白银等礼品均装入方盘中抬着，和本村花鼓队一道，引领着娘舅家的吊唁人员和花鼓队进村入屋在祭堂前吊唁祭祀。在司仪的赞礼声中，祭献礼品跪拜，花鼓队行祭拜礼，跳唱《进拜调》和《祭献调》。祭拜后，娘舅家的客人被接客人带到附近一户人家歇息，并由专人陪伴，用好烟好茶好糖果接待。

紧接着亲家的吊唁人员也领着花鼓队，牵着一头猪和带着白银等礼物来到了，而且是亲家公带领。接客人员和本村花鼓队又到村外迎接。在公婆家的吊唁人员来到村外时，普兴的阿姐就离开灵堂到村外，和婆家吊唁人员一起进娘家来，一到灵堂她又扶着棺椁痛哭起来。

随着司仪的赞礼声，亲家的吊唁人员祭献上礼品，跪地叩首，亲家公高声念《拜堂词》：

普氏门中，慈母升天，一年之计，祭在今天。出村之日，黄道吉日，耄耋老母，你知不知道，你的亲家，有拿无拿来到了。你的亲家家道贫寒，比不得有钱人家，八仙饵抉不能抬，空空敬到，小小方盘四方方，方盘里不装粮来不装钱，告此老母，拜主人，空空礼物请收起。

亲家公念毕，行叩首礼。接着普兴的阿姐以女儿的名义带来的花鼓队行祭拜礼，跳唱《留老歌》和《送老歌》：

一留老人在堂中，堂屋中间点香烛。今日本是黄道日，酒肉果品满桌供。
二留老人天井边，滴泪喊嫫不应声。一日想嫫十二时，三更想嫫到五更。
三留老人大门边，儿要留你在身前。一日三餐祭给嫫，报答你老养育恩。
一送亲嫫奈何桥，奈何桥下恩难忘。母去永世不回来，儿孙泪珠如水淌。
二送亲嫫到山间，半天乌鸦叫三声。十不可来九不回，不可把我母子分。
三送亲嫫阴阳路，阴阳路上放声哭。若要母子再相会，唯有梦里母回家。
四送亲嫫阎王坡，阎王坡头泪汪汪。回头想起嫫好处，哭得要死不得活。
五送亲嫫凤凰地，手捧黄土埋坟墓。早上金鸡争啼明，晚上凤凰伴嫫栖。

亲家的吊唁人员祭拜后，被接客人员接到邻里一户人家歇息。

在爆竹声、锣鼓声和唢呐声中，同宗、亲友和邻里络绎不绝地前来吊唁，凡有来者在孝堂前祭拜，孝眷们都同时一起叩首谢礼。

施明披麻戴孝一直都陪同普兴在灵柩旁守灵。

普丕却与宾客吊唁礼品登记人员和到娘舅家报丧人员交谈。在交谈中普丕得知，到娘舅家报丧的人员拿着亡故老人生前娘家陪嫁的手镯去报丧时，娘舅家接到报丧后，将报丧者带来的手镯，视为姑老太最后一次“回娘家”。即杀鸡款待报丧人员，吃饭时给姑老太留了一个空位，放置碗筷，焚香敬酒献菜，痛悼亡灵，同时迅速准备厚重祭品，前来吊唁。

此次吊唁，除娘舅家牵来一条牛外，其他至亲都分别牵来了猪羊鸡等较大的畜禽祭品，其余来吊唁者均带来一升大米、一斤白酒、一斤糖、一把香和数量不等的钱币等祭祀礼品。

吊唁祭祀至酉时，吃晚饭时辰已到。人们就去吃晚饭，但远处亲朋好友还不时来吊唁，祭祀仍在进行，孝子孝女守灵不能离开灵堂去吃饭，待吊唁者来完后，才能在灵堂旁边轮流吃。还有主持祭奠的司仪、毕摩、唢呐班和花鼓班及家中老人，也在家中吃饭，安排筵席酒菜人员会将所需饭菜送来家中以供食用，普丕陪着一起来的唢呐手在家中吃饭，施明和孝子孝女们轮流吃饭。

丧筵在本族的祠堂办理，祠堂外有一场地，筵席就安排在场地上，在场地上铺撒青松毛为席，分席分桌摆好酒菜，人们围席用餐。

此次吊唁祭祀，共有四支花鼓队、两支板鼓班、三支唢呐班，整个吊唁祭祀鼓乐喧天，诵经不断，场面热烈。

毕摩在发丧出殡这一夜，要通宵达旦地念诵经文，板鼓班和唢呐班也要通宵达旦地吹奏，对于他们丧家有专人接待陪同，彻夜为他们热菜热饭斟酒上菜地服务。

晚饭后，毕摩念诵《阿梭黑经》，评价老人一生的辛劳、恩德和对邻里村寨所做的贡献，还念诵《洪水泛滥经》等，到子时念诵《献夜宵经》，开始给亡灵祭献夜宵，尔后同宗姻亲和守灵者们吃夜宵。

祭献完夜宵后，毕摩念诵《儿女祭献经》，孝子孝女们围至棺椁前移开棺盖，让子女们最后一次瞻仰老人的遗容。然后把同宗姻亲带来的孝白布匹按辈分顺序依次盖于尸身上，行盖棺仪式，此时司仪念道：

吉日良辰，天地开张，鸡叫丑时，阴阳分离，普氏门中普胡氏老人升天，享年五十有二。封棺仪式开始，鸣炮！死者超生，生者兴旺，后继有人。封棺以后，大吉大利。死者进，活者出！

随着爆竹鸣响，人们盖严棺盖，用土胶抹封插榫处和棺柩沿口，以防漏气。封棺仪式结束后，毕摩念诵《白余书经》，恭请亡灵安息睡觉，同时孝子孝女和同宗姻亲晚辈们，每人手持一炷香，围着棺椁正反各三圈绕棺而行，为死者亡灵踏开进阴曹地府路径。此时毕摩念诵《踩尖刀草经》：

踏上祖灵路，荆茂棘又旺，长满尖刀草，杆有大腿粗，叶有筛子宽，刺似牛尖样，别人不踩草，可用祖先地。若我不踩草，您难见祖灵……金银踩回来，绸缎踩回来，牲口踩回来，粮食踩回来，踩往前面的，全部往前去，踩往后面的，全部往后归……

披麻戴孝的孝子孝女们，通宵达旦地为老人守灵，一刻也不敢懈怠，孝女们在灵柩旁的哭声也彻夜不绝。

晚饭后，参加吊唁的花鼓队，聚在祠堂前的场地上围成一圈，尽情地击鼓欢跳，表面是协作起来跳花鼓舞，但不免各队之间暗中竞技。场地上鼓声震天，满场雷动，激情飞扬，动人心魄，直至子时吃夜宵方歇。

吃完夜宵后，青年男女们又在场地上燃起篝火，弹起四弦，拍响巴掌，欢跳乐作舞，众人又唱又跳，场面宏大，气氛热烈，满场沸腾，歌舞声一夜未停，通宵达旦。

欢快的鼓乐歌舞也是对亡灵的送别，使之顺利到达阴间。

到凌晨卯时，举行摇“金银树”仪式。聚同宗姻亲晚辈，携带清水、硬币伴五谷和糖果等，到家门前悬挂挽幡的地方。毕摩念诵《摇钱树经》，边念边向树脚浇清水，对着摇钱树抛洒硬币糖果五谷，人们争抢硬币和糖果，表示金树银树长大，开花结出金银果掉落下来，荫庇后代。抢拾到硬币、糖果最多者，则意味着得到先祖恩惠亦最多。

公鸡啼鸣后，毕摩念诵《晨起经》，唤醒老人亡魂起床洗漱打扮，接着念诵《敬献早点经》，请亡灵进早餐。

向亡魂敬献完早餐，毕摩开始念诵《占风水讨坟地经》为老人占择风水宝地，使老人安葬有个舒适的阴宅。随后念诵《指路经》，给老人亡魂指示先祖发祥地和进阴曹地府的路径。《指路经》诵道：

普氏大房处，天地要你去。人家不去行，你不去不行。门坎有人接，骑着大马去。歧路你莫走，岔路你莫进。不要拾石头，不要拾柴禾。拾石落人后，拾柴落人尾。租界天地府，千山绿油油。栗树沉满果，大坝平洋洋。水塘波荡漾，白鱼尾长长。此有放鸭处，养鸡适又近。还有好菜园，挑水也方便。旱地平坦坦，种的是玉米。梯田水汪汪，田里养着鱼。水田平坦坦，种谷两道熟。青草绿茵茵，极宜放牛羊。到了天地府，可以见父母，见到他们后，要过好日子……

发丧出殡日早上，在发丧出殡前，前来吊唁的所有花鼓队，按辈分先后到灵柩前向老人亡灵行送别祭拜礼，跳唱《出殡送葬调》：

老人一生做人好，十人出来九人爱，咋会舍得归阴路？子孙满堂太哀伤，不见棺材不掉泪，见了棺材泪水淌。眼泪汪汪送上山，一送老人堂屋中，二送老人天井边，三送老人到门外，金山银山留在家，金童玉女开新路，下雨下雪你要走，四送老人到路上，五送老人七里坡，六送老人到坟上，七送老人到安葬，八大金刚把山看，埋你埋在五神地，金山银山烧给你，荣华富贵伴着你……

在发丧出殡前吃早饭时，孝子孝女们，向抬棺送葬的“抬座”们敬酒跪谢，并送给每人一双草鞋和少许脚力钱。

到发丧出殡时，亡故老人子女备钱币糖果和手斧凿子，装入方盘中抬着，请舅爷封棺钉灵柩，这时司仪念《敲寿钉词》：

伏于吉时良辰，天地开张，葬在今日，吉气洋洋。一撒东方甲乙木，黄金五谷堆满仓，二撒南方丙丁火，先开花朵后结果。三撒西方庚辛金，望过雪山永不回，四撒北方壬癸水，寿钉不敲子和孙。五撒中央戊己土，长命富贵遗子孙。留后！留后！敲钉敲钉，万年不敲钉，千年不敲钉，百年不敲钉，今年来敲钉，今日来敲钉。敲钉敲钉，大富大贵，子孙满堂。一寿钉，留子留孙传后代，二寿钉，留衣留食保平安。三寿钉，今日升后，百年不升，千年不升，长命百岁。

在出殡前的早上，已有青壮年二人，携带挖掘工具，由普兴的叔辈领着，请风水先生到祖坟地定位定向挖掘墓穴。并给掘墓人员一只公鸡，到出殡发丧时，墓穴已经挖好，掘墓人就宰鸡煮食。待抬座们抬着棺椁来到墓地时，若看到掘墓人的鸡肉未吃完，大家就会抢食，据说得食者会得到先祖恩惠。

到了午时，开始发丧出殡，司仪念《出殡拜堂词》：

普氏门中，呜呼哀哉，老人升天，一年之计，祭在今天。发送日子，黄道吉日。子孙满堂，眼泪汪汪。送你到花山，送你到凤凰窝，送你到五神地中。十六个金刚相伴，祝你老人家安心静养。

《出殡拜堂词》念毕，接着人们拆毁灵堂和挽幡拿到村外焚烧。抬座们将棺椁徒手抬至村旁，置于两条四脚长凳上系好抬杆。老人德高望重，抬座们前八后八共十六人以最高礼仪抬棺。出殡起棺后，抬座们高抬灵柩过“肋巴桥”，即从跪地哭灵的孝子孝女背上抬过，过“肋巴桥”后抬座们呼啸着直奔坟地。但在前面送葬开路的花鼓队，边走边跳，有意压住阵脚，抬座们只得缓慢而行，意为不忍老人急急离去，其实是丧家的授意。有人走在最前面一路抛撒纸钱，孝子孝女和亲友们以及板鼓班和唢呐班在灵柩后面同行送葬，沿途燃放爆竹，击鼓奏乐。普兴披麻戴孝杵着丧杖，在施明搀扶下紧跟在灵柩后面。路上有人给送葬人员发放少许大米伴糖果的食物，以作压惊之物。

灵柩抬至距墓地半程时停棺，举行孝子献“晌午饭”仪式。花鼓队绕棺而舞，孝子孝女将少许饭菜和酒反捧在背上，从左至右绕棺撒落。也是献“忘记饭”，让亡者灵魂离家而别。献过晌午饭后，除孝子孝女和至亲同宗姻亲和丧家请来的花鼓队、板鼓班和唢呐班以及施明、普丕带来的唢呐班要一直送灵柩到坟地外，其余送葬人员、花鼓队、板鼓班和唢呐班等，均返回亡故老人家中。

亡故老人家里灵柩送出门后，灵堂清扫干净，并请来村里年高老人，摆酒席压堂，以清阴升阳，使家道兴旺。

抬棺送葬人员，不断击鼓奏乐，鸣放爆竹，一路前行。棺椁抬到墓地后，下葬前在墓穴底部四周放置少许钱币，以买阴宅地基，下葬行平棺葬，头朝前面山岭，脚朝后面山坡，将棺椁慢慢放入墓穴。校正坟向后，孝子孝女同宗姻亲晚辈们挽起后背衣襟兜上泥土，绕墓穴正三反三走六圈，边走边将泥土撒在棺柩上，表示子女同宗姻亲后辈为死者建盖阴宅。然后盖土于地面垒起前高后低的半圆形墓冢，中间夯土成形，下葬仪式即告结束，抬棺和送葬的人们燃放一串爆竹后，不回头地走回亡故老人家里。

所有返回家的送葬人员，到达家门口，必须洗手，跨过用干松毛团点燃后盖着青松枝和青香树枝冒着烟的火堆，才能进到家中，接着喝杯红糖水，寓意清除身上的秽气安魂定神。

老人入土安葬后，毕摩念诵《招魂经》，招回所有送葬人员和牛羊猪及五谷粮食的灵魂。随后再念诵《掘送死亡陨星经》，占算死亡之星陨落的地方，并挖掘出来送出村外。

出殡安葬结束后，前来吊唁祭祀的客人们，吃过晚饭后均回家去了，村中的同宗族人在次日早上收拾办丧事场地和清理用具后吃完早饭再离去。此次老人的丧事办得隆重利落，顺利结束。

按照习俗老人安葬后三日要圆坟，称为“三日复丧”，上坟添新土，点香烛烧纸钱，祭献酒菜。之后，亡故之家要守孝三年，守孝期内不能办喜事，不能贴红对联，每逢清明节上坟扫墓。守孝满三年，请回同宗姻亲等至亲，请毕摩念诵《退孝经》，行退孝仪式，将家中的白色挽联换成红色喜联，以后家中便可办喜事了。

三日复丧时，普兴阿姐和姐夫、姻亲和伯叔等至亲要参与，施明也要参与，所以施明叫普丕带着请来的人员先行回家去，等复丧结束后他再回家来。

于是普丕领着吹唢呐的人员和帮手，带着丧家返回的一条羊腿回到施明家中。临行前他还和施明一同去看望了普兴的父亲。回到施明家时，施大明和施慧的饭菜已经熟了，普丕用带回的羊腿加炒了一盘羊肉，大家便围桌吃晚饭。饭后唢呐手和帮手都回家去了，普丕也来到了李士天处，告知自己奔丧回来了。

李士天满脸不悦，冷冷地对普丕说："在两天前我就给你说过了，明天是甸中赶街天，我要去甸中街办一些事情带着你去。明天早上太阳一出来就出发，你现在就去给我的坐骑洗身喂夜料，做好准备，以便明天一早出发。"说完望也不望普丕一眼，自顾自喝茶水。

普丕应允离开后，就到李方氏家里，告诉干嫫自己回来了，明天要跟李士天到甸中街上去。普丕在干嫫处喝了一阵茶水后，就离开干嫫家给李士天的马洗身和喂料，然后就洗脚睡了。

第二天早上，太阳刚露脸，李士天和普丕就往甸中街出发了。李士天骑着马神情抖擞，普丕跟在后面走着。李士天的这匹坐骑正值壮年，身高体大，十分健壮，昨夜普丕又喂足了夜料，通体被洗刷一番，使棕褐色体毛显得油光闪亮。一路昂头奋蹋神气十足，李士天骑在马上，自己觉得很风光，很是得意，而且这马听话好使，李士天对它十分喜爱，视如心肝，珍如家宝。普丕在李士天后面紧跟着，却显得心事很重，几天来他一直在思考，怎么样挣钱来给施大明家赎回田地，让他们一家过上好生活，同时他也想着如何挣钱给干嫫买套新衣服。此刻走在路上，他仍在思考着这些事情。

路上，李士天对普丕说："普丕，你给我听着，甸中人是很鬼的，连人的眼睛珠都会给你换掉，你在街上要十分注意，否则你会吃亏的，一切要听我的话行事，不然的话你吃了大亏哭都来不及。"普丕嘴上答应着，其实心里很清楚，这是李士天对甸中人的偏见，是他夸大说辞，信口胡说。甸中人是能说会道，头脑灵活，很会做生意，但绝不像李士天说的那样子，他多次到过甸中街，对甸中人是很了解，这是李士天在他面前炫耀见多识广，吓唬他呢，但李士天说的"甸中人会换眼珠子"的说法让他印象深刻。

当李士天和普丕走到甸中街上的时候，街面上已经很热闹了。李士天和普丕都走得饥肠辘辘，但李士天不愿让普丕同他一起吃饭。他要吃好的，普丕不能和他吃成一样，他舍不得出这个钱，于是就对普丕说："普丕，你给我看住马，拉住缰绳不要放手，我到那边街上转转，然后再让你吃饭。”说着把马缰绳递给普丕就走了，竟不管普丕的劳累和饥渴。李士天名义上说“去转转”，实际上是去吃饭喝酒，办自己的事情，撂下普丕干等着他，老半天也不见他转回来，普丕看到李士天如此刻薄地对待他，心里升起一股无名之火。他看到街上熙熙攘攘的人群，高兴地进食馆吃喝，愉快地买东西，而自己却在街边忍饥挨饿，愈加怒火中烧。此时不知为什么他想起李士天说的“甸中人会换眼珠子”的话，突然一个绝妙的想法在他脑海中闪现出来，这个想法竟使他笑了起来，满腹的怒意也一扫而光。

于是普丕把李士天的大马牵到牛马市场上，卖给一个远方来的客商，得了三十两银子。客商买到上好的马，欣喜地骑着马扬长而去了。普丕立即来到甸中街外无人处，把银子悉数埋在一堆破碎瓦片下，然后迅速跑回李士天让他看着马的地方，手握半截切断后的马缰绳，闭着眼睛静静地坐在那里。

李士天酒足饭饱后，办完自己的事情，又在街上闲逛了一阵，才心满意足春风得意满脸笑意地转回来。忽然看见普丕手中握着半截马缰绳，闭着眼坐在地上，身边并没有马，他大吃一惊，对普丕大叫起来：“普丕！你闭着眼睛手握半截马缰绳坐着干什么？我的大马呢？”

普丕仍然紧紧地闭着眼睛，抖抖握着的马缰绳说：“我拉着呢。”

“你拉着个屁，睁开眼睛看看！”李士天咆哮起来。

普丕睁开眼睛，蓦地站起来，假装吃惊地大呼：“噢！马到哪里去了？”

李士天指着普丕暴跳起来骂道：“我叫你看马，你为什么闭眼坐着？”

普丕十分委屈地说：“阿波，是你告诉我的嘛，你说甸中街上的人会换眼珠子，叫我多加注意。你不在的时候，我怕别人换掉我的眼睛珠子，就闭着眼睛紧紧地拉住马，以为这样就会没事了。谁知马被人割断缰绳偷走了，我却一点都不知道啊！”

“你……你，你……”李士天气得话都说不出来了，瞪着眼睛张大嘴巴，喘着粗气，恨不得一口把普丕吞下。李士天极其沮丧地抱着头蹲在地上，突然他抬起头来睁大眼睛上下打量着普丕，又向周围环视了一番，然后霍地站起来，冲着普丕大喊：“你呆站着干什么，还不快去找！”

“是！”普丕一溜烟跑了，装作到处寻找。李士天也焦急地匆匆满街寻找。但哪里还有这匹马的踪影呢？最终二人一无所获，空手而回。李士天嚎叫着：“这些该死的偷马贼，肯定是逃跑啦！”

普丕也趁机说：“阿波，既然这些贼来偷马，他们不敢在街上停留，一定是跑远了，没有办法找到了。”

李士天吼道：“住嘴，废话！难道我不懂吗？都是因为你，不然我的大马怎么会丢掉！”

尽管李士天气得满眼冒火，急得暴跳如雷，但也毫无办法了。此时天色也不早了，在万般无奈下他耷拉着脑袋，垂头丧气地带着普丕走回了家，竟不让普丕吃喝一点东西。普丕说：“阿波，我还没吃饭呢，我很饿，我要吃饭。”李士天吼道：“吃什么饭，马都让人给偷了，还好意思说要吃饭，我没钱给你买饭吃，就这样回去吧！”说着扭头就走了。普丕只得忍着饥渴跟着李士天走回去。但他心里却极为高兴，也就感觉不那么饿了。

一路上李士天一句话也不说，他心里十分难过。坐骑丢了就像割了他的心肉那么疼，他什么也不想说，也说不动了。普丕默默地跟在后面走着。李士天觉得这事有点蹊跷，他怀疑大马是不是被普丕卖了，但普丕身上什么东西也没有，一件单衣薄裤看得很真切，普丕坐的周围也没有什么。李士天左思右想也想不出个由头。也只能相信马被人偷走了，不过他心中疑窦未消。

李士天和普丕回到阿稽竜村时，已经是傍晚了，两人各自回到住处。李士天累得精疲力竭，加上心中难过，竟不吃不喝，歪进卧室倒头便睡。但眼睛却在骨碌碌地转着，还在反复思考着丢马的事情。

普丕一到家，由于一整天水米未进极其饥渴，他立即来到干嫫家里，此时干嫫下地还未回家。他等不及蒸煮，就盛两碗冷饭下肚，又喝够了水，洗脚后就回到住处睡下了。但他也没有睡着，他知道李士天仍然对他有疑心，估计李士天会有动作，便躺着看动静。

夜渐深，人们都睡了，村里寂静下来。这时李士天却悄悄起床摸到普丕的睡房，静观普丕有何动静。普丕看到蒙着白纸的窗外有个人影在晃动，从黑影轮廓普丕就知道是李士天来偷视。普丕立即打起鼾声，装作沉睡的样子。李士天看了一阵，并未发现普丕的行为有异常，而是像猪一样地睡着，于是就回去睡了。李士天毕竟已经累极了，实在熬不住了，刚睡下就鼾声大作沉沉地睡着了。

过了一阵普丕也起床了，他轻手轻脚地来到李士天的卧室观看倾听，见李士天鼾声如雷地沉睡着了。他立即趁着月光连夜赶到甸中街旁，把白天卖马埋下的银子拿回家来。这时天将亮，他把银子暂时藏在干嫫的柴堆下，然后回到住处甜甜地睡着了。

第二天早上李士天一觉醒来，见天已大亮。他即刻爬起来，顾不上洗漱急急地来到普丕的睡房去查看，见普丕还在紧闭着房门睡着。李士天踢着普丕睡房的门大声喊：“普丕！都什么时候了你还在死睡，快给我起来！马上把厨房的水缸挑满了，然后到村子边挖瓜地去！”

普丕在李士天的叫喊声中起床，忙简单洗漱了一下，就急忙挑着木桶到村外的水井里挑水倒进厨房的水缸里。水缸挑满后，又扛着锄头到村子边翻挖瓜地，回来吃了早饭又去挖，直到傍晚才回家歇息。早上李士天到普丕房里催床，实际是进一步观察普丕的动静。这一整天李士天都在暗中观察着普丕的举动，并没有发现普丕有任何异样，心中对普丕的怀疑才彻底消除。

从早上李士天来喊普丕起床，普丕心里就明白，李士天来叫他起床是假象，实则是李士天因丢马有疑惑来暗中观察他的行为动静。而且他发觉整天李士天都在暗中窥视他的举动，因此他除了做活吃饭睡觉不做其他事情，也不去其他地方，没有露出丝毫破绽。

几天后，普丕确定李士天已经完全清除了对他的疑心，就把埋在干嫫柴堆下的三十两银子拿出来，普丕用计谋一下子得到这么多银子，心里特别高兴，他将此事偷偷地告诉了施大明一家和干嫫，大家都极为高兴，但人人守口如瓶，没有漏出半点消息。

普丕把二十两银子交给施大明去赎回田地，余下的十两银子他交给干嫫，叫干嫫买两套新衣服穿，再买些好的东西来吃。

施大明很快用二十两银子赎回了五亩田地，又买了一条耕牛，辞去了做长工的工作，带着施慧专心耕作自己的田地，全家人都十分高兴，施明也常回家来帮忙做活。生活有了新希望，一家人越来越欢心。

李方氏却把十两银子藏起来，始终没有买新衣服穿，也没有买好东西吃，她舍不得花这些银子，她要留给普丕娶新媳妇呢。

普丕没有办法，只得在结算自己的工钱时，给干嫫买了一套新衣服。

第三十一回　喜鹊鸣枝李亮娶亲　家中起火阿波舔屎

普丕为了多挣一些钱，让干嫫过上好日子，就租种了李士天外租的三亩田。李士天是当地有名的大地主，田地广布，光靠家里的几十个长工栽种不过来，就把一部分田地外租出去，按四六分成收取租粮，即收获的粮食李士天收六成，租田户留四成。普丕要租李士天的田栽种，李士天不同意，不租给普丕，认为普丕是他的长工，要天天给他做活。普丕就说按三七分成来租种，收粮七成交给李士天自己留三成。李士天觉得能够多收一成田租，有利可图。又想到普丕反正是种自己的田，因租种影响做活时，也可少付工钱。因此就同意把三亩田租给普丕栽种。普丕是一个十分勤快又不怕辛苦的人，他起早贪黑、披星戴月地耕种自己的租田，还帮干嫫栽种二亩地，平时也没有过多影响给李士天做工。多年的长工生活，使他积累了丰富的耕田种地的经验，他租田里的庄稼长势都很好。施大明和施慧也经常抽时间帮助普丕耕种。施大明家也有自己的田地要耕种，普丕怕他们累着，总是劝他们不必来帮忙，说自己一个人能行的。

这天傍晚，天气晴朗，月亮皎洁，田野清亮。普丕趁月明，连夜在租田里给麦苗锄草。随着入夜，白天喧闹的田野渐渐沉寂下来，月光下的麦苗乳亮青葱，一派生机。看着茁壮成长的庄稼，普丕心中充满了喜悦，忘记了一天的辛劳，哼着曲儿兴致勃勃地干着夜活。这时麦田外传来一阵清脆的笑声，随即传来施慧亲热的喊声：“普丕阿哥，我帮你来了。”

普丕见施慧来到，既高兴又惊讶，说：“施慧阿妹，这么晚啦你怎么来了，这个时候你怎么知道我在这里做活呀？”

施慧说：“我去找你找不到，我想你肯定又在地里干活，所以我就来了。怎么？我来帮你还不好吗？”

普丕关爱地说："你劳累一天了，快回去休息吧，这些活我自己做就行了。"

施慧却说："我不累，跟你在一起做活就是觉得不累。"

普丕笑着说："哪有不累的，你跟着我，就是让你受累了。"

施慧认真地说："我不怕！能跟你在一起，即使累我心里也是甜的，有使不完的力气呢。"一边说着一边跟普丕做起活计来。

月光如泻，晚风清爽。两个年轻人劳动的说笑声在静谧的田野里回荡。

"嗬！好一对牛郎织女，在月光星辉下相会耕耘啊！难道你们不知道休息和睡觉，要做活到天亮呀？"随着声音李亮突然出现在地头上。

普丕笑着说："知道，知道，我们做一会儿活就要回家休息了。"

施慧却望着李亮说："李亮阿哥，你怎么也来了，是来帮我们做活的吗？"

李亮说："我哪有工夫帮你们做活，我的事情都忙不过来呢，我也是日夜都在忙呢。"

施慧不解地笑着问："你忙什么呢？一定是忙好事吧？"

"当然是忙好事。因为是好事，我可忙得高兴着呢。"李亮语气兴奋地说。

"什么好事？让你这样忙得高兴？"普丕笑着问道。

李亮笑呵呵地说："我要结婚了，再过五天，我就要娶新媳妇啦！我要请客办婚礼了！"

"啊！好哇！这可是大好事应该高兴的，李亮阿哥，恭喜你啦。"普丕认真地说。

"所以，我来请你们帮忙的。"李亮认真地说。

"好，这个忙我们一定帮！做什么你说吧，一定帮你做好。"普丕爽快地说。

"你来给我做陪郎，帮我把新媳妇娶进家里来。"李亮说。

"好，我一定给你做好陪郎，帮你娶回媳妇，到时我会来的。"普丕说。

施慧也接着说："那我呢？李亮阿哥，我帮你做什么呢？"

李亮故意板着脸说："你呀，你平时很辛苦，怎么能再劳累你呢？你就算了吧。"

施慧着急地嚷起来："那不行！李亮阿哥，你怎么这样对我呢？不行！你不能把我撇下，我要帮你做事。"

李亮看着施慧着急的样子，哈哈地笑着说："我是跟你开玩笑呢。你又漂亮又能干，我娶媳妇怎么少得了你帮忙，我还怕请不到你呢。你一定要来的，帮我去迎亲接新媳妇，并且要把她招呼好，这我可一辈子都要感谢你呢。你还要把新媳妇哄得高兴，不然我不会答应你的。"

施慧高兴地说："李亮阿哥，你就放心吧，我会帮你把新媳妇哄得乐呵呵的，整天贴着你。"

李亮笑着说："这就好。不过更重要的是让你好好学学做新媳妇呢！"说得普丕也笑起来。

"李亮阿哥，你……"说得施慧不好意思起来，脸儿腾地红了，在月光下都看得清楚。

李亮和普丕笑得更开心了。

李亮的婚期很快就到了，未婚妻就是茂旦村的龙兰。先前李亮曾带着普丕在夜晚的跳乐场上见到了龙兰，而且那以后，龙兰经常带着小伴到李亮家帮忙，普丕也不时见到她。龙兰的美丽和淑雅使普丕很是赞赏，村人也称赞说这可是个好媳妇。普丕知道李亮深爱着龙兰，龙兰对李亮也一往情深，二人如胶似漆，多有来往。李亮的父母也很喜欢龙兰，龙兰的爹嫫也对李亮赞扬有加。双方的父母对彼此的家庭情况也做了了解，觉得两个年轻人年龄相当，相貌般配，门当户对，颇感满意。于是双方的父母盘算如何办好两人的婚事，并在暗地里准备起来。李亮既已相好了自己心爱的姑娘，也就舍却了父母为其探花寻亲找儿媳妇的操心事，父母心里甚是喜欢。

事不宜迟，李亮的父母选择一个吉日到龙兰家里提亲，并请媒人相随带上酒肉糖果等礼品，向龙兰的父母提出自家的儿子与其女儿的口头亲事。龙兰的父母已经知晓了李亮及其家庭的情况，心里早已认下了这门亲事，并爽快收下了礼物，热情款待，还请出女儿与客人相见。在说亲的过程中，媒人也热心尽到自己的职责，竭力向龙兰父母介绍李亮的家庭情况和称赞李亮，尽力促成这桩美好姻缘。使龙兰的父母对李亮及其家庭情况有了进一步的了解，更得到了龙兰父母的认可。认为李亮和龙兰的八字相生，夫妻会和睦，婚姻会幸福，所以欣然同意了这门亲事。这样李亮父母给李亮提亲得到了满意的结果。

接下来，李亮的父母就到龙兰家过礼认亲“吃小酒”。这天，李亮的父母领着李亮和宗亲数人，由媒人陪同，带上一公一母两只鸡，还有酒肉米糖蔬菜以及银圆布匹等，到龙兰家办筵席认亲。龙兰家也邀请宗亲来赴宴。席间相互道喜，喝认亲酒，双方家长就互认“亲家”。李亮和龙兰的结亲之事也就正式确定下来。在这天李亮家过礼给龙兰家八个银圆和二丈布匹，叫作“押婚”。

不久，李亮的父母就安排行聘订婚“吃大酒”了。李亮家邀请同宗长辈等数人，同媒婆一道，携带一公一母两只鸡、两斤米、两斤酒、六斤肉和一些蔬菜和聘礼，到龙兰家商定婚期和迎娶事宜。并行聘礼六丈姑娘布、二丈奶母布、一斗六升米、酒肉各六斤、十二个银圆、一对银手镯、一对银耳环和一条围腰银项链等礼品。

行聘订婚的筵席由李亮家和龙兰家共同操办。龙兰家也邀请同宗至亲和姻亲长辈多人来赴宴。订了婚李亮和龙兰的婚姻关系便已成立。于是李亮的父母请算命先生看吉日良辰，定出了迎娶成婚的日期，并通报给龙兰家，征得龙兰家同意后，紧接着双方就开始备办嫁娶成婚事宜。李亮家和龙兰家都把子女的婚事当作大事来做，都想把子女的婚事办得风光体面一些。

李亮迎娶成婚的头一天，普丕和施慧就来李亮家帮忙了。这时的李亮家，已经透着浓浓的喜庆气氛。红红的喜联贴满了大小门柱，屋内装饰布置一新，里里外外打扫得干净整洁，平房阳台上和门前场地上搭起了绿叶喜凉棚，清香的青松毛堆放在屋角，准备铺筵席之用。一对书有双喜字的大红灯笼悬挂在大门两旁。门前场地的一边已安起锅灶，以做宴请之炊。一班剽悍的汉子正在宰牛杀猪。厨房里堆满了各种食材。亲友和帮工们正在欢快地忙碌着婚庆之事。

李亮还特意请来村里的好友刘炽与普丕一道做陪郎。刘炽知书识礼，能说会道，面目清秀，是姑娘们最上眼的小伙子。李亮认为，刘炽识文知礼，有胆有识，嘴舌灵巧；普丕体格健壮，能干机灵，善解难事。邀请两人做陪郎，默契配合，一定能应对新娘的伴娘和女友们在接亲过程中刁钻为难的嬉戏，顺利地把新娘接回家来。

此时，刘炽正在李亮家用红纸书写双喜字，准备在明日接亲时贴在礼物担子上。普丕和刘炽既是一个村的，自然互相认识，二人相见便互打招呼，刘炽也乐意做李亮的陪郎。普丕和施慧见过李亮父母后，普丕去帮忙搭建喜棚，施慧就帮忙清洗茶具和桌凳。李亮还请了漂亮机灵的堂妹李凤与施慧一起去迎亲接新娘。李凤和施慧同是阿稽竜村的，平时常见面，两人都很投缘。两人能同去接新娘，自然很高兴，聚在一起欢快地忙碌起来。

明天是迎娶新娘的日子，也是正式做客的第一天，除帮忙人员外，大部分的客人明天就会来到。李亮的父母满面笑容地迎候和招呼每一位来家里帮忙的人，两位老人的脸上洋溢着欣喜之情。

这天晚上，李亮、普丕和刘炽同睡一个房间，三人商谈明天去迎亲时会遇到的情况和要解决的问题，特别谈了新娘的伴娘和女友们会给接亲设“关”刁难的事情，并设想了应对措施。三人畅谈到深夜才入睡。李亮却兴奋难抑，一夜未眠，而普丕和刘炽睡得都很香甜。

真可谓“万事齐备，只欠东风”。第二天迎亲成婚的日子终于到了。一早迎亲人员就紧张地行动起来。迎亲的人员由李亮的一个亲阿叔带领，人员由李亮的舅嫫、阿婶、普丕、刘炽、施慧、李凤和精干男女数人及唢呐手二人共十数人组成。按照当地传统习俗，新郎是不直接去迎亲接新娘的，而是由陪郎代表新郎去接新娘。故李亮就在家里迎候，并未去迎亲。从新郎家到新娘家路程不太远，所以迎亲人员一早出发，赶去新娘家吃早饭。迎亲的人们个个喜气洋洋，穿戴一新，精神饱满，神情兴奋，带着礼物，欢快地行走在迎亲路上。数担装着礼物的竹篮贴着书有双喜字样的大红纸。礼物有两腿猪肉、两只鸡、二十斤酒、二十斤大米、六斤盐巴，还有具有象征意义的蒜苗、青菜、白菜、豆芽菜等蔬菜和火柴、松明子以及银圆等。“人逢喜事精神爽”，负重而紧张的行程大家也不感觉到累，终于在早饭前到了茂旦村新娘龙兰家。

新娘家的嫁女请客在昨天就已开始，家里家外已是宾客云集，一派喜气。新娘一早就在伴娘的陪伴下精心梳妆打扮，送亲的人员早已安排好，所有嫁妆和应备之物均已准备妥当，等候迎亲人员的到来。

阿稽竜村新郎家的迎亲人员一到，立即燃放爆竹报喜，并吹奏着唢呐进村，喜气洋洋地直奔新娘家。顿时整个村子便沸腾起来，有人高喊：“新郎家迎亲的人员来了！”一时间人们从四面八方聚拢过来，小孩们欢呼雀跃地奔跑过来，人们夹道欢迎凑过来围观。迎亲人们兴致勃勃地挑着礼物来到新娘家门前，却不能直接进入新娘家。新娘的伴娘和众多女友一窝蜂地拦在家门口，要迎亲人员过“三关”。过了“三关”才能进新娘家接亲，否则是进不去新娘家的。曾有迎亲人员过不了“三关”被拦在门外，半天甚至一天都进不了新娘家，耽误了按时迎娶成婚，使新郎家大失面子，成了人们的笑柄。所以新郎家总是精挑细选，让最精悍的人员去迎亲，以期顺利过“关”迎娶成婚。李亮挑选刘炽和普丕作陪郎去迎亲也是基于这样的考虑。“过三关”实际上是新娘家的姑娘们唱三支对歌，让新郎家的迎亲人员来对唱，以此来考验新郎家人的智慧、学识和能力。这种带有喜庆意味的善意的拦阻为难嬉戏，使迎亲更增添了喜庆色彩。

面对新娘家姑娘们摆开过“三关”的阵势，刘炽和普丕早有心理准备。尽管刘炽学识丰富，口舌伶俐，但临阵交火，心里不免有些忐忑和紧张。容不得多想，只见一个漂亮姑娘脆声唱道：

枝头为何喜鹊叫？天空为何现彩霞？
春日为何百花开？阿哥为何敝到家？

姑娘的唱声刚落，刘炽立即对唱道：

喜事临门喜鹊叫，新娘喜嫁现彩霞，
春风送暖百花开，小哥迎亲到贵家。

刘炽这丝丝入扣行云流水的对唱，让姑娘们脸上露出了满意的笑容。接着姑娘又接连唱了两支对歌，都被刘炽机智而巧妙地应对了。姑娘唱得富有文采，刘炽对得切题入意，不禁使姑娘们连连叫好，一举顺利过关。姑娘们的欣喜溢于言表，心中暗暗佩服迎亲人员足智多识。通过这次“过三关”对歌，唱歌的那位姑娘喜欢上了刘炽，刘炽也对姑娘的美丽和机灵印象深刻，两人相互产生了心仪，之后一来二往，产生了深深的恋情，竟成了一对甜蜜鸳鸯，喜结连理，成为佳话。

这样顺利过了“三关”，姑娘们欢欢喜喜地接迎亲人员进入新娘家，热情款待。早有人把热气腾腾的茶水端到他们面前，把换过水的烟筒和香喷喷的烟丝递到小伙子们的手中。毕竟是年轻人聚在一起，欢声笑语回荡在屋里屋外。

来迎亲的带队长辈将带来的一应礼物如数点交给了新娘家，而且还把带来的二十个银圆的“喂奶钱”交给了新娘的阿舅，由其转交给新娘的母亲。

在歇息饮茶谈笑间，早饭已熟了。随即在门外场地上、屋顶阳台上和堂屋里摆开了宴席。来迎亲的年轻人被安排在正堂长筵上与新娘和伴娘及女友们一起用餐，其余年龄较大的安排在阳台上用餐。所有的酒筵均用青松毛铺席，一时间，松毛的清香、美酒佳肴的浓香和人们的欢声笑语飘荡在筵席间。堂屋里年轻人们围坐的筵席更是热闹。新娘和伴娘及女友们陪同前来迎亲的新郎的陪郎和男女青年们，坐在筵席上欢笑着吃饭喝酒。热情而又调皮的新娘家姑娘们，不断给小伙子们斟酒劝酒，使小伙子们喝得满脸通红。当然在小伙子们酒足饭饱之后，姑娘们冷不防往小伙子的碗里压饭压菜，小伙子们顾全面子硬着头皮吃下去，被撑得直喘粗气，那滑稽相使人发笑。还有姑娘们巧妙地往烟筒内侧抹上锅底烟灰，小伙子们没注意，吸烟筒时，满嘴一圈黑烟灰印记，而吸烟的小伙子却毫不知情，引得众人哄堂大笑。一顿迎亲喜宴就这样在姑娘伙子们的嬉戏欢笑中结束。场地上和阳台上就餐的宾客们也高兴地吃喝说笑着，处处洋溢着喝喜酒的快乐和欢心。

吃过早饭，坐下来喝茶水。此时小姑娘们大展手脚，仗着人多势众，趁着小伙子们不防备，用锅底灰将迎亲的小伙子们一个个抹成大花脸“黑包公”，看着小伙子们惊慌失措的狼狈相，众人笑岔了气。据说是小姑娘们喜欢上哪个小伙子，就把哪个小伙子抹成黑脸，以此打上印记。因此小姑娘们一个个抹得很起劲。被抹成黑脸的小伙子们无奈，只得赶快跑去水缸旁洗净脸面。

在姑娘伙子们的打闹中，时近中午，迎亲的人们就催促新娘要出门上路了。但新娘家却不依，说迎亲礼物拿得这么差，“吃奶钱”这么少，耳坠、手镯、围腰链这么低档，哪有这样来迎亲的？这样姑娘就白送人了，给人笑话吗？要迎亲人员再回去拿东西来，否则新娘是不会上路嫁过去的等等。迎亲的长辈和刘炽这些人都是见过世面的，都是能说会道的人物。便鼓动三寸巧舌，尽量说好话打圆场。说因为事情多，时间紧，迎亲礼物来不及多准备，等新娘嫁过去后，再备办重礼送过来。况且时间不早啦，路程又远，再不上路，到天黑也赶不到新郎家了等等，一再催促新娘上路。其实姑娘家嚷着礼物少，不带够礼物不让姑娘出嫁上路云云，是当地嫁姑娘的一种习俗而已，无非是显示自己女儿的珍贵，以此强调新郎家要善待新娘。实际上早已做好了出嫁上路的准备。

在迎亲人员的一再解释和催促下，在娘家人的嚷嚷声中，新娘终于缓缓上路了。

送亲的是新娘的一位阿叔、一位舅嫫、一位阿婶、两个伴娘和亲友男女数人共十余人。顿时爆竹炸响，唢呐高奏，人群喧腾。送亲和迎亲人员缓缓走出门去。这时，正在行走中的刘炽和普丕两个新郎陪郎冷不防又被新娘家的姑娘们抹上了大黑脸。已经走出门外，不可能再跑回屋去洗脸，二人只得黑着脸跟着人群走出村去，到半路上有水的地方再洗净脸面。村里沿途的人们看见，大笑不止。

由于条件限制，同时也是习俗，新娘没有坐轿，也没有骑马，而是在伴娘和施慧、李凤的陪同下，打着红伞，跟着众人一路步行而去。女儿出嫁了，新娘的父母将女儿送出门外，扶着门框久久地望着，直到看不见心爱的女儿的身影，流下了眼泪。新娘的嫁妆是：一对红柜子和一只红皮箱，由迎亲人员挑着。箱柜里装满了新娘的新铺盖、新蚊帐、新衣服、首饰和梳妆用品以及糖果瓜子烟丝等所需之物。新娘龙兰打扮得很漂亮，但此刻她的心情却五味杂陈。她深深地爱着新郎李亮，朝思暮想能跟李亮在一起，今天她终于出嫁要跟李亮结婚了，心里充满了甜蜜和幸福。但临到出嫁，将要离开生育抚养自己的父母，离开充满了疼爱和温馨的娘家，从此成为别家人。父母的舐犊之恩，自己对父母的难舍和惦念之情，一时涌上心头，使她不禁伤感，不由鼻头一酸，泪如雨下，动情的《哭嫁歌》随口而出：

阿媄呀阿媄，女儿嫁出去。离别爹和媄，嫁到别家屋。
一步一回头，泪水哗哗流。阿媄呀阿媄，劳累一辈子。
舍不得吃穿，把儿抚养大。如今离爹媄，成为别家人。
爹媄年岁大，体弱病上身。女儿今别去，心中念爹媄……

这感人心扉的难舍之情，情真意切的呼唤，使人们也为之动容。路上唢呐不断地吹奏着喜庆调，迎亲和送亲的人们欢欢乐乐地直朝阿稽竜新郎家行进。丽日当空，初冬的天气暖和宜人，不料一阵风起，忽有几块黑云飘来，噼里啪啦地下了小雨，人们一阵忙乱，纷纷打起雨具。然而顷刻间黑云飘去，雨过天晴。年长的人高兴地说："这雨下得好，真是好征兆哇！"据说办红白喜事时遇有阵雨，表示有福气。

太阳快要靠近西山头的时候，迎亲人员和送亲人员终于来到了阿稽竜村。尽管人们远路而来，免不了饥渴和劳累，却没有径直走进新郎家，而是绕着村子走了一阵弯路后，才进入新郎家门。据说新娘嫁进来，不能直接走进新郎家，而是在村中绕行才能进门，如此才会吉利。迎亲和送亲的人们簇拥着新娘进村，人们的情绪也随之高涨起来，唢呐吹得更响更欢快了，临到新郎家，有多人高喊："新娘到了！新娘来了！"随着一片欢呼喊叫，街坊邻居，贺喜宾客，男女老少，云集而来。在屋顶上、门窗和过道旁聚集观看新娘的风采。四处都是喊叫声和欢笑声，似乎整个村子都欢腾起来了。当新娘来到新郎家门前，随即响起了长久的迎接新娘进房的爆竹声，此时早有人在新郎家屋顶上，把预先准备的装满灶窝灰的土罐丢在大门旁，只听"轰"的一声，大门边灰烟腾起。这是当地迎接新娘进屋的习俗，据说是除邪驱妖，保新人平安幸福。接着由新郎家的一位女性长辈念祝词：

贤惠新娘进夫家，门庭光亮满屋喜。
五谷丰登六畜旺，金银财宝堆满楼。
儿孙满堂家业大，幸福美满日月长。

边念边把糖果五谷撒向四方和新娘周身。意为给新人消灾避邪，让新婚家庭美满幸福。随后新郎家人向送亲者逐一赠送红包礼物以示答谢。接着新娘由施慧和李凤牵着手，跨过大门口燃烧的火盆进入屋内，以示新婚夫妇今后的日子红红火火。再由新郎舅嫫搀扶着新娘，踏着撒满松毛的走道步入正堂。此时李亮的父母已穿戴一新，满面喜色，一起坐在堂屋内。李亮也一身新装，一脸喜悦地在父母身边，静候着新娘的到来。接着在证婚人的主持下，新郎新娘逐次拜天地、拜高堂、夫妻对拜，尔后新娘被施慧和李凤送入洞房，伴娘等也一起进房陪伴。施慧和李凤殷勤地为新娘和伴娘们服务。新郎的舅嫫和阿婶用新娘陪嫁的铺盖蚊帐给新娘铺好新床。按当地风俗，新婚洞房里要有两张床，一张是新郎的新床，一张是新娘的新床。

新娘进入新郎家后，送亲人员也随后进入房内，立即被接待人员邀请到屋顶阳台的凉棚下歇息，好茶好烟好糖果地招待。迎亲人员也一同陪着聊天。

很快婚庆晚宴的时间到了。门外场地上、房屋阳台上、屋内正堂上都摆开了筵席，酒筵都用青松毛铺席。青绿中透出淡淡的香气。迎亲日的晚餐是正席，酒菜十分丰盛，到处飘溢着酒肉的香味，使人感到浓浓的喜庆气氛。开宴的爆竹炸响了，宾客们在欢声笑语中纷纷入席围坐，尽情地享用美酒佳肴，尽情地抒发喜悦之情。送亲的人们和迎亲的人们就在凉棚下用餐，并有专人添菜斟酒地接待。

正堂上是年轻人的酒筵专席，新郎新娘、陪郎伴娘、送亲的新娘女友和新郎的好友在此入席饮宴。这自然是这些年轻人的喜乐之宴。一碗碗美味佳肴摆满了席面，一只只酒杯都斟满了美酒。小伙子和小姑娘们开怀畅饮，小伙子们极为热情地对小姑娘们劝吃劝喝，不断地往姑娘们的杯里斟酒，往碗里搛肉。新郎家是小伙子们的得意之地，自然仗着人多势众，轮流向姑娘们敬酒，姑娘们个个喝得面如桃花，自然也少不了对姑娘们压菜压饭，让姑娘们吃喝得东倒西歪，忘乎所以。伙子们也喝得满身醉态。席间笑语喧哗，热闹非常。

此时，新郎新娘和陪郎伴娘却不在席上，而是依照当地的婚姻习俗，在婚庆正席的晚宴上，由新郎的一位至亲长辈带领，按亲疏长幼顺序向亲朋好友等宾客们敬酒认亲。亲朋好友们高兴地喝了所敬喜酒后，分别给多少不限的喜钱答谢。敬完“认亲酒”后，新郎新娘和陪郎伴娘重回到堂屋入席，与年轻人们一起欢宴。新郎新娘向年轻人们敬酒示谢，年轻人们也向新郎新娘回敬祝福。

在场地上和阳台上就餐的宾客们，喝兴正浓，劝酒声、说笑声响成一片。酒到半酣，宾客们开始划拳行令，使场面更加喜庆。高兴所致，更有人唱起敬酒歌，只见一个小姑娘立起身来脆声唱道：

阿哥你们来到了，我们太高兴了；阿姐你们来到了，我们太喜欢了。
山高箐又深，你们来到辛苦了。有菜无菜不要嫌，大家都来喝喜酒。
喝！喝干这杯酒！

在姑娘的劝酒声中，随着响亮的应和声，大家举杯而干。

姑娘的歌声刚落，那里又有一个小伙子站起身来，举着酒杯唱道：

尊贵的客人们，一起举杯喝喜酒，菜好菜丑莫在意，尽情干杯尽情乐。你也喝来我也喝，大家都要开心喝，你也醉来我也醉，不醉哪能叫欢乐？喝，喝干了！

大家又应和着一起干杯。

那里的歌声还未停息，这边又有位壮汉高举酒碗，豪气十足地唱起来：

我们今天喝喜酒，心里实在太快乐。松毛席地就是好，美酒佳肴分外香。
大家一起围席坐，清亮碗中斟满酒。喝了这碗喜庆酒，再喝三碗也不多。
喝酒要喝大碗酒，吃肉要吃大块肉。喝，喝下去，干杯！

人们又被这位壮汉的豪情所激奋，四周一片更热烈的应和声，和壮汉干杯。

敬酒的歌声此起彼伏，经久不息。到处是歌声、说笑声、酒杯的碰撞声，喜宴场面十分热烈而欢乐。直到夜幕降临人们才陆续散席。

晚宴后，按照传统习俗，新娘要舀洗脚水请公婆、舅爹舅嫫、伯叔嫫婶、姨妈姨爹、姑嫫姑爹等来做客的至亲长辈们洗脚认亲，再送给洗脚长辈每人一双新鞋，以尽孝心。洗脚的长辈们也给新娘“洗脚钱”，以示关爱和谢意。长辈们洗完就给陪郎等在场的伙子们洗，这时新娘的“麻烦”来了。这些调皮的平辈小伙子们，不仅不给钱致谢，反而变化着花样戏耍新娘，寻找机会在洗脚水中放入瓜子壳、松毛等杂物，叫嚷洗脚水不干净，让新娘轮番换水，以此试探新娘的耐心和勤快。而新娘也不厌其烦，总是微笑着多次换水，以示自己的温柔贤惠，让客人敬佩和赞赏。

然而，新郎新娘更大的“麻烦”事还在后面，其场面也是最为欢乐的。当地素有新婚之夜闹新房的习俗，本家兄弟姐妹以及同村年轻人们都到新郎家里来玩耍闹新房。这个时候，也是本村未婚小伙子与送亲小姑娘相识，寻找意中人的好时机，伙子姑娘们在新郎家的正堂上，围桌而坐，喝茶水、嗑瓜子、吃喜糖、抽香烟、说笑话，嬉戏。姑娘们也十分热情，主动把烟筒递到小伙子手中，小伙子们忙感激地接过烟筒，殊不知烟筒早已被姑娘们抹上了锅烟子，小伙子吸烟一嘴黑印，引起哄堂大笑。小孩子们则不断地敲开新房，向新娘和伴娘们讨要喜糖瓜子，新娘会从柜子中拿出递给孩子们，孩子们就兴高采烈地玩去了。而小伙子们也学孩子们的模样，不时向新娘讨要喜糖喜烟以为乐趣。新娘也不随意拒绝，总是高兴地给予。

这时，随着一阵爆竹声，新郎的“喜从”们来了，大约十数人，都是本村的小伙子。这群男青年组织一个“喜从”，“喜从”里谁娶媳妇，大家就凑份子钱，在经济上给予支持，人手上给予帮助，使婚事办得顺利圆满。这班“喜从”人员，才是真正闹新房的“麻烦”制造者。他们的到来，使闹新房的场面更加热闹。他们把份子钱交给新郎后，直嚷着要喝喜酒吃夜宵。这时早有人在厨房里准备好了酒菜，即刻摆上了席面。小伙子们邀约小姑娘们一起入席，斟上酒，热热闹闹地吃喝起夜宵来。小伙子们将新郎新娘叫在一起，嚷着叫新郎新娘介绍是怎么相识恋爱的。说到这个隐私，新郎新娘有些腼腆，支支吾吾不好意思明说，可“喜从”们不依不饶，一定要他们老实“交代”，否则绝不放过。新郎实在推脱不过，只得红着脸讲述了与新娘的相恋过程，引得大家阵阵欢笑。这时有人问：“新郎新娘你欢我爱地结婚，亲过嘴没有？”二人红着脸只得说：“没有。”“没亲过嘴就结婚，那怎么行呢？不行！要重新补上，现在就亲个嘴！”有人又嚷道，众人也跟着起哄。当着这么多人的面怎么好意思亲嘴呢？新郎、新娘为难了，一再推辞。可小伙子们哪里肯依，非亲不可。新郎觉得不亲嘴此关难过，无奈只得凑过嘴去，在新娘嘴上亲了一小口。“不行！这样子不像感情深，要互相抱着好好亲一个。”有人又喊，众人也帮腔。新郎只得抱着新娘扎扎实实亲了一口，新娘脸上腾地飞起了一片红霞。“好！亲得好！”众人开心得大笑不止。“既然结婚办喜事了，新郎新娘要喝同心交杯酒。”又有人说道，并给新郎新娘斟满两杯酒递上。新郎和新娘只得老老实实喝交杯酒。只见新郎的干了，而新娘不胜酒力，只喝下了半杯。新郎只得接过新娘手中的酒杯，替新娘喝干了，小伙子们这才放过。“同心酒喝了，就要吃同心肉，不能只喝喜酒，不吃喜肉。”又有人高声说道。“对！喜酒喜肉是不分家的！”又有多人帮腔。说着早有小伙子拴住一块肉吊着，叫新郎新娘不能用手，只能用嘴面对面同时啃食这块肉。这是个麻烦事，肉是别人用线拴住举手吊着的，而且不断晃荡，咬住肉块可不容易。新郎新娘瞧准肉块同时迅速去咬，快要咬住时小伙子忽地把肉往上一提，肉没咬到，新郎新娘却互相咬住了嘴巴，羞得新郎新娘脸面飞红，众人哄堂大笑。如此三遭，新郎新娘就是咬不到肉，每每都是嘴斗嘴，众人都笑翻了天。新郎一急，不管三七二十一，一把抓住肉块放在嘴里迅速嚼吞下肚。“不行！新郎作弊，要罚酒！”人们嚷起来。大家罚了新郎满满一杯酒，新郎一饮而尽，连说：“对不起！对不起！”大家在哄笑声中才做罢。小伙子们闹新房花样迭出，满堂笑声不绝，闹腾到半夜，仍然兴致不减。

后来夜已深，且人数较多，感到新郎家正堂小，小伙子们就邀约送亲的小姑娘们到门外场地上去玩耍、喝茶、吸烟、唱山歌、对白话、跳大乐作舞。在场地上青年们更加无拘无束，吃夜宵，饮酒作乐，通宵达旦。按照当地习俗，除在新婚之夜的新郎家外，是禁止在家中，在长辈们面前唱山歌、对唱白话的。

第二天，整日做客。不少客人从早宴喝到晚宴，终日饮酒畅谈，互相敬酒，猜拳行令，欢唱酒歌。自然有人不断地热菜加菜，斟酒沏茶，痛快而欢乐地度过了一天。“这才是真正的做客饮酒啊！”“喝喜酒应当是这样的！”那些酒仙们自豪地说。而闹腾了一整夜的小伙子们则在白天美美地补睡了一觉，但早晚两顿的喜酒并未放过。喜酒真是美味啊，谁又舍得放过呢！

第三天是做客的最后一天，吃过早宴宾客们就要散去了。按照习俗大清早新娘就要起来挑水，用从娘家带过来的香米做饭，用饭帕将饭揉成饭团，包上糖心，敬送家里的老人和小孩，以示尊老爱幼。吃过早宴新娘要帮着收拾碗筷。然后和伴娘与送亲人员由新郎及陪郎陪同一起回娘家，谓“三天回门”。

吃过早饭后的宾客们，纷纷来新郎家告辞陆续散去了。只有几个同宗至亲和帮工留下来收拾餐具、打扫场地，吃过晚饭后才各自回家去。

按照“三天回门”的习俗，新娘新郎、伴娘陪郎和送亲人一起回新娘家。临行前，小伙子们对来送亲的小姑娘们抹黑脸，使漂亮的姑娘们一个个成了花脸“女包公”，让人笑疼了肚子。对小伙子们在新娘家被姑娘们抹黑脸做了“回敬”。姑娘们只得在半道上找水清洗脸面回家。新娘家的客人们高兴地迎接新娘新郎“三天回门”，并在一起喜喜欢欢地吃了晚宴，次日早饭后客人们就散去了。

李亮、刘炽和普丕在新娘家住了两天就回来了。“三天回门”时，新郎在新娘家是不能多住的，一般两天，最多三天。否则会被当作“憨姑爷”而遭人耻笑的。新娘则留在娘家，小住几日后，娘家人会把新娘送回新郎家里来。

在回李亮家的路上，刘炽对李亮说：“李亮阿哥，你和龙兰感情这么好，我想过两三个月龙兰就会归家了吧？到那时你就可以跟她同房了。”

李亮听了笑起来说：“我也说不准，时间不会太长吧，我倒期盼着她早点归家，亲亲热热地在一起过日子呢。”

“归家？什么‘归家’？人都嫁过来了，还有个‘归家’吗？”普丕不解地问道。显然普丕对这方面不够了解。

于是刘炽说：“普丕阿弟，这你还不懂。所谓新媳妇‘归家’，是说新媳妇不带女伴到新郎家居住生活。这时新郎就可以和新媳妇同房了，这就是‘归家’。在这之前，新媳妇回来新郎家居住时总是带着女伴同宿，新郎是没有机会与新娘同房的。也就是说虽然新娘嫁到了新郎家，已经是新郎家的人了，但新娘‘三日回门’到娘家后，就长住在娘家。每到春耕夏收、秋收秋种和有家庭大事要媳妇参与商量同做时，丈夫就邀约好友同伴相随到岳父母家接媳妇回家。而媳妇也邀约一两个或多个女友相随到夫家帮忙农事等，夜晚媳妇女伴与其同宿，丈夫没有与媳妇同房的机会。如此这般，丈夫家只成为媳妇的暂住地。随着时间的推移，渐渐地媳妇邀约的女伴减少至无，丈夫与媳妇才能够同房。直到媳妇妊娠临盆生育前才到丈夫家常住定居下来，这就叫媳妇‘归家’了。这种情况一般一至三年左右，但也有五六年，甚至七八年的。但无论多长，媳妇生育只能在丈夫家而不能在娘家。”

普丕听了刘炽的这番介绍后，才真正明白什么叫媳妇“归家”。他充满了兴致地说：“我看龙兰大嫂对李亮阿哥一往情深，一天见不到李亮哥她就会十分想念的。在结婚前就经常带女伴到李亮哥家帮忙，一住就是十天半月，还真有舍不得的情思呢。我想不出一个月她就会‘归家’了，而且不出一年就会添小宝宝了。”

说得李亮和刘炽都笑起来。李亮说：“不会那么快吧！如果真是那样，到时给小宝宝请蛋客肯定少不了你两个。”

刘炽说：“那当然啦，我和普丕兄弟给你当陪郎，帮你接新媳妇到家，很辛苦的，你应该感谢我们两个呢。当然得请我两个吃‘蛋客’喜酒。不过你得趁早准备礼物，到时到岳父母家报喜呀。”

“到岳父母家报喜？生小宝宝得先要到岳父母家报喜呀？”普丕又有些懵懂地问道。

刘炽又说：“这个你也还不太懂，是这样的，媳妇生了小孩后，丈夫必须携带一壶酒、一只鸡等礼物到岳父母家报喜。生男孩带公鸡，生女孩带母鸡，岳父母一看就知道生的是男孩还是女孩了。然后岳父母会换一只公鸡或母鸡让姑爷带回家去，紧接着就备办一块背裳、一套婴儿衣服和襁褓及一定数量的鸡蛋红糖、大米等物品到女婿家看望女儿。媳妇未婚时的闺房女伴以及男方、女方家亲友也会带礼物前来祝贺。在媳妇生下孩子后一个月内，属于生孩子月子期，母子不出房门，也不许丈夫以外的男子进入产妇房内。待满月后才由媳妇将婴儿抱到堂屋与众人相见。孩子满月后，就请男女双方的亲友聚会，杀猪宰鸡备办佳肴酒席请‘蛋客’一至二日，以答谢亲友们来看望。同时请族老或娘舅给婴儿剃发起小名。”

普丕听后又明白了媳妇生小孩给岳父母报喜和请“蛋客”之事由。他觉得这次做客给李亮阿哥做陪郎，明白了婚事方面的很多道理，长了不少知识，感到自己成熟了许多。

一路上，三人愉快地说笑着很快回到阿稽竜李亮家。此时李亮家里早已备好了酒饭。李亮的父母精神特别好，见孩子们回来了，很高兴，忙叫孩子们洗手吃饭。吃完饭，刘炽和普丕就告辞李亮一家人各自回家了。

这一次普丕在李亮家里做客前后用了六天。普丕回家后就径直报告李士天说自己做客回来了。普丕原想做客用去这么多天，李士天会像过去那样跳起来责骂。但这次李士天没有大声斥责，而是拉长了脸，看也不看普丕地“哼”了一声，接着就给普丕安排一大堆活计，恨不得让普丕把这几天的活计都做回来。其实李士天心里极为不高兴，十分窝火，恨不得对普丕踢上三脚。但他心里十分清楚，现在的普丕不是过去的普丕了。自从普丕不欠他的债以后，他对普丕的横暴态度不得不收敛了一些。表面尽管如此，但他心里却时时想狠狠地收拾普丕。

果然没过几天，李士天就叫人把普丕喊来。普丕不知有何事，就到李士天的庭院中见他。只见李士天坐在太师椅上，跷着二郎腿，闭着眼睛，摇头晃脑地哼唱着花灯调。看样子似乎已入神入境，神情显得十分怡然自得。庭院里李士天的家人、丫头和几个长工围看着李士天哼唱。这时一个丫头对李士天说：“阿波，你唱得真好，今晚你请来唱戏的戏班子怕没你唱得好呢。”这丫头显然是在拍李士天的马屁，简直是在癞蛤蟆脸上抹粉。李士天的鸭嗓子哼唱的这点水平，哪能跟戏班子的唱功相提并论。李士天听了心里自觉得意，唱得声音更大了。李士天的老婆说：“老头子，你请戏班子来唱戏，看把你乐的，小心高兴得从椅子上摔下来。”不料李士天老婆这酸溜溜的话语更加刺激了李士天兴奋的神经，他突然睁开眼睛，停止哼唱，眉飞色舞地说：“我当然高兴了，看戏我可以连饭都不吃的！”说着又闭上眼睛继续哼唱起来。李士天喜欢听戏、看戏是很出名的，是个十足的戏迷，简直可以说是个戏痴。他虽然极度吝啬，但看戏是舍得花钱的，每年都会请几次戏班子来村里唱戏，难怪今天李士天如此高兴，原来是他请来了戏班子在今晚唱戏，普丕明白了。

普丕来到一阵子了，但李士天只管自顾自地哼唱戏曲，似乎不知道他的到来。于是普丕说："阿波，我来了，你找我有哪样事情？"

李士天听见了，而且听得很清楚，但他没有立即停下来哼唱，而是一板一拍地唱完了曲子的最后一句，似乎才心满意足地对普丕说："普丕，今天我高兴，喊你来就是要跟你打个赌。人们都说你很有办法，很会哄人，可我不信。今天，我要当着家人、丫头和长工们的面跟你打赌，你要是从今天到明天这个时候，能叫我舔舔屎，我租给你栽种的那三亩田就送给你了，今年的租粮我也不要了。你要是做不到，不仅那三亩田的所产全部要归我，而且你三年的工钱我一文也不给，你敢吗？"说完瞪着眼逼视着普丕。

普丕万没想到李士天会跟他打这样的赌，他忽地怒火中烧，直冲发际，他心中暗骂起来："这条毒蛇！分明是摆着花样来讹诈我的！让你李士天舔屎？谁会睁着眼去舔屎？这哪有可能？但不应这个赌，李士天要当众羞辱他。若答应这个赌，如果做不到，那三亩租田就白种了，并且三年的长工做活钱也没了。他当然很想要这三亩田，有了这三亩田，干嫫就能过上好日子了。但这样的赌怎么可能会赢呢？"普丕心里紧张地翻腾着，呆呆地想着心事。

李士天见普丕呆呆地站着不说话，得意地叫起来："怎么样？普丕！你不是能干吗？怎么成了呆子了？一点屁也放不出来，是男子汉就说话呀！我可在这里跟你耗不住，我还要等着去看戏呢。"

当普丕听到李士天高叫着"等着去看戏"时，忽然一个丫头，从门外跑进来向李士天报告戏台已清扫好了，却不小心碰掉了挂在门扣上的象鼻锁，丫头慌忙把锁捡起来重新挂上。普丕看到掉落的锁，突然一个妙计跃入他的脑海。啊！有办法了！他心里高兴无比，差点激动得跳起来。但他尽量抑制住自己兴奋的心情，强使自己显得平静而从容。他不紧不慢地对李士天说："阿波，哪有赌舔屎的？你是富豪，是有脸面的人，而且名声在外。这样的赌法一传出去，恐怕不好。还是不赌了吧？”

李士天却傲慢蛮横地说：“什么好不好的，我叫你赌你就赌！不赌别的，就赌舔屎了！”他以为普丕害怕了，在故意推脱，所以语气更加逼人，充满了强制的意味。

普丕不慌不忙地问道：“阿波，你说的是真的？”

李士天头一歪叫道：“真的，我说的是真的，一点都不假！”

“那么，需要立个书面证据吗？”普丕紧接着问。

“嗨，不必了，不需要立什么书面证据！我的家人都在场，还有丫头、长工这么多人都可以作证的。”李士天显得信心十足。

“阿波，你可不能反悔呀！”普丕加重语气说。

“不反悔，不反悔，谁反悔谁是小狗！我可以对天发誓不反悔！”李士天信誓旦旦，豪气冲天。

“那好，阿波，我就应你这个赌啦！”普丕坚定地说。

“好！就这样说定了，你可以去啦。”说完李士天又闭上眼睛，跷起二郎腿，继续哼起他的戏曲来。

普丕离开了李士天的庭院走出门去，背后传来李士天怪声怪气的唱腔。普丕觉得那么难听，浑身都起鸡皮疙瘩。

李士天跟普丕打这个舔屎的赌，其实是一个恶毒的阴谋。他不仅要羞辱普丕，而且还要榨干普丕三年的血汗。让普丕这穷小子哭去吧！他想。你普丕再能也不能让我舔屎吧，我李士天再愚，也怎么会眼睁睁地去舔屎呢？这回普丕这小子必输无疑。他心里暗暗嘲笑普丕这憨小子竟然会应赌。普丕这回栽大了，终于可以狠狠地教训他一回，而且还剥了他的皮。李士天心里十分痛快和得意。

李士天请来的戏班子的唱戏台，就在村子中央场地的戏台上。戏台四周的立柱上分别挂上了灯笼，用于戏台的照明。场子四周还立了明子灯等，以照亮场子，早已安排人往灯里添加好了明子。太阳刚落山，李士天就已吃饱喝足，虽然离天黑唱戏还早，但他开始郑重其事地打扮一番，把个分头梳得光溜溜的，特意穿上那件绅士长袍，戴上羊皮帽，就嚷着要看戏去了。他叫丫头们把他的太师椅和高脚茶几以及茶水、饮茶用具、瓜子等物抬到看戏场上。还吆喝家里所有的人陪他去看戏，叫人们把大门上的象鼻锁锁上，把钥匙带在自己身上。李士天到了场子上，把太师椅和茶几支在场子中央正对戏台，坐在椅子上喝茶嗑瓜子，急嚷着："开戏、开戏，开戏啰！"戏子们立即忙碌起来，在暮色苍茫中点亮红灯笼，场子四周的松明子灯也呼呼地燃烧起来，台上台下一片通明。很快激动人心的锣鼓声、琴弦声响起，村人们从四面八方涌过来看戏。一时间整个场地黑压压尽是人群，随着锣鼓琴弦声花灯戏开演了。那清亮的唱腔，入胜的剧情，精湛的演技，美妙的音乐，使李士天看得如痴如醉，还情不自禁地手拍茶几，轻轻地跟着哼唱。

正在李士天看戏入迷的时候，普丕却不在戏场上，他正在进行着让李士天舔屎的行动。他趁着李士天和所有家人都在看戏之机，从牛厩里抱出两大捆干草，翻墙进去把干草放在李士天庭院的天井里，然后引香炉里的香火点燃了干草，紧接着在大门上的象鼻锁锁眼里塞满了屎。就装作慌慌张张地跑到了戏场，找到李士天大喊大叫："阿波！阿波！"看戏正入迷的李士天，被普丕的叫喊声回过神来，怒吼道："普丕！你喊叫什么？不知道我在看戏吗？你怎么跑来搅乱我看戏？"

"阿波！不得了啦！不得了啦！"普丕慌张地说。

"什么不得了啦？到底什么事？你快说，不要败了我看戏的兴致！"李士天呵斥着问。

"阿波！快！你家出大事了，可怎么办呀？"普丕急切地说着。

"到底出了哪样大事？看你慌里慌张的，快点说！"李士天也有点紧张起来地吼问。

"阿波！你家的房子着火啦！"普丕极其惊慌地说。

"啊！"李士天听到自家的房子着火，像掉了魂似的惊叫一声，急抬头一看，果然见自家庭院的上空浓烟滚滚，火光冲天，顿时惊慌得脸色苍白。那是自己的家当啊！全部的金银财宝都在那里，是自己一生积累的财富，烧了那不等于自己的天就塌了吗？他惊慌万分，禁不住全身颤抖起来。此时他什么也顾不上了，哪里还有心思看戏？带着家人连滚带爬地赶去家里救火。普丕紧跟在李士天后面跑。

跑到家门口，大门紧紧地锁着，李士天颤抖着手连忙从身上摸出钥匙开锁。可是他在慌乱中怎么也打不开锁，钥匙总是插不进锁眼里。只觉得锁眼有些黏糊生涩。但夜黑心急什么也看不清楚。站在旁边的普丕提醒说："阿波，锁打不开是锁眼生锈干涩，你赶快舔一舔钥匙蘸口水开锁。"

李士天忙照着普丕的说法，急忙舔钥匙蘸口水开锁，但李士天心慌手抖还是没打开。普丕又说："阿波，钥匙上多舔舔多蘸一点口水。"李士天索性把钥匙放进嘴里搅动蘸口水，他总觉得钥匙黏糊糊的，但此时心急如火，什么感觉都没有了。这样不断地舔钥匙蘸口水开锁，终于打开了锁。李士天急忙奔进家中庭院里，见是天井中两捆干草在燃烧，整个庭院房子却安然无损，李士天这才松了一口气。这时他立刻警觉起来，怎么大院天井里有干草在燃烧？谁干的？什么意思？他见普丕站在冒着几缕青烟的干草灰烬旁，面带笑容地看着他。看到普丕这副神情和模样，他心里猛地一惊！莫非普丕他……这时他已感觉到满嘴屎臭，令人作呕。随手往嘴上一抹手指上沾满了屎，满嘴也是黏糊糊的臭屎，再一看钥匙和锁眼也黏满了屎。他顿时明白了，像发了疯似的跳起来指着普丕吼道："普丕！你……"他来不及多说，就恶心地哇哇呕吐起来，立即跑到水缸边舀水洗呀漱呀，好一阵捣腾，然后气得瞪红着眼，喘着粗气出来。

这时，普丕郑重其事地对李士天说："阿波，你让我赌你舔屎有结果了，现在我已经让你舔屎了，甚至吃屎了，这个赌我赢了你输了。从此我从你那里租种的三亩田就是我的了。"

李士天坐在地上呆望着普丕，喘着粗气，竟说不出一句话来。是呀，尽管他一脸的急满身的气，但他还能说什么呢？一屋子跟着回来救火的家人、丫头、长工们也说不上一句话，活生生地见证了李士天跟普丕赌舔屎的全过程和结局，已无话可说。

李士天本想要狠狠地羞辱敲诈普丕一番，没想到最后受羞辱的是自己，而且自己的三亩好田也赔进去了。不仅丢了面子还失了田地。他万没想到普丕会用这样的方法让他眼睁睁地舔了屎，他极为沮丧，但也无可奈何了。

普丕通过跟李士天的这场赌局，赢得了李士天的三亩好田，他把这三亩田送给了干嫫，加上原来的二亩地，干嫫就有了五亩田地。有了这些田地干嫫就可以过上好日子了，普丕十分欣喜。自此普丕不仅继续做李士天的长工，而且更加起早贪黑地抽时间耕种干嫫的五亩田地，施大明和施慧也常来帮忙，干嫫也尽量地做田地里的活计。很快干嫫就不愁吃不愁穿，过上了好日子。

第三十二回 保家平安做“赫沙达”[1] 只吃稀饭掏付重金

这天下午，普丕正在莫衣坡，给李士天家的冬水田耙田，这里水发好土质肥，大片的冬水田均广布在缓坡上，呈梯状形态分布着，是李士天盛产稻谷的地方。因此李士天十分重视这片田的耕种，示意要三犁三耙在来春栽上稻谷苗。现在每丘田里都关满了清亮亮的田水，在初冬阳光的照射下，闪闪发光，从远处看像一块块不规则的明镜映着蓝天白云。有时在微风的吹拂下，田水一片涟漪，似无数的鳞片在闪光。因为田里终年有水，水面上的浮萍、四叶萍生长很多。水里养料足，田里的鱼虾和螺蛳很多，长得又大又肥，味道鲜嫩，非常好吃，每次犁田耙田，人们都会拿到不少鱼。现在普丕耙着的这块田快耙好了。田水浑浊，这时水里缺氧，鱼儿就会浮头，张大嘴巴探出水面大口地吸气，而且在浑水中到处乱蹿，鱼在哪里可以看得很清楚，这时是最好捉田鱼的时候，普丕就停下耙来抓鱼，把一条条抓到的鱼放进挂在腰上的鱼篓里，他要把这些抓到的鱼送给干嫫和施大明家。

普丕正在兴致勃勃地抓鱼，这时施明突然来到，对他说：“普丕阿哥，你在耙田呀，我有事找你。”

普丕说：“施明阿弟，你回来啦，你找我有事？你来得正好，快下田来抓鱼，待会儿水清了就难抓到了，有事一边抓鱼一边说吧。”

施明见有许多鱼儿在水里游动，心里也高兴起来，立即卷起裤脚下田跟普丕一起抓鱼，他把抓到的鱼兴奋地放进普丕的鱼篓里。普丕一边抓鱼一边说：“施明阿弟，你说吧，找我有什么事？”施明边抓鱼边说：“是这样的，去拉村我弟兄普兴家自从盖好新房后，这几年家运不顺，先

---

① “赫沙达”“冲年不”“国丕不”，都是彝族家庭的祭祀活动，即扫堂、翻犁头、翻棺材，均为禳灾祈福。

是父亲常年生病，后又母亲突然去世。请风水先生看了说是因为新房盖好后没有做‘赫沙达’，而房中有阴邪之气所致。得抓紧做‘赫沙达’（即扫堂），还要做‘国丕不’（即翻棺材）和‘冲年不’（即翻犁头），以消阴除邪，方可保家平顺，否则还会继续贻害家运。所以我弟兄普兴家要请毕摩诵经做‘赫沙达’‘国丕不’和‘冲年不’，叫我去帮忙，而且一再说要请你一起来。我想这是我弟兄家的大事，必须得帮忙，我就一口答应下来了。也不耽搁，立即回家来准备一点礼物，想到时喊上你一起去帮忙。我刚到家，家里阿爹阿姐都不在，下田做活去了，我等不及他们回家，就马上来找你了。”

普丕听了后说：“噢！原来是这样，照这样说确实事情很重要，一定得去帮忙，我一定要去。”他又问施明：“什么时候去，去几天？”

施明说：“明天一早去，就一天。”

普丕说：“好！我收工后就找李士天说。”

施明不无顾虑地说：“那李天士会答应你去吗？”

普丕说：“会的，现在不比过去了，我已经不欠他的钱了，他没有理由强行阻拦我的。他不同意我也要去，他也是没有办法的。”

施明说：“那就好，今晚你来我家吃饭吧，我们边吃边与我阿爹阿姐一起商量明天怎么去。”

普丕说：“好的，我正好想要把抓到的鱼送给你们家和干嫫呢。”

普丕和施明说着话抓了一会儿鱼，这时鱼篓也装满了，鱼儿游动的也见少了，普丕叫施明提着鱼篓走出田去，自己又耙了一会儿把田耙好后，就和施明一起回家去。普丕扛着耙赶着牛走在前面，施明提着鱼篓跟在后面。

到了村子里，普丕叫施明先拿着鱼回家煮饭，说自己去跟李士天说到去拉村普兴家做“赫沙达”的事，到时会去他家里吃饭的，还说把鱼都做熟了，再给干嫫送去一些就行了。施明答应着走了，普丕到家后放好耙，关好牛喂了料，就去找李士天说明天要跟施明到去拉村普兴家做“赫沙达”的事情。

李士天听了自然不高兴，但他也不能强行不让普丕去，只得极厌烦地说：“这家人怎么这么多麻烦事，三天两头请人做这做那的！”普丕不知道李士天是在说施明家还是普兴家，但他明白这是李士天在影射谩骂自己。普丕心里当然生气，但也不好表露出来，装作若无其事的样子。过了一会儿李士天头也不抬地说："你就去吧，但明天晚上一定要赶回来的，后天一早我要出发到国窝（昆明）去办事，要带你一起去，要去几天的。"

普丕答应着离去，此时斜阳西下快挨近山顶了，普丕来到村外的溪水里洗了个澡，溪水有些清凉，但太阳还未落山，普丕体格健壮，并不感到寒冷，反而感到一身凉爽舒坦。

普丕洗完澡径直到施明家里，施明的饭菜快做好了，正在煎鱼，满屋飘荡着煎鱼的香味。"嗬，真香啊！"普丕边推门进去边说。施明说："普丕阿哥，你来啦，其他的饭菜都做熟了，只有煎鱼，鱼也快煎好啦，我爹我姐到田里做活还未回来，你就坐下来，喝茶水休息，等我爹我姐回来就吃饭。"

普丕就倒了一碗茶水凉着，随便在家里家外去看施慧饲养的畜禽。施慧特意买了一对小猪养着，关在屋前的猪厩里，看着生长很好，蛮可爱的，鸡、兔也养得蛮好的，关在牛厩里买来不久的耕牛也很健壮，这头牛很好用，普丕喜爱地摸了摸牛头，牛也亲昵地舔舐普丕的手。

不一会儿施明的鱼也煎好了，但施明的阿爹和阿姐还未回来，普丕和施明就坐着边喝茶水边聊天，等着他们回来吃饭。

傍晚施大明和施慧从田地里收工回来，施慧还背回一些兔草，施大明和施慧见施明回来了，而且普丕也在家里，很高兴，热情地跟普丕打招呼。普丕问施大明说："施大叔，怎么这么晚才回来？"施大明说："这几天田里的活计多，所以多做了一会。"普丕说："没事的，饭菜施明阿弟已经做好了，就等着你们回来吃饭了。"边说边舀热水给施大明和施慧洗手，并分别给他们倒好了茶水。施大明笑着说："普丕侄儿，在我家里还让你来服侍我们。"施慧也说："普丕阿哥，这些事我来做吧，让你怪不好意思的。"普丕说："有什么不好意思，一家人谁做都一样。"大家会心地微笑了。普丕对施慧说："我就等着你回来，一起给干嫫送鱼去。"施慧听了很快洗好了脸，高兴地跟普丕给干嫫送鱼去了。

两人到了干嫫家里，干嫫正在做饭，见普丕和施慧到家里来，还给她送来了香喷喷的煎鱼，心里很高兴，说：“孩子们快坐下，饭菜很快就熟了，一起吃饭。”

普丕说：“阿嫫，饭就不吃了，施大叔和施明阿弟已做好饭等着我们回去吃呢。”又说：“明天我要跟施明阿弟到去拉村他弟兄普兴家帮忙做‘赫沙达’，明晚还要回来的，后天一早还要跟着李士天到国窝去。”

干嫫听了嘱咐道：“明晚回来时路上要多加小心。”

普丕应着声正要告辞干嫫离去，不料干嫫却说：“儿子，你站好。”普丕听了，不解地站好。干嫫又对施慧说：“阿慧，你过来站在你普丕阿哥身边，我看看你长高了一点没有？”施慧也不解地站到普丕身边。干嫫满脸笑容地左看看右看看，然后笑着说：“阿慧，你又长高了，而且长得越来越漂亮了，看你们多可爱的一对儿，站在一起多好看啊！阿嫫我真是看不够啊！”干嫫这明有所指的话，两人心里都明白，脸上同时泛起了羞怯的红晕，都不好意思地笑了，对老人的心思和用意，两人深怀感激。

普丕和施慧告辞干嫫回到施慧家吃饭。干嫫把他俩送出门外说：“你们都对我太好啦。”又对施慧说：“告诉你阿爹，注意身子，不要累坏了。”施慧边笑着边回头说：“知道了。”

普丕和施慧回到施慧家的时候，施明已经摆好了饭菜，斟好了酒，一盆煎鱼就放在菜肴中间，一家人一边吃鱼喝酒一边愉快地交谈起来。

普丕边喝酒边说起了明天去普兴家帮忙做“赫沙达”的事情。施明说：“我弟兄家的新房子本来盖得好好的，可风水先生说房子没经过做‘赫沙达’，鬼怪作祟，导致祸事连连，听了使人心里发怵，你说不是嘛，谁又说得清呢？况且爹病嫫死，祸事摆在那里，只有照着风水先生的话去做了。”

普丕说：“你弟兄依照风水先生的说法要给房子做‘赫沙达’，是应该做的，谁不想朝好的方面去做呢？这种事宁可信其有，不能信其无。这样做了，以后灾害果然没了，岂不更好？至少心中有个美好的愿望，心里就安一些了，所以我们一定要尽力去帮忙。”

施大明说：“给新房子做‘赫沙达’‘国丕不’和‘冲年不’，是我们彝族人传统的习俗，其目的就是为了禳灾辟邪，家运顺利，人员平安，生活幸福，所以是一定要做的。这样吧，我给你们讲一个有关给新房子做

‘赫沙达’的故事吧，你们听了后也许会更明白一些呢。”说完施大明喝了一口酒，娓娓地讲述起来。

很早以前，在冲嘎的地方有一个村子叫他拉，村里人都以种地为生，但土质瘦薄，产量低微，生活清贫。

一日，村里来了一户猎人，夫妻二人均三十来岁，带着一个三岁的小男孩，男的叫莫波，女的叫罗念，小孩名唤波兴。莫波看到此地青山广袤，草木茂盛，丛林中多有禽兽出没，是狩猎的好地方。在村人的同意下，就在村旁搭建一个草棚住了下来，还在草棚边的近水处开垦一块地种上菜。从此就在这个村里安家生活。白天，莫波到山上去狩猎，有时夜晚也去，罗念在家里带小孩做家务。莫波是一个好猎手，出去打猎总是有所收获。罗念也勤快，家里不仅收拾得干净，菜也种得很好，由于夫妻二人勤劳能干，生活虽然不富裕，却也过得去。日子一天天平平常常地过着，波兴也慢慢长大了，已经到了读书识字的年龄，却无钱念书，只能在家学着母亲种菜、拾柴做家务。再长大一些时跟父亲一起去打猎，父亲也认真地教授儿子怎么做弓箭，怎么使用猎刀，怎么射杀猎物。儿子也很机灵，学得快做得好，常常受到父亲的表扬和鼓励，当波兴长到十五六岁的时候，已经是个优秀的猎手了。父子俩搭档协作，猎物常常满载而归，生活也有了一些好转，并且有了一点小积蓄。父亲就开始筹划建盖一处像样一点的房子，以换掉风雨飘摇的老旧草房。父亲知道，儿子已经是个大小伙子了，到了该找媳妇的年龄，得盖一个好房子，也好给儿子找一房媳妇成家立业，一家人对未来的生活充满了追求和希望。

这天，父亲领着儿子到较远的山林里去打猎，当他们带着打到的三只野兔、两只箐鸡回来时，发现一处山崖边的草丛里有麂子啃食过青草的痕迹，扒开草丛仔细看，看到了地上的麂子脚印和粪便，而且是新鲜的，说明麂子刚刚在这里吃过草，也许是听到了他们的脚步声才跑了的，从脚印和粪便看这显然是一条大麂子。父亲高兴了，他是经验丰富的狩猎高手，对各种禽兽的习性和特点了如指掌。他知道这条麂子今晚还要继续来这里吃草，便对儿子说：“今晚就来这里狩猎，打这条麂子。”儿子点头表示赞同。父亲又说：“今晚一定要把这条麂子打回家。”父亲这样说是胸有成竹的，他一旦发现禽兽的踪迹，很少有逃得掉的，于是父子二人抓紧赶回家来。

回到家里，波兴的母亲正提着新鲜蔬菜从菜地里回来，母亲见父子二人回来了，立即生火做饭。在父亲吸烟的当儿，波兴熟练地收拾完三只野兔和两只箐鸡。一只兔子下锅，其余两只兔子和箐鸡以及兔皮箐鸡皮都挂起来晾干，不多时兔子肉熟了，满屋弥漫着兔肉的香味，波兴把熟兔肉装进一个盆子里，又炒了一碗白菜，母亲就着兔子汤煮了一盆面片，饭菜上了桌，父亲拿出酒给每人斟上一杯。本来母亲不喝酒的，但今晚父亲坚持要陪着喝一杯。一家人就围坐着吃饭喝酒。不知是因为父亲发现了大麂子，还是看到儿子成了得力的助手，今晚父亲显得特别兴奋。平时沉默寡言的他，一反常态地话特别多，酒也喝得多，他还一再劝妻子喝酒，并且和妻子碰杯，叫妻子干杯。妻子拗不过他，只得喝干了，一时辣呛得喘不上气来，他却高兴得大笑起来。他还不断给儿子斟酒，频频劝儿子干杯。他对儿子说：“酒对猎人来说是个好东西，不会喝酒就不算一个真正的猎人。猎人不分白天黑夜迎着寒风四处打猎，喝了酒就能御寒，就能提神，就会打到猎物。”说完他喝了一大口酒又对儿子说：“今晚去打麂子狩猎，夜里寒冷多喝点酒能暖身的。”

父亲一边喝酒一边说笑不断，吃得很开心，还破天荒地唱了一支不知从哪里学来的山歌。父亲的嗓音不好，当然唱得不好听，但看到他高兴的样子，波兴和母亲也受到感染，也跟着他高兴起来。但波兴看见父亲有些反常的神态，心中却莫名地有一种说不清道不明的不安感。父亲对母亲说：“孩子他嫫，你跟我生活这么多年，我们的儿子也长大了，但我没有本事，没有使你过上好日子，总是跟着我受苦，也没能让儿子上学读书，我心里内疚啊！但我有的是力气，有的是一双打猎的手，我要多打猎，攒够钱，盖上新房子，再给我们的儿子找上一房好媳妇，给我添胖胖的孙子。不过，孩子他嫫，如果这样，家里就要做许多事情，你就更辛苦了，可为了过上好日子，不辛苦也不行啊，以后家里全靠你啦。只要盖上新房子，有了孙子，我死也可以闭眼了。”母亲抱怨父亲说：“过得好好的，喝酒就喝酒，怎么说些死不死的话，多不好！”父亲点头说：“是的，是的，不过今晚我却特别想说。”说完父亲喝了一口酒又说：“孩子他嫫我爱你，爱儿子，我永远爱你们。”母亲说：“我们都这把年纪了，什么爱你爱我的，你喝多了吧，快吃饭！”父亲却开心地笑起来了。

吃完晚饭，天已经黑了。这是一个有月亮的夜晚，天一黑月亮就升起来了，月光下的夜晚白朦清亮，父亲和儿子要去狩猎打麂子了。父亲在酒葫芦里装满酒带在身上，说是夜里寒冷的时候喝，可以防潮防湿暖身醒瞌睡，就背上弓箭，配上猎刀和儿子出发了，儿子也背弓带刀紧跟着父亲前行。走出家门父亲突然踅回家对妻子说：“孩子他娭，我走了，儿子和我一齐去狩猎，你就守好家，家里都靠你照料了。”说完刚走出来又再次踅回去说：“夜里寒冷，你要准备点热粥，儿子回来时要喝热粥，以免受风寒生病。”说完才迈开步子迎着寒风向发现麂子的山崖走去。一路上月光明朗，山路清晰可见，大约走了一个时辰，就到了山崖边上。快接近山崖时他们悄悄地潜行观察是否有麂子的身影，看清了麂子还没来，于是就埋伏在草丛中等候。夜渐渐深了，山箐里飘起了一层薄雾，青草树叶上有了露水，天气有些寒冷。儿子似乎冷得有点发抖，父亲拿出酒葫芦喝了几口，然后递给儿子说：“儿子，你喝几口酒吧，保暖御寒，小心着凉。”儿子遵从地接过来喝了几口，顿时，火辣辣的液体从嗓子一直灌到胃肠，传遍全身，身子暖和了一些。接着父子俩继续静静地守候着，但仍然不见麂子的动静。夜蝙蝠在山崖上空上下翻飞，远处传来一声声猫头鹰的叫声，使人觉得夜空有些不安和莫测。

这时月亮渐渐坠向西山头，突然听到草丛里有些响动，父子俩抬眼一看，啊！麂子！麂子来了，这是一条大麂子，肥肥的，棕褐色的毛在月光下发亮。边走边啃食青草。时不时还警惕地抬头竖耳静听四周的动静，见没有异样和危险，就又低头吃青草，当麂子走到最佳射击位置时，父亲示意儿子，父子俩迅速拉弓射箭，父亲“嗖”地射出箭矢，儿子也紧跟击发，麂子惨叫一声倒在地上挣扎，父子俩的箭矢双双射中了麂子的咽喉，倒地的麂子拼命挣起头欲逃跑，父子俩像一阵风同时急奔过去，不料这麂子体大力壮，见有人奔来，惊骇得狠命一蹿，一下就跌下山崖，挂在山崖半腰的一棵青香树上死了，并没有掉到崖底，父子俩一看傻眼了，麂子不上不下地挂在半山崖上，这可是大麻烦事。山崖陡峭，不易攀爬，下崖去拿麂子是很危险的，但在经验丰富的猎人面前，这点危险是阻挡不了他们的。父亲观察一阵后对儿子说：“儿子，我爬下去把麂子放到山崖底，你绕路走到崖底去搬麂子，我随后就到。”儿子说：“阿爹，我年轻手脚灵活，行动方便，还是我下去放麂子吧，你去崖底。”父亲说：“下崖放麂子是有危险的，必须十分小心，你没经验，还是我去吧，你就快去崖底。”说着就爬下崖去了，儿子迅速绕路奔下崖底。

父亲小心翼翼地下到山崖半腰青香树旁，抓住麂子放到崖底，然后又慢慢地爬回崖顶。可万没想到，在青香树上方崖壁上有个碗口大的洞口，是一条大黑蛇的洞穴，此时黑蛇正在洞里孵蛋，孵蛋的蛇是相当凶恶的。当父亲的脸出现在洞口时，黑蛇看见洞外有个人头晃动，以为是来攻击它，感到有威胁，就蹿出头朝父亲的脸上狠狠地咬了一口，父亲猝不及防大叫一声。急用双手捂住脸，一时站立不稳，身子一晃就摔下崖去。

当儿子赶到山崖底的时候惊呆了！他不仅见到死了的麂子，还见到满身血污的父亲奄奄一息地躺在地上！父亲脸上有乌黑红肿的伤口，还在淌着血。“阿爹！”儿子大叫一声急切地跑过去抱住父亲喊：“阿爹！阿爹！你怎么了？”此时父亲说话都困难了，他痛苦地慢慢抬起手指着山崖无力地说：“儿子，山崖上……被大黑蛇咬……咬伤摔……摔下来……”话没说完头一垂就晕死过去了。儿子泪流满面，也顾不上麂子，立即背起受伤的父亲直奔家里，可儿子把父亲背到家的时候，父亲已停止呼吸去世了，母子俩悲痛万分，哀嚎不已，好心的乡亲们帮助波兴母子安葬了父亲。

从此，母亲和儿子相依为命，艰难生活。父亲的死对母亲来说是个巨大的打击，母亲由于悲伤过度病倒了，体质越来越差。但母亲是个勤快的女人，强撑身体，尽量做事，以减轻儿子的负担。儿子也很孝顺母亲，叫母亲在家好好养身体，不要做活了，自己有能力养活母亲。可母亲哪里舍得让孩子一个人承担如此的重担？他才有十五岁啊！儿子波兴确实是个好小伙子，聪明、勇敢、能干。父亲去世后，一个人出入山里山外起早贪黑地狩猎，而且很少空手而回，由于母子都勤勉，生活勉强过得去，但破旧的草屋已无力修复了，更没有能力盖新房子了。

秋天，山里的野果成熟了，村子对面半山坡上的那棵山楂树的果子也熟透了，黄里透红，水灵灵的，又圆又大，拿到街上可以卖个好价格。这天母亲为了帮儿子多挣一点钱，就拖着病体来到山楂树下摘果子，这是一棵高大的山楂树，树冠展开得很大，枝繁叶茂，绿叶间果实累累，母亲在树下用杆子打落果子，但杆短树高，树顶和树梢的果子打不到，那里的果子才是最好的。于是母亲吃力地爬上树去，踩在树丫上举杆往高处打，果子纷纷撒落一地，母亲心里很高兴。她慢慢地移动身子尽量靠近挂满果子的树枝，挥动杆子使力打落果子。不料她踩的是一根虫蛀的树枝，树心已空，她正用力之时树枝经受不住重力断了，她“啊”的一声摔到了地上，头撞在一块石头尖角上，顿时鲜血直流，昏死过去。当她醒来时已经躺在家里的床上了。可是很快她又昏迷过去，原来是村里有两个女人也去摘山楂，看见罗念摔昏在山楂树下，就给她包扎好伤口抬回家来，并找到在村外打猎的波兴，告诉他母亲出事了，叫他赶快回家来。

波兴焦急万分地赶回家里，只见母亲躺在床上，头上缠着的布条被鲜血洇湿，一身血迹，昏迷不醒。儿子扑在母亲身上急切地呼喊：“阿嫫！阿嫫！你醒醒！你醒醒！”在儿子凄切的呼唤声中，母亲醒来了，微微地睁开了眼，但不会说话了。她用尽力气紧紧地抓住儿子的手，嘴唇颤抖着，似乎要说什么，但什么也说不出来了。她紧紧抓住儿子的手不放，久久地不放，最后抓着儿子的手慢慢地闭上眼睛停止了呼吸。母亲死了！紧紧地抓住儿子的手死了！儿子嚎啕大哭，呼天喊地，悲痛欲绝。最后在乡亲们的帮助下波兴安葬了母亲，就埋在父亲的坟旁，母亲就这样走了，离开了破草屋，离开了儿子，永远地走了，她惦念着儿子，惦念着这个家。临走时她有多少话要对儿子说，但终究未能说出一句话，自已带着永远的遗憾走了。

父亲没了，母亲也没了，波兴成了孤儿。但猎人的儿子是坚强的，这个十五岁的小猎人，从此自己独立生活。乡亲们很同情他，多方资助他，但总是被他婉言谢绝。波兴孤身一人一边狩猎，一边种菜，艰难地生活。几年后他长成了一个二十岁的强壮小伙子，此时他已经是狩猎高手，怀着一身狩猎本领，每次狩猎总是满载而归。村里有小姑娘追求他，他未答应，他觉得自己太穷，不能让姑娘跟着自己过苦日子。也有人给他撮合做上门女婿，他也拒绝了。他觉得一个男子汉，要继承父母的事业，完成父母的遗愿，挣钱盖房子娶媳妇成家立业才好。因此，他拼命地打猎，省吃俭用地攒钱准备盖新房子，换掉破旧的草房。

一天，他带着干粮，背上弓箭挎着猎刀到离村子较远的怒水河边的大山去打猎，因为那里猎物多收获会大，而且据说那个地方不仅有成群的狼，还有豹子出没，如果能打到一只豹子卖出，豹皮豹肉都是很值钱的。当他走到怒水河边大山上的时候，前面突然传来了一阵狼叫声，听声音是几只狼，一片混乱嘈杂的叫声，好像在撕咬着什么。波兴立即兴奋起来，这是猎人遇到猎物的本能反应。虽然是数只狼但他毫无畏惧，三五只狼他完全可以应付。一箭射死一只都要成为他的活靶子。而且他知道狼群的习性，只要射死一只狼，狼群就会惊慌四逃，根本不敢来攻击他。他张弓搭箭悄悄接近狼群，但看到的恐怖场面让他大吃一惊！只见三只恶狼张着血盆大口，露出獠牙利齿，嚎叫着正在撕咬一具已经死亡的人体，人体旁躺着两只死狼，一只狼被划开了肚子，另一只狼被割断了喉咙，显然是死亡者在与狼群搏斗时杀死的。更可怕的是旁边还躺着一个受伤的姑娘，那姑娘胸脯一起一伏急促地呼吸着，看样子已经昏迷过去了，一只恶狼正走向她，准备咬断她的脖子，在这危急时刻，波兴一箭射穿了那只恶狼的脑袋，恶狼嚎叫一声即刻死去。

恶狼遭到这突然的袭击，另两只恶狼惊慌地抬起头来，波兴又射杀了一只。剩下一只惊慌逃窜，波兴的箭早已追上它射穿了它的后脑壳，恶狼哀嚎着也倒地死了。恶狼已除，波兴立即奔跑过去看，被恶狼撕咬啃食的尸体只剩一副骨头架子了，看样子是个年纪大的男子。他立即又去看昏迷在地上的姑娘，姑娘头上身上有多处伤，衣服被撕烂，一身血淋淋的，幸好身上都是皮肉伤没大碍。他抱起姑娘呼唤：“阿妹！阿妹！你醒醒！你醒醒！”但姑娘没有反应，看来一时半会是醒不过来了。波兴就地挖了个坑，把死者掩埋了，还起了个坟墓，又把五具狼尸摆在坟墓前给死者祭奠。此时他发现不远处有一对竹篮子和一个背篓，他跑过去一看，竹篮担子里放着一些中草药和医疗器具以及用品，背篓里装着生活用品和衣物等。这是死者和姑娘的东西，原来这一男一女是行医的，担子是男人挑的，背篓是女人背的。肯定是行医走到这里遭到狼群袭击搏斗时丢弃的。波兴肃然起敬，对着坟墓磕了三个头，然后背着受伤昏迷的姑娘带着竹篮担子和背篓回到家里。

波兴把姑娘背到家里时，姑娘还未醒过来，波兴让她睡在床上，为她身上的伤口敷药，又拿出母亲生前的衣服，给她换下了满身污血的破衣服，接着熬汤煮粥等待姑娘醒来。过了一阵姑娘的手脚有了些动作，嘴里发出了微弱的呻吟声，随即慢慢地睁开眼。姑娘感到浑身疼痛，动弹不得，见到自己在一个陌生的地方，在一处草房里，且躺在一张床上，还见到自己穿着干净的别人的衣服，又见到一个健壮帅气的小伙子在自己身边服侍她，她感到十分惊奇，是梦境吧，可这一切都是真真切切的，不是在做梦，姑娘满脸狐疑不解地环视着这一切。这时波兴看到姑娘醒来就微笑着对她说："阿妹，你醒来啦，身上感觉很疼吧？没关系，好好躺着休息，过几天伤就会好的，现在我帮你坐起来，给你喝汤喂粥吧。"

姑娘睁大眼睛一脸惊疑地瞧着小伙子问："这是什么地方，我怎么会在这里？"

波兴和蔼地说："阿妹，这是在我家里，很安全的，你放心吧，你受伤昏迷了，是我把你背回家救治的，你就好好养伤吧。"

此时姑娘想起了那万分惊骇的一幕，惊慌地问道："我阿爹呢？我阿爹在哪里？"

波兴终于明白了死者是姑娘的父亲，他难过地低下了头，姑娘突然见到了放在旁边的父亲的药担子和自己的背篓，惊恐悲切地问："我阿爹死了？是死了吗？"波兴难过地点头低声说："你阿爹不在了，是狼群……我把那些狼打死了，在那里掩埋了你的阿爹，给他老人家起了坟墓。"

姑娘听了掩面大声嚎哭起来："阿爹，你死得好惨啊，阿爹，你怎么抛下我就这样走啦？阿爹，你怎么这样命苦？横遭如此灾祸？阿爹呀，你走了你女儿怎么办啊？"姑娘哭得声嘶力竭，痛不欲生，波兴竭力劝慰姑娘节哀，但姑娘悲痛难抑，哭声不止。波兴端来热汤热粥给姑娘吃喝，姑娘哪里吃得下，只是泪如泉涌抽泣不停。波兴说："阿妹，你要想开些，逝者已逝，生者要生，你还是吃些东西吧，身体要紧。如果你父亲还活着，他绝不愿意看到你这样的，他会希望你生活得好好的。"姑娘听了这话，心思似乎触动了什么，哭声戛然而止，呆望了一会波兴，然后接过汤粥慢慢吃喝起来。

姑娘喝了汤吃了粥，精神有所好转，情绪也稳定了一些。此时波兴一边安慰姑娘一边慢慢地询问姑娘家里的情况，询问怎么到那地方遇上恶狼。姑娘忍住悲痛慢慢地讲述起来。

“我叫阿花，今年十八岁，父亲是一个郎中，母亲早年去世。我自小跟父母行医，父亲在年轻时学得治病医术，于是走村串寨行医问药，为人们治病，父亲善于研究，学习刻苦，医疗认真，医术高超，受到人们的欢迎。父亲在一次入村行医中认识并爱上了我母亲，于是就向母亲表白爱慕之心，母亲也喜欢父亲，外公外婆也同意。这样父亲就和母亲结婚了，父亲带着母亲过着行医生活，不久就生了我。父母带着我四处行医，我也慢慢长大，后来母亲在一次上山挖药时发生意外摔死了，就剩下我们父女俩。父亲又当爹又当妈，边行医边把我养大。母亲死后父亲就没找媳妇，一直带着我走南闯北治病救人。我也跟父亲学习了一些医术，帮着父亲给人们看病。这天父亲带着我过怒水河吊桥到村寨里行医，刚下过一场暴雨，洪水暴涨，我和父亲手拉手过桥去，快走到对岸桥头的时候，年久腐朽的吊桥突然断了。我和父亲摔到河岸的砂砾上，幸好吊桥不高，没有摔成重伤，但父亲却摔伤了手脚行动不太方便。尽管如此，我们还是庆幸没掉进波涛汹涌的洪水里，庆幸躲过了一劫。”

“然而没想到，一场灭顶之灾就在前面不远处，我和父亲挑着担背着箩，从河岸的小路慢慢地走进山峦深处。当走到一处山坳的时候，突然听到不远处传来一声狼嚎，父亲立即警觉地提刀在手，叫我小心有狼。接着又传来几声狼嚎，哦！是几只狼！父亲的神情紧张起来，急叫我特别注意。话音刚落，只见四五只饿狼嚎叫着张口獠牙地向父亲和我冲来，父亲立即放下担子挥刀迎击群狼，并叫我快跑！在这危急时刻我那能丢下父亲跑掉呢！我也放下背篓提棍在手和父亲一起迎击恶狼。恶狼很快就蹿到跟前，一只恶狼跳起来扑向了父亲，父亲敏捷地躲过伸手一刀划开了恶狼的肚子，恶狼惨叫着倒地而死，又一只恶狼咬住父亲的脚，父亲又一刀刺穿了恶狼的喉咙，这只恶狼也哀嚎着死了。剩下的三只恶狼一齐扑向父亲，父亲奋力与群狼决斗，我也高举棍棒狠狠地朝恶狼的头砸去，一时父女俩与群狼混战起来。父亲一边与恶狼搏斗一边急得直喊，女儿，快跑！你快跑！不然跑不掉了！父亲见我不跑就狠命地推了我一把，把我推出狼群扑倒在地，父亲仍然声嘶力竭地喊，女儿快跑！快！这时狼群同时咬住父亲，父亲奋力反击，我欲急起打击狼群，但因过度惊吓，急火攻心，两眼一黑昏倒在地，什么也不知道了。当我醒来时就躺在你这里了。”

阿花讲完又悲痛地说：“现在我父亲没有了，我再也见不到他了。”接着又忍不住痛哭起来。波兴尽量安慰她说：“人生会遇到许多灾难，要多想开一些，这种时候只有面对现实立身自强。”阿花听了才止住哭声，姑娘见自己被小伙子换了干净的衣服，救治了自己，安葬了父亲，感激万分，就对波兴说：“阿哥，感谢你把我从狼口里救了回来，感谢你杀死了群狼为我父亲报仇，感谢你不仅安葬了我父亲，而且起了坟墓，你对我真是恩重如山啊！”波兴说：“阿妹，不要说感谢的话了，你我都是落难人，在危难之时相互救助是应该的。”接着波兴把自己的身世和遭遇都讲给阿花听。两个年轻人，一对可怜的孩子，一双受伤的心，在对方那里得到了慰藉，两颗年轻火热的心贴近了。

阿花在波兴的细心照料和调养下，身上的伤很快就好了，精神恢复了，波兴很高兴，对阿花说：“阿花阿妹，我这里就是你的家，你就安心地住下吧，虽然草房破旧但也能遮风避雨，只要我有一口饭吃，我决不会让你挨饿的。”就这样阿花住在了波兴家里，跟波兴一起生活。在生活中他俩像亲人一般互相照顾，波兴照常进山打猎，阿花料理家务养鸡种菜，并且采回草药给村人们看病。村人们很快就认识了阿花，都很喜欢她。自从阿花来到家里，生活中有了一个伴，波兴心里很高兴，狩猎更有精神，打到的猎物特别多。这对年轻人互相同情、互相帮衬、勤快劳作，生活虽然清苦，却也心情欢畅。

有一天夜里风雨交加，破败的草房摇摇欲坠，最终塌了一角，差一点盖住了正在睡觉的波兴和阿花。第二天两人砍木料割茅草做了修补，并加固了草房。但这年久的草房是难以久住下去的，两个年轻人计划着建盖个新房子，因此两人做活更加勤勉。波兴不分白天黑夜地狩猎，阿花除做家务外，积极为人们行医治病，多苦一些收入为盖房子筹备资金。在二人的辛勤努力下，家里渐渐攒起了一点钱。波兴和阿花在共同的生活中产生了深深的感情，不久两人就结婚了，很快就生了一个儿子，于是成了三口之家，幸福地生活，尽享天伦之乐。

一天，波兴到山上打猎，突然看到一只猴子挡在路上直愣愣地看着他，猎人看到猴子当然是见到了猎物，自然要捕获，更何况已送到了跟前。波兴一阵欣喜，迅速张弓搭箭急于射杀，奇怪的是那猴子不仅不惊慌而逃，反而抬头看着波兴，并且眼泪横流，似乎在哀求波兴。猴子的反常表情和举动竟镇住了波兴，他感到很奇怪，一时动了恻隐之心，禁不住放下弓箭，慢慢走近猴子。猴子照样不跑，挺着大肚子蹲在那里，可怜巴巴地看着波兴，“哦！是一只怀孕的母猴”，波兴看出来了。猴子没有惧怕波兴的神情，反而把一只受了重伤溃烂的脚抬起来给波兴看。噢，这只猴子是脚受了重伤向他求助呢。一时间波兴深深地同情起这只受伤的怀孕母猴来，他便把猴子带回家养起来，让阿花给它治脚伤。在阿花的精心治疗下，不多久母猴的脚伤就被治好了。母猴似乎很高兴，“叽叽”地叫唤着又蹦又跳。

阿花对波兴说：“这母猴的脚伤已经治好，看样子它快生儿了，还是放它走吧，让它回自己的窝生小猴吧。”

波兴同意了，就对猴子说：“母猴，我送你回家去，送你回家生你的小宝宝，走吧。”于是就送猴子上路，这猴子似乎很通人性，临走回头看着阿花，“吱吱”地叫着，并走过来抱住阿花的腿，一副舍不得走的样子，也许是感谢阿花为它治好了脚伤吧。阿花俯下身子摸着它的头说：“去吧，你就回家去吧，回去好好生你的孩子吧。”猴子依依不舍地走了，还不断回头看阿花，阿花目送它远去，一路上猴子在前面走，波兴跟在后面送。当走到那天波兴看到猴子的地方，波兴就解开了拴在猴子身上的绳子放它走，并说：“母猴，走吧，我只能送你到这里了，你自己回家去吧，回去好好生你的孩子，好好生活吧。”猴子没有马上走，望着波兴“叽咕叽咕”地叫着，似乎又在说什么，也许是对波兴感恩吧。波兴又说：“走吧，回家去吧。”猴子走了几步又跑过来亲了亲波兴的双脚，然后走了。走了一段又回过头来望了望波兴才扬长而去。波兴一直望着它走去，只见那猴子一直走到山坳的一座房屋废墟里才不见了，也许那里就是它的家。据说那座废墟是一户大财主的豪宅，那财主仗势横行，不仅压榨四方村民，而且常常拦路抢劫。一次抢劫武装商队，没想到这支商队力量强大，武力高强，财主的抢劫人员被商队剿灭了，财主被砍了头，家财被抄没，豪宅被焚烧，从此豪宅成了废墟，变得阴风惨惨，很少有人敢进入废墟里。后来传言说废墟里有财宝，有大胆者前来翻挖，但什么也没找到，就再也没有人说起废墟里有财宝了。猴子从波兴的视线中消失在废墟里，波兴也没有再想什么，径直上山打猎去了。

一天深夜，波兴一家人睡得正香甜，忽然门外有“咚咚”的敲门声，把阿花惊醒了，阿花以为是有人连夜来看病，她急忙起床提灯去开门。不料却见是那只被她治好脚伤的猴子，带着一只小猴子手里抱着一个土罐站在门外，猴子看到阿花，高兴得“吱吱”叫着跑过来亲了亲阿花的双脚，然后放下土罐带着小猴子走了。走了几步又回过身来看了看阿花，才远去消失在夜幕中。那小猴子一定是母猴生下的小儿，阿花心想。这母猴连夜抱来一个土罐做什么呢？阿花感到很奇怪，便蹲下去打开土罐的盖子一看，她顿时惊呆了！土罐里装满了黄灿灿的金子！在灯光下熠熠闪光。她惊喜万分，立即把土罐抱回家来，叫醒熟睡的波兴，把这件事情告诉他。波兴看着这满罐金子，惊讶得半天说不出话来。随后欣喜若狂，说道：“没想到这猴子这么通人性，知恩图报，把这么一罐金子直接送到家里来。一定是在那财主家豪宅的废墟里扒出来的，多少人都在那里找过这些财富，却一无所获。最后被我们治好脚伤的猴子扒出来送给了我们，真没想到啊！”夫妻俩兴奋得整夜没睡，商量着如何用这些钱盖房子，买田地，供小孩念书，给儿子娶媳妇等等，一夜说不完的话。美好的憧憬即将成为现实，生活一下展开了金色的希望。

然而生活中却充满了许多意外。正当波兴一家获得巨额财富，欢天喜地走向未来幸福生活的时候，谁也想不到的事情残酷地发生了。一天晚上村里有人家失火，波兴和阿花也赶去帮忙救火。火势很旺，有个五岁小孩被大火围困在屋里，十分危险。波兴见状，毫不犹豫地冲进大火里抱孩子，就在他抱着孩子往火场外冲的时候，一棵正在屋顶燃烧的横梁掉下来砸在波兴的头上，剧烈的疼痛使波兴昏倒在地上，就在他即将倒下的时刻，他下意识地奋力将孩子推出火场。孩子得救了，但勇敢的波兴却献出了生命。波兴为抢救小孩而死，村人们怀着悲痛的心情安葬了波兴，并给他修建了一座坟墓，刻立了一块石碑以作纪念。

阿花失去了心爱的丈夫，又一次经受了巨大的打击。但她在极度的悲痛中振作起了精神，一个人带着儿子顽强地生活。她决心实现丈夫两代人的遗愿，盖好房子让儿子过上好日子，于是她请来了最好的木匠师傅给自己盖房子。

很快，盖房子的木匠师傅们来了。在阿花指定的场地上挖基沟、下石脚、劈木料、砌砖瓦，紧锣密鼓地做起来了。阿花是个能干的女人，虽然没了男人，但家里男人女人的活计都是自己干。带着儿子义无反顾地奔向新生活，努力实现自己的理想蓝图，以告慰自己心爱的丈夫波兴的在天之灵。新房子终于盖好了，先夫波兴两代人的愿望实现了，阿花心里有说不出的高兴。阿花是个心地善良的人，待人接物有情有理，受到人们的赞扬。

在整个盖房子过程中，她对木匠师傅们很好，经常杀鸡宰鸭地招待，木匠师傅们都很满意。但有一点让木匠师傅们一直耿耿于怀，心有怨气，但又不便明说，那就是每次杀鸡都不见鸡头抬上餐桌给师傅们吃。师傅们气恼之下对新房子做了手脚，使得门前的竹篷一经风吹动，新房子里就会“吱嘎吱嘎”作响，就像竹篷摩擦时发出的声音，阿花看得明白也不说。就在木匠师傅们收拾工具回家去那天，阿花给他们带上一大包路上吃的晌午饭。半路上木匠师傅们走得饥渴，就停下来休息吃晌午饭。当打开午饭包时，见先前所有未给他们吃的鸡头都在午饭包里，木匠师傅感到意外和惊奇，但也没有多想，欣喜地用鸡头下午饭，还喝了许多酒。师傅们心满意足地吃饱喝足的时候，忽然传来了小鸡的叫声，哪里来的小鸡？大家惊疑地四处张望，却不见小鸡。然而小鸡还在叫，并且叫声越来越多响成一片，大家十分诧异，起身寻找，仍然不见小鸡，仔细一听，小鸡的叫声是从大家肚子里传出来的，都大吃一惊！原来大家吃进去的鸡头都变成了小鸡，一个个在肚子里叫唤呢。这可怎么办呢？大家惊慌失措地乱成一团。原来阿花早年跟着父亲走南闯北，四处行医的过程中学到了一些法术。她看到木匠师傅们对自己的新房子做了手脚，于是使用法术让木匠师傅们吃进肚子里的鸡头发出小鸡的叫声，作为对木匠师傅们在房子上做手脚的“回敬”。

这时候领头的大师傅却镇定地微笑着对大家说：“大家不要慌，我有办法让肚子里不再有小鸡叫唤。”大师傅已经明白了，他知道这是因为自己当时没有吃到鸡头心生怨气，在房子上做手脚使其发出怪叫声，这是阿花对他们以“礼”还“礼”了。他感到内疚，真是对不起阿花了。他想不到阿花这个女人还有这样的技能法术。于是他给大家讲清楚了原委，安定了大家的心情，然后带着大家返回阿花家里，诚恳地跟阿花道了歉，并且把在房子上做了手脚的地方修正过来，房子的怪叫声没了，阿花对木匠师傅们笑脸相迎，她早已料到木匠师傅们会在半道上转回来的，已经准备好了可口的饭菜等待着他们。当木匠师傅们修正好房子的怪叫声后，她给每个师傅都喝了一碗红糖茶水，师傅们肚里的小鸡叫声即刻没了。师傅们一阵欢呼，皆大欢喜。接着阿花招待师傅们喝酒吃饭，让师傅们吃饱喝足后，又加倍给了谢礼，才送师傅们高高兴兴地回家去。以后，阿花住着新房子，把儿子带大，娶了儿媳妇，购置了许多田产，家道兴旺，子孙满堂，幸福地生活。

施大明的故事讲完了。他喝了一口酒后又说："这个故事中讲到的阿花的新房子在建盖中，木匠师傅们做了手脚，使其房子每每发出怪叫声，幸好阿花懂得一些法术才解了邪，不然一辈子都要苦受其扰的。但凡盖好的新房子，盖房中师傅们会有意无意留下一些手脚，留下一些不好的影响，尤其是各种邪恶鬼怪会先期入住侵扰其家，使新房阴气重。人一旦住进去就会十分不利，会诱发各种问题和灾祸，所以入住的新房要做'赫沙达'，这是祖先们留传下来的做法，只有做过'赫沙达'，才会清除房屋中的邪恶阴气，使新房子'干净'充满阳气，人住进去家运才会顺利，人员才会平安，门庭才会兴旺。因此，你们明天到普兴家帮助做'赫沙达'，要尽早去，认真帮助做好，使普兴家庭干净，安泰兴旺。"

听了老人一番话，普丕和施明领悟到了许多安家立业，趋善辟邪为世的道理，颇有受益。

第二天一早，施明和普丕带着一只公鸡、两升米、两斤糖和两斤酒等礼物，就往普兴家出发了。此时朝阳刚刚露头，草丛和树叶上挂满了晶莹的露珠。早晨的空气是清凉的，二人一边赶路一边聊着，在吃早饭前赶到了普兴家。这时普兴家的早饭刚刚做熟，早饭是普兴的未婚妻做的。普兴的未婚妻漂亮能干，是附近村子的一个姑娘。普兴阿嫫去世时就带着几个小伴前来忙前忙后地帮忙了，这次她又带着一个小伴昨天就赶来帮忙了。主持做"赫沙达"的毕摩也已来到。见施明和普丕来到了，普兴家里的人都很高兴，忙来迎接。普兴的父亲被疾病折磨得更瘦弱了，施明和普丕递上了礼物，父亲接过礼物说：“人来帮忙就够辛苦你们了，怎么还带这么多东西来呀？”还关心地问起施明的父亲和姐姐身体可好，施明回答说：“都好着呢。”

说话间桌上的饭菜都摆好了，大家便坐下来吃饭。吃饭时毕摩说：“今日是鼠日，做‘赫沙达’必须要在鼠日这天，如果家中的人有属相是鼠的就要‘叫魂’才能做‘赫沙达’，普兴家没有人属鼠，所以就不需要‘叫魂’了，直接可以做‘赫沙达’了。”接着又向大家一一交代了做“赫沙达”时要做的事情。饭后施明和普丕按照毕摩的吩咐去采尖刀草、黄泡树枝、松树枝和栗树枝等物，普兴和毕摩在家里用红绿纸制作小旗，普兴的女友和小伴炒“赫沙达”要用的米花和准备晚餐。不多时“赫沙达”所需物资都准备妥当，“赫沙达”仪式就开始了。

首先在堂屋楼上摆供桌设立“送神坛”，坛上的木升里装满谷子，燃起香烛插上，并祭上酒馔果品，接着在家中的每棵柱子上粘贴红绿小旗，并用一只公鸡放在送神坛前，然后毕摩在坛前念诵经文：

石匠好师傅，泥匠好师傅，木匠好师傅，诸能工巧匠，房子已盖好，留下的手脚，你们带出去，留下干净房。各妖魔鬼怪，此房是阳宅，不是阴地府，不属你们住。烧香送你们，烧纸送你们，买酒送你们，佳肴送你们。你们哪里来，就回哪里去，此地不能留，离开房子去；今送你们走，送出三岔口，不走拐弯路，要走直通路；不拾路上石，不采路边草，不捡路旁柴，路上不耽搁，快快走回去……

毕摩一边念经文，一边将爆米花撒落在公鸡身上，待公鸡抖动身子后，将其宰杀煮熟献在送神坛上。然后念着经文用尖刀草、黄泡树枝、松树枝和栗树枝扎束成的扫堂把，把全屋上下都扫一遍，边扫边将贴在柱子上的红绿小旗全部收掉，还用斧子在柱子上轻敲一遍，以断木匠师傅的墨斗线。这些做完后，毕摩念着经文将房中的邪恶阴气送出门外，一路送到村子边，同时将五谷抛向东西南北中五个方位，送出家门时燃放爆竹，送完回家时也燃放爆竹，返回进家门时还跨过燃烧着青香树枝的火烟，以清除染身阴气。至此“赫沙达”结束。

“赫沙达”结束后，紧接着做“冲年不”。“冲年不”与“赫沙达”

的作用一样，就是将会引起家庭灾祸、人员病伤、见蛇上树、母鸡啼鸣、狗上屋脊、路见黑蛇、母鸡叼小鸡、甑子鸣叫、常有口舌、受人欺骗等诡异现象和灾病的房屋中的邪恶阴气送出去以消灾辟邪，求家运顺利，人员平安，事业兴旺。其程序做法跟“赫沙达”大体一样，只是做“冲年不”时，毕摩念着经文将一把铁铸犁头套在脚上，对楼上楼下墙壁的四方四角象征性地踢碰，同时经文中加念“……铁犁送你们，你们哪里来，就到哪里去；铁犁踢你们，快快走回去，不许再回来……”等内容。

“冲年不”一结束，就进行“国丕不”仪式。因普兴的父亲长年疾病缠身，久治不愈，就做“国丕不”，将父亲的寿终棺材进行翻动，驱邪避害，以求父亲的疾病得以康复。做“国丕不”时用一只木升装上米燃香烛插上，并与熟鸡酒馔和糖果及钱币等，献于棺前，毕摩在棺木旁念诵经文：

不好不翻棺，一翻棺木身，好的翻进来；二翻棺木身，今年翻棺木，百年不翻棺；三翻棺木身，青龙抬起头；四翻棺木身，五谷更丰登；五翻棺木身，六畜齐兴旺；六翻棺木身，福寿百年长，大吉又大利……

念诵经文时，将棺材往右边翻三遍，再往左边翻三遍后放好。接着毕摩用黄泡树枝扎束成的扫把，把棺材内外清扫一遍，口中念道：“死人进，活人出！死人进，活人出！”然后将老人的孝白、寿衣等装进棺材内盖好。孝子孝女在棺材前磕头尽孝。至此做“国丕不”结束。

“赫沙达”“冲年不”和“国丕不”都结束后就吃晚饭。做“赫沙达”时的晚饭只能在门外吃，因此筵席就安排在门外的场地上。晚宴上大家轻松愉快，交谈甚欢。普兴的父亲也很高兴，不知是因为做“赫沙达”“冲年不”和“国丕不”心灵受到慰藉，还是客人来了心情愉快，老人精神似乎好了一些，还喝了一些酒。

普丕因为明天一早要跟李士天到国窝去，因此，吃饭后就告辞大家连夜赶回阿稽竜家里。施明在普兴家里留住一晚，明天再到做木活的地方去。

次日早上，太阳刚出，李士天就带着普丕向国窝出发了。自从上次李士天的坐骑在甸中街失踪以后，他又买了一匹高大的灰色大马。此马也是膘肥体壮，威风凛凛。今天，李士天把头发梳得油亮，长袍马褂加身，打扮得一副绅士模样，派头十足。他叫普丕挑着路上的用具和盘缠在后面跟着，自己骑在马上昂首挺胸，神傲意得地挥鞭策马前行。一时灰马昂首奋蹋，“嘚嘚”地跑起来。普丕在后面紧紧追赶。李士天故意催马快行，他要让普丕追得气喘吁吁，累死累活地奔跑，好看普丕的笑话，也是教训教训普丕。此时李士天十分得意，心里暗咒：“普丕这穷小子，尽在我面前跳。今天我让你跳，看你跳得多高！我就是趁此收拾你，让你追马赶路，不把你拖死也要把你拖倒，看你还敢不敢在我面前逞能。”

然而普丕是从小在风雨里摔打过来的，走山路犹如行平地，更何况这平坦大道，而且正值年轻力壮，脚力遒劲，有的是力气，任凭李士天怎么催马而行，普丕最终都能赶上。这出乎了李士天的意料，使他总觉无趣。普丕知道李士天是恶意要拖垮他，因此铆足了劲，与李士天暗中较量。

一路上，李士天和普丕昼行夜宿，连日赶路普丕精神抖擞，毫无倦容。而李士天自幼娇生惯养，平日养尊处优，体质虚弱，怎耐得住这般辛苦，再也无力扬鞭策马快行，只能躬腰垂首地缩在马背上慢慢前行。好在这时离国窝城不远了，中午时分他们终于走到了国窝。国窝是滇省省城，城市大得望不到边，高楼店铺林立。街市上车水马龙，商贾云集，商品琳琅满目，市场繁荣，应有尽有，热闹异常，使人觉得到了另一个天地。

李士天一到国窝，就像变了一个人，立即精神起来了。也许是置身于花花世界，城市的热闹和喧嚣，刺激了他每一根兴奋的神经，驱散了他连日赶路的疲惫。他们在旅馆里安顿好以后，李士天马上洗了个澡，又再精心打扮了一番，就急着上街去了，他对普丕说：“普丕！我要立即出去办事，没有时间买饭给你吃了，你自己买吃吧，就在我们住的餐馆里吃，我回来时给你付钱，但你要买最便宜的吃，花多了可不行，吃完饭后在餐馆里等我。”普丕答应了，李士天就急匆匆地出去了。普丕知道李士天是故意撇下他到美食馆里大吃大喝去了，吃饱喝足后要去赶“花街”（即妓院）。李士天一到国窝一定要赶“花街”吃荤，这点普丕很清楚。

李士天走了以后，普丕也感到饥肠辘辘，他来到餐馆里往卖菜的案桌上看了一遍，心里有了主意。他曾听到过来过国窝的人说，在国窝的餐馆里有燕窝稀饭卖，是补身极品，很贵的，一般人吃不起，是有钱人吃的佳肴。于是他立即要了两碗燕窝稀饭端来吃，他要李士天好好慰劳慰劳他追马赶路的辛苦。果然这燕窝稀饭的味道真好，有着一股特别的香甜味，吃起来十分可口舒服。这几天普丕追着马连日奔波赶路，体力消耗大，食量必然多。他吃光两碗燕窝稀饭还觉得不饱，又要了一碗吃下去，终于打起了饱嗝，才心满意足地停下来。普丕吃饱喝足后，就在餐馆里背靠墙壁坐着休息等李士天回来。李士天那能一时半会就回来，普丕只得静静地等着。由于连日奔走劳累，又是饱餐之后，普丕感到强烈的困意向他袭来，在闹嚷的餐馆里，他不由自主地闭上了眼睛，意识渐渐模糊起来……

这是一个明媚的早晨，他正走在一条山路间，路边长着奇花异草，两旁是翠绿的山林，林间各种奇怪而漂亮的鸟在自由地飞翔。林地上奔跑着无数的麂子、兔子等野兽。突然他听到一阵“哗啦啦”的声响，抬头一看，是一帘大瀑布从山头飞泻而下。瀑布下一汪清澈的水塘里许多青蛙在游动，突然一只大青蛙跳出水塘，张着大嘴“呱啦呱啦”地叫着，似乎在唱歌。这时一阵优美的歌声随风传来，普丕循声望去，看见前面一棵高大的山楂树下，一个身材苗条的少女在唱歌，忽然那姑娘转过脸朝他笑了笑，笑得那么迷人！细眼一看是施慧！普丕高兴地跑过去，施慧却笑着跑了。普丕怎么也追不上，追着追着施慧不见了，他急得到处寻找，竟来到了一处海边，海里碧波涟涟，涛声不断。忽见海边有个姑娘在洗衣服，很像施慧。他急跑过去，那姑娘回头向他一看，啊，不是施慧。这时李士天领着两个各扛一条船的人来到海边，对他说：“普丕，我们到海里划船去，挺好玩的。”于是李士天和普丕两个人各上一条船划向大海深处，海中波浪起伏，船在海里一起一落，活像在海面飞着。忽然李士天的船真的飞起来了，越飞越高，飞到了白云上。李士天高兴得大喊：“普丕！我的船飞起来了，飞上天了……普丕！普丕！”

普丕从梦境里被叫醒了，一看是李士天在叫他，他揉了揉惺忪的眼睛，见李士天站在他的面前。李士天对他喊道：“普丕，你怎么在餐馆里睡着！你看嘴里都流出哈喇来了。”普丕这才明白李士天回来了，原来自己睡着了在做梦，他立即擦掉了嘴角的哈喇，一看天已经黑了，街灯都亮起来了，餐馆里已是灯火通明，显得更加热闹。

李士天问：“普丕，你的饭吃了吗？”

普丕回答：“吃过了。”

“多少钱？”李士天又问。

“不知道，我只吃了三碗稀饭，你去付钱吧。”普丕说。

李士天听普丕说只吃了三碗稀饭，满意地微笑着去付钱。可一算账李士天吓了一跳，一碗极品燕窝稀饭五两银子，三碗共十五两银子。李士天顿时傻了眼，对普丕吼道：“普丕！你怎么吃这么贵的燕窝稀饭？而且一吃就是三碗，我不是叫你吃最便宜的吗？”

普丕装作委屈地说：“阿波，我听你的话了，吃了最便宜的了，我只吃了稀饭，可能是算错账了。”

李士天急红了脸叫道：“没有！那是极品燕窝稀饭，一碗五两银子，一共十五两银子！你真要我的命了！”

普丕假装吃惊地说：“噢！怎么会这样？我以为稀饭是最便宜的，所以才吃了稀饭。没想到这是什么极品燕窝稀饭，极品燕窝是什么东西？怎么这样贵？我从来没听说过的，我没想到会要这么多钱，你走时怎么不告诉我？这可怎么办呢？”普丕说着显得很无奈。

李士天听了无话可说，而且说什么也都晚了。事已至此，李士天也没有办法了，他咬着牙对普丕狠狠地跺了跺脚，抖着手掏出十五两银子为普丕付了稀饭钱。

李士天气得脸色发青，普丕心里却无比开心，终于出了几天来李士天对他的刁难之气了。

第三十三回　杀猪欢宴喜过大年
“学作我做”阿波挨揍

冬天里，阿稓竜的天气是寒冷的，但很少有年份在冬天里下雪。而晨霜是年年冬天都有的。在最冷的冬夜里，冬水田里的水面边缘也会结一层薄冰，而且霜期达两个月之久。冬天里大部分的日子是晴朗的，天高云淡，丽日当空，这个时候冬日的白天也会显得暖和。在寒风呼啸的阴雨天才会真正感受到冬日的酷寒。

到了腊月下旬，旧岁将除，新年快到，家家户户都忙着过大年。每家每户的过年猪和过年阉鸡自然都养肥了，当然也有不少的穷人是养不起肥猪的。过年是一年中最大的节日，为了迎接这一节日，人们似乎显得格外忙碌。李方氏和普丕也在接近年关这几天日夜忙碌着，赶着做完年前的农活。现在李方氏家里有了五亩田地，不久前又借钱买了一条耕牛，家里家外的活计多了起来，比过去忙了。但嫫儿俩忙得痛快，忙得舒心，忙得兴奋，感到生活充满了希望。此时家里的两亩包谷和红薯地收获后，施大明帮忙翻犁，只剩三亩已经翻犁过来的稻田还未耙下，须得在年前耙平捂土，以便来年春播。因此在年前这几天，普丕跟李士天告休，专门忙家里的活计。

这天早上，太阳刚冒出山顶，普丕就扛着耙吆着牛去耙田，施大明也扛耙吆牛前来帮忙。李方氏就把施慧叫来一起做饭，杀了一只鸡，施慧又从家里捉来一只兔子一并杀了做菜。普丕和施大明忙着耙田，李方氏和施慧也紧张地张罗着饭菜。两家人像一家人一样在一起做活一起吃饭，其乐融融，心情愉悦，连紧张的劳动都不感觉累了。普丕和施大明早上耙田后回来匆匆吃了早饭，为了当天把田耙完，来不及多休息又去耙田了。到太阳快落山的时候，三亩水田终于耙完了，普丕和施大明扛耙吆牛高兴地回家来，还捉回来许多田鱼。他们回来时李方氏和施慧的饭菜已经熟了。李方氏赶紧去把耕牛关在厩里喂料，施慧立即给普丕和父亲沏上两碗热茶，又忙着打来洗脸水让他们洗脸。普丕把拿回来的一些鱼油煎了，剩下的叫施慧腌制起来待吃。鱼很快煎好了，施慧随即摆好饭菜，又给父亲和普丕斟满了酒杯，接着大家高高兴兴地围桌吃饭喝酒。晚餐是丰盛的，有鸡肉、有兔肉、有煎鱼和蔬菜，满桌飘香。大家吃得很高兴，很畅快。其实心里最高兴的还是两位老人。施大明平时常帮李方氏做农活，但很少在她家里吃饭，甚至很少到她家。施大明总是觉得两个鳏寡之人在串门吃饭，实有不便，也忌外人说闲话。而今天有孩子们在场，又帮李方氏做了一天活计，名正言顺地到李方氏家，跟她坐在一张饭桌前吃饭，施大明心中有一种甜蜜之感。李方氏对施大明平时对自己的帮助深怀感激之情，总想请他在一起叙谈吃饭以表谢意，但也觉得一个孤身女人跟一个单身男人来往交谈，难以说出口，也怕众人投来猜疑的眼光。而现在她与施大明像一家人似的在一起吃饭交谈，心里感到如沐春风，满身暖意。尽管如此，两个老人还是有一点不自然和拘束感。

吃饭时，普丕说到要买一只狗给干嫫饲养，施慧说：“阿嫫家里人少就不养狗了吧。”普丕说：“过去阿嫫家里田地少，东西也少，没有条件养狗，现在田地多了，东西也多了，养一只狗看家护院，也跟阿嫫做做伴，是需要的。”施大明也说：“普丕侄儿说得对，家中人少，特别是家中经常只有老人，就更要养一只狗。狗是通人性的，可以帮人的。”说完他喝了一口酒又说：“这样吧，我给你们讲一个养狗的故事，你们就会明白狗对人的帮助会有多大了。”接着他娓娓讲述起来。

从前，在旦米朗的地方有一个小村子叫莫其冲。村子在一处半坡上，坡两面各有一条山箐，箐中常年流淌着溪水。村子周围是层层的山地和水田，村里的人们世代以耕种为生。此地由于田多水利好，又是风调雨顺的年景，粮食年年丰收，人们都丰衣足食，生活过得自在而富庶。村里有一户三口之家，夫妻两人膝下有个十八岁的儿子叫扎拉。扎拉健壮能干，一家人辛勤劳作，生活过得欢乐幸福。扎拉的父母已经开始操心儿子的婚事，四处打探和物色适合的姑娘。而且已相中了理想的姑娘，正准备请媒人去说亲。

正当一家人对未来的美好生活充满着期待和憧憬的时候，一场突如其来的灭顶之灾却降临了！这天深夜当人们熟睡之时，一场强烈的大地震发生了。随着天地间一阵沉闷的隆隆的声音，整个大地剧烈地摇晃起来，顷刻间惨祸发生了，在一片“哗啦啦”的巨响中，整个村子倾覆了！霎时滚滚的尘埃在废墟中腾起，四处是人们的惨叫声和哀嚎声。一个平静而幸福的村庄变成了人间地狱。在这场地震中没有几个人活下来，而且活着的大部分的人都成了残疾人。扎拉的父母也在地震中死了，扎拉也被倒塌的房屋砸昏了，当他从废墟中醒来的时候，头露在外面身子却被乱物压住。他想挣扎着爬起来但动弹不得，而且右大腿感到剧烈的疼痛。幸好被一个住在附近山头上草棚里的放羊老人救出，但他的右大腿被砸断了。老人把他带到自己的草棚里给他治疗，三个月后他的脚治好了，但却留下了严重的残疾，不要说做活放牧，就连走路都有些困难。伤好后扎拉不忍再连累老人，就谢别老人的救命之恩，走上了艰难的自谋生活之路。慈祥的老人尽其所能给了他路上用的盘缠。他一路走一路寻找活计，但他的腿脚如此残废，没有人收留他做事。后来他的盘缠用完了，但活计仍无着落。他只得一边乞讨一边寻找活计。

一日，他在路上遇到一只双脚严重受伤的小狗，而且狗身上伤痕累累，显然是跟野兽搏斗时受伤的。小狗已经不能走路了，蜷伏在路边不停地哀嚎。见扎拉到来，就泪汪汪地望着扎拉，似乎在求救。扎拉萌动了恻隐之心，同病相怜，他十分可怜和同情这只受伤的小狗，就用带在身上的食物和饮水喂小狗，然后抱着他上路。扎拉一边乞讨寻找活计一边给小狗治伤，月余，小狗的伤好了。从此一路跟着扎拉相依为命。

一天路遇一场暴雨，扎拉带着小狗躲进一个山洞里，但最终被大雨淋湿。扎拉长期奔波，营养不良，体质虚弱，又是初冬天气寒冷，扎拉被雨水淋得生病发烧，头痛眼花，全身酸痛，四肢无力，躺在山洞里动弹不得。此时身无粮食，壶无滴水，饥渴病痛交加，生存陷于绝望之境。一直匍匐在他身边看护着他的小狗忽然起身在他手上亲昵了一阵，然后转身向洞外走去，临出洞还回过头来朝他“汪汪”地叫了几声，似乎向他吩咐什么。不知过了多久，扎拉在迷迷糊糊的昏睡中忽然听到了小狗的叫唤声，他睁开眼睛一看，只见小狗浑身汗淋淋地站在旁边，自己身边放着一只煮熟的鸡和一只装满了水的葫芦。显然是小狗进村入户弄来的，扎拉正饥渴难耐，容不得多想，就拿着吃喝起来。小狗在旁边静静地望着他，似乎很满意。一连几天小狗总能弄回食物和饮水，几天后扎拉的病也好了，又高高兴兴地带着小狗继续上路寻找落脚的地方。扎拉这次路遇病危，多亏小狗救命，他更加疼爱小狗了。小狗也跟扎拉形影不离，日夜相随。小狗渐渐长大，扎拉给他取名叫“阿黑”。

有一天扎拉和阿黑途经一处坟场，坟地旁不远处有一棵高大繁茂的沙松树。因为天气炎热也有些走累了，扎拉就坐在树荫下小憩。在扎拉背后有一块露出土层的不起眼的石头。阿黑忽然盯着石头，然后跑过去在石头周围左闻右闻，尔后用两只前爪在石头下使劲地刨，刨了一阵有点刨不动，就跑过来咬住扎拉的裤脚往石头边拽，又跑到石头旁一下看扎拉一下看石头，“汪汪”地叫个不停。而且边叫唤边使劲地扒着石头，扎拉有点奇怪，觉得阿黑好像在示意着什么。于是他走过去用力搬开石头，石头下面出现了一个土罐，打开土罐的盖子一看，啊！是一罐装得满满的银子！足有二百余两之多。扎拉欣喜若狂！阿黑也摇着尾巴呜呜地叫着，显得很高兴的样子。有钱了！扎拉太需要钱了，有钱就什么都好办了。扎拉买了一座宅院，又购置了许多田地，雇请了帮工和佣人，过起了富裕舒适的生活，结束了颠沛流离、乞讨为生的日子。阿黑也忠实地跟着他，为他看家护院，扎拉也把阿黑当作宝贝精心豢养。

一次，扎拉带着阿黑到附近山上的密林里游玩。玩了半天，口干舌燥之时，巧见一处山泉水塘，塘水清澈见底，塘边草木茂密。扎拉带着阿黑去塘里喝水，他蹲在水塘边掬捧起清水喝起来。这泉水清凉甘甜，沁润肚腹，爽快无比，扎拉甜美而专注地喝着。这时水塘边的树丛中有一条剧毒青蛇口吐信子，悄悄地逼近扎拉，要袭击他，扎拉却一点都没有察觉到。在这危急时刻，站在扎拉身后的阿黑眼明身快，猛地蹿上去一口咬住了青蛇的脖子，青蛇断成两截，解除了扎拉的危险，使扎拉又一次转危为安。扎拉感动得紧紧抱住阿黑亲了又亲。一天夜里天黑风高，扎拉睡得很香甜，突然他睡房旁边的柴房里起了火，熟睡中的扎拉毫不知晓，睡在另一屋子的帮工和佣人们也未察觉。原来是厨子大意，未将厨房灶边的炭火熄灭干净，夜风一起将火星子吹起飞落在柴房里，以致燃着了柴草，火借风势一时间火焰腾起，情况十分紧急。这时阿黑冲到扎拉的睡房门边，急切地抓打扎拉睡房的门，并且大声地狂叫着。扎拉终于被吵醒了。他诧异地开门一看，大吃一惊！只见柴房里火光通明，火焰中浓烟腾腾。“失火啦！快救火！”扎拉忽地冲出睡房，急忙叫醒帮工和佣人们扑灭了火。除柴房小有损失外，整座宅院及人们都安然无恙，保住了宅院和人员。从此，大家把阿黑看作宅院的守护神，疼爱有加。

离扎拉宅院不远处有一座浑圆的孤山，山上草木旺盛，终年绿荫覆盖。远远看去活像一个巨大的绿色包子放在广袤的原野上。山上有兔子、松鼠等猎物。山腰上有一个山洞，洞内宽敞干燥。扎拉经常带着阿黑到山上撵兔子，然后在洞内野炊，别有一番情趣，甚觉欢快。扎拉还把一些柴禾油盐和锅碗等野炊食物用具放在洞内，以方便来游玩野炊时使用。

扎拉在自己的宅院里愉快而滋润地生活着，这样过了几年。他对帮工和佣人们十分友善，视同家人一般，吃住皆一样，体贴关怀，待遇报酬丰厚。帮工和佣人们十分高兴，把这里当作自己的家，尽心尽力地做工做活，大家都过得和谐而愉快。这期间扎拉始终没有找一房媳妇。曾有人给他介绍过对象，也有姑娘主动追求他，但他心静如水，不为所动。他九死一生，经历了太多磨难。他认为人生祸福无常，世事难料。现在已经过得很幸福了，其他没有更多的期盼了。况且他是一个重度残疾人，实际上要靠别人生活。因此他想结婚生子以后再说吧。所以一直没有把找媳妇的事放在心上。在这些日子里，扎拉曾派人去莫其冲找在地震中救了自己性命的放羊老人，准备接来自己的宅院里养老。但老人已经去世了，扎拉很悲伤，在老人的坟墓上立了一块墓碑，以示谢恩。

真是“天有不测风云，人有旦夕祸福”。扎拉家所在的地区极其罕见地连续下了二十多天的大雨，而且还没有停歇的迹象，似乎整个天都破了漏水不止。到处成了水的世界，洪水暴涨，田野汪满了水，道路淹没，连人走路都很困难。扎拉请来的帮工和佣人们家里都遭了水灾，又加上雨水连天，扎拉这里无法做活计。扎拉给每个人都送了些银子，让他们回家去看望救灾。就在帮工和佣人们走后的这天晚上，雨还在不停地下着。面对久下不停的大雨，扎拉心里很烦闷，就早早地睡下了。却又老是睡不着，夜深了才迷迷糊糊地睡过去。扎拉刚刚睡着，忽被睡房门外阿黑的狂叫声和抓门声惊醒，他情知有事，一轱辘爬起来急忙去开门。阿黑一下咬住他的裤脚急着往外拖，又急急忙忙地向大门外跑去，扎拉紧追着跑出大门外，此时大门前方的河水源头清晰地传来一阵隆隆之声，很快隆隆之声迅速变大。借着雷电的闪亮，扎拉抬头循声望去，只见远处排山倒海的洪水翻腾咆哮着狂泄而来，响声震动天地，整个大地似乎颤抖起来。又一道霹雳闪电划破了漆黑的夜空，暴雨如注，洪水的前峰快要来到，河水的水位急速上升。啊！特大洪水来了！扎拉感到大事不好！他来不及多想，也来不及带任何东西，紧跟着阿黑往孤山方向跑去。天黑得伸手不见五指，根本看不到路，好在平时走习惯了熟悉地形路径，阿黑又在前面引路，扎拉在大雨中紧跟着阿黑一瘸一拐地跑向孤山。身后是震耳欲聋的洪水咆哮声，路上已明显感觉到脚下的水位猛然上涨。扎拉和阿黑一口气跑到孤山脚，丝毫不敢停歇，立即爬上孤山，一头钻进山洞里。幸好山洞里有平日野炊时留下的柴草炊具和一些油盐，扎拉迅速打火烧起柴草，驱赶寒冷烘干衣服。洞外仍然雷电交加，暴雨下个不停。

第二天天一亮，扎拉走出洞外一看，天哪！洪水已经淹到孤山的半腰，离洞口很近了。四周都是茫茫一片水海，整个原野变成了泽国，村庄和田地以及自己的宅院都已淹没在了水下！只有一些山头孤零零地露出水面，形成了一个个孤岛。扎拉见状，惊骇万分！想不到洪患已经如此严重！现在住在洞里如何生活成了大问题，昨夜仓皇奔逃，什么都来不及带，眼前吃的喝的什么都没有，怎么办呢？扎拉正在为此焦虑之时，只见阿黑一身湿漉漉地从洞外跑进来，嘴里叼着一只咬死的兔子，原来它出去找吃的了。扎拉看见甚为欣喜，立即将兔子开膛破肚收拾干净，烘烤至熟，又从洞外坑塘的积水里打回水烧开，解决了吃喝问题。以后的一段时间，扎拉和阿黑就以山上的猎物和野菜为食。随着时间的延续，食物越来越少，甚至吃起了老鼠、蚂蚱和树皮草根。再后来已无食物可找，但山下洪水仍然没有退去，周围一片汪洋，根本无路可走，被死死地困在了孤山上。面对断炊毫无办法，生存陷入了绝境，已经五天没有进食。饥寒使扎拉和阿黑衰弱不堪，死神一步步向他们走来。扎拉哀戚地抚摸着阿黑说：“阿黑，这么多年我俩风雨同路，同甘共苦，相依为命，一起度过了最艰难的岁月，却想不到这次我们都要死在这里了。不过，阿黑，不要难过，我俩都是从死亡里挣扎出来的，生命早晚都会死亡的。我俩能死在一起，也算是幸运的，让我俩紧紧相依着平静地面对死亡吧。”说着紧紧地搂住了阿黑。阿黑低声回应着，并且亲昵地舔舐着扎拉的手，然后抬头朝扎拉“汪汪”地叫了几声，突然挣脱扎拉搂抱着的手猛地一头撞向石洞壁，顿时头颅碎裂，倒地而死。扎拉惊呆了，一时不知所措。猛然间省悟过来，一头扑向阿黑，悲伤地痛哭起来。阿黑与他在患难中相遇，从苦难中过来，多次救了他的命，是他的难友，也是他的恩犬。如今却耐不住饥饿，断然刚烈而死，离他而去，扎拉极为悲伤，想把阿黑的尸体抱出洞外好好地安葬，可是身软如棉毫无力气，已经抱不动阿黑，连自己都站不起来了。他只好拖着阿黑爬到洞外，可刚爬几步就饿昏过去了。后来他在昏迷中苏醒但立即又昏睡过去。

扎拉在昏睡中做了一个梦，梦里见到一位漂亮的姑娘，姑娘对他说，“扎拉，我是阿黑的灵魂，我已经脱离了阿黑的躯体，将游走到远方托生为一个漂亮的姑娘。我就要离开你了，你是我的救命恩人，也是我的主人。我爱你，舍不得你，但我没有办法。洪水又一时退不去，我俩都面临着饿死。但我不能让你死去，所以我以死救你，让你活着。我死后你要把我吃了，生存下来，待洪水退去，度过此难，以后你要好好地生活。你不能把我埋了，埋了我俩就会永远分离，而且你也会饿死，我俩就会两地相隔。你只有把我吃了，才能活下来，我才能附着在你血液机体里跟你融为一体，永远不分离。阿黑只是我的躯壳了，我的灵魂早已不在躯体上了，你就放心地吃吧！分别了，我的主人。”说着姑娘微笑着转身飘然而去。扎拉猛然醒了，他静静地躺着，细细地回忆着梦境。此时他一切都明白了，阿黑是为了救自己才死的，吃了阿黑他多不忍心，但梦里阿黑的灵魂已经说得很清楚了，不能辜负了阿黑的以死相救。于是他用尽力气慢慢爬起来，流着泪把阿黑的皮退了，煮而食之，活了下来，熬过月余，终于等到洪水退去。扎拉带着阿黑的尸骨回到自己的住处，从住宅的废墟和淤泥中挖出被埋的金银财宝，重新盖了新的住宅，恢复了田地，招回了未遇难的帮工和佣人，又过起了康乐的生活。并将阿黑的尸骨埋在宅院的旁边，建了一座坟立了一块石碑，镌刻上了“恩友阿黑之墓”字样，与自己相邻为伴，并常去看望，烧香献饭，以予纪念。

施大明讲完了故事，喝了一口酒说：“扎拉和阿黑的故事，说明狗是人们的朋友、人们的帮手，有的甚至是人们的救星。所以不仅你阿嫫家要养一只狗，我家也得养上一只，过去没有经济条件，现在有了这个条件，就得养上一只狗看家护院了。”说得李方氏、普丕和和施慧频频点头称是。

过后不久，李方氏和施大明两家各养了一只狗，显示着两家的日子越过越顺畅了。

晚饭一直吃到很晚，饭后施慧打热水给李方氏洗脚，李方氏说按习俗和规矩洗脚要先给男人洗，她坚持着一定要施大明先洗。但施大明有点为难了，说：“我回家去洗吧，我没带鞋的。”李方氏说：“这不愁的，我刚给你缝了一双新鞋，本来要给你送去的，刚好今晚就可以穿上了，也不知合不合你的脚，你就快洗了脚穿上吧。”说着李方氏从衣柜里拿出一双新鞋递给施大明。这双新鞋是李方氏一针一线特意为施大明缝制的，饱含着她对施大明平日帮助的谢意和一片深情。施大明接过鞋子洗了脚，高兴地穿上，觉得十分合脚，就像是量了脚后做的，穿着十分舒服。李方氏真是个有心人啊，施大明立时感到一股暖流流遍全身。普丕和施慧见了，会心地相视一笑。调皮的施慧说：“阿嫫，你缝得真好，这么适合我阿爹的脚，你真是心灵手巧，用心在缝啊，我阿爹心里甜着呢。两只新鞋合成了双，真是一双连心鞋呀！”说得施大明和李方氏有点不自然地笑起来。李方氏有点不好意思地笑着说：“看你囡说的，哪有什么‘连心鞋’，只不过是一双普通的鞋子。再说缝得也不好，人老眼花的，针线都缝不到点上了，凑合着穿呗，能保暖就好。”说着李方氏的脸微微有点红了。施大明听了赶忙说：“暖和，太暖和了。”说着大家都笑起来了。

快到年底了，为了干净整洁地过大年迎接新一年的到来，普丕选择了干嫫和施大明一家人都不是属相日的一天，用青香树枝，认真清扫了一遍两家人的房屋，把房屋内外的灰尘、蜘蛛网和废物悉数除掉，还修补了房子破损之处。然后上山挖回白泥土，将房内粉刷了一遍，使房屋内外干净清爽。尽管两家的房子都有些陈旧，但经过普丕的一番整理，变得干净敞亮了许多。李方氏和施慧也配合普丕清扫，将睡床铺盖、厨房用具、桌凳等物件都认真清洗擦拭了一遍。施慧还特意从山上挖回一些兰草等花卉栽在两家房前，增添了房子的生机和美艳。跟村里的其他人家一样，李方氏带着施慧磨黄豆点豆浆腌豆腐，又从菜地砍回青菜腌腊腌菜。

今年施慧养出了两头肥猪，一头已经卖了，剩下一头留作年猪宰杀。这天早上，施大明对施慧说："明天不是你李大嫫、普丕阿哥和我家里的人的属相日，是个吉日，把年猪杀了，我已叫你阿弟赶回来，你去请你李大嫫、普丕阿哥和李亮阿哥家人，明天下午来家里吃杀猪饭。还要叫你李亮阿哥和普丕阿哥一早就来帮忙杀猪，另外还得请你李大嫫来家里帮忙煮饭。"施慧按照阿爹的吩咐去做了。施明当天晚上就赶回了家里。

第二天一早，李亮和普丕都来到了施大明家里帮忙杀猪。这天虽然是晴日，但冬天的早晨，还是白霜铺地，甚感寒冻。在户外作业尤其是弄冷水，会冻得让人手脚都会有点僵硬刺痛。所以早上先做杀猪的准备，磨利刀具，在门外垒灶支锅烧开烫猪水，吃了早饭再动手杀猪。吃完早饭太阳升高了，寒冻均消，已经适合杀猪弄水了。于是李亮、普丕和施明三个小伙子就去杀猪，施大明和施慧在家里做饭，李方氏也及时赶来帮忙。李方氏平日里几乎不到施大明家，更不用说在施大明家里帮忙了。她对施大明素有好感，甚至想亲近，但她觉得两个寡女鳏夫来往，终是忌讳闲言碎语，所以有意避开。这次施大明家里杀年猪来请自己帮忙，她想一定得去。施大明平时对自己帮忙那么多，现在施大明家里有事请自己帮忙，怎么能不去呢？况且还是来请自己吃杀猪饭呢。而且孩子们都在家，所以她打消顾虑，高兴地来到施大明家帮忙。其实她自己也感到有些吃惊，近段时间以来，不知怎么她越来越想跟施大明多待一会。李方氏应邀来到自己家里帮忙，施大明心里格外高兴，欣喜之情溢于言表，屋里传出了他爽朗的笑声。自从施慧母亲死后就很少听到他的笑声了。李方氏也显得很兴奋，脸上挂满了笑意。她到地里采回新鲜蔬菜，又跟施慧洗菜净盆，帮助施大明做饭。

李亮、普丕和施明三个年轻人到猪圈里抓住肥猪按倒后，用绳子拴住肥猪的四脚，扎紧了猪嘴巴，然后放在门外的杀猪桌上宰杀。普丕和施明杀猪毫无经验，李亮却是杀猪好手。只见他操杀猪刀在手，叫普丕和施明按紧了肥猪，自己左手提起猪头，右手将尖刀从猪脖颈下刺入猪的胸腔，顿时一股鲜红的猪血在肥猪的哀叫声中从刀口喷涌而出，施大明用装有盐水的瓦盆接住猪血，并不断地晃动，以免猪血未淌完就过早地板结，并用清水冲兑稀释，然后将其抬进厨房里待煮。淌完血的猪很快就死了，三人就把猪抬到了烫猪锅边，解去拴在猪脚和猪嘴上的绳子，放在烧开了水的锅里烫猪毛。烫猪毛可是个技术活，得有经验。烫嫩了刮不起毛来，烫老了猪毛黏在猪皮上也很难刮起来，要烫得适中才能将猪毛刮干净。李亮指挥着普丕和施明将猪翻动着烫好，立即从锅里拖出来放在锅旁的稻草上刮毛。刮毛要迅速，冷却了就不好刮了。三人趁热一起动手迅速从猪头、猪脚到猪身刮净了猪毛。然后抬到杀猪桌上洗刷破肚，掏出肚杂，清肠洗净，最后将猪体肢解成块抬回家里。由于李亮富有杀猪经验，普丕和施明又手脚勤快地配合，肥猪宰杀得干净利落，顺利弄完，此时太阳才刚刚偏西。肥猪杀好抬回家后，三个年轻人把猪肉下锅的下锅，砍骨的砍骨，切肉的切肉，帮着施大明煮饭炒菜，大家在欢声笑语中忙碌着办晚餐。

当太阳落山，晚霞映红村庄的时候，施大明家的杀猪饭做好了。施大明叫施慧把李亮家的人都请来了。有李亮的父母，还有刚从娘家回来的李亮的媳妇龙兰和一个叫柏凤的女伴。当李亮的家人拿着两斤糖来到施大明家，施大明一家热情地到门外迎接。施大明客气地说：“人来就好了，怎么还带着糖来。”李亮一家应请到施大明家吃杀猪饭时带着两斤糖来，这在当地是一种习俗，凡是应请做客吃饭的，都不会空手而去，视情况多多少少带上一点礼物去就餐，以示谢意。请客人来吃杀猪饭，如客人家是不杀年猪的，在客人吃完饭要回去时，主人家都送一条肥瘦相间的鲜猪肉给客人带回去，且作过年礼。

施大明家杀猪晚宴就摆在屋里正堂上，摆了两桌筵席，男人们围坐一桌喝酒，女人们围坐一桌吃饭，大家分别围桌而坐。杀猪晚宴十分丰盛，有清煮肥肉、粉蒸猪肉、油炸排骨、油炒猪肝腰花、油炒粉肠、青蒜炒肉、酸菜炒肉、豆腐煮猪肠、脊骨煮藕、汤煮猪血、酸菜炒慈姑、山药煮青菜等，摆了满满当当一桌子，热气腾腾满屋飘香，施大明叫施明斟满了大家的酒杯，然后举杯满脸兴奋地说：“今天我家杀年猪，李大哥一家、李方氏大嫂和普丕侄儿，都不嫌弃来我家做客，我们一家人感到很荣幸、很高兴。特别感谢大家平日对我家的帮助，我代表全家人向大家敬酒，请大家把杯里的酒干了！”说完一饮而尽，大家也随应干了杯。施明又给大家斟满了酒杯，面对满桌美酒佳肴，大家尽情吃肉，尽兴喝酒，你劝我敬，笑语连连，充满了温馨和愉悦，尽享杀猪宴之乐。

这几年，施明在外面做木活，见了不少世面，他挨个给大家敬酒后，因龙兰的女伴柏凤是第一次来家里做客，又特意再敬了她一杯酒，没想到柏凤这次见到施明后，对施明有了心，就私自告诉龙兰，龙兰告知了李亮，李亮又告诉了普丕，普丕就告诉了施大明，这可把施大明乐坏了，姑娘主动送上门，这是极好的事情呀，施大明心里已经在考虑要给施明物色一个姑娘了，只是施慧还没有结婚，所以才暂时拖着未提，想不到柏凤就主动向施明示好了，施大明也觉得柏凤这个姑娘不错，就提示施明主动与柏凤交朋友处对象。不久施明和柏凤真的好上了。柏凤还常常带着女伴来施明家帮忙做农活。施明也常到柏凤家去帮忙。

杀猪晚宴尽兴方散。李亮和家人告辞施大明家回去了，因李亮家很快就要杀年猪，所以李亮家回去时施大明家就没有送鲜猪肉了。李方氏和普丕多玩了一会后也告辞回家了，因今年李方氏家里没有年猪可杀，加之李方氏家和施大明家关系不一般，所以施大明要送给李方氏一半猪肉，可李方氏说什么也不收受。在施大明一再坚持下，最终李方氏接受了一方猪腿。施大明还让普丕提上一些猪杂碎，让施明扛着猪腿一齐送李方氏回家去。施大明和施慧送李方氏到门口。客人们都走后，施大明将剩下的猪肉用盐巴腌制起来，待过年和年后食用，再剩下来的腌透以后挂干做腊肉。普丕也帮助李方氏把施大明家送的猪腿肉割成条块，用盐腌起来在过年时食用。

宰杀了年猪后，施慧又买了两头半大猪养着。

要过年了，普丕在李士天那里结算了一年的工钱，给李方氏和施大明一家人每人买了一套新衣服，自己也买了一套。李方氏说："生儿，你又给我买新衣服了，以后要用钱的地方多着呢，你在我身上花钱多了，要省着点才是啊。"普丕说："阿嫫，你一辈子辛苦，也没穿过几套新衣服。现在过年了儿子买套新衣服孝敬您老人家是应该的。"施大明也对普丕说："普丕侄儿，你给我们一家人都买了过年的新衣服，你的工钱都花在我们身上了，大叔我是既高兴又心疼你呀。"普丕说："施大叔，过年了，我们大家都能穿上新衣服，我心里才高兴呢，我自己也买了一套呢。”

普丕还给施慧买了一对银手镯和一对银耳环，在晚上约会时送给施慧说：“施慧阿妹，本来我是要买金手镯和金耳环的，但钱不够，很遗憾，只能买银子的了，以后有钱了再给你买金的吧。”施慧高兴地接过来说：“这已经很贵了，是很好的了，我挺喜欢的。在我心里它比金的还宝贵呢。”说着兴奋地戴起来。然后她从包里也拿出一双新鞋递给普丕说：“普丕阿哥，我最近给你做了一双新鞋，也不知道你喜欢不喜欢？合不合你的脚？”普丕高兴地接过来说：“喜欢！喜欢！我太喜欢了！”“那你就试试吧。”施慧笑着说。普丕试穿在脚上，十分合脚。普丕穿着新鞋欢快地跳起来说：“合脚，很合脚的。施慧阿妹，你做得真好，真是辛苦你了。”看着普丕竟高兴得像个孩子，逗得施慧“咯咯”地笑起来了。这次他们互送的礼物实际上成了他们的订情物。普丕还给干嫫和施慧家买回了年画、对联、爆竹、糖果等年货。

快到年关，村里的人们在喜庆中更加忙碌起来。村里杀年猪的猪叫声不断响起，请客吃杀猪饭的人群来来往往，连日不绝。过大年的气氛越来越浓了。而最热闹的还是在村中舂年糕的三座碓房里，那里白天黑夜人声喧闹，笑声连连，碓声不停，舂年糕的人们三五成群出入于碓房，络绎不绝。过年舂年糕是当地的习俗，也是过年的重要标志和特点，过年时家家户户都舂一些年糕，在过年时和过年后食用，是过年时待客和送礼的美食。年糕分两种：一种是用糍米舂成的圆柱形粑粑，当地俗称饵饫，烤、煮食用。一种是用糯米舂成的团状粑粑，烤、蒸食用。两种年糕多在饭前饭后作为零食食用，但在大年初二这一天一定要煮食糍粑。

村里人多所以碓都比较大，碓身约长八尺，是用坚硬的沙松树做成的，碓头为圆柱形，上下凿通一个眼，眼中插一根硬木为碓头柱，碓头柱下方安一个石臼。碓身为细腰，腰中间凿横眼一孔，孔中安一根横木，横木两头支放在树丫桩上。碓尾做成板状，便于踩踏，板下掘一条形深坑。在舂食物时将板踏入坑内，碓头自然翘起，然后放开踏板碓头落下，碓柱直接舂捣臼中的食物，如此反复，直至舂好食物为止。由于舂年糕量多时间长，虽有多人踩踏但仍感吃力，于是在碓头左右各拴上一条绳索，各有一人拉着绳索配合踩板的人使力拉起碓头，以保证年糕顺利舂好。李方氏家和施大明家商量好了两家配合起来一起舂。

由于舂年糕的人家多需要排队，两家人排队等候。快要轮到的时候，两家都将浸泡着的糍米和糯米捞出来蒸熟后背到碓房里。按照当地舂年糕的规矩，上下两家要互相帮助舂，以解决人手不够的问题。当李方氏家和施大明家舂年糕时，已舂好的上家就留下两人来帮助舂，大家兴致高昂地舂起来，普丕和施明各执一条绳拉碓头，施慧和其他的人踩踏板，施大明负责搅拌石舀里的米饭，李方氏在旁边帮忙搓揉年糕。此时已是夜晚，碓房里松明子火燃得通亮，碓声阵阵，欢声笑语不断，整个舂年糕充满了欢乐。当石舀里的米饭舂到一定程度的时候，就会变得又细又黏，逐渐成为柔软的年糕，这时碓头柱会将石舀里的年糕整块地粘抬起来，施大明就大喊一声“好了，停！”人们就踏起碓头不放，施大明趁势迅即将碓头拄黏着吊起的年糕扭下来，放在抹有猪油的揉板上，李方氏迅速趁热把年糕揉成柱（圆）形粑粑，这样，滑嫩香甜的年糕就做好了。舂好年糕后，李方氏、施大明和施慧就带着年糕回家去，普丕和施明留下来帮助下家舂年糕。舂好的年糕在屋里放凉硬结后，泡在冷水里，每天换一次水，这样年糕不霉变，可长期保存食用。

明天就是年三十了，施大明邀请李方氏来家里过年，李方氏说过年得在自己家里，而且今年是认普丕做干儿子的第一年，今年得跟儿子在家里好好过一个年才好的。施大明听后又说，那大年初二来我家吃饭吧，李方氏说刚刚在你家吃了杀猪饭，大年初二还是你带着孩子们到我家吃饭才好，大年初三我再带着普丕到你家吃吧。两个老人就这样说好年节期间两家互相请客的事情。

到了年三十这天，早上李方氏上山摘回过年用的青松毛。普丕按李方氏的吩咐到菜地里把栽种的山药挖回来，中午到田里捉了一些鱼回家，还给施大明家也送了一些去。过年吃鱼不仅增加美味佳肴，也是图个年年有余（鱼）的好兆头。接着又将李方氏饲养的大阉鸡杀了煮上。按当地过年习俗家家都要杀一只大阉鸡。因此这只过年的阉鸡是李方氏养好了准备着的。然后跟李方氏一起准备年饭。李方氏说按照年三十的传统习俗晚饭要吃得晚一些，这不仅是因为年三十晚饭的菜特别多，得花时间准备，而且晚吃年饭过年的韵味就会更浓更有趣的。所以娘儿俩欢欣而从容地准备着晚饭。普丕在屋里贴上了年画，还在门头两边挂上了一对红灯笼，又在大门上贴上了红对联和门神。按当地习俗，一旦大门贴上了红对联，就示意着过年正式开始了，在年三十晚上和大年初一这一天里亲友和邻居就不互相串门来往了，各自在家里好好地过年。这时天色渐渐暗下来了，村里陆续响起了吃年饭的爆竹声。家里的饭菜也做好了，李方氏把饭菜热气腾腾地摆在青松毛席上，接着就拿一只碗放上一些饭菜和酒糖等食物，为逝去的亲人们的亡灵献了年饭。普丕到门外燃放了吃年饭的爆竹。这时李方氏并未招呼普丕立即吃饭，而是高兴得像个孩子般地说：“生儿，去把过年的新衣服穿起来吧，这样才能过好年呢。”说着穿上普丕为她买好的过年新衣服。普丕遵从阿嫫的吩咐也穿上新衣服，接着嫫儿俩高高兴兴地坐下来吃年饭。

大年三十晚上的年饭十分丰盛，有猪肉、鸡肉、煎鱼、蔬菜等各种菜肴。面对这幸福的场景，李方氏心情激动，浮想联翩。她想起这么多年一个人过年，没人陪伴，没有新衣服穿，没有年画、对联和灯笼，更没有肉食美酒与年糕，一个人孤苦伶仃，含泪吞咽素食，真是不想过年也不像过年，未来的生活看不到希望。如今这一切都改变了，过年不仅有儿子陪伴，而且身穿新衣服，满桌美酒佳肴，有年画、对联和红灯笼，还有那令人振奋的在门前炸响的爆竹声，对未来的生活充满了希望。想到这些她的眼睛湿润了，她特意斟满了她和普丕的酒杯，举起杯来说，“生儿，今年过年阿嫫太高兴了！像做梦似的。多少年都没有过这样的年了，阿嫫真是高兴，太高兴了！这一切都是生儿给阿嫫带来的福气，阿嫫心里真是感激我的生儿呢。来，生儿，举起酒杯阿嫫祝吾儿事业顺心，身体健康，干杯!”普丕听了急忙说：“不！不！阿嫫，理应儿先敬母亲，想当年没有阿嫫相救，生儿早已尸骨无存了，这么多年阿嫫对生儿关爱有加，生儿对阿嫫感激不尽呢。阿嫫，在这过年的时刻儿敬母亲，祝阿嫫健康长寿，快乐幸福，干杯！”说着仰头而干，李方氏也流着幸福的泪水举杯喝干了。

李方氏和普丕高兴地吃着年饭，母子情深，温情无限，其乐融融，嫫儿俩尽享天伦之乐。多好的年啊！普丕还从来没有过过这样舒心愉快的年，他心中充满了幸福感。吃着年饭，干嫫似乎触发了什么心思对普丕说：“生儿，你也不小啦，该找个媳妇成家了，阿嫫可盼着你结婚的喜日子呢。”

普丕说：“阿嫫，这个事还早着呢，我不着急结婚呢。”

李方氏说：“不小啦，该是结婚生子的年龄了，阿嫫正等着抱大孙子呢。趁我现在还能动，能帮你们把孩子带大呢。”说着开心地笑了。

普丕也笑着说：“阿嫫，孙子有您抱的呢，到时就怕累了您老人家了。”

李方氏说：“累什么，这是幸福的事情，我都等不及呢，你就赶快结婚给我生个胖孙子吧，我们家正缺一个媳妇呢。”稍停又说：“生儿，我看施慧这个姑娘挺好的，她是跟你在一起长大的，我看出来了，施慧是喜欢你的，你可不能放过这么好的姑娘啊。”

普丕说：“阿嫫，我也喜欢施慧的，您就放心吧，我们已经在私下里订好终身了，到时候我会给您娶回来的。”

李方氏说：“是吗？那太好啦，这就是我盼望着的，我就说你们俩多像一对啊。”又说：“那好吧，等过了年，我就请媒人到你施大叔家给你说亲去，我可盼望着施慧早一点到我家做儿媳妇呢。”

普丕说：“阿嫫，不急，慢慢来。”

李方氏说：“这种好事，不能慢，越快越好呢，我真的想早一点抱上孙子呢。”说完开心地笑了。

其实，普丕此时想得最多的还是干嫫和施大叔两人的事情。他觉得干嫫和施大叔是很好的一对老伴，而且他看到两个老人有感情，是互相爱慕着的。只是碍于面子，顾及世俗的偏见和考虑孩子们的事情较多，才强压感情绝少往来。普丕觉得两个老人鳏寡这么多年实为不易，他应该促成两个老人的好事，促成这桩老年婚姻喜事，他作为晚辈和亲人，得为两个老人牵上这根红线。当然普丕也想他与施慧结姻的事情，甚至还想要把干嫫的房子翻盖成新的，让老人和以后自己的孩子都能住上好房子，过上好日子，这是他所希望的。但他想，这些事情只能慢慢地做，要抓紧考虑的是两个老人的婚姻。

母子俩一边有滋有味地吃着年饭，一边欢心地交谈着，直至午夜吃年夜饭。此时，门外响起阵阵午夜辞旧迎新的爆竹声。普丕也起身到门外放响了迎接新年的爆竹，这震耳欲聋的爆竹声炸响了普丕对未来生活的憧憬和希望。

第二天即新年大年初一，鸡鸣三遍天即将拂晓，普丕就起来了，他打开大门，撞个开门红，放响了新年的爆竹，迎接财神爷进门。据说大年初一这一天代表着整一年的运程，按照老人的说法，大年初一不能睡懒觉，必须及早开门，否则财神爷来到进不了门就走了，会影响一年的财运。而且要及早挑水回家，把金水银水挑回来，如果挑迟了，金水银水都流跑了就挑不到了，这样，一年都会难以进财的，还有大年初一这一天，不能扫地倒垃圾，不能花钱，不能往外送东西，不能到别人家去串门，也不能做活，只能在家里好好地过年。不然家中财宝会不断流失，家人不仅会十分辛劳，而且会不思归家的。这些普丕都听在耳里记在心上，自然是遵守的。当地还有一个过年习俗，就是大年初一这一天，男人要做年饭给妇女们吃，让辛苦了一年的女人们好好地休息过年。普丕是个乖巧孝顺的孩子，手脚勤快地主动做好新年第一天的年饭。李方氏哪里舍得只给儿子忙活，也来帮忙。但普丕就是不让阿嫫插手，叫老人好好歇着休息，李方氏只得笑眯眯地歇着看儿子煮饭做菜，心里甜滋滋的。大年初一的年饭自然是丰盛而美味的，李方氏和普丕在家里欢快地度过了新年第一天。

大年初二，村子里就热闹起来了。人们开始大请春客。新姑爷和新媳妇们纷纷带着年糕、猪肉、公鸡和酒米糖等到新媳妇娘家拜年。娘家就请宗亲们来家里跟姑爷和女儿吃年饭，宗亲们也分别提两斤糖来做客。尔后宗亲们又分别回请姑爷姑娘及其家人来自己家里吃饭，其他宗亲也被请陪同。同时村里的亲朋好友们也互相宴请拜年，整个村里请客的爆竹声此起彼伏，终日不绝于耳。到处是欢声笑语，人们来来往往都在请春客吃饭。而此时最欢乐的是孩子们，穿着崭新的过年衣服，忙着给老人拜年，一个个兜里揣满压岁钱，欢闹着燃放爆竹。

一早，李方氏按照先前与施大明商量好的，催促普丕去请施大明一家来家里过年，普丕一早洗漱完就立即到施大明家里请客。施大明一家显得很高兴，施大明说：“普丕侄儿你来得好早呀。”忙叫普丕坐下来喝茶。普丕说：“施大叔，我不来早不行啊，我干嫫催得可紧呢。”施慧微笑着立即在火塘上烤糯米粑粑给普丕吃。普丕把烤好的粑粑先给施大明和施明吃了自己才吃，施慧自己也一边烤一边吃起来，烤出来的粑粑外酥里嫩，十分香甜。吃了一阵后普丕就催促施大明一家到干嫫家做客过年。施大明还叫施明带上两斤糖去。大家帮助李方氏一起做年饭，尽管已有鱼肉等不少菜肴，李方氏还特意杀了一只大公鸡招待客人。初三，李方氏和普丕又带上两斤糖到施大明家做客过年，两家人你来我往在一起过了这个年，甚是欢乐。

初四这天，村里的尊老们做主，请戏班子来村里唱戏，更增添了过年的欢乐气氛。村人们黑压压地齐聚在村中的场子上，兴高采烈地看戏。当然看戏最积极的还是李士天，第一个到场最后一个离场。他的座椅和茶几早早地叫仆人安放在场子中央，戏还没有开场他就坐在那里喝茶吃瓜子等候着了。看戏时依然如痴如醉，看样子是有了极大的享受和满足。

初五这天，当地有个习惯，全村男人去撵毛雀。说是撵走毛雀为害，确保粮食丰收。于是村里的男人们带着弓箭和刀具，敲锣打鼓吹响牛角号，带着猎狗吆喝着到村外野地里撵赶毛雀。毛雀被撵得四处飞逃，其实毛雀哪里撵得去？这里撵起那里落，只不过是一个象征性的行动，热闹一场，增加过年的欢乐罢了，同时也是对来年五谷丰登的一种寄托。尽管如此大伙依然年年乐此不疲。不过有的人还是会有所收获的，会打到兔子、野鸡甚至麂子等猎物。普丕和施明也参加了，虽然没有收获，但连日来吃大鱼大肉，今天到野外跑一趟，出身汗，不仅心中欢畅，身上也觉得轻松舒服了许多。

当地有一种说法，不到正月十五元宵节不算过完年，不过完年不做活计。有钱人家确实是这样过年的，但穷人家哪里会有这么多规矩，也耗不起闲着这么长的时间过年。其实在大年初三就陆续有人开始做活了，绝少有过了正月十五才做活计的。

到了初六这天，李士天就催喊长工们做活了。这天，不知是李士天心血来潮一时兴起，还是过年闲在家里连日喝酒吃肉吃腻厌烦了，要出来透透气吹吹风，来喊普丕跟他一起到山上撵兔子。其实李士天和普丕哪里会撵得到兔子，但李士天喜欢吃野味是真的。普丕也没有跟李士天去撵兔子的兴趣，可他是李士天的长工，李士天来喊他去撵兔子，他也只能跟着去了。他俩来到了经常有兔子出没的一座山上，山上灌木草丛繁茂，路径不清，行走不便，李士天却兴致勃勃。刚上山不久，果然在前面的一片低洼处见到一只兔子在吃草，李士天兴奋得挥舞着手臂急向兔子扑过去，不料前方草丛下是一道石坎子，因草丛覆盖不易看清，慌忙中李士天两眼只顾盯着兔子，哪里还看得清脚下的石坎子，奔跑中一脚踏空“啊唷”一声，一个跟头跌在石坎下，那兔子早已跑得无影无踪。李士天被摔得昏头晕脑，哼叫着躺在地上半天起不来，所幸只是右脚膝盖擦破了一点皮，渗出了一点血，并无大碍，但李士天早已吓掉了魂，浑身颤抖，灰头土脸，十分狼狈和沮丧，叫普丕搀扶着他一瘸一拐地回到家里。李士天本来是去寻开心的，没想到却跌了一大跤而受伤，被惊吓得不轻。更让他惊恐的是，过年跌跤可不是个好兆头，不知来年会遇到什么祸事，使他更加害怕起来，心里恐惧不安。

李士天是当地的大财主，平日里养尊处优享福惯了，哪经得起这样的跌跤，虽然伤势不重，却吓得失魂落魄。为了把吓掉的魂叫回来，同时也消去过年跌跤的不好兆头，次日李士天准备了祭神献饭的物品，让普丕挑着，来到昨天跌跤的地方招魂还愿。李士天是当地有头有脸的大人物，因脚上擦破一点皮就去招魂还愿，怕人们讥笑，所以没有声张，只是带着普丕一人去，没有其他人知道。

路上，李士天再三嘱咐普丕说：“我招魂还愿的时候是不能说话的，一说话就不灵了。所以你要看着我，我怎么做你就怎么做，一定要学着我做，不能有半点差错，听到了吗？”

普丕点头说：“阿波，我知道了，我一定学着你做，你怎么做我就怎么做，不会有差错的。”

李士天听了，放下心来。

两人来到昨天李士天跌跤的地方。他们点燃香烛，献上祭神的供品后，李士天抖了抖长衫，摘下头上的礼帽，跪在地上磕头。普丕也学他在地上磕头。这时忽然吹来一阵山风，吹起来的香灰飞进了李士天眼里。李士天被硌得难受，直淌眼泪。他急忙用手袖擦眼睛，越擦越辣疼，只好掰开眼皮，要普丕给他吹眼睛，把眼里的香灰沫渣吹出来。普丕学他的动作，也揉了揉眼睛，然后也朝他掰开眼皮。

李士天看普丕领会错了自己的意思，便朝他摇摇头，哪知普丕也朝他摇起头来。

李士天的眼睛越来越疼痛难忍，可普丕一点也不帮忙，竟做出这样的动作来。李士天火冒三丈，气得向普丕狠狠踢了一脚。普丕也学他站起来，用力朝李士天踢了一脚，疼得李士天全身发抖，跌破的伤口愈加疼痛。李士天更加生气了，用力在普丕的脸上掴了一巴掌，普丕也使力给了李士天一记耳光，打得李士天两眼直冒金星，昏头晕脑，几乎站立不稳，但又不能说话，李士天真是有苦难言。

招魂还愿之后，李士天大声斥责普丕："普丕！你一个下人，我的长工，胆子真大，怎敢打阿波我？"

普丕却不紧不慢理直气壮地说："阿波，你不是反复提醒我，你怎么做我就怎么做，要学你做吗？我就是学你做的呀。"

李士天听了哑口无言，感到极其懊恼和沮丧，却也无可奈何。不过他对普丕的记恨就更深了。

第三十四回　脱去白孝喜赶开街　暗杀信使歹计未逞

过了大年正月初五，李士天就急切地催着长工们做活了，而他自己却要过年到正月十五元宵节。如果不是过大年和舆论的压力，李士天巴不得长工们天天为他做活，他做梦都想着怎样在长工们身上榨取更多的血汗，以满足他贪婪无底的欲望。长工们都是穷苦人，只有做活才能够生活，既然年已经过了，哪能奢望过年到正月十五元宵节呢？这是他们做梦都不能想的事情。况且不做活又吃什么呢？苦吃苦做是他们的唯一出路，所以都来做活了。普丕在正月初六那天跟李士天还愿后，李士天也催普丕赶快来做工。但普丕因为干嬷的五亩田地需要做数日活计，所以要求李士天宽限几天，等过了正月初十再来做工。李士天当然不高兴，但也无奈。普丕为了尽快做完干嬷田地里当前的活计，在正月初七一早就挑着粪水到干嬷的地里加工油菜去了。

正月初十是摩白可开新街，开新街是当地最隆重、最热闹的新年的第一个街子天，又是在过年期间，因此开新街那天，家家闭户，村村空巷，人们扶老携幼地去赶新街。所以普丕要在开新街前加工好干嬷的两亩油菜地。李方氏也是勤快之人，尽管普丕叫她闲着休息，她哪能让普丕一人累着？况且地里的活计这么多，多一个人手就多一分力量啊，因此她也尽力与普丕做着活计。

正当普丕起早贪黑地加工油菜苗的时候，这天下午施明突然来找他，普丕已经料到肯定又有事情了。果然施明对他说："普丕阿哥，我有事找你呢。"

普丕说："我就想你来找我一定是有事的，说吧，什么事情？"

施明说："是这样的，去拉村我弟兄普兴对我说，自从上次他家新房做'赫沙达'以后，他父亲的病果然好了一些，一家人都很高兴。风水先生说，他父亲的病有望彻底好起来，但他家里的阳气还不够，不足以让他父亲的病彻底好转。因此要用办婚事这样的大喜来冲一冲阴气，使屋里的阳气提升起来，他父亲的病就会完全好啦。你也知道我弟兄普兴早已有了未婚妻，只是因为母亲去世要守孝三年后才能脱孝办喜事，现在守孝期才一年有余，因此正等待三年守孝期满后再结婚。风水先生说，如果急着要办喜事也不一定守孝三年，只要足一年也可以脱孝办喜事的。所以我弟兄说，他母亲去世已守孝一年多了，决定提前给母亲脱孝后就结婚办喜事。而且现在又是过年期间，这样喜上加喜，屋里的阳气就会大大提升，他父亲的病就会好得更快了。所以要在正月十五前办完喜事，因此要在最近几天给他母亲脱孝，叫我去参加脱孝仪式，我作为他的弟兄，他的母亲也就是我的母亲。给母亲脱孝作为儿子的我当然一定要去参加，我弟兄还特别说，一定要喊上你来帮助脱孝。”

普丕听了就问施明：“既然是这样，在哪天脱孝？什么时候去呢？”

施明说：“决定在正月初九脱孝，叫我俩初九早上赶到。”

普丕心想，施明的弟兄也是我的阿弟，而且跟着施明几次到普兴家做客，他与普兴已经成了很好的知心朋友，普兴为父亲的病好起来，提前给母亲脱孝准备办喜事来请他帮忙，这个忙是一定得帮的，不管活计多忙也得去帮。只是在初九日前难以加工好油菜地。他想连夜做活，争取在初九前做完活计，初九早上一定跟施明一起去普兴家帮助脱孝。想到这里他对施明说：“施明阿弟，好的，初九那天我一定跟你去，就按您弟兄说的初九一早出发到他家赶早饭去。原来我打算到初九做完这里的活，初十去赶开街。现在看来我得连夜赶做活计，提前到初八就要做完，以保证初九早上按时出发到你弟兄家帮助脱孝，初十去赶开街。”

施大明知道情况后，立即放弃自己家里的农活，来帮助普丕加工油菜。在施大明的帮助下，到初八傍晚李方氏的两亩油菜地顺利地加工好了。

初九早上，施明和普丕一早就出发到去拉村参加普兴家脱孝。两人带上施大明为他们准备好的一只公鸡、两升米、两斤酒和两斤糖等一套水礼就上路了。当施明和普丕赶到普兴家中时，普兴的阿姐和姐夫，普兴的未婚妻与两个女伴，普兴家的至亲们，请来主持脱孝的毕摩及两个唢呐手都来到了。普兴一家人见施明和普丕风尘仆仆地来到，很高兴地热情相迎。普兴的父亲也满面笑容地来迎接，老人的病情果然好了许多，咳嗽明显地少了，比起新房做“赫沙达”时更有精神了，脸色也初见红润。施明和普丕把带来的礼物交给老人，老人客气地说：“人来帮忙就够辛苦你们了，怎么还带来这么多东西呀。”接着叫普兴的阿姐把礼物收起来，随后普兴的阿姐便打来热水给施明和普丕洗脸洗手。洗完脸，普兴的父亲招呼施明和普丕坐下歇息喝茶。这会儿亲戚们有的帮忙普兴家做早饭、有的帮忙毕摩准备脱孝用的东西。施明和普丕也跟着帮忙起来。

不多时，早饭做好了。就在屋里摆开几张饭桌，端上饭菜，大家便围桌吃饭。普兴挨个为大家斟上酒，但因为白天还要做事，所以大家都喝得不多。

吃完早饭，喝了一阵茶水后，就开始脱孝了。首先大家将屋里屋外为普兴母亲做葬礼时贴在门上、柱子上、墙上的白纸对联、祭文和执事榜等撕下来装进背篓，还有出殡时普兴送母亲灵柩上山时用的白手杖、身背的白布小包等遗留物也一起装进背篓，这些东西要背到坟地上去焚烧。随后在毕摩带领下，孝子孝女们穿着孝白和大家带着脱孝用的物品到坟地去。这些物品是：两只活公鸡、一只活母鸡、一个熟猪头、一小块四方熟猪肉、一甑蒸糕、米饭、酒、糖果、五谷灯、香烛、爆竹、纸钱等，还有两块各长六尺的红布、两根各长一丈六尺的红绿毛线，以及普兴家要送给来参加脱孝的每家亲戚的谢礼。家中除留下老人、小孩和办晚餐的人员以及写贴红对联的先生外，所有孝子孝女和亲戚们都到了坟地。到坟地走出家门时燃放了一串爆竹，唢呐手吹响唢呐一路到坟地。一到坟地孝子孝女们纷纷向亡母哭拜。毕摩带着人们首先向坟山上的山神树祭拜。在山神树前点燃香烛，献上酒馔等祭品，并杀一只公鸡祭献。此时毕摩念诵经文道：

普氏大坟前，天地山神树，天地大开门，金鸟放出来，银鸟放出来……

随着毕摩的诵经，人们向山神树磕头跪拜。祭拜山神树结束后，就到普兴母亲的坟墓祭拜。在坟前点燃香烛，献上猪头、猪肉、蒸糕、米饭、酒、糖果、五谷灯等祭品，并焚烧纸钱，然后将两块六尺红布横披在坟墓上，两根一丈六尺的红绿毛线缠绕在坟墓四周拴住，唢呐手高奏唢呐。接着毕摩念诵经文道：

今天好日子，普氏大房处，高山落白雪，住比别人高。高山落白霜，住比别人高。箐中落白雪，住比别人低。箐中落白霜，住比别人低。人家有母喊，我没母可叫。天地今日里，回到家里面，找母找不见，我母到哪里？找母到厨房，厨房母不见，找母到厢房，厢房母不见。找母到姥家，姥家母不见…… 到处找不到，找到坟地里，坟山找到母。就在绿树边，就在神树旁。好在天地间……

毕摩诵经毕，接着就高喊："今日普氏普宗脱孝，请脱蒸糕！"众人随声应和道："干了！"随即将蒸糕托甑底打脱出来，毕摩又念诵经文：

孝白脱给你，不好脱给你，不净脱给你。有嘴不会吃，有脚不会走，有翅不能飞，稻谷水上漂，包谷不饱满。这些不好的，样样脱给你。红的放出来，红马放出来，好的放出来。有嘴就会吃，有脚就会走，有翅就会飞。稻谷都净实，包谷都饱满，我才会吃饱，我才会穿暖。这样成的话，我才会看你，我才会管你。我若吃不饱，我若穿不暖，我不能管你。树根进你坟，树枝挡你坟，野兽扒你坟，你坟会消失……

毕摩念诵完经文，唢呐手即吹奏唢呐。这时将煮熟切好的公鸡肉献到坟前，孝子孝女和亲戚们一起向坟墓磕头。然后拿去横披在坟上的红布，解下拴在坟周围的红绿毛线。接下来大家吃蒸糕和鸡肉等食品。吃完后将红布、红绿毛线、五谷灯和送给亲戚们的谢礼等物品从甑子里穿出，又将孝白、白手杖、白布包等东西也从甑子里面穿过。然后孝子孝女们脱下孝白，与白纸对联、祭文、执事榜、白手杖、白布包等一起在墓旁焚烧掉。普兴和阿姐披挂上红布，将红毛线切断后分男左女右给众人们拴在手腕上。最后孝子孝女们围着坟墓正转三转、反转三转，再次在坟前跪拜后即回家来了。未杀的一公一母两只鸡、熟猪头、五谷灯、送亲戚们的谢礼等物品在坟上三拜后拿回家来。大家离开坟地时，燃放爆竹，唢呐手高奏唢呐而回。到家时又燃放爆竹。此时，家里的门上、柱子上已经贴上了红色的喜庆对联。这时白事已经变成了喜事。到家后随即吃晚饭。

吃完晚饭毕摩便喊："大爹大嫫、大叔大婶、大哥大嫂、阿哥阿姐们，大家围拢来，一起来诵经，一起来祈福！"接着毕摩念道：

四方饭桌下，八方桌上边，儿女家中间。金子拿回来，银子拿回来，买山又置地。挖地栽粮食，稻穗马尾长，包谷牛角粗。大房都装满，小房都装满。财宝滚滚来，财宝放哪里？放在主人家……

诵经毕，唢呐手吹奏一段唢呐后，整个脱孝仪式便全部结束。此后就可以择日办喜事了。

脱孝结束后，毕摩、唢呐手和亲戚们便告辞回家。主人家给毕摩和唢呐手付了酬礼致谢。给每一家来退孝的亲戚们分别赠予被单作为谢礼。

明天就是摩白可开新街的日子了。施明和普丕也辞别普兴一家回到了阿稽竜家里。此时村里锣鼓阵阵，唢呐声声，灯火通明，异常喧闹。原来是村里的龙灯队、花鼓队、唢呐班在排练明天开街的表演节目。

普丕和施明分手时约好，明天一起去赶摩白可开街。

第二天天刚亮，李方氏就起床及早地把早饭做好了。她知道儿子普丕一早就要吃早饭去摩白可赶开街，而且自己也要去的。她已经和施大明在私下里约好一起去赶摩白可开街，只是没有对孩子们说。普丕穿戴一新精神焕发地来到干嫫家里时，看到干嫫的饭已做好，就高兴地和干嫫一起吃早饭。吃完早饭普丕急着要走了，对干嫫说："阿嫫，我要去赶摩白可开街了，先到施慧家里去，您老就慢慢来吧。"干嫫应答说："好，你就去吧，你们年轻人先去，我在家里收拾一下就会跟来的。"

普丕随即来到施慧家里。施慧也一早就把饭做好了，普丕来到时一家人刚吃完饭，施慧正在洗碗筷。施大明坐在火塘边吸烟喝茶水，施明正在穿戴。见普丕来到，全家人热情地招呼普丕吃早饭，普丕说吃过了，于是施大明叫普丕坐下来喝茶水。一会儿施明穿戴好衣服，对着镜子又认真地梳了梳头说："阿爹、阿姐、普丕阿哥，我先上街去了，你们跟来吧。"说完就走了。大家都会心地微笑着说："你只管去吧，我们随后就会跟来的。"其实大家都清楚，施明要去跟女友柏凤相会一起去赶开街，才这么急着要去的。施慧洗好了碗筷，又去给猪鸡和小兔喂了食料，然后穿上新衣服梳妆打扮好，对父亲说："阿爹，我和普丕阿哥先去赶街了，你就慢慢来吧。”又对普丕说：“普丕阿哥，我们走吧。”施大明说：“你们去吧，我也很快就会来的。”施大明早已知道施慧和普丕这两个孩子已有了恋情，他心中也甚为高兴，他希望这两个孩子加深感情，将来喜结良姻。

普丕和施慧高高兴兴地走出家门朝摩白可街走去。这时朝阳喷薄欲出，整个村子也喧闹起来了。村里家家关门闭户，男女老幼穿着一新三五成群地涌向通往摩白可街的路。村里的龙灯队、花鼓队、板鼓班和唢呐班在爆竹声中，敲锣打鼓高奏乐曲地行进在人流中，竟使去摩白可街的路拥挤起来。一路上飘荡着人们的欢声笑语。开春的早晨还是白霜覆地，寒气侵肤，但人们去赶开街的热情高涨。龙灯队的壮汉们高举龙身，摇头摆尾，神气活现，生动壮观。花鼓队的小伙子们精神抖擞，边走边敲打着锣鼓，震得山响。唢呐手们高举唢呐，兴奋地朝前吹奏，就像吹响高昂的前进的号角，一路上吹吹打打浩浩荡荡地朝摩白可街走去。

太阳很快就升起来了，天气逐渐暖和起来。路旁的树叶和草尖上的露珠在阳光的照射下晶莹剔透，闪闪发亮，似无数的珍珠在闪烁，更增添了欢乐的气氛。沿途村庄的人们不断地加入赶开街的人流中，从阿稽竜到摩白可街的路上，都是去赶开街的人员，人流前不见头后不见尾，蜿蜒流向摩白可街。普丕和施慧在这行进的人群中，他们看到在前面不远处，施明和柏凤也走在人流中，看样子很兴奋。普丕回头张望，来路上还看不到干嫫和施大叔的身影。这也难怪两位老人在孩子们走后不仅要收拾家里，更主要的是要避开孩子们和村人的视线，有意在后走来。

当普丕和施慧他们快要到摩白可街的时候，施大明和李方氏也从家里出发了。他俩已说好大约在这个时段一起上街去，并在村口等候。李方氏先到了村口，见施大明还未到，就站在路边等候。过一会儿施大明来了，看到李方氏已在等着他，心怀歉意地说：“你先来了，让你久等了吧？”李方氏微笑着说：“没有久等，我也是刚到的，我们走吧。”于是二人边说话边朝摩白可街走去。今天李方氏显得年轻了许多。施大明也显得精神焕发，不仅穿戴一新而且刚理过的头发也梳得整齐，透着几分年轻人的气质，神情很兴奋。两人一起到摩白可赶开街是李方氏主动提出来的，这让施大明有点意外，他当然十分高兴地答应了。其实李方氏罕见地邀约施大明同去上街，从内心感情来讲确实有这样的意愿，但更主要的是她今天有重大事情要和施大明商量。他们从村里走出来的时候，村里的人几乎都走完了，路上也少有人。周围似乎安静下来，这是他俩最理想的行走时间。此时施大明心里仿佛如沐春风，心情特别舒畅欢快。他第一次跟李方氏这么亲密地走在赶街的路上交谈，沉寂了许多年的心田里燃烧起了青春般的火苗，那些年轻时经历的温馨甜蜜的爱情似乎又弥漫在他身体里，使他备感愉悦。李方氏也觉得心情特别好，那早已沉睡了的遥远的爱情之花，似乎又在她心灵深处萌动和绽放开来。一种幸福之感流遍全身，使她愈加精神，不但脸上挂着笑意，眼里也透出光彩。

施大明和李方氏在路上慢慢地一边走着一边交谈，两人似乎都十分珍爱这样相处的时光，走得很慢，而且一路上有谈不完的话，似乎并不急于赶到街子上。话题渐渐转到了两家孩子的身上，李方氏趁机说："施大哥，我看普丕和施慧这两个孩子的年龄也不小了，到了该为他们考虑婚事的时候了。我觉得这两个孩子挺般配的，而且他俩也相处得很好，有感情，看来他俩是有情意的，是有缘的，我想让他们俩结婚做一家，你看好吗？"其实施大明心里也早有这个意思，他亲眼看着这两个孩子长大，两人从小青梅竹马在一起，感情很深，性格情趣也相投。而且他已看出两个孩子互有心仪，看样子已是难舍难分了。如果两个孩子果真结合，成家立业，他自然很高兴。所以李方氏一说起这件事情，他心里是欣喜的。一方面是因为女儿长大了，终于有了可托付终身的人。一方面是他喜欢普丕，普丕就像他的儿子。普丕聪明能干，而且对老人很有孝心，对他们一家也很关心，如果能以普丕为婿他是很满意的。他甚至想找个适合的机会主动对普丕讲这个事情。没想到今天李方氏主动说出来，正合他心思，因此他高兴而爽快地说："好啊，我也是这样想的，我也觉得这两个孩子很适合做一家，我很高兴他们喜结良缘呢。"

李方氏听了高兴地说："那太好啦，过两天我就要请媒人来提亲了。这是孩子们一生的大事，该讲的礼数我们还是要认真做的。"

施大明说："好的，早些来吧，你的媒人来了我很欢迎的。"

过了一会，李方氏又说："这就是我今天要跟你一起去上街的原因，为了跟你商量孩子们这件大事，我才主动约你一起去赶街的，你明白了吗？"

施大明听了紧接着问道："是吗？要是没有孩子们的这档子好事情，你就不愿意跟我一起去上街吗？"

李方氏笑着说："那倒也不是，说心里话，能跟你在一起去赶开街，我心里是挺高兴的，甚至有点像做梦呢。"

施大明笑着说："这就对了嘛。孩子们的事情已商量好了，现在我也有一件大事情要跟你商量呢。这也是我今天跟你一起上街的原因呢。"

李方氏听了颇感意外地问道："你有什么大事跟我商量？什么大事你就说吧。"

施大明说："就是我俩的事情。"

"我俩的事情？我俩有什么事情？"李方氏惊讶地问。

"当然有事情，而且是大事情。"施大明十分肯定地说。

"大事情？什么大事情？"李方氏有些醒悟，有点听出了施大明话里的含义，有些羞意地问道。

"就是我俩感情生活的事，也就是我俩结婚的事情。说实话，李大姐我很喜欢你，我爱你，让我们俩在一起做夫妻吧，今天我正式大胆地向你求婚了，嫁给我吧，你同意吗？"

施大明的这一突然举动，使李方氏大感意外。她没想到施大明会在此刻，如此直率地向她表白爱情和结婚的意愿。虽然这是她深埋在内心的渴求，但来得如此突然和迅速，这是她未料到的。一时间她有点慌乱和无措，脸色忽地红了，说："你这老头，这把年纪了，怎么还在想这事？孩子们都这么大了，到这年纪了还在办这样的事情多难为情啊，还是算了吧。"

施大明却认真地说："这怎么能这样算了呢？虽然我俩年纪都有点大了，但老了更需要有个伴照应的。我俩的情况不是明摆着吗？我早年失妻，你早年丧夫。我们二人分别苦熬过这么多年。先前我一直想带着孩子们就这样过一辈子算了，事实上也没有条件考虑再婚的。现在孩子们也长大了，生活逐渐好起来。我看见你孤身一人，既同情又怜爱，总想帮助你，也总想亲近你，看见你总有一股亲切感。人生不易，韶华易逝，此生有缘，当加珍惜。我爱着你，想着你，让我俩互相依靠过好下半辈子行吗？"

施大明深情的话语，发自肺腑的表白，在李方氏微起涟漪的心田里激起感情的波澜。她激动得眼睛有点湿润了，面对这老头如此炽热的爱恋她再也无法拒绝，多年深埋在心底的意愿瞬间被打开了，幸福来得如此突然，她甚至感到有点昏眩。她稳住了自己激动的心情，平静而认真地对施大明说："施大哥，你对我的爱慕之情，我很感动，也感到很幸福。自从我早年丧夫丧子之后，我的心就死了。伴随着艰苦孤独的生活熬了过来，我想就这样了却一生。后来普丕认了我这个干嫫，又重新燃烧起了我对生活的希望。你也一直关心我、帮助我，我心里很感激你，感到你是个好人，是个可以依靠托付的男人。我就渐渐喜欢上了你，对你有了深深的依恋和爱慕，但一直都深锁在心底里。今天你把我们的爱恋说开了，我是很高兴的，我同意嫁给你，让我们结成老夫老妻，带着孩子们相亲相爱地过好下半辈子。"

"好哇！太好啦！那我们就抓紧结婚吧！"施大明兴奋得满脸放光高声说道。

"你这死老头，急什么，孩子们成亲的事都还没办过呢，怎么能考虑办我们的事呢？等孩子们都结婚成家了，再来办我们两人的事吧。"李方氏平静地说。

"那我们不是更老了吗？"施大明像个孩子似的着急地说。

"人哪有不老的？只要我们互相深爱着，老一点怕什么。早一点结婚晚一点结婚又有什么关系？这么多年不是这样过来了吗？"李方氏有理有据地说。

"你说得对，是我太心急了。我们还是先去抓紧办理孩子们结婚的事情后，我们再结婚吧。"施大明说着忍不住动情地拉住李方氏的手。

李方氏说："你怎么像个孩子一样，这样拉着人家会看见的。"李方氏虽然这样说着，但并未挣脱施大明拉着的手。

施大明说："人们都走了没有人会看见的。再说看见了又怎么样？"边说便拉着李方氏的手快步朝摩白可街走去。

普丕和施慧他们已经到了摩白可街上，此时街上已是人声鼎沸，异常热闹，人涌如潮。街子两旁各种商铺和货摊林立，从街头摆到了街尾。各种商品和货物琳琅满目，在街子上一角的空旷处，牛、羊、驴肉汤锅，热气腾腾，肉香扑鼻。畜禽交易场、鲜肉交易场、粮食交易场、蔬菜交易场、山货交易场等各个市场上的交易物品满满当当，服装糖果、农具、食品、儿童玩具等各种日用百货沿街皆是。大小食馆、米线、凉粉、冷饮等铺香飘四溢。吃饭喝酒的、卖货买货的、访亲会友的、观光游玩的、跳乐寻欢的、表演节目的、赶街看表演的，熙熙攘攘，满街人头攒动，一片喧闹。大人小孩皆穿戴一新，喜笑颜开。年轻的姑娘们更是一身盛装，打扮靓丽，引人注目。小伙子们也满身新装，神情飞扬，不少小伙子还背着四弦，四弦龙头上的绒花格外新鲜，弦身上的明镜在阳光下闪闪发亮，引得姑娘们特别注目。开新街是当地最隆重的节日，更是年轻人的欢乐之日。在开街这一天，姑娘伙子们要举行盛大的跳乐作舞唱山歌聚会。从白天跳到夜晚，直至通宵，尽情欢乐，以此互相增进友谊，加深认识，寻找意中人。

普丕和施慧手拉着手穿梭在拥挤的人群中间，观看着各种货物。普丕给施慧买了一把漂亮的红梳子、一面明亮的小镜子、一个精致的发卡、一块粉红的顶头帕、一件花布衣裳。施慧也给普丕买了一条男人戴的绕头巾和一条蓝色毛巾。在这开街的好日子里，两人尽心地表达着对对方的爱意。

随着赶街人群的涌动和喧闹，来自各村寨的文艺表演队大展才艺，更是热闹无比。到处都是爆竹声、锣鼓声和歌舞声。只见彩龙翻飞，鼓舞腾跃。阿稽竜村的龙灯从街东舞到街西，又从街北舞到街南。一会儿像龙踏洪波，上下翻腾，一会儿像腾云驾雾，回旋盘绕，神气十足，活灵活现，威风尽显。雨正村的龙灯也紧随其后，毫不示弱，尽与阿稽竜龙灯比骄，大展其威。鲁则代村的龙灯和摩白可村的龙灯，一前一后，从街西旋舞而入，也舞至街东街北街南，各显招数，极尽舞功。时而像吐水显能，抬头摆尾，蜿蜒而行；时而似挟风示威，滚动圆飞，翻腾而进，变化多端，尽显威势。来自示能可村的花鼓舞队，锣鼓铿锵，舞步矫健，阳刚而敏捷，犹如龙腾虎跃。时而起跳，时而翻转，充满豪迈和力量。那固莫村和卡昔村以及各村寨的花鼓舞队，也同样舞技精湛，动作娴熟，表演精彩而震撼。雨自卡的歌舞队，舞姿婀娜，歌声优雅，美轮美奂，赏心悦目。摩白可村的花灯演唱，在特别搭建的戏台上表演，音乐悦耳，表演精彩，唱腔动听，剧情入胜，台下掌声叫好声不断。六丫头村的武艺队，也在街上大显武功，舞遍整个街子。武士们个个强悍，武艺高超，刀枪戟棍，样样精熟，舞得风生水起，闪亮翻飞，眼花缭乱。犹如风驰电掣，威风八面，尽显威武，观众连连喝彩。背租村的鱼蚌舞和老奶胖娃舞，惟妙惟肖，风趣横生，令人捧腹。

当各文艺队在街子的每个角落表演完后，不约而同地集中到街子中央的场地上联合共舞。围观的人们里三层外三层水泄不通。龙灯队、花鼓队、武艺队、歌舞队、鱼蚌老奶胖娃舞队都各占地盘。狂舞欢跳，精彩热闹至极。一时间爆竹声、锣鼓声、歌舞声和人们的掌声欢呼声汇合在一起，震天动地，响彻云霄，开街文艺表演进入了高潮。各文艺队使出浑身解数，穷尽看家舞功，尽现其艺。在这场宏大的汇演中，其实也是暗中竞技，都欲技压群芳，拔得头筹，互不示弱，奋力争雄。有的龙灯队边舞边换人，以耐久求胜。有的龙灯队队员们边舞边换位，以求绝技出彩。有的龙灯队展示睡舞，欲以难度争锋。各花鼓队也迭出高招特技，各显精彩。武艺队、歌舞队和鱼蚌老奶胖娃舞队也各显其能，各展其艺，表演愈加精妙，力求精彩出众。各文艺队均功力深厚，各显其长，不分胜负，最后互相点头致意，尽欢而散，各自回归。

接下来，各文艺队分别对街上的店铺、食馆等大户拜年贺岁。被拜户主就燃放爆竹欢迎，并赠予银钱致谢。拜贺结束后，文艺队员们便歇息吃饭，各自逛街买东西。此时太阳西坠，赶街进入尾声。人们赶着买东西，准备回家。这时最热闹的是各个食馆和牛羊驴肉汤锅场地，赶了一天街的人们，特别是辛苦了一天的文艺队员们，都来喝酒吃饭，享受美味佳肴，大块吃肉，大碗喝酒。欢笑声、劝酒声、碰杯声、划拳声和敬酒的歌声响成一片，汤锅场上吃喝的人群一直热闹到深夜。

当街子上的喧嚣和热闹稍减，街子边另一场地又异常热闹起来。姑娘伙子们纷纷涌到玩乐场上跳乐作舞唱山歌。场子中央已燃起熊熊的篝火，青年男女们又跳又唱。小伙子们弹起四弦，小姑娘们跟着四弦的旋律拍手欢跳，边跳边和着弦声念调子。人员众多，整个场子爆满了，场面宏大。四弦声、拍掌声和欢笑声响彻街市，激荡四方。年轻人们尽情地欢跳歌唱，火一样的青春热情在此时共同爆发，激情四溢，动人心魄。来自各地的小伙子和小姑娘们在这欢乐的场合里，在这美好难忘的聚会中，互相交流，增进了解，物色对象，谈情说爱。这是年轻人们欢乐的节日，更是感情交流的天地。有心仪的男女，会避开人群，潜入林中，倾吐衷肠，增加感情。也有不少已婚中年男女入场同跳共唱，是为了找回逝去的青春获得生活的愉悦。

玩场上的跳乐作舞逐渐进入高潮，这是年轻人激情飞扬的场景，也是心潮澎湃的时候。每个人的心都像火一样燃烧着。施慧拉着普丕飞快地来到跳乐场上。普丕素来对跳乐作舞不感兴趣，自己见过几次别人跳，却很少参与跳，因此对跳乐作舞较为生疏。在施慧的拖拽下他也勉强跟着去了。跳乐场上已是人山人海，歌舞潮涌。普丕和施慧看见了施明和柏凤也在跳乐的人群中，显得很兴奋。施慧拉着普丕迅速加入跳舞的人群中，但普丕的舞步总是跟不上音乐的旋律节奏，显得手足无措和慌乱，似乎思想也不太集中和专注，几次都踩在施慧的脚上，让施慧哭笑不得。施慧边跳边纠正普丕的动作，指教普丕如何跳好，同时小心地躲避着普丕的大脚踩在自己脚上。普丕生硬地跳着，却体会不出个中的乐趣，反而觉得索然无味。此时他有一件重要的事情要跟施慧好好地商量。因此对施慧说："施慧阿妹，我们就不跳了吧？我们走吧。"施慧正跳得渐入佳境，听普丕这样一说，心中感到诧异，就说："才刚刚来跳的，怎么就要走啦？"普丕说："我实在跳不好，既难为情又难受，等我慢慢学会了再跳吧。更主要的是我有重要的事情要跟你商量。"施慧听到普丕说有重要的事情要跟自己商量，就跟着普丕离开了跳舞的人群。两人来到街边村外一处长满青草的土坎上坐下来。施慧说："普丕阿哥，有什么重要的事情要商量？你说吧。"

普丕说："就是我们两家老人的事情。"

"我们两家老人有什么事？"施慧一时不明白普丕的意思，不解地问。

"你怎么不明白我的意思呢？就是你阿爹和我阿嫫结婚做一家人的事情呀！"普丕认真地说："你想啊，你阿嫫早逝，你阿爹一人拉扯你们姐弟俩长大，多么不容易，够辛苦他了。我阿嫫也是早年丧夫，孤苦伶仃熬了这么多年过来，够苦的了。我看出来了，两个老人是互有心仪的，是互相爱恋着的。常暗中互相帮忙，互赠礼物，只是碍于世俗和我们的面子，才不便更多交往的。我觉得两个老人很适合做伴侣做老年夫妻，互相依托照顾。对于他们感情上的依托和心灵中的体贴，有的是我们做子女的代替不了的。我们不仅要让他们吃饱穿暖，还要使他们的心灵和感情有所归属，使他们心情愉快，身体健康。因此，我想为他们的结合牵线搭桥，帮助他们结婚在一起生活，我想跟你商量的就是这个事情。”

施慧听了，说：“普丕阿哥，你说的这个事情，我觉得很好，很合我的心意。让我阿爹和李大嫫结合，我也想过，只是没你想的那么深。自从我阿嫫去世以后，就再也没有见过阿爹的笑脸了。我阿爹很爱我的阿嫫，我们姐弟俩也很怀念阿嫫，但阿嫫不能再复生。李大嫫对我们就像一家人，对我们姐弟俩就像对待她的子女一样。我也知道我阿爹和李大嫫感情很好，我们一家人都喜欢李大嫫。你说得对，不能让我阿爹和李大嫫再孤单下去了。要让他们结婚做一家，让他们幸福地在一起生活。你想的是对的，两个老人能不能结合很大程度是看我们做子女的态度，只要我们好生撮合，我想他们会同意的，也会很高兴的。所以我同意你去为他们牵线搭桥，促成这件好事情，我也会配合你的，你就放心地去做吧。”

普丕高兴地说：“那太好啦！我尽快找个机会分别找两个老人谈，让他们能够早日结合成一家。”

两人商量完这件事情的时候，太阳近西山顶了。普丕站起来说：“时候不早了，我们也该回去了。我们就去吃晚饭，然后回家去。”

于是两人便来到牛、羊、驴肉汤锅处，只见生意火爆，顾客满座，人们拥挤在场地席面上吃肉喝酒，嘈杂的人声“嗡嗡”直响。这里的夜晚也是不眠之处，通宵经营接待顾客。许多人将在这里吃喝到天亮。普丕和施慧买了一碗牛肉、一碗驴肉和两碗米线以及一碗酒，在场地边缘的青松毛席上坐下来吃饭。

这时，赶街的人们，纷纷购买货物，准备回家。

普丕和施慧吃完饭，已是夕阳晚照。两人不再需要购买东西，便在夕阳的余晖中回家了。人们也三三两两地从街上散去。刚走到戏台前，戏刚散场，遇到了看完戏的李士天，李士天对普丕说：“普丕，我正想找你说事情呢，现在见到你就好啦。”

普丕说："阿波，什么事？你说吧。"

李士天罕见地微笑着对普丕说："明天我有事情到下迭村朋友家，我带你一起去，明早太阳一出就出发，到那里吃早饭去。"

普丕答应说："好的，阿波，知道了。"就和施慧说笑着回家去了。

普丕回头见李士天冷冷地望着他俩的背影。普丕觉得李士天微笑的面皮背后的眼睛深处，有一道冷酷的寒光。普丕没有多想，和施慧高高兴兴地径直回家了。离街子很远了，还听得见跳乐场上的阵阵歌舞声，年轻人们还在玩得正欢，而且不玩到通宵是绝不会散场的。

这次普丕跟施慧去赶摩白可开街，普丕十分高兴。夜深了，兴奋之情仍未消去，毫无睡意。后来睡下了也兴奋难眠，快到鸡叫时分才沉沉地睡去。这一睡却睡得很香。但普丕万没料到，一个阴谋在即将到来的这一天里，正悄悄地向他袭来。

天亮了，这是一个晴朗的天气，太阳刚冒出东山头，李士天骑在马上让普丕跟着到下迭村的朋友家去了。一路上李士天一反常态地和普丕有说有笑，满面和蔼，显得很亲切。两人在早饭前便赶到了李士天的朋友家。李士天的朋友也是当地的大富户，宅院豪华，仆人长工众多。李士天的朋友热情接待了他们。李士天破天荒地请普丕跟自己与朋友一起吃饭。过去李士天是从来不带普丕跟自己一起吃饭的。普丕觉得有点奇怪。但一早赶路已是饥渴，没有深想，面对美酒佳肴，只管吃了个饱。

吃完饭，李士天笑眯眯地对普丕说："普丕，我要在朋友家里玩几天，今天我不能跟你一起回家去了，早上出门时我有一件重要的事情忘记了跟你阿年（老奶，即李士天的妻子）交代，我特意写了一封信，你回去交给她，并告诉她我在朋友家好好的，过几天朋友家会送我回来，请家里人不要挂念。"

普丕愉快地答应后，就带着信回来了。路上普丕感到事情有些蹊跷。李士天说有重要事情忘记告诉阿年，出门后才想起来，就写了一封信让他带回家交给阿年。但李士天出门后他一直跟着李士天，未曾见李士天写信。很显然这封信是李士天出门前就写好带在身上的，可李士天为什么这样对他说呢？而且这两天李士天对他的态度突然转变，似乎对他特别亲热，让人疑惑不解。尤其是李士天把信交给他的时候，在李士天僵直的笑脸背后，眼睛里分明带着一股杀气。现在细细回想起来，普丕倒吸了一口凉气，浑身起了鸡皮疙瘩。他越想越纳闷，越想越不对劲，他想这封信绝不那么简单。普丕的心情不免有些沉重和不安起来，脚步也不由得缓慢下来了。他想看这封信的内容，但他没有读过书不识字，根本看不懂信上写的是什么。忽然，他想起这半路上的莫迭村里有一个教私塾的朋友，他想就到朋友家里让朋友看看信上究竟写着什么，以便放心地回去。

普丕来到朋友家里，朋友正好在家。朋友对他的到来十分热情，忙让座沏茶，并准备张罗做饭，好痛快地喝顿酒叙叙旧。普丕对朋友说明了来意，并叫朋友不要忙着做饭，先看看这封信再说。朋友接过信看了起来。朋友看后大吃一惊！顿时脸色突变，望着普丕焦急地说："普丕兄弟，大事不好，你要大难临头了，一到家你就没命了！"

"什么？我要大难临头？到家就没命了？怎么回事？你快说。"普丕听了惊悸得瞪圆了眼，急切地说。

朋友说："我把信念给你听吧。"说完照着信所写一字一字地念道："普丕返家，秘密毒杀。"普丕听了脑袋"轰"的一声，犹如五雷轰顶。他万没想到李士天对他竟下如此毒手，还欺自己不识字，让自己送自己的"砍头信"，他又气愤又惊骇，一时不知所措，很是紧张。他对朋友说："大哥，小弟生命危险，这如何是好？"朋友低头思量片刻，忽抬头对普丕说："兄弟别急，我要让你转危为安，还要使你因祸得福。"普丕苦笑着说："大哥说笑了，只要小弟命保住就万幸了，哪里来的福啊？"朋友胸有成竹地说："请兄弟放心，大哥自有办法。"随后拿出教学用的涂改液，不露痕迹地将信上的"秘密毒杀"抹去，又模仿李士天的笔迹改成"赏银四十"。这样这封信就变成了"普丕返家，赏银四十。"然后把信认真地重新封装好交还给普丕笑着说："兄弟就拿这封信去领赏吧。不过接下来的戏就看你唱了。"普丕大喜，紧张焦急的心情顿时释然，一下轻松起来，他深深地谢过了朋友，拿着信急急赶回家，他在路上想好了接下来的对策。

普丕把李士天的信交给了李士天的老婆阿年，并告诉她阿波李士天留下在朋友家玩几天。阿年睁大眼睛反反复复地看了半天信，她不解为什么突然要赏给普丕四十两银子。但反复看信确实是自己的男人李士天写的，笔迹和落款清楚地告诉她信是真的。于是她带着疑惑问普丕：“普丕，这次你和阿波一路顺利到了下迭村，你阿波很高兴吧？”普丕立即猜到了阿年的心思，他不动声色地说：“阿年，不瞒你说，这一次我和阿波虽然平安到达了下迭村，但路上却遇到了惊险。我和阿波过险崖上的一段路时，一条大黑蛇突然从阿波的坐骑前面横穿而过，马一时受惊，嘶叫着昂首抬脚站立起来，一下把阿波从马背上摔下来要跌下路旁的万丈深渊，我用尽力气迅速把阿波抱住，阿波才得以平安，有惊无险，然后顺利到达下迭村阿波的朋友家。阿波说他在路上受到了惊吓，要在朋友家休息几天，叫我赶快送信回家报平安，请家人勿念。所以我带着阿波的信急急回来了。阿波还夸我能干，在关键时刻保住了他平安。”阿年听了心里的疑窦顿消，原来是这样，难怪丈夫要赏普丕重金。如此看来，普丕救了丈夫，确实应该重赏，四十两银子当值。不要说四十两，就是四百两也值的。她很高兴地好饭好菜招待普丕，又立即从库房里取出来四十两银子交给普丕。

普丕吃饱喝足，高兴地带着四十两银子回到家里，用这些银子还清了干嫫和施大明家买耕牛时借的钱。普丕暗自庆幸这次逃过了一劫，他想要不是自己有所警觉和朋友鼎力相助，自己就要被毁尸灭迹了。现在不仅转危为安，而且因祸得福意外地获得了四十两银子，这全然得益于朋友相救，当终生感恩。

次日，李士天在朋友的护送下回家来了，他在路上得意地想着，普丕这小子昨晚就已经作古了，从此在人间永远消失了，终于消除了他心头之患。这穷小子，自以为机灵能干，却拿着自己的“砍头信”去送死都不知道，真是愚蠢至极。现在他可以公开地说，普丕昨日从下迭村单独回家的路上失踪了，四处找不到，他很难过，事情就这样解决了。李士天觉得自己手段高明，越想越得意忘形，骑在马上吹着口哨喜形于色地回到家里，却忽然看见普丕正在院子里，紧张地忙着挑水劈柴，他以为撞见了普丕的鬼，又揉揉眼睛细看，确实是普丕！活生生的普丕！难道普丕没死？他目瞪口呆，不知怎么回事，急忙去问老婆：“怎么普丕还在这里？”老婆见丈夫回来，既高兴又不解丈夫为何这样问，就说：“普丕怎么不在这里？我叫他不要下地了，就在家里帮忙做活的。”李士天急着问：“昨天普丕送回来的信你看了没有？”老婆说：“怎么没看？看了好几遍呢，完全按照你信上说的办了。”李士天立即从老婆那里要过了那封信，展开一看，只见信上赫然写着：“普丕返家，赏银四十”，他大吃一惊！此刻他完全明白了，他压根没想到普丕会如此精灵，将计就计，竟对他的信做了手脚，不但逃脱了被杀，还赚去了四十两白银。李士天原本想趁自己外出之机，用计置普丕于死地，让家人秘密处死普丕，不声不响地让普丕消失。但现在他的计谋落空了，不但没能杀死普丕，还倒赔了一大笔财产。他气急败坏地将信撕得粉碎，沮丧地抱着头蹲在地上半天起不来。然而他要处死普丕的意念却更加强烈了，不灭掉普丕他是不会甘心和罢手的。他对此事没有声张，而是处心积虑地筹划着又一次加害普丕的阴谋。

经过这件事情，普丕完全明白了李士天已经对他下毒手了。他跟李士天的生死对决开始了。他心里清楚，这次李士天暗害他没有得逞，还会继续用恶毒的手段加害于他。因此，他分外提高了警惕，跟李士天交往就更加小心起来。

第三十五回 缔结良姻过“咪嘎哈”[①] 借助狩猎害人落空

普丕险遭李士天暗害的事情，他一直没有告诉干嬷和施大明一家，普丕不想让他们为自己担惊受怕。从李士天那里得到银两的事情，对他们讲的跟李士天老婆讲的一样。因此两家人都高高兴兴地使用了这些银子。

李方氏自从摩白可赶开街回来以后，有一件事情始终挂在她的心头，就是请媒婆给普丕到施大明家说亲的事情。本来在开街那天她特意要去见一个认识的媒婆，请她去为普丕说亲，不料那媒婆生病在家未来上街，而且据说她的病一时半会好不了，要请这媒婆等病好后再去说亲显然已等不及了，此事不宜再拖。所以李方氏想去请邻村的另一个媒婆去说亲。但李方氏又想此事不能草率，为了办得妥帖，在请媒人之前，她特地把普丕喊到跟前谈说亲的事，再认真听一听普丕的想法。

李方氏十分关切地对普丕说：“生儿呀，阿嬷今天有一件重要的事情要跟你谈，同时也听听你的想法，你一定要跟阿嬷说实话。我要跟你说的就是你的婚姻大事。你年纪也不小了，该是考虑结婚成家的时候了。这个事情阿嬷一直都挂在心里，一直都为你盘算着。你自幼父母双亡，很小就来到李士天家当长工，在苦水里泡大。阿嬷我同情你，疼爱你，把你当作自己的儿子一样看待。后来你真的做了我的干儿子，我有了你这个儿子，打心里喜欢，觉得生活有了新希望。但你的婚姻大事一直萦绕在我的心上，这事我日夜都在想着。过年的时候，我也给你说过你施大叔家的施慧是个好姑娘，不仅身体好，又能吃苦耐劳，聪明贤惠，模样儿也俊俏。你俩又从小在一起长大，感情也很好，你俩真是很般配的，而且她是很喜欢你的。你说你也喜欢施慧，并且你们已经私订了终身。我说既然这样就给你去说亲，但你没有同意，我也就不好给你去说亲了。说实话施慧这样的

① “咪嘎哈”：彝族祭祀活动，即祭祀地神，目的是禳灾祈福。

好姑娘是很难找的，我一见她就很喜欢，真想认她做女儿呢。如果你能娶她作媳妇，这真是你一辈子的福气呢。阿嫫今天再好好问你，如果你真的喜欢施慧，阿嫫就要请媒人给你说亲去了。你可不能害羞，要跟阿嫫说真话，这样阿嫫才好办事哩，不然会误了好事的。”

普丕听了干嫫的这一番话，心里十分感动。自从没了阿嫫失去了母爱，很小就做了李士天家的牧童。干嫫不仅救了自己，而且视同己出地对待自己，给予无微不至的爱戴和关怀，在干嫫身上重新得到了最珍贵的母爱和温暖。如今年迈的干嫫像自己的亲阿嫫一样，关怀自己的成长和婚事，省吃俭用、废寝忘食地为自己的成家立业操心操劳，普丕的心里既感动又温暖。面对这不是亲嫫胜似亲嫫的老人，千言万语一时涌上心头，满腹的话却又不知从何说起，最终凝聚成一句话说：“儿子听阿嫫的，儿子很喜欢施慧，儿子同意去说亲。”此刻普丕的心里是兴奋和甜蜜的。他已和施慧私订终身，已是难舍难分的恋人，平时跟施慧家像一家人一样来往。他深爱着施慧，和施慧结婚成家，是他最大的愿望和终生幸福的追求。现在干嫫直截了当地向他提出去施慧家说亲的事情，他自然欣喜，欣然同意了。

李方氏听了喜笑颜开，掩饰不住心头的兴奋，腾地从座位上站起来拍着手说：“那太好啦，阿嫫明天就去请媒人来，到你施大叔家里提亲去！”接着又说：“虽然我们两家都是穷人，两家又很熟悉，但该讲的礼仪我们还是要讲的，在众人面前要过得去才行的。”边说着边给普丕加了茶水。普丕因急着去做农活，喝干茶水就到地里干活去了。

李方氏很快请来了媒婆，到施大明家去提亲。此事重大，提亲需由一位宗亲或至亲长辈带着媒婆前去，而李方氏和普丕已经没有这样的亲戚了。因此就请李亮的父亲作为至亲长辈带着媒婆去。李亮一家人很了解普丕，素来待普丕也很好，普丕对他们一家也很亲近，常有来往。而且当年普丕曾为李亮家在李士天处换回一条壮牛，在耕田种地中发挥了很大作用。因此李亮一家人对普丕怀有感激之情，有心回报。这次李方氏来请李亮的父亲作为普丕长辈带着媒婆去提亲，李亮父亲甚为高兴，自然同意。李亮的父亲不仅很了解普丕，也很了解施慧。他也觉得这两个孩子确实是绝配，他甚至庆幸能为这两个孩子的美好姻缘喜结连理做月下老人，当即爽快地答应了。

李亮的父亲带着媒婆提着礼物就到施大明家为普丕提亲，受到施大明一家的热情接待，高兴之情溢于言表。媒人要来家里为普丕提亲，李方氏早已告知了施大明，施大明心里有了准备。普丕和施慧的婚事，他和李方氏在赶摩白可开街时的路上就商量好了，他十分满意这门亲事。然而媒婆哪里知道这些情况，出于自己的职责和使命，也显示自己的能耐，她滔滔不绝地介绍普丕和李方氏家的情况，尽说普丕是如何如何好的小伙子，还说姑娘嫁给这样的好小伙子，是姑娘前世修来的福气。媒婆的说词自然有夸张和渲染的成分，但说的基本都是实情，普丕确实是个好小伙子，这一点媒人哪里会有施大明清楚。尽管是这样，施大明还是认真地听着。听着媒婆一个劲地夸普丕，他心里也是乐滋滋的，觉得听了很受用，而且是为了促成两个孩子的婚姻美事，哪有不爱听的哩？最终全家都答应了这门亲事。说媒提亲异常顺利，皆大欢喜。媒婆自然十分欣喜，她觉得自己说媒有能耐，三下两下就解决了大事，如此富有成果，喜形于色。

说媒提亲以后，李方氏和施大明两家很快就为孩子们订了婚，这样，普丕和施慧的婚姻关系正式确定了下来，一对恋人成了未婚夫妻，并且公开化了。普丕和施慧心里都充满了幸福感。然而在没有订婚之前两人的交往十分自然，订婚以后在众人面前倒有些腼腆和拘束起来，但双方的心贴得更紧了。普丕和施慧一订婚，李方氏和施大明就急着要为他们举行婚礼了。然而两位老人再也想不到反而办成了自己的婚礼。

这天晚饭后，普丕特意来到了干嫫家里。干嫫正在火塘边剪辣子把，准备晒一晒舂细了在儿子的婚宴上用。见普丕来家里便叫他坐下来喝茶水，普丕却坐下来跟干嫫一起剪辣子，他一边剪一边对干嫫说：“阿嫫，今晚我要跟你谈一件很重要的事情，您得跟儿说真心话。”干嫫笑着说：“我的儿，什么事，你就说吧，阿嫫什么时候没跟你说真心话啊？你就快说吧。”

普丕说：“阿嫫，我做儿子的跟阿嫫说这件事情，您不要见怪，我思前想后，还是觉得由儿子跟您说这件事才是最合适的。”

干嫫说：“儿呀，什么事你这么吞吞吐吐？你就痛快地说吧，阿嫫怎么会见怪你呢。”

普丕说：“阿嫫，你早年失去了我干爹和阿哥，孤苦伶仃一个人过了这么多年，实在不易。每当想起这些往事和看到你艰难地过日子，我做儿子的很难过。我多么希望阿嫫能过得幸福美满。”说到这里普丕稍停一下又说：“我知道施大叔心里有您，对您很好。他也是个苦命人，早年就没了妻子，一个人带着孩子艰难地生活了这么多年，受尽苦累。施大叔是个好人，是个诚实的人。我想让你们两位老人结合成一家，生活中有个伴侣，互相有个照应和帮衬，这样我们做孩子的也就放心了。此事我跟施慧也商量过了，她和她阿弟都十分高兴你们二老能够在一起生活。阿嫫，只要您同意，儿子就为你们牵这根红线，我去跟施大叔说，他一定会高兴地同意的。”

李方氏听了普丕这番发自肺腑的话，深深地感动了。她没想到普丕如此懂事理，这样关怀体贴老人，她感到莫大的慰藉和幸福。本来那天在赶摩白可开街的路上，她和施大明互相表白过，她也同意了跟施大明结婚，但总感到有些忐忑不安，心里老是揣摩和嘀咕，纷乱的心绪老是静不下来。这把年纪了还谈婚论嫁，村人们会怎么看？孩子们会怎么看？心里反倒有些犹豫和反悔了。但她和施大明又深深地爱恋着、牵挂着，感到谁也离不开谁。可老头和老奶结婚，人家会笑的。所以心里老是反复定不下。现在儿子直截了当地跟她谈起了这件事情，她也索性对儿子说开了，她说：“生儿，阿嫫对你说实话，你施大叔一直关心和帮助我，我都记在心里。我知道他心里有我，我心里也有他，我们也希望能结婚做一家，在一起生活，但两人都是老头老奶了还恋爱结婚，会遭村人讥笑的，也在你们孩子面前有失面子，我不得不顾虑啊。”

普丕听了说：“阿嫫，这您就多虑了，不管是年轻人老年人结婚都是好事，都要追求自己的幸福生活，谁也不喜欢过孤独苦难日子的。谁笑话你们就让他过孤苦伶仃的日子去吧，我看不会有人笑话你们的。你们过上了幸福的好日子，人家羡慕还来不及呢。不要多想啦，过好自己的生活才是要紧的。”

李方氏听了普丕这样一说，心也就定下来了。于是对普丕说：“我儿既这么说，我也就厚着老脸跟你说了，这婚事我同意了，你就去跟你施大叔说吧。”

普丕听了高兴地说："阿嫫，太好啦！这我就放心了，我得抓紧跟施大叔说去。"说完高高兴兴地走了。

普丕跟施大明一说，施大明本来是个直性爽快人，更何况在赶摩白可开街那天就跟李方氏说好了的，也没有那许多的顾虑，这已经是顺水推舟的事，他高兴地一口就答应了。

普丕终于给两个老人牵好了红线，两个老人都同意结婚了，普丕十分高兴。事不宜迟，好事得快办。普丕随即向施慧和施明通报了为两个老人牵红线成功的喜讯，他们都很高兴，为两个老人祝福。普丕与他们商量好促使两个老人早日成婚喜结良缘。普丕和施明为老人整理新房，施慧清洗家中用具，为老人们办喜事请客做准备。可这件好事却遇到了麻烦，老人们不同意急着结婚，坚持孩子们都结婚成家后他们才结婚。说你们年轻人都没结婚，我们老人急什么？还不给人家笑话。普丕说："谁人会笑话呢？你们老人年纪大了，理应趁早结婚，过几年舒心的日子。我们年轻人的日子还长着呢，晚几天结婚又有什么关系？况且你们老人结婚后，你们二老才能安心地为我们的婚事操劳，我们也就可以很快结婚了。"最后普丕和施慧一致表示，你们老人不结婚我们就不结婚。

这下施大明和李方氏就犯难了，心里着急起来。施大明对李方氏说："我们两个老人结婚就结婚吧，否则这样拖着，对两人的心也是一种煎熬。来操办孩子们的婚事也不方便，更会逗来村人们的闲言碎语。我看干脆就结婚了，也了了我俩的心愿，也更能安心地为孩子们的婚事操心了。不然反而会影响了孩子们结婚，这才是最重要的呢。"

李方氏觉得施大明说得有理，就同意结婚了。这下孩子们可高兴了。两家人就在一起认真地商量举办婚礼的事情来。最后决定，因为是老人结婚，两家又是平时来往密切的近邻，认亲订婚免了，新家具暂不添置，两位老人各做一套结婚新衣服，由施慧置办。迎娶成婚时伴郎伴娘一概免了，由施慧和柏凤迎亲接新娘嫁进新郎家。婚事从简，办得喜欢圆满即可。因亲友不多，婚礼宴请李亮、普兴和柏凤三家。待请风水先生择吉日举行婚礼请客。

到了举行婚礼那天，施明、李亮和普丕宰杀了施慧养出来的肥猪和鸡鸭，施大明家和李方氏家贴上了红喜联，施慧剪出大红"囍"字粘贴在两家老人卧室门上和堂屋墙上，虽然装饰简陋，但家里家外都喜气洋洋。一大早施慧和柏凤就去迎亲陪伴李方氏，新娘李方氏在姑娘们的帮助下，穿戴一新，认真梳理打扮一番，面带喜色，精精神神，显得年轻了许多。新郎施大明也一身新装，精神焕发，在家里迎接招呼客人。几个小伙子忙着煮饭做菜。客人们都带着贺礼陆续贺喜来了。普兴父亲的病也好了，特地赶来参加婚礼，显得很高兴。快近中午，迎亲的施慧和柏凤高高兴兴地把新娘迎进了新郎家里，施明欣喜地燃放了爆竹。家里一下子就热闹起来了，在人们的簇拥下，新郎新娘拜天地、拜高堂和夫妻对拜后，新娘被送进了洞房，这时饭菜也熟了，随即摆开了喜筵。喜筵上猪肉、鸡肉、兔肉等各种菜肴十分丰盛，四桌筵席摆得满满当当。

美酒佳肴满屋飘香，欢声笑语不断，在热闹的爆竹声中，大家围席而坐，兴高采烈地欢饮喜酒，畅快吃肉。新郎新娘也满面笑容地跟大家同坐用餐。大家频频举杯向新郎、新娘祝福，新郎、新娘也高兴地回敬大家。这天，整日欢宴，至晚方散席。

入夜，人们都歇息了。在洞房里，新郎施大明和新娘李方氏坐在床上亲热地依偎在一起，两位老人心里都很激动，很幸福，仿佛像做梦。想起来半生的苦难，看到如今的幸福，李方氏流下了激动的眼泪，施大明为她轻轻地拭去了眼泪说：“过去的苦日子都过去了，让我们从头开始新的生活吧。”不久洞房里的灯熄灭了，热闹了一天的屋里平静下来，进入了甜甜的梦乡。

第二天早饭后，客人们都告辞回家去了，施大明和李方氏一一送别。

施大明和李方氏结婚后，两家人就成一家人。经共同商量决定，李方氏暂不住在施大明家里，待普丕和施慧结婚住在李方氏家里后，李方氏就住进施大明家，即使到那时，两位老人也照管两边的家。

施大明既已和李方氏结婚，自然就成为了普丕的干爹，以后普丕就叫施大明为“阿爹”。

两位老人刚办完婚事就迫不及待地操办起普丕和施慧的婚事来了。但普丕却借故推延了起来，这可愁坏了两位老人。

时令已进入早春二月，传统的“咪嘎哈”节日就要到了，各村各寨都做着过节的准备。“咪嘎哈”（即祭土地神），为全村性的公祭活动，是当地的一个重要节日，过得隆重热闹，一般在二月属龙或属牛日过。此时春耕也逐步展开，渐入农事繁忙季节，村人们纷纷在地里忙碌起来。普丕既做李士天的长工，又帮忙做干嫫的田地，整天忙碌不歇，但他一天到晚都是乐呵呵的，劲头十足，有使不完的劲。然而普丕心里明白，他头上高悬着一把利剑，随时都会朝他砍下来，使他陷于灭顶之灾。这就是李士天随时都想暗害他。面对如此巨大的威胁，他除眼睛特别警惕外，依然稳如泰山，丝毫不影响他为好日子奋斗的快乐和对幸福生活的追求，看不到一丝恐惧和惊慌。

这天下午，李亮忽然来找普丕说："普丕阿弟，茂旦村我的老丈人邀请我们全家到他们家过'咪嘎哈'节，他们那里是属牛日过节，我们阿稽竜是属龙日过节，相隔几天时间，他们那里过完了，我们这里才会过，不会影响在两边过节的。我们家是要去的，但我阿爹阿嫫都去不了，我媳妇又在娘家，只有我去。我结婚时你和刘炽做我的陪郎到过我丈人家，丈人家里的人都喜欢你们俩。丈人特别嘱咐我要喊上你们俩一起来，刚才我去喊刘炽，可他家里最近有事去不了。只有我俩去了，如果你不去我就没有伴了，孤孤单单的不自然，你一定要跟我去。"

普丕听了，尽管农事很忙，但此事不宜推辞，不然怎么对得起李亮阿哥呢？于是说："好的，李亮阿哥，我一定跟你去。"又问："什么时候去呢？"

李亮说："他们那里后天正式过'咪嘎哈'节，后天一早去，到那里吃早饭。当晚就住在那里，次日早上就回家来，要两天时间。"

普丕说："好的，后天一早我就会到你家，然后趁早去。今晚我就跟李士天说去。"

两人说好后李亮就走了，普丕继续忙着做活，收工回家后当即找到李士天说自己后天要跟着李亮到茂旦村过"咪嘎哈"节，要两天时间。当时李士天酒足饭饱，在屋檐下坐着喝茶。李士天听了拉长着脸看也不看普丕一眼，冷冷地从鼻腔里"哼"了一声后再未出声。普丕也转身走了。普丕一走，李士天两眼透出凶光，狠狠地盯着普丕的背影走远，那神情恨不得把普丕一口吞下去。

到了茂旦村过"咪嘎哈"节这天，普丕一早就来到了李亮家里，李亮已经在等着他了，要带的礼物父母也给准备好了。礼物为一只公鸡、两升米、两斤酒、两斤糖。两人带上礼物就向茂旦村李亮的老丈人家出发。

时值仲春，万物竞发，一派生机。山野里处处绿意盎然，人们踏着晨露做农活。此时朝阳升起，金色的阳光普照大地，晨风徐徐吹来。路上空气清新，阳光温暖，令人心旷神怡。树叶草尖上的露珠在阳光下晶莹闪烁，随风而坠，像千万颗珍珠飘洒而落。耳畔不断传来啁啾鸟语，时见兔子、松鼠、野鸡等在路旁丛林间出没。李亮和普丕顾不上这些猎物，只忙着匆匆赶路，一路说笑着在早饭前赶到了茂旦村。便径直朝李亮丈人家走去。

二人到了茂旦村，就感到了浓浓的节日气氛。村里一派喧闹，人们着装一新，出出进进地忙着准备“咪嘎哈”节。孩子们满街嘻嘻哈哈地打闹着，女人们背着青松毛不断从山上走回来，一帮壮汉在村旁的溪流处宰杀牛、猪、羊。一群人在村子后边的风水林中的草坪边垒灶安锅，还有一帮女人在水井旁清洗各种蔬菜。全村人忙得不亦乐乎，欢声笑语在村里村外飘荡。

李亮和普丕来到李亮的老丈人家，老丈人、丈母娘和龙兰都在家。龙兰刚从山上采摘松毛回家，老丈人在火塘边吸竹烟筒，丈母娘正在做饭，龙兰的阿弟龙林跟村人杀牛还未回家。一家人见李亮和普丕来了，高兴地热情招呼，让座倒茶。李亮把带来的礼物交给丈母娘，丈母娘说：“人来了就好的，怎么带这么多东西。”随后把东西交给龙兰收好，又问李亮：“你父母和刘炽怎么没来呢。”李亮说：“他们都有事没能来了，叫我和普丕阿弟向您一家人问好呢。”丈母娘笑着说：“好，好，都很好的，真难为他们挂念着了。”这时龙兰的阿弟也回来，早饭也熟了，大家就围桌吃早饭。早饭菜肴很丰富，龙兰不断给大家斟酒，但因白天还有事情要做，大家都喝得不多。

吃饭间，李亮的丈人说：“‘咪嘎哈’节年年都过得很热闹，全村人都参与的。早饭是在自己家里吃。白天男人们到村后风水林中的神树前举行‘咪嘎哈’祭典仪式，晚饭就在祭祀场地聚餐。女人们是不参加‘咪嘎哈’仪式的，也不在祭祀场地同男人们聚餐，而是各自家里煮食，到时男人们将祭祀神树后的熟肉拿回家里给女人们享用。同时男人们也从自家带米饭到聚餐处食用。”说完老人喝了一口酒，又说：“在过‘咪嘎哈’时节，春回大地，万物复苏，春耕开始，为了祈求当年风调雨顺、五谷丰登、人畜平安，就举行隆重的‘咪嘎哈’祭祀活动，祈祷土地神保佑，所以是很重要的，你们年轻人要积极参加。早饭后，以爆竹、锣鼓、唢呐声为号，全村男人就要集中到风水林中的神树前，举行‘咪嘎哈’祭祀仪式了。”说完老人继续吃饭。

这时普丕好奇地问老人：“大爹，这‘咪嘎哈’节是怎么来的？”老人听了呵呵地笑起来，捋了捋胡须说：“侄儿啊，你问得很有意思，我也说不准，不过有一个关于‘咪嘎哈’节和神树的传说，我讲给你们听，你们听后也就明白了。”说完老人喝了一口酒，抹了抹嘴慢慢地讲起来。

远古的时候，盘古开天辟地，天上有诸神，地上有了众生，盘古让策格兹管理天庭，策格兹把天庭管理得很好。但地上却无人管理。地上的众生一片混乱，人无常伦，不识耕织，饮血茹毛，如同禽兽。策格兹就派庄神下凡管理大地众生。庄神不辱天庭使命，尽职尽责，教人类识文字、定伦理、授耕织、传狩猎、兴水利、用医药、抗洪魔、战旱魃、斗风妖、驱虫害。人们得到了开化，社会秩序得以建立，人伦道德得到普及，处处五谷丰登，人丁兴旺，大地上一派欣欣向荣。庄神为大地众生日夜操劳，四处奔波，竭尽神力，治理大地，其功甚伟。天庭策格兹大喜，降旨嘉奖，欲调庄神回天庭委以重任。但庄神深念大地，不忍离开众生，请求策格兹让他继续留任管理大地。当时有一位美女深深爱上了庄神，愿嫁庄神为妻。可庄神为天下苍生无暇顾及儿女私情，忍爱谢绝。天庭策格兹也一再催令庄神回天上任职。庄神无奈遂化作一棵大树牢牢地生长在大地上，永远地留在了大地上，并释放出无尽的神力，保佑人们五谷丰登，六畜兴旺，人丁安泰。那美女日夜爱恋庄神，得知庄神已化作大树，思念至极，哭倒气绝在大树下，随即被融入大树根须，与大树融为一体。

大树周围马上长出了许多树林，形成了一片风水林，林中淌出了清澈的溪流。庄神和美女化成的大树在丛林中显得高大挺拔，枝繁叶茂，巍峨伟岸。人们感念庄神的大恩大德，敬仰他的无比神力，尊奉为土地神，将庄神化成的大树敬奉为土地神树顶礼膜拜，祭祀祈祷，以保佑人们风调雨顺，粮丰畜旺，安泰幸福，并选择仲春二月的牛日或龙日这两个吉日为祭祀土地神树日，即“咪嘎哈”节日。由此各地的村寨在村子周围的丛林里选择一棵高大的树为土地神树，敬奉祭祀，并将此林为神树风水林，人人抱敬畏之心，神圣不可侵犯，严加管护。并年年过“咪嘎哈”节祭祀土地神树，代代相传至今。

老人讲完了，喝了一口酒又说：“这就是‘咪嘎哈’节的来历和土地神树的来历，你们明白了吧？”

几个年轻人听了频频点头，表示明白了。对“咪嘎哈”和土地神树愈加敬仰虔诚。普丕心想，如此说来过“咪嘎哈”节是很有意义的，实则是鼓动和激励人们搞好春耕，获取丰收，过好日子的活动呢。普丕悟出了这一道理。

早饭后，大家正喝水闲聊，忽然传来了一阵爆竹声、锣鼓声和唢呐声，到风水林祭祀土地神树的时刻到了。全村的男人们纷纷到风水神树林里去，龙兰的父亲和阿弟都去了，李亮和普丕也跟着一起去。龙兰和母亲留在家中做事煮米饭。神树林就在村子后面的山坡上，这是一大片林地，郁郁葱葱，一股清泉从林地下方淌出来，直流入村中的水井里。土地神树在林子中央，高大挺拔，枝繁叶茂，葱翠欲滴，十分显眼和突出。神树前面是一块草坪，草坪四周林木茂密，草坪一边有几口锅灶，锅灶旁边摆放着已宰杀弄净的牛、猪、羊、鸡和各色蔬菜及锅碗瓢盆，还有几坛酒。锅里热气腾腾，厨师们正忙着烹煮肉菜，准备着聚餐晚筵。神树前已辟好一块平台，铺撒了青松毛，设好了祭坛，旁边放置着用撒马木雕刻制作成的犁耙、镰弯刀、斧子、锄头、刮谷板等农具模型，还有用刺黄连树雕刻成的一对展翅欲飞的布谷报春鸟，用鸡血和火炭点睛画纹，分别由剖裂一头的木棍夹住，用尖刀草杂着山草搓成的绳索等物品也一并放置在祭坛边。祭坛布置得古朴、肃穆而清新。在锣鼓和唢呐声中，人们很快聚集到地神树前的草坪上。只见人头攒动，黑压压一片，声音嘈杂，一时间便热闹起来。每年的“咪嘎哈”活动，都由村中各户青壮年男子轮流做头家来操办，祭祀仪式由村里至尊男性长老主持。一切准备妥当后，本次“咪嘎哈”操办者头家向众人高声宣布：“现在由我村尊老李先生主持‘咪嘎哈’祭典仪式！”

于是，“咪嘎哈”主持者李先生站在祭坛前念道：

“各位乡亲、各位贵客来宾：我茂旦村今年的‘咪嘎哈’祭典仪式现在开始，鸣炮奏乐！”随即爆竹炸响，锣鼓齐鸣，唢呐高奏。

接着又念：“向尊贵的土地神敬献香烛、牺牲和酒馔等祭品！”人们迅速在祭坛上点燃香烛，献上煮熟的牛头、猪头、羊头、鸡和酒饭糖果等祭祀品。

随后又念道：“祭祀吟唱《彝人古训》歌。”随即有壮年男子八人站在祭坛旁吟唱《彝人古训》歌：

远古的时候，老人有古训；水甜喝不饱，好书读不够；重煮汤不甜，重说话不美；勤劳有吃穿，心好朋友多；良药会苦口，出外莫忘家；老小要养好，亲戚要走好；彝人的规矩，后代要遵循……

吟唱中一人主唱，每唱一句，其余人员唱“是的，是的”来和声。

《彝人古训》唱毕，主持人又念：“现在由村中毕摩念诵祭祀文。”

话音刚落，村中一位年长毕摩手持祭文念诵道：

我茂旦村全体村民，今日吉时举行“咪嘎哈”，虔诚祭拜土地神。巍巍金山腾祥龙，瀚瀚银铃舞凤凰；金山山青树林密，银岭岭秀泉水多。祈祷土地神保佑我村风调雨顺、狩猎有获、五谷丰登、六畜兴旺、人员平安、生活幸福……

祭文诵毕，接着主持人念道：“全体人员下跪，向土地神三叩首。一叩首，再叩首，三叩首。礼毕，兴！”

随着喊声，人们一齐下跪，向土地神行三叩首祭礼后站起肃立。

接着主持人大声疾呼：“一年十二月，一月三十日，一日十二时，今日属牛日。咪嘎地神啊，大钱生小钱，好酒买回来，好菜做出来。日出高高在，春湖暖洋洋。天上春鸟叫，地上人跪着，给你祭吃的，给你献好酒。回来呀回来，今祭咪嘎神，咪嘎土地神，佳肴供你食，美酒敬你喝，祭完咪嘎神，田园好起来，村寨增人丁，粮食呀五谷，牛马和猪羊，样样都兴旺，无病无灾啊，平安顺利啊……”

此时正有鸟鸣与人语相应，说明已将土地神唤醒，即令燃放爆竹，锣鼓唢呐齐鸣，震天动地，一片欢声雷动，场面蔚为壮观，主持者边念祝词边把木制“布谷鸟”绑缚在离地面四尺高的神树上，又将尖刀草和山草搓成的绳索缠绕神树十二圈。然后把按全村户数用芦管和青松扎制成的小青松把摆放在神树祭坛旁。

最后主持人又念：“现在跳祭祀花鼓舞《祭地神》。”随即花鼓队到祭坛前跳《祭地神》，边跳边唱：

地上有树林，林中有禽兽，今日祭地神，祈祷获猎多；
地上土肥沃，田地种庄稼，今日祭地神，祈祷五谷丰；
地上水草青，草上放牛羊，今日祭地神，祈祷六畜旺……

至此“咪嘎哈”祭典仪式结束。接下来主持人将预先准备好放置于神树下的一盆切好的熟猪、鸡肉，赏赐给向神树跪拜者人均一块食用。并把摆放在神树祭坛旁，用作取菜标记的青松把让各户带回家祭供灶神之用。

接着自上年“咪嘎哈”至今，已生儿育女的人家，自愿备礼前来祭献。生男者礼物为一只大公鸡、一壶酒。生女者为新鲜豆腐十二斤，并将所祭食物赠予公众食用；而结婚多年未生育儿女的男子，则被众人簇拥到祭坛前跪下，踢一脚屁股以示惩戒，促其快生育，增添人丁。

祭祀场上只做肉食菜肴，不做米饭。肉食做熟后，各户男子凭在祭坛旁领取的青松把，到炊事处按记录份额领取所需肉食，送回家给妻儿和来家做客的女眷们食用。然后从家中带着米饭回到神树前草坪上聚餐。以一户或数户为单位在青松毛席上餐饮。龙兰的父亲将领到的肉食交由李亮和普丕送回家中给龙兰母女食用，他俩又带着米饭返回神树林，跟丈人和龙林一起参加聚餐。由于“咪嘎哈”祭祀和聚餐的费用是用村中公田的收入和各户所参加的人头集资的，因此席间，祭祀主持人向众人公布本次“咪嘎哈”活动的收支账务，并强调和重申村规，告诫人们维护公益，积德行善，邻里和睦等。众人还推举出下年度操办“咪嘎哈”活动的头家。

“咪嘎哈”晚宴十分丰盛，酒香肉香飘荡在林间上空，场地上一片喧嚣，劝酒声、碰杯声、划拳声、说笑声，交织在一起嗡嗡直响。清一色的男人们没有女人的拘绊，肆意放言，豪情大发，尽情狂欢。大块吃肉，大碗喝酒，不醉不归，天黑才尽兴而散。

入夜，全村的青年男女们齐聚在村中的场地上，尽情地跳乐欢歌，通宵达旦。龙兰、李亮和普丕也跟着大家跳舞唱歌，一夜狂欢，天亮方歇。

第二天早饭后，李亮和普丕就告辞老丈人家回来了，龙兰也带一个小伴一同回来。李亮和龙兰结婚不足一年，龙兰还未“归家”。所以每次回李亮家都带着两个小伴住上几日。不过这次只带了一个小伴，这是快要“归家”的前兆，看样子过不了多久龙兰就要“归家”了，到时龙兰就会只身一人回到李亮家，夫妻二人就可以同房了，小两口就会开始新的生活。

普丕回到家后，当即就向李士天报告自己已经回来了。李士天脸上毫无表情，像僵尸一般黑着脸，从鼻孔里“哼”了一声，再无言语。但他眼里射出的凶光却更加狠毒。自从上次没能害死普丕，反赔了四十两银子，李士天对普丕更加疾恨，更急于置普丕于死地。此刻，要害死普丕的又一个恶毒阴谋再次悄然展开了。

果然两天后，李士天叫上普丕一起到卡拉山打猎，还说要连夜狩猎，让普丕带上两条毯子和相应的干粮饮水，自己带着弓箭和长刀，却只给普丕一根木棍为狩猎工具。这分明是李士天不怀好意，普丕警惕起来。路上他尽量让李士天走在前面，自己在后面紧紧跟着，以防李士天从背后行刺。但李士天总是让他走在前面，普丕只得走快一些，和李士天拉开距离，以便李士天在背后袭击他时有条件反击。

李士天带着普丕在卡拉山转了一天，也遇到了麂子、兔子、野鸡等猎物，不知是李士天箭法不好还是心不在打猎上，都未射中。而普丕手中只有一根棍子也毫无办法，只能眼睁睁地看着一个个猎物逃蹿而去。普丕多次向李士天索要弓箭，李士天总说：“我带着就好，你跟着我就是了。”拒绝把弓箭给普丕。这样，两人打了一天猎毫无收获。

此时，太阳已经西坠，二人已感到肚饥，便坐下来食用干粮。尔后李士天说去鲁土山打夜鸟，就带着普丕来到鲁土山。鲁土山地势险要，山高谷深，李士天与别人打猎时来过这里，对这里的地形很熟悉，而普丕对这里却很陌生。当他俩来到鲁土山时已是傍晚了，李士天却全然没有打夜鸟的意向，而是对普丕说：“普丕，看来夜鸟是打不成了，阿波实在累了走不动了。天很快就要黑了，今晚就在这里过夜，明早回家去。”说完领着普丕来到山顶一块平整的大沙石上，说：“这石头很平整就像一张大床，又干燥不潮湿，还透着白天阳光的暖气，我们就睡在这块石头上吧。”说完叫普丕找些干草铺在石头上，二人分别各用一条毯子裹身而睡。石头的一边紧临陡崖深箐，伸头探望，寒气袭人，深不见底，阴森恐怖。李士天说自己年纪大耐不住风寒，叫普丕睡在靠陡崖的一面，自己睡在里面。

今天，李士天没有冷酷凶煞的神情，对普丕和蔼可亲。其实，普丕心里清楚，这是饿狼对山羊装笑脸，不怀好心，因此心里一直在发毛。普丕的感觉是对的，上山打猎是李士天企图杀害普丕的恶毒计谋。李士天想以打夜鸟的名义把普丕带到深山里的这块大石头上睡觉，然后趁普丕睡熟时踢下陡崖摔死，除掉普丕。这样他回去就说普丕跟他打夜鸟，不慎掉下山崖摔死了，将自己杀死普丕的行径脱得一干二净，不显山不露水地灭了普丕。然而普丕早已看出了李士天的险恶用心，他心中有了防备和应对之策。

睡下后，李士天强忍着瞌睡，想等普丕睡着后就采取行动。这是一个没有月亮的夜晚，漫天的星斗在闪烁，像无数双眨着诡异而讥讽的眼睛。李士天历来娇生惯养，哪里经得住一天的奔走，不一会儿强睁的眼睛在浓浓的睡意中不知不觉闭上了，很快就打起了呼噜。普丕悄悄爬起来，扎了一个草把裹在毛毯里做成人睡着的样子，然后躲在不远处的树丛里观察李士天的动静。半夜时分李士天睡醒了，他揉了揉眼睛，伸手摸了摸普丕，见普丕身子裹在毛毯里一动不动地睡着，以为普丕已经睡熟了，心里一阵暗喜，就装作睡醒伸脚的样子，狠狠地一脚把普丕踢下陡崖深渊，半天崖底传来了沉闷的响声。李士天高兴地想，普丕一定摔死了。他禁不住得意地叫魂似的对着崖底大声地呼喊："普丕！普丕……"躲在树丛后面的普丕，在星光下清楚地看见李士天的一举一动。果不出所料，李士天又一次向他下毒手了！真是好险哪！他不禁毛骨悚然，幸亏他有警觉提前做了应对，不然已是粉身碎骨了。他听见李士天大声地喊他，就在树丛后大声地应答："阿波！我在这里！"普丕的声音不是从崖底传来，而是从旁边的树丛里传来，李士天大吃一惊！莫不是普丕的鬼魂在应答？他惊骇地又大喊："普丕！普丕！你在哪里？""阿波，我在这里！"普丕的声音分明是从树丛里传来的！李士天万分惊愕地朝树丛里看去，只见星光下普丕活生生地站在树丛旁！李士天懵了！惊问道："普丕，你在那里做什么？你怎么会在那里？"普丕说："阿波，我在这里解大便呢，我怕臭着你就远离一点来这里解了。阿波，你喊我做什么？"

心虚的李士天只得说："刚才我做了一个噩梦，梦见一头野猪来撕咬我，我手无寸铁，又怕又急，惊慌中朝野猪狠踢了一脚，这下我惊醒了。只见你被我在梦中误踢下了山崖，我以为你被摔死了，我着急地大声呼喊你，原来你在那里还活着。”李士天的谎言真是编得天衣无缝，可以自圆其说。

普丕强忍着愤怒平静地说：“阿波，没事的，我没有死还活着。被你踢下去的，只是我的毛毯，你就放心吧。”

李士天苦心设计要害死普丕的阴谋落空了，他感到非常懊恼，情急之下他想一不做二不休，心里一横又猛地生出歹念，干脆直接把普丕射杀。他像一只恶狼红了双眼，立即张弓搭箭，趁普丕背对着他，瞄准普丕的后背心要射箭。普丕是个非常机警的人，高度的警惕使他注意着李士天的一举一动。他忽然听到背后有李士天的声响，急忙转过身来，只见李士天的箭直对着自己，他大吃一惊！但还是沉着地问：“阿波，你要用箭射什么？”普丕的突然转身和问话，使李士天心里有些慌了，说：“我，我看见你身后有一只兔子，我怕它跑啦正要射它呢……”他见普丕眼睁睁地瞪着他，他心虚了。他本来可以不顾一切地把箭射出去，射穿普丕的胸膛，普丕必死无疑。但他射箭的功夫不深，又加上心慌手抖，他的箭可能射不中，即使射中了，按普丕的体力和能耐，完全可以将他射来的箭打飞。那时愤怒的普丕会提棍冲过来和他拼命决斗，虽然自己手中有利刀，普丕只有一根木棍，但搏斗起来，他决然不是普丕的对手，自己就要吃大亏了。想到此，他把箭矢放下来说：“我们说话，兔子被吓跑啦，射不着了。”说着收起了弓箭。普丕心里明白如镜，他庆幸自己又一次躲过了李士天的暗算。心里不禁鄙视，李士天这老贼终归是做贼心虚啊。

李士天暗害普丕的行动失败了，他觉得在这里没有意思了。就对普丕说：“普丕，虽然天不亮，但我不想睡了，我们连夜回家去吧。”这时下弦月亮刚好升起来，山野里朦胧地亮了一些，两人踏着月光走回家来。临走时普丕说：“阿波，我盖的毛毯怎么办？我下去把它拾回来吧。”李士天说：“这崖底很深，下去拾上来要半天时间的。现在赶回家去要紧，那毛毯等你有空时再拾回来就行了。”于是两人在夜色里匆匆赶回家来。一路月光惨淡，无话而行。

当两人踏霜披露回到家时，太阳刚刚升起来。刚到家疲惫至极的李士天倒头便睡，足足睡了两天。在睡梦中还在喊：“普丕！你跑不了，我要杀死你！”

第三十六回　盛做“谱拉”[①]过火把节　恶有恶报命丧“国窝”

普丕跟李士天到卡拉山打猎回家后，始终没有把再次险遭李士天暗害之事禀告家人。他仍然怕引起家人的恐惧和对他的担忧，即使对自己的未婚妻施慧也没有讲，仍像往常一样平静地干活过日子。

很快端午节到了，一家人在繁忙的劳作中过了端午节。这里的端午节过得比较简单，没有热闹的庆祝场面和活动，仍然是照常做活。只是家家户户做包子和粽子吃，有条件的人家买些牛肉和杀鸡、鸭过节。

过完端午节，李方氏和施大明又催促普丕和施慧尽快完婚成家。施慧自然是盼着早一天结婚的，而普丕却一再推延婚期，弄得一家人都焦急起来。其实普丕又何尝不想早一点结婚呢，但他的心里清楚地知道，他现在的处境十分险恶，李士天无时无刻不想置他于死地。随时都会向他下毒手，不知什么时候自己的命就没了。他不想在目前这种境况下结婚，他不忍心保不准让施慧成为新寡妇。这些他的家人们是不知道的，他又不能明说出来，只能默默地在心里一人承担。他想跟李士天的恩怨宿仇了结以后再结婚，那时才会有真正的幸福和平安的生活。因此他总是委婉地对老人们说：“结婚的事不忙，再等一等，反正我们还年轻，等几天也无妨的。”使得老人们老是不理解，一再地催促。普丕无奈，只得答应在秋收后结婚，并表示婚后不再做李士天的长工，回家来专心地做活，日夜跟家人们快快乐乐地生活，老人们听了才安下心来，并着手为婚事做准备。

此时是盛夏，在炎热的气候下，田地里的庄稼一日长过一日，到处是一派茁壮葱绿，丰收在望的景象，村民们都很欣喜。再过一段时间就是六

① “谱拉”：彝族祭祀活动，即祭祖修谱，目的是耀祖兴嗣。

月二十四的“火把节”了，自然又是一番热闹和欢乐，年轻人们都急盼着火把节的到来。这时村里传出李氏家族要做“谱拉”（祭祖）的消息。果然没过两天，李亮就找到普丕说：“普丕阿弟，我们阿稽竜村的李氏家族要做‘谱拉’，村里的李姓宗族都要参加，而且各家尽可邀请亲戚好友来参与。你我如同亲兄弟，所以我来请你到我家做客，参加我们家族的‘谱拉’活动，到时你一定要来的。”

普丕听了高兴地说：“好啊，李亮阿哥，这样的好事我一定来你家做客，参加你们宗族的‘谱拉’，我也长长见识。”随即又问：“做‘谱拉’在什么时候？要几天？”

李亮说：“就在后天做‘谱拉’，时间为两天。后天早上就开始，后天一早你就要来的。”

普丕说：“好的，后天一早我就到你家，我也好好学学，看看‘谱拉’是怎么做的。我现在就跟李士天说去。”

李亮说：“那我就回去了，到时你一定早点来。”说完就走了。

李方氏家虽然姓李，但与李亮家族不是同一宗族，所以不参加此次的“谱拉”活动。

到了李氏宗族做“谱拉”这天，普丕一早就带上礼物来到了李亮家。李亮老丈人家和娘舅家的亲戚们昨天下午就来到了，龙兰也已经“归家”，李亮家里已经很热闹了。大家见到普丕到来都很高兴，忙让座请茶。李亮的父亲和母亲在家里陪着客人，李亮和龙兰都为做“谱拉”帮忙去了。普丕也要去帮忙，李亮的父亲说：“普丕侄儿，你别忙着去帮忙。虽说你是本村人，但你是我们家的客人，先坐着喝喝茶水说说闲话，休息一下再去也不迟的。”听老人这么说，普丕也就坐下来与李亮的父亲和客人们喝茶水闲聊。李亮的父亲说：“李姓在阿稽竜村里是大姓，几乎大部分都是李姓人家。据祖谱记载，其祖先原籍在南京应天府，因犯事被贬谪云南，后辗转至此定居，和当地彝人融为一体，逐渐演化成了彝人。我们李氏宗族每三十年续修一次祖谱，同时举行‘谱拉’大典。但李士天不是我们这个宗族的，他家是外来的另一个李姓宗族，所以我们这次做‘谱拉’李士天家是不参加的。”老人说到这里，喝了一口茶水又说：“李士天仗着财多势大，在村里不仅欺压其他姓氏的人家，也欺压我们宗族的人。因此我们宗族的人都怨恨他，素来与他很少来往。我们宗族人多，做‘谱拉’很热闹，排场也大。在‘谱拉’前就做了许多准备。在‘谱拉’上要食用的牛、羊、猪肉昨日就已宰杀好，酒和蔬菜等一应物资都已提前备办好了。‘谱拉’活动今天早上就要开始，‘谱拉’和聚餐都在宗族祠堂里和堂前场地上，李亮和龙兰都在那里帮忙做事。你是客人好好地喝茶歇息吧，让他们去忙就好，‘谱拉’祭典要在巳时开始，到时我们去参加就行了。”

普丕说：“大爹，虽然我是客人，但我就住在本村，又与你们的李姓宗族关系密切，也算半个李姓人了，我得去帮忙呢。”普丕说着起身正待要走，这时“谱拉”的爆竹声和长号唢呐声响了，大家就往祠堂走去。李亮的父亲和普丕等人走到祠堂时，只见祠堂里和祠堂外场地上，已挤满了来参加“谱拉”的人群。此时在族长的指挥下，按照“谱拉”祭典的仪程，人们跟着毕摩，从族长家楼上的“家坛”上请下两块刻有世祖名录的木碑，分别由二人背着，并有人打伞护碑，众人列队跟随到祖坟山请老祖宗回家。在祖宗墓碑前摆上供品后，大家俯伏在地，聆听毕摩念诵经文，尔后由族长宣读请回家的李氏宗族历代已逝的祖宗名单，再由毕摩念诵经文后，在爆竹声和唢呐声中背着世祖木碑，顺序列队下山，回到祠堂将木碑摆放在宗祠祭祖坛上，结束后就会餐吃早饭。

会餐就在祠堂外的场地上，青松毛铺席，大家围席用餐。李亮家和客人们围坐一席，菜肴很丰盛，大家便高高兴兴地吃饭喝酒。

早饭后未时，“谱拉”典礼开始，族人们齐聚在祠堂内的祭祖坛前。祭祖坛布置得庄严肃穆，正中树立着原存的两块和此次新添的两块共四块世祖木碑。每块碑头正中系着一朵用红布扎成的绣球花，木碑前面摆放着《阿稽竜村李氏宗谱》书卷。祭坛两侧悬挂着一副对联，左边上书“慎终追远，弘扬祖德”，右边上书“尽孝修身，珍重族缘”。木碑前的供桌两边燃着香烛，供桌正中摆放着一只斗，里面盛满了谷子，斗上面是一只升，装满了米，顶部有一把小竹梯，寓意步步登高。供桌旁的十个大盘内，放着煮熟的牛头、猪头、羊头、整鸡和酒、糖、烟、茶、水果及鲜花等祭祖供品。供桌两边是一米多高的大香，数位长号唢呐手站立在一旁等待吹奏。

李氏宗族族长以司仪员的身份宣布阿稽竜村李氏宗族“谱拉”典礼开始！爆竹炸响，长号唢呐齐奏，全体族人皆俯伏于地，聆听毕摩念诵经文。然后宗族尊老和当世族人代表们围着祭坛绕场一周，依次向李氏列祖列宗敬献大香、花篮、酒馔等供品，尔后由最小一代的孩子们向老祖宗献花。接下来由李氏先生宣读祭文，回顾李氏家族的历史进程，诚挚地向李氏祖辈表达敬仰之意，赞颂先辈们创下的业绩，宣示后嗣们永传基业，奋发创业，让李氏家族愈加兴旺发达，光宗耀祖。祭文读毕，由本次“谱拉”操办者向全体族人公布此次“谱拉”费用开支。然后全体参祭人员向祖宗敬香跪拜磕头。随后众族人聆听毕摩诵经文，最后在毕摩引领下，吹奏唢呐，背着世祖木碑列队将祖宗送回祖坟山，又把世祖木碑背回供奉在族长家的中楼家坛上。结束后全体族人和客人们共聚吃晚餐。

聚餐地点在宗祠外的场地上，早有青松毛铺席，美酒佳肴上席面，大家围席而坐，共进晚餐。晚餐特别丰盛，在欢声笑语中大家频频举杯，互相敬酒，同欢共饮。李亮家人和客人们仍然围坐一席，相互劝酒，共饮甚欢，至晚方散。

晚餐后，夜幕降临。在毕摩念诵经文后，燃放烟花爆竹。一束束美丽的烟花在夜空爆响绽放，精彩纷呈，蔚为壮观，增添了欢乐喜庆气氛。众人仰头观看，欢呼不断。至此，阿稽竜李氏宗族的“谱拉”（祭祖）活动全部结束，整个活动顺利圆满。

次日早饭后，客人们陆续散去了，普丕也告辞李亮一家回到家里。

普丕参加了这次李氏家族的“谱拉”活动，又一次开了眼界，长了见识，心中甚为高兴。

再过几天就是六月二十四，火把节就要到了。火把节是彝人们盛大的传统节日，是彝人们狂欢的日子。年年的火把节都过得隆重热闹。随着火把节的临近，各村各寨的龙灯队、花鼓队、武艺队、歌舞队、唢呐手、摔跤手、射箭手和斗牛手都紧张地做着准备，以参加火把节的狂欢表演和竞赛。不仅村寨里准备篝火木柴，而且家家户户都准备着火把。火把以碗口粗的小松树为料，每把约五尺许，一端为火把头，将把芯劈为细条，另一端削成一只手可握住的大小，晒干备用，同时将松香磨成脂粉备用，施明特地做了二十支火把，普丕磨了一小袋松香粉，准备在火把节使用。年轻人都期盼着火把节的早日到来，那又是一个欢乐的日子呢。

这天晚饭后，普丕和家人在火塘边喝茶闲聊，说到火把节，普丕问施大明：“阿爹，火把节这么热闹和隆重，这火把节是怎么来的？”施大明听了普丕的提问，沉吟一下说：“说起这火把节的来历，还真是源远流长，这里面还有一个故事呢。”

普丕说：“阿爹，你就把这个故事讲给我们听吧，我们可想听呢。”施慧也说：“阿爹，你就讲讲吧，我们真想知道火把节的来历呢。”

于是施大明喝了一口茶，应孩子们的要求，慢慢地讲述起来。

远古的时候，在贵西的地方，有一个英俊的小伙子叫阿诺，阿诺早年父母双亡，家无田地，孤身一人以编织篾具出卖为生，家境贫寒。但阿诺勤劳聪明，勇敢善良。他编织篾具的手艺精湛，产品美观实用，颇受人们的喜爱，市场上很畅销。

这天是个赶集日，阿诺挑着篾具到市场上出售。在集市外不远的路边有一株盛开的马缨花，红艳艳的花朵很是好看。只见一个姑娘踩在乱石堆上伸手去摘花朵，在摘下马缨花朵的一瞬间，脚下的乱石突然散开，姑娘“啊呀”一声连人带花跌倒在地，姑娘忍着痛爬起来，一只脚却被崴伤了，站立不稳难以走路，只得坐下来痛苦地抱着脚，显得十分焦急。刚行至此的阿诺，见此情景，放下篾具担立即跑去扶起姑娘，送她回到集市里的家。到家后姑娘很感激阿诺相助，告诉阿诺自己叫黛念，这里是阿舅的家，而她的家在一个很远的地方，她是来阿舅家走亲玩的。今日赶集她到集市上去看市场，看到市场外路边马缨花开得正红，很是喜欢就去采摘，不料竟崴了脚，幸好得到阿诺的帮助得以回家，并一再表示感谢。阿诺也向黛念告知了自己的姓名和今日到集市上卖篾具，说恰好遇到她受伤，哪有不帮忙的道理，不必感谢的。黛念的阿舅闻知黛念崴伤，立即赶来给黛念疗伤，并感谢阿诺对黛念的相助。阿诺叫黛念好生休息养伤，就告辞黛念和她的阿舅，来到集市上卖自己的篾具。

过了一段时间，又是一个赶集日，阿诺仍挑着篾具到集市上卖。生意很好，不多时篾具都卖完了。阿诺收拾行当正要回家去，却抬头见黛念笑盈盈地提着一只水壶向他走来。显然，黛念看见他在卖篾具，特地送水来给他喝的。这时有两个喝醉酒的浑小子，从酒馆里互相搀扶着歪歪斜斜地走出来。其中一人手里提着一只壶酒边走边喝，还叫喊着："喝呀，真痛快，再喝一壶也不多。"正好撞见赶过来的黛念，两个浑小子看见漂亮的黛念，歹意横生，淫笑着缠住黛念不放。一个伸手摸黛念的脸说："这小娱儿的脸蛋真好看，亲亲吧，哈哈……"黛念气愤地一把打掉他的手。另一个又拖住黛念的手说："姑娘，跟我们去玩玩吧，哈哈……"黛念用力也挣脱不了手，急得满脸通红。阿诺见状立即奔过去一把拉开那小子的手，大声喝道："你们干什么？怎么能这样欺负姑娘！快走开！"两个浑小子瞪着血红的眼睛说："你是哪里来的毛耗子，关你屁事，给老子滚蛋！"阿诺不想与两个醉鬼胡缠，拉住黛念的手就走。不想有一个浑小子绕到阿诺背后，举起酒壶向阿诺的后脑砸下来，只听"啪"的一声，阿诺头上血流如注，他眼前一黑倒地不醒。两个浑小子见到鲜血，酒吓醒了一半，见大事不好慌忙逃走了。黛念哭着抱住阿诺喊："阿诺哥！阿诺哥！你醒醒！"阿诺却一动不动。黛念急得大声呼喊："救命！快来救命！有人被打伤了！"人们帮助黛念把阿诺抬到集市药铺郎中那里救治。黛念守在阿诺身旁照料，阿舅家的人也来看望阿诺。到了傍晚阿诺终于醒过来了。郎中说："没有大碍，疗养几天就会好了。"黛念这才放下心来。每日里黛念精心照料阿诺，喂汤喂药，无微不至。三天后阿诺的精神好多了，坚持要回家去。郎中没有办法就配了些药，叫他带回去吃好生调养。黛念不放心阿诺的伤，护送阿诺回到了家。

阿诺的家在一处山脚，三间茅屋，屋内简陋。屋前是一条小溪，终年流水不断。小溪边有一块菜地种着一些蔬菜。房子后山和左右两侧，是大片繁茂的竹林，郁郁葱葱，阿诺就用这些竹子编织篾具出卖生活。阿诺十分感激黛念照顾他治伤并护送回家，他怕黛念住不惯，到家后就叫黛念回去。可是黛念却坚持住下来再照顾他两天。这样黛念在阿诺家里住了两天才回去。

从此，阿诺和黛念经常来往，感情日深，互相产生了深深的爱恋， 难舍难分。于是黛念主动提出来和阿诺结婚。阿诺感到自己贫寒，不忍心让黛念跟自己受苦，始终没有同意。可是黛念心意已决，说自己不怕受苦，心甘情愿跟阿诺过一辈子，还说非阿诺不嫁。黛念要跟阿诺结婚，黛念的家人和阿舅家都竭力反对。说阿诺这么穷，黛念嫁给他简直是去受苦。因此，百般阻拦，可黛念就是不听，铁了心要嫁给阿诺。家人一气之下就把黛念关起来，但关得了黛念的身子却关不住她的心。黛念想办法逃了出来，并带着自己多年积攒起来的零用钱和首饰衣物，跑到阿诺家里生活。黛念的家人实在没有办法，只得陪嫁给黛念一些银钱，叫她和阿诺购置一些田地耕种过日子。这样阿诺和黛念就一边耕田种地，一边编织篾具出售，日子过得温馨美满，十分幸福。

这一年的庄稼长势很好，看情景又是一个丰收年，阿诺和黛念都很高兴。正当丰收在望的时候，却发生了一场巨大的灾害。铺天盖地的蝗虫不知从哪里飞来，见庄稼就吃，见绿叶就啃。人们慌忙燃起火堆，驱除虫害，但蝗虫却越来越多。不几天，庄稼、青草和树叶都被吃光了。这可怎么生活呢？人们呼天号地，毫无办法，陷入了绝境，面临着饿死的巨大威胁。

阿诺家田地里的庄稼被蝗虫啃食得精光，竹林也只剩下了光秃秃的竹竿。这天阿诺和黛念沮丧地各提着一把砍刀到竹林里去，想砍回几棵竹子编织一些篾具出卖以维持生计。当他俩走进竹林里时，却意外地看见了一个令他俩惊骇的场面：竹林背后蹲着一个巨大的怪兽，其状狮头牛身蛇尾，正张着大口喷吐密密麻麻的蝗虫，无数蝗虫像流水一样源源不断地飞向田野。原来蝗虫就源于这怪兽之口，这怪兽就是造成蝗灾的罪魁祸首！阿诺大怒！他明白不除掉这怪兽人们决无生存的可能，多让它喷吐一时的蝗虫，人们就多一分灾害。强烈的正义感和救民之心给了他无穷的勇气，他立即叫黛念去通知乡亲们快来除害，自己却毫不犹豫地冲上去挥刀砍向怪兽的头颅，怪兽疼得嚎叫一声，停止了喷吐蝗虫，却一口咬住了阿诺提刀的手。阿诺忍着剧痛怎么也挣脱不出手来。黛念正要去叫乡亲们来除害，却看见丈夫的手被怪兽咬住，便不顾一切地冲上去挥刀砍向怪兽的身子，怪兽疼得张嘴甩尾，一尾巴把黛念打翻在地。阿诺趁怪兽张嘴之时，迅速抽出手来，一刀刺进了怪兽的喉咙，怪兽在挣扎时一头撞倒阿诺，然后在哀嚎声中气绝身亡。怪兽死了，再也喷不出蝗虫了，人们得救了。但阿诺和黛念也在与怪兽的搏斗中死了！这天正是六月二十四日。人们怀着悲痛的心情，给这对为民除害而献身的英雄夫妻举行了隆重的葬礼。按当时的丧葬习俗燃起了一大堆柴火，给他们做了火葬。只见在熊熊的火焰中忽然飞出两只金色的鸟，盘旋在上空，又盘旋在阿诺和黛念家园的上空，尔后盘旋在浩瀚的田野上空，最后飞向了苍穹。人们都说这两只从火中飞出的金色的鸟是阿诺和黛念的化身，他们飞到天上成仙了。

自从阿诺和黛念杀死了喷吐蝗虫的怪兽，蝗虫无了来源。人们在田野里燃起了无数篝火，又举着火把满山遍野烧死蝗虫。蝗虫逐渐少了，最终消除了蝗虫灾害。田地里又长出了庄稼，山野里的草木又绿了，人们又过上了安居乐业的生活。后来每到六月二十四阿诺和黛念的忌日这天，人们就燃起篝火和火把来纪念他们。同时也用篝火和火把来灭虫除害，保护庄稼，以获丰收。这样逐渐形成了延续至今的火把节。

施大明讲完了故事，又说："这就是火把节的来历传说，这个故事是我小的时候我的阿波讲给我听的，至今我都清晰地记得。"

普丕听了这个故事很感慨，似乎受到了深深的感动，呆呆地望着火塘里的火苗沉思起来。他想自己无法辨清这个传说的真实性，但此时的庄稼正在旺长期，也是虫害频发的时期。这时用篝火和火把灭虫除害，保护庄稼，以求丰收，是最有效的办法。因此他对火把节有了一种神圣的感觉。

火把节终于到了。在火把节期间当地有宰食牛肉的习俗，李方氏和施慧高高兴兴地买回一些牛肉，还杀了一只肥鸡。因为全家人要赶场去参加火把节欢庆活动，李方氏和施慧一早就做好了早饭，施明昨天就回家来了，一家人高高兴兴地吃了早饭。早饭后，普丕、施慧和施明都穿戴一新，迫不及待地到欢庆火把节活动的场地上去了。施明要在半路上接他的女友柏凤就先于普丕和施慧走了，施大明和李方氏说待收拾一会家后，随后就来。

每年的火把节欢庆活动，各村各寨都聚汇到摩白可街上热烈地欢庆，但也有村寨自选场地欢庆的。今年的火把节就是经阿稽竜村和相邻的鲁则代村商量后，决定在两村之间的石头张嘴处的场地上共同举行欢庆活动。“石头张嘴”是一座石崖，其状酷似张开的嘴，故而取名“石头张嘴”。石头张嘴崖下是一大块宽阔的草地，两村的火把节欢庆活动就在这里举行。昨天两村就派人清理好了欢庆的场地，并在草地上划分出了肉类汤锅饮食区、日用百货售卖区、龙灯花鼓表演区、摔跤比赛区、射箭比赛区、斗牛区和跳舞歌唱区等各类区域。每个区域都明确了指挥人员和维持秩序人员，比赛区还明确了裁判人员。

太阳刚刚升起，场地上的牛、羊、狗肉和米线等汤锅已热气腾腾，香飘四溢，日用百货摆满了摊位，人们从四面八方涌入场地。阿稽竜村的龙灯队、花鼓队和唢呐队来了，鲁则代村的龙灯队、花鼓队和唢呐队也来了，两个村的射箭手和摔跤手来了，两个村的斗牛手赶着健壮剽悍的斗牛也来了。姑娘们穿着艳丽的服装，伙子们背着闪亮的四弦蜂拥而至。一时间整个场地人头攒动，人声鼎沸，热闹起来。

午时整，火把节欢庆活动正式开始。随着爆竹声、锣鼓声和唢呐声，阿稽竜村和鲁则代村的龙灯耍起来了，二龙先是并行绕场一周，边绕行边点头以拜四方。然后并排从北耍到南，又从东耍到西，最后在场地中央尽情耍舞。只见两龙翻飞，时而滚动圆圈舞，时而摇身前行舞，时而悬空舞，时而贴地舞。小伙子们忽而站耍、忽而跪耍、忽而睡耍、忽而跳位耍，而且边耍边换人，使龙灯长时间不停地舞动。二龙不是比赛却胜似比赛，各尽其力，各展其技，变化多端，精彩纷呈，引起人们的阵阵欢呼和喝彩。两个村的两支花鼓队也精神抖擞，气势昂扬，精壮的小伙子们挎着腰鼓欢快地敲打着。两个领头分别舞动箐鸡尾龙头，带领各自的花鼓队合在一起狂跳花鼓舞。随着舞步和鼓声不时甩动左手握着的白毛巾，显得生龙活虎。鼓声铿锵，舞姿粗犷阳刚，动人心魄。在震耳欲聋的爆竹声和鼓镲声中，人们一会儿围圈跳、一会儿列队跳、一会儿穿花跳。忽而起跳、忽而下蹲、忽而前倾、忽而后仰、忽而向前、忽而退后。两队都互不示弱，暗中较劲，同展风姿，比肩共舞，花样繁多，令人眼花缭乱，精彩震撼，赢得如潮的掌声和叫好声。

射箭比赛场上，人气也很高，画着十环大小圆圈的箭靶，竖立在十五丈外，参加比赛的十个小伙子，个个年轻力壮，既是射箭高手，也是村里有名的猎手，都能箭无虚发，百发百中。强手竞技，争夺桂冠，精彩迭起，在人们的惊叹和欢呼声中决出了头三名。

摔跤比赛场上更见壮汉们的风采。十个摔跤手皆为大力士，也是生产能手。个个体格健壮，肌肉发达，雄壮威猛，人人身上都透着争雄的气概，皆清一色裸露上身，下身穿宽裆裤。每人都赤膊上阵，斗志昂扬，上场交手，尽使浑身解数，一决高低。在激烈的搏斗中有“大意失荆州”者，也有转败为胜者。最精彩激烈的是在群雄中竞出的最后两名高手的争冠较量。一个穿着黄裤子体型精壮，以智勇著称，一个穿着蓝裤子，体型粗胖，以力大闻名。两人一路过关斩将，一一击败对手，最终在夺冠场上相遇。两人虽然均连战数场，却越战越勇，毫无倦容，更无怯战之态。而是斗志倍增，勇猛有加，犹如两只无敌的雄狮，收腹挺胸，傲视对方。皆具压倒一切、桂冠必得的气势。二人交手，各施其技，力决雌雄。几个回合下来难分胜负。渐渐地精壮汉子似体力不支，粗胖汉子趁势一把将精壮汉子举起旋转起来。这精彩的一搏满场沸腾，连连惊叹！粗胖汉子接连旋转十余圈后，猛地将精壮汉子抛甩在地，不料精壮汉子却自有高招，瞬间抱住粗胖汉子的脖颈稳稳地站住，趁粗胖汉子头眩摇晃，趁机奋力一推将粗胖汉子推倒在地上，将粗胖汉子死死地压住翻不起身来。精壮汉子最后出人意料地获胜了。赢得满场欢呼，掌声雷动。

斗牛比赛场上更是惊险刺激，拼斗激烈异常。那些斗牛条条都膘肥体壮，勇猛强悍，昂首刮踢，斗气十足。互相决斗，分外眼红，不拼出个高低决不转身。条条都斗得口吐白沫，浑身汗湿。经过一次次激烈的拼斗，最后胜出两条强悍的斗牛对决，以分高下，格外使人心悬。一条为浅黑色，一条为浅灰色，两条都体形雄壮，勇猛难挡。这两条在众多对手中拼杀出来的斗牛，带着一路胜利的激奋，锐气十足，斗志高昂。互相一见面就扬头奋蹄，直冲向对方头角抵撞在一起，都夹起尾巴，鼓紧肚子，力抵对方，僵持片刻后，黑牛将灰牛抵腿到东面场子边，灰牛又反击把黑牛抵退到西面场子边，这样反复几个回合，仍然相持不下。最后黑牛把灰牛抵退到东面场子边的山脚处，灰牛被抵坐在地上，眼看胜负已定，不料这时灰牛将屁股靠着山脚，双腿一用力忽地站起来，借力猛然一抵，又把黑牛抵退了。当抵退到中场时，灰牛不知是出于愤怒还是威胁对方，边抵边“哞”地大叫一声，拼足力气决斗的黑牛突然听到这一声吼叫，猛然一惊！顿挫勇气，四腿一软，便败下阵来扭头落荒而逃。斗红了眼的灰牛紧追不舍，被人们强行驱离分开，灰牛最终取得了胜利。这扣人心弦，令人震撼的场面使人们欢呼不已。

这时，太阳西斜，各项表演和比赛都结束了。龙灯队、花鼓队和唢呐队的队员获得了表演的纪念品，各项比赛的前三名均获得了奖励，其余的参赛人员也都得到了比赛纪念物。获胜的前三名斗牛头顶被披挂上了绸制大红花。

观看表演和比赛结束后，人们纷纷逛场购物，百货摊前人们争相选购物品。并牵老携幼，呼朋唤友去吃晌午饭。牛、羊、狗肉汤锅处，生意红火，人员爆满，在场子里和四周野地上，人们三五成群席地落座，畅快地喝酒吃肉，欢声笑语，劝酒敬酒，满场喧哗。在这欢乐的节日里，在这清新的野外，人们痛快地吃喝一顿，别有一番情趣和滋味，欢乐异常。

普丕和施慧观看的是斗牛比赛，施明和柏凤观看的是射箭比赛，施大明和李方氏观看的是耍龙灯和跳花鼓舞。而且分别都吃了晌午饭，各得欢欣。

还未等表演和比赛全部结束，早有人在跳乐场上燃起了篝火，唱起了山歌调子，跳起了欢快的乐作舞。吃完晌午饭后跳乐的人员骤增，顿时这里又异常热闹起来，跳乐的绝大多数是青年男女，也有部分中年人。小伙子们的龙头四弦在阳光下闪耀，姑娘们的歌声回荡在山野里，热烈的掌声和舞步声响彻四方。人们尽情地唱尽情地跳，乐而忘归，直至太阳落入西山，人们才散去。

傍晚时分，在石头张嘴崖下的场地上，参加火把节欢庆的人们陆续回到家里，这时村子里又沸腾起来了。夜幕降临，村子中央的场地上，一大堆柴木垒起来的篝火燃起来了，熊熊的篝火照亮了村子的上空。人们纷纷走出家门点燃火把高举着，从四面八方走向田野。一时间无数火把汇成一条条火龙，游动在田间地头，不时爆燃出朵朵火花，人们奔走在田埂上，说笑着欢呼着，火把映红了大地，映红了天空。村里的篝火和田间的火把交相辉映，蔚为壮观，无数害虫从田地间的庄稼里飞出来，扑向明亮的火把，瞬间被烧死，被火把烧灭的害虫不计其数。

普丕、施慧、施明和柏凤也举着火把游走在人们中间，普丕和施明不时抓起一把松香粉撒向火把，只见“嘭”的一声，松香粉在火把上爆燃出一朵朵绚丽耀眼的火花，甚是好看，施慧和柏凤随即一声尖叫，随后又“咯咯”地欢笑起来。村里的老人和孩子们，都站在门前或屋顶阳台上，兴奋地观看田地里游动的无数火龙，欢快地议论着、赞叹着。施大明和李方氏也站在自家屋顶的阳台上，蛮有兴致地观看着满田满地的火把，和年轻人们一样兴奋不已。时近子时，人们携带的火把快要燃尽时，人们才陆续从田地间回来。

随即年轻人们又聚集在村中的场地上，弹响四弦，拍起巴掌，又跳起乐作舞欢唱山歌，场子里又热闹欢腾起来。普丕、施慧、施明和柏凤也参加到这欢乐的歌舞里。在这节日的夜晚，年轻人们尽情地欢跳唱歌，彻夜不停直至天亮。天亮了场上的篝火还在燃烧着。

热闹而欢乐的火把节过去了，人们又恢复了往日紧张的劳动。普丕一家又在田地里忙碌起来。在这看似平静的日子里，却有一股邪恶的暗流在涌动，李士天加害普丕的阴谋更加疯狂了。一场你死我活的斗争逼近了普丕，普丕的处境愈加险恶起来。

这天，李士天对普丕说：“普丕，我听说今年国窝（昆明）的大戏演得特别热闹精彩，我要去看。你在我家做活这么多年，我也带你上过国窝，可是没让你看过国窝的一场戏。这次我特地带你去看，一起在国窝好好地玩上几天。”普丕听了觉得很唐突，李士天突然要带他到国窝去看戏，难道李士天发了善心？他联想到李士天近来对他的屡次暗害，他知道这是“黄鼠狼给鸡拜年没安好心”。这一定是李士天又打鬼主意来暗害他，他心里格外警惕起来。但他仍然不露声色平静地说：“阿波，我哪能奢望跟你一起去看戏，能跟你一起上国窝看看街面就心满意足了。”

李士天说：“这一次一定让你看戏。你知道我是戏迷，我看戏心切，等不得几天了。后天一早就出发，这一次要在那里玩上几天的，你把我的坐马加料喂好，另外，我还借来了一匹马，这一次也让你骑着马同去，那马就和我的坐马关在一处，你就一齐喂料吧。”

李士天破天荒地借马让普丕骑，这也许是不祥之兆呢，普丕更加警惕和不安起来。他仍然平静地应答：“好的，阿波，我一定会喂好马料的。”

普丕回到家里后，告诉家人说后天要跟李士天到国窝办事，过几天就回来，没有说李士天要带他去看戏的事。

夜里普丕去给两匹马加料，来到料房取料经过李士天的睡房时，睡房的窗户还亮着，里面有说话声，隐约听见说到自己的名字。他警觉起来，轻手轻脚地挨近窗细听，是李士天和老婆在低声说话，声音虽然低，但普丕却听得很清楚。只听李士天说：“普丕这小子，一贯和我作对，是我的心腹大患，我一定要处死他，几次都没得手，这一次他必死无疑，决不让他活着回来。”他老婆问：“那边都说好了吗？”李士天说：“都说好啦，我那贵州的朋友已回信，叫我最近几天把普丕送到国窝来，他在那里带人等着，普丕一到就五花大绑，立即押到煤窑洞里去掘煤，如不听话就地处死。”老婆又问：“那普丕跑回来怎么办？”李士天说：“决不可能让他跑回来的，那是一处黑煤窑，外人不知道。洞里挖煤的人都是买来和抓来的，都戴着脚镣一天到晚地干活，吃得又差，多半是累死。煤窑周围有高墙铁网围着，没有一个能逃出来的。也有人试图逃跑就被处死了。你就放心吧，普丕到那里是绝对逃不回来的，只能死在那里了。”老婆说：“那就好了。哎，卖普丕的价钱讲好了吗？”李士天说：“讲好了，一百两银子，一手交人一手交钱，现货现钱两清完事。”又说：“钱虽然少一点也不顾了，能整死普丕就好。这回我们可赚了，既灭了普丕又发了财。”说完两人嘿嘿地干笑起来。接着李士天又说：“普丕这小子，死到临头了还浑然不知，还美美地等着到国窝去看戏呢，让他到地狱里去看鬼吧。这次定要让他有去无回，死无葬身之地。”说完二人又干笑起来。笑了一阵李士天又说：“明天一早我就带着普丕这死猪去国窝了，等我到国窝卖了普丕，就给你买漂亮的洋衣服回来。你就在家里准备好吃的等着我吧。”老婆又说：“那回来时没了普丕怎么对人们说呢？”李士天说：“这还不好办，就说普丕在国窝乱跑失踪了。谁也不会知道真相的，你就放心吧。不早啦，睡吧。”随即房内灯熄灭了，黑暗中还传来两人得意的干笑声。

原来，李士天上次去国窝，到花街柳巷妓院泡妓女时，遇到一位贵州来的煤窑老板。两人秉性相投，说话投机，交杯换盏，同吃同喝同淫乐，成了朋友。李士天就此知道了煤窑老板的情况，就打主意把普丕卖给煤窑老板，让普丕陷于灭顶之灾。于是写信给煤窑老板，谈妥此事后，就设计以看戏为名把普丕哄骗到国窝亲自贩卖给煤窑老板。故而才有了李士天叫普丕一起到国窝看戏的事情。

普丕听完李士天和他老婆的谈话，一切都明白了。李士天真是阴险狠毒啊，他惊悸得一身鸡皮疙瘩，呆站着半天动弹不得。他知道李士天不会放过他的，也知道李士天会继续谋害他。但他决没有想到李士天会用这种狠毒的手段置他于死地，他压住满腔的怒火，悄悄地离开了。普丕回到家里，满腔的怒火竟然使他全身发抖，躺在床上翻来覆去睡不着，他意识到跟李士天生死对决的时刻到了。事到如今，有祸躲不脱，那就看事行事吧，反正决不能让李士天的阴谋得逞。想到此他心里安定了一些，也就沉沉地睡去了。

这一晚李士天很得意，跟老婆谈话后，带着笑意很快就睡着了，进入了甜美的梦乡：他飘悠悠地来到了一个五彩缤纷的地方，路旁和山上到处都是鲜花。无边无际的鲜花在轻风中起起伏伏，还不断向他摇头，又向他说：“欢迎你，欢迎你的到来。”接着无数的鲜花跑过来拥抱他，然后把他高高地举起来，又让他飘飘悠悠地落下来，进入一座晶莹无比的宫殿里，见无数的美女在欢歌曼舞。他飘然来到美女们中间，众多的美女向他拥来，用红红的嘴唇嘬吻他的全身。他感到舒服极了，最后吻得他全身发痒，忍不住咯咯地笑起来，笑着笑着他醒来了。他回想着这美妙的梦境，想着想着又睡着了。

第二天早上，普丕很早就起床了。他没有跟家里人讲昨晚听到李士天和他老婆谈话的事，他决不能让家里人为他焦心。他像没事一样从容地收拾自己外出要用的行李。家里的人却担心地一再嘱咐他，出门要小心，注意安全，小心着凉，平安回来。他微笑着说：“施慧阿妹，我走后你要照顾好老人和阿弟，家里的事多操心，都靠你啦。”施慧从普丕的神情中，似乎看出来普丕像有很多话要说，却欲言又止。她也没有多想，只是笑着说：“普丕阿哥，家里的事我会做好的，你就放心地去吧，我们盼你早日回来。”普丕点点头，认真地看了一阵施慧，又看了一遍家，然后出门走了。施慧把他送出门外，走了几步普丕又转回身来，再一次深情地看了一阵施慧和家，才转身朝李士天家走去，施慧目送着他离去。

太阳刚出来，李士天和普丕分别骑着马向国窝出发了。李士天一副绅士打扮，派头十足，显得很兴奋，一脸志得意满的样子，面带微笑，一路对普丕甜言蜜语，显得很亲切。但李士天皮笑肉不笑的面具却掩盖不住深藏在眼睛背后阴毒的凶光。普丕觉得自己是与一只披着人皮的恶狼在行走，那张说着甜言蜜语的嘴，犹如血盆大口随时要吞食自己。但他异常镇定，装得很高兴，对李士天虚与委蛇一路前行。

一路上，普丕很平静，但他的内心却翻腾得厉害。他知道自己身处险恶的境地，正一步步走向灭顶的深渊。他苦苦地思索着对付李士天的办法，思索着避免陷入地狱的脱身之法，但百思不得其计，心里不免沉甸甸的。也许是到了生死的紧要关头，他突然想起了阿婆和阿婆全家。当年慈祥的阿婆是多么疼爱他，阿婆一家人是多么喜欢他，爱护他，可是阿婆一家人却在一次大地震中都没了。他再也见不到他们了，深深的思念使他伤感起来。他又想起已经逝去的阿爹阿嫫，可怜的阿爹阿嫫惨死在李士天手里，让他家破人亡，从小就沦为李士天的长工，受尽了奴役。现在李士天不但要谋害他，还要赚取卖身钱，他怒火中烧，恨不得将李士天打翻于马下。他强忍怒火，心中暗暗起誓，绝不能让李士天谋害自己的阴谋得逞，否则，对不起惨死的阿爹阿嫫，对不起视自己如己出的干爹干嫫，对不起如同亲阿弟的施明，更对不起日夜盼望与自己结婚的施慧！他要战胜李士天，决不能陷入李士天的魔窟。他要平安地回家去，他坚定了自己的勇气和信心。

这天，李士天和普丕进入了昆阳地界，来到了国窝黑（滇池）边，到国窝城还有一天的路程，一到国窝普丕就将陷入地狱，国窝城他是万万不能进入的，得赶快想办法当机立断地脱身，才能躲过劫难，否则万劫不复。普丕正在思虑之际，看见波光粼粼的海面，有几只海鸥在海面一起一伏地漂游着。普丕眼睛一亮计上心来，紧蹙的眉头顿时舒展开来，心里豁然开朗。于是他对李士天说："阿波，我们几次上国窝，都是走旱路没有走过水路，这次我们就走水路吧。走水路又直又有趣，既省力又能快一点到达国窝，也省却了骑马劳顿。"李士天听了就动了心说："走水路当然好，但没有船怎么行？船早已走了。"

普丕说："阿波，你不必发愁，我们有办法渡海去的。"

李士天盯着普丕问："你有什么办法呢？"

普丕说："阿波，我们可以坐大盆子去啊。阿波，你是贵人，坐在釉彩大瓦盆里，瓦盆又轻巧又防潮，而且划动省力，行得快。我是下人，就坐在木盆里，这样我们坐在大盆子里划过去不就行了。"

李士天听了觉得是个好办法，于是就买来了大瓦盆和大木盆。普丕对李士天说："阿波，盆子底小口大，不坠底划起来不稳，我们就找几块拳头大小的石头来垫盆底才行。"李士天照着做了。然后把两匹坐骑寄存在海边的一户渔民家里，李士天坐着大瓦盆，普丕坐着大木盆，朝国窝方向漂划过去。开始李士天很是兴奋，觉得十分有趣，感觉飘飘悠悠的，划动也不费力，盆子在水中漂行也很快。竟忘乎所以地哼起戏曲来，还大声向落在后面的普丕喊："普丕！你快点划，紧紧地跟上我！"普丕也紧划着跟上来。李士天看着普丕急速地跟上来，又飘飘然地得意起来，他想，普丕这小子不仅紧跟着我，而且比我还急着早点到国窝，殊不知国窝已是他的入地狱之地，也是我卖他的发财之地。等卖掉了普丕，我要尽情吃喝嫖玩和看三天戏，尽兴后才回家。李士天做梦也想不到，他的毒计普丕已知道得一清二楚了，并且已经想好了战胜他邪恶阴谋的办法。

这时，有几个姑娘来海边洗衣服，看见有人划盆渡海，觉得新鲜有趣，嘻嘻哈哈地盯着看。寄存马匹的渔翁走出门来，看见李士天和普丕二人坐盆渡海，觉得有危险，欲叫他们回头，但盆已漂远听不到喊了，无奈地盯着观看。

李士天和普丕坐在盆里越划越远，渐渐地划到了海中心。举目四望，只见海烟浩渺，开阔无边，水天相连。盆子在海水中不断地飘荡，李士天娇生惯养，体质虚弱，渐感有些头昏目眩。这时起了轻风，海面上腾起无数微波，盆子在海里轻轻地摇晃起来。李士天有些紧张，紧紧地抓住瓦盆不敢动弹。随后风浪渐大起来，瓦盆摇晃得更厉害了，弄得李士天头昏脑涨，头重脚轻。他只觉得整个海底都翻腾起来了，瓦盆快要倒扣过来了！他死命抓住瓦盆帮子惊呼：“啊！怎么办呐！”

普丕看到了心里很高兴，他稳稳地坐在木盆里，大声对李士天说：“阿波！你不要害怕！没关系的，这是龙王爷怪我们来了不打招呼，所以才发脾气，我们向他打招呼就是了！”

李士天惊恐至极，十分急切地说：“普丕，你说吧，怎么向龙王爷打招呼？你快说！”

普丕说：“阿波！你把盆里的石头抓在手里，看我怎么打盆，你就怎么打盆吧！”说着自己从木盆底抓起一块石头。

李士天听后，就手忙脚乱地把垫在瓦盆底的一块石头抓在手里。这时普丕用手里的石头对着木盆轻轻敲了三下，李士天也照着普丕的办法，举起石头对着瓦盆轻轻地敲了三下。“咚咚咚”普丕又重重地敲了三下，这时的李士天已极度惊恐，浑身颤抖，连话都说不好了，几乎失去了正常的理性思维，照着普丕的做法在瓦盆上重重敲了三下。第三下刚敲下去，只听“嘭”的一声，瓦盆被打碎破裂，顷刻间海水汹涌而入。李士天还没弄明白是怎么一回事，海水已淹没了他的身体，他本能地惊呼：“啊！救命，救……”话还没说完，瞬间连瓦盆带人一起沉下了海底，葬身鱼腹了。没落处除了几个小漩涡和一串水泡外什么也看不见了。李士天从海面上消失了，永远地消失了，再也不能在村里横行霸道，为害村民了。

普丕呆呆地望着发生的一切，脑海里一片空落，有些莫名地寂寞起来。李士天没了，他和李士天多年的宿仇结束了，他跟李士天的生死对决终于结束了，他最终取得了胜利，他却感觉不到喜悦，心里反倒有些沉重。此刻他的心情很复杂，复杂得他都说不清楚。他跟李士天走到今天这一步，是李士天逼的，还是什么原因造成的？他想不清楚，也不想想清楚了。总之，李士天死了，他胜利了。他彻底挫败了李士天置他于死地的企图，清算了李士天对他及父母欠下的血债。他没有激动和欢心，更没有悲伤和痛苦，平静地划着木盆返回岸上。站在岸边目睹了这一切的渔翁和洗衣服的姑娘们，沉默地看着普丕回来。

普丕牵出了那两匹寄存在渔翁家里的马，到昆阳街上买了一些干爹干嫫和施慧以及施明喜欢的东西，来不及多看昆阳繁华的街市，就急着回家来了。干爹干嫫在等着他回家，施慧在盼着他回来早日成婚呢。他匆匆地在街上买个饼充饥，随后他骑上一匹马，另一匹则拴在坐骑的马鞍下牵着，竖直腰杆，挺起胸膛，扬鞭催马向阿稽竜飞驰而去。

普丕的前方是一片明亮的天空，灿烂的阳光下，是生机勃勃的大地和伸向远方的路……

后 记

《普丕传奇》一书出版了，欣喜难抑。

紧张的思绪和期盼的心情得以释然。搁笔长吁，抚笺息思。然而普丕鲜活生动的故事，仍在脑海中不断腾现，激情难止。近三载的撰稿批阅，长伏稿纸书格间，仿佛与普丕同喜乐、同悲愤、同奋斗，相伴相随。几多寒暑日和蚊虫夜，奋笔疾书，将普丕的故事倾注于笔端。普丕悲惨的生活，坎坷的遭遇，机智的行为，勇敢的斗志，让我禁不住屡次泪溅墨迹和笑喷稿笺。逾千日的伏案笔耕，终于使普丕故事面世，深感慰藉。

普丕作为峨山彝族地区老幼皆知的本土机智人物，其故事在当地彝族民众中世代盛传，形成了独特的地方民族文化。笔者在创作期间深入民间搜集素材，深切体验到了彝族群众对普丕故事的喜爱。当采访河外村彝族老人矣开伍时，他竟放弃做客，杀鸡置酒，兴奋而滔滔不绝地畅讲普丕故事至深夜，次日早上又复在酒桌旁续讲到中午，仍意犹未尽；采访沿河村王天福老人时，他竟不顾疾病缠身，在病床上兴致勃勃地侃讲了一整天普丕的故事，仍显亢奋，毫无倦容，其妻也放下农活，欢快地操办伙食陪伴。群众对普丕的故事如此挚爱，愈加使笔者内心升腾起撰写《普丕传奇》的强烈责任感，深刻意识到其社会文化意义，增强了撰写的激情。《普丕传奇》一书的出版，使普丕故事从山野民间走进文学殿堂，将有助于更为持久广泛地传播。

创作《普丕传奇》一书，参考了峨山县民宗局搜集整理的《普丕系列故事》和李增华老师所著《峨山彝族掌故》等资料、书籍，受益匪浅。

在《普丕传奇》一书的出版中，得到峨山县人民政府鲁春红县长、王鹏县长、施艳芳副县长，峨山县万得利自然资源开发有限公司董事长杨忠和的资助；得到云南师范大学黄龙光教授、博士的指导帮助；承蒙云南省民间文艺家协会副主席、云南民族大学昂自明教授为本书作序和云南省书法家协会会员朱洪文老师为本书题写书名，使此书得以顺利出版，均诚挚致谢。同时诚谢为本书撰写提供帮助和素材的人们及家人的支持。

本人学识浅陋，文笔愚拙，书中有不足之处，望读者指正见谅。

黄立光

2020年元月